∞ ДУХОВНЫЕ УЧИТЕЛЯ ∞

Елена Блаватская

ОСНОВЫ ТЕОСОФИИ

Москва
2003

УДК 291
ББК 86.42
Б68

Перевод с английского

Оформление А.А. Кудрявцева

Подписано в печать 8.08.03. Формат 84×108¹/₃₂.
Усл. печ. л. 33,60. Тираж 5000 экз. Заказ № 1636.

Блаватская Е.П.
Б68 Основы теософии: Пер. с англ. / Е.П. Блаватская. — М.: ООО «Издательство АСТ», 2003. — 638, [2] с. — (Духовные учителя).

ISBN 5-17-020290-3

«Основы теософии» — произведение, знаковое для творчества Елены Блаватской, одного из величайших теософов, философов и мистиков второй половины XIX — начала XX в., женщины, долгие годы изучавшей эзотерические учения самых разных народов — и создавшей на основе этих учений свое собственное — всеобъемлющее, уникальное, очень необычное — и удивительно логичное в своей явной неортодоксальности.

Существует ли связь между всеми мировыми религиями? И если есть, то где отыскать ее — в звездах или числах, в алхимических трактатах или магических гримуарах? Или — где-то еще?

Возможно, ответы лежат совсем рядом с нами — и просто мы, непросвещенные, не обладающие Истинным Знанием, пока не способны их найти?..

УДК 291
ББК 86.42

© Оформление.
ООО «Издательство АСТ», 2003

ТЕОСОФСКОЕ ОБЩЕСТВО: ЕГО МИССИЯ И ЕГО БУДУЩЕЕ
[в изложении мосье Эмиля Бёрнуфа, французского ориенталиста]

> Это вина другого, если он неблагодарен; но если я не одарил его, то это моя вина. Чтобы найти одного благодарного человека, я вынужден общаться со многими, лишёнными этого качества.
>
> *Сенека*

> ...Завеса с глаз моих упала!
> Я, наконец, прозрел! Со всеми вместе!
> Молясь своим богам — услышан не был;
> Иль без внимания оставлены молитвы,
> Хоть в помощи нуждался очень я!
> Как все, кто молится богам усердно!
> Быть может, боги немощны настолько,
> Что в помощи нуждаются и сами?
> И, слыша скорбный крик, они помочь не в силах?!
> Не допустил бы я, чтоб плакал тот,
> Кого могу спасти!..
>
> *Свет Азии*

Не так уж часто случается Теософскому обществу встречаться с таким вежливым и даже симпатизирующим ему обращением, как то, которое проявил всем известный санскритолог, мосье Эмиль Бёрнуф, в своей статье «*Le Bouddhisme en Occident*», в *Revue des Deux Mondes* (от 15 июля 1888 г.).

Эта статья доказывает, что Общество, в конце концов, по праву заняло свое место в интеллектуальной жизни XIX века. Оно отмечает зарю новой эры в ее истории, и как таковое заслуживает более внимательного рассмотрения всеми теми, кто посвящает свою энергию работе в нем. Позиция мосье Бёрнуфа в ученом мире Запада дает право относиться с уважением к его суждениям; благодаря его имени, имени одного из первых и наиболее выдающихся сегодня представителей школы санскритского языка (покойного мосье Эжена Бёрнуфа), представляется более чем вероятным, что человек, носящий это имя, не будет делать поспешных утверждений и непродуманных заключений, но что его выводы будут основаны на внимательном и тщательном изучении вопроса.

Его статья посвящена тройственному предмету: происхождению трех религий, или сообществ, основные доктрины которых мосье Бёрнуф считает идентичными, цели теми же самыми, а источник, из которого они происходят, общим. Это буддизм, христианство, и — Теософское общество.

Он пишет на стр. 341:

«Восточный источник до сих пор оставался спорным; сегодня он стал полностью доступен благодаря научному исследованию, прежде всего английских ученых и благодаря публикации оригинальных текстов. Среди этих проницательных исследователей достаточно назвать такие имена, как Сейс, Пул, Бил, Рис-Дэвид, Спенсер-Гарди, Бунзен... Прошло уже много времени с тех пор, как они были поражены сходством или, скажем точнее, идентичностью элементов, имеющихся в христианской религии и буддизме... В прошлом веке эти аналогии объяснялись предполагаемым влиянием несторианства; но с тех пор была создана восточная хронология и было показано, что Будда жил на несколько столетий раньше, чем Нестор, и даже чем Иисус Христос... Проблема оставалась открытой вплоть до сегодняшнего дня, когда были изучены пути, по которым шел буддизм, и прослежены этапы его движения вплоть до Иерусалима... И сегодня мы являемся свидетелями того, как на наших глазах возникает новое сообщество, созданное для распространения буддийских догм во всем мире. Именно об этом тройном предмете мы и будем говорить».

Итак, на этом в какой-то мере ошибочном представлении о целях и задачах Теософского общества основана статья мосье Бёрнуфа и его замечания и мнения о нем. Он с самого начала берет фальшивую ноту и идет дальше в этом направлении. Теософское общество не было создано для распространения какой либо догмы, любой экзотерической, ритуализированной церкви, будь то буддийская, брахманская или христианская церковь. Эта идея является широко распространенным и общепринятым заблуждением; а что касается знаменитого санскритолога, то источник, который направил его по неверному пути, совершенно очевиден. Мосье Бёрнуф читал в «Лотосе», журнале Теософского общества в Париже, полемическую переписку между одним из редакторов «Люцифера» и аббатом Рока. Последний весьма неразумно настаивал на связи между теософией и папизмом, а также римской католической церковью, которая представляется его корреспонденту наиболее отвратительной из всех догматических религий; не эта церковь, в ее северных или южных формах, но философия и этика Гаутамы Будды выдвигались им на первый план. Упомянутый редактор является бесспорным буддистом, то есть последователем эзотерической школы великого «Света Азии»; это полковник Олькотт, президент Теософского общества. Но это вовсе не означает, что теософия в целом жестко связана с духовным буддизмом. Общество было основано не для того, чтобы просто пропагандировать буддизм, но для того, чтобы стать Братством Человечества — философским и религиозным центром, общим для всех. Его первые шаги были направлены к той же самой великой цели, которую мосье Бёрнуф приписывает Будде Сакьямуни, «открывшему свою церковь для всех людей, независимо от происхождения, касты, нации, цвета кожи или пола» (см. «Устав» Теософского общества, ст. I), и говорившему, что «Мой закон — это закон милосердия для всех». Точно так же, Теософское общество открыто для всех людей, без различия «происхождения, касты, нации, цвета кожи или пола», и более того — верований...

Вводные параграфы этой статьи показывают, насколько верно (за небольшим исключением) автор усвоил ту идею, что все религии имеют общую основу и произрастают от одного корня. Посвятив несколько страниц буддизму, религии и человеческой ассоциации, основанной принцем из Капилавасты, манихейству, ошибочно названному «ересью», и его отношению к буддизму и христианству, он заканчивает свою статью Теософским обществом. Он переходит к последнему, (*а*) проследив жизнь Будды, столь хорошо известную англоязычному читателю благодаря великолепной поэме сэра Эдвина Арнольда, что она не нуждается в повторном изложении; (*б*) показав в нескольких словах, что нирвана — это вовсе *не полное уничтожение*;[1] и (*в*) обсудив вопрос о том, что греки, римляне и даже брахманы рассматривают *жреца* как посредника между людьми и Богом, что означает признание идеи о *личном Боге*, распределяющем свои милости по своему собственному усмотрению, коротко говоря, о властителе вселенной.

Процитируем несколько строк относительно нирваны, прежде чем обсуждать последнее высказывание. Автор говорит:

«Моей задачей не является обсуждение здесь проблемы нирваны. Я скажу только, что идея полного уничтожения абсолютно чужда Индии, и что целью Будды было освобождение человечества от страданий в земной жизни и последовательных реинкарнаций; и что он провел свою долгую жизнь, сражаясь против Мары и его ангелов, которых он сам называл Смертью и воинами смерти. Действительно, слово *нирвана* означает угасание, как, например, угасание потушенной лампы, но оно означает также отсутствие ветра. Поэтому я полагаю, что нирвана — это нечто, что *требует вечности*, тот *lux perpetua* [вечный свет, *лат.*], который христиане также желают для своих умерших».

---

[1] Тот факт, что нирвана *не* означает *полное уничтожение*, неустанно повторяется в «Разоблаченной Изиде», где автор обсуждает его этимологию, предложенную Максом Мюллером и другими, и показывает, что «тушение лампы» не обязательно предполагает идею, что нирвана является «угасанием сознания» (см. том I, стр. 418; том II, стр. 154, 365, 407-408, 710 и т. д.).

В отношении концепции роли жрецов автор показывает, что она полностью отсутствует в буддизме. Будда является не Богом, но *человеком*, достигшим высшей степени мудрости и добродетели. «Поэтому буддийская метафизика постигает абсолютный Принцип всех вещей, называемый другими религиями «Богом», совершенно другим путем и не делает из него чего-то отдельного от Вселенной».

Далее автор указывает, что равенство всех людей по отношению друг к другу является одной из основных концепций буддизма.

Кроме того, он добавляет, что евреи создали свое учение о *Мессии* благодаря буддизму.

Учения ессеев, терапевтов и гностиков принято считать результатом слияния индийской и семитической мысли, и при сравнении жизнеописаний Иисуса и Будды было показано, что обе эти биографии включают в себя идеальную легенду и реальные факты. Легендарная часть в обоих случаях идентична; именно так и должно быть с теософской точки зрения, поскольку обе они основаны на цикле инициации. Наконец, эта «легендарная» часть перекликается с соответствующими особенностями других религий, прежде всего, ведической историей о Вишвакармане.[1] В соответствии с представлениями автора, лишь на Никейском соборе христианство официально порвало с духовным буддизмом, хотя он и рассматривает Никейский символ веры как простое развитие формулы: «Будда, Закон, Церковь» (Будда, Дхарма, Сангха).

Манихеи исходно были *шаманами*, или шраманами, буддийскими аскетами, присутствие которых в Риме в третьем веке было отмечено св. Ипполитом. Мосье Бёрнуф

---

[1] Идентичность между *Логосом* в различных религиях и, особенно, идентичность легенд о Будде и Иисусе Христе была не так давно еще раз подтверждена в «Разоблаченной Изиде», а легенда о Вишвакармане — совсем недавно — в «Лотосе» и других теософских изданиях. Целиком эта история подробно анализируется в «Тайной Доктрине», в нескольких написанных более двух лет назад главах.

объясняет их дуализм исходя из двойственной природы человека, состоящей из добра и зла, причем принцип зла происходит от *Мары* буддийской легенды. Он показывает, что учение манихеев было более непосредственно связано с буддизмом, чем христианство, поэтому борьба жизни и смерти происходит между двумя началами, в то время как христианская церковь считает, что она имеет право быть единственным и исключительным обладателем Истины. Эта идея находится в прямом противоречии с самыми основными представлениями буддизма, поэтому исповедующие ее неизбежно находятся в сильном противостоянии с манихеями. Таким образом, именно еврейский дух исключительности поднял против манихеев светское оружие христианских государств.

Проследив, таким образом, эволюцию буддийской мысли от Индии до Палестины и Европы, мосье Бёрнуф указывает, что последним свидетельством этого влияния являются, с одной стороны альбигойцы, с другой — павликиане, влияние которых прослеживается в протестантизме. Далее он продолжает:

«Анализ показывает нам, что в современном обществе имеются два существенных момента: идея *личного Бога* среди верующих, и почти полное исчезновение милосердия среди философов. Еврейский элемент в христианстве стал господствующим, тогда как буддийский в сильной степени затемнен.

Таким образом, одно из наиболее интересных и неожиданных явлений нашего времени — это попытка, которая делается сейчас, по оживлению и воссозданию нового общества, покоящегося на тех же основаниях, что и буддизм. Хотя оно и находится лишь в самом начале, его рост происходит столь быстро, что наши читатели, вероятно, будут рады, если мы привлечем их внимание к этому. Это общество является до некоторой степени миссией, его распространение происходит без шума и насилия. Оно не имеет даже определенного имени; его члены объединяются под различными восточными именами, используемыми как заголовки их публикаций: «Изида», «Лотос», «Сфинкс», «Люцифер». Общим названием для всех них, в данный момент преобладающим, является *Теософское общество*».

После очень точного отчета об образовании и истории Общества — вплоть до количества его отделений в Индии, а именно, 135 — он продолжает:

«Общество очень молодо, но, тем не менее, оно уже имеет свою историю... Оно не имеет ни денег, ни покровителей, и действует исключительно благодаря своим наличным ресурсам. Оно не содержит никакого мирского элемента. Оно не льстит какому-либо частному или общественному интересу. Оно само установило нравственный идеал великого самовозвышения, оно борется против порока и эгоизма. Оно стремится к объединению религий, которые считает идентичными по своему философскому происхождению; но оно признает верховенство только лишь истины...

Имея такие принципы, и в то время, в которое мы живем, общество едва ли может наложить на само себя более тяжелые условия существования. Тем не менее, оно разрослось с удивительной быстротой...»

Суммируя историю развития Теософского общества и роста его организации, автор спрашивает: «Что же это за дух, который его вдохновляет?» На это он отвечает цитированием трех задач Общества, замечая относительно второй и третьей задачи (изучение литературы, религии и науки арийских народов, исследование латентных психических способностей и т. п.), что хотя это, казалось бы, придает Обществу некий академический оттенок, отдаленный от повседневных занятий, но на самом деле это не так. Он цитирует следующий отрывок из заключения редакторской статьи в «Люцифере» за ноябрь 1888 года:

«Тот, кто не ведет себя как альтруист; тот, кто не готов разделить свой последний кусок с более слабым или более бедным, чем он сам; тот, кто пренебрегает помощью своему собрату, любой расы, нации или вероисповедания, где бы и когда бы он ни встретил страдальца; тот, кто остается глухим к воплю человеческого несчастья; тот, кто слышит, как оскорбляют невинного, будь он братом-теософом или нет, и не делает ничего для его защиты, как для себя самого, тот — не теософ. («Люцифер», № 3).

Эта декларация, — продолжает мосье Бёрнуф, — не является христианской, потому что она не принимает в расчет верования и не пытается никого обратить в свою веру, а также потому, что христиане любят использовать клевету для борьбы со своими противниками, такими как манихеи, протестанты и иудеи.[1] Еще в меньшей степени она является мусульманской или брахманической. Она чисто буддийская: публикации Общества представляют собой или переводы буддийских книг, или оригинальные работы, вдохновленные учением Будды. Поэтому Общество имеет буддийский характер.

Против этого оно слегка протестует, опасаясь принять исключительный и сектантский характер. Это ошибка: истинный и оригинальный буддизм — это не секта, и вряд ли это религия. Это, скорее, нравственная и интеллектуальная реформа, которая исключает неверие, но не принимает никакой веры. Именно этим и занимается Теософское общество».

Мы изложили наши основания для протеста. Мы не привязаны жестко ни к какой вере.

Утверждая, что Теософское общество является «буддийским», мосье Бёрнуф совершенно прав, но лишь с одной точки зрения. Оно имеет буддийскую окраску просто потому, что эта религия, или скорее философия, в большей степени приближается к ИСТИНЕ (тайной мудрости), чем какая-либо иная экзотерическая форма верования. Отсюда тесная связь между ними обоими. Но с другой стороны Теософское общество совершенно право, протестуя против ошибочного обвинения в пропаганде буддизма по причинам, которые были высказаны нами в начале этой статьи, а также самим нашим критиком. Хотя мы полностью согласны с ним в отношении *истинной* природы и характера примитивного буддизма, однако сегодня буддизм, тем не менее, представляет собой довольно догматическую религию, расколотую на множество различных сект. Мы придерживаемся одного только Будды. Поэтому, как только возникает необходимость следовать за существующей формой, а

---

[1] И — забывает добавить автор — «теософы». Никакое Общество никогда не подвергалось более жестоким оскорблениям и преследованиям как *odium theologicum* [предмет теологической ненависти, *лат.*], чем Теософская ассоциация и ее основатели, — с тех пор, как христианская церковь обречена использовать язык как свое единственное оружие.

кто будет отрицать эту необходимость в отношении буддизма? — коль скоро это произошло, не лучше ли вернуться назад к чистому и незамутненному источнику самого буддизма, чем остановиться на промежуточной стадии? Такая половинчатая реформа была проведена, когда протестантизм откололся от старой церкви; и можно ли считать удовлетворительным результат этого?

Такова простая и естественная причина, по которой Теософское общество не поднимает знамя экзотерического буддизма и не объявляет себя последователем *храма* Господа Будды. Оно слишком искренне желает оставаться с этим чистейшим «светом», чтобы позволить себе быть поглощенным его искаженной тенью. Это хорошо понимает мосье Бёрнуф, так как он ясно выражает это в следующем отрывке:

«С точки зрения доктринального вероучения, буддизм не имеет тайн; Будда проповедовал с помощью притч, но притчи являются развернутым сравнением, и в них нет ничего символического. Теософы ясно увидели, что в религиях всегда имеются два учения; одно из них имеет простую форму и полно образов или историй, которые выдаются за реальность; это общедоступное учение, называемое экзотерическим. Другое, эзотерическое или внутреннее, сохраняется для более образованных и благоразумных приверженцев, посвященных второй степени. Наконец, имеется вид науки, которая в старые времена культивировалась в тайных святилищах, наука, называемая *герметизмом*, которая дает окончательное объяснение символов. Когда такая наука сопоставляется с различными религиями, то можно увидеть, что их символы, хотя и отличающиеся внешне, покоятся на той же самой идейной основе, и прослеживаются до одного-единственного способа объяснения природы.

Характерной чертой буддизма является как раз отсутствие такого герметизма, скудность его символизма, и тот факт, что он представляет человеку истину на его обычном языке, без какого-либо покрова. Именно это и повторяет Теософское общество...»

И нет лучшей модели, которой Общество могло бы следовать: но это еще не все. Совершенно верно, что в основных буддийских храмах, южном и северном, не имеется ни *мистерий*, ни эзотеризма. Буддисты могут быть довольны далекой от жизни буквой учений Сиддхарты Будды, поскольку до сих пор не существует, к счастью, более высокого и благородного учения, если его оценивать по его влиянию на этику масс. Но в этом и состоит большая ошибка всех ориенталистов. За внешним телом храмового буддизма *в действительности существует* эзотерическая доктрина, облагораживающая душу философия. Чистая, незапятнанная и целомудренная, как девственный снег на вершинах гималайского хребта, она столь же холодна и безлюдна, как и вершины, в отношении состояния человека *после смерти*. Этой тайной системе обучали только *архатов* в промежутках между дхианами (или, мистическими созерцаниями); их учил сам Господь Будда в пещере Саптапарна (*Саттапани* в «Махавансе»), известной тахианам как пещера *Чету*, расположенная невдалеке от горы Бейбхар (Вебхара на пали) в Раджагрихе, древней столице Магхада. Именно из этой пещеры, называемой в наше время Сакьямуни, Сарасвати, или «Бамбуковая пещера», архаты, посвященные в Тайную Мудрость, вынесли свое учение и знание за пределы Гималайского хребта, где обучение Тайной Доктрине происходит и по сей день. Если бы южноиндийские завоеватели Цейлона не «собрали бы в кучи, столь высокие, как кокосовые деревья» *все ценности* буддистов, и не сожгли бы их так же, как христианские завоеватели сожгли все тайные записи гностиков и посвященных, то ориенталисты имели бы доказательство этого, и не было бы никакой нужды снова утверждать этот ныне хорошо известный факт.

Мосье Бёрнуф, впадая в общую ошибку, продолжает:

«Многие скажут: это несбыточное предприятие, оно имеет не больше перспектив, чем Новый Иерусалим на улице Туин, и не больше *raison d'être* (оснований, *франц.*), чем Армия Спасения. Это может быть и так; однако следует заметить, что эти две группы представляют собой *Библейские общества*, сохраняющие все атрибуты угасающих религий. Теософское общество прямо противоположно им; оно отходит от внешних признаков, пренебрегает ими или отодвигает их на задний план, выдвигая на передний план науку, как мы понимаем ее сейчас, и нравственную реформацию, в которой так нуждается наш старый мир. Каковы же в таком случае социальные элементы, которые могут быть сегодня за или против его? Я постараюсь заявить о них со всей откровенностью».

Коротко говоря, как первое препятствие на пути Общества мосье Бёрнуф рассматривает общественное *безразличие*. «Безразличие порождено скукой; скука возникает от неспособности религии улучшить социальную жизнь, и от постоянного совершения ритуалов и церемоний, никогда не объясняемых священником». Люди требуют сегодня «научных формул, описывающих законы природы, будь они физические или моральные...» Именно с таким безразличием обязательно встретится Общество; «его название также усугубляет эти трудности, поскольку слово «теософия» ничего не значит для простых людей, а для образованных оно имеет в лучшем случае очень неопределенный смысл». «По-видимому, оно говорит о личном боге», — думает мосье Бёрнуф, добавляя: — «тот, кто говорит о личном боге, говорит о творении и чудесах», — и он заключает таким образом, что — «было бы лучше для Общества, если бы оно стало откровенно буддийским, или же перестало существовать».

С этим советом нашего дружественного критика довольно трудно согласиться. Он, очевидно, усвоил величественный идеал раннего буддизма и справедливо заключил, что он идентичен с идеалом Теософского общества. Но он до сих пор не извлек урока из истории буддизма и не понял, что попытка вырастить молодую и здоровую веточку на основе большой ветви, которая уже утратила (в меньшей степени, чем какие-либо другие, но все же очень сильно) свою внутреннюю жизненную силу, вряд ли могла бы привести к новому росту. Самая суть позиции, занимаемой Теософским обществом, состоит в том, что оно утверждает истину, общую для всех религий; истину, которая справедлива и независима от вековых наслоений человеческих страстей и потребностей. Но хотя теософия означает Божественную Мудрость, она не включает в себя ничего, напоминающего веру в личного бога. Это *не* «мудрость Бога», но *божественная* мудрость. Так, теософы Александрийской неоплатонической школы верили в «богов» и «демонов», и в одно *неперсонифицированное* АБСОЛЮТНОЕ БОЖЕСТВО. Продолжим:

«Условия нашей современной жизни, — говорит мосье Бёрнуф, — не являются суровыми, и год за годом они требуют от нас все больше мягкости, однако при этом создается опасность того, что мы будем уж совсем бескостными. Нравственная выносливость современных людей весьма невелика; идеи добра и зла, вероятно, еще сохраняются, но *воля* действовать должным образом утрачивает силу. Люди, прежде всего, ищут удовольствия и того сноподобного существования, которое называется комфортом. Попробуйте проповедовать необходимость принести в жертву то, чем человек обладает, и его самого, людям, которые вступили на этот путь эгоизма! Вы не сможете обратить в свою веру многих людей. Разве вы не видите, что принцип «борьбы за существование» приложим к любым функциям человеческой жизни? Эта формула стала для наших современников своего рода откровением, и они слепо следуют за его проповедниками и восхваляют их. Кто-нибудь может говорить им, но безуспешно, что надо разделить последний кусок хлеба с голодным; они засмеются и ответят формулой: «борьба за существование». Они пойдут дальше: они скажут, что для успеха противоположной теории, вы сами боретесь за свое существование и потому не являетесь лицом незаинтересованным. Как же можно избегнуть этого софизма, которым полны современные люди?..

Эта доктрина, конечно, является наибольшим врагом теософии, ибо это наиболее совершенная формула эгоизма. Она кажется основанной на научных наблюдениях, и она суммирует нравственные тенденции наших дней... Те, кто принимают ее и одновременно взывают к справедливости, противоречат сами себе; те, кто осуществляют ее и привлекают Бога на свою сторону, являются богохульниками. Но на тех, кто ее не замечает и проповедует милосердие, смотрят как на недостаточно разумных людей, которых сердечная доброта доводит до безумия. Если Теософскому обществу удастся опровергнуть лицемерный закон «борьбы за существование» и изъять его из сознания людей, то это будет даже большим чудом в наше время, чем были в свое время чудеса Сакьямуни и Иисуса».

И Теософское общество *будет* совершать это чудо. Оно будет делать это не путем опровержения относительного характера этого закона, но определением его истинного места в гармоничной структуре вселенной; разоблачением его истинного смысла и природы, и показом того, что этот *псевдо* закон в действительности является «лицемерным», постольку, поскольку он относится к семье человечества, и представляет собой выдумку особо опасного сорта. «Самосохранение» — это в действительности верное, хотя и медленное самоубийство, политика взаимного уничтожения людей, поскольку человек, применяя на практике этот принцип к самому себе, претерпевает ретроградную эволюцию и все больше сливается с царством животных. Вот чем является «борьба за жизнь» в реальности, даже если рассматривать ее с чисто материалистической позиции политической экономии. Однажды эта аксиоматическая истина будет доказана всем людям; и тогда тот же самый инстинкт самосохранения, направленный по другому пути, повернет их к *альтруизму* — как самой верной для них политике спасения.

Именно потому, что истинные основатели Общества всегда осознавали мудрость истины, заключенной в одном из последних параграфов прекрасной статьи мосье Бёрнуфа, они приняли меры против этой ужасной опасности в своих основных учениях. «Борьба за существование» приложима лишь к физическому, но вовсе не к нравственному плану бытия. Поэтому, когда автор предостерегает нас такими справедливыми словами, как: «Вселенское милосердие является весьма несовременным; богатые будут хранить свое богатство и стараться накопить еще больше; бедные будут пропорционально становиться еще беднее до тех пор, пока, подталкиваемые голодом, они не потребуют хлеба — и не от теософии, но от революции. Теософия будет сметена ураганом...»

Теософское общество отвечает на это: «*Так оно и будет, если мы последуем его благоразумному совету, который, однако, касается лишь низшего плана*». Это не политика самосохранения, не благосостояние той или иной личности в ее конечной и физической форме, которые могут уберечь желаемый объект или защитить Общество от социального урагана; но лишь ослабление чувства разъединенности в единицах, образующих его основной элемент. И ослабление этого чувства может быть достигнуто лишь процессом *внутреннего просветления*. Это не насилие, которое может обеспечить всех хлебом и комфортными условиями; это не царство мира и любви, взаимной помощи и милосердия, и «пищи для всех», которое будет завоевано холодной, разумной, дипломатической деятельностью. Царство справедливости и равенства для всех может быть установлено только при помощи тесного братского союза внутренних СУЩНОСТЕЙ людей, душевной солидарности, роста и развития чувства, которое заставляет человека страдать, когда он думает о страдании другого. Это первая из трех фундаментальных целей, ради которых было создано Теософское общество; она названа «Всеобщим Братством Людей», независимо от *расы, цвета кожи или убеждений*.

Когда люди начнут понимать справедливость того, что ужасный личный эгоизм, главный двигатель «борьбы за существование», лежит на самом дне и является единственной причиной человеческого голода; что другой — национальный эгоизм и тщеславие, побуждает государства и богатых людей вкладывать огромные капиталы в непродуктивное возведение огромных церквей и храмов, и поддержку роя социальных трутней, называемых кардиналами и епископами, истинных паразитов на теле своих подчиненных и своей паствы, — тогда они попытаются излечить это всеобщее зло здоровым изменением политики. Эта долгожданная революция может быть достигнута *мирным путем* только при посредстве Теософского общества и его учений.

Это, по-видимому, в какой-то степени понял мосье Бёрнуф, так как, выделяя главную суть ситуации, он заканчивает следующим образом:

«Общество найдет себе союзников, если поймет, как найти свое место в сегодняшнем цивилизованном мире. Поскольку против него будут все позитивные культы, за исключением может быть небольшого числа несогласных и смелых священников, то единственный путь, открытый для него, состоит в том, чтобы вступить в союз с людьми науки. Если его догма о милосердии является добавочной доктриной, которой оно снабжает науку, то общество будет обязано построить ее на научной основе, под угрозой остаться в области сентиментальности. Часто повторяемая формула о борьбе за жизнь является верной, но не универсальной; она справедлива для растений; она становится все менее справедливой для животных, по мере того, как мы поднимаемся по ступеням эволюционной лестницы, поскольку при этом возникает и увеличивается в своем значении закон жертвенности; у человека эти два закона уравновешены друг с другом, и закон жертвенности, который является также законом милосердия, стремится занять верховное положение, благодаря царству разума. Именно разум в нашем обществе является источником права, справедливости и милосердия; благодаря ему мы избегаем необходимости борьбы за существование, морального рабства, эгоизма и варварства, другими словами, избегаем того, что Сакьямуни поэтически назвал властью и воинством Мары».

И все же наш критик, по-видимому, не удовлетворен этим состоянием дел и советует нам следующее:

«Если Теософское общество, — говорит он, — войдет в этот строй идей и поймет, как сделать их своей точкой опоры, то оно покинет круг рудиментарных мыслей и найдет свое место в современном мире, оставаясь, тем не менее, верным своим индийским источникам и их принципам. Оно может найти союзников; ибо если люди устали от символических культов и не разбираются в своих собственных учителях, то люди сердечные (каких много) так же устали и запуганы эгоизмом и коррупцией, которые стремятся поглотить нашу цивилизацию и заменить ее ученым варварством. Чистый буддизм обладает максимальной широтой, которую можно требовать от учения, одновременно и религиозного, и научного. Его терпимость является причиной того, что он ни у кого не может вызвать зависть. В его основе находится лишь провозглашение верховенства разума над животными инстинктами, по отношению к которым он является регулятором и ограничителем. Наконец, он сам сформулировал свою суть в нескольких словах, которые замечательно выражают закон человечности, науки и добродетели».

Эту формулу Общество расширило, добавив сюда почти столь же превосходную аксиому: «*Нет религии выше истины*».

В этом месте мы оставим нашего ученого, и, по-видимому, слишком любезного критика, и обратимся с несколькими словами к теософам вообще.

Заслужило ли наше Общество, как целое, лестные слова и замечания, посвященные ему мосье Бёрнуфом? Сколько индивидуальных членов Общества, сколько его отделов выполняли заповеди, содержащиеся в благородных словах Учителя Мудрости, цитируемые нашим автором из № 3 «Люцифера»? «Тот, кто не практикует» эти и другие заповеди, «*не является теософом*», — говорится в цитате. Тем не менее, те, кто никогда не разделял с бедным человеком даже лишнего, не говоря уж о последнем куске; те, кто продолжают различать в своем сердце цветного брата от белого; а также те, для кого злобные высказывания об их близких, жестокие сплетни и даже клевета без всякого повода, подобны небесной росе, упавшей на пересохшие губы, — называют и считают себя *теософами!*

Конечно, это не вина меньшинства *истинных* теософов, которые пытаются следовать по *пути* и делают отчаянные попытки достичь его, если большинство членов Общества так не поступает. Поэтому эти слова адресованы не им, а тем, кто в своей горячей любви к себе и своему тщеславию широко сеет среди членов Общества семена раздора, вместо того, чтобы пытаться проводить собственную программу для улучшения своих собственных возможностей; тем, чье собственное тщеславие, неудовлетворенность и любовь к власти, часто заканчивающаяся показным поведением, вносят ложь в исходную программу и девиз Общества.

Действительно, эти исходные задачи ПЕРВОЙ СЕКЦИИ Теософского общества не напоминались сколько-нибудь часто нашим членам.[1] Дух этих задач ясно выражен в письме одного из Учителей, цитированном в «Оккультном мире» на стр. 71 и 73. Те теософы, которые с течением времени захотели отойти или отошли от этих исходных задач и, вместо того, чтобы соглашаться с ними, предложили новую административную политику, исходящую из глубины своего сознания, — *они не искренни в своих обещаниях*.

«Мы постоянно работали в направлении, указанном нам с самого начала», — уверяют нас горделиво некоторые из них.

«Это не так», — отвечают те, кто больше знает о *скрытой деятельности* основателей Теософского общества, чем знают или когда-либо будут знать те, кто продолжает действовать в состоянии самообмана и самодостаточности.

Каковы же направления, намеченные «Учителями»? Обратимся к подлинным словам, написанным одним из них в 1880 году автору «Оккультного Мира»:

«...Нашему разуму эти мотивы, искренние и достойные самого серьезного рассмотрения *с мирской точки зрения*, кажутся *эгоистичными*... Они эгоистичны, поскольку вы должны сознавать, что главная цель Теософского общества — *не столько удовлетворение индивидуальных устремлений, сколько служение нашим последователям*... На наш взгляд, самые высокие устремления, направленные на благосостояние человечества, окрашиваются эгоистичностью, если в сознании филантропа имеется что-то от желания принести пользу *самому себе или совершить какую-либо несправедливость, хотя бы и бессознательно*. Вы обсуждали ранее, но с тем, чтобы принизить, идею Всеобщего Братства, подвергали сомнению ее полезность, и предлагали перестроить Теософское общество по принципу колледжа со специальным изучением оккультизма...» («Оккультный Мир», стр. 72).

---

[1] См. «Правила» в I-ом томе «Теософиста», стр. 179-180.

Но имеется и другое письмо, написанное в том же 1880 году, которое является не только прямым порицанием теософов, пренебрегающих основной идеей Братства, но также ответом, который предвосхитил главный аргумент мосье Эмиля Бёрнуфа. Вот несколько отрывков из него. Оно было адресовано также тем, кто хотел бы отойти от «сентиментального названия» и сделать из Общества всего лишь арену для «гадания на кофейной гуще и астральных колокольных перезвонов»:

«...В свете все возрастающего триумфа свободы и в то же время неправильного использования свободомыслия, как можно ограничить воинственный инстинкт человека от связанной с ним неслыханной грубости, преступлений, тирании, несправедливости, если не благодаря умиротворяющему влиянию Братства и практическому применению эзотерических доктрин Будды?.. Буддизм является самым верным способом привести людей к единой эзотерической истине. Мы видим, что в современном мире, будь он христианским, мусульманским или языческим, справедливость не пользуется уважением, а доброе имя и милосердие часто пускаются по ветру. Коротко говоря, поскольку основные цели Теософского общества неправильно интерпретируются теми, кто больше всего хочет нам служить, как же нам быть с остальной частью человечества, с этим проклятием, известным как «борьба за существование», которое является истинным и наиболее плодовитым прародителем большинства несчастий и скорбей, а также всех преступлений? Почему эта борьба стала почти универсальной вселенской системой? Мы отвечаем: Потому что никакая религия, за исключением буддизма, не учила до сих пор на практике презрению к этой земной жизни, тогда как все они, опять-таки за этим единственным исключением, внушали величайший ужас смерти при помощи запугивания адом и проклятиями. Поэтому мы обнаруживаем, что «борьба за существование» наиболее сильно выражена в христианских странах, прежде всего в Европе и Америке. Оно ослаблено в языческих странах, и почти неизвестно среди буддийских народов... Если учить людей видеть, что жизнь на этой Земле, даже самая счастливая, — это лишь бремя и иллюзия, что это лишь наша собственная карма, причина, вызывающая следствие, то есть наш собственный судья, наш спаситель в будущих жизнях, то великая борьба за существование скоро утратит свою силу... Мир в целом, и христианский мир особенно, потратившей две тысячи лет на веру в личного Бога, так же как его политические и социальные системы, основанные на этой идее, доказали в настоящее время свою несостоятельность. Если теософы говорят: «мы не должны иметь дело со всем этим, низшие классы и низшие расы (например, индийцы, с точки зрения британцев) не могут занимать нас и должны сами устраиваться, как могут», — что остается тогда от нашей веры в благотворительность, реформы и т. д.? Не является ли она насмешкой? А если так, то может ли наш путь быть верным? Должны ли мы посвятить себя обучению немногих роскошно живущих европейцев, одаренных слепой фортуной, должны ли мы учить их гаданию на кофейной гуще, общению с духами и т. д. и т. п., — и пренебречь многими миллионами невежественных, бедных, презираемых, угнетаемых, занимающих самое низкое положение в обществе, и предоставить им заботиться самим о себе и своем будущем, лучшем, чем они имеют сегодня? Никогда! Пусть Теософское общество скорее погибнет, чем мы позволим ему стать не более чем академией магии и чертогом оккультизма. Но если бы мы, убежденные последователи духовного воплощения абсолютного самопожертвования, филантропии и божественной доброты, в высшей степени достигнутых на этой грешной земле Гаутамой Буддой, самым великим из людей, позволили бы Теософскому обществу стать воплощением эгоизма и дать приют лишь немногим, не думая о многих, — это была бы странная идея... И это мы, скромные ученики совершенных лам, находимся в ожидании того, чтобы Теософское общество утратило свое благородное название, и вместо того, чтобы стремиться к созданию Братства Человечества, превратилось в простую школу психологии? Нет! Нет! наши братья, вы уже столь долго трудились под знаком этой ошибки. Давайте поймем друг друга. Тому, кто не чувствует себя достаточно компетентным для того, чтобы принять эту благородную идею и работать во имя ее, не нужно брать на себя задачу, которая для него слишком тяжела...

Чтобы быть истинной, религия и философия должны давать решение любой проблемы. То, что мир находится в плохом нравственном состоянии — это убедительное свидетельство того, что ни одна из его религий и философий, и в особенности тех, которые принадлежат цивилизованным расам, никогда не обладала ИСТИНОЙ. Правильное логическое объяснение проблем великой двойственности — правды и неправды, добра и зла, свободы и деспотизма, боли и удовольствия, эгоизма и альтруизма — столь же невозможны для них сейчас, как и 1880 лет назад. Они так же далеки от решения, как были когда-то, но...

Где-то должно быть дано определенное решение этих проблем, и если наши доктрины покажут, что они могут предложить его, тогда мир впервые поверит, что именно они являются истинной философией, истинной религией, истинным светом, который несет правду и ничего кроме ПРАВДЫ...»

И этой ПРАВДОЙ является не буддизм, но эзотерический БУДХИЗМ. «Имеющий уши, да услышит...»

СОВРЕМЕННЫЙ ПРОГРЕСС В ТЕОСОФИИ

Что бы ни думали о теософии и теософском движении, время, по меньшей мере, показало то, что они не являются эфемерными, как это представлялось вначале американской и зарубежной прессой. Теософия, по-видимому, заняла некое устойчивое место в современной мысли, подтверждая, таким образом, справедливое наблюдение, сделанное сэром Джоном Гершелем, который сказал, что «великое, и на самом деле единственное свойство истины — это ее способность выдержать проверку всеобщим опытом, и выйти неизменной из любой возможной честной дискуссии».

К сожалению, теософия до сих пор никогда не имела шанса на такую дискуссию; но это должно случиться. Она представлялась в наиболее гротескном свете, полностью искажающем ее вид. За немногими исключениями, даже ее друзья обнаружили в своих публикациях весьма несовершенное понимание вопроса. Если бы ее достоинства обсуждались отдельно от личностей, с которыми связано движение, то без сомнения она приобрела бы гораздо большую популярность, чем ныне. Множество признаков указывает на это. Наиболее энергичные попытки теологических и ученых фанатиков, использование ими насмешек, сарказма, искажений и опровержений, не смогли предотвратить рост Теософского общества и его влияния, и воспрепятствовать распространению теософских идей во всем мире. Вряд ли даже самые большие оптимисты среди организаторов нашего общества могли мечтать о таком успехе, которым были вознаграждены их труды. Маленький кружок мыслящих мужчин и женщин, встретившихся в гостиной на Ирвинг-плейс летним вечером 1775 года, создал нечто лучшее, чем они предполагали (со своим неразвитым предвидением), когда принимали решение основать такую ассоциацию.

Нас часто спрашивают: «Какова общая цель Теософского общества? *Cui bono* [кому на пользу, *лат.*] весь этот труд, вся эта энергия, тратившаяся с самого начала на то, чтобы плыть против сильного течения общественных предрассудков, сектантской ненависти и непопулярности? Каждая из хорошо известных целей общества [1] не только имела, но и имеет своих учителей и последователей в прошлом и настоящем. Ваша первая цель, а именно братство людей, лежит в самой сути христианства; ваша вторая цель поддерживается азиатскими обществами, музеями и всеми ориенталистами; что касается вашей третьей цели, то лучше бы она оставалась в руках людей науки, которые уже проанализировали критически спиритуализм и подорвали месмеризм, а теперь — под руководством Общества психических исследований — собираются заняться вопросом о переносе мыслей, иллюзиях жизни, и Теософским обществом в частности».

Мы отмечаем, что «кукушка» ОПИ снесла свои первые яйца в гнездах теософии и спиритуализма;[2] очевидно, оно имеет такое же отношение к науке, как и к своим двум приемным матерям, и оно может сохранять с ней близкие отношения только как вознаграждение за предательство по-

---

[1] 1. Братство людей; 2. Изучение восточных философий; 3. Исследование скрытых сил в природе и человеке. *См. ниже*.

[2] Истинным инициатором и основателем Общества психических исследований был «М. А. Оксон» (м-р У. Стентон Мозес), в настоящее время — издатель журнала «Свет». Это он, будучи членом Теософского общества, первым предложил образовать некое общество для исследования аномальных явлений на путях давно скончавшегося «Диалектического общества». Этот джентльмен, вероятно, много раз пожалел об этой идее. Это общество, потомок спиритуализма и теософии, доказало свою предательскую сущность, хотя и без особого успеха до сих пор.

следних и низкопоклонство перед материалистической наукой. Возражая на первые два утверждения, теософы хотели бы спросить христиан и ориенталистов, что же они сделали в своих собственных областях, чтобы осуществить на практике две наши первые цели? Не имея полной уверенности, я все же должна отметить, что все это было лишь разговором и теорией. Привела ли Нагорная проповедь, несмотря на всю ее нравственную красоту, к тому, чтобы так называемые христианские народы обращались друг с другом в духе христианства, или к тому, чтобы они предложили братство народам и племенам Азии и Африки, которых они подчинили себе силой оружия или обманом? И предотвратила ли философская проницательность профессора Макса Мюллера, который показал нам тридцать лет назад, что одна и та же арийская кровь течет в коричневом теле индийского сипая и под бледной кожей английского лорда и британского бакалейщика, от того, чтобы правящие англо-индийцы предоставили многочисленные доказательства своего высочайшего презрения по отношению к азиатским подданным королевы-императрицы?

Некоторые называют Теософское общество — «Британским азиатским обществом *плюс* филантропия»; а поскольку в последнем отсутствует инстинкт братских устремлений и оно слишком часто обнаруживает желание приносить истину в жертву теологическим пристрастиям, то его деятельность в течение почти ста лет принесла в арийскую философию, религию и науку больше тьмы, чем света. Что касается третьей цели, то необходимо сказать о работе ОПИ, а также французских гипнотизеров Парижа и Нанси, что, накапливая массу важных фактов для будущих философов, они, за очень малым исключением, пытались, в лучшем случае, дать искаженную интерпретацию явлений, которые они не могли подвести под теорию мошенничества. Все их обязательства были принесены на алтарь Молоха материализма.

Поскольку невозможно отрицать, что эта склонность к материализму быстро прогрессировала в последние полстолетия под влиянием университетской мысли, становится очевидным, что образование Теософского общества в тот момент, когда оно возникло, было исключительно своевременным, и представляло собой шаг в направлении защиты *истинной* науки и *истинной* религии от поверхностного знания, которое становилось все более и более самонадеянным. Опыты Шарко в больнице «Salpêtrière» были объяснены приверженцами его материалистической школы столь неудачно, что появление древней эзотерической философии на арене западной мысли стало жизненно необходимым. Виднейших западных экспериментаторов уже обвиняли в том, что «непроходимая пропасть» Тиндаля и «непознаваемое» Спенсера никогда не могут быть преодолены без чего-то, включающего в себя арийскую эзотерическую доктрину. Интерес культурных слоев общества и любопытство, возникающее в каждой стране, где появляется теософ или теософия, популярность теософской и мистической литературы во всем мире, обогатившая многих издателей и писателей, — все это указывает на появление в христианском мире одновременно и отчаяния, и надежды; утраты веры в то, что наука когда-нибудь разгадает эту тайну жизни, и надежды на то, что решение может быть найдено в тайной доктрине.

Теософское движение было необходимостью этого века, и оно распространилось в соответствии со своими собственными побуждениями, и не требует никаких добавочных методов. Во-первых, оно не могло рассчитывать ни на деньги или пожертвования, ни на общественную или государственную поддержку. Оно взывало к определенным человеческим врожденным потребностям и устремлениям, и поддерживало возвышенный идеал способности к совершенству, с которым вступали в конфликт официально принятые интересы общества, и против которого они были обречены бороться. Его сильнейшим сторонником было острое желание людей пролить свет на проблему жизни, а также выработать благородные представления о происхождении, судьбе и потенциальных возможностях человеческого существа. В то время как материализм и его собрат, секуляризм, были направлены на разрушение не только теологии и сектантского догматизма, но даже и религиозной концепции божественной Сущности, задача теософии состояла в том, чтобы объединить людей разных религий в исследовании истинных основ религии и научном доказательстве непрерывного существования высшей Сущности. С благодарностью принимая результаты научного исследования и выявления теологических ошибок, допуская научные методы и положения, защитники теософии пытаются отыскать в остатках культов драгоценные крупицы истины, имеющиеся в каждом из них. Отвергая теорию чудесного и сверхъестественного, они пытаются проследить родство внутри семейства мировых религий и выяснить их согласованность с наукой.

Растущая склонность общественной мысли в направлении теософии, по-видимому, представляет собой реакцию на иконоборческое влияние школ полковника Ингерсолла и м-ра Брэдлафа. Безусловно, имеются тысячи так называемых свободомыслящих, искренне верящих в исчезновение личности при умирании тела; но в связи с фактом недавнего обращения миссис Анни Безант от секуляризма к теософии, и связанных с ним дискуссий, может показаться, что есть множество людей, считающих себя последователями двух вышеупомянутых авторитетов, и которые являются таковыми вследствие незнания взглядов, присущих теософии. Мы, руководители и члены Теософского общества, осмеливаемся, поэтому, надеяться, что при более широком распространении наших взглядов, мы увидим очень большое подспорье нашему делу со стороны секуляристских кругов. Конечно, это должно рассматриваться в пользу друзей духовного, находящихся в оппозиции к материализму, — в любом случае, тем, кто понимает, что нравственность, мир и благосостояние будут поддержаны универсальной верой в жизнь после смерти (либо вечную, либо прерываемую сериями перевоплощений на одной и той же земле), и в то, что человек обладает высшей, бессмертной

СУЩНОСТЬЮ, потенциальными духовными силами и сознанием.

Самое худшее для общества, особенно для его религиозных чувств, состоит в том, что органы сектантского фанатизма так хорошо преуспели благодаря искажению фактов, неистовой лжи, откровенной фальсификации, в том, чтобы представлять Теософское общество и наше дело в неверном свете в течение последних четырнадцати лет. Клерикальные органы не одиноки в своей презренной и бесполезной работе, поскольку еженедельники спиритуалистов в Соединенных Штатах столь же ожесточенны и лживы в своем неустанном отрицании теософии. Злобные выпады и поношение от интеллектуальных апостолов «спиритических путеводителей» и «руководств» по «Саммерленду» множились пропорционально росту Теософского общества. Реакция на последнее совещание, проведенное американскими теософами в Чикаго 29-30 апреля сего года [1890],[1] представляет собой прекрасный пример этой слепой и яростной ненависти. Таков был решительный и беспрецедентный успех последней встречи, что даже ведущие газеты Чикаго и других городов должны были признать этот факт, впервые не находя ничего, кроме слов симпатии по отношению к теософам.

Лишь печатные органы «распущенных благодетелей» с тем же успехом изливают на нас свой гнев, издевательства и грубую клевету. Но мы не обращаем внимания на них. Почему же? Сильнейшая враждебность и самое низкое вероломство не способны изменить наши идеи, принизить наши цели, опровергнуть разумность наших методов или навязать нам эгоистические, неблагородные мотивы. Поскольку провозглашенные нами принципы являются не только неопровержимыми, но и специально рассчитаны на то, чтобы принести пользу человечеству, эти заговорщики и клеветники самым примитивным образом удерживают

---

[1] В настоящее время имеется 38 отделений Теософского общества в Соединенных Штатах; весьма заметная активность проявляется и на Тихоокеанском побережье.

множество людей с религиозными склонностями от того наслаждения, которое они могли бы получить, если бы поняли, что представляет собой теософия на самом деле, и сделали бы ее руководящим принципом в своих поступках.

Если справедливость является законом природы, а несправедливость — временным злом, то ужасным должно быть возмездие, которое навлекли на свои головы эти люди, ведомые по ложному пути. Страдание же, которое претерпели мы, лишь дисциплинировало нас и научило нас быть еще более преданными эзотерической доктрине ради нашей поддержки и ободрения.

Поскольку темой данной работы является современный прогресс нашего движения, ситуация в этом вопросе может быть лучше всего проиллюстрирована статистическими данными. Чтобы не быть многословными, начнем с 1884 года, когда лондонское Общество психических исследований осуществило рейд против нас. Из официального отчета за этот год оказывается, что на 31 декабря 1884 года в разных частях света существовало 104 отделения Теософского общества. В 1885 году, как ответ на клевету против нас, возникло семнадцать новых отделений; в 1886 — пятнадцать; в 1887 — двадцать два; в 1888 — двадцать одно; и к 1 сентября 1889 года — семнадцать. К 31 декабря 1888 года шесть отделений перестали существовать, при этом остались работать 173; поскольку в 1889 году были добавлены новые группы, то в сумме сейчас имеется 190 отделений, из которых должны быть исключены те, которые распались в последние двенадцать месяцев. Однако мы не слышали ни об одном из таких. Наоборот, к июню 1890 года мы насчитываем более 200 отделений.

В Англии, стране, где теософии приходится совершать более тяжелую работу, чем в каком-либо другом месте, три года назад имелось лишь одно-единственное отделение — «Лондонская ложа» Теософского общества, насчитывающая около 150 членов. Со времени прибытия автора в Англию и образования в июне 1887 года так называемой «Ложи Блаватской» (в которой сейчас состоит свыше 300 действительных и ассоциированных членов), в разных центрах Великобритании было образовано двенадцать отделений Теософского общества, и число их членов увеличивается с каждым днем. Рост нашего Общества в этой консервативной стране поражает даже в сравнении с тем, что было в Соединенных Штатах Америки. Таким образом, начиная с рейда 1884 года, рост происходил со скоростью около 19 новых отделений в год, и конечный подсчет 1889 года показывает такой же большой прирост. Если разделить 104 — общую сумму в конце 1884 года — на 10 (число лет со времени основания Общества), мы получаем среднегодовой прирост, равный 10.4 отделения; таким образом, оказывается, что вопреки надеждам организаторов этого рейда, Теософское общество вовсе не прекратило свое существование, а наоборот, заметно увеличило среднюю скорость своего распространения, как в численном, так и в географическом отношении.

Бесполезно напоминать американскому читателю о непрекращающемся систематическом преследовании, которому подвергается, и подвергался в течение многих лет, автор этих строк (а также, благодаря этому, и теософия) со стороны различных врагов, упорных и подлых. Если до сих пор ни заговоры, ни прямые атаки не могли серьезно потрясти Общество или воспрепятствовать его движению, то ничего с ним не случится и в будущем. Мы можем лишь повторить с благодарностью и в слегка измененном виде христианское высказывание, столь применимое сейчас к нашему движению: «Кровь мучеников — это семя теософии». Наше общество проделало так много хорошей работы, посеянные им зерна добра столь очевидны даже среди кучи мякины, что это не может не создать надежный фундамент для храма истины не только в отдаленном, но и в ближайшем будущем.

Ибо теософская литература быстро растет. У нас есть семь основных центров издательской деятельности — Мадрас, Бомбей, Цейлон (Коломбо), Стокгольм, Лондон, Париж и Нью-Йорк. Стокгольмское отделение, основанное около года назад, имеет более ста членов, и наша литература в Швеции быстро распространяется. Маленький Цейлон три месяца назад имел двадцать одно отделение, а сейчас имеет, по-видимому, еще больше. Мадрас является главной штаб-квартирой Общества, официальной резиденцией президента и администрации, и здесь же находится редакция «Теософиста». В Бомбее расположен «Теософский издательский фонд», созданный и руководимый м-ром Тукермом Татья, индийским теософом, который публикует важные работы на санскрите и английском; об этом говорил с большой похвалой профессор Макс Мюллер в письме, опубликованном в «Теософисте» и «Люцифере». В Лондоне находится «Теософское издательское общество», которое издает журнал «Люцифер» (редакторами которого являются миссис Анни Безант и я), серию брошюр, называемых «ТИО», выходящих каждые две недели, и много новых теософских работ.

Следуя хорошему примеру Арийского Теософского общества Нью-Йорка — штаб-квартиры теософского движения в Америке — в Лондоне в мае этого года был создан комитет для широкого распространения по почте листовок с теософскими доктринами, причем каждый член Общества отвечает за определенный район. За первые месяцы действия этого «проекта почтовых отправлений», Арийское Теософское общество в Нью-Йорке распространило свыше 150.000 материалов по теософии и ее доктринам. В Париже год назад начало выходить ежемесячно «Теософское обозрение» («Revue Téosophique»), редактируемое мной и руководимое графиней д'Адемар; сейчас (с марта) появился еще один теоеофский журнал, «Голубой Лотос» («Le Lotus Bleu»); я являюсь его редактором, а руководит им Артур Арнольд, хорошо известный в Париже журналист и президент парижского Теософского общества — «Гермес». В Нью-Йорке мы имеем журнал «Путь» («The Path»), редактор которого, м-р У. К. Джадж, издает также ряд книг и брошюр. Наличие этих центров неопровержимо свидетельствует о том, что наше движение постоянно разрастается, и что все предвзятые и злобные сообщения, говорящие о противоположном, лишены всяких оснований.

Но вершиной и славой Теософского общества является наша Адьярская библиотека, являющаяся любимым детищем нашего президента. Хотя она основана только три года назад, она уже приобрела большую коллекцию восточных работ величайшего значения, состоящую из 3.046 томов; кроме того, свыше 2.000 работ на европейских языках и ряд редких рукописей на пальмовых листах. Говоря словами нашего ученого библиотекаря, пандита Н. Бхашьячарья (к сожалению, недавно умершего):

«Отдел буддийской литературы богаче, чем в какой-либо индийской библиотеке, и, вероятно, близок к тому, что имеется во многих европейских странах.[1] Наиболее важными среди этих работ являются: 1. Щедрый подарок миссис Диас Илангакун, буддийского теософа из Матары, Цейлон, «полный текст палийской версии Трипитаки, записанной на пальмовых листах и состоящий из шестидесяти томов, около 5.000 страниц. Двенадцать писцов в течение двух лет копировали тома из уникальной коллекции в Мериссе», — коллекции, стоимость которой составляет 3.500 пожертвованных рупий. 2. Секта джодо японских буддистов подарила полковнику Олькотту «полный текст китайской версии Трипитаки в 418 томах на шелковой бумаге»... Другие «японские секты подарили ему в общей сложности 1.057 томов». 3. Двадцать два свитка с рисунками на шелке и бумаге, ... два из которых выполненные на шелке, как утверждают, старше 800 лет, а одна рукопись, возрастом 350 лет, написана тончайшими золотыми чернилами на свитке из очень гладкой черной бумаги, 33 фута длиной, намотанной на валик».[2]

---

[1] Подробности смотри в содержательной статье пандита Н. Бхашьячарья, заведующего Восточной секцией Адьярской библиотеки, в «Теософисте» за август 1889 г.

[2] «Здесь имеется также», — пишет ученый брамин-библиотекарь, — «большая картина, на которой изображены яркими красками 137 сцен из жизни основателя секты джодо; ... и древняя биография адепта-основателя движения Ямабуси, или братства людей с необычными способностями, и его портрет в виде свитка, вместе с некоторыми огненными элементалами, которые

Таковы некоторые из уникальных сокровищ, книг и реликвий Адьярской библиотеки Теософского общества, «собранные с величайшими трудностями ввиду полного отсутствия денежной поддержки и общественного покровительства»; библиотека «до сих пор не получила от какого-нибудь правительства ни одной книги и ни одной рупии». Эта библиотека переживет своих создателей и всех нынешних членов Теософского общества, и будет свидетельствовать о проделанной ими работе, когда многое другое будет забыто.

Бросив беглый взгляд на общие аспекты Общества, какими они сейчас представляются, мне бы хотелось очень кратко обрисовать три основных принципа, на которых оно строится, и изложить результаты, достигнутые по каждому из этих направлений.

Три официально провозглашенные цели нашего Общества состоят в следующем:

1. Образование ядра всеобщего братства людей, без различия расы, вероисповедания, пола, касты или цвета кожи.

2. Усиленное изучение арийской и других восточных литератур, религий, философий и наук.

3. Третья цель, преследуемая отдельными членами Общества, заключается в исследовании не объясненных до сих пор законов природы и психических способностей человека.

Таким образом, мы уделяем внимание двум общим целям и одной — ограниченной. Каждый вступающий в Об-

---

он подчинил своей воле. Доктор Биглоу из Бостона, проживающий сейчас в Токио, любезно предоставил фотографию бронзовой группы, изображающей Кобо-дайши, адепта-основателя секты шин-зор, вместе с двумя малыми элементалами, которые служат ему в качестве посланников и слуг». Все это показывает, что теософский «козел отпущения», Е. П. Блаватская, *не придумала* ни братства адептов, ни «элементалов», поскольку об их существовании было хорошо известно в течение многих столетий в Японии, Китае и Индии.

щество должен разделять теорию совершенного братства: братства, существующего на уровне высшей личности, а не на расовых, социальных и умственных различиях и антипатиях. Эти элементы расхождений принадлежат физическому человеку и являются результатом неравного развития в условиях закона эволюции. Мы считаем, что человеческое тело является лишь раковиной, оболочкой, или покровом истинной сущности; те, кто принимает эзотерическую философию и теорию «кармы» (универсального закона этической причинности), верят, что сущность, путешествуя вместе со всей массой человеческих существ по определенным большим и малым циклам бытия, выбирает при рождении разное тело, которое она сбрасывает в момент смерти под воздействием этого кармического закона. Хотя сущность может, таким образом, «одеваться» и «переодеваться» тысячи раз в последовательных перевоплощениях, сама по себе она неизменна и неспособна к изменению, и обладает божественной природой, высшей, по сравнению со всеми условиями земного плана. Только физическое тело имеет ту или иную расу, цвет кожи, пол, разнообразные привязанности, амбиции и любовь. Таким образом, когда мы постулируем идею всеобщего братства, мы хотим, чтобы она не понималась лишь как утопия, хотя мы и не мечтаем о ее быстром воплощении на пути общественных или национальных отношений. Самое большее, если этот взгляд на родство всех людей в масштабе человечества получит всеобщее признание, то чувство моральной ответственности, порожденное им, приведет к исчезновению большинства общественных бед и международных жестокостей, поскольку на смену современного эгоизма к руководству миром придет истинный альтруизм. Таким образом, мы возводим альтруизм в ранг приоритетных целей, выдвигаемых нашим Обществом, и пытаемся практической деятельностью обеспечить появление лучших законов.

Вторая из объявленных нами целей так хорошо говорит сама за себя, что нет никакой необходимости останавливаться на ней подробно, разве что в наиболее неподдающейся обобщению области. Основатели Теософского общества исходили из убеждения, что в древней литературе Индии, Цейлона, Тибета, Китая, Японии и других восточных стран заключено множество истин, которые, если сделать их доступными, могли бы стать очень важными и полезными для нынешних поколений. Лучше всего для этой работы подошли бы восточные ученые, знающие древние языки, в особенности те из них (если таковые найдутся), кто был обучен скрытому значению имен, чисел и выражений, которыми изобилуют азиатские тексты, и которые приводят в отчаяние наших западных ориенталистов. Эти ученые мужи являются священниками различных религий и пандитами, или профессорами, в некоторых восточных философских школах. Никогда до сих пор они не работали вместе в интересах всего человечества, поскольку их личные взгляды в большой степени антагонистичны, а их религии и философские книги часто противоречат друг другу. Никакая схема кооперации между ними не могла быть реализована иначе, чем в рамках, определенных нашей первой целью, то есть на основе теории всеобщих отношений между людьми в плане высшей личности, и политики невмешательства в то, что касается взаимоотношений на уровне низшей личности, то есть физического человека. Далее мы покажем, как была реализована эта часть нашей схемы.

Рассмотрим третью декларацию, в соответствии с которой лишь некоторые из наших собратьев занимаются исследованием оккультных свойств материи и психических способностей человека. Таким образом, Общество в целом не участвует в этой области исследований. Это естественно, поскольку из каждых десяти тысяч людей можно встретить лишь одного, принадлежащего к очень небольшому меньшинству тех, кто имеет время, склонность или возможность совершать эту деликатную и трудную работу. Те, кто делает эту работу, — прирожденные мистики и, без сомнения, настоящие теософы; теософом является тот, кто ищет божественной мудрости, то есть постижения конечных причин сил, соотношений и психического развития, а также метода решения всех загадок жизни. Люди с такими наклонностями не могут быть фанатиками; их раздражает сектантское ярмо, их сердца согреты симпатией по отношению ко всем тем, кто страдает, кто стонет под социальным гнетом, проистекающим из невежества, к людям любой расы, вероисповедания или цвета кожи, которые стремятся к знанию. Эти люди являются истинными теософами, братьями человечества, и, в своей наиболее совершенной форме, — представителями духовности, проводниками, учителями, благодетелями нашей расы. Мы полагаем, что вполне правильно заявить такую программу исследования и самопознания в качестве последней из наших трех целей. Мистические философские книги в наше время, так же как и в прошлые времена, писались для тех, кто заинтересован в этом, для всех вопрошающих, которые способны их найти и вдохновиться ими. Для широкой публики эти книги — все равно, что черная икра, к которой они не привыкли.

Рассматривая вышеизложенные наши цели по порядку, посмотрим, что было достигнуто в действительности за четырнадцать лет существования Теософского общества. Сводка будет сделана на основании официальных документов, которые могут быть в любое время проверены. Во-первых, что касается первой цели, позволительно заметить, что мы работали в рамках самого широкого из возможных охватов, имея дело как с народами в целом, так и с отдельными людьми или небольшими группами. Полковник Олькотт и я переехали из Нью-Йорка в Бомбей в начале 1878 года, и тогда же мы установили контакты между западными исследователями восточного мистицизма и некоторыми образованными индусами и сингалезцами. На Востоке мы нашли разделение на секты, касты и расы, древние религии были в забвении, не ценимые образованными слоями общества; расовая гордость, почтение к предкам и патриотический дух почти исчезли. Сегодня путешественник будет поражен начинающими преобладать проявлениями братства; оживлением интереса к обычаям, достижениям и литературе предков; горячим патриотизмом, кульминацией которого явилось образование Индийского национального конгресса — политического образования, с которым наше Общество не имеет прямых связей, хотя оно и было организовано нашими индийскими и англо-индийскими последователями.

Вскоре после нашего прибытия в Бомбей, наше Общество начало расти, количество отделений быстро увеличивалось, и стало необходимым проведение ежегодных собраний делегатов, представляющих это широко разветвленное Общество. В ответ на предложение президента, тридцать разрозненных отделений прислали в качестве представителей на первое собрание в Бомбее последователей индуизма, парсизма, буддизма, мусульманства, иудаизма и христианства. Этот состав был уникальным в истории Индии и вызвал широкие комментарии в прессе. Во время встречи в Институте Фрамджи Кавасджи, на трибуну последовательно выходили представители вышеперечисленных религий, соревнуясь друг с другом в горячих уверениях во взаимной терпимости и доброй воле, которые сопровождались шумными аплодисментами аудитории. Таким образом, возникло отчетливое представление о всеобщем братстве, и прозвучала благая весть религиозной терпимости в той части света, где раньше процветала лишь сектантская ненависть и классовый эгоизм.

Это было в 1882 году. С тех пор такие собрания проводятся ежегодно в качестве совещательного органа для организации работы Общества; при этом не возникало ни малейших разногласий сектантского или расового характера. Вся Индия пребывала под благотворным влиянием, исходящим от этих встреч, благодаря деятельности делегатов в своих территориальных округах и среди своего народа. Когда началась политическая агитация, и был созван Национальный конгресс, он действовал с учетом наших позиций, и его организаторы и руководители в значительной степени состояли из членов нашего Общества, присутствовавших в качестве делегатов на наших собраниях.

Помимо содействия в плетении золотой паутины братства во всей Индии, наше Общество протянуло свои отделения до Цейлона, Бирмы, Сиама и Японии, и привело эти народы к братским отношениям с индусами, несмотря на религиозные различия, создавая, таким образом, каналы для международных взаимодействий по вопросам религии и образования. В этих странах мы также сеяли те же семена доброй воли, а на Цейлоне мы уже собираем урожай. На этом вечнозеленом райском острове мы оживили буддизм и начали очищать его, организовали высшие школы, взяли под свой надзор около пятидесяти средних школ, распространяли литературу во всех частях острова, убедили правительство объявить день рождения Будды общенародным праздником, основали два журнала, создали типографию и обеспечили прямые контакты сингалезских буддистов с их японскими единоверцами.

Вот что было сделано нами в Индии и на дальнем Востоке. Что касается Европы, то поскольку мы начали работу здесь лишь три года назад, результаты ее только начинают быть ощутимыми. Тем не менее, в Лондоне, в самом центре процветающего материализма, мы основали в Истэнде первый клуб Работающих женщин, полностью свободный от теологических установок. До сих пор все такие попытки имели сектантский характер, так как были связаны с теми или иными религиозными взглядами; наши же основаны всего лишь на *братстве*, при этом никакое различие в веровании не рассматривается как препятствие. Когда, через несколько недель, клуб откроется, его члены окажутся в светлом и уютном доме, где для них будут легко доступны книги, газеты и музыка, и где группа их более образованных сестер по очереди, раз за разом, будет нести службу помощи и руководства — но не контроля — за вечерним досугом.

Только те, кто знает тоскливую жизнь наших бедных истэндских девушек, с искушениями, присущими любым формам доступного для них удовольствия, сможет понять братскую природу службы, предоставленной им таким образом. Мы (образованные классы) делаем изгоями этих менее счастливых членов нашей семьи, заставляем их селиться в специальной части города, среди грязных окрестностей и грубых влияний; а затем мы жалуемся, что их грубость шокирует наши тонкие чувства, их резкость дисгармонирует с нашей деликатностью! Таким образом, здесь Теософское общество провозглашает Братство Людей, выступая против классовых различий, так же, как в Индии оно выступает против кастовых различий.

Что касается возрождения восточной литературы, то вся пресса Индии, Цейлона и Японии авторитетно заявляет, что мы сделали в этом направлении больше, чем какая-либо другая служба в наше время. Мы не только помогли возродить в Индии древние *толы*, или пандитские школы санскритской литературы и философии, а также пробудить уважение к истинным йогам, или святым подвижникам, но мы также создали потребность в перепечатках и переводах древних санскритских классиков, которая удовлетворяется частым изданием работ такого рода в Калькутте, Бомбее, Бенаресе, Лахнау, Лахоре, Мадрасе и других индийских литературных центрах.

Наиболее важными среди них являются Веды, Бхагавад Гита, труды Шанкары, Патанджали, и других знаменитых арийских философов и мистиков. Народ Азии публично и несомненным образом выразил свою признательность и уважение к нам за то, что мы сделали в рамках второй из объявленных нами целей. Нельзя не отметить и того, что доминирующий интерес к теософии и к мистической восточной философии в целом, который вынужден будет признать любой непредвзятый наблюдатель как в Европе, так и в Америке, прямо или косвенно является результатом деятельности нашего Общества. Справедливость этого утверждения достаточно легко понять, если учесть, что имеется 38 отделений Общества в Соединенных Штатах, и многие — в различных европейских странах, и среди их членов имеется немало высококультурных мужчин и женщин, в том числе выступающих в прессе. Конечно, не мне говорить о том, в какой мере помогли созданию этой новой склонности западного ума книги, которые я написала, и журналы на английском и французском языках, которые я издавала и продолжаю издавать. Достаточно того, что такая склонность существует. Для теософов это является предзнаменованием появления нового религиозного сознания в мире, предвестником нового союза между наукой и религией, и мира между добрыми людьми самых несовместимых друг с другом вероисповеданий.

Теперь, что касается третьей цели в нашем списке. Собственно говоря, термин «психические исследования» должен включать в себя крупное движение, известное как современный спиритуализм. Но этот предмет слишком обширен, чтобы его можно было рассмотреть в ограниченном пространстве одной статьи. Достаточно сказать, что многие исследователи научились различать более точно разные классы явлений, и многое было сделано для того, чтобы ослабить сентиментальное и нефилософское суеверие, вследствие которого бестелесные «духи» являлись страдающими очевидцами глупостей и преступлений живых людей. Все, что относится к деталям и заключениям, которых мы достигли по этому вопросу, читатель может узнать в книге «Ключ к теософии», где этот вопрос рассматривается подробно.

По крайней мере, мы можем утверждать, что предоставили мыслящей публике логическую, последовательную и философскую схему происхождения человека, его судьбы и эволюции; схему, превосходящую все остальные по причине своей строгой приверженности к обоснованности. И мы можем расширить наш критерий истины таким образом, чтобы распространить наши исследования на проблемы, касающиеся природы менее известных сил, космических и психических. На эту тему написаны многие из наших книг, и многие наши переиздания старых работ, с комментариями или без них, выбраны исходя из того, насколько они проливают свет на эти *quaestiones vexatæ* [мучительные вопросы, *лат.*].

Коротко говоря, нашей целью является содействие, хотя бы в некоторой степени, в достижении правильных научных взглядов на природу человека, которые для нынешнего поколения представляют собой способ реконструкции дедуктивной метафизической или трансцендентальной философии, являющейся единственным твердым и непоколебимым основанием любой религиозной философии. Теософия, универсальный растворитель, выполняет свою миссию; переливчатые краски зари современной психологии смешиваются вместе, и все они вольются в совершенный дневной свет истины, когда солнечный диск восточного эзотеризма поднимется в зенит.

В течение многих долгих лет «великая сирота», Человечество, громко плакало в темноте, прося руководства и света. Среди возрастающего великолепия чисто материального прогресса и науки, которая питает интеллект и оставляет дух голодающим, Человечество, смутно чувствуя свое происхождение и, предвидя свою участь, протянуло к Востоку пустые руки, которые может наполнить одна лишь *духовная* философия. Стремясь уйти от всякой розни, подозрительности, ненависти, которые разрывают саму его жизнь, оно просило о каком-нибудь надежном фундаменте, на котором можно бы было построить солидарность, какую-либо метафизическую основу, на которой могли бы произрастать самые возвышенные общественные идеалы. Только Учителя восточной мудрости могут создать такой фундамент, который одновременно удовлетворит и интеллект, и дух, и сможет уверенно провести Человечество через ночь к «заре великого дня».

Такова цель, которую теософия намерена достичь; такова история современного движения; такова работа, которую теософия уже осуществила в нашем веке.

НОВЫЙ ЦИКЛ

Ни один первый выпуск традиционного и официального теософского журнала не обходится без того, чтобы мы не представили в нем нашим читателям некоторую информацию, которая, по нашему мнению, является совершенно необходимой.[1]

В сущности, то представление, которое по сей день имеют люди об индийском Теософском обществе, столь неопределенно и разнообразно, что даже многие наши члены обладают на сей счет совершенно ошибочными воззрениями. В этой связи необходимо подробно объяснить ту цель, которую мы преследуем в журнале, посвященном исключительно теософии. Однако прежде чем мы попросим наших читателей проявить к нему интерес или даже просто заглянуть в него, мы предложим им очень краткие предварительные разъяснения.

Сразу возникают вопросы: что такое теософия? Зачем это столь претенциозное название? Когда же мы отвечаем, что теософия — это божественная мудрость, или мудрость, скорее, богов (*Theo-sophia*), чем Бога, нам выдвигают другое, еще более экстраординарное возражение: «Разве вы не буддисты? Нам известно, что буддисты не верят ни в Бога, ни во множество богов...»

---

[1] Статья приурочена к выходу в свет первого номера «Теософского обозрения», Париж, 21 Марта 1889 г. — *Прим. редактора.*

Совершенно верно. Но, для начала, мы не в большей степени являемся буддистами, чем христианами, мусульманами, иудеями, зороастрийцами или брахманистами. К тому же, что касается богов, мы придерживаемся здесь эзотерического метода *hyponoia* [аллегории, *греч.*], которому учил Аммоний Саккас, другими словами, оккультного значения этого термина. Разве не сказал Аристотель, что «божественная сущность, пропитывающая природу и рассеянная по всей бесконечной вселенной, и то, что *hoi polloi* [простолюдины, *греч.*] называют богами, — это всего лишь Первопринципы...»[1] — другими словами, творящие и разумные силы природы. Однако из того факта, что буддийские философы распознавали и знали природу этих сил, как никто другой, вовсе не следует, что это Общество является буддийским, как Общество. В качестве некой абстрактной организации, Общество ни во что не верит, ничего не признает и ничему не учит. Общество *per se* [для себя, *лат.*] не может и не должно иметь какую-либо одну религию. В конце концов, культы — это всего лишь носители, более или менее материальные формы, содержащие в себе в большей или меньшей степени эссенцию единой и универсальной Истины. В принципе, теософия — это духовная и физическая наука об этой Истине, самая суть религиозного и философского исследования. Видимый представитель универсальной Истины — так как в нем содержатся все религии и философии, и так как каждая из них в свою очередь несет в себе часть этой Истины — Общество может быть сектантским, иметь предпочтения или пристрастия не в большей мере, чем антропологическое или географическое общество. Разве для последнего важно, принадлежат ли входящие в него исследователи к той или другой религии, пока каждый из его членов добросовестно выполняет свои обязанности?

Если же теперь, как и много раз до этого, нас спросят, являемся ли мы деистами или атеистами, спиритуалистами

---

[1] Метафизика, книга VIII, 1074 b. — *Прим редактора.*

или материалистами, идеалистами или позитивистами, роялистами, республиканцами, или социалистами, мы ответим, что в Обществе представлены все эти воззрения. Я лишь просто повторю то, что я сказала ровно десять лет назад во вступительной статье к журналу «Теософист»,[1] чтобы показать, сколь сильно отличается мнение публики о нас от того, чем мы в действительности является. Наше Общество в разные времена обвиняли в самых удивительных и самых противоречивых ошибках, и приписывали ему такие мотивы и идеи, которые оно никогда не имело. Чего только о нас не говорили! В один день мы были обществом невежд, верящих в чудеса; на следующий день нас объявляли тавматургами; наши цели — тайные и сугубо политические, говорилось с утра; мы были карбонариями и опасными нигилистами; однако вечером обнаруживалось, что мы шпионы, оплачиваемые монархической и автократической Россией. В другой раз, и без какого бы то ни было перехода, мы становились иезуитами, стремящимися уничтожить спиритизм во Франции. Американские позитивисты видели в нас религиозных фанатиков, тогда как духовенство всех стран обличало в нас эмиссаров Сатаны, и т. д., и т. д. Наконец, наши бравые критики с изысканной вежливостью и непредвзятостью разделяли теософов на две категории: *шарлатанов* и *простофиль*...

Однако клевещут лишь на то, что ненавидят или боятся. За что же нас ненавидят? И за что нас боятся, кто знает? Не всегда благоразумно говорить Истину, а мы говорим, возможно, слишком много *правдивых* истин. Несмотря на все это, с момента возникновения нашего Общества в Соединенных Штатах четырнадцать лет назад, наши учения получили совершенно неожиданно широкое распространение. Первоначальная программа по необходимости была расширена, и сфера наших комбинированных поисков и исследований в настоящий момент вышла далеко за поставленные рамки. Такое расширение было вызвано все

---

[1] В статье «Кто такие теософы», октябрь 1879 г. — *Прим. редактора*.

возрастающим увеличением числа наших сторонников, числа, растущего с каждым днем; разнообразие их рас и религий требовало от нас все более и более глубоких изысканий. Однако, расширяясь, наша программа ни в коей мере не менялась в том, что касается ее главных целей, за исключением, к сожалению, одной из них, наиболее близкой нашему сердцу, а именно — первой из них, т. е. создания Всемирного Братства без различия рас, вероисповедания или цвета кожи. Несмотря на все наши попытки, эта цель практически постоянно игнорировалась или же становилась мертвой буквой, особенно в Индии, благодаря врожденному высокомерию и национальной гордыне англичан. За этим исключением, две другие цели, а именно, изучение восточных религий, особенно древних ведических и буддийских культов, и наше исследование скрытых сил в человеке, преследовались с таким рвением, которое, в конце концов, было вознаграждено.

Начиная с 1876 годы, мы были вынуждены все более и более удаляться от проторенной дороги общих положений, какой она была задумана вначале, чтобы пуститься по смежным путям, расходящимся все шире и шире. Таким образом, ради того, чтобы удовлетворить всех теософов и проследить эволюцию каждой религии, мы обогнули весь земной шар, начав свое путешествие на заре цикла восходящего человечества. Эти исследования привели к синтезу, уже в общих чертах описанному в «Тайной Доктрине», перевод некоторых частей которой будет опубликован в данном журнале. Эта доктрина лишь едва очерчена в двух наших томах, и все же раскрытые в ней тайны, касающиеся верований доисторических народов, космогонии и антропологии, до сих пор ни разу не открывались. Некоторые догмы и теории в ней сталкиваются с научными теориями, особенно с теорией Дарвина; с другой стороны, они объясняют и проясняют то, что остается по сей день непостижимым, заполняя многочисленные бреши, которые, *volens-nolens* [волей-неволей, *лат.*], оставляет пустыми современная наука. Мы должны представить наши доктрины такими, каковы они есть, или же вообще не обсуждать этот вопрос. Тем, кто боится таких бесконечных перспектив и пытается сузить их при помощи кратчайших путей и подвесных мостов, искусственно возведенных современной наукой над этими тысячами зияющих брешей, лучше и не пытаться войти в Фермопилы древней науки.

Таков был один из результатов деятельности нашего Общества, может быть, очень слабый результат, но такой, за которым, несомненно, последуют и другие откровения, экзотерические или чисто эзотерические. Мы говорим об этом, чтобы показать, что мы, в частности, не проповедуем никакой религии, предоставляя каждому члену полную и совершенную свободу следовать своим собственным личным убеждениям. Главная цель нашей организации, которую мы пытаемся превратить в настоящее братство, со всей полнотой выражена в девизе Теософского общества и всех его официальных органов: «Нет религии выше Истины». Как объективное и беспристрастное общество, мы должны овладеть истиной везде, где бы мы ее ни нашли, не позволяя себе оказывать предпочтение той или иной вере. Этот принцип ведет к вполне логичному выводу: если мы призываем и принимаем с распахнутыми объятьями всех подлинных искателей истины, в наших рядах не может быть места оголтелому сектантству, фанатизму или лицемерию, окружившему себя китайской стеной догмы, на каждом камне которой написано: «Нельзя!» Какое же место могли бы занять среди нас подобные фанатики, религия которых запрещает любые вопросы, любое исследование и не допускает никаких споров, если известно, что главная материнская идея, самый корень, из которого произрастает прекрасный цветок, называемый нами теософией, — это абсолютная и неограниченная свобода изучения всех тайн природы, человеческой или божественной.

За их исключением, Общество приглашает всех остальных принять участие в его деятельности и открытиях. Тот, чье сердце бьется в унисон с великим сердцем человечества; тот, кто ощущает, что его интересы едины с интересами любого существа, более счастливого или несчастного, чем он сам; любой мужчина или женщина, готовые протянуть руку помощи страждущим; тот, кто понимает истинное значение слова «эгоизм», является теософом по рождению и по праву. Он всегда может быть уверен, что найдет в наших рядах близкие ему души. Наше Общество является, в действительности, своеобразным человечеством в миниатюре, где, как и в человечестве в целом, человек всегда может найти свое применение.

Если бы нам сказали, что в нашем Обществе атеист стоит локоть об локоть с деистом, материалист с идеалистом, мы бы ответили: Ну и что? Будь он материалистом, т. е., усматривающим в материи неограниченную силу для творения, или, скорее, эволюции всей земной жизни; или будь он спиритуалистом, наделенным духовным восприятием, которого лишен первый, — каким образом все это может помешать тому или иному человеку быть хорошим теософом? Более того, те, кто поклоняется личному богу или божественной Субстанции, являются намного большими материалистами, чем пантеисты, отвергающие идею о воплощенном боге, но видящие божественную сущность в каждом атоме. Общеизвестно, что буддизм не признает ни единобожие, ни многобожие. И все же архат, для которого каждый атом пыли столь же наполнен Свабхаватом (пластической субстанцией, вечной и разумной, хотя и безличной), как и он сам, и который стремится воспринять этот Свабхават, отождествляя себя со Всем, чтобы достигнуть нирваны, должен следовать тем же самым болезненным путем самоотречения, добрых дел и альтруизма, и вести такую же святую жизнь, хотя и менее эгоистическую по своим мотивам, что и блаженный христианин. Что значит преходящая форма, если цель, которую надо достигнуть, — это одна и та же вечная сущность, проявляется ли она для человеческого восприятия как субстанция, как нематериальное дыхание или же как *ничто!* Признаем же ПРИСУТСТВИЕ, называется ли оно личным Богом или универсальной субстанцией, и познаем причину, поскольку для всех нас очевидны ее следствия. Если все эти следствия одинаковы и для атеиста-буддиста, и для деиста-христианина, а причина невидима и непостижима для них обоих, зачем же нам тратить время в погоне за неуловимой тенью? При этом величайшие материалисты, так же как и наиболее трансцендентальные философы, признают вездесущность неощутимого Протея, всемогущего и пронизывающего все царства природы, включая и человеческое; Протея, нераздельного в своей сущности, избегающего формы, и все же появляющегося в любой форме; того, кто здесь и там, везде и нигде; того, что есть Все и Ничто, кто вездесущ и все же Един; универсальную субстанцию, связующую, ограничивающую и вмещающую все, содержащееся во всем. Кто из теологов смог бы копнуть глубже? Чтобы стать теософом, достаточно признать эти истины, ибо такое признание равносильно убеждению в том, что не только человечество, насчитывающее тысячи рас, но и все живущее и произрастающее, говоря другими словами, все существующее, проистекает из одной и той же сущности или субстанции, одухотворено одним и тем же духом, а, следовательно, все в природе, как физической, так и нравственной, связано всеобщим единством.

Мы уже много раз говорили в «Теософисте» о том, что «рожденное в Соединенных Штатах Америки Теософское общество представляет собой модель своей родины». Общеизвестно, что последняя исключила слово «Бог» из своей Конституции из опасения, по словам отцов республики, что это слово может однажды стать предлогом к введению государственной религии, ибо они хотели гарантировать абсолютное равенство для всех законопослушных религий, чтобы каждая форма религии поддерживала государство, которое, в свою очередь, покровительствует всем им.

Теософское общество основано было именно на этом прекрасном примере.

В настоящий момент сто семьдесят три (173) его отделения сгруппированы в несколько секций. В Индии эти секции пользуются самоуправлением, и сами покрывают свои затраты. Вне Индии существуют две большие секции: одна в Америке, другая в Англии (*Американская* и *Британская секции*). Таким образом, любое отделение, как и любой член, свободны исповедовать любую религию и изучать любую философию или науку, какую им будет угодно, при условии, что все они остаются в узах Солидарности или Братства, поистине, наше Общество может называть себя «Республикой Совести».

Хотя каждый член волен заниматься тем интеллектуальным трудом, который ему по нраву, все же он обязан предоставить некоторые основания для своей принадлежности к Обществу; это означает, что каждый член должен внести свой вклад, сколь бы мал он ни был, в ментальную или иную работу для пользы всех членов. Если человек не трудится ради других, он не имеет права называть себя теософом. Все должны стремиться к свободе человеческой мысли, к устранению эгоистических и сектантских предрассудков, и к обнаружению всех тех истин, которые доступны человеческому разуму. Нельзя добиться в достижении этой цели большего успеха, чем всячески поощряя объединение интеллектуальных усилий. Ни один честный труженик, ни один честный исследователь не останется с пустыми руками, и едва ли найдется такой человек, который считает себя настолько занятым, чтобы отказаться принести дань, моральную или материальную, на алтарь истины. Президентам отделений и секций вменяется в обязанность впредь следить, чтобы теософский улей был свободен от тех трутней, которые умеют лишь жужжать.

Еще об одном. Сколько раз обвиняли двух основателей Теософского общества в амбициях и автократии! Сколько раз обвиняли их в мнимом желании навязать свою волю остальным членам! Есть ли что-либо более несправедливое? Основатели Общества всегда были самыми первыми и самыми скромными слугами своих сподвижников и коллег, всегда готовые помочь им в их борьбе с эгоизмом, безразличием и сектантством; ибо это самая главная борьба, к которой должен готовить себя каждый, кто вступает в наше

Общество, столь искаженным образом воспринимаемое публикой. Более того, это доказывают и отчеты, публикуемые после каждого ежегодного съезда. На последнем нашем съезде, прошедшем в декабре 1888 г. в Мадрасе, были предложены и приняты важные реформы. Перестали существовать какие бы то ни было денежные взносы, была отменена даже оплата 25 франков за диплом. С этого момента члены вправе жертвовать столько, сколько они пожелают, если они хотят помочь и поддержать Общество, или же не платить ничего.

В этих обстоятельствах и в текущий момент в истории Теософского общества легко понять цель создания журнала, посвященного исключительно распространению наших идей. В нем мы хотим обрисовать новые интеллектуальные горизонты, показать неизведанные пути, ведущие к улучшению и исправлению человечества; сказать утешительное слово всем, кто обездолен на земле, испытывают ли они страдания от душевного голода или от неудовлетворенности своих физических потребностей. Мы приглашаем всех великодушных людей, кто хочет откликнуться на этот призыв, присоединиться к нам в выполнении этой человеколюбивой задачи. Любой товарищ по работе — член Общества или просто сочувствующий — может помочь нам сделать этот журнал единственным органом подлинной теософии во Франции. Перед нами открыты все прекрасные возможности, которые готовит нам будущее. Вновь наступает час великого циклического возвращения, час мощного прилива мистической мысли в Европе. Со всех сторон нас окружает океан универсальной науки — науки вечной жизни, — несущий на своих волнах забытые и затонувшие сокровища исчезнувших поколений, сокровища, до сих пор неизвестные современным цивилизованным народам. Этот мощный поток, восходящий из водной пучины, из глубин, где лежит доисторическое знание и искусство, поглощенное вместе с допотопными гигантами — полубогами, хотя они и были всего лишь прообразами смертных людей, — этот поток ударяет нам в лицо и рокочет: «То, что все еще существует;

то, что было забыто, погребено в течение эонов в глубинах юрских отложений, может снова открыться нашему взору. Готовьтесь».

Счастливы те, кто понимает язык стихий. Но куда же движутся те, для кого слово «стихия» не имеет никакого иного значения, кроме того, которое в него вкладывает физика или материалистическая химия? Вынесут ли их волны этих великих вод к знакомым берегам, когда они утратят почву под ногами в надвигающемся потопе? Обнаружат ли они себя у вершин нового Арарата, у высот света и солнечного сияния, найдя уступ, на который можно безопасно поставить свою ногу, или, быть может, в бездонной пропасти, которая поглотит их, как только они попытаются бороться против неодолимого вала некоей неизвестной стихии?

Мы должны выявлять и исследовать истину во всех аспектах, стараясь ничего не упустить, если мы не хотим низвергнуться в бездну неизвестности, когда пробьет урочный час. Бесполезно бросать это на волю случая и с безразличием, если не с упорным неверием, ожидать грядущего интеллектуального и психического кризиса, убеждая себя при этом, что в худшем случае надвигающийся прилив вынесет нас, само собой, к берегу; поскольку есть вероятность, что приливная волна выбросит туда лишь труп. В любом случае, это будет жестокая борьба между грубым материализмом и слепым фанатизмом с одной стороны, и философией и мистицизмом с другой — мистицизмом, который более или менее прозрачным покровом скрывает извечную Истину.

Однако верх здесь одержит вовсе не материализм. Любой фанатик, идеи которого изолировали его от универсальной аксиомы: «Нет религии выше Истины», увидит, что он отброшен в сторону лишь по этой причине, подобно негодному камню для нового арочного перекрытия, называемого *человечеством*. Кидаемый волнами, битый ветрами, кружащийся в этой стихии, настолько же ужасной, насколько и неведомой, вскоре он обнаружит, что поглощен ею...

Да, все это произойдет именно так и ни как иначе, когда искусственное и холодное пламя современного материализма угаснет из-за недостатка горючего. Те, кто не может свыкнуться с идеей о духовном эго, живой душе и вечном духе внутри этой материальной оболочки (которая обязана своим иллюзорным существованием именно этим *принципам*); те, для кого великая надежда на жизнь после смерти является раздражающим фактором, просто символом неизвестной величины или же субъектом веры *sui generis* [особого рода], результатом теологических или медиумических бредней, — должны быть готовы к самому худшему разочарованию, которое может быть уготовано им в будущем. Ибо из глубин темных, мрачных вод материальности, которая со всех сторон скрывает от них горизонты великого потустороннего мира, в эти последние годы нашего века восходит мистическая сила. Не более чем первый тихий шорох, но это *сверхчеловеческий* шорох — «сверхъестественный» лишь для суеверного и невежественного человека. Дух истины витает ныне над поверхностью темных вод и, разделяя их, заставляет их извергнуть свои духовные сокровища. Дух сей — это сила, которой нельзя ни помешать, ни остановить. Те, кто осознают ее и чувствуют, что это кульминационный момент их спасения, будут подхвачены ею и унесены за пределы иллюзий великого астрального змея. Радость, которую они ощутят, будет столь острой и сильной, что если они мысленно не изолировали себя от своих плотских тел, блаженство пронзит их, подобно острому мечу. Они ощутят не удовольствие, но блаженство, предвкушение знания богов, знания добра и зла, и плодов с древа жизни.

Будь современный человек фанатиком, скептиком или мистиком, в любом случае он должен хорошо усвоить, что ему бесполезно бороться против двух моральных сил, ныне брошенных в бой в величайшем противостоянии. Он отдан на милость двух этих соперников, и никакая сила-посредник не сможет ему помочь. Это лишь вопрос выбора: покориться и позволить нести себя на волне мистической эволюции, либо корчится, противодействуя моральной и психической эволюции, и оказаться поглощенным неудержимым потоком нового прилива. В настоящее время весь мир, со своими центрами высшей учености и человеческой культуры, политической, артистической, литературной и коммерческой жизни, пришел в беспорядок; все в нем сотрясается и рушится в преддверии неизбежной реформы. Бесполезно игнорировать, бесполезно надеяться, что кто-либо сможет остаться нейтральным между этими двумя противоборствующими силами; человек должен выбрать одну из них, или он будет раздавлен ими обоими. Тот, кто воображает, что выбрал свободу, но, тем не менее, остается погруженным в этот кипящий котел, пенящийся отвратительным гноем, называемым общественной жизнью, самым ужасным образом предает свое божественное «я», совершая измену, которая будет ослеплять это «я» в течение долгой цепи будущих воплощений. Все вы, колеблющиеся на пути теософии и оккультных наук, трепещущие на золотом пороге истины — единственной, что перед вашим взором, ибо все остальные отброшены вами, одна за другой, — стоите прямо напротив великой Реальности, которая открылась вам. Эти слова обращены только к мистикам, лишь для них они имеют какое-либо значение; для тех, кто уже сделал свой выбор, они бесполезны и пусты. Но вы, оккультисты, каббалисты и теософы, вы прекрасно знаете, что в начале этого цикла прозвучало старое, как мир, хотя для вас и совсем новое, Слово, и его потенциальные возможности сокрыты, неощутимо для всех остальных, в цифрах 1889-го года; вам прекрасно известно, что зазвучала нота, которую никогда ранее не слышало человечество этой эры, и что открывается Новая Идея, созревшая благодаря силам эволюции. Эта Идея отличается от всех остальных, появившихся в девятнадцатом веке; однако она идентична с мыслью, которая является основным тоном и ключевой нотой любого столетия, в особенности последнего — абсолютное свободомыслие для человечества.

Зачем же пытаться задушить и подавить то, что не может быть уничтожено? Зачем бороться, когда нет другого выбора, кроме как позволить себе подняться на гребне духовной волны к самым небесам, выше звезд и вселенных, или же быть поглощенным зияющей бездной океана материи? Бесполезны ваши попытки измерить бездонное, достигнуть предела этой удивительной материи, столь прославленной в наш век; ибо она уходит своими корнями в дух и в Абсолют; они не существуют, так как они *пребывают* вечно. Постоянное соприкосновение с плотью, кровью и костями, иллюзия дифференцированной материи — все это лишь ослепляет вас; чем глубже вы будете проникать в царство неощутимых атомов вашей химии, тем более будете убеждаться, что они существуют лишь в вашем воображении. Неужели вы действительно надеетесь найти там любую истину и любую реальность бытия? Ибо Смерть караулит у дверей каждого, чтобы закрыть ее за излюбленной душой, которая избегает ее тюрьмы, душой, которая лишь и придает телу реальность; как же может вечная любовь ассоциироваться с молекулами материи, которые изменяются и исчезают?

Однако вполне возможно, что вы безразличны к подобным вещам; но как же может тогда вообще касаться вас привязанность или души тех, кого вы любите, если вы не верите в само существование таких душ? Так и должно быть. Вы сделали свой выбор; вы ступили на путь, который пересекает лишь бесплодные пустыни материи. Вы сами обрекли себя на то, чтобы прозябать здесь в течение долгой череды существований. С этого момента вы должны будете довольствоваться состояниями бреда и нервного возбуждения вместо духовного восприятия, страстями вместо любви, шелухой вместо плода.

Но вы, мои друзья и читатели, вы, кто стремится к чему-то большему, чем жизнь белки, вечно крутящейся в одном и том же колесе; вы, кто не довольствуется кипением в котле, бурление которого не дает никакого результата; вы, кто не обманывается, принимая глухое эхо, столь же древнее, как мир, за божественный голос истины, — готовьте себя для будущего, о котором могут мечтать среди нас лишь немногие, если они уже не вступили на этот путь. Ибо вы выбрали путь, который, сколь бы тернистым ни было его начало, вскоре расширяется и приводит вас к божественной истине. Вы вольны сомневаться, все еще находясь в начале пути, вы вольны отказаться принять на слово то, чему вас учат об источнике и причине этой истины, но вы всегда можете услышать то, что говорит вам ее голос, и вы всегда можете изучить последствия деятельности творящей силы, выходящей из глубин неизведанного. Сухая и бесплодная почва, на которой живет нынешнее поколение людей в конце этого века духовного голода и чисто материального излишества, нуждается в божественном знаке, радуге, как символе надежды. Из всех прошедших столетий наш, девятнадцатый век наиболее преступен. Он преступнее в своем ужасном эгоизме, своем скептицизме, насмехающемся над самой идеей о чем-то, что выходит за рамки материального мира; в своем идиотском безразличии ко всему, что не относится к личному «я», более чем любой из предшествующих веков невежественного варварства и интеллектуальной тьмы. Надо уберечь наш век от самого себя, прежде чем пробьет его последний час. Для всех, кто видит бесплодность и ложность существования, ослепленного материализмом и жестоко безразличного к судьбе своих ближних, это момент действовать; для них настало время посвятить всю свою энергию, все свое мужество и все свои усилия великой интеллектуальной реформе. Эту реформу можно осуществить лишь при помощи теософии и, добавим, оккультизма или восточной мудрости. Путей, ведущих к этой мудрости, много, но сама она едина. Художественные натуры провидят ее, страждущие мечтают о ней, чистые сердцем знают ее. Те, кто трудится ради других, не могут не замечать ее реальности, хотя они и не всегда узнают ее по имени. Лишь легкомысленные и пустые люди, эгоистичные и никчемные трутни, оглушенные собственным жужжанием, останутся не ведающими о высшем идеале.

Они будут продолжать свое существование до тех пор, пока жизнь не станет для них тяжким и невыносимым бременем.

Следует, однако, отчетливо помнить, что эти страницы написаны не для масс. Они не являются ни призывом к реформам, ни попыткой склонить к своим взглядам сильных мира сего; они адресованы лишь тем, кто способен понять их, тем, кто страдает, тем, кто испытывает голод и жажду по некой Реальности в этом мире «китайских теней». Что же касается остальных, почему бы им не проявить достаточное мужество и не оставить свой мир пустых занятий, прежде всего свои удовольствия и даже личные интересы, кроме тех случаев, когда эти интересы входят в их обязанности по отношению к своим семьям или другим людям? Нет никого, кто был бы слишком занят или настолько беден, чтобы это помешало ему создать свой благородный идеал и следовать ему. Так зачем же колебаться, зачем бояться расчистить путь к этому идеалу через все препятствия и камни преткновения, через все мелкие помехи общественной жизни, чтобы идти прямо вперед до тех пор, пока цель не будет достигнута? Те, кто сделает усилие в этом направлении, вскоре обнаружит, что эти «узкие врата» и «тернистый путь» ведут в просторные долины с безграничными горизонтами, к тому состоянию, где уже нет больше смерти, потому что человек начинает ощущать, что он снова стал богом! Верно, что первое условие, необходимое для его достижения — абсолютная незаинтересованность, безграничная преданность работе на благо других и полное безразличие к миру и его мнениям. Чтобы сделать первый шаг на этом идеальном пути, мотивы должны быть абсолютно чисты; ни одна недостойная мысль не должна отвлекать взор от конечной цели, ни одно сомнение или колебание не должно сковывать ноги.

―――――

Есть вполне подготовленные для этого мужчины и женщины, единственная цель которых — это жить под эгидой своей Божественной Природы. Пусть им, по меньшей мере, хватит мужества жить этой жизнью и не скрывать ее от глаз других людей! Не следует ставить чье бы то ни было мнение выше голоса своей собственной совести. Так пусть эта совесть, достигнув наивысшего уровня своего развития, ведет нас во всех наших обычных жизненных поступках. Что же касается руководства внутренней жизнью, нам следует сосредоточить все наше внимание на том идеале, который мы перед собой поставили, и смотреть *за пределы*, не уделяя ни малейшего внимания грязи у наших ног...

Те, кто способен на такую попытку, есть истинные теософы; все же остальные — это всего лишь члены, более или менее посредственные, а зачастую и совершенно никчемные.

СИЛА ПРЕДУБЕЖДЕНИЯ

Есть колоссальная разница между тем,
Что мы видим, и тем, на что смотрим.
Все увиденное приобретает оттенки внутри нас самих,
Иногда все блекнет, исчерпав весь наш внутренний пыл;
Иногда фантазия освобождается, растет и крепнет,
Выворачивает все наизнанку, и одаривает
                переливающейся палитрой красок.
Александр Поп

«Поистине легче и быстрее перейти к знанию от неведения, нежели от ошибки», — говорит Джердан.

Но кто в наш век, когда религии скрежещут зубами друг на друга, когда многочисленные секты, «измы» и «исты» танцуют дикий фанданго друг у друга на головах под ритмический аккомпанемент не кастаньет, а языков, изрыгающих брань, — кто же признается в своей ошибке? Но, тем не менее, все не могут быть правы. Никаким разумным образом невозможно объяснить, почему люди с одной стороны так цепко держатся мнений, которые большинство из них *приняло*, а не *выработало*, а с другой стороны они чувствуют себя столь яростно враждебными к другим мнениям, созданным кем-то еще!

Яркой иллюстрацией этой мысли служит история теософии и Теософского общества. И дело здесь вовсе не в том, что люди не хотели новизны или не приветствовали прогресс и рост мысли. Наш век так же жаден к созданию новых идолов, как и к ниспровержению старых богов; он так же готов оказать радушное гостеприимство новым идеям, как и в высшей степени бесцеремонно изгнать теории, которые сегодня кажутся исчерпавшими себя. Эти новые идеи могут быть столь же глупы, как молочный суп с зелеными огурцами, и так же нежелательны для большинства, как муха в церковном вине. Однако если они исходят из какого-либо научного ума, признанного «авторитета», то этого достаточно, чтобы фанатики науки приветствовали их с распростертыми объятиями. В наш век, как всем известно, каждый член общества, интеллектуал или ученый, глупец или невежда, неустанно гоняется за всякой новой вещью. По правде говоря, он занят этим еще больше, чем даже Афинянин во времена св. Павла. К сожалению, новые моды, за которыми гонятся люди, сейчас, как и тогда, — это не *истины* (тем более что современное Общество гордится тем, что оно живет в век фактов), а все те же человеческие увлечения, религиозные или научные. Поистине, все жадно ищут фактов — от серьезных научных совещаний, которые, кажется, связывают судьбы человечества с точным определением анатомии *хоботка* у комара, до полуголодных воинственных наемных писак после сенсационных новостей. Но только *такие* факты, которые способствуют тем или иным предубеждениям и предвзятым мнениям, являются руководящими силами в современном сознании и наверняка будут одобрены.

Все, что находится вне этих фактов — любая новая или старая идея, по той или иной загадочной причине ставшая непопулярной и неприятной для господствующих «измовых» авторитетов, — очень скоро почувствует свою непопулярность. Сначала встречаемая кривыми взглядами с поднятыми бровями и удивлением, она вскоре станет очень важной и почти *a priori* [заведомо, *лат.*] табуированной, а затем ей будет отказано *per secula seculorum* [на веки вечные, *лат.*] даже в беспристрастном выслушивании. Люди начнут комментировать ее — каждая группа в свете своих собственных предубеждений и присущих им предрассудков. Затем каждый будет пытаться исказить ее — даже взаимно враждебные группы будут объединять свои домыслы, чтобы до конца погубить незваного гостя, и чтобы каждый мог побезумствовать над ней.

Так действуют все религиозные «измы», а также все независимые Общества, будь они научными, свободомыслящими, агностическими или секуляристскими. Ни одно из них не имеет ни малейшего представления о теософии или об Обществе, носящем это имя; никто из них никогда даже не затруднился спросить о последних — да, все и каждый предпочитают сидеть в соломоновом кресле и судить ненавистного (может быть, потому что опасного?) пришельца, в свете своих собственных заблуждений. Мы должны прекратить обсуждение теософии с религиозными фанатиками. Недостойны презрения такие замечания, как сделанные в книге «Слово и дело», когда, говоря о «господстве спиритуализма и его успехах *в новой форме теософии*» (?), автор ударяет кувалдой, закаленной в святой воде, прежде всего, осуждая спиритуализм и теософию за «обман», а затем за *наличие диавола* в них.[1]

Но если помимо сектантов, миссионеров и темных ретроградов, мы обнаруживаем, что такой интеллектуальный гигант, с ясной головой и холодным умом, как м-р Брэдлаф впадает в широко распространенные ошибки и предрассудки — дело становится более серьезным.

Действительно, это *настолько серьезно*, что мы без колебаний заявляем уважительный, но решительный протест на страницах нашего *журнала* — единственного печатного органа, который способен опубликовать все, что мы хотим

---

[1] «Однако многие», — добавляет автор, — «имевшие более полное знание спиритуалистических намерений, чем мы, убеждены, что в некоторых случаях существуют реальные связи, исходящие из духовного мира. Если это так, то мы не сомневаемся в том, откуда они исходят. Они, без сомнения, идут снизу, а не сверху». О, *Sancta Simplicitas* [святая простота, *лат.*], которая все еще верит в *дьявола* — видя, без сомнения, свое собственное лицо в зеркале?

сказать. Это не трудная задача. М-р Брэдлаф только что опубликовал свои взгляды на теософию, занимающие полстолбца в его «National Reformer» (от 30-го июня 1889 г.). В его статье «Несколько разъяснительных слов» мы находим десятки заблуждений о предполагаемых верованиях теософов, которые вызывают наибольшее сожаление. Мы публикуем ее *in extenso* [целиком, *лат.*], поскольку она говорит сама за себя и показывает причину его неудовлетворенности. Обороты, против которых мы возражаем, выделены особо.

НЕСКОЛЬКО РАЗЪЯСНИТЕЛЬНЫХ СЛОВ

«Рецензия на книгу мадам Блаватской в последнем «National Reformer» и объявление в «Sun» принесли мне несколько писем о сущности теософии. Меня спрашивали о том, что есть теософия и каково мое собственное мнение о ней. Слово «теософ» очень старое, оно использовалось в среде неоплатоников. Согласно словарю, его новое значение можно выразить как «тот, кто утверждает, что он познал *Бога* или законы природы посредством внутреннего озарения». Атеист, конечно, не может быть теософом. Деист может быть теософом. *Монист не может быть теософом. Теософия обязательно включает в себя дуализм.* Современная теософия, согласно мадам Блаватской, как это изложено в номере за последнюю неделю, утверждает многое из того, во что я не верю, и предлагает некоторые вещи, с которыми я, несомненно, не могу согласиться. Я не имел возможности прочитать двухтомник мадам Блаватской, но за последние десять лет я читал много публикаций, вышедших из-под ее пера, а так же написанных полковником Олькоттом и другими теософами. Мне кажется, что они пытаются реабилитировать *особый вид спиритуализма с помощью восточной фразеологии.* Многие из их положений мне кажутся полностью ошибочными и их объяснения полностью необоснованными. Я глубоко сожалею, что моя коллега и сотрудница, внезапно и не обменявшись со мной своими мыслями, приняла как факты такие вещи, которые кажутся мне *столь же нереальными, как и любой вымысел.* Мое сожаление усиливается еще и потому, что я знаю приверженность миссис Безант любому направлению, в которое она верит. Я знаю, что она всегда будет искренна в пропаганде тех взглядов, которые она собирается защищать, и я смотрю на возможное развитие ее теософских взглядов с тяжелым предчувствием. Позиция издателя этой газеты неизменна и прямо противоположна всем формам теософии. Я бы предпочел сохранить мир по этому вопросу, поскольку публичное несогласие с миссис Безант после принятия ею социализма уже причинило боль нам обоим; но чтение ее статьи и публичное заявление, сделанное по случаю ее присоединения к теософской организации побуждает меня сказать это со всей ясностью тем, кто обращается ко мне за советом».

К. Брэдлаф

Совершенно бесполезно сойти с нашего пути и попытаться превратить последовательно материалистические и атеистические взгляды м-ра Брэдлафа в наши пантеистические (поскольку истинная теософия *такова*), так же не пытались мы словом или делом обратить миссис Безант. Она присоединилась к нам целиком по своей свободной воле и согласию, хотя этот факт принес безграничное удовлетворение всем *искренним* теософистам, и лично нам это доставило больше радости, чем мы имели за долгое время. Однако мы хотим воззвать к хорошо известному чувству справедливости м-ра Брэдлафа и доказать ему, что он ошибается — по крайней мере в том, что касается взглядов полковника Олькотта и данного автора, а также интерпретации, которая дается им термину «теософия».

Достаточно будет сказать, что если бы м-р Брэдлаф знал *правила* нашего Общества, он бы понял, что даже если бы он, глава секуляризма, стал бы сегодня членом Теософского общества, это не привело бы его к *необходимости отказаться хотя бы на йоту от его секуляристских идей*. Мы имеем в Теософском обществе больших атеистов, чем он есть сейчас и чем он мог бы быть, например, индусов, принадлежащих к некоторым всеотрицающим сектам. М-р Брэдлаф верит в месмеризм, во всяком случае, он сам обладает большой целительной силой, и поэтому он не может отрицать наличие таких мистических способностей у некоторых людей. В то же время, если бы вы попытались говорить о месмеризме или даже о гипнотизме с этими индусами, они бы только пожали плечами и рассмеялись. Членство в Теософском обществе не предполагает вмешательства в религиозные, нерелигиозные, политические, философские или научные взгляды его участников. Общество не представляет собой сектантское или религиозное тело; это лишь ядро, объединяющее людей, посвятивших себя поискам истины, когда бы она ни приходила. Миссис Анни Безант была права, заявляя в том же номере «National Reformer», что Теософское общество имеет три задачи:

«основать Всеобщее Братство без различия расы и вероисповедания; способствовать изучению арийской философии и литературы; исследовать непонятные законы природы и психические силы, таящиеся в человеке. Что касается религиозных взглядов, члены Общества абсолютно свободны. Основатели Общества отрицают личного Бога, утонченная форма пантеизма мыслится как теософский взгляд на вселенную; однако и он не навязывается членам Общества».

К этому миссис Безант добавляет уже после своей подписи, что хотя она не может в «National Reformer» изложить полностью причины своего присоединения к Теософскому обществу, однако она

«не хочет скрывать тот факт, что эта форма пантеизма, по-видимому, дает возможность решить ряд проблем, особенно в области психологии, которых не касается атеизм».

Мы серьезно надеемся, что она не будет разочарована. Вторая задача Теософского общества, а именно эзотерическая интерпретация восточной философии, никогда не заканчивалась без успеха в решении проблемы для тех, кто изучает этот предмет серьезно. И только другие люди, не являющиеся естественными мистиками, безрассудно врываются в тайны неизвестных психических сил, дремлющих в каждом человеке (как *в самом м-ре Брэдлафе*, так и в любом другом), вследствие своих амбиций, любопытства или тщеславия, — именно они обычно приходят в ярость и возлагают ответственность за собственную неудачу на Теософское общество.

Итак, что же здесь есть такого, что мешает даже м-ру Брэдлафу присоединиться к Теософскому обществу? Мы будем рассматривать аргументы пункт за пунктом.

Не потому ли, что м-р Брэдлаф является индивидуалистом, английским радикалом старой школы, он не может симпатизировать такой возвышенной идее, как Всемирное Братство людей? Его хорошо известное добросердечие и филантропическая деятельность, многолетние усилия в деле защиты страждущих и угнетенных, показали на практике прямо противоположное, каковы бы ни были его теоретические взгляды по этому вопросу. Но если, быть может, он остается верным своим теориям, несмотря на практику, мы перестанем обсуждать первую задачу Теософского общества. К сожалению, некоторые члены Общества столь же мало, как и он, симпатизируют этому благородному, но, возможно (для м-ра Брэдлафа), в некоторой степени утопическому идеалу. Никто из членов Общества не обязан *полностью* разделять все три его задачи; достаточно, чтобы он признавал одну из трех и не был в оппозиции к двум другим, чтобы сделать возможным для него членство в Теософском обществе.

Не потому ли что он атеист? Для начала обсудим «новое мнение», которое он приводит из словаря, о том, что «теософ — это тот, кто утверждает, что он имеет *знание* Бога». Никто не может претендовать на знание «Бога», абсолютного и непостижимого всеобщего Принципа; а в личного бога восточные теософы (в том числе Олькотт и Блаватская) *не* верят. Но если м-р Брэдлаф утверждает, что в этом случае имя употребляется неправильно, мы должны ответить: *теософия* в собственном смысле слова означает знание *не* «Бога», а богов, то есть, *божественного*; таким образом, она является сверхчеловеческим знанием. Конечно, м-р Брэдлаф не будет утверждать, что человеческое знание исчерпывает вселенную и не может быть никакой мудрости вне человеческого сознания?

И почему *монист* не может быть теософом? И почему теософия должна включать в себя, по крайней мере, *дуализм*? Теософия учит более строгому и более широкому *монизму*, чем это делает секуляризм. Монизм последнего может быть описан как материалистический и кратко выражен в словах, «слепая сила и слепая материя, увенчанные мыслью». Но это — приносим извинения м-ру Брэдлафу — не настоящий, *побочный* монизм. Монизм теософии — истинно философский. Мы рассматриваем вселенную как нечто единое по своей сути и происхождению. И хотя мы говорим о духе и материи как о двух ее полюсах, мы все же настойчиво подчеркиваем, что их можно рассматривать как различные только с точки зрения человеческого, то есть *маявического* (иллюзорного) сознания.

Таким образом, мы понимаем дух и материю *как единое по своей сущности*, а не как отдельные, отличные друг от друга.

Что же это за «материи», которые кажутся м-ру Брэдлафу «нереальными, как и любой вымысел»? Мы надеемся, что он не имеет в виду те физические феномены, которые оказались смешаны в западном сознании с философской теософией. Как бы реальны они ни были — тогда, когда они *не* вызваны разного рода «волшебными трюками», — все же даже лучшие из них были, есть и будут не более, чем *психологические иллюзии*, как автор всегда их и называла к неудовольствию многих ее друзей, склонных к необыкновенным явлениям. Все эти «вымыслы» были хороши как *игрушки* тогда, когда теософия еще пребывала в детском возрасте; но мы можем заверить м-ра Брэдлафа, что все его секуляристы могут присоединиться к Теософскому обществу, и никто не будет ожидать от них, что они поверят в эти «вымыслы», — хотя сам он создает такие же «нереальные», но *полезные* «иллюзии» в своих месмерических лечебных сеансах, о многих из которых мы давно наслышаны. И, конечно, издатель «National Reformer» не назовет «нереальными» этические и облагораживающие аспекты теософии, неоспоримое влияние которых столь очевидно среди многих теософов, — несмотря на клевещущее и склонное к раздорам меньшинство? Ну и, конечно, он опять-же не будет отрицать возвышающее и придающее силы влияние верований, содержащихся в *реинкарнации* и *карме*, — учениях, решающих многие из социальных проблем, которые безуспешно пытаются найти свое решение другим путем?

Секуляристы любят говорить о *науке* как о «спасителе человека», поэтому они всегда готовы приветствовать новые факты и прислушиваться к новым теориям. Но готовы ли они слышать теории и принимать факты, исходящие от народов, которых они именуют угасшими, исходя из своей собственной ограниченности? Поскольку последние не только не имеют санкции ортодоксальной западной науки, но и высказываются в непривычной форме и подкрепляются доказательствами, не исходящими из индуктивной системы, которая полностью поглотила западных мыслителей.

Секуляристы, если они хотят оставаться последовательными материалистами, по необходимости должны будут исключить из своих объяснений больше половины вселенной. Это, прежде всего, та ее часть, которая включает в себя ментальные феномены, особенно сравнительно редкие и исключительные по своей природе. Или, может быть, они воображают, что в психологии — самой молодой из наук — уже все известно? Доказательством этого является Общество психических исследований с его Кембриджскими светилами, жалкими последователями Генри Мора: до чего же бесплодны и бестолковы его усилия, которые до сих пор привели лишь к тому, чтобы сделать запутанное еще более запутанным. И почему? Потому что они по-глупому пытались исследовать и объяснять психические феномены, используя физическую основу. Никто из западных психологов до сих пор не был способен дать адекватное объяснение даже простейшему феномену сознания — чувственному восприятию.

Явления телепатии, гипнотизма, внушения и многих других ментальных и психических проявлений, которые раньше рассматривались как сверхъестественные, или вызванные диаволом, сейчас признаются за чисто естественные феномены. И все же это, по существу, те же самые силы, только многократно усиленные, что и те «вымыслы», о которых говорит м-р Брэдлаф. И, поскольку ими обладают люди, которые имеют наследие тысячелетней традиции изучения и использования этих сил, их закономерностей и способов действия, — нет ничего удивительного в том, что они достигают эффектов, неизвестных науке, но кажущимися *сверхъестественными* лишь в глазах незнающих.

Восточные мистики и теософы верят в чудеса *не* больше, чем секуляристы; что же такого *суеверного* в таких исследованиях?

Почему открытия, достигнутые таким образом, и законы, выдвинутые в результате строгого и тщательного исследования, должны рассматриваться как реабилитированный спиритуализм?

Исторически признано, что Европа после разрушения Римской империи обязана возрождением своей цивилизации и культуры восточному влиянию. Арабы в Испании и греки Константинополя принесли с собой только то, что они получили от народов, живших еще дальше на Востоке. Даже достижения классического периода были обусловлены тем, что получили греки от Египта и Финикии. Еще более далекие, так называемые допотопные предки египтян, а также брахманов ариев появились однажды из того же источника. Как бы ни различались мнения ученых по вопросу о генеалогической и этнологической последовательности событий, все же бесспорным остается тот факт, что любой зародыш цивилизации, выращенный и развитый Западом, был получен им с Востока. Почему же тогда английские секуляристы и вообще свободомыслящие люди, которые, конечно, не имеют чувства гордости за свое воображаемое происхождение от десятка утраченных племен, — почему же они столь неохотно принимают возможность дальнейшего просвещения, идущего к ним с Востока, который был колыбелью их расы? Почему же они, те, кто более, чем кто-либо другой, должны бы быть свободны от предубеждений, фанатизма и узости взглядов, в высшей степени присущих *религиозному* сознанию, почему, спрашиваем мы, они, взывающие к свободной мысли, столько страдавшие от фанатических преследований, почему они так охотно дают ослепить себя тем же самым предубеждениям, которые они осуждают, называя это чудом.

Этот и многие другие подобные примеры обнаруживают с полной ясностью право Теософского общества на то, чтобы быть выслушанным честно и беспристрастно; но это является фактом, что из всех вновь возникающих «измов» и «истов», наша организация — *единственная, полностью и абсолютно свободная от всякой нетерпимости, догматизма и предвзятости*.

Теософское общество — это, поистине, *единственная* организация, которая протягивает руки *ко всем* людям, не побуждая никого принимать ее собственные верования, принадлежащими лишь небольшой группе *внутри* нее, называемой Эзотерической секцией. Оно действительно *вселенское* по своему духу и устройству. Оно не признает и не поощряет никакой исключительности или предвзятости. Только в Теософском обществе люди встречаются для совместного поиска истины, на платформе, из которой исключены всякий догматизм и сектантство, любая межпартийная вражда и ненависть; ибо, принимая каждую крупицу истины, где бы она ни находилась, оно терпеливо ждет до тех пор, пока шелуха, которая его окружает, не отпадет сама собой. Оно признает лишь одного врага — и избегает принимать его представителей в свои ряды, — врага, общего для всех, а именно, римский католицизм, и это только по причине его требования тайной исповеди. Но даже это исключение относится *лишь к внутренней группе*, по причинам, которые слишком очевидны для того, чтобы их надо было разъяснять.

Теософия до конца монистична. Она ищет во всех религиях, во всех науках, в каждом опыте, в каждой системе мысли одну лишь Истину. Какая цель может быть более благородной, более универсальной, более всеохватывающей?

Очевидно, что мир не научился рассматривать теософию с этих позиций, и необходимость освобождения хотя бы лучших умов англоязычного мира от предрассудков, вырастающих из плевел, посеянных нашими бессовестными врагами, чувствуется сейчас больше, чем когда-либо. Надеясь освободить эти умы от всех таких заблуждений и сделать более ясной позицию, занимаемую теософией, автор подготовила небольшую книгу, названную «Ключ к теософии», которая уже находится в печати и вскоре будет опубликована. Там собраны в форме диалога все основные ошибки в отношении теософии и ее взглядов, а также возражения на них; в этой работе будут предложены более детальные и полные аргументы для доказательства положений, выдвинутых в этой статье. Автор сочтет своим долгом послать первый экземпляр не редактору «National Reformer», а *лично м-ру Брэдлафу*. Зная его репутацию на протяжении многих лет, мы не можем поверить, что наш критик когда-нибудь унизится до того, чтобы последовать примеру большинства редакторов, гражданских или церковных, и осудит работу даже не открыв ее страниц, просто потому, что он *уверен заранее*, что ее автор или рассматриваемый им предмет не пользуется популярностью.

В этой книге будет показано, что главной заботой теософистов является *поиск Истины* и исследования таких проблем природы и человека, которые сегодня кажутся тайнами, но могут быть разгаданы наукой завтра. Будет ли м-р Брэдлаф против такой позиции? Принадлежат ли *его* суждения к категории тех понятий, которые никогда не могут быть пересмотрены? «Это должно быть твоей верой и убеждением, и поэтому всякое исследование бесполезно», — *авторитетно заявляет* римская католическая церковь. Секуляристы не могут придерживаться того же мнения, если они хотят остаться верными своему знамени.

ЗАПАДНЫЕ «АДЕПТЫ» И ВОСТОЧНЫЕ ТЕОСОФЫ

С момента первого появления «Оккультного мира», лондонский «Спиритуалист» предпринял серию регулярных еженедельных атак против него. На том основании, что м-р Синнетт никогда самолично не видел Кут Хуми, подвергалось сомнению само существование последнего. Затем, когда семеро теософов (четверо индийцев и трое европейцев) засвидетельствовали своими собственными подписями, что они *видели* нашего Брата, был немедленно выдуман предлог для того, чтобы обесценить это свидетельство. Возражение целиком основывалось на ложном и недостойном измышлении о том, что поскольку образ жизни и характер названных свидетелей никому в Англии не известны, им не может быть оказано большое доверие. Кроме того, они настаивали на том, что поскольку ни госпожа А. Гордон, ни полковник Олькотт не высказали своего подтверждения — более того, последний никогда не заявлял, что он видел «Братьев», — то это утверждение можно оставить без внимания. Оба они сегодня уже отправили по почте свои свидетельства. Остается лишь посмотреть на то, опубликуют ли сразу же их письма, и если да, то какие будут предприняты попытки для их дискредитации.

Между тем, вот уже в течение целых трех месяцев не было ни одного выпуска «Спиритуалиста», в котором не предпринималась бы активная атака (имеющая более или менее сомнительные литературные достоинства) против теософов в целом, основателей Общества в частности, и Кут Хуми и мадам Блаватской — в особенности. Временами эпитеты, высказываемые в их адрес, и специфическая фразеология, характеризующая их, достигали столь зловещего уровня, что можно было поставить «Спиритуалист» — с его невинными страницами, посвященными до тех пор исключительно некрологам различных бесплотных ангелов — в один ряд с самыми низкопробными политическими газетами Америки во время президентских выборов. Поскольку редакторские «пассы» были затруднены целым потоком свидетельств семи теософов, «Спиритуалист» придумал другое средство для достижения своих целей. Когда Италия впала в кощунственное сомнение и безверие, Папа Пий IX обратился к помощи иностранных наемников и в должное время создал организацию «папских зуавов». Когда редактор «Спиритуалиста» почувствовал для себя опасность быть побежденным многочисленными свидетельствами из Индии о существовании «Братьев», он нашел некоего «каббалиста» и заключил с ним альянс — исключительно с целью нападения; постольку, поскольку до сих пор никто не брал на себя труд выступать против него. Этим *зуавом* «Спиритуалиста» стал Дж. К., низкий «адепт» и к тому же «вдовий сын», некий — «Хирам Абиф», поднявший и возвысивший себя до уровня выдающегося великого мастера — «иерофант западного происхождения», как Дж. К. сам себя называет.

Чем дальше, тем лучше. Каббалистические стрелы, направленные Дж. К. против теософов, пролетели мимо их голов, не задев никого, кроме самого «Спиритуалиста», колонки которого пестрели в то время высокопарными самовосхвалениями оккультного «сэра оракула». Эти статьи, вызывавшие приступы гомерического смеха у читавших их англо-индийцев, были скорее развлечением, чем неприятностью. Если бы Дж. К. продолжал в том же духе, никто никогда не обратил бы ни малейшего внимания на его безвредные обличения и, как это было заявлено в октябрьском номере «Теософиста», это был бы первый и последний раз, когда мы упомянули его на страницах нашего издания. Но самозванный «адепт» перешел вдруг на личности. Забывая о том, что бомбейские «теософы» — это частные лица, а *не профессионалы*, занимающиеся продажей шарлатанских лекарств ради пропитания и рекламой «магнетических сеансов по одной гинее за весь курс или пяти шиллингов за урок», он позволяет себе говорить о людях, которые во всех отношениях лучше его, в унизительном тоне, который в лучшем случае был бы допустим для подлинного знатока оккультного искусства и знания, признанного как такового остальным миром. Бросаясь такими фразами, как — «Поскольку мадам Блаватской, очевидно, ничего не известно о *нашем* искусстве (!?), я (!?) без всяких сомнений утверждаю (ну конечно, как же может каббалист его «калибра» сомневаться по какому-либо поводу?), что это объемистое сочинение («Разоблаченная Изида») до конца проникнуто вводящей в заблуждение идеей ... она не постигает подлинного смысла» ... и т. д., и т. д., — критик должен доказать, что он сам так же велик как Парацельс или, по крайней мере, так же мудр, как тот «иерофант», который посвятил его.

Что же мы вместо этого обнаруживаем? Кто же такой этот Дж. К., который, подобно личному Эн-Софу, всегда «говорит о себе, о себе и опять о себе»? Поскольку он, не колеблясь, называет мадам Блаватскую и пытается показать, что она много *ниже* его самого, мы не видим никакого повода для малейших угрызений совести из-за того, что мы сорвем эту «наглую маску», которая скрывает лицо каббалистического *beau domino* [поклонника длинного плаща с капюшоном, *ит.*]. Мы в свою очередь заявляем с доказательствами в руках, что м-р Джулиус Кон — это очень самонадеянный и тщеславный молодой джентльмен, который, не постигнув даже азов оккультизма, напускает на себя вид таинственного великого адепта-*dextro tempore* [ловкача, *ит.*], пишет претенциозные статьи под надежным прикрытием двух инициалов и таким образом обманным путем привлекает внимание публики. Любое каббалистическое издание, и даже третьеразрядный лондонский еженедельник, выбросили бы его статьи в мусорную корзину, если бы он осмелился предложить их. Не проще ли тогда воспользоваться неприязнью спиритуалистов к теософам и получить место в их журнале для обсуждения своих причуд? Отсюда и его статьи в «Спиритуалисте», и заявления о том, что в природе нет никаких других духов, кроме *человеческих*, и непреклонный и смехотворный вердикт, что «если теософы изучают элементалов, то они изучают лишь *неразвившихся человеческих* духов».

В Евангелии от Матфея, гл. 10, стих 24-25, сказано: «Ученик не выше учителя ... довольно для ученика, чтобы он был, как учитель его, и для слуги, чтобы он был, как господин его». Следовательно, Джулиус Кон должен либо оставаться верным решениям своего «господина и учителя», либо утверждать, что он выше своего «иерофанта», добавляя, ко всему прочему, что его инициатор «западного происхождения» (которого он так называет, мы полагаем, чтобы его не спутали с ним самим, выходцем с востока) не в курсе его вышеизложенных заявлений. Что бы ни сказал в будущем наш «адепт» в свое оправдание, очень любопытно послушать, что так называемый учитель (чье полное имя, если он пожелает лицезреть его напечатанным, мы готовы привести, как мы приводим его инициал) говорит о своем ученике, которым м-р Даблъю, по-видимому, очень гордится:

«М-р Кон», — рассказывает он другу, — «несколько лет находился под моим непосредственным руководством и прочитал на всех доступных языках все каббалистические труды, которые можно было приобрести здесь или в Германии ... но он ни в малейшей степени не интересовался астрологией. *Он все еще не вступил в святая святых*, но у него хорошая *интуиция*, и временами у него бывают очень яркие проблески. Его *видения* отличаются исключительной занимательностью и остроумием... Но он сторонится медиумизма. Хотя он еще не отведал **красного эликсира**, (то есть, не произошло совершенного слияния души с духом) ... *все же он находится на этом прекрасном пути*, ибо **об этом дне и часе не знает никто из людей**...»

Так оно и есть. Никто не знает об этом, и учитель знает, по-видимому, не больше, чем ученик. У нас есть все основания сомневаться, что первый подвергнет себя риску опровергать свои собственные слова, столь добросовестно процитированные нами, так как в противном случае нам придется добавить к ним некоторые другие незначительные подробности, которые мы пока опускаем. Мы не знаем этого джентльмена лично, и вполне возможно, что он заслуживает большего уважения, чем его ученик. Отметив самые существенные моменты, мы можем теперь перейти к следующим выводам. От человека, который охотнее преувеличил бы достижения своего ученика, чем преуменьшил бы их в глазах общественного мнения, мы узнаем: во-первых, что Дж. К. «еще не вступил в святая святых», — из уст того, кто знаком с герметической фразеологией, это заявление равнозначно признанию, что его ученик все еще не знает НИЧЕГО о самых существенных, завершающих и высших мистериях, но все еще занят развитием своей «безвольной души» на основе аллегорических интерпретаций собственных «занимательных видений» в промежутках затмения между своими «интуитивными» яркими проблесками; во-вторых, что Дж. К. «сторонится медиумизма», имея, как это сообщается в одной из его статей, свои собственные взгляды на «духов», то есть, не менее еретические, чем взгляды теософов, и, возможно, лишь менее корректные (из чего следует, что Н. Б., редактор «Спиритуалиста», пригрел ядовитую змею на своей груди); и, в-третьих, что он еще не «отведал красного эликсира», а именно, до сих пор не добился слияния своего *духа* со своей *душой*, что только и делает адепта в урочное время божественным существом, пребывающим в области абсолютной мудрости. Дж. Кон, таким образом, — это всего лишь скромный чела в школе магии, а вовсе никакой *не* «адепт», как бы он не хотел заставить нас в это поверить.

Лишь дилетант в оккультизме может в таком высокомерном, напыщенном, изобилующим тщеславного самовосхваления тоне рассуждать о таких адептах, какими были древнеиндийские риши — создатели таких философских систем, как веды, веданта и санкхья, — о таких людях, как наш брат Кут Хуми, словно их знания не заслуживают внимания! Выказывая свое собственное невежество (о, тени Капилы и Патанджали!) Дж. К. называет «акашу» — ФИКЦИЕЙ! Если бы читатели только поверили ему:

«Взяв ошибочно на вооружение некоторые эзотерические сентенции из Парацельса в их буквальной формулировке, покойный аббат Альфонс Луи Констан (Элифас Леви), или человек, написавший собственные книги по магии, измыслил (?!), исходя из сидерального влияния Парацельса, некий объективный астральный свет и пришел к выводу, что главным делом адептства является подчинение этой силы и управление ею. Скомбинируйте это», — добавляет он, — «с практикой подчинения элементалов всех четырех царств, и вы станете, согласно Элифасу Леви, совершенным мастером магом».

Скомбинируйте с невежеством практику подчинения всех тех, кто отличен от вас, в особенности тех, кто отказывается видеть в мистере Джулиусе Коне нечто большее, чем «лже-адепта», и вы станете, согласно Дж. К., «совершенным мастером магом».

А теперь о правдоподобии и достоверности его критики в адрес «Изиды».

«У Парацельса», — говорит он, — «как и у всякого каббалиста, для непосвященного предназначена буква, для посвященного — дух. *Средневековые адепты были вынуждены в условиях того времени, в котором они жили, скрывать свое знание от церкви*».

Тоже мне новость. Первое открытие истины, известной каждому школьнику.

«Они использовали, поэтому, скрытый язык, и физические символы обозначали у них чисто духовные вещи. Автор «Изиды», по-видимому, не заметил этого», — добавляет наш ученый оппонент.

Как бы там ни было, это не то, в чем можно упрекнуть автора «Изиды». Хотя, автору «Адептства Иисуса Христа» не оставалось ничего иного, как просто перескочить через

«Изиду», если он не заметил того факта, что оба ее тома наполнены ссылками на, и толкованиями «скрытого языка», не только каббалистов и христиан, но и язычников. Первые опасались раскрыть свои цели в связи с преследованиями со стороны церкви, последние — из страха перед «клятвой посвящения», произносимой в ходе «мистерий». Все же более вероятно, что Дж. К. лишь пытается сделать вид, что он не замечает этого очевидного факта. Впрочем, все это сочинение является изложением именно того, чему пытается учить лондонский «адепт», но он лишь вносит прискорбную путаницу и неразбериху. Автором «Изиды» никогда не отрицался тот общеизвестный факт, что большинство (не все) физических символов «обозначают чисто духовные вещи». Всякий прочитавший «Изиду» оценит, насколько правомерна критика Дж. К.

«Элементальные духи», — продолжает разглагольствовать наш критик, — «не являются созданиями, развившимися на земле, в воздухе, огне или воде, но это, без сомнения, духи, которые предпочитают обитать в одном из вышеназванных элементов, *и они являются человеческими*(!). То, что это просто не очень продвинутые человеческие духи, показывает метод, применяемый обычно для установления контакта с элементалами посредством предложения им некоего излюбленного кушанья».

Последний аргумент отличается очаровательной *логичностью* и вполне соответствует «литературному калибру» великого «адепта». Как если бы лишь *человеческие* существа принимали пищу, и одним только людям и их духам можно было бы предлагать «некое излюбленное кушанье»! Он утверждает, что все элементалы имеют «человеческую» природу. А кто же такие «шедим» его еврейских каббалистов? И почему Роберт Фладд — великий мастер средневековых философов «огня», которые были величайшими из каббалистов — говорит, что, сколь безгранично видимое разнообразие человеческих созданий, столь же бесконечно разнообразие *нечеловеческих* существ среди духов стихий? И что делать с бесконечным разнообразием «демонов» и «духов природы» Прокла, Порфирия, Ямвлиха?.. Поистине, совсем немного ума требуется для того, чтобы написать такую критику: «пусть так называемая **церковь** отправляется к дьяволу, ей самой сотворенному»,[1] или такую: «теософия — это дьяволософия, ... которая порождает лишь софизмы Его Сатанинского Величества»; но для понимания *истинной* теософии требуется много мудрости, которую не может дать никакой «иерофант». С такой же легкостью кэбмен, как и м-р Кон, может произнести слова брани и оскорбления; и первый столь же волен назвать Королевское общество пивной, добавляя, что на всех Собраниях его членов происходят алкогольные возлияния, как и адепт — называть теософию «дьяволософией». Оба они могут сделать это с полной безнаказанностью. Ибо, как этот кэбмен никогда не попадет в святая святых учености, так и человек, использующий подобные выражения, не может рассчитывать на то, что он когда-либо будет допущен в круг *истинной* теософии, или «отведает красного эликсира».

Подлинная сущность того материала, из которого лепятся все статьи Дж. К., проясняется на следующем примере: несмотря на все его самовосхваление собственного «адептства», ни сам этот «адепт», ни даже его «иерофант», о котором нам известно больше, чем оба они могут себе представить, не способны воспроизвести даже простейший феномен *по своей воле*; даже такой, который часто демонстрируют начинающие медиумы и дети-сенситивы, скажем, бесконтактное постукивание по столу. Отсюда и его обличение феноменов, описанных в «Оккультном мире», и его напыщенная и многословная болтовня о «чисто духовных» силах адептства. Это так просто, и это служит надежным основанием для признания оставшихся «сил», исходя из вышеприведенного принципа, лишь чисто теоретическими. Но самое опрометчивое его заявление это то, что

«если Кут Хуми постоянно говорит, что *адепт — это редкий распустившийся цветок из поколения ищущих*, то он повто-

---

[1] «Адептство Иисуса Христа», статья Дж. К. в «Medium and Daybreak», 2 сентября 1881 г., стр. 556.

ряет эти слова лишь затем, чтобы завербовать новобранцев в Теософское общество».

Мы настаиваем, что это, по меньшей мере, опрометчиво, ибо, не говоря о том, что это грубая и неприкрытая ложь и клевета, ученики Кут Хуми запросто могли бы обратиться к м-ру Джулиусу Кону с вопросом: *«И каков же может быть скрытый смысл этой вашей фразы, которая следует сразу же за вышесказанным?»* —

«Тот, кто пытается достигнуть божественной силы *при помощи дьявольских средств*, трудится, пребывая в самом прискорбном заблуждении. Никогда не следует экспериментировать с анестезирующими средствами и наркотиками. Также практика врожденного месмеризма должна быть соединена с великой заботой о том, чтобы не злоупотребить этой силой, которая должна сочетаться с исключительно чистой жизнью».

Если сам «адепт» не пожелает проинформировать читателя о подлинном оккультном значении вышесказанного, то это сделаем мы. Если увязать это с весьма часто встречающимися в его многословных статьях ссылками (по справедливости, мы назвали бы их объявлениями *sub rosa* [1] [по секрету, *лат.*]), то это наверняка привлечет внимание читателя к некоторым замечательным книгам по месмеризму, непосредственно связанным с профессиональными «за-

---

[1] Подобное объявление, например, мы находим в его статье «Адептство Иисуса Христа»: «Следующие выдержки из третьего издания знаменитого и в высшей степени ценного сочинения мисс Чандос Ли Хант "Тайные наставления по врожденному магнетизму" представят научное описание души-энергии и, кроме того, средства к ее обретению». — Затем следует «научное описание», в котором Иисус Христос удостаивается титула «красного мага». Далее Дж. К. еще раз рекомендует «ПОЗНАКОМИТЬСЯ С БЕСЦЕННОЙ РАБОТОЙ, цитированной здесь, *в то время как тем, чье местожительство тому благоприятствует, следовало бы* ПОЛУЧИТЬ ЛИЧНЫЙ ИНСТРУКТАЖ». Мы называем это поиском «новобранцев» с рвением, не имеющим себе равных.

нятиями по магнетизму» от 3 до 1 гинеи за курс. Так называемый оккультный смысл — это просто «вербовка новобранцев» в число паствы безответственного магнето-каббалистического *тримурти*. Упомянутая нами триада хорошо известна лондонским теософам, под тремя различными именами которой выступают реально лишь двое, или даже один, хотя в любом случае она должна носить имя «иерофанта», несмотря на поднятый им парус из тройного составного обозначения, в котором не более содержания, чем в его владельце. Мы сожалеем о том, что нам приходится уделять столь много внимания людям, с которыми нас ничто не связывает. Но мы искренне полагаем, что оказываем любезность м-ру Даблью, «иерофанту», который, по уверениям, является разумным и ученым человеком, сообщая ему о том, что его ученик весьма компрометирует его. И пусть он использует свои оккультные силы, чтобы внушить своему столь неблагоразумному ученику: (*а*) что тот, кто живет в доме из стекла, никогда не должен бросать камни в дом своего соседа; и (*б*) что ему не следует проявлять свое невежество таким позорным образом, отзываясь об учениях Гаутамы Будды так, как если бы он знал или *подозревал* что-либо о его эзотерических доктринах! Послушайте его бред о Шакьямуни и его «авторитетные» высказывания следующего рода:

«То, что не понимают мудрствующие критики и компиляторы, они называют ложными именами и полагают, что это и есть объяснение».

И ведь именно это — позиция м-ра Дж. Кона, который претендует на объяснение всего того, о чем он не знает ничего.

«Если книги Филона и Иоанна являются созданиями неоплатоников, тогда учения Гаутамы Будды, которые содержат те же самые доктрины, лишь выраженные другими словами, также должны быть неоплатонизмом».[1]

---

[1] «Адептство Иисуса Христа».

М-р Дж. Кон столь непомерно самонадеян, тщеславен и горд своим мнимым учением, что он на самом деле намекает здесь на свое основательное знание доктрин, которым учил Гаутама Будда! Мы советуем ему ограничить свои *откровения* еврейской каббалой, поскольку его поверхностное понимание каббалы все же может произвести своей внешней разумностью некое впечатление на слишком доверчивого читателя, не знакомого с какими-либо великими трудами данного учения. Но будет ли он иметь к тому же наглость утверждать или даже намекать на то, что он лучше понимает буддийскую доктрину «рахатов», чем самые ученые буддийские священники, многие из которых являются членами Теософского общества на Цейлоне, в Бирме и Тибете? Мы бы не удивились этому. Весь из себя каббалистический «Дж. К.» заканчивает рассматриваемую статью следующими мудрыми словами:

«Все приведенные здесь ошибки встречаются в руководствах теософов. И если мои слова о Теософском обществе были слишком суровы, я *не имел в виду западных членов Общества*, которые, как я *верю, в большинстве своем являются* УМНЫМИ и ДОБРОЖЕЛАТЕЛЬНЫМИ *людьми*; как таковых я уважаю их, но не как теософов...»

Как это все напыщенно и таинственно, и все же ясно и очевидно. Однако пусть м-р Джулиус Кон не тешит себя сладкой иллюзией, что он, или какой-либо другой адепт *его* пошиба, способен произнести «суровые слова» о Теософском обществе или о его членах. Он высказал множество «дерзких» слов, но все его попытки скорее развеселили, чем причинили боль тем, кто знает, сколь далек он от того, чтобы заслуженно носить самовольно присвоенный им титул «адептства». Под «*западными членами Общества*» он, конечно, имеет в виду Головное общество, ныне базирующееся в Индии; и он проявляет достаточное великодушие для того, чтобы верить, что наши «западные члены ... умные и доброжелательные люди» (читай — энергичные, но добродушные дураки), и, таким образом, заканчивает свою обличительную статью еще одной ложью. В ответ нам хотелось бы узнать, каким образом его «видения» и случайные «проблески» позволяют ему интуитивно проникать сквозь ошибки и заблуждения таких писателей, как «один из наиболее знаменитых британских теософов, который останется неназванным». Также мы отдаем себе отчет в том, с каким презрением говорит он о многих из этих «умных и доброжелательных людей». Если он и льстит в своей статье большинству из них, то это вызвано тем, что эти люди живут в Лондоне, и многие из них принимают его в своих домах, а потому он чувствует необходимость лишний раз не раздражать их. В то же самое время «восточные» теософы живут далеко в Индии и, как он полагает, не могут ничего знать о нем; его «остроумные видения» бессильны открыть ему, что им кое-что известно об «адептстве» м-ра Дж. Кона, включая, как мы это увидим, и его лукавство, и его склонность к бизнесу.

Тем не менее, мы обязаны воздать ему должное за то, что он просветил нас в отношении разнообразия *оттенков* многочисленных классов магов.

«*Белый маг*», — пишет он, восторженно цитируя сочинение «одаренной леди-гипнотизера»,[1] — «это высшая форма адептства, достичь которой довелось немногим; еще меньше тех, кто стали *красными* магами. Разница между первым и последним состоит в том, что чувства, которые они ощущают и мир, который они видят, обладают некоторым соблазном для *белого* мага, хотя он и покоряет их. Но соблазнить и склонить к злу *красного* мага было бы не легче, чем соблазнить Бога. Пассивного *белого* мага можно обнаружить в *religieuse* (?!! в монахине?) ... и «черная магия — это (отчасти) искусство применять науку магнетизма для обретения земных богатств и для того, чтобы заставить людей подчиняться вашей воле с вредными для них самих последствиями. Я не обучаю этой части магического искусства».

Нам нечего добавить к этому. Даже в наш век скептицизма было бы не совсем безопасно рекламировать «клас-

---

[1] Как утверждают, законной жены его «иерофанта-инициатора», хотя мы еще никогда не слышали о *практикующем* маге-иерофанте, который был бы *женат*.

сы» по обучению *черной* магии. Хотя сам он скромно скрывает от читателей свой собственный цвет, мы, однако, предлагаем гипотезу о некоем оттенке, который правильно было бы назвать — «неустойчивым». Поскольку его опубликованные произведения подтверждают и дают нам право принять теорию, предложенную одним из наших французских оккультистов, который отзывается о «Дж. К.» как о *le magicien est gris* [пьяном маге, *франц.*], а его предполагаемое воздержание от вина [1] не позволяет нам сделать этого, — мы не можем найти для него лучшего *нюанса*, чем неопределенно-переливчатый цвет хамелеона, этого прелестного зверька, принимающего любой цвет в зависимости от окружения.

И в заключение. Теософы, которых «не имеют в виду», надеются, что их ученый критик впредь будет направлять свое внимание лишь в сторону того великого откровения, которое он даровал миру в «Адептстве Иисуса Христа» — *красного* мага, и навсегда оставит в покое теософов, как западных, так и восточных. Несмотря на то, что количество непостижимой метафизической глупости и совершенно *неисторических* утверждений,[2] содержащихся в этой статье,

---

[1] Для «иерофанта» или «адепта» вовсе недостаточно отказаться от вина или крепких напитков; *он должен избегать того, чтобы вводить в искушение других*, если он заботится о сохранении доброго имени. Мы бы хотели задать вопрос тем, кто, отвергая наше Восточное братство, считают «иерофантами» и «адептами» людей, которые не имеют никакого права так называться: какой человек, знакомый хотя бы с азами оккультных наук, осмелится утверждать, что даже простой ученик, не говоря уж об адепте в оккультизме, занимаясь *божественной* наукой, в то же самое время мог бы приобрести *и держать патент на изобретение перегонного аппарата для производства высококачественного виски?!* Вообразите современного Парацельса или Якоба Бёме, владеющего винным магазином и основавшего спиртоводочные заводы в Лондоне и Ирландии! Поистине наш век — это «ВЕК БЕССТЫДСТВА».

[2] Например, когда он пишет: «И, вплоть до нашего времени, священники во время службы используют перебродившее вино,

делают совершенно невозможным подвергнуть ее серьезной критике, — все же они могли бы найти пару слов, чтобы высказаться относительно *рекламной части* этого мистического документа. Приписывая себе владение каббалистической фразеологией, посылая христианскую «церковь к дьяволу» и теософов вместе с ней, пусть м-р Джулиус Кон почивает на его лаврах, как это и подобает христианскому каббалисту, — причем последнее наречение приложимо к нему лишь на основании его собственных слов. «Всегда, когда меня спрашивают», — пишет он,[1] — «знаю ли я особый способ для приобретения магической силы, я всегда отвечаю на это, что **вне жизни Христовой нет ничего**...» — и эту исключительную «жизнь Христову» (*nota bene* [обращаю внимание, *лат.*]) никогда не следует изучать, по его, м-ра Дж. Кона интерпретации, согласно учению «дьявольской официальной церкви» (*sic*), как он ее изысканно именует. Мы, однако, довольны хотя бы уже тем, что этот многообещающий мистик предан Христу, так как возможно это предохранит его «Адептство Иисуса Христа» более чем от одной резкой критики. Ибо, если беспристрастно взглянуть на это сочинение, то кому же должно быть более известно о «магических силах» Христа, чем прямому потомку тех, кто наносил оскорбление Иисусу в Иерусалиме, говоря: «Он изгонял дьяволов, прибегая к помощи князя дьяволов»?

которое вызывает непристойное опьянение, и от которого Иисус воздерживался всю Его жизнь», — что это, как не произвольное, ложное утверждение, не основанное ни на каком ином авторитете, который мог бы предложить автор, кроме как на его собственной писанине?

[1] «Спиритуалист», 9 сентября, 1881 г.

МАГИЧЕСКИЕ ЛОЖИ

> Хоть ложь бывает и невероятна,
> Мы верим, потому что ложь приятна;
> Но Правда, неказистая на вид,
> Ложь рано или поздно победит.
>
> Черчилль

Один из наших самых уважаемых коллег по оккультным исследованиям предлагает нам обсудить вопрос об образовании «рабочих лож» Теософского общества для привлечения новых сторонников. Много раз в ходе развития теософского движения становилось ясно, что ускорить этот процесс практически невозможно. Но трудно сдержать природное нетерпение того, кто страстно желает сорвать завесу Храма. Приобрести божественное знание, как приз на классическом экзамене, с помощью репетиторства и зубрежки — это идеал среднего новичка в изучении оккультизма. Отказ основателей Теософского общества поощрять такие ложные надежды привел к образованию поддельного Братства «Люксор» (и преступной шайки?), спекулирующего на людской доверчивости. Вот какую соблазнительную приманку бросают они простакам в следующем образчике проспекта, который несколько лет назад попал в руки одному из наших самых доверенных друзей и теософов.

«Изучающих оккультные науки, искателей истины, и тех теософов, кто, возможно, разочаровался в своих ожиданиях Великой Мудрости, распространяемой ИНДУССКИМИ МАХАТ-МАМИ, приглашаем записаться в ..., а затем, если они будут признаны годными, они могут быть приняты, после небольшого испытательного срока, в члены Оккультного Братства. Члены нашего Братства не хвастаются своими знаниями и навыками, но учат открыто» (от 1 до 5 фунтов *за* азы?), «и ничего не скрывая» (омерзительные детали «Юлиса» П. Б. Рандолфа), «всему, что они находят заслуживающим внимания» (читай: обучение на коммерческой основе; деньги — учителям, а выдержки из Рандолфа и других торговцев «приворотными зельями» — ученикам!).[1]

Если верить слухам, некоторые районы Англии, особенно Йоркшир, наводнены мошенниками — астрологами и гадалками, — выдающих себя за теософов, чтобы им удобнее было надувать доверчивых представителей высших слоев общества. Эти мошенники уже не довольствуются законной добычей — служанками и зелеными юнцами. Если бы «магические ложи», которые предлагает организовать автор нижеследующего письма в редакцию журнала, появились бы на самом деле, не взирая на принятые меры предосторожности с целью отбора в их члены только лучших кандидатов, мы бы столкнулись со стократным возрастанием такой подлой и отвратительной эксплуатации святых имен. И в этой связи, прежде чем предоставить место письму нашего друга, главный редактор «Люцифера» должна сообщить своим друзьям, что она никогда не имела даже самого отдаленного отношения к так называемому «Г[ерметическому] Б[ратству] Л[уксор]», и что все противоположные заявления являются ложными и бесчестными. Существует секретное общество (чьим дипломом, или членством, обладает единственный среди современных

---

[1] Документы выставлены для обозрения в офисе «Люцифера». Они написаны рукой ... (имя опущено из уважения к прошлым заслугам), «Провинциального Великого Магистра Северной Секции». Один из этих документов носит название «Краткий ключ к Юлианским мистериям», т.е. *тантрической* черной магии на фаллической основе. Нет, члены *этого* оккультного Братства «не хвастаются своими знаниями». Очень разумно с их стороны: словами делу не поможешь.

людей белой расы — полковник Олькотт), которому такое название было дано автором «Разоблаченной Изиды» для удобства обозначения,[1] но которое известно среди Посвященных совсем под другим названием, так же как особу, известную публике под псевдонимом «Кут Хуми», знакомые называют совсем по-другому. Вопрос: каково же название этого общества на самом деле? — поставил бы в тупик «Юлиана» фаллического «Г. Б. Л.». Настоящие имена учителей-адептов и названия оккультных школ никогда, *ни при каких обстоятельствах*, не открываются непосвященным; и имена тех, с кем в первую очередь связывают сегодня теософию, известны лишь двум главным основателям Теософского общества. А теперь, после столь обширного предисловия, перейдем к письму нашего корреспондента. Он пишет:

«Один мой друг, мистик, намеревался вместе с другими создать отделение Теософского общества в своем городе. Удивляясь его промедлению, я написал ему письмо с просьбой объяснить причину. Он ответил, что слышал, будто Теософское общество только проводит встречи и беседы, но не делает ничего практического. Я всегда считал, что Теософское общество должно иметь

---

[1] [См. «Разоблаченную Изиду», том II, стр. 393.] Можно также добавить, что «Братство Луксор», упоминаемое Кеннетом Маккензи (в «Британской масонской энциклопедии») как действовавшее в Америке, не имело ничего общего с тем Братством, о котором идет речь в настоящий момент. Это выяснилось уже после публикации «Изиды» из письма, которое он написал своему другу в Нью-Йорк. Это Братство Маккензи считал простым Масонским обществом, но на гораздо более секретной основе, и, как он высказывается в этом письме, он *не знал тогда ничего о нашем* Братстве, имевшем отделение в Луксоре (Египет), которое, по этой причине, было упомянуто нами под тем же самым названием. В результате путаницы некоторые пришли к заключению, что существовала регулярная ложа адептов с таким названием, и убедили некоторых доверчивых друзей и теософов в том, что «Г. Б. Л.» идентично, или является филиалом, организации, предположительно находящейся в окрестностях Лахора!! Эти утверждения — вопиющее искажение истины.

ложи, в которых делалось бы что-то практическое. Калиостро хорошо понимал это стремление людей видеть, как что-то делается прямо на их глазах, когда учредил Египетский ритуал и ввел его в практику франкмасонских лож. В ...шире много читателей «Люцифера». Мы могли бы предложить им самим образовать такие ложи и попытаться объединенными усилиями развить хотя бы в одном из них определенные силы, а затем это могло бы получиться и у остальных. Я уверен, многие вступили бы в такие ложи, что вызвало бы огромный интерес к теософии».

А.

В этой заметке нашего почтенного и ученого друга содержится эхо голосов 99% членов Теософского общества: только 1% правильно понимает функции и цели наших отделений. Самая распространенная ошибка касается посвящения в таинства и постижения пути. Из всех мыслимых задач, самое сложное — стать адептом. Посвящения во все таинства невозможно достичь за несколько лет и даже за одну жизнь. Оно требует напряженных усилий в течение многих и многих жизней, за исключением случаев столь редких, что они вряд ли заслуживают рассмотрения, как исключения из общего правила. Факты определенно свидетельствуют, что ряд наиболее почитаемых индийских адептов стали таковыми, несмотря на то, что родились в низших кастах. Однако понятно, что они совершали свое восхождение сквозь многие промежуточные инкарнации, и при последнем рождении им оставался совсем незначительный отрезок духовного развития до достижения полного совершенства, в результате чего они стали великими живыми адептами. Конечно, это не обязательно означает, что ни один из потенциальных членов ложи Калиостро, существующей лишь в представлении нашего друга «А.», не может быть так или иначе готов для посвящения, но возможность этого настолько мала, что можно предположить: западная цивилизация, по-видимому, скорее развивает в людях качества борцов, а не философов, военных мясников, а не будд. Два к одному, что среди членов ложи не найдется ни одного, кто был бы целомудрен с детства и в то же время не испорчен употреблением спиртных напитков. А что уж говорить о свободе кандидатов от оскверняющих последствий пагубного влияния общественной среды. Среди необходимых предпосылок психического развития в мистических Наставлениях всех восточных религиозных систем упоминаются чистое жилище, безупречное окружение и ясный ум. Может ли «А.» обеспечить все это? Конечно, было бы желательно иметь какую-нибудь школу для обучения членов нашего Общества; и будь чисто экзотерическая работа и обязанности основателей не такими всепоглощающими, возможно, одну такую школу мы давно бы основали. Даже не для практического обучения, как это было в плане Калиостро, навлекшим на него ужасные страдания и не оставившем заметных следов, которым мы могли бы следовать в наши дни. «Когда ученик готов, учитель найдет ожидающего», — гласит восточная мудрость. Учителя не должны набирать рекрутов в специальных ...ширских ложах, а также не должны вымуштровывать из них мистических сержантов: время и пространство не станут барьером между ними и устремленными; они не преграда для мысли. Как мог такой опытный ученый и каббалист, как «А.», забыть это? напомним ему также, что потенциальный адепт может обитать как в трущобах Уайтчепела и подобных местах Европы и Америки, так и в более чистых «культурных» районах; что некоторые несчастные бедняки, одетые в лохмотья и выпрашивающие корку хлеба, могут быть более «чисты душой» и более привлекательны для адепта, чем средний епископ в мантии или культурный горожанин в пышной одежде. Для расширения теософского движения — канала для орошения сухих полей современной мысли водой жизни — нужно открывать отделения везде; и это должны быть не просто группы пассивно сочувствующих, таких, как дремлющая армия посещающих церковь, чьи глаза остаются закрытыми, пока «дьявол» уничтожает посевы. Нет, нам нужны отделения, которые состояли бы из бдящих, надежных, убежденных и бескорыстных членов, которые не станут постоянно скрывать свой эгоизм за вопросами: «Разве не принесем мы существенной пользы человечеству, приняв это доброе дело всем сердцем и разумом и отдав для него все силы?» Если бы «А.» призвал наших ...ширских друзей, претендующих на оккультные знания, рассмотреть вопрос с этой стороны, он бы сделал для них поистине доброе дело. Общество может обойтись и без них, а вот они не могут себе этого позволить.

Полезно, кроме того, обсудить вопрос о том, следует ли обучать членов ложи теории до тех пор, пока мы не будем уверенны, что все они воспримут эти знания и признают источник, из которого они исходят, достоверным? Оккультная истина не может быть усвоена разумом, полным предвзятости, предубеждения и подозрения. Это нечто, что должно быть воспринято скорее интуицией, чем разумом. Некоторые люди так устроены, что не могут достичь знания, упражняя свои духовные способности; таково, например, огромное большинство физиков. Такие люди с трудом могут (а подчас и вовсе не способны) разглядеть за обыденными явлениями высшие истины. Таких в нашем Обществе немало; из их рядов и набирается большая часть недовольных. Они с готовностью убеждают себя в том, что позднейшие доктрины, полученные из тех же источников, что и более ранние, либо ложны, либо подверглись вмешательству чела, или других третьих сторон. Подозрительность и несогласованность становятся естественными результатами пагубной психической атмосферы беспорядка и противодействия, в которую вовлекаются даже самые верные. Иногда, когда тщеславие затмевает все остальное, разум полностью закрывается от принятия новой истины, и честолюбивый ученик отбрасывается назад, к тому месту, откуда он начинал. И когда он начинает делать какие-либо свои частные выводы, не изучив предмет и не усвоив полностью учение, а выводы эти оказываются неверными, он склонен прислушиваться только к голосу самомнения, и остается верным своим взглядам, даже если они ошибочны. Господь Будда особенно предупреждал своих слушателей о недопустимости формирования взглядов на основе традиции или авторитета до полного исследования предмета.

Пример: корреспондент спрашивает нас, почему он не должен «подозревать, что некоторые из так называемых «материализованных» писем являются подделками». Свои подозрения он обосновывает тем, что, хотя некоторые из них носят печать, по его мнению, несомненной подлинности и искренности, остальные кажутся ему фальшивками. Это все равно, что сказать, что он имеет безошибочную внутреннюю интуицию, позволяющую отличить фальшивое от истинного, хотя он никогда не встречал Учителя и не получал никакого ключа для проверки своих голословных утверждений. В результате применения этого ничем не обоснованного суждения, весьма вероятно, он стал бы часто путать подлинное с фальшивым. Так по какому же *критерию* можно отличить одно «материализованное» письмо от другого? Кто, кроме их авторов или тех, кого они используют в качестве личных *секретарей* (*чела*, или учеников), может это сделать? Ибо едва ли одно из сотни «оккультных» писем пишется рукою Учителя, от чьего имени они посланы, поскольку у Учителя нет ни нужды в их написании, ни досуга для этого. То есть, когда Учитель говорит: «это письмо написал я», — это означает лишь, что каждое слово в нем диктовалось им и воспроизводилось под его прямым надзором. Обычно он поручает написание (или материализацию) письма своему чела, внушая его разуму идеи, которые он желает выразить, и помогая ему, если это необходимо, в процессе материализации. Все полностью зависит от уровня развития *чела*, от того, насколько точно он может передать идеи и манеру письма своего Учителя. Таким образом, *непосвященный* получатель такого письма оказывается перед дилеммой: если одно письмо фальшивое, то могут ли не быть таковыми другие? Ибо все они идут из одного и того же источника тем же самым непостижимым и таинственным способом. Но есть еще одно обстоятельство. Любой получатель подобных «оккультных» писем может усомниться и в самой материализации, и в простой порядочности, если невидимый корреспондент допустит одну *единственную неверную черточку в своем имени*, и на основании этого сделать вывод о неограниченном повторении обмана. А это ведет, в свою очередь, к следующему выводу. Поскольку все так называемые *оккультные* письма содержат одинаковые мысли и взгляды, *то они либо все подлинны, либо все фальшивы*. Если подвергается сомнению подлинность одного, то и всех остальных тоже. А значит, серии писем в «Оккультном мире», «Эзотерическом буддизме» и т. д., и т. п. могут быть (а почему бы и нет) «подделками», «ловким мошенничеством» и «надувательством», предпринимаемым хоть и искренним, но глупым агентом Общества психических исследований для повышения общественной оценки «научной» проницательности его «принципалов».

Следовательно, группа учеников, не отказавшихся от такого невосприимчивого состояния разума, не продвинется в своем обучении ни на шаг. Необходимо также, чтобы ими руководили *с оккультной стороны*, чтобы открыть им глаза на все эзотерические ловушки. А где такие руководители, до сих пор, в нашем Обществе? «Они слепые вожди слепых», падающие вместе с ними в яму тщеславия и самомнения. Вся сложность возникает из-за всеобщего стремления делать выводы из незначительных предпосылок и строить из себя оракула, не освободившись еще от самого отупляющего из всех психических наркотиков — НЕВЕЖЕСТВА.

ОБ ОСАЖДЕНИИ И ДРУГИХ МАТЕРИЯХ [1]

То, что вы предлагаете мне сделать сегодня, я упорно пыталась сделать в течение последних трех-четырех лет. Десятки раз я заявляла, что *не буду* посылать Учителям какие-либо мирские вопросы или передавать на Их рассмотрение семейные и другие частные проблемы, по большей части личного характера. Я должна была отослать назад к авторам десятки и десятки писем, адресованных Учителям, и я много раз зарекалась, что не буду спрашивать Их снова и снова. И что же за этим последовало? Люди все же приставали ко мне. «Пожалуйста, ну, пожалуйста, спросите Учителей, только спросите и расскажите Им и обратите Их внимание на» то-то и то-то. Когда я отказывалась делать это, приезжал и надоедал *** или ***, или кто-либо еще. В результате оказывается, что вы, по всей видимости, не осознаете оккультный закон — которому подвержены даже Сами Учителя, — всякий раз, когда *сильное желание* сконцентрировано на Их индивидуальностях; всякий раз, когда просьба исходит от достаточно нравственного человека, все желания которого сильны и искренни даже в мелочах (а что для *Них* — *не* мелочь?): Они становились бы обеспокоены

---

[1] Письмо Е. П. Блаватской, написанное близкому и старому другу в момент отчуждения к ней, вызванного отчетом Общества психических исследований о производимых ею *теософских феноменах*, печатается с небольшими купюрами. — *Прим. редактора.*

этим, желание принимало бы материальную форму и преследовало бы Их (это смешное слово, но я не знаю другого), если бы Они не создавали непроходимый барьер, стену из акаши между этим желанием (мыслью, или молитвой) и Собой, таким образом изолируя Себя. Результатом такой крайней меры является то, что Они в настоящий момент находятся в Самоизоляции от всех тех, кто вольно или невольно, сознательно или нет, стремятся попасть в круг этой мысли или желания. Я не знаю, поймете ли вы меня; надеюсь, что да. И так как Они отрезаны от *меня*, многие из Них, например, совершали ошибки и наносили *вред*, которого можно бы было избежать, если бы Они не выпадали столь часто *из* круга теософских событий. Так будет до тех пор, пока [Они] разбрасываются Своими именами направо и налево, *изливая* на публику Свои, так сказать, личности, силы и тому подобное, в то время как мир (не только теософы, но и посторонние) *оскверняет* Их имена от северного до южного полюса. Не настаивал ли на этом Маха Коган с самого начала? Не запретил ли Он Махатме К. Х. писать кому-либо? (М-р *** хорошо знает все это.) Не обрушились ли на Них с тех пор волны просьб, потоки желаний и молитв? Это одна из *главных* причин, *почему* Их имена и личности следует сохранять в *тайне* и неприкосновенности. Их профанировали любым способом, как верующие, так и неверующие, первые тем, что они *критически* и со *своей* мирской точки зрения исследовали Их (Существ, находящихся вне всякого мирского, человеческого закона!), а вторые, когда они буквально клеветали, пачкали и валяли в грязи Их имена! О силы небесные! что *я* пережила — нет слов выразить это. Это мое главное, мое величайшее преступление, что я без всякого желания, непроизвольно привлекла внимание публики к Их персонам, и усилила его при поддержке *** и ***.

Хорошо, теперь о другом. Вы и теософы пришли к заключению, что в каждом случае, когда обнаруживалось сообщение, содержащее слова или чувства, *недостойные* Махатм, оно было либо создано *элементалами*, либо было результатом *моей собственной фальсификации*. Если верить в последнее, то никакому искреннему мужчине или женщине не следует позволять *мне, такой* ОБМАНЩИЦЕ, оставаться далее в Обществе. Вам нужно не мое раскаяние и обещание того, что я больше не буду делать так, но вам нужно *вышвырнуть меня вон* — если вы действительно так думаете. Вы говорите, что верите Учителям, и в то же время вы можете поддерживать идею, что *Они* само собой знают обо всем этом и все же *используют меня*! Если Они являются достойными, благородными Сущностями, как вы, без сомнения, думаете о них, как же они могут позволить или перенести хотя бы на один момент такую ложь и обман? Ах, бедные теософы — сколь мало *вы* познали оккультные законы, как я погляжу. И в этом *** и другие *совершенно* правы. Прежде чем предлагать свою службу Учителям, вы должны *изучить Их философию*, ибо в противном случае вы всегда будете прискорбно ошибаться, хотя бы непроизвольно и бессознательно, на Их счет и на счет тех, кто служит Им *душой, телом и духом*. Неужели вам могло прийти в голову хоть на мгновение, что то, о чем вы мне пишете сейчас, я уже не знаю долгие годы? Неужели вы думаете, что любой человек, наделенный даже элементарной проницательностью, не говоря уж об оккультных силах, ни разу *не усомнился бы*, особенно, когда это генерировалось в умах честных, искренних людей, непривычных и неспособных к лицемерию? Это как раз то, что убивало меня, мучило и разрывало мое сердце, дюйм за дюймом, годами, ибо я должна была сносить это *в молчании*, не имея права объяснить что-либо, если это не было позволено Учителями, а *Они приказывали мне хранить молчание*. День за днем встречаясь с теми, кого больше всего любишь и уважаешь, оказываться перед дилеммой — либо казаться жестокой, эгоистичной, бесчувственной, отказывая удовлетворить желание их сердец, или, согласившись на это, существует высокая вероятность (9 из 10), что они незамедлительно почувствуют сомнения, затаившиеся в их умах, ибо ответы и замечания («красные и синие, похожие на призраки сообщения», как верно подметил ***) Учителей *наверняка* — опять же 9 из 10 — будут иметь в их глазах такой вид, как если бы они имели призрачный характер. Почему? Было ли это *обманом*? *Конечно, нет*. Было ли это написано или создано элементалами? НИКОГДА. Это было отправлено, и физические феномены создавались элементалами, использованными для этого; но что могут они, эти бесчувственные существа, сделать с разумными частями даже самого маленького и самого глупого сообщения? Просто *этим утром, до получения вашего письма,* в 6 часов, я получила разрешение и указание от Учителя дать вам понять, в конце концов, вам и всем искренним, истинно преданным теософам: *что вы посеете, то и пожнете...*

ВЫ САМИ, теософы, замарали в ваших умах идеалы наших УЧИТЕЛЕЙ, сами бессознательно, с лучшими намерениями и с искренним убеждением в благой цели, ОСКВЕРНИЛИ Их, думая и веря в то, что Они будут озабочены вашими деловыми проблемами, вопросами рождения сыновей, замужества дочерей, постройки домов, и т. д., и т. д. И все же, все те, кто получили такие сообщения, являясь почти *всецело* искренними (те же, кто таковыми *не* являются, имеют дело с другими, особыми законами), все вы имели *право*, зная о существовании Сущностей, которые легко могли бы помочь вам, искать помощи у Них, обращаясь к Ним, раз монотеист обращается к своему *личному* Богу, оскверняя ВЕЛИКОЕ НЕИЗВЕСТНОЕ в миллион раз *больше*, чем Учителей, — прося Его (или Оно) помочь ему с хорошим урожаем, наслать гибель на его врага, послать ему сына или дочь; и поскольку вы имеете такое право в абсолютном смысле, Они не могут оттолкнуть вас и отказаться отвечать вам, если не Самолично, то через чела, которые удовлетворят адресата по мере своих [чела] возможностей. Как часто я — не Махатма — была поражена и испугана, сгорая от стыда при виде записей чела, обнаруживая грамматические и научные ошибки, мысли, выраженные таким языком, что это полностью искажало исходный смысл, и содержащие иногда выражения, имеющие совершенно противоположный смысл в тибетском, санскритском или каком-либо другом азиатском языке. Как в нижеприведенном примере.

В ответе м-ру *** на письмо, содержащее некоторое очевидное противоречие, чела, который производил осаждение ответа Махатмы К. Х., сформулировал: «Я должен был задействовать всю мою *ingenuity* [изобретательность, *англ.*], чтобы согласовать две вещи». Теперь термин «*ingenuity*», используемый ранее в значении скромности, справедливости, никогда уже не используется в этом значении, но даже в его нынешнем значении, как его трактует словарь Вебстера, оно неверно истолковано Массеем, Юмом, и я полагаю даже ***, как обозначающее «хитрость», «ловкость», «изворотливость», образуя, таким образом, новую комбинацию для того, чтобы доказать отсутствие любого противоречия. В результате: Махатма был выставлен таким образом, словно Он признается в беззастенчивой изобретательности, в использовании *лукавства* для согласования вещей подобно изворотливому «хитрому адвокату», и т. д., и т. д. Если бы мне сейчас поручили написать или осадить это письмо, то я выразила бы мысль Учителя, используя слово «*ingenuousness*», означающее, согласно Вебстеру, «чистосердечие, искренность, беспристрастность, откровенность и открытость», и тогда можно было бы избежать хулы, брошенной на репутацию Махатмы К. Х. *Я бы не допустила ошибки*, говоря «*карболовая* кислота» вместо «*углеродистая* кислота», и т. д. Лишь в исключительных случаях Махатма К. Х. *диктовал дословно*, и когда Он делал это, Он прибегал к некоторым возвышенным выражениям, как в Своих письмах к м-ру Синнетту. В остальных же случаях Он говорил, что написать надо то-то и то-то, и чела писал, часто не зная ни слова по-английски, как и мне сейчас приходится писать на иврите, греческом, латинском и т. д. Поэтому единственное, в чем меня можно упрекнуть (упрек, который я всегда готова признать, хотя и *не заслужила* его, будучи просто послушным и слепым орудием наших оккультных законов и предписаний) — это в сокрытии того, что мне не позволяет до сих пор открыть данный мною обет. Я неоднократно признавала ошибки в проводимой мной политике, и сейчас я наказана за это ежедневными и ежечасными страданиями.

Поднимите камни, теософы, поднимите их, братья и милые сестры, и за такие ошибки забейте меня камнями до смерти.

Два или три раза, может быть больше, письма были осажены *в моем присутствии* чела, который не мог говорить по-английски и который черпал мысли и выражения из моей головы. Эти явления по своей *истинности* и *достоверности* были в те времена более значимы для меня, чем когда-либо. Все же они зачастую казались весьма сомнительными, и *я должна была придерживать свой язык*, видя, как сомнение вкрадывается в умы тех, кого я больше всего любила и уважала, не имея возможности оправдаться или сказать хотя бы одно слово! Что я выстрадала, *известно одному лишь Учителю*. Подумайте только (случай с Соловьевым в ***), я лежу больная в кровати: письмо от него, *старое письмо*, полученное в Лондоне и порванное мной, *вновь материализовалось* перед моим взором так, что я смогла разглядеть его. Пять или шесть строчек, написанные *рукой Махатмы К. Х.* синими чернилами на *русском языке*, слова, *взятые из моей головы*, письмо старое и смятое медленно перемещалось (даже я не могла распознать астральную руку чела, осуществляющего это перемещение) само по себе по спальне, затем ускользнувшее и затерявшееся среди бумаг Соловьева, который писал в это время в маленькой гостиной, правя мою рукопись, причем Олькотт стоял около него и почти что дотрагивался до этих бумаг, глядя на них вместе с Соловьевым, который и нашел его; как при свете вспышки, я вижу в его голове мысль на русском языке: «старый мошенник (он имел в виду Олькотта) должно быть положил его сюда»! — и сотни подобных вещей!

Хорошо, этого довольно. Я сказала вам правду, всю правду, и *ничего кроме правды*, насколько мне было позволено. Существует много вещей, о которых я *не* имею права распространяться, иначе *я буду казнена за это*. Теперь на минуту задумаемся. Предположим, что *** получает приказ от своего Учителя осадить некое письмо к семье ***, причем ему задана только общая идея о том, что он должен написать. Бумага и конверт *материализуются* перед ним, и он должен только оформить мысли на *своем* английском и осадить их. Каков же тогда будет результат? Его стиль — как *его* английский, его этика и философия — будет во всем. «*Обманщик, явный* ОБМАНЩИК!» — будут кричать люди; а если кому-либо довелось бы *увидеть перед собой такой лист бумаги* или стать его получателем *после того, как он обретет форму,* что тогда?

Другой пример — я не могу не привести его, ибо он наводит на размышление. Один человек, *ныне уже мертвый*, умолял меня в течение трех дней спросить совета у Учителя по некоторому деловому вопросу: ему угрожало банкротство и бесчестье семьи. Вещь *серьезная*. Он дал мне письмо, чтобы «отправить» его Учителю. Я пошла в дальнюю гостиную, а он спустился вниз ожидать ответа.

Для *отправки* письма необходимо проделать две или три операции: (1) положить запечатанный конверт на лоб и затем, предупредив Учителя, чтобы он приготовился для связи, отразить содержимое моим мозгом и передать его, чтобы Он воспринял его посредством *сформированного Им потока*. Так обстоит дело в том случае, если письмо написано на языке, который я знаю; если же это неизвестный язык, (2) распечатать письмо, прочесть его *физически* моими глазами, не вдаваясь в смысл слов, и *то, что видят мои глаза,* передастся восприятию Учителя и отразится в этом восприятии на его *собственном* языке, что, конечно, не ведет к возникновению ошибок. Я должна поджечь письмо при помощи имеющегося у меня некоего камня (спички и обычное пламя ни в коем случае не могут быть использованы), и зола, подхваченная потоком, становится еще более мелкой, чем атомы, и *вновь материализуется* на некотором расстоянии, где находится Учитель.

Итак, я положила *открытое* письмо на мой лоб, поскольку оно было написано на языке, в котором я не знаю ни одного слова, и когда Учитель понял его содержание, мне было приказано сжечь и отослать его. Получилось так, что я должна была пойти в мою спальню и достать из ящика комода камень, который был там заперт. В ту самую минуту, когда я выходила, адресат, нетерпеливый и беспокойный, молча приблизился к двери, вошел в гостиную и, не найдя меня там, увидел свое собственное письмо, лежащее в открытом виде на столе. Как он говорил мне позже, он был *поражен ужасом, возмущен*, готов к тому, чтобы совершить самоубийство, поскольку он почувствовал себя банкротом не только в отношении слепого случая, но и все его *надежды*, его *вера*, сердечные убеждения были сокрушены и улетучились. Я вернулась, сожгла письмо, и часом позже дала ему ответ, написанный на его языке. Он читал его с широко раскрытыми и грустными глазами, думая при этом, как он сказал мне, что если бы не было Учителей, то *я была бы* Махатмой; он сделал то, что было ему сказано, и его честь и судьба были спасены. Через три дня он пришел ко мне и чистосердечно рассказал мне все — не скрыв своих сомнений ради *благодарности*, как это делают другие, — и был вознагражден. По приказу Учителя, я показала ему, *как* это делается, и он понял это. Итак, если бы он не сказал мне, и его дела пошли бы плохо, несмотря на *совет*, не умер ли бы он, считая меня *величайшей обманщицей* на земле?

Так это бывает.

Мое *сердечное желание в том, чтобы навсегда избавиться* от всяких феноменов, кроме моего собственного мысленного и личного общения с Учителями. Я не буду иметь ничего общего с тем, что касается писем или феноменальных явлений. В этом я клянусь Святыми Именами Учителей, и берусь написать циркулярное письмо по этому поводу.

Пожалуйста, прочтите это письмо всем, включая ***. КОНЕЦ всему, и *пусть карма падет* на головы *тех* теософов, которые придут ко мне и попросят узнать для них то-то и то-то *от Учителей*. Я СВОБОДНА. Учитель *только что обещал мне это* благо!!

ОТВЕТЫ НА НЕКОТОРЫЕ НАУЧНЫЕ ВОПРОСЫ

В письме, полученном нами недавно от одного из наиболее выдающихся австрало-азиатских членов Общества, поднимаются некоторые научные вопросы такой важности, что мы приводим, с позволения автора, текст письма целиком. Данный автор является продвинутым челой, некоторым образом знакомым с терминологией западной науки. Если мы не ошибаемся, это первая публикация, в которой дается в сжатой и доступной форме разумное объяснение контроля, осуществляемое адептом-оккультистом над связью атомов и феномену «прохождения материи через материю».

«Феномен *осмоса* [извлечения] вашего письма из запечатанного конверта, в котором оно было прошито нитками, и замены этого письма на его собственный ответ, без нарушения печати или нитки, должен быть объяснен в первую очередь. Это одно их тех совершенных доказательств знакомства и превосходного контроля над атомными связями в среде наших восточных адептов, по сравнению с современными западными людьми науки, об обычаях которых мы хорошо осведомлены. Это та же самая сила, которая проявлялась при образовании письма в воздухе в вашей комнате в ...; в случае многих других рожденных в воздухе писем; ливня из роз; золотого кольца, которое выскользнуло из стебля столепестковой розы, находящейся в руках ...; кольца с сапфиром, которое было воспроизведено для дамы высокого положения там же, спустя некоторое время, и в других примерах. Решение заключается в том факте, что «притяжение сцепления» — это проявление Универсальной Божественной энергии, и оно может быть прервано и снова приведено в действие в любой группе атомов посредством той же самой божественной силы, так как она находится в человеческой монаде. Атма, вечный духовный принцип в человеке, имеет такую же власть над материальной силой, как и Универсальный Принцип, частью которого он является. Адептство — это лишь вершина духовного саморазвития, и духовные силы успешно развивают себя пропорционально восходящему прогрессу, нравственному и духовному, устремленного человека. Это, как вы видите, должно поместить нашу эволюционную теорию на истинное благородное основание и придать ей характер возвышенно-духовной, а не унизительно-материалистической философии. Я всегда чувствовал уверенность в теплом приеме со стороны наиболее проницательных из ваших западных ученых коллег, готовых принять этот взгляд на нашу арийскую науку архатов.

У вас не должно быть больше затруднений в проведении разграничительной линии между «призраком» и «адептом». Последний является живым человеком, часто достойным того, чтобы стать величайшим идеалом человеческого совершенства; первый же — это лишь нерастворимое скопление атомов, образовавшееся в еще живом человеке как его низшая — или, лучше сказать, его грубая, наиболее материальная — телесная оболочка, которая в течение жизни была ограничена наиболее удаленной оболочкой, телом, и после смерти задерживается на время в астральном (эфирном, или акашном) состоянии невдалеке от земной поверхности. Закон магнетически-витального сродства объясняет притягивание таких «оболочек» к определенным местам и людям; и если вы можете принять без доказательств шкалу *психической специфической силы тяготения*, вы можете понять, почему большая плотность «души», отягощенная веществом основных (или бездуховных, даже еще не животных) чувств, могла бы препятствовать вашему восхождению в чистое царство духовного существования. Хотя я и осознаю несовершенство своих научных объяснений, я чувствую, что ваши превосходные способности к пониманию законов природы заполнят все пробелы, когда будет дан лишь один краткий совет.

Следует отметить, что никакой адепт не может ни разрушить, ни воссоздать какой-либо организм, находящийся на уровне, выше растительного: Универсальный *манас* начинает в животном и заканчивает в человеке свое разделение на индивидуальные существа; в растении существует все еще недифференцированный универсальный дух, наполняющий всю массу атомов, которые превзошли инертную минеральную стадию и готовятся к дифференциации. Есть движение и в минерале, но это скорее невоспринимаемое колыхание такой жизненной энергии, чем ее активное проявление в создании форм, — являющееся ответвлением, достигающим своего максимума не на уровне физического человека, как вы можете предположить, но на высшем уровне дхиан коганов, или планетарных духов, то есть бывших человеческих существ, прошедших шкалу эволюции, но не объединившихся, или не слившихся, с Парабрахмой, Универсальным Принципом.

В заключение скажу немного о «прохождении материи через материю». Материя может быть определена как сгущенная акаша (эфир); и в распыленном состоянии отличающаяся, как перегретый водяной пар отличается от конденсированных капель воды. Возвратите дифференцированное вещество в *первичное* состояние недифференцированной материи, и нетрудно будет увидеть, как оно сможет проникнуть через частицы субстанции, находящейся в дифференцированном состоянии, так же как мы легко представляем себе движение электрической или других сил через их проводящую среду. Абсолютным искусством является способность по своей воле приостанавливать и вновь пробуждать атомические связи в данном веществе: растаскивать атомы столь далеко друг от друга, чтобы сделать их невидимыми, и все же держать их в поляризованном подвешенном состоянии, или внутри радиуса притяжения, так, чтобы притянуть их в их первоначальное состояние сродственного сцепления и воссоздать вещество. И поскольку у нас есть тысяча доказательств того, что этим знанием и этими силами обладают наши адепты-оккультисты, кто может упрекнуть нас за то, что мы рассматриваем их как совершенных учителей в науке, созданной умнейшими из наших современных авторитетов? Отсюда, как я уже отметил, цель этой философии арийских мудрецов состоит в том, чтобы дать возможность человечеству оживить нравственность и пробудить духовную природу человека, и установить более высокий и лучший стандарт счастливой жизни, чем тот, которым мы руководствуемся сегодня».

ТРАНСМИГРАЦИЯ ЖИЗНЕННЫХ АТОМОВ

[В своей статье, озаглавленной «Иерософия и теософия», которая появилась в «Теософисте», в номере за июль 1883 г., Уильям Оксли, член Теософского общества, коротко упоминает о практике мумификации у древних египтян для того, чтобы поддержать этим свои рассуждения об «атомах» и «душах». Е. П. Б. снабдила эту статью критическим комментарием. Далее, в последующем августовском номере корреспондент «Н. Д. К.» задал несколько вопросов по поводу утверждений, сделанных Е. П. Б. в своем комментарии. Мы публикуем здесь комментарий из июльского номера, сопровождаемый кратким изложением вопросов Н. Д. К., а затем статью с вышеприведенным названием, в которой содержатся ответы Е. П. Б. — *Ред.*]

М-р Оксли позволит нам поправить его. Он смотрит на объективную материальную и *пустую* оболочку — «мумию», и забывает, что под грубой аллегорией может быть сокрыта великая научная и оккультная истина. Нас учат, что по меньшей мере через 3 000 лет «мумия», несмотря на всю химическую обработку, продолжает испускать невидимые атомы, вплоть до самых последних, которые с самого момента смерти, вступая в различные *вихри* бытия, действительно проходят через «все разнообразие форм организованной жизни». Но это не есть душа, 5-й, и тем более не 6-ой, принцип, но *жизненные атомы* дживы 2-го принципа. По истечении трех тысяч лет, немного позже или раньше, после бесконечных перемещений, все атомы еще раз стягиваются вместе и должны образовать новое внешнее одеяние, или тело той же самой монады (истинной души), которая уже была облачена в них за два или три тысячелетия до того. Даже в самом плохом случае уничтожения разумного *личного* принципа, монада, или индивидуальная душа, всегда остается той же самой, так же как атомы низших принципов, которые воссоздаются и обновляются в этом вечно текущем потоке бытия, магнетически стягиваются вместе вследствие своего сродства, и еще раз воплощаются вместе. Таково было истинное оккультное учение египтян.

[В своем письме к редактору, Н. Д. К. отмечает, что комментарий Е. П. Б. устанавливает «новое устроение оккультного учения», видящее суть истины в учении о трансмиграции (перемещении). «Что же тогда», — спрашивает он, — «означают *жизненные атомы* и их прохождение через бесконечные трансмиграции?» А также, «действительно ли невидимые атомы дживы после прохождения через различные жизненные атомы снова начинают воссоздавать физическое тело, и джива существа, достигшего конца девачанского состояния, становится вновь готовой к воплощению?» Далее, «включает ли термин *низшие принципы* также и *камарупа*, или только низшую триаду тела, дживу и лингашариру?» Наконец, «формируются ли вновь атомы 4-го принципа (камарупа) и низшей части 5-го принципа, которые не могут быть поглощены 6-м принципом... после прохождения через различные трансмиграции, чтобы снова создать 4-й и низшую часть 5-го принципа в новом воплощении?»]

Для начала, мы могли бы привлечь внимание нашего корреспондента к предложению, завершающему комментарий после его статьи. «Таково было истинное оккультное учение египтян», — причем слово «истина» использовано здесь в смысле сущности того учения, в которое они действительно верили, а вовсе не того, что приписывается им некоторыми востоковедами, которых цитирует м-р Оксли, и того, чему учат современные оккультисты. Не очевидно, что мы должны принять *все то*, что египтяне, или какие-либо другие народы, считали истиной, кроме тех оккультных истин, которые становились известными великим иерофантам при их окончательном посвящении. Жрецы Изиды были единственными истинными посвященными, и их оккультные наставления оставались более сокрытыми, чем учения халдеев. Существовала истинная доктрина иерофантов *внутреннего* Храма; далее, наполовину скрытые учения жрецов *внешнего* Храма; и наконец, общенародная религия большого количества непосвященных людей, которым было позволено поклоняться животным как божеству. Как правильно показал сэр Гарднер Уилкинсон, посвященные жрецы учили, что: «распад — это единственная причина воспроизведения... ничто не исчезает, что уже однажды существовало, но все, что по-видимому разрушается, лишь изменяет свою природу и переходит в другую форму». Однако, в первом случае египетское учение об атомах совпадает с нашими собственными оккультными учениями.

Справедливая критика нашего наблюдательного брата, который вполне удовлетворен буквальным пониманием выражения — «жизненные атомы дживы», в тоже самое время, более чем когда-либо, напоминает нам о таком важном правиле, что никогда нельзя чрезмерно заботиться о ясном выражении новых идей, когда пишешь о метафизических вопросах. Когда я писала эти слова, поистине, не было никакой мысли о том, что эта идея будет «новым устроением», и поэтому ее неполнота вызовет появление нового непонимания. Без всякого сомнения, *джива*, или *прана*, совершенно отлична от атомов, которые она одушевляет. Последние принадлежат к низшему и грубейшему состоянию материи — *объективно* обусловленному; первая — к ее высшему состоянию: тому состоянию, которое непосвященный, не ведающий о его природе человек назвал бы «объективно конечным», но которое, во избежание какого-либо непонимания в будущем, мы бы позволили себе назвать «Субъективно Вечным», хотя и, в то же самое время, в некотором смысле реально существующим — каким бы парадоксальным и ненаучным не мог бы показаться этот термин.[1]

---

[1] Хотя в языке адептов и существует другой термин, как можно перевести его на европейский язык? Какое имя можно дать тому, что является *объективным* и все же *нематериальным*

Оккультист говорит, что жизнь — это вечная несотворенная энергия, и что она одна представлена в бесконечном пространстве, — это то, что физики согласны наименовать принципом, или законом непрерывности, хотя они относят это лишь к бесконечному развитию обусловленного. Но с тех пор, как наука в лице своих наиболее ученых профессоров признала, что «энергия имеет столько же оснований рассматриваться как объективная реальность, как и сама материя»,[1] и что жизнь, согласно оккультному учению, — это *один* вид энергии, действующий подобно Протею в разнообразных формах, оккультист получил некоторое право на использование такой фразеологии. Жизнь всегда присутствует в атоме или материи, будь она органической или неорганической, обусловленной или необусловленной — это разница, которую оккультисты не признают. Их учение состоит в том, что жизни столь же много в неорганической материи, как и в органической: когда жизненная энергия действует в атоме, этот атом является органическим; когда она дремлет, или пребывает в латентном состоянии, — этот атом неорганический. Таким образом, выражение «жизненный атом», хотя и способное в некотором смысле ввести читателя в заблуждение, не является совершенно некорректным, поскольку оккультисты не признают, что что-либо в природе может быть неорганическим и не знают никаких «мертвых атомов», какое бы значение не придавала наука этому прилагательному.

Безосновательно выдвигаемый *закон* биогенезиса является результатом неведения людей науки относительно *оккультной* физики. Он принимается потому, что ученые до сих пор были неспособны отыскать необходимые средства

в своих конечных проявлениях, *субъективным* и все же *субстанциональным* (хотя и относящимся к иной *субстанции*, чем понимает мы) в вечном существовании? Объясняя это настолько хорошо, насколько мы можем, мы оставляем задачу по отысканию более подходящего термина нашим ученым английским оккультистам. — *Ред.*

[1] «Невидимая вселенная».

для того, чтобы пробудить дремлющую жизнь в том, что мы называем неорганическим атомом: отсюда ошибочное представление о том, что живое может быть создано только из живого, как будто в природе когда-либо существовало что-либо *мертвое*! В этом случае, чтобы быть последовательным, мул должен быть также отнесен к неорганической материи, поскольку он неспособен воспроизвести себя и создать жизнь.

Мы столь много раз повторяем это для того, чтобы сразу ответить на любые будущие возражения относительно идеи о том, что мумия возрастом в несколько тысяч лет может испускать атомы. Тем не менее это может быть выражено более ясным образом, если говорить вместо «жизненных атомов дживы» — атомы, «одушевленные скрытой дживой, или жизненной энергией». И опять-таки, выражение, цитируемое нашим корреспондентом из Фрагмента № 1,[1] хотя и вполне корректное в целом, может быть выражено более полно, если не более ясно. «Джива», или жизненный принцип, который одушевляет человека, животное, растение и даже минерал, безусловно *является* «формой силы, неразрушимой», поскольку эта сила есть единственная жизнь, или *anima mundi*, вселенская живая душа; и потому что различные виды, в которых возникают перед нами в природе разнообразные объективные вещи в своих атомических сочетаниях, таких как минералы, растения, животные, и т. д., — это лишь разные формы, или состояния, в которых проявляет себя эта сила. Что бы ни происходило, мы не скажем, что она отсутствует, так как это невозможно, ибо она вездесуща, но в отдельном случае неактивна, скажем, в камне, частицы которого немедленно утратили бы свою способность к сцеплению и внезапно распались — хотя сила все же осталась бы в каждой

---

[1] Из «Фрагментов оккультной истины» («Теософист» III, 18; см. «Теософия» 2:100). Полная фраза гласит: «Витальный принцип (или *джив-атма*), некая форма силы, неразрушим, и когда утрачивает связь с одной конфигурацией атомов, немедленно притягивается другими».

из его частиц, но в скрытом состоянии. Таким образом, продолжение фразы о том, что когда эта неразрушимая сила «утрачивает связь с некой конфигурацией атомов, она немедленно притягивается другими», вовсе не подразумевает, что она полностью покидает первую конфигурацию, но то, что она переносит свою *vis viva*, или жизненную мощь, энергию движения, на другую конфигурацию. Но из-за того, что она проявляет себя в последней конфигурации в том, что называется кинетической энергией, не следует, что первая конфигурация полностью оставлена этой силой; ибо она все еще есть в ней в виде потенциальной энергии, или скрытой жизни.[1] Это — кардинальная и главная истина оккультизма, от совершенного понимания которой зависит создание любых феноменов. Если мы не признаем этого, мы должны отринуть и все остальные истины оккультизма. Таким образом, выражение «жизненные атомы проходят через бесконечные трансмиграции» означает просто следующее: мы рассматриваем и называем в нашей оккультной терминологии «жизненными атомами» такие атомы, которые двигаются благодаря кинетической энергии; в то время как те, которые на время остаются пассивными и содержат лишь *невидимую* потенциальную энергию, мы называем «спящими атомами», рассматривая в то же самое время эти две формы энергии как созданные одной и той же силой, или жизнью. Мы должны попросить прощения у наших читателей: мы не являемся ни человеком науки, ни английским ученым. Вынужденные об-

---

[1] Мы вынуждены использовать те термины, которые стали техническими в современной науке — хотя они не всегда полностью отражают ту идею, которую выражают, — из-за неимения лучших. Бесполезно надеяться, что оккультная доктрина может быть когда-либо правильно понята — и даже те немногие принципы, которые могут быть благополучно обнародованы, — если не будет издан глоссарий таких слов; и, что еще более важно, — пока не будет выработано и объяснено полное и наиболее корректное значение терминов, содержащихся в нем. — *Ред.*

стоятельствами обнародовать лишь немногое из того, что мы знаем, мы делаем лучшее из того, что можем, и объясняем вопросы настолько хорошо, насколько способны на это. Не зная законов Ньютона, мы утверждаем знание только *оккультных* законов движения. А теперь — к индусскому учению о метемпсихозе.

Оно имеет истину в своей основе; и, на самом деле, это аксиоматическая истина — но только в отношении человеческих атомов и эманаций; и она не является таковой после смерти человека, но лишь в течение всего периода его жизни. Эзотерическое значение Законов Ману (Гл. XII, 3, и XII, 54 и 55), стихов, которые утверждают, что «каждое действие, мысленное, словесное или телесное, приносит добрый или злой плод (карма), различные перемещения *людей* (не душ) через высшие, средние и низшие уровни создаются его действиями»; и опять-таки, что «Убийца брахмана попадает в тело собаки, медведя, осла, верблюда, козла, барана, птицы, и т. д.», — не имеет отношения к человеческому эго, но лишь к атомам его тела, его низшей триады и его флюидным эманациям.

Для браминов было бы очень выгодно исказить в своих собственных интересах истинный смысл, содержащийся в этих законах, но такие слова, как приведенные выше, никогда не означали того, что они пытались получить из этих стихов позднее. Брамины эгоистично относили их к себе самим там, где аллегорически подразумевался «брахман», седьмой принцип человека, его бессмертная монада или личное эго. Тот, кто убивает или гасит в себе свет парабрахма, то есть отделяет свое личное эго от атмана и таким образом убивает девачан, становится «убийцей брахмана». Вместо обретения при помощи добродетельной жизни и духовных устремлений единства *буддхи* и *манаса*, он обрекает своими собственным дурными поступками каждый атом своих низших принципов на то, чтобы он, в силу магнетического сродства, созданного его страстями, был вовлечен в создание тел низших животных или зверей. Таково истинное значение учение о метемпсихозе. И такое смешивание человеческих частиц с животными или даже растительными атомами не может привнести в него идею о личном наказании *per se* [как таковом], ибо это безусловно не так. Но создается причина, следствия которой могут проявить себя в течение всего нового перерождения — если индивидуальность не уничтожается. Иначе говоря, от причины к следствию, каждое следствие становится в свою очередь причиной, и они устремляются по всему циклу перерождений; однажды созданный импульс исчерпывает себя лишь на пороге пралайи. Около него.

Несмотря на все свое эзотерическое значение, даже слова величайшего и благороднейшего из всех адептов, Гаутамы Будды, неправильно понимались, искажались и высмеивались по тем же причинам. Хинаяна, низшая форма трансмиграции буддиста, столь же мало понята, как и махаяна, его высшая форма, и из-за того, что показано, как Сакьямуни однажды говорит своим бхикшу, обращая их внимание на метлу, что «это был прежде послушник, который отказался подмести» комнату для собраний, и потому переродился в метлу(!) — мудрейшего из всех мудрецов мира обвиняют в идиотском суеверии. Почему не попытаться, перед тем как обвинять, выяснить истинный смысл метафорического утверждения? Почему должны мы насмехаться до того, как поймем?

Является ли или нет то, что называется магнетическим испарением, чем-то, материей, или субстанцией, невидимой и неуловимой, но все же существующей? Если ученые авторы «Невидимой вселенной» возражают против того, чтобы рассматривать свет, теплоту и электричество просто как нечто неуловимое, и показывают, что каждое из этих явлений в той же мере требует к себе отношения как к объективной реальности, как и сама материя — то мы имеем много большее право считаться с месмерическим или магнетическим флюидом, который истекает от одного человека на другого, или даже от человека на то, что называется *неодушевленным* объектом. Недостаточно сказать, что этот флюид является видом молекулярной энергии, подобной теплоте, например, ибо это что-то значительно большее. Нам говорят, что теплота создается тогда, когда видимая энергия преобразуется в молекулярную энергию, и это может быть вызвано при помощи любого вещества, состоящего из спящих атомов, или неорганической материи, как ее называют: в то время как магнетический флюид, испускаемый живым человеческим телом — *это сама жизнь*. «Поистине, это жизненные атомы» бессознательно испускает человек в слепой страсти, и все же он делает это почти столь же эффективно, как месмеризатор, который сознательно и под руководством собственной воли переносит их с самого себя на другой объект. Пусть какой-нибудь человек откроет дорогу любому сильному чувству, такому как гнев, горе, и т. д., под деревом или невдалеке от него, или прикасаясь к камню; и много тысяч лет после этого любой сносный психометрист будет видеть человека и ощущать его чувства от одного-единственного кусочка этого дерева или камня, к которому он прикоснулся. Подержите любой предмет в своей руке, и он станет насыщенным вашими жизненными атомами, направленными вовнутрь или вовне, измененными и перенесенными в вас в любой момент вашей жизни. Животное тепло — это лишь многочисленные жизненные атомы в молекулярном движении. Не требуется обладать знанием адепта, но простой естественный дар ясновидения позволяет видеть их двигающимися туда и сюда, от человека к предмету и *vice versa* [обратно], подобно голубоватому колышущемуся пламени.

Почему бы тогда не быть метле, сделанной из куста, который рос, по-видимому, неподалеку от дома, в котором жил ленивый послушник, куста, до которого он, вероятно, неоднократно дотрагивался в состоянии гнева, вызванного его ленью и ненавистью к своим обязанностям — почему бы некоторому количеству его жизненных атомов не перейти на материал для будущей метелки, и почему бы это не могло бы быть распознано Буддой при помощи его сверхчеловеческих (не *сверхъестественных*) сил? Природные процессы являются актами непрекращающегося заимствования и возвращения назад. Однако, материалистически настроенный скептик не принимает ничего в каком-нибудь смысле, кроме буквального. Мы бы пригласили тех из христианских ориенталистов, кто насмехается над этой записью поучений Будды, сравнить ее с одним отрывком из Евангелия — учения Христа. На вопрос своих учеников, «кто согрешил, он или родители его, что родился слепым?», — они получили ответ, — «не согрешил ни он, ни родители его: но *это для того*, чтобы на нем явились дела Божии» [*Иоанн*, 9:2-3].

Сегодня утверждение Гаутамы имеет научное и философское значение, по крайней мере для каждого оккультиста, даже если в глазах непосвященного ему и недостает ясности; в то время как ответ, вложенный (вероятно, столетиями позже) [1] в уста основателя христианства его чрезмерно ревностными и невежественными биографами, не имеет даже того эзотерического смысла, который столь часто скрыт в изречениях Иисуса. Это безосновательно выдвигаемое учение является богохульным оскорблением их собственного Бога, подразумевающим с особенной ясностью, что для наслаждения проявлением своей силы, Божество обрекает невинного человека на муки слепоты на протяжении всей его жизни. Это все равно, что обвинять Христа в авторстве 39 статей!

Заканчивая наш столь затянувшийся ответ, скажем, что «низшие принципы», упомянутые в комментарии, — это 1-й, 2-й и 3-й принципы. Они не могут включать *камарупу*, поскольку эта «рупа» относится к средним, а не к низшим принципам. И на следующий вопрос нашего корреспондента, «формируются ли вновь атомы этих (4-го и 5-го) принципов после прохождения через различные трансмиграции,

---

[1] И, вероятно, благодаря Иренею, или под его влиянием, поскольку эта фраза, находящаяся в 4-ом Евангелии, от Иоанна, не существовала до того времени, когда он спорил с гностиками. — *Ред.*

чтобы снова создать 4-й и низшую часть 5-го принципа в новом воплощении», — мы отвечаем — «да». Причина, по которой мы попытались объяснить столь подробно учение о «жизненных атомах» непосредственно связана с этим последним вопросом и с намерением дать еще один полезный намек. Однако, мы не чувствуем себя сейчас достаточно свободными для того, чтобы предоставить еще какие-либо детали.

———

ЖИЗНЕННЫЙ ПРИНЦИП

Несколько лет назад между некоторыми почтенными учеными разгорелась очень интересная дискуссия. Некоторые из них утверждали, что самопроизвольное зарождение является фактом в природе, в то время как другие доказывали обратное; в результате в ходе экспериментов было обнаружено существование биогенезиса, или зарождения жизни из ранее существовавшей жизни, но не создание какой-либо формы жизни из неживой материи.

В первую очередь было сделано ошибочное предположение о том, что температура, равная точке кипения воды, разрушает все живые организмы; но если взять герметично закрытый сосуд с примесями и подвергнуть его такому, или даже большему, нагреву, то, как это было показано, живые организмы появляются даже после воздействия такого большого количества тепла. При помощи более тщательных экспериментов был вынесен на свет тот факт, что споры бактерий и других простейших, которые обычно плавают в воздухе, могут вынести при высушивании еще большую температуру, причем эксперименты проводились в оптически чистой атмосфере, где не возникала никакая жизнь и не разлагались никакие примеси.

В связи с фактом биогенезиса мы должны, однако, отметить предостережение м-ра Гексли, говорящего, «что органическая химия, молекулярная физика и физиология все еще пребывают в своем детстве, но совершают каждый день удивительные шаги, и было бы верхом самонадеянно-

вует в течение всего активного периода вселенной так же, как и в течение пралайи, или разрушения, когда бессознательная жизнь все же сохраняет материю,[1] которую она одушевляет в бессонном и непрерывном движении.

Жизнь всегда присутствует в атоме материи, органической или неорганической — это различение оккультисты не признают. Когда жизненная энергия в атоме является активной, атом органический; когда она дремлет, или находится в латентном состоянии — неорганический. «Джива», или жизненный принцип, который одушевляет человека, животное, растение и даже минерал, безусловно является «формой силы, неразрушимой», поскольку эта сила есть единственная жизнь, или *anima mundi*, вселенская живая душа; и потому что различные виды, в которых возникают перед нами в природе разнообразные объективные вещи в своих атомических сочетаниях, таких как минералы, растения, животные, и т. д. — это лишь разные формы или состояния, в которых проявляет себя эта сила. Что бы ни происходило, мы не скажем, что она отсутствует, так как это невозможно, ибо она вездесуща, но в отдельном случае неактивна, скажем, в камне, частицы которого немедленно утратили бы свою способность к сцеплению и внезапно распались, хотя сила все же осталась бы в каждой из его частиц, но в скрытом состоянии.[2] Таким образом, продолжение фразы о том, что когда эта неразрушимая сила «теряет связь с некой конфигурацией атомов, она немедленно притягивается другими», вовсе не подразумевает, что она полностью покидает первую конфигурацию, но то, что она переносит свою *vis viva*, или жизненную мощь — энергию движения — на другую конфигурацию. Но из-за того, что она проявляет себя в последней конфигурации в виде того, что называется кинетической энергией, не следует, что первая конфигурация полностью оставлена этой силой; ибо она все еще присутствует в ней в виде потенциальной энергии, или скрытой жизни.

---

[1] Эзотерическая наука не признает *существования* «материи» как таковой в пралайе. В своем ноуменальном состоянии, растворенная в «Великом Дыхании», или в условиях своей «лайя», она может существовать лишь *потенциально*. Оккультная философия, напротив, учит, что в течение пралайи «нет ничего. Все есть беспрестанное вечное Дыхание». — *Ред.*
[2] «Пять лет теософии», стр. 535.

С жизненным принципом в человеке мы знакомы в большей степени, чем с чем-либо иным, но все же мы пребываем в безусловном невежестве относительно его природы. Материя и сила всегда тесно связаны друг с другом. Невообразима материя без силы, или сила без материи. В царстве минералов универсальная жизненная энергия является единственной и безличной; она начинает незначительно дифференцироваться в растительном царстве, и начиная от низших животных до высших существ и человека различия возрастают с каждым шагом в сложной прогрессии.

Как только жизненный принцип начал дифференцироваться и стал достаточно индивидуальным, сохраняет ли он свою привязанность к организмам одного рода, или же после смерти одного организма выходит из него и оживляет организм другого рода? Например, после смерти человека кинетическая энергия, которая поддерживала в нем жизнь в течение некоторого времени, выходит ли из него и притягивается в протоплазматической частице человека, или же выходит и оживляет какой-либо животный или растительный зародыш? [1]

---

[1] Насколько это знает автор, оккультизм не учит тому, что ЖИЗНЕННЫЙ ПРИНЦИП — который является *per se* [сам по себе] бессмертным, вечным, и столь же неразрушимым, как и единственная *беспричинная причина*, ибо это ОНА и есть в одном из своих аспектов, — может когда-либо различаться индивидуально. Выражение в статье «Пять лет теософии», очевидно, привело к заблуждению, если оно привело к подобному выводу. Лишь только каждое тело — будь то человек, животное, растение, насекомое, птица или минерал, которое, поглощая большее или меньшее количество жизненного принципа, *дифференцирует его в своих* собственных специальных атомах и приспосабливает его к тем или иным комбинациям частиц, и эти комбинации и обуславливают дифференциацию. Монада, имеющая отношение к универсальному аспекту Парабрахмической природы, объединяется с его *манасом* в плоскости дифференциации для создания индивидуальности. Эта индивидуальность, будучи по своей сути неотделимой от Парабрахма, также принимает участие в Жиз-

Говорят, что после смерти человека энергия движения, которая делала живым его организм, частично остается в частицах мертвого тела в скрытом состоянии, в то время как большая часть энергии выходит и объединяется с другой конфигурацией атомов. Здесь вырисовывается различие между скрытой жизнью в частицах мертвого тела и остающейся кинетической энергией, которая переходит в другое место, чтобы оживить другую конфигурацию атомов. Не является ли энергия, которая становится скрытой [1] жизнью в частицах мертвого тела более низкой формой энергии, чем кинетическая энергия, которая переходит в другое место; и, хотя в течение жизни человека они и выглядят сме-

---

ненном Принципе в его Парабрахмическом, или Универсальном Аспекте. Таким образом, после смерти человека или животного, жизненные проявления или основания кинетической энергии лишь удаляются на один из тех субъективных планов бытия, которые обычно не являются для нас реальными. Количество кинетической энергии, расходуемое в течение жизни одной определенной конфигурацией физиологических клеток, определяется кармой — другим аспектом Универсального Принципа — следовательно, когда он израсходован, сознательная деятельность человека или животного не может более проявляться на плане этих клеток, и химические силы, которые ими представлены, высвобождаются и действуют свободно на физическом плане *их* проявлений. *Джива* — в своем универсальном аспекте — обладает, подобно *пракрити*, своими семью формами, которые мы соглашаемся именовать «принципами». Ее действие начинается в плане Универсального Разума (махат) и заканчивается в грубейшем из планов *танматры* — в последнем из них, который является нашим собственным. Поэтому, хотя мы и можем, следуя философии *санкхья*, говорить о *семи пракрити* (или «продуктивных производных»), или же, согласно фразеологии оккультистов, о семи *дживах: все же и пракрити, и джива — это лишь бесконечно малые абстракции,* которые выделены только из снисхождения к слабости человеческого интеллекта. Поэтому, если мы и разделяем их на четыре, пять или семь принципов, то в этом довольно мало смысла. — *Ред.*

[1] Потенциальная энергия *не* является энергией.

шанными друг с другом, не являются ли они двумя различными формами энергии, объединенными лишь на время жизни?

Ученый оккультист описывает это таким образом:

> Джива, или жизненный принцип — это тонкая сверхчувственная материя, пронизывающая всю физическую структуру живого существа, и когда она отделяется от такой структуры, то говорят, что жизнь угасла. Для ее связи с животной структурой необходима определенная конфигурация условий, и когда эти условия нарушаются, она притягивается другими телами, предоставляющими подходящие условия.[1]

Каждый атом содержал внутри себя свою собственную жизнь, или силу, и различные атомы, которые составляют физический организм, всегда привносят с собой свои собственные жизни, когда бы они не прибывали. Однако, жизненный принцип человека или животного, который оживляет существо в целом, по-видимому, является развившейся дифференцированной и индивидуализированной энергией движения, которая, как это кажется, путешествует от одного организма к другому после его смерти. На самом ли деле это «тонкая сверхчувственная материя», как это упоминалось выше, которая является чем-то отличным от атомов, формирующих физическое тело?

Если это так, то она становится некой разновидностью монады и была бы близка к высшей человеческой душе, которая перемещается от тела к телу.

Но вот другой и более важный вопрос: Является ли жизненный принцип, или джива, чем-то отличным от высшей, или духовной души? Некоторые индусские философы утверждают, что эти два принципа не различаются, но являются одним и тем же.

Для того, чтобы сделать этот вопрос более ясным, можно спросить о том, известны ли оккультизму случаи, в которых человеческие существа жили бы совершенно отдельно от своих духовных душ?

---

[1] «Пять лет теософии», стр. 512.

Правильное понимание природы, качеств и видов действия принципа, называемого «джива», является весьма существенным для должного уразумения первых принципов эзотерической науки, и, имея ввиду получение дальнейшей информации в отношении сложных научных вопросов, была и сделана эта слабая попытка сформулировать несколько вопросов, которые приводили в замешательство почти всякого изучающего теософию.

ИНВЕРСИЯ МЫСЛЕННОГО ЗРЕНИЯ

Мистером Ф. У. Г. Мейерсом и его коллегами из Лондонского Общества психических исследований были недавно проведены некоторые любопытные эксперименты, и если они подтвердятся, то приведут к высшей степени интересным результатам. Опубликованные ими данные экспериментов широко комментировались в прессе. Мы не будем для начала вдаваться в подробности: для нашей цели достаточно установить — для удовлетворения любопытства наших читателей, незнакомых с экспериментами, — что в подавляющем большинстве случаев, слишком многочисленных, чтобы быть результатом простой случайности, было выявлено, что читающий мысли сенситив получает перевернутое ментальное изображение объекта, передаваемое ему для прочтения. Листок бумаги с изображением стрелки держали перед человеком с тщательно завязанными глазами, который должен был читать мысли; расположение этого листка постоянно менялось, и испытуемого просили мысленно представить себе стрелку при каждом ее повороте. При этом было обнаружено: если стрелка указывала направо, он видел ее указующей налево, и наоборот. Это склонило некоторых педантичных журналистов к предположению о том, что это был мираж, как на внутреннем, так и как на внешнем плане зрительного ощущения. Однако истинное объяснение этого феномена лежит глубже.

Хорошо известно, что видимый нами объект и его изображение на сетчатке глаза полностью не совпадают и являются обратными друг другу. Каким образом изображение объекта на сетчатке инвертируется при восприятии — это тайна, которую физическая наука, по-видимому, не способна постичь. Западная метафизика вряд ли находится в лучшем положении; существует столько же теорий, сколько и ученых-метафизиков. Рид, Гамильтон и другие представители этой школы лишь барахтаются в болоте спекуляций. Единственный философ, достигший некоего проблеска истины, — это идеалист Беркли, который, к крайнему огорчению всех изучающих истинную философию, не мог выйти за пределы христианской теологии, несмотря на всю свою замечательную интуицию.

«Ребенок», — говорит Беркли, — «в действительности видит предмет перевернутым, с нашей точки зрения; чтобы потрогать свою голову, он вытягивает руки в том же направлении, как это делаем мы, чтобы достичь наших ступней. Повторные неудачи в этом направлении создают его опыт и приводят к исправлению представлений, порожденных одним органом, опираясь на другие органы чувств; таким же образом развиваются ощущения расстояния и устойчивости».

Это учение в совокупе с опытами Общества психических исследований приводит к замечательным результатам. Если прошедший обучение адепт представляет собой личность, развившую все свои внутренние способности, полностью владеющую на психическом плане своими чувствами, то человек, который случайно, то есть без оккультного обучения, усиливает свое внутреннее зрение, находится в положении беспомощного ребенка, в котором состязаются друг с другом капризы лишь одного внутреннего чувства. Это позволяет видеть в ярком свете не заслуживающую доверия фигуру обычного, необученного ясновидца. Так было в случае с сенситивами, с которыми проводили опыты м-р Мейерс и его коллеги. Однако существуют и такие примеры, когда коррекция одного чувства другим происходит непроизвольно и дает верные результаты. Когда сенситив читает мысли в уме человека, такая коррекция не требуется, потому что воля думающего испускает мысли как бы непосредственно направленные в ум сенситива. Кроме того, инверсия, о которой идет речь, обнаруживается лишь в случае таких образов, которые не могут быть затронуты обычным чувственным опытом сенситива. Взять на пример изображение собаки; когда сенситив воспринимает его как существующее в уме некоего человека или на листке бумаги, оно может быть, по-видимому, искаженным для внутреннего восприятия сенситива, но его физический опыт всегда исправит это. Но такая инверсия, очевидно, должна иметь место, когда предметом исследования является направление, в которое обращена морда собаки. Трудность может появиться по отношению к именам или словам людей, мысли которых сенситив читает. Но в таких случаях следует принять во внимание деятельность воли мыслящего человека, которая вталкивает мысль в ум сенситива, и таким образом не вызывает необходимости в процессе инверсии. Отсюда абсолютно ясно, что лучший путь изучения таких феноменов — это тот, при котором задействован только один набор волевых сил, принадлежащих сенситиву. Это происходит всегда в том случае, когда объект, который сенситив должен прочесть, не зависит от воли какого-либо другого человека, как в том случае, когда он изображен на бумаге или как-нибудь иначе в том же роде.

Применяя то же самое правило к сновидениям, мы можем найти причину популярного предрассудка, согласно которому факты обычно инвертированы в сновидениях. Когда мы видим во сне что-либо хорошее — это, по общему мнению, означает предвестие чего-либо плохого. В исключительных случаях, в которых сны оказались пророческими, на спящего действовала или воля кого-то другого, или какие-то разрушительные силы, которые не могли быть рассчитаны кроме как для этого особого случая.

В связи с этим можно упомянуть другой очень важный психический феномен. Имеются весьма многочисленные и прекрасно удостоверенные примеры, не вызывающие ни малейшего сомнения, того, что перед умственным взором заинтересованного человека возникает картина, расположенная на некоем удалении, например, умирающего человека. В таких случаях двойник умирающего человека появляется даже на значительном расстоянии и становится обычно видимым только своему другу, хотя нередки примеры, когда этого двойника видит ряд людей. Первый случай относится к вышерассмотренным, поскольку концентрированная мысль умирающего человека обнаруживается с помощью ясновидения его другом, и создается прямой образ благодаря воле-энергии умирающего человека; последний случай представляет собой появление подлинной *майявирупы*, и поэтому не подчиняется обсуждаемому здесь правилу.

СКРИЖАЛИ АСТРАЛЬНОГО СВЕТА

Все, что происходит (или происходило) на этом свете, любое проявление, каким бы скоротечным или незаметным оно не было, находит свое отражение в *скандхической* записи человеческой жизни. Никакие, даже самые незначительные, действия, мысли, впечатления и поступки не будут ею упущены. Мы можем полагать, что они не восприняты нашим сознанием, и поэтому не остались в нашей памяти, но, тем не менее, все они фиксируются на *скрижалях астрального света*. Личная память — это выдумка физиологов. В нашем мозгу есть отделы, которые выполняют только одну функцию приема и передачи ощущений и впечатлений. Эти отделы предполагаемого «органа памяти» *получают* и *передают* все картины и впечатления прошлого, а не являются их *хранителями*. При определенных обстоятельствах и под влиянием различных факторов эти астральные образы могут мгновенно возникать в сознании (это и называется *памятью*, или *воспоминанием*), но не сохраняются им. Когда говорят о чьей-то потере или ослаблении памяти, то это всего лишь *façon de parler* [речевой оборот]; на самом деле речь идет только об ослаблении или разрушении наших «передатчиков». Оконное стекло позволяет нам беспрепятственно видеть солнце, луну, звезды и все предметы снаружи; но если оно треснет, то все эти внешние образы предстанут перед нами в искаженном виде; а если разбитое стекло заменить непрозрачным картоном, или зашторить его, то все образы сразу выпадут из поля нашего зрения. Но разве это дает нам право утверждать, что все эти образы — солнце, луна и звезды — исчезли; или, что, вставив новое оконное стекло, мы опять не увидим их из нашей комнаты? Имеются достоверно описанные случаи, когда после долгих месяцев, и даже лет, умопомрачения; или долгих дней, проведенных в лихорадочном состоянии, когда больной делает и говорит все в бреду, неосознанно, после выздоровления он вдруг неожиданно вспоминал, причем довольно точно, свои слова и поступки. Явлением такого плана является *бессознательная* мозговая деятельность. Но *вселенская память* сохраняет каждое движение, каждое тончайшее колебание и проявление, которое создает волны различной природы, как в человеке, так и во Вселенной.

ОТРИЦАТЕЛИ НАУКИ

> Что касается того, что ты слышишь, как иные убеждают многих в том, что душа, после освобождения от тела, не испытывает страданий и не обладает сознанием, я знаю, что ты слишком хорошо обучен *доктринам, которые мы получили от наших предков*, и священным оргиям Диониса, чтобы поверить им; *ибо мистические символы хорошо известны нам, тем, кто принадлежит к «Братству».*
>
> *Плутарх*

С давних пор теософов в целом, и автора настоящей статьи в особенности, серьезно обвиняли в *неуважении к науке*. Нас спрашивали о том, какое мы имеем право подвергать сомнению заключения наиболее выдающихся авторитетов, и отказывать в признании непогрешимости (что предполагает всеведение) наших современных ученых? Короче, как *осмеливаемся* мы «презрительно игнорировать» их наиболее бесспорные и «повсеместно принятые теории» и т. д. и т. п. Эта статья написана с намерением дать некоторые объяснения нашей скептической позиции.

Прежде всего, чтобы избежать естественного непонимания предыдущего параграфа, пусть читатель примет во внимание, что заголовок *«Отрицатели* науки» никоим образом не относится к теософам. Как раз наоборот. Под «наукой» мы подразумеваем ДРЕВНЮЮ МУДРОСТЬ, тогда как ее «отрицатели» представляют собой *современных материалистически настроенных ученых.* Таким образом, мы снова имеем «высочайшую дерзость», подобно Давиду, вступить в борьбу, со старомодной теософской «пращей» в качестве единственного оружия, против гигантского Голиафа, «защищенного кольчугой», весящей «пять тысяч сикелей *меди*». Пусть филистимляне отрицают факты и заменяют их «рабочими гипотезами»; мы отрицаем последние и защищаем *факты*, «оружие единой существующей ИСТИНЫ».

Искренность этого простого утверждения, конечно, должна разбудить всех спящих собак, и спустить всех паразитов современной науки для того, чтобы они кусали нас за наши издательские пятки. «Эти проклятые теософы!» — непременно раздастся крик. — «Сколько еще они будут отказываться от того, чтобы укротить себя; и сколько еще мы будем иметь дело с этой дьявольской конгрегацией?» Конечно, потребуется значительное время для того, чтобы нас опрокинуть, тем более что один такой эксперимент уже был проделан. Кажется весьма естественным, что наше вероисповедание должно вызывать гнев у каждого подхалима механических и анималистических теорий Вселенной и Человека; количество таких подхалимов велико, хотя и не вызывает благоговейного трепета. В нашем цикле всеобщего отрицания ряды Дидимов усиливаются с каждым днем за счет новоиспеченных материалистов и так называемых «атеистов», избегающих церковного догматизма и полных реактивной энергии. Мы знаем численное превосходство наших врагов и оппонентов, и не преуменьшаем его. Более того, в этом случае даже некоторые из наших лучших друзей могут спросить, как они уже делали это ранее: «*Cui bono?* [кому это выгодно? *лат.*] почему бы не оставить в покое нашу высокоуважаемую, имеющую прочные корни официальную Науку, с ее учеными и их низкопоклонниками?»

Далее будет показано, *почему*; и тогда наши друзья узнают, что у нас есть очень веские основания действовать так, как мы и действуем. У нас нет никаких причин ссориться с истинным человеком науки, искренним, не принадлежащим никакой группировке, непредубежденным и правдолюбивым ученым (каких, увы, меньшинство); он полностью заслуживает нашего уважения. Но тому, кто, будучи *специалистом* в физических науках, хотя бы и выдающимся, пытается навязать общественному мнению свои собственные материалистические взгляды по метафизическим и психологическим вопросам, в которых он не разбирается, нам есть что сказать. Мы не связаны какими-либо законами, божественными или человеческими, которые обязывали бы нас уважать мнения, которые в нашей школе считаются ошибочными, только потому, что они принадлежат так называемым авторитетам в материалистических или агностических кругах. Выбирая между *истиной* и *фактом* (в нашем понимании), с одной стороны, и рабочими гипотезами крупнейших из ныне живущих физиологов — хотя бы они и отзывались на такие имена, как м-р Гексли, м-р Клод Бернар, м-р Дюбуа Реймон и т. д., и т. п., — с другой стороны, мы никогда не намерены колебаться ни на секунду. Если, как однажды заявил м-р Гексли, душа, бессмертие и все духовные явления «находятся вне [его] философского исследования» («Физические основы жизни»), то, поскольку он никогда не задавался такими вопросами, он не имеет никакого права предлагать свое мнение. Конечно, они находятся вне сферы материалистической физической науки, и, что еще более важно, по удачному выражению д-ра Поля Жибьера, *вне области ясного понимания* большинства наших материалистических ученых. Они вольны верить или не верить в «*автоматическое* действие нервных центров» как первичных творцов мысли; в то, что феномены *воли* являются только усложненной формой рефлекторных действий — но мы в такой же степени вольны отрицать их заявления. Они являются специалистами, и не более. Как это с восхищением описывает в своей последней работе автор «Спиритизма и факиризма»:

«Ряд людей, особенно просвещенных в некоторых отдельных областях науки, присваивают себе право произносить по своему желанию суждения относительно всего на свете, они готовы отвергать что-либо новое, что противоречит *их взглядам*, часто по той единственной причине, что *если бы это было правильным, они не могли бы оставаться в неведении об этом!* Со своей стороны, я часто встречал этот вид самодостаточности у людей, которых их знания и научные исследования должны бы были предохранить от такого прискорбного морального недостатка, если бы они не были *специалистами* в своей области. Это признак относительной неполноценности, считать кого-либо выше или ниже себя. На самом деле, количество умов, думающих таким образом, больше, чем обычно полагают. Так же, как существуют люди, полностью неспособные к изучению музыки, математики, и т. д., так же есть и те, для кого закрыты определенные области мысли. Некоторым из тех людей, которые, вероятно, различаются на ... медиков или литераторов, замечательным образом не удается никакое занятие вне того, что я назову их «зоной видимости», аналогично тому, как рефлекторы проливают ночью свой свет в ярко освещенную зону, вне которой — глухая тьма и неопределенность. Каждый человек имеет свою собственную зону видимости, размеры и степень освещенности которой зависят от индивидуума.

Имеются вещи, которые находятся вне *способности к пониманию* тех или иных интеллектов; они расположены вне их зоны видимости».[1]

Все это совершенно верно в отношении ученого и его невежественного поклонника. И именно таким ученым специалистам мы отказываем в праве сидеть на троне царя Соломона и судить всех тех, кто не будет смотреть и слышать с помощью их глаз и ушей. Мы говорим им: Мы не просим вас верить в то, во что верим мы, поскольку ваша «зона» ограничивает вас в пределах вашей специальности; но не вторгайтесь в «зоны» других людей. И если вы, тем не менее, будете делать это, если, после того как вы сами в минуты честной откровенности часто смеялись над своим невежеством; после неоднократного утверждения, словесного или в печати, о том, что вы, физики и материалисты, не знаете ничего о конечных возможностях, присущих ма-

---

[1] «Анализ вещей» в «Трансцендентальной физиологии» Поля Жибьера, стр. 33-34.

терии, или что вы не сделали ни единого шага в направлении решения тайны жизни и сознания — вы все же упорствуете в своих учениях и утверждаете, что все проявления жизни и разума, и феномены высшей ментальности, являются просто *свойствами той материи, в отношении которой вы признаете свое собственное полное невежество*,[1] тогда — вы вряд ли избежите обвинения в том, что вы *обманываете* весь мир.[2] Слово «обман» используется здесь преднамеренно, в точном этимологическом значении словаря Вебстера, то есть «введение в заблуждение под видом честности» — в данном случае, научной. Конечно, нельзя ожидать от таких ученых джентльменов, что они не будут злоупотреблять своим влиянием и престижем в людских умах и учить их чему-либо, о чем они сами ничего не знают; что они воздержатся от проповеди ограниченности природы, когда ее наиболее важные проблемы были, и всегда будут неразрешимыми загадками для материалиста! Это не больше, чем просьба к таким учителям: быть, по крайней мере, порядочными.

Что же представляет собой в действительности человек познания? Не является ли истинным слугой науки (если

---

[1] «Строго говоря, верно, что химическое исследование может рассказать нам совсем *немного* или даже *ничего* в отношении структуры живой материи, и ... это также совершенная правда, что мы НИЧЕГО НЕ ЗНАЕМ о структуре какого-либо тела, безразлично, какого именно» (профессор Гексли).

[2] Придворный поэт материи, м-р Тиндаль, признает в своей работе относительно действия атомов: «Из-за избытка сложности и запутанности ... наиболее высокоразвитый интеллект, наиболее совершенное и дисциплинированное воображение *приходят в замешательство при размышлении о проблемах*. Мы становимся немыми от изумления, которое не может успокоить никакой микроскоп, и которое подвергает сомнению не только силу нашего инструмента, но *даже то, обладаем ли мы сами интеллектуальными элементами, которые дадут нам способность всегда бороться с конечными структурными энергиями природы*». И все же они без колебания борются с духовными и психическими проблемами природы — такими как жизнь, разум и высшее сознание — и приписывают всех их материи.

последняя понимается как синоним истины) тот, кто кроме обладания значительной информацией обо всех вещах всегда готов узнавать больше, потому что он допускает, что существуют такие вещи, *которые ему неизвестны?* [1] Такой учёный никогда не будет колебаться в том, чтобы отвергнуть свои теории, когда он нашел бы их — даже не вступающими в противоречие с фактами и истиной, а просто сомнительными. Ради истины он будет оставаться безразличным к мнению всего мира, и в частности к мнениям своих коллег, или же он не будет пытаться принести дух доктрины в жертву общераспространенной веры. Независимый от отдельных людей или группировок, бесстрашно вступающий в столкновение с библейской хронологией, теологическими догмами, или предвзятыми и беспочвенными теориями материалистической науки; действующий в своих исследованиях в полностью лишенной предубеждений системе разума, свободного от личной гордыни и суетности, он будет исследовать истину ради ее самой, а не для того, чтобы угодить той или иной фракции; он не будет подтасовывать факты для того, чтобы подогнать их к его собственным гипотезам, или верованиям любой государственной религии или официальной науки. Таков идеал истинного ученого; и таков тот, кто при любых ошибках — даже Ньютон и Гумбольдт совершали случайные ошибки — будет торопиться публично признать свои заблуждения и исправить их, и не будет поступать так, как это сделал немецкий натуралист Геккель. То, что совершил он, заслуживает напоминания. Во всех последующих изданиях «Происхождения человека» он оставил неисправленным *sozura* (по словам Кватрофага: «неизвестного науке»); также, он относит *prosimiæ* к *loris*, которого он описывает как «не имеющего сумчатого кармана, но *с плацентой*» («Происхождение человека», стр. 77), тогда как много лет назад

---

[1] И поэтому не к нему относятся эти известные юмористические стихи, спетые в Оксфорде:
  «Являюсь я главою колледжа,
  И то, *что знаю я, не есть незнание*».

анатомическими исследованиями «Альфонса Милна, Эдвардса и Грандидьера было показано, что *prosimiæ* Геккеля ... *не имеет плаценты*» (Кватрофаг, «Человеческий род», стр. 110). Это то, что мы, теософы, откровенно называем *нечестностью*. Ибо он отлично знает, что оба существа, которые он помещает на четырнадцатом и восемнадцатом этапах своей генеалогии в «Происхождении человека», являются *вымышленными*, и совершенно невозможно, чтобы они были прямыми или косвенными предками человекообразных обезьян, не говоря уж о *человеке*; «их нельзя рассматривать даже как предков зоноплацентных млекопитающих», — считает Кватрофаг. И все же Геккель подсовывает их наивным людям и сикофантам [1] от дарвинизма только потому, как объясняет Кватрофаг, «что доказательства их существования вытекают *из необходимости промежуточного типа*»!! Мы не можем найти никакой разницы между набожным мошенничеством и обманом Евсевия, действующего «ради великой победы Бога», и нечестивым обманом Геккеля «ради торжества материи» и — людским бесчестьем. Оба они — фальсификаторы, и мы вправе осуждать их обоих.

То же самое относится и к другим областям науки. Специалист — будь то знаток греческого языка или санскрита, палеограф, археолог, любого рода ориенталист — это «авторитет» только в пределах своей специальности, так же, как электрик или физик — в своей. И кто же из них может быть признан *непогрешимым* в своих заключениях? Они как делали, так и упорно продолжают делать ошибки, каждая из их гипотез является лишь предположением, теорией лишь на время — и не более. Кто бы поверил сегодня, при нашем увлечении Кохом, что всего несколько лет назад величайший авторитет среди патологов во Франции, покойный профессор Вульпиан, глава Медицинского факультета в Париже, *отрицал само существование туберкулезного микроба*? Когда, по словам д-ра Жибьера, м-р Були

---

[1] *Сикофант*, в древних Афинах — профессиональный доносчик, клеветник и шантажист. — *Прим. редактора*.

(его друг и ученик) представил в Академию наук работу о туберкулезной бацилле, Вульпиан заявил ему, что «эта бацилла *не может существовать*», ибо «если бы она существовала, то ее *давно* бы уже открыли, поскольку за ней охотились так много лет»![1]

Таким же образом каждый специалист любого рода отрицает доктрины теософии и ее учения; не потому, что он сам когда-либо пытался изучать или анализировать их, или понять, сколько правды может содержаться в древней священной науке, а просто потому, что не современная наука открыла какие-либо из этих истин; а также потому, что, уходя от основной дороги в джунгли материалистических спекуляций, люди науки не могут вернуться назад, не разрушив всего здания, которое стоит за ними. Но хуже всего, что обычный критик и оппонент теософских доктрин не является ни ученым, ни даже специалистом. Он просто *лакей* ученых в целом; говорящий попугай и гримасничающая обезьяна того или другого «авторитета», использующий теории и заключения каких-либо хорошо известных авторов для того, чтобы разбить о них наши головы. Более того, он отождествляет себя с «богами», которым он служит или под чьим покровительством он находится. Он похож на зуава из личной гвардии Папы, который, поскольку он должен бить в барабан при каждом появлении и исчезновении «наместника святого Петра», заканчивает тем, что отождествляет себя с апостолом. То же самое и с самозваным лакеем современного Элохима науки. Он тщетно воображает, что является «одним из них», имея на то не больше разумных оснований, чем зуав: он также бьет в большой барабан для каждого оксфордского или кембриджского преподавателя, чьи заключения и взгляды не согласуются с учениями Оккультной Доктрины древности.

Однако уделять этим хвастунам устно или письменно хоть чуточку больше, чем это необходимо, значит тратить время попусту. Оставим их в покое. Они не имеют даже

---

[1] «Анализ вещей, и т. д.» д-ра П. Жибьера, стр. 213-214.

своей собственной интеллектуальной «зоны», но должны видеть вещи в свете «зон» других людей.

Теперь о том, почему нашим тяжелым долгом является отрицание и опровержение научных взглядов столь многих людей, каждый из которых считается более или менее «выдающимся» в его специальной области науки. Два года назад в конце второго тома «Тайной Доктрины» автор пообещал издать третий и даже четвертый том этой работы. В этом третьем томе (ныне почти полностью готовом) [1] речь идет о древних мистериях Посвящения, делаются наброски — с эзотерической точки зрения — о наиболее знаменитых и исторически известных философах и иерофантах (каждый из которых рассматривается учеными как *обманщик*), начиная с древнейших времен и до христианской эры, и прослеживается связь учений всех этих мудрецов с одним и тем же источником всеобщего знания и науки — эзотерической доктриной, или РЕЛИГИЕЙ МУДРОСТИ. Нам не нужно и говорить о том, что утверждения и заключения эзотерических и легендарных материалов, использованных в этой книге, очень сильно отличаются и часто вступают в непримиримое противоречие с данными, которые предоставляют почти все английские и немецкие ориенталисты. Между ними существует негласное соглашение — объемлющее даже тех из них, кто испытывает личную вражду относительно друг друга — следовать определенному направлению в датировании материала;[2] в отрицании какой

---

[1] См. «Эзотерическое учение», скомпонованное и изданное уже после смерти Е.П.Б. ее ближайшей сподвижницей и преемницей на посту председателя Теософского общества — Анни Безант. — *Прим. редактора*.

[2] Профессор А. Г. Сейс говорит в своем замечательном предисловии к «Трое» д-ра Шлимана: «Естественной склонностью ученого наших дней является стремление датировать факты скорее более поздним временем, чем более ранним, и относить какие-либо факты к наиболее позднему периоду, насколько это возможно». Это так, и они все время это делают. Такая же тенденция чувствуется и в отношении признания идей древних, так как это предполагает наличие у древних философов какого-либо знания, *неизвестного современным ученым*. Самомнение и тщеславие!

бы то ни было внутренней ценности «адептов» всякого трансцендентального знания; в полном отрицании самого существования *сиддхи,* или ненормальных духовных сил в людях. В этом ориенталисты, и даже те из них, кто является материалистами, тесно смыкаются с духовенством и библейской хронологией. Нам не нужно останавливаться для того, чтобы проанализировать этот странный факт, но таково положение вещей. Главная задача третьего тома «Тайной Доктрины» — доказать, путем цитирования и объяснения *неясных мест* в трудах древнеиндийских, древнегреческих и других, достойных внимания философов, равно как и во всех древних писаниях, существование непрерывного эзотерического аллегорического метода и символизма; по возможности показать, что при наличии ключей к толкованию, как этому учат Восточный индо-буддийский канон оккультизма, Упанишады, Пураны, Сутры, эпические поэмы Индии и Греции, египетская Книга мертвых, скандинавские Эдды, и даже еврейская Библия, а также классические писания Посвященных (таких, как Платон, и многих других), — все они, от первого до последнего, дают значения, совершенно отличные от буквального толкования их текстов. Это находит решительный отпор у некоторых выдающихся ученых современности. Они не получили ключей, следовательно — такие ключи вообще не существуют. Согласно Максу Мюллеру, никто из индийских пандитов никогда не слышал об эзотерической доктрине (*гупта видья*). В своих «Эдинбургских лекциях» этот профессор позволяет себе некоторые вольности по отношению к теософам и их толкованиям, как некоторые ученые шастрии — не говоря уж о *посвященных* браминах — поступают с самим этим ученым немецким филологом. С другой стороны, сэр Монье Уильямс пытается доказать, что Господь Гаутама Будда *никогда не учил какой-либо эзотерической философии,* (!!) изобличая, таким образом, во лжи всю последующую историю архатов-патриархов, которые обратили Китай и Тибет в буддизм, и обвиняя в мошенничестве многочисленные эзотерические школы в современном Китае и Тибете.[1] Или, согласно профессору Б. Джовитту, главе Баллиольского колледжа, нет никаких эзотерических элементов в «Диалогах» Платона, и даже в таком выдающемся оккультном труде, как «Тимей».[2] Неоплатоники, такие как Аммоний Саккас, Плотин, Порфирий, и т. д., были невежественными и предубежденными мистиками, которые видели тайные значения там, где их никто не подразумевал, и кто, руководствуясь учением Платона, не имел идеи истинной науки. В понимании светил современной науки, наука (то есть знание) находилась в детском возрасте во времена Фалеса, Пифагора и даже Платона; величайшие суеверия и «пустая болтовня» царили во времена индийских риши. Панини, величайший в мире грамматик, согласно профессорам Веберу и Максу Мюллеру, *был незнаком с искусством письма*, и сходным образом все, жившие в Индии, от Ману до Будды, вплоть до третьего века до нашей эры. С другой стороны, профессор А. Г. Сейс, безусловно, крупный палеограф и ассириолог, всегда доброжелательно признающий наличие эзотерической школы и оккультного символизма среди жителей Аккадо-Вавилонии, тем не менее, утверждает, что ассириологи сегодня имеют все ключи, необходимые для интерпретации тайных глифических надписей седой древности. Мне кажется, что нам известен главный ключ, используемый им и его коллегами: отнесите каждого бога или героя, чей характер в той или иной мере сомнителен, к мифу о солнце, и вы откроете всю эту тайну; это более легкое предприятие, чем для «северного колдуна» испечь омлет в мужской шляпе. Наконец, что касается эзотерического символизма и мистерий, современные ориенталисты, по-видимому, забыли больше, чем когда-то знали посвященные жрецы времен Саргона (3750 лет до н. э., согласно

---

[1] Если посмотреть «Китайский буддизм» Эдкина, то мы увидим, что этот миссионер, выдающийся ученый-китаевед, проживший в Китае долгие годы, говорит, хотя и с предубеждением, об эзотерических школах.

[2] См. предисловие к его переводу «Тимея».

д-ру Сейсу). Таково скромное утверждение лектора Гибберта в 1887 году.

Таким образом, поскольку личные заключения и утверждения вышеназванных ученых (и многих других) выступают против теософских учений, то, во всяком случае, в этом поколении, лавры победы последним не будут пожалованы большинством. Тем не менее, поскольку истина и факт на нашей стороне, нам нужно не отчаиваться, но просто ожидать своего часа. Время — это удивительный волшебник, непреодолимо уничтожающий все искусственно выращенные сорняки и паразиты, универсальное средство нахождения истины. *Magna est veritas et prevalebit* [велика истина, и она восторжествует, *лат.*]. Тем временем, теософы не могут себе позволить, чтобы их обвиняли в визионерстве, так как они не являются «обманщиками», и их долгом является оставаться верными цвету своего знамени, и защищать свои наиболее нерушимые убеждения. Они могут делать это лишь вступая в оппозицию к предвзятым гипотезам своих оппонентов, (*а*) с помощью диаметрально противоположных заключений их же коллег — других ученых, как выдающихся *специалистов* в той же самой области науки, что и они сами; и (*б*) выясняя истинное значение различных отрывков из древних писаний и классиков, искаженных этими фанатиками. Но, делая это, мы можем оказывать не большее уважение этим известным персонажам в современной науке, чем это делают они по отношению к богам «низших рас». Теософия, Божественная Мудрость или ИСТИНА является пристрастной не более чем какое-либо племенное божество — «лицеприятной персоной». Мы защищаемся, и должны отстоять то, что мы знаем как безусловную истину: поэтому, вместо немногочисленных редакторских статей, мы намерены поместить серию специальных статей, опровергающих наших оппонентов, какими бы учеными они не были.

И сейчас становится очевидным, почему для нас невозможно «оставить в покое нашу в высшей степени уважаемую и имеющую твердую основу официальную *науку*».

Мы можем закончить несколькими прощальными словами, обращенными к нашим читателям. *Сила принадлежит тому, кто знает*; это очень старая аксиома: знание, или первая ступень к обретению силы, и в особенности постижение истины или умение отличать истинное от ложного, принадлежит только тем, для кого истина выше его собственных особенностей характера. Только те, кто освобождается от всех предрассудков, побеждает такие человеческие качества, как самомнение и эгоизм, кто готов принять любую и *всякую* истину, как только она становится для него бесспорной, — только они, утверждаю я, могут надеяться на обретение окончательного знания вещей. Бесполезно искать таких людей среди ученых гордецов нашего времени, и было бы безумием ожидать, что обезьяноподобная масса невежественных людей выступит против своих обожаемых идолов. Бесполезно также ожидать справедливости по отношению к теософской работе любого вида. Пусть какой-нибудь неизвестный м-р Маколей, или сэр У. Гамильтон, или Джон Стюарт Милль, будут сегодня напечатаны и изданы теософским издательством, и рецензенты, если они будут, сразу же провозгласят их безграмотными и *не*-английскими, неясными и нелогичными. Большинство судит о работе в соответствии с предрассудками ее критиков, которые, в свою очередь, руководствуются популярностью или непопулярностью авторов, а вовсе не присущими этой работе достоинствами или недостатками. Вне теософских кругов, поэтому, тома «Тайной Доктрины», которые вскоре появятся, ожидает, очевидно, еще более холодный прием у широкой публики, чем два первых тома. В наши дни, как это было неоднократно показано, никакое утверждение не может рассчитывать на справедливый суд, или даже на то, чтобы быть выслушанным до тех пор, пока его аргументы не будут соответствовать узаконенному и принятому способу исследования, остающемуся строго в рамках или официальной, материалистической науки, или эмоциональной, ортодоксальной теологии.

Наш век, читатель, представляет собой парадоксальную аномалию. Поистине, его можно назвать веком Януса, поскольку он одновременно и чрезвычайно материалистический, и в высшей степени набожный. Наша литература, наша современная мысль и так называемый прогресс, движутся по этим двум параллельным линиям, столь несовместимым друг с другом, и, тем не менее, столь популярным и в высшей степени «пристойным» и «респектабельным», каждая по-своему. Тот, кто предполагает провести третью линию, или даже маленькую черточку, для примирения этих двух линий, должен быть полностью готов к самому худшему. Его работа будет искажена критиками, которые, прочтя три строчки на первой странице, две в середине книги, и заключительное предложение, объявят ее «неудобочитаемой»; над ней будут насмехаться подхалимы науки и церкви, она будет неправильно цитироваться их лакеями, тогда как средний читатель не поймет ее значения. Хорошим доказательством этого является абсурдные заблуждения культурных слоев общества относительно учений «религии Мудрости» (бодхизм), после исключительно ясных и представленных в научном виде ее элементарных доктрин автором «Эзотерического буддизма». Это может служить предостережением даже тем из нас, кто, будучи закаленными в борьбе за наше Дело, длящейся почти целую жизнь, не робеют, работая своим пером, и не пугаются догматических заявлений научных «авторитетов». И все же они упорствуют в своем труде, хотя и прекрасно сознают, что ни материализм, ни доктринальный пиетизм, не дадут возможности для теософской философии быть беспристрастно выслушанной в наше время. До самого последнего времени, нашу доктрину систематически отрицали, нашим теориям отказывали в каком-либо месте, даже среди тех постоянно меняющихся научных однодневок, называемых «рабочими гипотезами». Для защитников «анималистической» теории наши космогенетические и антропогенетические учения являются, воистину, «сказками». «Как можем мы», — спрашивает один из поборников науки, — «принять *глупости* древних туземцев, (?!) пусть даже им и учили в глубокой древности, если они во всем противоречат заключениям современной науки... Это все равно, как если бы нас просили заменить Дарвина — Джеком Потрошителем!» Именно так; ибо тем, кто утратил всякую нравственную ответственность, кажется, очевидно, более удобным принимать теорию о своем происхождении от общего *обезьяноподобного* предка, и видеть брата в немом бесхвостом бабуине, чем признать отцовство питрисов, славных «сынов богов», или признать своим братом голодающего из трущоб, или цветного человека «низшей» расы. «Осадите назад!» — кричат в свою очередь святоши, — «вы, "*эзотерические буддисты*", никогда не сможете стать добропорядочными, посещающими церковь, христианами!»

Мы никоим образом не обеспокоены этой метаморфозой, особенно потому, что большинство благочестивых британцев уже стали по своей собственной воле и своему выбору *эзотерическими буддистами*.

De gustibus non disputandum [о вкусах не спорят, *лат.*].

В дальнейшем мы постараемся исследовать то, насколько прав профессор Джовитт в своем предисловии к «Тимею», когда он говорит, что «фантазии неоплатоников не имеют ничего общего с толкованием Платона», и что «так называемый мистицизм Платона имеет чисто греческое происхождение и проистекает из его недостаточно совершенного знания», чтобы не сказать — невежества. Ученый руководитель Баллиольского колледжа отрицает, что Платон использовал в своих работах эзотерический символизм. Мы же, теософы, считаем, что это так, и должны попытаться дать наиболее обоснованные доказательства в пользу наших утверждений.

ОБ АВТОРИТЕТАХ ВООБЩЕ, И АВТОРИТЕТЕ МАТЕРИАЛИСТОВ В ЧАСТНОСТИ

Поставив перед собой задачу, противостоять «авторитетам» и опровергать время от времени прочно устоявшиеся мнения и гипотезы людей науки, мы считаем необходимым с самого начала четко обозначить нашу позицию из-за многократных обвинений, которым мы подвергаемся. Хотя никакая критика и никакие насмешки не могут смутить нас, если они касаются истинности наших доктрин, тем не менее, мы не хотели бы дать нашим врагам еще один повод для избиения невинных младенцев; равным образом мы бы не хотели возбудить в наших друзьях какое-либо несправедливое подозрение в том, что мы, по меньшей мере, не готовы признать свою вину.

Одним из таких подозрений, естественно, могла бы быть идея о том, что мы в высшей степени самонадеянны и тщеславны. Это было бы ложью от А до Я. Если мы противоречим в каких-то вопросах выдающимся профессорам науки, это вовсе не значит, что тем самым мы утверждаем, что знаем о науке больше, чем они; более того, что мы столь самонадеянны, что помещаем себя на тот же уровень, на котором находятся эти ученые. Те, кто обвинил бы нас в этом, говорили бы очевидную бессмыслицу, и даже для появления такой мысли понадобилось бы безумное тщеславие — а мы никогда не были повинны в этом грехе. Таким образом, мы громогласно заявляем всем нашим читателям, что большинство этих «авторитетов», у которых мы находим ошибки, *по нашему собственному мнению занимают гораздо более высокое положение в области научного знания и общей информированности, чем мы сами.* Но, признавая это, мы напоминаем читателю, что обладание большой ученостью никоим образом не избавляет от крупных предубеждений и предрассудков; оно не является также гарантией против личной суетности и гордыни. Физик может быть бесспорным экспертом в акустике, в волновых колебаниях и т. д., и в то же время вовсе не быть музыкантом и не иметь музыкального слуха. Никто из современных сапожников не может писать так, как граф Лев Толстой; но любой новичок в сапожном ремесле может обвинить великого романиста в том, что он погубил хороший материал, пытаясь изготовить ботинки. Кроме того, мы подвергаем резкой критике современную науку, только пытаясь защитить законным образом наши освященные веками теософские доктрины, которым многие противостоят исходя из авторитета материалистических ученых, полностью игнорирующих психические способности и осуждающих древнюю мудрость и ее адептов. Если в своем тщеславном и слепом материализме они будут настаивать на том, что они не знают и не хотят знать, тогда те, кто знает что-то, имеют полное право противостоять и говорить об этом в устных выступлениях и в печати.

Многие, должно быть, слышали об остроумном ответе, сделанном любителем Платона некоему критику Томаса Тэйлора, переводчика трудов этого великого мудреца. Тэйлора обвинили в том, что он небольшой знаток греческого языка, и не очень хороший английский писатель. «Да», — был дерзкий ответ, — «Том Тэйлор, возможно, знает греческий хуже, чем его критики, но *он знает Платона намного лучше, чем любой из них*». Такова же и наша собственная позиция.

Мы не настаиваем на своей учености ни в древних, ни в живых языках, и мы не вносим свой вклад в филологию, как это делает современная наука. Но мы настаиваем на том, что понимаем истинный дух философии Платона, и символический смысл трудов этого великого посвященного лучше, чем его современные переводчики, и по очень простой причине. Иерофанты и посвященные мистерий в тайных школах, в которых обучали всем наукам, недоступным и бесполезным для невежественных масс, имели один универсальный эзотерический язык — язык символов и аллегорий. Это язык не претерпел никаких изменений или усложнений с тех давних времен и вплоть до наших дней. Он все еще существует, и ему все еще учат. Существуют люди, которые сохранили знание этого языка, а также тайный смысл мистерий; именно от этих Учителей автор настоящего протеста имел счастье научиться, хотя и весьма несовершенно, вышеупомянутому языку. Таким образом, я призываю к более правильному пониманию тайных частей древних текстов, написанных признанными посвященными, — такими как Платон, Ямвлих, Пифагор и даже Плутарх, — чем этого можно ожидать от тех, кто, ничего не зная об этом «языке», или даже полностью отрицая его существование, тем не менее, выдвигает авторитарные и окончательные утверждения о том, что знали или не знали Платон и Пифагор, во что они верили или не верили. Этого недостаточно, чтобы опровергнуть дерзкое предположение о том, что «древнего философа следует интерпретировать, исходя из его самого [т. е. из мертвой буквы текстов], а также *из современной истории мысли*» (профессор Джовитт); тот, кто опровергает это, должен, прежде всего, получить удовлетворение (не только от себя самого и своих почитателей, но *от всех*) от того, что современная мысль не будет столь рассеянной в философских вопросах, каковой она является в материалистической науке. Современная мысль отрицает наличие божественного духа в природе и божественного начала в человеке, бессмертие души и какие-либо возвышенные представления, свойственные человеку. Все мы знаем, что в своих попытках убить то, что они, соглашаясь друг с другом, называют «предубеждениями» и «реликтами невежества» (*читай*: «религиозные чувства и метафизические представления о Вселенной и Человеке»), материалисты, такие как профессор Гексли и м-р Грант Аллен, готовы на все, чтобы обеспечить триумф их убивающей душу науки. Но когда мы находим ученых, занимающихся греческим языком или санскритом, и докторов теологии, играющих на руку современной материалистической мысли, относящихся с презрением ко всему *им* не известному, или к тому, что публика (или скорее общество, которое всегда следует в своих побуждениях безумию моды, популярности или непопулярности) не одобряет, тогда мы имеем право предполагать одно из двух: ученые, которые действуют таким образом, руководствуются или личными амбициями, или страхом общественного мнения; они не осмеливаются выступить против него, рискуя стать непопулярными. В обоих случаях они утрачивают право на то, чтобы их рассматривали как авторитетов. Ибо, если они не видят фактов и являются искренними в своей слепоте, то их знания, сколь велики бы они ни были, принесут больше вреда, чем пользы; если же, полностью осознавая универсальные истины, которые древний мир знал лучше, чем мы — хотя и выражал их более двусмысленным и менее научным языком, — наши философы все же скрывают их, панически боясь болезненно сверкающих глаз большинства, тогда пример, который они дают, наиболее пагубен. Они подавляют истину и искажают метафизические концепции так же, как их коллеги в физической науке искажают факты материальной природы, превращая их просто в опору для поддержки своих взглядов, соответствующих популярным гипотезам и учению Дарвина. А если это так, то какое право имеют они требовать уважительного внимания от тех, для кого Истина является самой высокой, самой благородной из всех религий?

Отрицание любого факта или утверждения, в которые верят огромные массы христиан и не христиан, — более того, факта, который *невозможно опровергнуть*, — это слишком серьезно для человека с признанным научным авторитетом, поскольку это повлечет за собой неизбежные последствия. Отрицания и опровержения некоторых вещей, до сих пор считавшихся священными, которые делаются таким образом, столь же хорошо принимаются публикой, приученной уважать научные данные и папские буллы, как и неквалифицированные заявления. Подобный дух всеобщего отрицания, — охватывающий такую широкую категорию, как *агностицизм*, или представленный лишь в виде личного мнения, — несет в себе угрозу для всего человечества, в особенности, если он сталкивается с универсальной верой всей античности, а также огромного количества восточных народов, которые являются истинными хозяевами того, что отрицается нашей наукой. Таким образом, отказ от признания Божественного Принципа Вселенной, души и духа в человеке и его Бессмертия одной группой ученых; отрицание любой эзотерической философии, существующей в древности, а именно: наличия какого-либо тайного значения, которое можно обнаружить путем изучения священных текстов Востока (в том числе Библии) или работ тех философов, которые были признанными посвященными, — другой группой «авторитетов», — все это просто фатально для человечества. Миллионы подрастающих поколений, очевидно, скоро окажутся в полной растерянности, находясь между миссионерской деятельностью, вдохновленной не столько религиозными, сколько политическими соображениями,[1] с одной стороны, и научным материализмом, с другой, причем, оба они учат с диаметрально противоположных позиций тому, что нельзя ни до-

---

[1] Мы считаем, что баснословные суммы, расходуемые на христианские миссии, чья пропаганда дает такие вредоносные безнравственные результаты и привлекает лишь немногочисленных ренегатов, имеют в виду лишь политические цели. Цель этих миссий, которые, как в Индии, должны быть «*терпимыми*» (цит.), по-видимому, состоит в том, чтобы *отвратить* людей от их древних религий в большей степени, чем *обратить* их в христианство, и это делается для того, чтобы затушить в них всякую искру национального чувства. Когда дух патриотизма в народе умирает, его очень легко превратить в марионетку в руках правителей.

казать, ни опровергнуть, и что сами они принимают большей частью на основании слепой веры или гипотез. Они будут знать, во что им верить и куда обратиться за истиной не больше, чем сейчас знают их родители. Таким образом, многим требуется сейчас более весомые аргументы, чем просто личные предположения или отрицания того, что та или иная вещь просто существует или не существует, делаемые религиозными фанатиками или неверующими материалистами.

Мы, теософы, кого не так легко поймать на крючок, наживкой на котором является спасение или уничтожение, мы заявляем наше право потребовать наиболее весомых и *неопровержимых* для нас доказательств тому, что истина находится в полном ведение науки и теологии. И поскольку мы не получаем никакого ответа, то мы заявляем о своем праве возражать или спорить по каждому нерешенному вопросу, анализируя предположения наших оппонентов. Мы, верящие в оккультизм и в древнюю эзотерическую философию, как уже говорилось выше, не просим наших членов верить точно так, как верим мы, и не обвиняем их в невежестве, если они этого не делают. Мы просто даем им возможность сделать свой выбор. Тем, кто решил изучать древнюю науку, предоставляются доказательства ее существования; и данные в пользу этого накапливаются и увеличиваются в количестве пропорционально личному прогрессу изучающего. Почему опровергатели древней науки (имеются в виду современные ученые) не делают то же самое в отношении своих отрицаний и утверждений; то есть, почему они не отказываются говорить «да» или «нет» о том, о чем они *ничего не знают*, вместо запрещения или утверждения *à priori* [заведомо, *лат.*], как они это делают? Почему бы нашим ученым не объявить искренне и честно на весь мир, что большинство их представлений — например, относительно жизни, материи, эфира, атомов, и т. д., то есть сущностей, каждая из которых представляет для них необъяснимую загадку — это *не научные факты и аксиомы*, но просто «рабочие гипотезы»? Кроме того, с какой же это стати ни ориенталисты — хотя столь многие из них и являются «преподобными», — ни профессор греческого языка, доктор теологии и переводчик Платона, такой как профессор Джовитт, излагая свои личные взгляды о греческом мудреце, не упоминают о том, что есть другие ученые, не менее образованные, которые думают иначе? Это было бы вполне разумно в свете большого количества противоположных данных, охватывающих прошедшие тысячелетия. И это было бы честнее, чем повергать менее образованных, чем они сами, людей, и вводить их в серьезные заблуждения посредством гипнотического влияния «авторитета», и, таким образом, склоняя их к тому, чтобы *принимать* разнообразные эфемерные гипотезы как доказанные, хотя на самом деле они еще только *требуют* доказательства. Но «авторитеты» действуют различными способами. Как только какой-либо факт в природе или истории не соответствует, или противится тому, чтобы быть включенным в какую-либо из их личных гипотез, принятых в качестве религии или науки сонным большинством, то он тут же отрицается, объявляется «мифом», или же против него используются *откровения* Писаний.

Именно по этим причинам теософия и ее оккультные доктрины пребывают в длительном конфликте с некоторыми учеными и теологами. Оставляя последних целиком за рамками данной статьи, мы обращаем наш протест в данный момент лишь к первым. Так, например, многие из наших учений, подтвержденных массой древних работ, но отрицавшихся в разное время разными профессорами, как это было показано, сталкиваются не только с заключениями современной науки и философии, но и даже с теми фрагментами из старых работ, к которым они обращаются за подтверждением. Мы можем лишь указать на определенные фрагменты некоторых старых индийских трудов, на Платона, на некоторых других греческих классиков, подтверждающих некоторые из наших эзотерических доктрин...

О КРИТИКЕ, АВТОРИТЕТАХ И ДРУГИХ МАТЕРИЯХ

Литературные наброски Непопулярного Философа

Благоразумные и осторожные люди постоянно предостерегают теософов и издателей теософической периодики от того, чтобы они обижали «авторитеты», научные или общественные. Общественное мнение, настаивают они, это самый опасный из всех противников. Его критика губительна, говорят нам. Критика едва ли может надеяться на то, чтобы улучшить кого-либо или что-либо из того, что стало предметом обсуждения. Однако это обижает многих и вызывает ненависть к теософам. «Не судите, да не судимы будете», — таково обычное предостережение.

Именно потому, что теософы хотели бы судить самих себя и полагаются на беспартийную критику, они могут оказать этим услугу своим товарищам. Взаимная критика — это наиболее разумная политика, помогающая установить окончательные и определенные жизненные правила, не только в теории, но и на практике. Мы уже имели достаточно теорий. Библия полна полезных советов, но немногие из христиан когда-либо применяли хотя бы часть этих этических предписаний к своей повседневной жизни. Если одна критика вредна, то и другая — тоже; и так же обстоит дело с каждым нововведением, или даже с презентацией какой-либо старой вещи в новом аспекте, если обе они необходимым образом сталкиваются с взглядами того или другого «авторитета». Я придерживаюсь противоположной точки зрения и рассматриваю критику как огромный положительный фактор, способствующий в целом мышлению; и в еще большей мере это относится к тем людям, которые никогда не думают самостоятельно, а во всем ссылаются на признанные «авторитеты» и общепринятые правила.

Ибо что такое, в конце концов, «авторитет» в каком-либо вопросе? На самом деле, это не более чем свет, падающий на какой-либо предмет через одну единственную, более или менее широкую щель и освещающий его лишь с одной стороны. Такой свет, помимо того, что он является правдивым отражением личных взглядов, а частенько особых пристрастий лишь одного человека, никогда не может помочь в исследовании какого-либо вопроса или предмета со всех сторон или во всех его аспектах.

Авторитеты, призывающие к чему-либо, часто оказываются бесполезными, тогда как неспециалист, пытающийся представить данный вопрос или предмет в другом виде и с другой точки зрения, немедленно подвергается гонениям за его исключительную смелость. Не попытается ли он отвергнуть эти солидные «авторитеты» и бросить вызов респектабельной и освященной веками общепринятой мысли?

Друзья и недруги! Критика является единственным спасением от интеллектуальной стагнации. Это прекрасный стимул, который побуждает к жизни и действию — то есть к здоровым переменам — грузных жвачных животных, называемых Рутина и Предубеждение, и в частной, и в общественной жизни. Противоположные мнения подобны встречным ветрам, которые сдувают со спокойной поверхности озера зеленую пену водорослей, которые стремятся заселить его тихие воды. Если каждый чистый поток независимой мысли, который бежит по полю жизни вне старых канавок, проложенных Общественным Мнением, будет остановлен и окажется в тупике, то результаты будут очень грустными. Если эти потоки не будут больше питать этот водоем, называемый Обществом, то его воды загниют еще больше, чем сейчас. В результате этого, наиболее правоверные «авторитеты» общественного пруда будут первыми засосаны еще глубже в липкий ил и тину.

Положение вещей в том виде, как оно есть сейчас, не обнаруживает ясных перспектив в отношении прогресса и социальных реформ. В последней четверти нашего столетия только женщины достигли заметного благотворного прогресса. Мужчины со своим жестоким эгоизмом и привилегиями по половому признаку, упорно боролись, но потерпели поражение почти во всех отношениях. Таким образом, молодые поколения женщин выглядят полными надежд. Вряд ли они войдут в будущую категорию грубых и упрямых сторонниц м-с Гранди. Те, кто сегодня ведет ее ранее непобедимые батальоны по пути войны, это старые амазонки респектабельного общества; а ее молодые мужчины, — это мужские «цветы зла», ночные растения, которые цветут в оранжереях, известных под названием «клубов». Бруммели сегодняшнего дня стали еще большими сплетниками, чем старые кумушки начала нашего столетия.

Противостоять таким противникам или критиковать их, или даже находить у них малейшую ошибку — это значит совершить непростительное социальное прегрешение. Однако Непопулярный Философ не из пугливых, и высказывает свои мысли, не обращая внимания на самые громкие «воинственные вопли», звучащие в наше время. Он изучает своих врагов обоего пола спокойным и мирным оком человека, которому нечего терять, и подсчитывает безобразные прыщи и морщины на «священном» лице м-с Гранди так же, как он считал бы смертельно ядовитые цветы на ветвях великолепного *mancenillier* — в телескоп и издали. Он никогда не будет приближаться к дереву или отдыхать в его губительной тени.

«Ты не должен противостоять Божьему помазаннику», — сказал Давид. Но тогда как «авторитеты», социальные и научные, всегда первыми нарушают этот закон, другие иногда могут следовать ему. Кроме того, «помазанники» — не всегда те, кто помазан Богом; многие из них относятся к тем, кто сам себя помазал на царство.

Таким образом, если даже Непопулярного Философа обвиняют в том, что он пытается развенчать Науку и ее «авторитеты», он решительно возражает против этого заявления. Отвергать непогрешимость человека науки — это совсем не то же самое, что сомневаться в его знаниях. Специалист, особенно исходя из того, что он имеет какую-либо одну специальность, заслуживает меньшего доверия в других областях науки, и даже в общей оценке его собственного предмета. До сих пор официальная школьная наука базируется на временных основаниях. Она будет идти вперед по прямым дорогам до тех пор, пока не будет вынуждена отклониться от этих старых путей в результате свежих и неожиданных открытий в бездонных недрах знания.

Наука подобна железнодорожному составу, который перевозит багажный вагон от одной конечной станции к другой и к которому не имеет доступа никто, кроме железнодорожных чиновников. Но пассажиров, едущих тем же поездом, вряд ли можно удержать от того, чтобы они покидали на определенных станциях эту прямую линию, чтобы следовать дальше по дорогам, пересекающим эту главную дорогу. Они должны иметь эту возможность без того, чтобы их осуждали за клевету на главную линию. Двигаться *далее* конечной станции на лошади, в повозке или пешком, или даже стать первопроходцем, прокладывая совершенно новые пути через огромные девственные леса и дебри людского невежества, — это их бесспорная прерогатива. Другие исследователи, конечно, последуют за ними; и не менее ясно, что они будут критиковать этот вновь открытый путь. При этом они сделают больше пользы, чем вреда. Ибо правда, как говорит старая бельгийская пословица, это всегда результат столкновения мнений, подобно искре, вылетающей при ударе двух кремней друг о друга.

Почему человек знания всегда столь склонен рассматривать науку как свою личную собственность? Разве знание лишь какой-то вид неделимого семейного достояния, достающегося только старшим сыновьям науки? Истина принадлежит или должна принадлежать всем, за исключением тех немногих областей знания, которые должны постоянно сохраняться в тайне, как обоюдоострое оружие, которое и убивает, и спасает. Некоторые философы сравнивали знание с лестницей, вершины которой легче достичь человеку, не обремененному тяжелым багажом, чем тому, кто должен тащить с собой огромную кипу выцветших и засохших старых условностей. Более того, такой человек должен все время оглядываться назад из страха потерять что-либо из своих окаменелостей. Не потому ли, что у них был такой обременительный багаж, лишь немногие из них смогли достигнуть вершины лестницы, и не потому ли они утверждали, что выше ступеньки, достигнутой *ими*, нет *ничего*? Или же они отрицают саму возможность всякого свежего, живого цветения новых форм будущей жизни, ради сохранения старых, высушенных растений прошлого?

Каков бы ни был их ответ, без оптимистической веры в то, что когда-то наступит, жизнь была бы мало достойной жития. Мир находится под угрозой окаменения в своих старых предрассудках и рутине, из-за так называемых авторитетов, их страха перед малейшей критикой и ярости по отношению к ней, причем каждый из них требует, чтобы его считали непогрешимым в его собственной области. Консерватизм ухмыляется своей улыбкой мертвеца при каждой инновации или новой форме мысли. В великой борьбе жизни за выживание наиболее приспособленных, каждая из этих форм становится в свою очередь сначала мастером, а затем тираном, подавляющим всякий новый рост тогда, когда его собственный уже прекратился. Но истинный философ, как бы он ни был «непопулярен», пытается охватить истинную жизнь, которая бьет ключом из внутреннего источника Бытия, то есть из скалы истины, — он движется всегда вперед. Он чувствует одинаковое презрение ко всем этим маленьким и грязным лужицам, которые загнивают от лени на плоской, болотистой поверхности общественной жизни.

ПРАЛАЙЯ СОВРЕМЕННОЙ НАУКИ

Если наука права, то будущее нашей солнечной системы — а значит того, что мы называем вселенной — оставляет лишь толику надежды или утешения для наших потомков. Двое её служителей, г-да Томпсон и Клэнси, одновременно пришли к неопровержимому выводу, что вселенная в не очень отдалённом будущем обречена на полное уничтожение. Точно такую же теорию выдвигают и некоторые другие астрономы, все как один описывающие постепенное охлаждение и окончательный распад нашей планеты в терминах, почти идентичных тем, которые использовали величайшие индусские и даже некоторые греческие мудрецы. Можно подумать, что некто снова и снова интерпретирует Ману, Канаду, Капилу и других. Приведём некоторые из новейших теорий наших западных *пандитов*.

«Все значительные массы вещества, отделившиеся по мере необходимости в процессе эволюции или при первом появлении на земле от первичной массы материи, стремятся к объединению в единое гигантское и бесконечно тяжёлое тело, причём каждое видимое движение в этой массе прекратится, и останется лишь одно молекулярное движение, распространяющееся равномерно по всему этому массивному телу в виде тепла...» — говорят наши учёные. Канада, древний индусский мудрец и атомист, высказывал то же самое... «В момент творения», — отмечает он, — «два атома начинают возбуждаться, до тех пор, пока они не отделяются от своего первоначального соединения, а затем объединяются, формируя новую субстанцию, которая обладает свойствами тех предметов, из которых она возникла».

Австрийский профессор математики и астрономии Лохшмидт и английский астроном Проктор, изучая тот же самый вопрос, пришли к иной, отличной от вышеизложенного взгляда, причине, от которой произойдет в будущем разрушение мира. Они приписывают его постепенному и медленному остыванию солнца, которое однажды должно привести к окончательному угасанию этого небесного тела. Все планеты тогда, в соответствии с законом гравитации, упадут на это безжизненное, холодное светило, и соединятся с ним в одно громадное тело. Если это произойдет, говорит сей немецкий *ученый муж*, и такое время когда-либо настанет, то это не будет продолжаться вечно, поскольку такое состояние не является состоянием абсолютного равновесия. В течение поразительного периода времени, солнце, постепенно затвердевая, будет поглощать лучистое тепло из вселенского пространства и накапливать его в себе.

Но послушаем, что говорит по этому поводу профессор Тей. По его мнению, тотальное охлаждение нашей планеты принесет за собой неизбежную смерть. Наличествующая животная и растительная жизнь, в предверии этого события, сконцентрируется у экватора, покидая замерзающие северные регионы, а затем и вовсе окончательно и навсегда исчезнет с земной поверхности, не оставив после себя никакого следа своего существования. Земля будет окутана абсолютным холодом и мраком; нынешнее непрестанное атмосферное движение сменится полным покоем и тишиной; последние облака прольют на землю свой последний дождь; течение ручьев и рек, лишенных своей оживляющей силы и двигателя — солнца — остановится; и моря превратятся в ледяную глыбу. Наша земля не будет освещаться другим светом, кроме редкого мерцания падающих звезд, которые какое-то время все еще будут проходить сквозь и воспламеняться в нашей атмосфере. Возможно, что солнце, под влиянием катаклизма солнечной массы, все же будет проявлять еще некоторое время признаки жизни; и тогда тепло и свет снова возникнут на короткое время, но этой реакции не достанет сил для поддержания себя: солнце, обессиленное и умирающее, снова потухнет, и на этот раз — навсегда. Такое изменение было отмечено и действительно имело место в ныне угасших звездах в созвездиях Лебедя, Короны и Змееносца в период их остывания. И та же самая судьба постигнет и все другие планеты, которые, подчиняясь закону инерции, будут продолжать вращение вокруг угасшего солнца... Далее этот ученый астроном описывает последний год умирающей земли в тех же выражениях, что и индусский философ, описывающий *пралайю*:

«Холодное и смертельное дуновение с северного полюса будет распространяться по всей поверхности земли, девять десятых территории которой уже угасло. Жизнь, уже с трудом воспринимаемая, будет сконцентрирована в ее сердце — на экваторе, в немногочисленных все еще обитаемых регионах, где будет царить полное смешение всех языков и национальностей. К уцелевшим представителям человеческой расы вскоре присоединятся многочисленные животные, спасающиеся от жуткого холода. Одна цель, одно устремление перемешает вместе всю эту пеструю массу существ — борьбы за жизнь. Группы животных, без различия видов, объединятся вместе в единое стадо в надежде найти хоть какое-то тепло в быстро остывающих телах; змеи не будут больше угрожать своими ядовитыми зубами, так же как львы и тигры своими острыми когтями; все они и каждый из них будут молить об одном — о жизни, ни о чем, кроме жизни, о жизни до последнего мгновения! Наконец, наступит последний день, и бледные, угасающие лучи солнца осветят следующую удручающую сцену: замерзшие тела последних из рода человеческого, умерших от холода и недостатка воздуха, на берегу столь же быстро замерзающего, неподвижного моря!..»

Эти слова могут немного отличаться от слов ученого профессора, ибо они приспособлены к правилам, принятым в чужом языке; но идеи, безусловно, его. Картина вышла поистине удручающая. Но идеи эти, основанные на научных, математических выводах, *не* новы, и мы читали у одного индусского автора дохристианской эры описание точно такой же катастрофы, данное Ману на языке куда более возвышенном, чем этот. Большинству читателей предлагаем сравнить, а индусам лишний раз убедиться в великой мудрости и знаниях его предков, которые почти во всем предвосхитили современные научные исследования.

«Был слышен странный шум, исходивший отовсюду... Это предвестники Ночи Брамы. Сумерки поднялись над горизонтом, и солнце скрылось... Постепенно свет меркнет, тепло улетучивается, непригодные для жилья районы множатся на земле, воздух становился все более и более разреженным; иссякают потоки воды, волны великих рек пересыхают, океан обнажает свое песчаное дно, и растения гибнут... Жизнь и движение утрачивают свою силу, связь планет ослабевает в пространстве; они угасают одна за другой... Сурья (Солнце) вспыхивает в последний раз и исчезает; материя распадается; и Брама (творящая сила) погружается в Диаус (непроявленное), и его работа завершается, он засыпает... Для вселенной наступает Ночь!..» (Вамадева).

АЛХИМИЯ В ДЕВЯТНАДЦАТОМ ВЕКЕ

Язык древней химии, или алхимии, всегда был символическим, подобно языку древних религий.

Мы показали в «Тайной Доктрине», что все в этом мире следствий обладает тремя атрибутами или является тройным синтезом семи принципов. Чтобы сделать это более понятным, можно сказать, что все существующее в этом, нашем мире, образовано из трех принципов и четырех аспектов, точно так же, как и сам человек. Как человек является составным, сложным существом, состоящим из тела, разумной души и бессмертного духа, так и каждая вещь в природе обладает неким объективным внешним обликом, живой душой и божественной искрой, чисто духовной и субъективной. Первое из этих утверждений совершенно бесспорно, едва ли можно отрицать и второе, поскольку если официальная наука признает, что металлы, древесина, минералы, порошки и лекарства способны оказывать воздействие, тогда она молчаливо признает и последнее. Что же касается третьего утверждения, присутствия абсолютной квинтэссенции в каждом атоме, материализм, не нуждающийся в *anita mundi* [мировой душе, *лат.*], целиком отвергает его.

Во всем этом есть и своя положительная сторона. Поскольку материализм является лишь доказательством нравственной и духовной слепоты, мы вполне можем предоставить слепому вести слепого, и на этом закончить.

Итак, как и все в этом мире, любая наука обладает тремя фундаментальными принципами и может применяться на практике с использованием всех трех или же лишь одного из них. Прежде чем алхимия превратилась в науку, ее квинтэссенция уже действовала в природных взаимосвязях (разумеется, она продолжает действовать и поныне) на всех планах бытия. Когда на земле появились люди, наделенные высшим разумом, они позволили ей действовать и получили таким образом свои первые уроки. Все, что от них требовалось — всего лишь подражать ей. Но для того, чтобы достигнуть тех же результатов по своей воле, они должны были развить в своем человеческом организме силу, именуемую в оккультной фразеологии *крийяшакти*. Эта способность является *творческой* по своим следствиям, поскольку выступает как действующий агент этого атрибута на объективном плане. Подобно громоотводу, проводящему электрический флюид, способность *крийяшакти* служит проводником творческой квинтэссенции и направляет ее. Оставленная на волю случая, она может убить, но направляемая человеческим разумом, она может созидать в соответствии с подготовленным заранее планом.

Так родилась алхимия, магнетическая магия, а также многие другие ветви древа оккультной науки.

Когда в ходе веков появились народы, в своем эгоизме и непомерном тщеславии убежденные в своем полном превосходстве над всеми остальными, существовавшими ранее или современными им, когда развитие *крийяшакти* стало все более и более трудной задачей, и эта божественная способность полностью исчезла с лица земли, они мало-помалу забыли науку своих далеких предков. Они пошли еще дальше и совершенно отвергли традицию своих предков, с презрением отрицая присутствие духа и души в этой самой древней из всех наук. Из трех великих атрибутов природы они признавали существование лишь материи, или, точнее, ее иллюзорного аспекта, ибо в отношении подлинной материи, или СУБСТАНЦИИ, даже сами материалисты исповедуют совершенное невежество; в самом деле, они никогда не могли уловить даже ее малейшего отблеска.

Так родилась на свет современная химия.

Все меняется в результате циклической эволюции. Совершенный круг становится Единицей, треугольником, четырехугольником и пятиугольником. Творческий принцип, проистекающий из БЕСКОРНЕВОГО КОРНЯ абсолютного Бытия, не имеющего ни начала, ни конца, или *perpetuum mobile* [вечного двигателя, *лат.*], символически изображаемого поглощающим собственный хвост в попытке достать до головы, превратился в *ртуть* средневековых алхимиков. Круг становится треугольником, причем один эманирует из другого, подобно Минерве, исходящей из головы Юпитера. Круг олицетворяет абсолют; правая дуга обозначает метафизический синтез, левая — физический. Когда Мать-Природа сделает из своего тела горизонтальную линию, соединяющую их, тогда настанет момент пробуждения космической активности. До этого момента *Пуруша*, Дух, отделен от *Пракрити* — все еще непроявленной материальной природы. Его ноги существуют лишь в потенциальном состоянии; он не может двигаться и не имеет рук, чтобы работать над объективной формой вещей в подлунном мире. Лишенный членов, *Пуруша* не может начать строить, пока не сядет на шею слепой Пракрити,[1] и тогда треугольник станет пятиугольником, звездой микрокосма. До наступления этой стадии они оба должны пройти через состояние четвертичности, где зачинается крест. Это крест земных магов, повсюду выставляющих свой поблекший символ, а именно, крест, разделенный на четыре части, которые можно прочесть как «Таро», «Тора», «Атор» и «Рота». Девственная субстанция, или земля Адама, Святой Дух древних алхимиков Розового Креста, стали сегодня благодаря каббалистам, этим лакеям современной науки, Na_2Co_3, *содой*, и C_2H_6O, или *спиртом*.

Ах! Утренняя звезда, дочь зари, как утратила ты свое возвышенное положение — бедная алхимия! На этой нашей древней планете, трижды обманутой, все обречено ус-

---

[1] Философская система Капилы *санкхья*.

тавать и преходить. И все же то, что когда-то было, все еще существует и будет существовать всегда, до скончания времен. Слова меняются, и их смысл становится совершенно искаженным, но вечные идеи остаются и никогда не исчезнут. Под ослиной шкурой, в которую как в сказке Перро облачилась Принцесса-Природа, ученик философов прошлого всегда распознает истину и восславит ее. Эта ослиная шкура, казалось бы, более отвечает вкусам современных философов и алхимиков-материалистов, приносящих живую душу в жертву мертвой форме, чем Принцесса-Природа во всей ее наготе. Потому эта шкура спадет только перед Очарованным Принцем, который поймет смысл помолвки в посланном кольце. Всем тем придворным льстецам, которые толпятся вокруг Госпожи Природы, когда разрывается ее материальная оболочка, ей нечего предложить, кроме своего наружного покрова. Именно по этой причине они утешают себя тем, что дают новые имена вещам, старым как мир, громогласно объявляя, что открыли что-то совершенно новое. Некромантия Моисея стала современным спиритуализмом, а Наука древних Посвященных Храма, магнетизм гимнософистов Индии, целительный месмеризм Эскулапа, «Спасителя», признаются теперь только в том случае, если их называют *гипнотизмом*, то есть настоящим именем черной магии.

Везде фальшивые носы! Но давайте порадуемся хотя бы тому, что чем больше в них фальши и чем они длиннее, тем скорее они отвалятся сами собой!

Современные материалисты хотели бы заставить нас поверить, что алхимия, или превращение неблагородных металлов в золото и серебро, с самых давних времен было всего лишь чистой воды *шарлатанством*. Они говорят, что это не наука, а суеверие, а потому все, кто верит или делает вид, что верит в нее — либо простофили, либо мошенники. Наши энциклопедии полны оскорбительных обвинений в адрес алхимиков и оккультистов.

Что ж, господа академики, все это просто замечательно, но предоставьте нам хотя бы какие-то доказательства *абсолютной* невозможности трансмутации металлов. Объясните нам, почему металлическое основание обнаруживается даже в щелочах. Мы знаем некоторых ученых физиков, которые считают идею о возвращении элементов к их первоначальному состоянию, и даже к их первичной сущности (например, м-р Крукс и его *метаэлементы*), не столь уж нелепой, какой она выглядит на первый взгляд. Господа, эти элементы — раз уж вы допустили гипотезу о том, что все они существовали в начале в виде огненной массы, из которой, говорите вы, сформировалась земная кора — могут быть снова возвращены в первоначальное состояние и проведены через серию превращений, чтобы снова стать тем, чем они были изначально. Нужно лишь найти достаточно сильный растворитель, чтобы достигнуть за несколько дней или даже лет такого эффекта, для которого природе требуются века. Химия и, прежде всего, м-р Крукс убедительно доказали, что между металлами существуют столь заметные связи, которые свидетельствуют не только об их общем источнике, но и об одинаковом происхождении.

Итак, господа, вы, кто так громогласно смеется над алхимией и алхимиками и отрицает эту науку, как же случилось, что один из ваших крупнейших химиков, мосье Бертло, автор «*La Synthèse chimique*», весьма сведущий в алхимии, не может отказать алхимикам в *глубочайшем знании материи*?

И почему, опять-таки, мосье М.-Э. Шеврель, этот *почтенный ученый*, познания которого не уступали его преклонному возрасту, в котором он по-прежнему сохранял все присущие ему способности, приводившие в восхищение нынешнее поглощенное своей высокомерной самонадеянностью поколение, до которого так трудно достучаться; почему, спрашиваем мы, именно он, сделавший столь много полезных открытый для современной промышленности, мог стать обладателем такого количество трудов по алхимии?

Так ли невероятно, что ключ к его долголетию мог быть найден в одном из этих трудов, которые, как вы полагаете, являются всего лишь грудой суеверий, столь же глупых, сколь и нелепых?

То факт, что такой великий ученый, патриарх современной химии, взял на себя труд завещать после своей смерти библиотеке Музея многочисленные книги по этой «лженауке», находившиеся в его пользовании, весьма показателен. Не довелось нам услышать и о том, что светила науки, приставленные к этому храму, выбросили в мусорную корзину эти книги по алхимии, как бесполезный хлам, якобы полный фантастических грез, родившихся в болезненных и неуравновешенных умах.

Кроме того, наши ученые мужи забывают о двух вещах: прежде всего, не найдя ключа к *тайному языку* этих герметических книг, они не имеют никакого права решать, истинно или ложно то, что на этом *тайном языке* проповедуется; и, во-вторых, эта Мудрость, несомненно, родилась не с нашими современными мудрецами, не с ними она и *погибнет*.

Мы повторяем, что любая наука имеет *три аспекта;* все признают существование двух из них — объективного и субъективного. К первому мы можем отнести алхимические превращение с использованием или без использования *порошка проекции;* ко второму — все интеллектуальные построения. В третьем сокрыт смысл высочайшей духовности. Поскольку символы первых двух внешне идентичны и, кроме того, как я попыталась показать в «Тайной Доктрине», допускают семь видов истолкования, значения которых различаются применительно к той или иной сфере природы — физической, психической или чисто духовной, — легко понять, что лишь высокие посвященные способны истолковать *тайный язык* герметических философов. К тому же, поскольку в Европе существует больше ложных, чем подлинных алхимических текстов, здесь запутался бы и сам Гермес. Кто не знает, на пример, что определенный набор формул может найти вполне конкретное и практическое применение в технической алхимии, тогда как тот же символ, использованный для передачи некой идеи из области психологии, получит совершенно иное значение? Наш покойный брат Кеннет Маккензи выразил это такими словами, говоря о герметических науках:

«...Для алхимика-практика, целью которого было получение богатства при помощи особых правил своего искусства, развитие полу-мистической философии имело второстепенное значение и осуществлялось безотносительно какой-либо окончательной теософской системы, — тогда как мудрец, взошедший на высший уровень метафизического созерцания, отказывается от чисто материальной части своих занятий, как недостойной более его внимания».[1]

Из всего этого становится очевидно, что символы, взятые в качестве проводников, ведущих к трансмутации металлов, имеют совсем немного общего с методами, которые мы сегодня именуем *химическими*. Кстати, при этом возникает вопрос: кто из наших видных учёных осмелился бы обвинить в мошенничестве таких людей, как Парацельс, Ван Гельмонт, Роджер Бэкон, Берхау и многих других знаменитых алхимиков?

В то время как господа академики насмехаются над Каббалой, так же как и над алхимией (хотя и черпая при этом из последней своё вдохновение и наиболее важные открытия), каббалисты и оккультисты Европы в целом начинают *sub rosa* [по секрету, *лат.*] изучать тайные науки Востока. Фактически, мудрость Востока не существует для наших западных мудрецов; она умерла с тремя Волхвами. Тем не менее, алхимия, которая, если мы тщательно исследуем этот вопрос, окажется основой всех оккультных наук, пришла к ним с Дальнего Востока. Некоторые уверяют, что она является лишь дальнейшим развитием халдейской магии. Мы попытаемся доказать, что последняя — это всего лишь преемница сперва допотопной алхимии, а впоследствии алхимии египтян. Олаф Борричий, авторитет в этом вопросе, призывает нас искать её источник в глубочайшей древности.

---

[1] «Королевская масонская энциклопедия», стр. 310.

К какой же эпохе мы можем отнести возникновение алхимии? Ни один из современных авторов не может дать на это точного ответа. Одни называют ее первым адептом Адама, другие приписывают ее появление неблагоразумию «сынов Божиих», которые «увидели дочерей человеческих, что они красивы, и брали их к себе в жены» [Бытие, 6:2]. Моисей и Соломон являются более поздними адептами этой науки, поскольку им предшествовал Авраам, а его в свою очередь опередил в «Науке наук» Гермес. Разве не говорит нам Авиценна, что «Изумрудная скрижаль», древнейший из имеющихся алхимических текстов, была обнаружена на теле Гермеса, похороненного за много веков до того в Хевроне, Саррой, женой Авраама? Однако само слово «Гермес» никогда не служило в качестве имени какого-либо человека; это родовое название, подобное использовавшемуся в прежние времена термину «неоплатоник», и применяемому сегодня обозначению «теософ». Что же действительно известно о Гермесе Трисмегисте, «трижды-величайшем»? Меньше, чем мы знаем об Аврааме, его жене Сарре и наложнице Агари, которых св. Павел объявил *аллегорией*.[1] Даже во времена Платона, Гермеса уже отождествляли с Тотом египтян. Однако это слово *тот* означает не только «разум»; оно значит также «собрание» или *школа*. На самом деле Тот-Гермес — это просто персонификация голоса (или сакрального учения) жреческой касты Египта, голоса Великих Иерофантов. Но если это так, разве мы можем сказать, в какую доисторическую эпоху эта иерархия посвященных жрецов стала процветать в стране *Хеми?* Даже если бы мы смогли ответить на это вопрос, то были бы все еще далеки от решения наших проблем. Ибо древний Китай не менее чем древний Египет претендует на роль родины *алкахеста* и физической и трансцендентальной алхимии; вполне возможно, что Китай здесь прав. Давний жи-

---

[1] Св. Павел объясняет это совершенно ясно: по его словам, Сарра символизирует «горный Иерусалим», а Агарь — «гору в Аравии», Синай, которая «соответствует нынешнему Иерусалиму» (Послание к Галатам, 4:25-36).

тель Пекина, миссионер Уильям А. П. Мартин называет его «колыбелью алхимии». *Колыбель* — это, пожалуй, не совсем удачное слово, но очевидно, что Небесная Империя вправе числить себя среди древнейших школ оккультных наук. Во всяком случае, мы покажем, что алхимия проникла в Европу именно из Китая.

Тем временем наш читатель может выбирать, поскольку другой благочестивый миссионер, Худ, торжественно уверяет, что алхимия зародилась в саду, «посаженном в Эдеме в стороне, обращенной к Востоку». По его мнению, она есть порождение Сатаны, искушавшего Еву в облике змея; но он забыл запатентовать свое открытие, как показывает нам наш превосходный автор самим названием этой науки. Ибо древнееврейское название змеи — *нахаш*, во множественном числе — *нахашим*. Очевидно, что как раз от этого последнего слога «шим» и происходят слова «химия» и «алхимия». Разве это не ясно, как божий день, и не установлено в соответствии со строжайшими правилами современной филологии?

Теперь перейдем к нашим доказательствам.

Крупнейшие специалисты по древним наукам — в частности, Уильям Годвин — предоставили нам неоспоримые доказательства того, что хотя алхимия была распространена практически у всех народов уже задолго до наступления нашей эры, греки начали изучать ее лишь после начала христианской эры, а общедоступной она стала гораздо позднее. Конечно, имеются в виду лишь миряне, т. е. непосвященные греки, ибо адепты эллинских храмов Великой Греции знали ее с дней аргонавтов. Поэтому возникновение алхимии в Греции датируется именно этим временем, что прекрасно проиллюстрирует аллегорическая история о «Золотом Руне».

Нам нужно лишь процитировать, что говорит Суидас в своем «Лексиконе» об экспедиции Ясона, слишком хорошо известной, чтобы ее требовалось здесь пересказывать:

«Δέρας, дерас, золотое руно, добытое Ясоном и аргонавтами во время путешествия по Черному морю в Колхиду, при помощи

Медеи, дочери Ээта, царя страны Эа. *Только вместо того, о чем толкуют поэты, они взяли написанный на коже (δέρμασι) трактат, в котором объяснялось, как изготовить золото химическим путем.* Современники назвали эту овечью шкуру золотым руном вероятнее всего из-за огромной ценности, приписанной содержащимся на ней указаниям».

Такое объяснение несколько яснее и правдоподобнее, чем ученые предположения наших современных мифологов,[1] ибо нам следует помнить, что Колхида греков — это современная Имеретия на Черном море, а пересекающая ее большая река Риони — это античный Фасис, сохранивший до наших дней следы золота; и что предания местных народов, живущих на побережье Черного моря, таких как мингрелы, абхазы и имеретины, полны древних легенд о золотом руне. В них говорится, что все их предки были «поставщиками золота», то есть обладали секретом трансмутации, которая называется сегодня алхимией.

В любом случае не вызывает сомнения, что греки, за исключением посвященных, были невежественны в области герметических наук вплоть до эпохи неоплатоников (до конца 4-го и 5-го веков) и ничего не знали о настоящей алхимии древних египтян, тайны которой, конечно, не открывались широкой публике. В третьем веке христианской эры император Диоклетиан опубликовал свой знаменитый эдикт,

---

[1] Граф Ж. А. де Губернатис («Zoological Mythology», том I, стр. 402-403, 428-432), который полагает, что поскольку «на санскрите баран называется *меша* или *меха*, тот, кто проливает или изливает», золотое руно греков должно было быть «пеленой ... *льющейся воды*»; и Фридрих Л. Вильгельм Шварц, который сравнивает овечье руно с ненастной ночью и говорит нам, что «блеяние барана — это голос, который, как может показаться, исходит из грозового облака» («Ursprung der Mythologie», стр. 209, прим. 1), вызывают у нас смех. Эти славные ученые мужи подчас слишком легкомысленны, чтобы их фантастическая интерпретация была когда-либо принята серьезными исследователями. Тем не менее, Поль Дешарм, автор книги «Mythologie de la Grèce antique», похоже, разделяет их мнение.

повелевающий провести в Египте тщательный поиск книг, трактующих о получении золота, и сжечь их на публичном *аутодафе*. У. Годвин говорит, что после этого на поверхности земли в царстве фараонов не осталось ни одной книги по алхимии, и в течение двух веков о них не упоминалось ни разу.[1] Он мог бы добавить, что под землей все еще сохраняется значительное количество таких сочинений, написанных на папирусе и захороненных вместе с мумиями десять тысяч лет назад. Весь секрет — в умении распознать такой алхимический трактат в том, что кажется всего лишь сказкой, будь то история *золотого руна* или «приключения» первых фараонов. Но не тайная мудрость, сокрытая в аллегориях папирусов, познакомила Европу с алхимией или герметическими науками. История говорит нам, что алхимию практиковали в Китае более чем за шестнадцать веков до нашей эры, и что она никогда не достигала большего расцвета, чем в первые века христианства. Именно к концу четвертого века, когда Восток открыл свои врата торговле с романскими народами, алхимия снова проникла в Европу. Византия и Александрия, два главных центра этой торговли, внезапно были наводнены сочинениями по трансмутации, тогда как было известно, что в Египте их к тому времени больше не было. Откуда же появились эти трактаты, содержащие наставления по получению золота и продлению человеческой жизни? Конечно, не из святилищ Египта, раз уж этих египетских трактатов более не существовало. Мы утверждаем, что большинство из них были просто более или менее точными интерпретациями аллегорических историй о зеленых, голубых и желтых драконах и розовых тиграх, алхимических символах китайцев.

Все трактаты, которые можно найти сегодня в публичных библиотеках и музеях Европы, представляют собой всего лишь весьма проблематичные гипотезы некоторых мистиков разных времен, остановившихся на полпути и не дошедших до великого посвящения. Стоит всего лишь

---

[1] У. Годвин: «Lives of the Necromancers», Лондон, 1834 г.

сравнить некоторые из так называемых «герметических» трактатов с теми, которые были недавно вывезены из Китая, чтобы убедиться, что Тот-Гермес, или точнее наука, носящая это имя, здесь совершенно не при чем. Из этого следует, что все, что было известно об алхимии, начиная со средних веков и по девятнадцатый век, было импортировано в Европу из Китая и впоследствии превратилось в герметические сочинения. Большинство этих сочинений были созданы греками и арабами в восьмом и девятом веках, затем в средние века переработаны и остаются недоступными для понимания в девятнадцатом столетии. Сарацины, чья наиболее известная школа алхимии находилась в Багдаде, хотя и принесли с собой более древние традиции, сами же утратили ключ к ним. Великий Гебер скорее заслуживает титула отца современной химии, чем герметической алхимии, хотя именно ему приписывается перенос алхимической науки в Европу.

Даже после акта вандализма, совершенного Диоклетианом, ключ к тайнам Тота-Гермеса покоится глубоко в предназначенных для инициации криптах древнего Востока.

Сравним теперь китайскую систему с так называемыми герметическими науками.

1. Двойная цель, к которой стремятся обе школы, идентичны — это получение золота и омолаживание человека, продление человеческой жизни при помощи *menstruum universale* или *lapis philosophorum*. Третья цель, или истинное значение «трансмутации» полностью отрицалась *христианскими* адептами, ибо, всецело удовлетворенные *своей верой в бессмертие души*, последователи алхимиков прошлого никогда должным образом не понимали этой цели. Теперь же, отчасти из-за неуважительного отношения, отчасти из-за неупотребления, она совершенно исчезла из *summum bonum*, к которому стремились алхимики христианских стран. Тем не менее лишь последняя из трех этих целей интересует *подлинных* восточных алхимиков. Все адепты-посвященные, презирая золото и испытывая глубо-

кое безразличие к жизни, весьма мало заботились о двух первых целях алхимии.

2. Обе школы признают существование *двух эликсиров*: великого и малого. Использование второго на физическом плане связано с трансмутацией металлов и восстановлением молодости. Великий «эликсир», который является эликсиром лишь в символическом смысле, дарует наивысшее благо: *сознательное бессмертие в Духе*, нирвану на протяжении всех циклов, предшествующую ПАРАНИРВАНЕ, или абсолютному соединению с ЕДИНОЙ Сущностью.

3. Принципы, составляющие основание двух этих систем, также идентичны, а именно: смешанная природа металлов и их развитие, проистекающее из общего зародыша. Иероглиф *tsing* китайского алфавита, обозначающий «зародыш», и *t'ai*, «матка», постоянно встречающиеся в китайских сочинениях по алхимии,[1] являются прародителями тех же слов, столь часто встречаемых в алхимических трактатах герметических авторов.

4. Ртуть и свинец, ртуть и сера равным образом используются и на Востоке, и на Западе, при этом, как и в связи со многими другими элементами, мы видим, что обе школы алхимии признавали за ними тройное значение. Последнего, или третьего из этих значений как раз и не понимают европейские алхимики.

5. Алхимики обеих школ признают также учение о цикле трансмутаций, в течение которого благородные металлы возвращаются к своим первоэлементам.

6. Обе школы алхимии тесно связаны с астрологией и магией.

7. И наконец, обе они используют *экстравагантную* фразеологию, — факт, отмеченный автором «Изучения алхимии в Китае», который полагает, что язык европейских алхимиков, столь серьезно отличающийся от языка осталь-

---

[1] «Изучение алхимии в Китае», доклад преподобного Уильяма Александра Парсона Мартина, сделанный в октябре 1868 года на заседании Восточного общества в Нью-Хейвене, США.

ных западных наук, является прекрасной имитацией метафорического языка восточных народов, будучи блестящим доказательством того, что источником европейской алхимии является Дальний Восток.

Не должно возникнуть никакого возражения и относительно нашего утверждения о том, что алхимия находится в близком родстве с *магией* и *астрологией*. Слово «магия» — это древний персидский термин, означающий *знание* и охватывающий все науки, изучавшиеся в те времена, как физические, так и метафизические. Халдейские жрецы и ученые учили *магии*, от которой произошли *магизм* и *гностицизм*. Разве Авраама не называли «халдеем»? Иосиф [Флавий], благочестивый еврей, говоря об этом патриархе, утверждает, что он учил в Египте математике, или эзотерической науке, в том числе науке звезд, поскольку ученый маг с необходимостью должен был быть и астрологом.

Было бы большой ошибкой смешивать алхимию средневековья и алхимию допотопных времен. Согласно современным представлениям, в алхимии есть три основных агента: *философский камень*, используемый при трансмутации металлов; *алкахест*, или универсальный растворитель; и *эликсир жизни*, обладающий свойством бесконечно продлевать человеческую жизнь. Однако ни настоящие философы, ни посвященные не занимались двумя последними из них. Три алхимических агента, подобно Троице, *единой и неделимой*, стали тремя различными агентами единственно по той причине, что наука подпала под влияние человеческого эгоизма. В то время как каста жрецов, алчных и честолюбивых, антропоморфизировала духовное и абсолютное Единство, разделив ее на три *персоны*, класс лжемистиков отделил божественную Силу от универсальной *крийяшакти* и превратил ее в *три агента*. В своей «*Magia naturalis*» Джамбаттиста делла Порта ясным образом утверждает:

«...Я не обещаю вам ни золотых гор, ни философского камня ... ни даже того золотого напитка, который дарует бессмертие тому, кто его выпьет... Все это просто грезы, ибо мир непостоянен и подвержен изменениям, все, что он создает, будет разрушено».

Гебер, великий арабский алхимик,[1] говорит еще более определенно. В следующих словах он высказывает, по-видимому, своеобразное предсказание о будущем:

«Если мы что-то и утаили, вы, сыны учения, не удивляйтесь; ибо не от вас утаили мы это, но сообщили таким языком, чтобы могло сие быть сокрыто от злых людей, и не смогли узнать это несправедливые и низкие. Но вы, сыны истины, ищите и обретете этот прекраснейший дар Божий, предназначенный для вас. *Вы же, сыны глупости, нечестия и богохульства, да избегнете вы искать сие знание; разрушительным будет оно для вас и повергнет вас в позор и нищету*».

Рассмотрим теперь, что говорили по этому вопросу другие авторы. Придя к мысли о том, что алхимия является, в конечном счете, лишь философией, всецело метафизической, а не физической наукой (в чем они заблуждаются), они объявили, что удивительное превращение неблагородных металлов в золото было всего лишь метафорическим выражением, обозначающим трансформацию человека, освобождающую его от наследственных пороков и недостатков, чтобы он смог достигнуть ступени возрождения, которое вознесет его к божественному Существованию.

Это действительно является синтезом трансцендентальной алхимии и главной ее целью; однако это вовсе не

---

[1] Гебер, или Джабир (полное имя Абу Муса Джабир ибн Хайям), родился в городе Тусе (близ современного Мешхеда) примерно в 721-722 г. нашей эры. После казни его отца по политическим мотивам, он был выслан на Аравийский п-ов, где он примкнул к местному шиитскому имаму Джафару ал Садику, от которого он, вероятно, получил свое первое познание в оккультизме и примыкающих науках. Позже он вступил в Суфийский орден. Подружившись с Мармакидом, могущественным советником Гаруна ал Рашида, он разделил с ним изгнание из Багдада в 803 г. нашей эры. В течение десяти лет он жил в уединении в Куфре, после чего вновь вернулся к активной деятельности. С тех пор он приобрел репутацию не имеющего равных в химии. — *Прим. редактора*.

единственная цель, которую преследует эта наука. Аристотель, который поведал Александру, что «философский камень вовсе не камень, что он заключен в каждом человеке, повсюду, во все времена, и зовется *конечной целью* всех философов», ошибался в своей первой посылке, хотя и был совершенно прав во второй. В физическом мире тайна *алкахеста* создает элемент, который называется философским камнем, но для тех, кто не озабочен тленным золотом, *alkahest*, как говорит нам профессор Уилдер, «есть лишь *algeist*, или божественный дух, удаляющий любую более грубую природу, чтобы ее нечистые принципы могли быть устранены...» Таким образом, *эликсир жизни* — это всего лишь живая вода, которая, по словам Годвина, «есть универсальное лекарство, обладающее силой омолаживать человека и бесконечно продлевать его жизнь».

Примерно сорок лет назад доктор Герман Копп опубликовал в Германии свою «Историю химии». Говоря об алхимии и видя в ней своего рода предтечу современной химии, немецкий ученый использует весьма многозначительное выражение, которое сразу поймут пифагореец и платоник. Он говорит: «Если слово мир обозначает микрокосм, представленный человеком, тогда становится легко истолковать сочинения алхимиков».

Ириней Филалет заявляет следующее:

«Философский камень представляет огромную вселенную (или макрокосм) и обладает всеми свойствами большой системы, собранными вместе и включенными в меньшую систему. Последняя имеет некую магнетическую силу, притягивающую к ней то, к чему оно имеет сродство во вселенной. Это божественная сила, распространяющаяся во всем творении, но воплощенная в своем уменьшенном и ограниченном подобии (то есть человеке)».

Послушаем теперь, что говорит Алипили [1] в одной своей переведенной работе:

---

[1] Скорее всего, это псевдоним. Единственная работа, опубликованная под этим именем: «*Centrum naturae concentratum*»,

«Тот, кто познал микрокосм, не может более оставаться в неведении относительно макрокосма. Именно об этом столь часто говорили египтяне, неутомимые исследователи природы, во всеуслышание провозглашая, что каждый должен познать самого себя. Их неразумные последователи восприняли этот призыв в нравоучительном смысле и в своем невежестве высекли его на стенах своих храмов. Но я напоминаю тебе, кто бы ты ни был, желающий погрузиться в сокровенные области природы: если то, что ты ищешь, не найдешь ты внутри себя самого, никогда не найдешь ты его и вне себя. Если не познал ты совершенство своего собственного дома, зачем ты стремишься к совершенству других вещей и ищешь его? Вся сфера Земли не вмещает столько великих тайн и совершенств, как маленький Человек, созданный Богом по своему образу. Тот, кто хочет быть первым среди изучающих Природу, нигде не найдет лучшего источника для удовлетворения своего желания, чем в себе самом.

Поэтому я, следуя примеру египтян, от всего сердца и основываясь на полученном мною истинном опыте, повторяю моему ближнему слова, сказанные египтянами, и во весь голос ныне призываю: О Человек, познай самого себя; в тебе сокрыто сокровище сокровищ...»

Иреней Филалет Космополит, английский алхимик и герметический философ, писал в 1669 году, намекая на преследования, которым подвергалась тогда философия:

«...многие верят (будучи случайными людьми в Искусстве), что если бы они обладали им, то сделали бы то-то и то-то; и даже мы сами сначала верили в это, но становясь все более осторожными из-за подстерегающей нас опасности, мы избрали более тайный метод...»[1]

или соль естественной регенерации, неправильно интерпретированная как философский камень. Труд, написанный Алипили Мавританином на арабском языке, первоначально был переведен на нижненемецкий язык в 1694 г. На английском языке он вышел в Лондоне в 1696 году в переводе И. Брайса. — *Прим. редактора.*

[1] Иреней Филалетас, или Эриней Филалет, Космополит: «Тайное Откровение, или открытые Двери Королевского Дворца». Содержит величайшее сокровище химии, никогда до сих пор ясным образом не объясненное. Опубликовано Уильямом Купером, Лондон, 1669 г. — *Прим. редактора.*

И алхимики были достаточно мудры, чтобы сделать это. Живя в эпоху, когда за малейшее отличие во взглядах на религиозные вопросы мужчин и женщин называли еретиками, подвергали анафеме и объявляли вне закона, когда науку клеймили как колдовство, вполне естественно, как говорит профессор А. Уилдер:

«...что люди, разделявшие идеи, выходившие за рамки общепринятых, изобрели тайный язык символов и паролей, посредством которого общались друг с другом, сохраняя тайну для своих кровожадных врагов».[1]

Автор напомнил нам индийскую аллегорию о Кришне, который однажды повелел своей приемной матери заглянуть ему в рот. Она сделал это и увидела там всю вселенную. Это находится в полном согласии с каббалистическим учением, которое утверждает, что микрокосм есть лишь точное отражение макрокосма — фотографическая копия для того, кто понимает. Именно потому Корнелий Агриппа, пожалуй, наиболее широко известный из всех алхимиков, говорит:

«Существует одна вещь, сотворенная Богом, исполненная всей чудесностью земной и небесной; она воистину животная, растительная и минеральная; пребывающая повсюду, известная немногим, никем не отраженная надлежащим образом, но сокрытая в числах, изображениях и загадках, без которой ни алхимия, ни естественная магия не могут достичь своей истинной цели».

Намек станет еще яснее, если мы прочитаем следующий фрагмент в «Справочнике алхимика» (1672):

«Сейчас, в этом трактате, я открою тебе положение в природе философского камня, облеченного *тройным* покровом, камня богатства и милосердия, могучего снадобья от увядания, который содержит в себе все тайны, будучи божественной мистерией и даром Божьим, выше которого нет ничего в этом мире. Потому с

---

[1] Д-р. Александр Уилдер: «Неоплатонизм и алхимия. Очерк доктрин и основных эклектических учений, или александрийской школы; также обзор внутренних доктрин алхимиков средневековья», Альбани, Нью-Йорк, 1869 г. — *Прим. редактора.*

усердием внимай словам моим, а именно, тому, что окружен он тройным покровом, то есть, телом, душой и духом».

Иначе говоря, этот камень содержит в себе: тайну трансмутации металлов, тайну эликсира долголетия и *сознательного бессмертия*.

Древние философы считали, что стоит рассматривать одну лишь последнюю тайну, предоставляя малым светилам современности с их ложным чутьем изнурять себя в попытках решить две остальные. Она есть то *Слово*, или «неизреченное имя», о котором Моисей сказал, что не нужно далеко ходить за ним, «но весьма близко к тебе слово сие; *оно в устах твоих и в сердце твоем*» [Второзаконие, 30:14].

Филалет, английский алхимик, говорит то же самое другими словами:

«...Обоюдоострым ножом окажутся наши сочинения в мире сем; одним они станут лакомствами, другим послужат лишь для того, чтобы отрезать им пальцы; и нет в том нашей вины, ибо мы со всей серьезностью убеждаем всякого, кто примется за этот труд, что он покушается на высшую область философии, существующую в природе, и хотя мы пишем по-английски, трудно, как греческие писания, будет сказанное нами для тех, кто будет думать, что хорошо понимают нас, истолковав нас совершенно неверным образом; ибо разве можно вообразить, что они, неискушенные в жизненных силах, окажутся мудрыми в книгах наших, о жизненных силах свидетельствующих?»

От того же предостерегает своих читателей и Эспажнэ:[1]

«Пусть возлюбивший истину пользуется лишь немногими авторами, но наиболее уважаемыми и достойными; пусть с по-

---

[1] Жан д'Эспажнэ. Французский магистрат и алхимик первой половины XVII века. Выступал против Фронды с таким же рвением, как и против злонамеренного колдовства. Он считался одним из самых выдающихся знатоков герметической философии своего времени. Главный его труд: «Enchiridion physicae restitutae», Париж, 1623 г., в котором он излагает физическую теорию, служащую основой для трансмутации металлов, философию александрийской школы и учение о трех сферах: элементальной, небесной и первичной. — *Прим. редактора*.

дозрением отнесется он к тому, что легко и доступно, особенно если это касается мистических терминов и тайных операций; ибо истина сокрыта во тьме, и нет ничего более ложного в писаниях философов, чем ясное, и более истинного, чем темное».

Истина не может быть выставлена на публичное обозрение, и сегодня это верно еще в большей степени, чем в то время, когда апостолам советовали не метать бисер перед свиньями.

Мы полагаем, что все приведенные нами отрывки являются достаточными доказательствами выдвинутого нами утверждения. Кроме школ адептов, почти недоступных для западных исследователей, во всем мире — не говоря уж о Европе — не существует ни одной работы по оккультной науке, и прежде всего по алхимии, которая была бы написана ясным и точным языком, или открывала бы публике систему или метод, которому можно было бы следовать, как в физических науках. Любой трактат, исходящий от посвященного или адепта, древнего или современного, *будучи не в состоянии открыть все*, ограничивается тем, что проливает свет лишь на некоторые проблемы, которые дозволено открыть по необходимости тому, кто достоин *знать*, оставляя их при этом сокрытыми от тех, кто не достоин воспринять истину, из опасения, что они злоупотребят ею. Таким образом, тот, кто недоволен неясностью и путаницей, преобладающих, по его мнению, в сочинениях последователей Восточной школы, сравнивает их со средневековыми или современными писаниями, которые кажутся ему более понятными, доказывает лишь одно из двух: либо он, пав жертвой самообмана, вводит в заблуждение других; либо распространяет современное шарлатанство, *ни на минуту не забывая о том*, что обманывает своих читателей. Много развелось популярных работ, написанных четко и методично, но излагающих лишь *личные* идеи автора, то есть, имеющих ценность лишь для того, кто *абсолютно ничего не смыслит* в подлинной оккультной науке. Мы часто говорим об Элифасе Леви, который один, несомненно, знал намного больше, чем все наши европейские маги конца девятнадцатого века вместе взятые. Однако теперь, когда полдюжины книг аббата Луи Констана прочитаны, перечитаны и выучены наизусть, насколько мы продвинулись в практической оккультной науке, или хотя бы в понимании каббалистических теорий? Его стиль поэтичен и совершенно очарователен. Его парадоксы, а почти каждая фраза в его книгах является парадоксальной, насквозь проникнуты французским духом. Но даже если мы выучим их так, что сможем повторить наизусть с начала и до конца, скажите, чему же он научил нас в действительности? Ничему, абсолютно ничему — кроме, разве что, французского языка. Мы знаем нескольких учеников этого великого мага современности, англичан, французов и немцев, людей глубокого ума и железной воли, многие из которых посвятили этим исследованиям долгие годы. Один из его учеников назначил ему пожизненную ренту, которую тот получал свыше десяти лет, и, кроме того, платил ему по 100 франков за каждое письмо во время вынужденной отлучки. По прошествии десяти лет этот человек знал о магии и каббале меньше, чем чела, обучавшийся в течение десяти лет у индийского астролога. В адьярской библиотеке у нас имеется несколько рукописных томов его писем о магии, написанных по-французски и переведенных на английский, и мы утверждаем, что поклонники Элифаса Леви не смогут представить нам ни одного человека, который стал бы оккультистом, даже теоретически, следуя учению этого французского мага. Почему же это так, если он, несомненно, получил свои тайны от посвященных? Просто потому, что он *никогда не получал права посвящать других*. Те, кому известно что-либо об оккультизме, поймут, что мы имеем в виду; те же, кто лишь *претендует* на это, оспорят нас и, быть может, возненавидят нас еще больше за то, что мы сообщили столь суровые истины.

Оккультные науки, или скорее тот *ключ*, который только и объясняет их тайный язык, не может быть обнародован. Подобно Сфинксу, который умирает в тот момент, когда Эдип разгадывает тайну его существования, они остаются оккультными лишь до тех пор, пока они неизвестны непосвященным. К тому же, их нельзя ни купить, ни продать. Розенкрейцером «*становятся*, а не делаются», гласит древнее изречение герметических философов, к которому оккультист добавляет: «Наука богов берется силой; она должна быть завоевана, и не дается сама». Именно эту мысль хотел довести до нас автор «Деяний Апостолов», приводя ответ Петра Симону Магу: «Серебро твое да будет в погибель с тобою, потому что ты помыслил дар Божий получить за деньги» [Деяния, 8:20]. Оккультное знание не должно использоваться ни для получения денег, ни ради какой-либо эгоистической цели, ни в качестве средства для удовлетворения собственного тщеславия.

Пойдем теперь дальше и еще раз повторим, что — за исключением тех крайне редких случаев, когда золото могло стать средством для спасения всего народа — даже сам акт трансмутации, если его единственным мотивом является получение богатства, становится черной магией. В связи с этим ни секреты магии, ни тайны оккультизма или алхимии не могут быть открыты в период существования нашей расы, с всевозрастающим неистовством поклоняющейся золотому тельцу.

Вследствие этого, чего стоят сочинения, сулящие дать нам *ключ* к посвящению в ту или иную из этих наук, которые, по сути, едины?

Мы прекрасно понимаем таких адептов-посвященных, как Парацельс и Роджер Бэкон. Первый из них был одним из великих предвестников современной химии, второй — физики. Роджер Бэкон в своем «Трактате о замечательных силах искусства и природы» показывает это со всей очевидностью. Мы обнаруживаем в нем провозвестие обо всех науках нашего времени. Он упоминает в нем о порохе и предрекает использование пара в качестве движущей силы. Гидравлический пресс, водолазный колокол и калейдоскоп — все это описано им; он предсказывает изобретение летающих машин, сконструированных таким образом, что тот, кто сидит в середине этого механического приспособления, в котором мы с легкостью узнаем модель современного воздушного шара, должен лишь поворачивать механизм, чтобы привести в движение искусственные крылья, которые немедленно начинают бить по воздуху, наподобие птичьих крыльев. Он защищает также своих собратьев-алхимиков от обвинений в использовании тайнописи.

«Причина, по которой мудрые скрывали свои тайны от широких масс, — это пренебрежение и насмешки со стороны последних над тайнами мудрости мудрейших, а также невежество людей, не могущих найти правильное применение столь возвышенным материям. Ибо если благодаря случайности подлинная тайна и открывалась им, то они искажали и извращали ее, принося многочисленные неудобства отдельным людям и целым сообществам. Неосмотрителен тот, кто, описывая какую-либо тайну, не утаил ее от черни, и не заставил попотеть более разумного, прежде чем тот сможет разгадать ее. В этом полноводном потоке разума человек плавает от начала времен, всячески затуманенном, скрывающем части мудрости от всеобщего распространения. Некоторые прячут многие тайны при помощи каббалистических знаков и стихов. Другие — с помощью загадок и метафор... Третьи сохраняют свои тайны, прибегая к особой манере письма, пропуская в словах гласные буквы; никто не знакомый с сигнификацией этих слов не сможет прочитать их [герметический *тайный язык*]...» [1]

Криптография такого рода использовалась среди евреев, халдеев, сирийцев, арабов и даже греков; она широко применялась в прошлые времена, особенно евреями.

Доказательством этого служат еврейские рукописи Ветхого Завета, книги Моисея или *Пятикнижие*, ставшие после введения масоретских огласовок еще более нереальными. Но как Библию стараниями масоретов и отцов церкви заставили говорить все что угодно, кроме того, что в ней содержится на самом деле, так же поступили и с книгами по каббале и алхимии. Ключ к ним был утерян много веков назад в Европе, и лишь каббала (*благая* каббала маркиза де

---

[1] Роджер Бэкон: «De mirabili potestate artis et naturae», Лондон, 1659 г., гл. VIII, стр. 37. — *Прим. редактора.*

Мирвиля, согласно бывшему раввину, шевалье Драху, набожному и самому кафолическому гебраисту) служит ныне свидетельством, подтверждающим и Новый, и Ветхий Завет. Зогар, по мнению современных каббалистов, является книгой современных пророчеств, связанных, главным образом, *с католическими догматами римской церкви*, а также краеугольным камнем Евангелий; все это могло бы быть правдой, если бы признавалось, что и в Евангелиях, и в Библии каждое имя является символическим, а каждая история — аллегорией, точно так же, как и во всех священных текстах, предшествующих христианскому канону.

Прежде чем завершить эту статью, и так уже слишком длинную, позвольте сделать краткое резюме уже сказанного.

Я не знаю, дойдут ли наши доводы и многочисленные выдержки из текстов до наших читателей в целом. Но я уверена, что на каббалистов и новоявленных «магистров» они подействуют, как красная тряпка на быка; но мы давно перестали бояться и более острых рогов. Эти «магистры» всей своей наукой обязаны мертвой букве каббалы и фантастическим истолкованиям, созданным отдельными мистиками нашего и прошедшего столетия, в которые «посвященные» библиотек и музеев, в свою очередь, внесли многочисленные изменения; поэтому они готовы защищать их не на жизнь, а на смерть. Люди увидят лишь огонь и дым, и победителем станет тот, кто будет кричать громче всех. Тем не менее — *Magna est veritas et praevalebit* [Велика истина, и она восторжествует, *лат.*].

1. Было доказано, что алхимия проникла в Европу из Китая, и что, попав в руки профанов, алхимия (подобно астрологии) не является больше чистой и божественной наукой школ Тота-Гермеса эпохи первых египетских династий.

2. Столь же очевидно, что Зогар, фрагментами которого располагают Европа и другие христианские страны, не идентичен Зогару Симона бен Йохаи, но является компиляцией древних сочинений и преданий, собранных вместе в

XIII веке Моше де Леоном из Гвадалахары, который, согласно Мосхайму, во многих случаях следовал толкованиям, переданным ему христианскими гностиками Халдеи и Сирии, где он побывал, разыскивая их. Подлинный, древний Зогар находится во всей своей целостности только в халдейской Книге Чисел, от которой до нас дошли лишь три неполных копии, хранящиеся у посвященных раввинов. Один из них жил в Польше в строгом уединении и уничтожил свой экземпляр перед своей кончиной в 1817 г.; что касается другого, мудрейшего палестинского раввина, он уехал из Яффы несколько лет тому назад.

3. От подлинных герметических книг сохранился лишь один фрагмент, известный под названием «Изумрудная Скрижаль», к которому мы еще вернемся. Все труды, составленные по книгам Тота, были уничтожены и сожжены в Египте по приказу Диоклетиана в третьем веке нашей эры. Все остальные, включая «Пэмандр», являются в своем современном виде лишь более или менее неясными и ошибочными воспоминаниями различных греческих или даже латинских авторов, которые часто, без каких-либо колебаний, выдавали свои собственные интерпретации за подлинные герметические фрагменты. И даже если бы эти фрагменты случайно все еще сохранились, они были бы в такой же степени непонятны нынешним «магистрам», как и сочинения средневековых алхимиков. В доказательство этого утверждения мы процитировали их собственные и довольно искренние признания. Мы показали, какими причинами они [герметисты] руководствовались: (*а*) их мистерии, слишком священные, чтобы допустить их профанацию несведущими, были записаны с пропуском гласных букв и объяснялись лишь во время ритуала немногими адептами-посвященными; и они [мистерии] были к тому же слишком опасными, чтобы попасть в руки тех, кто способен злоупотребить ими; (*б*) в средние века меры предосторожности десятикратно усилились, ибо в противном случае для них [герметистов] возникал риск быть сожженными заживо к вящей славе Бога и Его церкви.

4. Ключ к тайному языку алхимиков и к подлинному значению символов и аллегорий каббалы следует искать только на Востоке. Поскольку он так никогда и не был снова открыт в Европе, что же могло послужить путеводной звездой нашим современным каббалистам, чтобы они смогли распознать истину в сочинениях алхимиков и в тех немногих, написанных *истинными посвящёнными*, трактатах, которые все еще хранятся в наших национальных библиотеках?

Таким образом, отсюда следует, что, отвергая помощь из единственного источника, откуда в нашем столетии они могут надеяться получить ключ к древнему эзотеризму и Религии Мудрости, они — будь то каббалисты, «избранники Божии» или современные «пророки» — выбрасывают на ветер последний шанс узнать изначальные истины и воспользоваться ими.

Во всяком случае, мы можем быть уверены, что в проигрыше здесь останется отнюдь не Восточная школа.

Позволим себе отметить, что многие французские каббалисты часто высказывали мнение, что Восточная школа никогда не будет иметь большого значения, сколь бы она ни гордилась тем, что обладает тайнами, неведомыми европейским оккультистам, *потому что принимает в свои ряды женщин*.

В качестве ответа мы могли бы процитировать басню, рассказанную братом Джозефом Н. Наттом, «великим магистром» масонской ложи для женщин в Соединенных Штатах,[1] чтобы показать, на что способна женщина, если она не скована мужскими узами — как человеческими, так и Божьими:

«Лев, проходя мимо скульптуры, изображающей атлетическую, могучую фигуру человека, разрывающего пасть льва, сказал: *Если бы это изображение было выполнено львом, эти фигуры поменялись бы местами!*»

---

[1] Великий капитул ордена Восточной звезды в штате Нью-Йорк. Лекция и прения во время Великого капитула: «Женщина и Восточная звезда», 4 апреля 1877 г.

То же самое замечание имеет силу в отношении женщины. Если бы только ей было позволено изображать сцены человеческой жизни, она распределила бы роли в обратном порядке. Именно она первая привела мужчину к Древу Познания и заставила его узнать Добро и Зло; и если бы ее оставили в покое и позволили делать то, что она хочет, она привела бы его к Древу Жизни и *тем самым сделала бы его бессмертным*.

ПЯТИКОНЕЧНАЯ И ШЕСТИКОНЕЧНАЯ ЗВЕЗДА

Все наиболее известные каббалисты Запада, как средневековые так и современные, рассматривают пентаграмму, или пятиконечную звезду, в качестве, микрокосма, а шестиконечный двойной треугольник — как макрокосм. Элифас Леви (аббат Констант) и, по нашему мнению, Кунрат, один из величайших оккультистов прошлого, дают свои обоснования таких представлений. В книге Харгрейва Дженнингса «Розенкрейцеры» приведено правильное изображение микрокосмоса с человеком в центре пентаграммы. У нас нет никаких возражений против изложения рассуждений вышеупомянутых лиц, кроме одного — недостатка места в нашем журнале, ибо пришлось бы давать огромное количество эзотерических понятий. Однако всегда найдется место для исправления естественных заблуждений, которые могут возникнуть в умах наших некоторых читателей из-за вынужденной краткости издательских заметок. Пока затрагиваемые вопросы не вызывают повышенного интереса, эти заметки лишь поверхностно касаются всех их подробностей. Опубликованная ранее блистательная работа «Шестиконечная и пятиконечная звезда» Кришны Шанкара Лалшанкара — и ценные замечания, содержащиеся в ней, дают нам возможность исправить подобные ошибки автора этой статьи.

Как понимают на Западе настоящие каббалисты, дух и материя символизируются соответствующими цветами двух переплетенных треугольников и никоим образом не связаны с линиями, образующими сами эти фигуры. Для философов-каббалистов и философов-герметиков все в природе представляется в триедином аспекте; все является множественным и троичным в единстве, и может быть символически представлено различными геометрическими фигурами. «Бог геометризирует», — говорит Платон. «Три каббалистических Лица» — это «Три Огня» и «Три Жизни» Эйн Софа (Парабрахмана Запада), называемого также «Центральным Невидимым Солнцем». «Вселенная — его Дух, Душа и Тело», его «Три Эманации». Эта триединая природа — чисто духовная, чисто материальная и срединная или невесомая материя, из которой состоит астральная душа человека, — представлена равносторонним треугольником, стороны которого равны вследствие того, что эти три первопричины (принципа) растворены во всей вселенной в равных пропорциях и по природному закону идеального равновесия вечны и сосуществуют. Далее западная символика лишь немного отличается от символики ариев. Названия могут быть различными, могут быть добавлены небольшие детали, но основные идеи — те же. Двойной треугольник, символически изображающий макрокосм, или большую вселенную, содержит в себе идеи Единства, Двойственности (как показано двумя цветами и двумя треугольниками, — мир духа и мир материи), Троичности, пифагорейской Четверицы, правильного прямоугольника вплоть до двенадцатиугольника и двенадцатигранника. Халдейские каббалисты древности — учителя и вдохновители еврейской каббалы — не были похожи ни на ветхозаветных, ни на современных антропоморфистов. Их Эйн Соф — Бесконечный и Безграничный — «имеет форму и не имеет формы», — так говорится в Зогаре,[1] и далее загадка разъясняется так: «Незримый принял Форму, когда Он призывал Вселенную к существованию». То есть Божество можно видеть и воспринимать только в объективной природе — это чистый пантеизм. Для оккультистов, так же как

---

[1] «Книга Сияния», написанная Симоном бен Йохаи в I веке до н. э.; по другим источникам — в 80 г. н. э.

и для ариев, три стороны треугольника представляют дух, материю и срединную природу (идентичную по значению с понятием «пространство», «космос»), а, следовательно, и созидательную, охранительную и разрушительную энергии, представленные образно «Тремя Огнями». Первый Огонь пробуждает разумную, сознательную жизнь во всей вселенной, соответствуя таким образом созидательной энергии. Второй Огонь непрерывно создает формы из предсущего космического вещества внутри космического круга и является, следовательно, охранительной энергией. Третий Огонь создает Вселенную плотной физической материи. По мере удаления последнего от центрального духовного Огня, яркость его уменьшается; постепенно он превращается в Тьму или Зло, ведущее к Смерти. Так он становится разрушительной энергией, постоянно работающей над формами и очертаниями — временными и меняющимися. «Три каббалистических Лица» «Основателя Основ» — у которого «нет лица» — это арийские божества Брахма, Вишну и Рудра, или Шива. Двойной треугольник каббалистов заключен в круг, образованный змеей, проглатывающей собственный хвост (египетский символ вечности), а иногда в обычный круг (см. теософскую печать). Единственное различие, которое мы видим между арийской и западной символикой двойного треугольника, — судя по объяснениям автора — заключается в его неупоминании глубокого и особого значения понятий, которые, если мы его правильно поняли, он называет «зенитом и нулем». По западным каббалистам, вершина белого треугольника восходит к зениту,[1] миру чистой нематериальности или чистого Духа, в то время как нижняя вершина черного треугольника направлена вниз к надиру, т. е. указывает, если использовать весьма

---

[1] Это значение аналогично значению египетских пирамид. Небезызвестный французский археолог д-р Ребо демонстрирует высокую культуру египтян уже в 5000 г. до н. э., показывая по различным источникам, что в то время существовало не менее «30 или 40 школ посвященных жрецов, изучавших оккультные науки и практическую магию».

прозаическое высказывание средневековых герметиков, к чистой, или, скорее, «нечистой» материи, понимаемой как «грубое чистилище небесного Огня» (Духа), втянутое в пучину уничтожения, в тот низший мир, где формы, очертания и сознательная жизнь исчезают, чтобы раствориться и вернуться к первородному, истинному источнику Космической Материи. Так же и относительно центральной точки и центральной полости, которая, по учениям Пуран, «считается местом пребывания Авьякта Брахмана — Непроявленного Божества».

Оккультисты обычно изображают этот символ таким образом (см. первый рисунок), как это показано на рисунке, а не просто центральной геометрической точкой (которая, не имея ни длины, ни ширины, ни толщины, представляет незримое «Центральное Солнце», Свет «Непроявленного Божества»); они часто помещают в центр изображения *Crux Ansata* («крест с перекладиной», египетское тау), в вершине которого простую прямую линию заменяют окружностью (кругом, кольцом?), символом беспредельного, несозданного Космоса. Измененный таким образом, этот крест имеет почти такое же значение, как и «Космический крест» древних египетских алхимиков (магов), крест внутри круга.

Следовательно, ошибочно говорить, будто в издательской заметке утверждалось, что двойной треугольник представляет «только дух и материю», ибо этот символ имеет столь много значений, что для их объяснения не хватило бы и целого тома.

Наш критик пишет: «Если, как вы утверждаете, двойной треугольник должен представлять только мировой дух и материю, остается необъяснимым возражение, что две стороны — или любые две вещи — не могут образовывать треугольник, или что треугольник не может символизировать что-то одно — дух или материю, — как делаете вы, разделяя белый и черные цвета».

Считая, что мы уже достаточно объяснили некоторые сложности и показали, что западные каббалисты всегда почитали «троичность в единстве» и наоборот, мы можем добавить, что пифагорейцы объясняли «возражение», на котором особенно настаивает автор выше приведенных строк, около 2500 лет назад. Священные числа этой школы, основная идея которой заключалась в признании существования постоянного принципа Единства, превосходящего все силы и объективные изменения Вселенной, — не включали число Два или Диаду. Пифагорейцы отказывались признавать это число даже как абстрактную идею именно на основании того, что в геометрии невозможно построить фигуру из двух прямых линий. Очевидно, что с точки зрения символов невозможно связать это число ни с какой начертательной фигурой ни в плоскости, ни в пространстве, и таким образом, поскольку это число не может представлять единство во множестве, — в противоположность любой другой многосторонней фигуре, — его нельзя рассматривать как священное число. Учитывая, что число два изображается в геометрии двойной горизонтальной линией (=), а в римском исчислении двойной вертикальной линией ∥, а линия имеет длину, но не имеет ширины и толщины, то для предания значимости к этому числу необходимо прибавить другое число. Только в сочетании с числом «один» можно получить фигуру, равносторонний треугольник. Таким образом становится очевидным, почему, символизируя дух и материю (начало и конец Космоса), алхимики использовали два переплетенных треугольника (оба представляющих «троичность в единстве») закрашивая один из них, символизирующий дух, белым мелом, а другой, символизирующий материю, черным углем.

На вопрос, что означают две другие вершины белого треугольника, если одна «белая вершина, уходящая вверх к небесам, символизирует дух», — мы отвечаем, что, согласно каббалистам, две нижние вершины означают «дух, нисходящий в порождения», т. е. смешение чистой божественной Искры с материей объективного мира. Такое же объяснение справедливо и для двух вершин при основании черного треугольника; третьи же вершины обоих треугольников символизируют, соответственно, прогрессирующее очищение духа и прогрессирующее огрубление материи. Повторяем: сказать, что «любое понятие верха или низа» в «тонкой идее Космоса» кажется не только отталкивающим, но не существующим», — значит противоречить абстрактному символу, представленному в конкретном образе. Почему бы тогда не покончить со всеми знаками, в том числе и с изображениями Вишну и приведенными автором мудрыми объяснениями Пуран? И почему идея каббалы более отталкивающая, чем идея «Смерть, Уничтожитель, Время», в которой «Время» является синонимом Бесконечной Вечности, представленной кругом, опоясывающим двойной треугольник? Странная непоследовательность, которая к тому же полностью расходится со всей остальной статьей! Если автор «нигде не встречался с различением треугольников на белые и черные», это просто потому, что он никогда не изучал, а, возможно, и не видел сочинений и изображений западных каббалистов.

Приведенные выше объяснения содержат ключ к общей пифагорейской формуле единства во множестве, Единого, проявляющегося во многом, наполняющего многое и все целое. Их мистическая Декада (единица + два + три + четыре = 10) выражает эту идею целиком; она не только не отталкивающая, но положительно возвышенная. Один — это Божество; два — Материя — число настолько презираемое ими как материя в чистом виде, которая никогда не может быть сознательным единством.[1] Три (или треугольник) сочетают Монаду и Диаду, берет от природы обеих и становится Триадой — объективным миром. Тетрада, или священная Четверица, — по пифагорейцам идеальная форма, — в то же время выражает пустоту всего — майю. А Декада — сумма их всех — охватывает весь Космос. «Вселенная есть комбинация тысячи элементов и одновременно выражение единственного элемента — абсолютная гармония и дух — это хаос для чувств, но идеальный космос для разума», — говорится в «Разоблаченной Изиде».

Пифагор учился в Индии. Вот откуда сходство основных идей в учениях древних посвященных браминов и пифагорейцев. И когда, определяя Шаткон,[2] автор говорит, что эта фигура представляет великую Вселенную (Брахманду)[3] — всю бесконечную Махакашу — со всеми планетарными и звездными мирами», он лишь повторяет другими словами объяснения шестиконечной звезды или «двойного треугольника», данные Пифагором и философами-алхимиками.

Нам также нетрудно восполнить пробел небольшого сообщения, опубликованного в августовском номере, в отношении «остальных трех вершин обоих треугольников», и трех сторон каждого элемента «двойной фигуры» и круга, опоясывающего ее. Так как алхимики облекали в символы все видимое и невидимое, они не могли не выразить символом макрокосм в его законченности.

---

[1] Ср. в книге «Санкхья» Капилы — Пуруша и Пракрити; они способны проявиться в этом мире чувств только в их сочетании преобразовании единства.

[2] На санскрите — шестиугольник.

[3] Брахманда — «Яйцо Брахмана», предсущее яйцо, из которого родилась Вселенная.

Пифагорейцы, включавшие в свою Декаду весь Космос, еще более почитали число 12, так как оно образуется умножением священной Четверицы на 3 и таким образом получается три идеальных (правильных) прямоугольника, называемых тетрадами. Философы-алхимики или оккультисты, следовавшие их учению, представляли число 12 «двойным треугольником» — большой вселенной, или макрокосмом — как показано на рисунке (рис.2) — и включали в эту схему и пентограмму, или микрокосм, которую называли малой вселенной.

Разделяя 12 букв, обозначающих внешние углы, на 4 группы триад или на 3 группы тетрад, они получали двенадцатиугольник, правильный геометрический многоугольник, ограниченный двенадцатью равными сторонами и имеющий двенадцать равных углов, символизирующих, по учению древних халдеев, двенадцать «великих богов».[1] Брахма как Праджапати проявляется (как обоеполая Сефира и 10 сефирот) в 12 телах, олицетворяемых 12-ю богами, символизирующими: 1) Огонь; 2) Солнце; 3) Сому (Луну); 4) всех живых существ; 5) Вайю; 6) Смерть — Шиву; 7) Землю; 8) Небеса; 9) Агни; 10) Адитью; 11) Разум; 12) великий бесконечный цикл, который нельзя остановить. С небольшими изменениями это соответствует каббалистической идее о сефиротах.), а, по учению иудейских каббалистов, — десять сефирот, или созидательных сил природы, эманирующих от Сефиры (Святого Огня), которая сама является главой сефирот и эманацией Хокмы, Высшей (или Непроявленной) Мудрости, и Эйн Софа Бесконечного; а именно: три группы триад сефирот и четвертая триада, состоящая из Сефиры, Эйн Софа и Хокмы, Высшей Мудрости, которую «нельзя постичь с помощью мысли» и которая «лежит, сокрытая, внутри и снаружи головы Удлиненного Лица», наивысшей

---

[1] По книге Хауга «Айтарея Брахмана», индуистский манас (ум) или Бхагаван творит не больше пифагорейской монады. Он входит в Яйцо Мира и посылает оттуда эманации (эманирует оттуда как Брахма, ибо в своем собственном обличье (Бхагавана) не имеет первопричины (апурва).

вершины верхнего треугольника, образующего «Три каббалистических Лица». Эти четыре триады образуют число 12. Более того, двенадцать фигур образуют два прямоугольника или двойную Четверицу, представляющую в пифагорейской символике два мира — духовный и физический. Восемнадцать внутренних и шесть центральных углов в сумме дают 24, т. е. дважды священное число, представляющее макрокосм, а также 24 «божественных непроявленных сил». Перечислить их в столь малой по объему работе невозможно. Кроме того, в наши дни скептицизма представляется более разумным следовать совету Ямвлиха, говорившего, что «божественные силы всегда негодующе относились к тем, кто раскрывал содержание двенадцатигранника», а именно к тем, кто объяснял метод вписывания в сферу двенадцатигранника, одну из пяти пространственных фигур геометрии, состоящей из двенадцати равных и правильных пятиугольников, — тайный каббалистический смысл этой фигуры будет небесполезно изучить нашим оппонентам.

В добавление к этому, как показано в «двойном треугольнике» на рисунке, пентограмма в центре дает ключ к осознанию понятий философов-алхимиков и каббалистов. Этот двойной знак так хорошо известен и распространен, что его можно увидеть над входом в Лха-кханги (храмы с буддистскими статуями и изображениями), в каждом Цзонг-па (ламаистском святилище) и часто — над хранилищем реликвий, называемом в Тибете Дунг-тинг.

Каббалисты Средневековья в своих сочинениях дают ключ к пониманию значения этого знака. «Человек — это малый мир внутри большой вселенной», — учит Парацельс. И вновь: «Микрокосм, заключенный внутри макрокосма, как зародыш, держится на трех основных силах в матрице Вселенной». Эти три силы описаны как двойные: 1) силы природы (физическое земное тело, и жизненное начало); 2) силы звезд (звездное, или астральное тело и воля, управляющая им); 3) силы духовного мира (животные души и тонкие, божественные души). Седьмой принцип — почти нематериальная сила, божественный Аугейдес, Атман, представленный точкой в центре, соответствующей пупку человеческого тела. Этот седьмой принцип является индивидуальным богом каждого человека — так говорят оккультисты Запада и Востока.

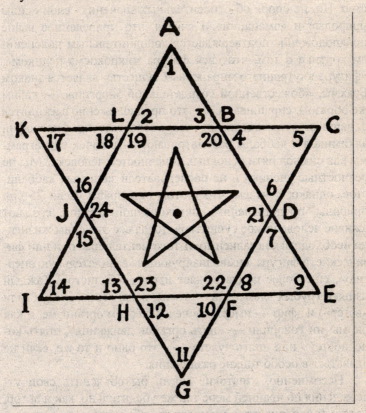

Следовательно, объяснения Шаткона и Панчкона,[1] приведенные нашим критиком, скорее согласуются, нежели разрушают эту теорию. Говоря о пяти треугольниках, построенных по «пятью пять», или 25-ти точкам, критик дает разъяснение пентограммы: «Иными словами, это число, соответствующее 25-ти силам природы, образующим живое человеческое существо». Предполагаем, что под «силами

---

[1] Шести- и пятиугольника.

природы» критик подразумевает именно то, о чем говорят каббалисты, когда учат, что эманации 24-х божественных «непроявленных сил» и «несуществующая» или «центральная точка» — 25-я — создают идеальное человеческое существо. Но, не споря об относительных значениях слов «силы природы» и «эманации» и считая, что приведенное выше предположение подтверждается дополнительным пояснением критика о том, что «вся фигура микрокосма целиком», «фигура внутреннего мира живых существ» является знаком Брахмы, «божественной созидательной энергии», — каким же образом, спрашиваем мы, это предположение расходится с нашими утверждениями, что последователи философии алхимиков и каббалы рассматривают пять точек пентаграммы как символ пяти основных конечностей человека? Мы не ревностные ученики и не последователи западных каббалистов, однако, считаем, что в этом они правы. Если 25 сил природы, представленных пятиконечной звездой, создают «живое человеческое существо», тогда все эти силы жизненно необходимы, независимо от того ментальные они или физические, а фигура, символизирующая «созидательную энергию», еще более подтверждает идею каббалистов. Каждый из пяти грубых элементов — земля, вода, огонь, воздух (или «ветер») и эфир — имеется в человеческом организме, и как бы мы ни говорили — «пять органов движения», «пять конечностей» или «пять чувств», — это одно и то же, если не вдаваться в особо тонкие различения.

Несомненно, «знатоки» могли бы объяснить свои утверждения по крайней мере так же убедительно, как и автор, который оспаривает и отрицает их, объясняя свои взгляды. В «Кодексе Назареев», основной каббалистической книге, Высший Царь Света и основной эон, Мано, эманирует пять эонов; если учитывать его самого и Бога Ферхо (эманацию «Непознаваемой бесформенной Жизни») — получается семь эонов, образно представляющих 7 принципов — основ человека, причем пять из них — чисто материальные и полуматериальные, а два высших — почти нематериальные, духовные. От каждого из семи эонов исходит пять светящихся лучей света; пять потоков проходят через голову, вытянутые руки и ноги человека, как представлено пятиконечной звездой, один обволакивает его, наподобие тумана, и последний — как яркая звезда блестит над головой. Такое изображение можно видеть в некоторых старинных книгах о «Кодексе Назареев» и каббале. Поскольку электричество или животный магнетизм наиболее мощно исходит от пяти основных конечностей, и так как явление того, что сейчас называют «гипнотической» силой, изучалось еще в храмах Древнего Египта и Греции и было познано так глубоко, как нельзя и надеяться познать его в наш век идиотического и априорного отрицания, то неудивительно, что древние каббалисты и философы, выражавшие в символах каждую силу природы, должны были (в силу причин, совершенно очевидных для тех, кто знает что-либо о таинственных учениях и мистических связях, существующих между числами, фигурами и мыслями) избрать для изображения «пяти основных конечностей» человека — головы, рук и ног — пять точек пентаграммы.

Элифас Леви, современный каббалист, рассматривает эту проблему столь же глубоко — если не более — как и его древние и средневековые братья, ибо в книге «Догма и ритуал высшей магии» он утверждает: «Использование пентаграммы в соответствии с учениями каббалы может влиять на внешность нерожденного ребенка, и посвященная женщина может придать своему сыну черты Нерея или Ахиллеса, Людовика XIV или Наполеона».

Астральный огонь оккультистов Запада — это Акаша индуистов. Мало кто из индусов берется изучать мистические соответствия Акаши под руководством посвященных каббалистов или браминов, предпочитая этому свой образ Праджны Парамиты.[1] И все же и то и другое существует, и они идентичны.

---

[1] Один из способов «достижения другого берега» — посредством мудрости, Праджны, воспринимаемой как богиня, эманация Акшобхьи или всех дхиани-будд; женщина-бодхисатва.

ТЕТРАГРАММАТОН

> Я советовал бы всем людям в целом обратить серьезное внимание на истинные и подлинные цели знания; чтобы они искали их не только ради удовольствия или борьбы, или презрения к остальным, или ради выгоды, или ради славы, или ради чести и возвышения, или ради помыслов с примесями такого рода, или с еще более низкими целями; но ради таких заслуг и наград в жизни, которые они могут упорядочить и преобразовать в милосердие.
>
> — Бэкон

В данной статье я не буду заниматься бесполезными вещами. Это означает, что я не собираюсь учить высокоученых браминов тайнам их собственной религиозной философии, но изберу для своих целей некоторые моменты из *универсальной каббалы*. Первая — если поместить ее на полемическую почву — это слишком неудобный соперник в борьбе. Если некто не имеет вместо своей головы энциклопедию, переполненную цитатами, рисунками, цифрами и стихами, рассеянными по миллионам страниц, такая полемика была бы скорее вредоносной, чем полезной. Каждый из спорщиков обнаружил бы себя окруженным тем же самым количеством последователей, как и до того, так как никто не убедил бы ни одного человека из противостоящего ему лагеря.

Повторяя за сэром Т. Брауном, что «Я не завидую никому, кто знает больше меня самого, но я жалею тех, кто знает меньше», я займусь теперь предметом, который я детально изучила, и в подтверждение которого я могу привести цитаты из авторитетных источников.

Изучая каббалу в течение почти сорока лет, я, вероятно, могла бы позволить себе рассматривать Зогар как ту законную почву, на которую я могла бы опереться. Однако, это будет не дискуссия, но просто *несколько фактических утверждений*. В противоположность нашей септенарной доктрине были выдвинуты четыре наименования и учения *из каббалы*:

I. Нам говорят, что Тетраграмматон «является путем конечного соединения с Логосом», потому что его мистическое «строение», «поскольку оно представлена сакральной Тетраграммой, *не имеет семеричного основания*».

II. Что «одним из старейших направлений древней Религии-Мудрости является то, что макрокосм [1] должен быть истолкован в соответствии с планом, открытом посредством Малкут».

III. Что (а) «Шекина — это андрогинная сила»; и (б) что ее «следует понимать как руководителя при объяснении строения микрокосма».

IV. Что «ее (Шекины) мужская форма — это фигура человека, которого узрел на таинственно троне в своем видении Иезекииль».[2]

Я боюсь, что ни одно из вышеприведенных заявлений не является правильным. Я вынуждена сказать, что все они и каждое из них полностью ошибочны. Моими авторитетными источниками для такого утверждения будут три главные книги Зогара — «Книга Сокрытой Тайны» и два «Собрания», «Большое» и «Малое», а также «Каббала» Кнорра

---

[1] Совершенно верно, *Малкут* — это 10-я сефира, но как «Невеста *Микропросопуса*», или Тетраграмматона, который является *шестичленным*, — Малкут, или материальная часть, становится *седьмой*. Она есть *четвертая* буква IHVH, или *he*, но *Логос*, или сын, — это только буква «V» (вав), как это будет показано далее.

[2] «Теософист», август 1887 г., стр. 700 и 705.

фон Розенрота,[1] Сефер Иецира, с комментариями к этой книге, и *Metzareth* Аша, содержащие ключ к каббалистическому символизму, — дополненные различными старинными рукописями.

Аксиома, пришедшая к нам из времен седой античности, учит нас, что первый шаг к знанию — это *знать* и *признавать*, что мы невежественны. Я должна была сделать этот шаг, ибо я полностью поняла, сколь сильно невежественна я во многих отношениях, и признаю, сколь мало я знаю. Тем не менее, то, что я знаю — *я знаю*.

И, возможно, будь я мудрее, мне следовало бы радоваться тому, что я знаю столь мало; поскольку,

Если невежество — Бога проклятье,

то, как говорится у Шекспира, излишнее знание,

Коль разум слишком слаб, чтоб обуздать его,
Оно, как норовистый конь, его отбросит самого...

Однако, в данном конкретном случае я не опасаюсь того, что меня выбросят из моих стремян. Я рискну сказать, что это даже невозможно, если иметь перед глазами Зогар с его *ста семьюдесятью отрывками*, содержащими упоминание одного только Тетраграмматона, и несколькими сотнями, которые комментируют и истолковывают его действительное значение. Кроме того, поскольку «никто не знает всего», — *errare humanum est* [человеку свойственно ошибаться], — и никто из нас, насколько мне это известно, не достиг прославленного состояния всеведающего Будды или Шанкарачарьи, — лишь поэтому мы должны сравнивать записи и раскрывать то, что может быть *законно* раскрыто. Таким образом, я собираюсь показать истинную природу «Тетраграмматона» и доказать, что его четыре буквы — это просто глиф, маска, метафизически скрывающая его связи и отношения с высшими и низшими мирами. Я не буду высказывать никаких собственных размышлений или позна-

---

[1] Которую ныне перевел С. Лиддел Макгрегор Матес, член Теософского общества. См. его «Открытую каббалу».

ний, которые являются моим собственным имуществом, плодами моих исследований, и с которыми, посему, публике делать нечего. Я лишь покажу, что представляет собой Тетраграмматон согласно Зогару, и как это объяснил самому автору посвященный еврейский раввин в Палестине, и как это истолковывается каждому продвинувшемуся каббалисту.

I. Тетраграмматон называется в каббале различными именами. Это IHVH, *Микропросопус*, в отличие от AHIH, *Макропросопуса*. Это *малый лик*, отражение (зараженное материей, или Малкут, его невестой, матерью-землей) — «Обширного», скорее даже «Безграничного» Лика; таким образом, он есть *антитезис* Макропросопусу. Но кем, или чем является сам Макропросопус?

II. Он *не* есть «Эйн-Соф», НЕ-СУЩЕЕ, или НЕ-БЫТИЕ; в такой же степени, как и Тетраграмматон; ибо оба они, AHIH и IHVH, являются глифами существования и символами террестриально-андрогинной, так же как и мужской и женской, жизни. Оба они поэтому связаны с Малкут — *H-eva*, «матерью всего живого», и не могут быть смешиваемы в нашем духовном восприятии с EHEIEH — единственным АБСОЛЮТНЫМ БЫТИЕМ, или «Бытийностью», как некоторые называют его, хотя раввины и испытывали трудности в том, чтобы снять покров со своего *эзотерического* бога. Они являются отражениями Эйн-Соф, еврейского *парабрахмана*; поскольку Эйн-Соф есть негативное, постольку они — это действительная, позитивная жизнь — *Майя*, или Иллюзия.

Это ясным образом доказывается благодаря их дуальному присутствию в кресте — древнейшем *фаллическом* символе, —

AH.	IH.
IH.	VH.

— как это показано в «Открытой каббале», стр. 31.[1]

III. В каббале есть два «Тетраграмматона», или, скорее, — он *двойственен*, и, по существу, даже *тройственен*, *четверичен* и *семеричен*. Он становится *девятью* и *тринадцатью* только в конце, когда «тринадцать», или ЕДИНИЦА уничтожает *семеричность*, который символизируют «Семеро Низших», которые представляют собой «*семь королей Эдома*» (по отношению к расам), и семь «низших сефирот», когда они соотносятся с человеческими принципами. Первый Тетраграмматон — это нечто всегда сокрытое, ОТЕЦ, — который сам есть эманация вечного света, а потому — не Эйн-Соф. Он представляет собой *не* четверо-

---

[1] Столь древнем и столь *фаллическом*, что даже оставляя в стороне египетский крест — *анх*, мы видим, что терракотовые диски, называемые *юсиоли*, обнаруженные Шлиманом во множестве *под* руинами древней Трои, являются в своих двух формах: индийской свастикой и *крестом*, ⊥ и ✠ причем последний есть свастика, или «молот Тора» *без* его четырех дополнительных углов. Не нужно объяснять, что ориенталисты, которые не способны подняться выше материального плана, тем не менее правы, и что они открыли один из тайных ключей (однако, лишь к экзотерическим религиям), утверждая, что происхождение креста заключено в *аранте* и *праманте*, палке и сосуде с отверстиями для зажигания огня у древних браминов. Прометей, укравший священный огонь *творения* и одаривший им людей, безусловно производит свое имя от *праманта*. Бог *Агни* был *небесным* огнем, но лишь столь долго, пока он находился внутри своего вместилища. И Матаришван, воздушное существо в Ригведе, изгнал его оттуда для *пользы* Бхригу не раньше, чем он стал *земным* огнем, огнем порождения, и, таким образом, фаллическим. Нам говорили, что слово *мата* или *параманта* содержит в себе префикс *пра*, выражающая идею *грабежа* или *насильственной кражи* того, что содержит в себе корень *мата*, от глагола *матами*, или *мантнами*, «производить при помощи трения». Следовательно, Прометей, украв небесный огонь, унизил его (в некотором смысле) до земли. Он не только зажег искру жизни в человеке из глины, но и научил его тайне творения, которая, от Криясукти, была низведена до эгоистического акта порождения. [См. текст выше].

буквенный *Тетрактис*, но лишь один *Квадрат*, так сказать, на поверхностном плане. Это идеальная геометрическая фигура, образованная четырьмя воображаемыми линиями, абстрактный символ абстрактной идеи, или четыре «математических» линии, ограничивающие «математическое» пространство — что представляет собой «ничто, ограничивающее ничто», — как говорит д-р Пратт, рассуждая о треугольнике в своих «Новых аспектах жизни». *Призрак, скрытый четырьмя дуновениями*. Но достаточно об «Отце» *Макропросопусе*-ТЕТРАГРАММАТОНЕ. Тогда как —

IV. *Микропросопус*-Тетраграмматон — «Сын», или Логос, — это треугольник в квадрате; семикратный, куб; как показывает нам м-р Р. Скиннер, — *шестигранный* куб, который, развернувшись, становится семичастным *крестом*, когда андрогин разделяется на два противоположных пола.[1] Словами комментария к *Тайной Доктрине*:

«Круг испускает свет, который становится для нашего видения четырехугольным; он разворачивается и получается семь». Этот «круг» — это первая сефира, «кетер», или корона, *Risha Havurah*, или «белая голова», и «высший череп». [Он является не безграничным, но временным в этом феноменальном мире]. Он испускает две более низкие сефирот (Хокма и Бина, которые есть «Мать-Отец»), и таким образом формирует треугольник — первую, или высшую *триаду* Древа Сефирот. Это *единица*, или *монада* Пифагора. Но она произошла от *Семи Элохим*, мужских и женских, которые называются «Высшими Отцами-Матерями». Сами же они являются отражениями *Женского* Святого Духа, о котором говорится в Сефер Иецира: «Одно есть Она, Элохим жизни».[2] Но сколь же далеки от ЭЙН-СОФ все эти *числа*[3] еврейской каббалы, поскольку они, по существу, явля-

---

[1] Четыре линии в вертикальном направлении, и три — в горизонтальном. См. «Теософист», апрель 1887 г.

[2] См. «Открытую каббалу», Введение, стр. 21-22.

[3] *Сефира* означает «цифра»; она *одна*, и потому это единственное число, а *сефирот* является словом, обозначающим множественное число; оба они передали свои имена нашим «циф-

ются лишь тайными числами и глифами. Микропросопус становится *четвертым*.

Пусть кто-либо откроет таблицу IV «Kabbalah Denudata» (в переводе на англ. яз.), нарисованную м-ром Матесом. Пусть он бросит взгляд на «Символические Божественные Формы», соотнесенные с четырьмя каббалистическими мирами — и он вскоре увидит, что «Тетраграмматон», или Микропросопус, «Малое лицо», появляется четвертым. Для более ясного объяснения я приведу здесь небольшую часть таблицы.

БУКВЫ ТЕТРАГРАММАТОНА

Четыре буквы	**Сефирот**	Четыре мира
I (йод)	Макропросопус Отец	Ацилут (мир Архетипов)
H (высокое *he*)	Высшая Мать	Брия (мир Творения)
V (вав)	Микропросопус	Иецира (мир Формирования)
H (низкое *he*)	Невеста Тетраграмматона, или *Малкут*	Асия (Материальный мир)

Из этого следует, что так как Макропросопус — или кетер, *венец* цифр, поскольку он есть белая глава, или «O», ноль,[1] все же удален от Эйн-Соф, являясь лишь его универсальным отражением, или светом, — он *не* есть тетраграмма. Это просто ПРОСТРАНСТВО, безграничное и непостижимое, высшая земля, в которой сокрыты архетипические идеи,

---

рам» и являются лишь *числами творящих иерархий Дхиан-коганов*. Когда Элохим сказал: «Создадим человека», они все приступили к работе, *от первой до последней, седьмой*, и каждая одарила человека своей собственной характеристикой, или принципом.

[1] У евреев нет слова для обозначения нуля, или *ничто*, отсюда и символизм «головы», или круга.

или формы *всего*; земля, из которой вырастает КОРЕНЬ Вселенной, универсальное Древо Жизни в мире *творения*. Ствол этого «древа» — это «отец и мать, 2-й и 3-й сефирот, или Хокма и Бина», соответственно, Иегова и «Иегова-Элохим».[1]

V. «Отец-Мать» принадлежат к миру *творения*, потому что это те, кто творит; то есть, они являются двуполой материей, сущностью, из которой создается «Сын» (вселенная). Этот Сын есть Микропросопус, или ТЕТРАГРАММАТОН. Почему он представляет собой *четырехбуквенный* символ? В чем сакральный смысл этого *Тетрактиса*? Есть ли это невыразимое имя, или же он связан неким образом с таким *непроизносимым* именем? Я без колебаний отвечу отрицательно. Это просто штора, символ, служащий для того, чтобы лучше сокрыть септенарное строение человека и *его происхождение*, и различные тайны, связанные с ним. Это имя, Тетраграмма, состоит из ЧЕТЫРЕХ букв, но в чем же их секрет, их эзотерический смысл? Каббалист не промедлит с ответом: «прочитай их *с помощью цифр* и сосчитай числа и цифры, и ты узнаешь».

«Тетраграмматон» — это Отец-Мать и Сын *воедино*. Это Иегова, имя которого пишется IHVH, и чьи буквы читаются символически, в соответствии с методом, *открытым* ЧЕТВЕРТОЙ инициацией,[2] и будут прочтены двумя

---

[1] Изучающий должен помнить, что *Иегова*, как имя, всегда является мужским и женским, или андрогинным. Это слово состоит из двух слов — *Ях* и *Ховах*, или «Ях-ве». *Ях* сам по себе мужской и активный: таким образом, в то время как цель сефиры Хокма, «Мудрости», мужественна и обозначает *Ав*, «Отец», то Бина, «Разум», женственна, пассивна, и обозначает *Ама*, «Мать», и *глубинный смысл этого имени есть «Иегова»*. Но мужское имя символизируется одной буквой, *Йод*, чье значение является полностью фаллическим.

[2] Традиция говорит, что последними посвященными в семь тайн Микропросопуса и высшую Тет (цифра 9 и буква «т») тайны двух *Ама* (две матери, или первая и вторая Н в слове IHVH), были три раввина, Симеон, Авва и Елеазар, которые в Мистериях, или *Сод*, обозначают Кетер, Хокма и Бина. (См. Зогар, «Малое святое собрание». После их смерти знание пяти высших посвящений было утеряно.

способами. Оно состоит из двух мужских букв (I и V) и двух женских (H, двух *he*); или высокого и низкого «Н». Первая — это «высшая мать», или «женский Иегова, как Бина»; другая — это низкое «Н», или 10-я сефира, *Малкут*, *основание* материи. Невозможно раскрыть в печатном виде первое его прочтение, когда он записывается АHIH, мы можем лишь сообщить о том, что *экзотерически* это связано с «Я есть то, что я есть» и с *Eheieh*, «Абсолютным БЫТИЕМ, или САТ».

Это может иметь двоякое прочтение, и каждая фраза символизируется здесь знаком Зодиака. Все такие перестановки имеют отношение к тайне *бытия*, или существования — как некоего абстрактного представления.

Но IHVH, Тетраграмматон мира *формирования*, и супруг «Невесты», царством которой является Асия, или *Материя*, хотя и легче в объяснении, но все же очень труден для выражения в словах, и скорее не из-за своей сакральности, а из-за своей непристойности. Я отсылаю читателя, в отношении символизма четырех букв I, H, V, H, к книге м-ра Р. Скиннера «Источник мер», стр. 10, где все это объяснено. Индус видит это ежедневно в своих *лингвах* и *йиони*. Это *Иегова-Саваоф*, Семеричный Элохим, *сокрытый* в Святая Святых, *Аргхе*, или в Ноевом ковчеге. Таким образом («Откр. каб.»), он является *седьмой* сефирой среди «высшей» семерки, как *Малкут* есть седьмая из «низших» сефирот. Микропросопус — это *третья* буква V (вав), и он называется тетраграммой лишь потому, что он есть *один* из четырех букв, которые охватывают все девять сефирот, — но не является сефирой. Он есть *тайна* семерки, которая оставалась тайной до сих пор, и *теперь раскрывается во всей полноте*. На таблице, которая показывает соотношение десяти сефирот с десятью божественными именами, десятью архангелами, их десятью порядками, планетами, и т.д., демонами и десятью главными дьяволами — *Нецах*, 7-я сефира, чье имя экзотерически означает «решительность и победа», а эзотерически — нечто большее, называется своим Божественным именем Иегова *Саваоф*, и соответствует Ханиэлю (*физическая* жизнь человека) и андрогинному Элохиму, Венере-Люциферу и Ваалу, и наконец — букве *вав*, или Микропросопусу, *Логосу*. Все они принадлежат к миру формирования.

Все они *семеричны* и связаны с пластической *формацией* и МАТЕРИЕЙ — своей «невестой». Последняя является «низшей матерью», *аймой*, «женщиной с ребенком» из 12-й главы Откровения, которую преследует великий дракон (Мудрости). Кто этот дракон? Есть ли он дьявол-Сатана, как этому учит нас Церковь? Конечно, нет. Это дракон *эзотерической Мудрости*, который возражает против появления ребенка, рожденного «женщиной» (вселенной), ибо этот ребенок — это его человечество, следовательно, невежество и иллюзия. Но Михаил и его ангелы, или Иегова *Саваоф* («Воинство), которые *отказываются творить*, — как это сделали и семеро бесстрастных, рожденных разумом сынов Брахмы, потому что они желали воплотиться как люди, *чтобы стать выше, чем боги*, — сражаются с драконом, побеждают его, и этот ребенок рождается. «Дракон» Эзотерической Мудрости поистине опускается во тьму![1]

---

[1] Ключ, который открывает эту тайну, — это седьмой ключ, и он соотносится с *седьмым звуком трубы* седьмого ангела, после которого св. Иоанн увидел женщину и «Войну на Небесах». (См. Откровение, гл. XI, стих 15, и попытайтесь понять). Эта аллегория «Войны на Небесах» имеет шесть других значений; но данное значение относится к наиболее материальному плану и объясняет септенарный принцип. «Женщина» увенчана двенадцатью звездами и облечена при помощи солнца и луны (дважды семь), представляя собой вселенную; дракон имеет семь голов, семь корон и десять рогов, — вот другой оккультный символизм, — и является одним из *семи* ЛОГОСОВ. Возможно те, кто размышлял о странном поведении Нарады, смогут понять эту аналогию. Поистине, Прародитель и великий ведийский Риши, и все же тот, кто всегда связан с *физическим* порождением людей, он дважды соблазнил тысячи сынов Дакши на отказ от безбрачия и йоги, за что был обречен на перерождение и рожден во чреве, и те, кто что-либо знает о цифрах и циклах, теперь лучше поймут смысл этой аллегории.

Таким образом, хотя я не испытываю ни малейшего возражения в отношении любого мистического желания объединить себя с Логосом, называемым «Тетраграмматоном», или Микропросопусом, все же я лично предпочитаю единство с *Макропросопусом*, из общих соображений; во всяком случае, в этом цикле воплощения. По завершении которого, с помощью «СОВЕРШЕННОГО ЧИСЛА», я надеюсь увидеть вышний свет, который будет низведен к останкам не только моих «семи низших» (Микропросопус), но даже к подобию тринадцати в их единстве, тех, которые «ведут войну с семью» («Book of Conc. Mys.», с. 27), и вместе с ними — квадрату *Макропросопуса*. Букву йод на пути девятой сефиры, имеющую определенно фаллическое значение, я отказываюсь соединять с низшим семикратным и семибуквенным Иеговой, предпочитая обращать свою веру к «Эйн-Соф» — чистому и простому; а иначе, зачем вообще оставлять лоно Православной церкви? А также, почему бы однажды не присоединиться к «Армии спасения» и не петь целый день: «Кровь, кровь»?

«Логос», который *мы* признаем, — это не Тетраграматон, но КОРОНА, Кетер, который не имеет ничего общего с материальным планом ни Макро-, ни Микропросопуса — но который связан лишь с *про*-архитипическим миром. Как это сказано:

«Посредством гематрии AHIH, равной IHV без H, символа Малкут», *«Невесты»* (стр. 31). «Тесно связана с ... буквами Тетраграмматона эта тема четырех кароубов (херувимов)... Таким образом, кароубы представляют силы букв Тетраграмматона *на материальном плане* ... кароубы являются живыми формами букв, которые символизируют в Зодиаке Телец, Лев, Водолей и Скорпион...» (стр. 32 и 34, Введение к «Kab. Den.»).

Опять-таки, известно, что в свою очередь представляет собой символизм этих четырех животных «на *материальном плане*».

Телец, которого называли Быком Шивы, египетским быком Аписом, зороастрийским «Быком», убитым Ариманом, — это всегда символ *семени* жизни, как порождающей, так и разрушающей силы, в то время как Скорпион является символом греха (в сексуальном смысле), зла и духовной смерти, и Скорпион есть *четвертая* цифра *Тетраграмматона*, — или Малкут.

«Тайна земного и смертного человека следует за тайной высшего и бессмертного человека...» В форме тела проявляется Тетраграмматон. «Голова — это (буква йод), руки и плечи подобны (высокому) H, тело — это V, и ноги представлены H (he) в конце». («Откр. каб.», стр. 34).

В «Шкале цифры Семь», имя Бога представлено семью буквами. Шкала *семерична*; любой путь можно просмотреть от первого, изначального или архетипического — до седьмого, или временного мира.

«Древо Жизни» имеет семь ветвей с семью плодами на них. В «Книге Сокрытой Тайны», БЕРЕШИТ, первоначальный мир в Книге Бытия, читается *Бера шит*, «Он сотворил шесть». От них зависит все то, что находится ниже (с. 16), все вещи, синтезируемые Малкут — Седьмой — Микропросопусом.

«Микропросопус образуется из шести сефирот, трех мужских и трех женских» (с. 67). Части Тетраграмматона называются шестью членами Микропросопуса, и 6 — это числовое значение V (вав), его буквы. Когда они (части) касаются земли, их становится семь (стр. 32, «Откр. каб.», и стих 9 Ком. XXII в «Книге Чисел»).

Вся «Книга Сокрытой Тайны» полна такими фразами. «Микропросопус является *шести-частным*...» Так как он сформирован из шести сефирот, которые вместе с Малкут составляют семь. Эти члены происходят от первых шести произнесенных (творящих) слов. «Его седьмой принцип представлен десятой сефирой ... которая есть Ева в экзотерической системе, или низшая мать...» Отсюда *седьмая неделя* называется Тысячелетним царством, Шаббат, а также седьмым царством». («Книга Сокр. Тайны», с. 22).

Каббалисты всегда проводили различие не только между ЭЙН-СОФ, неисчислимым и непостижимым, но даже между Микропросопусом и низшим Тетраграмматоном, «Сыном», следовательно, Логосом. Ибо в «Великом святом собрании» записано:

«(строфа 83.) И об этом пожелали узнать в своих умах дети Израиля, так, как это написано» [*Исход*, 17:17], «Есть ли Тетраграмматон среди нас, или это что-то существующее негативно?» Вот где они видели различие между Микропросопусом, который назывался Тетраграмматоном, и Макропросопусом, который назывался «Эйн, негативное существование» (стр. 121). Но — «йод древних спрятан и сокрыт». (73, Введение).

(с. 1152.) Мы учили, что *было десять* (спутников, сефирот), которые вступили в СОД (мистерии творения), и *что лишь семь вышли оттуда.*

(с. 1158.) И когда Рабби Симеон раскрыл Арканы, то там не было обнаружено ничье присутствие, кроме них (спутников).

(с. 1159.) И Рабби Симеон назвал их *семью глазами* Тетраграмматона, подобно тому, как это написано у Захарии III, 9: «Это семь глаз Тетраграмматона».

В Библии последнее слово переведено «Господь», и это ясно показывает, что христиане приняли за своего «Господа Бога» *четвертую* эманацию сефирот и *мужскую* букву «вав».

Есть ли это тот «Логос», единства с которым должен искать каждый *посвященный*, как «конечной цели своего труда»? Тогда он также сможет оставаться в своем *семеричном* смертном теле столь долго, сколько сможет.

Что касается остальных «препятствий», то они являются лишь неправильными утверждениями. «Фигура человека на Троне» в Иезекииле соответствует в эзотеризме архетипическому плану, миру Ацилут, а не Шекине в Малкут и Асии, на материальном плане; это становится очевидным для всякого, кто анализирует это видение *каббалистически*. Ибо, во-первых, существует четыре ясных подразделения в символизме видения; а именно, фигура человека, трон, на котором он сидит, небесный свод над головами живых созданий, и сами «живые создания» с их офаним, или колесами. Они опять-таки ясно соответствуют самим четырем каббалистическим мирам, или планам, то есть, *Ацилут*, Архетипический мир — это призрачная фигура человека; *Брия*, мир Творения, — трон; *Йецира*, мир Формирования, небесный свод; *Асия*, Материальный мир, живые создания. Они опять-таки соотносятся с четырьмя буквами тетраграммы: так, высшая точка в IHVH принадлежит Йод, «фигуре человека», H (he) — это трон, V (вав) — небесный свод, и H, последняя, — создания. (См. Табл. IX «Открытой каббалы»).

«Фигура человека» — это не «Мужская форма Шекины». Шекина *не* является «андрогинной силой».[1] Шекина беспола или женственна, если вообще она какая-то. Это изначальный свет, исходящий от вечно-сокрытого Эйн-Соф. В архетипическом мире это сефира, в материальном мире и мире *формирования* он становится Шекиной, *скрытой жизнью и светом* в этом низшем мире материи — «покрывалом Эйн-Соф» и «божественным присутствием» на *пути* Малкут от материального мира к высшим мирам. Она есть *Буддхи* физического тела — душа или искра, горящая в сосуде; и после того, как сосуд разбит, она соединяется с седьмым (согласно подсчетам теософов) и первым, или *Макропросопусом*, согласно каббале, так как это первый луч из сокрытого.[2]

План, который показывает Малкут, описывается в «Книге Сокрытой Тайны», *Сифра Дицениута*, таким образом:

Дерево, чье наказание облегчается (то есть, Путь Царства, или Шекина, которая является Древом Познания Добра и Зла,

---

[1] Я советовалась с нашим братом м-ром С. Лидделом Макгрегором Матесом о том, подтверждают ли какие-либо каббалисты эту идею, что Шекина была «андрогинной силой». Он сказал — *нет*, «она беспола и является божественным присутствием». (См. его «Каббалу», стр. 55, примечание между строфами 32 и 33.)

[2] Также Шекина не является и сефирой, так как она происходит из, и содержится в, десятой Малкут, и разрушается вместе с последней. (См. 22, «Книга Сокр. Тайны».) Ошибка, вероятно, возникла из-за божественного имени Шекины — Адонай, и ангелического Херувим. Но никакой каббалист никогда не опубликует ключ к этому вопросу.

пребывающим в себе вследствие наказания, но это наказание облегчается женихом благодаря потоку его сострадания), пребывает внутри скорлуп; (потому что Царство обладает властью надо всем, и его ноги погружены в смерть). В его ветвях (в низших мирах) селятся птицы и вьют там свои гнезда (обитают души и ангелы). Под ним — те животные, что имеют силу искать тени (то есть скорлуп, *Клиппот*, «в ней (во время ее) бродят все лесные звери». Псалом 104, 20).

Это дерево, у которого есть два пути к одной цели (а именно, добро и зло, поскольку это Древо Познания Добра и Зла). И вокруг него есть *семь* колонн (семь дворцов), и *четыре* великих сияния (четверо животных) кружатся вокруг него (в четырех колесах) с четырех сторон (согласно четырехкратному описанию колесницы у Иехекеля (Иезекииля)».

У дерева есть *семь* ветвей,[1] на каждой из которой растут четыре листа и три плода. Кроме того, существует очевидная аналогия между вышеприведенной строфой из «Сифра Дицениута» и главами I и IV Откровения. Ибо семь церквей «Асии» идентичны с «семью дворцами» в [мире] Асии, или на материальном *семеричном* плане. Семь звезд, которые находятся в правой руке «фигуры» в 1-й главе являются не этими семью церквями, а семью ключами к ним; и обоюдоострое (андрогинное) слово, исходящее из его уст — это йод в IHVH. Это «фигура» есть *семеричный* «Тетраграмматон» V (вав).[2]

Но эта фигура совершенно отлична от той, которая находится на троне в видении Иезекииля. Ибо первая (фигура в главе I Откровения) пребывает на плане Иецира (мира формирования, жилища ангелов, *которые не творят*), а фигура у Иезекииля находится на плане Ацилут, и описана в главе IV Апокалипсиса как «тот, кто сидит на троне».

---

[1] См. гравюру из Вавилонского предания о сотворении (Дж. Смит, «Халдейское предание о Творении») Священного Древа, с фигурой на каждой стороне и со змеей у подножия. Это гравированное изображение было извлечено из ранневавилонского цилиндра, и представляет древо, о котором идет речь, с его семью ветвями.

[2] Или вав, чья цифра — 6, а символизм, так или иначе, *фаллический*.

Для того, чтобы разделить ношу вышеприведенных утверждений, я обратилась к м-ру С. Л. Макгрегору Матерсу (поскольку в Англии существует немного более ученых каббалистов, чем он, хотя я, безусловно, не во всем согласна с его взглядами. Но по этому вопросу мы достигли полного согласия). Наш брат любезно согласился представить свое мнение в письменном виде, и вот как он представляет *Древо* СЕФИРОТ:

	КЕТЕР	
БИНА		ХОКМА
ГЕБУРА		ХЕСЕД
	ТИФЕРЕТ	
ХОД		НЕЦАХ
	ИЕСОД	
	МАЛКУТ	

Здесь фигура на троне в видении Иезекииля соотносится с Кетер; трон — с Хокма и Бина, миром Брия, другим именем которого является *Корсия* — трон; небесный свод — это Микропросопус, состоящий из шести сефирот — Хесед, Гебура, Тиферет, Нецах, Ход и Иесод. Иесод есть путь, вводящий в Малкут, или сотворенный материальный мир; и Шекина — это Присутствие в Малкут, Царственное Присутствие (Присутствие Королевы); ибо Шекина женственна, *а не андрогинна*. И печать Макрокосма, шестиконечная звезда: [1]

---

[1] Это, безусловно, печать Макрокосма, но она становится печатью Микрокосма лишь тогда, когда в ней заключена пятиконечная звезда, ибо эта последняя, собственно говоря, и является знаком Макропросопуса. Это *Шаткон Чакрам* (колесо Вишну) и *Панчакон* (Пентаграмма). Мы могли бы назвать первую печатью Макропросопуса лишь тогда, когда гексаграмма окружена кругом или же расположена внутри него; и никак иначе. Но все это не вызывает вопросов. «Каббала» Кнорра фон Розенрота содержит очень много ошибок, и все иные версии — особенно в латинской транскрипции — по большей мере были сделаны христианами, склонными выискивать *nolens volens* [волей-неволей] пророческий и христианский смысл в Зогаре.

— это эмблема Микропросопуса, Тетраграмматона — буквы вав в IHVH, которая находится внутри *семи* светоносцев Малкут, представляющих собой ничто иное, как семь последних сефирот, или шесть сефирот, составляющих Микропросопус, с Малкут, добавленной к ним в качестве *седьмой*.[1]

Я убеждена, что ничто не может быть яснее. Любые трансцендентальные, метафизические спекуляции и толкования, конечно, могут быть удовлетворены *Тетрактисом* на плане Архетипического мира, но как только мы спускаемся в мир Астрала и феноменальной тайны, у нас не может быть меньше, чем семь принципов, на которых основаны мы сами. Я изучала каббалу у двух раввинов, один из которых был посвященным, и не было разницы между двумя учениями (эзотерическим восточным и западным) в данном случае.

Конечно, это хорошо известно, что любой человек, наделенный хотя бы умеренной долей изобретательности, если он изучил три вида каббалистических интерпретаций — особенно *Нотарикон* — может сделать то, что захочет, из отдельных еврейских слов и букв. Но то объяснение, которое даю я, требует не Нотарикона, а просто знания седьмого эзотерического ключа. С мазоретскими огласовками можно преобразовать астрал Иеговы Саваофа, и даже Иеговы-Элохима, в «Единого живого» и высшего Бога, «Бога богов», — поскольку он есть просто один из формирующих и *порождающих* богов. Хороший пример такого

---

[1] В *Сифра Дицениута* говорится о Малкут: «Шекина (или царственное присутствие), которая находится ниже, чем *Путь* царства, а именно, Малкут, десятая и последняя сефира» (I, стр. 32).

рода нечестности обнаруживается в переводе м-ра Матеса «*Kabbalah Denudata*» Кнорра фон Розенрота. Он дает нам шесть примеров различного прочтения одного только первого слова (*берашит*) в Книге Бытия. Согласно правилам нотарикона, первой фразе — *«Берашит бара элохим эт хашамаим в'эт х'арэц»*, или «В начале сотворил Бог небеса и землю», может быть придано такое значение, которое желательно; поэтому первое и взятое отдельно слово «берашит» вызвало образование шести догматических учений в латинской церкви.

Это было показано вышеупомянутым каббалистом Соломоном Мейром Бен Мозесом, перешедшим в католичество в 1665 году и принявшим имя Проспер Руже, который успешно доказал на строго *нотариконистическом* основании, что данное слово (берашит) обнаружило шесть христианских значений, первым из которых было: «Солнце, дух, отец, их троичное, совершенное единство»; третьим — «Ты должен поклоняться моему перворожденному, моему первенцу, чье имя Иисус»; пятое — «Я изберу Деву, достойную родить Иисуса, и ты должен назвать ее блаженной». Шестое дается в нижеследующей сноске.[1] Два других являются повторениями.

Такая же удивительная пластичность истолкования допускается в эзотерических текстах каждого народа. По-

---

[1] В *нотариконе* «каждая буква слова берется для начальной буквы или сокращения другого слова, и таким образом из букв одного слова может быть образовано предложение». Следовательно, из букв этого слова «берашит» (*B'rashith*), я бы с легкостью могла составить предложение, которое читалось бы так: «Берегитесь! скоро в теософии начнутся ссоры» (*«Beware! rows are soon hatched in Theosophy»*), и тогда представить это как божественное предупреждение и откровение, взяв в качестве подтверждения «Книгу Бога». Это прочтение было бы столь же правильным, но даже более точным, нежели 6-я версия Проспера Руже; ибо он сделал из «берашит» — *«Beaugoh ratzephim Asattar Shegopi Jeshuah Thakelo»*, что в переводе читается так: «Я (Бог), сокрыл себя в лепешке, ибо ты должен будешь есть Иисуса, мое тело», — и обращает таким образом впоследствии других евреев в римский католицизм!

скольку каждый символ и глиф имеет *семь ключей* к себе, из этого следует, что одна сторона может использовать в споре один ключ к одному предмету, и затем обвинить другого изучающего, который использует иной ключ, в преднамеренном неправильном толковании.

Однако это — не *моя* политика. В эзотерических вопросах я скорее искала бы примирения, чем споров о сделанных ошибках, действительных или воображаемых; потому что ДЕЛО и триумф истины должны быть дороже для настоящих оккультистов и теософов, чем незначительные успехи спорщиков.

Никакой истинный оккультист, если он действительно таков, не выскажет значения *всех* «Семи Тайн Мудрости», — даже если сам он знаком со *всеми* из них, — которые были бы, воистину, чудом. Ибо эти «Семь Тайн» *in toto* [в целом] известны достоверно лишь «УЧИТЕЛЯМ МУДРОСТИ»; и эти Учителя вряд ли позволят себе выступить в полемических дискуссиях в газетах или периодике. В чем же тогда смысл тратить время и доказывать, что одна грань алмаза блестит более ярко и ослепительно, чем соседняя с ней, вместо того, чтобы объединить все силы и обратить внимание неведающего на великолепие самого бриллианта? Мы, изучающие сакральную науку, должны помогать друг другу, поддерживая исследования и принося пользу при помощи нашего общего знания, вместо бесполезной критики ради удовлетворения личных амбиций. Вот как это выглядит в моих глазах: ибо иначе наши враги, которые, начав с обвинения нас в обмане и основываясь лишь на своих сектантских и материалистических предрассудках и своем фанатизме, будут оправданы, повторяя свои обвинения, по причине наших же собственных взаимных обличений.

Материализм поднимает свою ужасную голову выше, чем когда-либо.

«Знание», одно из лондонских научных изданий, позволяет нам почувствовать, что припасено для оккультиста. Рецензируя «Открытую каббалу», оно во весь голос вещает о «экстраординарных интеллектуальных выходках еврейских комментаторов ихних писаний». Оно сокрушает всем весом своего материалистического презрения идею, выдвинутую д-ром Гинзбургом в «Эссе о каббале», что тайнам бытия «учил сам Всемогущий избранный круг ангелов, которые образовали теософскую школу в Раю!», и заканчивает ужасным издевательским восторгом в скобках(!). Это мы видим на странице 259 «Знания» за 1 сентября 1887 г. На стр. 245 м-р Эдвард Клодд предлагает нам вместо учений о «теософических ангелах» — учения дарвинистов школы Геккеля. Обозревая «широкое поле» Космоса, «границы которого исчезают в беспредельном во всех направлениях», этот антикаббалист-чемпион современной науки завершает статью *своей «выходкой»*, посредством такой поразительной формулировки:

Мы начинали с примитивной туманности, мы заканчиваем высшими формами сознания; *показано* (?!), *что история творения* — это непревзойденный рекорд *превращения* ГАЗА В ГЕНИЯ (!!!).

Это показывает наше положение относительно людей *современной* науки и сколь много сил мы должны приложить для того, чтобы не подпускать их к себе.

Еще одно слово, и я закончу. Меня постоянно просят показать мой авторитетный источник — книгу, страницу, строфу — относящийся к эзотерической доктрине «Семеричности». Это звучит так же, как если бы кто-то посреди пустыни доказывал мне, что вода полна инфузориями, когда рядом нельзя найти микроскопа. Я знаю лучше, чем другие люди, которые предъявляют мне такие претензии, что за исключением нескольких мест, где веками хранятся тайные манускрипты, никакие *эзотерические* доктрины *никогда не были записаны и ясно истолкованы*; иначе они бы давным-давно утратили свое собственное название. Существует «неписаная» каббала, так же, как и запечатленная в письменном виде, — и даже на Западе. Многое объясняется *изустно*, и так было всегда. Тем не менее, намеки и упоминания о ней многочисленны и рассеяны по всем экзотерическим писаниям, и их распределение, конечно, зависит от той школы, которая ее истолковывает, и все же еще в большей степени — от личной интуиции исследователя и его представлений. Вопрос состоит не в том, есть ли три, пять или семь цветов в лучах спектра, ибо каждый знает, фактически, лишь о существовании одного — бесцветного белого. И, хотя наука и очень точно различает семь призматических лучей, столь же ясно, как семь нот в гамме, все же были очень крупные ученые, которые настаивали на том, что существует только четыре или пять цветов, до тех пор, пока не было обнаружено, что они дальтоники.

КРЕСТ И ОГОНЬ

Возможно, наиболее широко распространенные и универсальные среди символов древних астрономических систем, которые достигли в потоке времен нашего столетия и оставили следы повсюду в христианской религии, и не только в ней, — это Крест и Огонь — последний олицетворяет Солнце. У древних ариев оба они символизировали Агни. «Всякий раз, когда древний индус собирался принести жертвоприношение Агни», — говорит Э. Бёрнуф,[1] — «он складывал два куска дерева в форме креста и, вращая определенным образом, трением добывал огонь для своего жертвоприношения». Как символ — он называется *Свастика*, а как приспособление, изготовленное из священного дерева и имеющееся у каждого брамина, — он известен как *Арани*.

Скандинавы почитали тот же самый знак и называли его Молотом Тора, считая, что он имеет некую мистическую магнито-электрическую связь с Тором, богом грома, который, подобно Юпитеру, вооруженному своими стрелами-молниями, также держит в своей руке этот знак власти не только над смертными, но и над непокорными духами стихий, находящимися под его влиянием. В масонстве он преобразуется в деревянный молоток великого мастера; в Аллахабаде его можно лицезреть в крепости в виде джайнистского креста, или талисмана королей джайнов; и моло-

---

[1] «Science des Religions», стр. 10.

ток современного судьи — это тот же самый *crux dissĭmŭlātā* [замаскированный крест, *лат.*], как де Росси, археолог, называет его; ибо молоток — это знак могущества и силы, как молот представляет могущество Тора, который в северных легендах раскалывает им скалу и убивает Ёрмунганда [мирового змея, опоясывающего Мидгард]. Д-р Шлиман обнаружил его изображение на терракотовых дисках, найденных на том месте, где, по его убеждению, была Троя, на самых нижних этажах своих раскопок. Это указывает, согласно д-ру Ланди, что «арийская цивилизация намного старше греческой, возможно, она существовала за две или три тысячи лет до нашей эры». Бёрнуф называет его древнейшей из известных форм креста и утверждает, что он персонифицируется в древней религии греков в фигуре Прометея, «огненосца», распятого в горах Кавказа, в то время как небесная птица — Киена ведийских гимнов — ежедневно выклевывала ему печень. Болдетти[1] приводит копию картины с кладбища св. Себастьяна, изображающую новообращенного христианина, могильщика по имени Диоген, на обеих ногах и на правой руке которого ясно различимы знаки *свастики*. Этот символ был известен мексиканцам и перуанцам, и он был обнаружен, как священный *тау*, в наиболее древних захоронениях Египта.

То, по меньшей мере, странное совпадение, что *Agnus Dei*, Агнец Божий, имеет символы, идентичные символам индусского Бога Агни, — отмечено даже некоторыми христианскими священниками. В то время как *Agnus Dei* искупает и уносит грехи мира в одной религии, Бог *Агни*, в другой, сходным образом искупает грехи и многочисленные проступки против богов, людей, манов и души, как это показано в шести молитвах, сопровождавшихся шестью жертвоприношениями.[2]

И если мы обнаруживаем, что Крест и Огонь столь тесно связаны в эзотерическом символизме почти каждого на-

---

[1] «Osservazioni», I, 15, стр. 60.

[2] Колбрук: «Очерки», том I, стр. 190.

рода, то это потому, что их объединенные силы лежат в основе универсальных законов. В астрономии, физике, химии, а также во всех разделах естественной философии, они всегда проявляются как невидимая причина и видимый результат; и лишь метафизика и алхимия — или мы должны сказать *метахимия*, поскольку предпочтительнее создать новый термин, чем шокировать уши скептиков? — могут полно и убедительно объяснить их таинственное значение. Одного или двух примеров будет достаточно для того, кто хочет осмыслить эти намеки.

Центральной Точкой, или великим центральным солнцем космоса, как его называют каббалисты, является Божество. Это точка пересечения между двумя великими противоборствующими силами, центростремительной и центробежной, которые двигают планеты по их эллиптическим орбитам, что заставляет их очерчивать крест на своем пути через Зодиак. Эти две громадные, хотя все же гипотетические и воображаемые силы, поддерживают гармонию и сохраняют вселенную в равномерном, непрестанном движении; и четыре изогнутых конца свастики олицетворяют движение земли вокруг этой оси. Платон называет вселенную «благословенным богом», *который имеет форму круга с крестом в виде буквы «X»*. Но довольно об астрономии. В масонстве ступень Королевской Арки сохраняет крест как утроенное египетское *тау*. Это есть космический круг с быстро вращающимся вокруг него астрономическим крестом, совершенный квадрат пифагорейских математиков в системе чисел, — как было истолковано его оккультное значение Корнелием Агриппой. Центральная точка — это огонь, порождающий тепло; перпендикулярный луч представляет мужской элемент, или дух; и горизонтальный луч — женский элемент, или материю. Дух оживляет и оплодотворяет материю, и все происходит из центральной точки, фокуса и Жизни, и Света, и Тепла, представленного земным огнем. Но достаточно физики и химии, ибо поле для аналогий безгранично, а Универсальные Законы вечны и одинаковы во всех своих внешних и внутренних проявлениях. Не имея ни малейшего намерения оказать кому-либо неуважение или удалиться от истины, мы полагаем, что можно сказать, что существуют серьезные основания верить в то, что по своему первоначальному смыслу, согласно которому христианский крест считался причиной, а вечные муки в адском огне — прямым следствием отрицания этой причины, они имеют больше общего с этими двумя древними символами, чем это готовы признать наши западные теологи. Если Огонь — это божество для некоторых язычников, то в Библии Бог подобен Жизни и Свету Мира; если Святой Дух и Огонь очищают христиан, то, с другой стороны, Люцифер также является Светом и называется «Сыном утренней звезды».

Куда бы мы ни обратились, мы, конечно, обнаружим этот общий реликт древнего культа почти у каждой нации и народа. От ариев, халдеев, зороастрийцев, перуанцев, мексиканцев, скандинавов, кельтов, древних греков и римлян он перешел во всей своей целостности к современным парсам. Финикийские кабиры и греческие диоскуры в какой-то мере возрождались в каждом храме, соборе или деревенской церкви; в то же время, как будет показано ниже, христианские болгары даже сохранили в полной мере поклонение солнцу.

Прошло уже более тысячи лет с тех пор, как этот народ, который, появившись из неизвестности и внезапно ставший знаменитым благодаря последней русско-турецкой войне, был обращен в христианство. И все-таки болгары на поверку оказываются не меньшими язычниками, чем до этого, судя по тому, как они встречают Рождество и Новый год. До сих пор они называют этот праздник «сургаки», так как он совпадает с празднованием в честь древнего славянского бога Сурга. В славянской мифологии это божество — Сурга, или Сварга [Сварог], — несомненно, идентичен арийскому *Сурья* — солнцу, — богу тепла, плодородия и изобилия. Празднование этого торжества чрезвычайно древнее, так как задолго до христианства болгары поклонялись Сурге и посвящали Новый год этому богу, молясь ему, чтобы он даровал их полям плодородие и послал им счастье и процветание. Этот обычай сохранился среди них во всем своем первоначальном язычестве, и хотя он и различается в зависимости от места исполнения, все же ритуалы и церемонии по своей сути одни и те же.

Накануне Нового года болгары не работают и обязаны поститься. Молодые, недавно помолвленные девушки заняты приготовлением больших *плетьи* (пирогов), в которые они кладут разнообразные коренья и молодые побеги, придавая им персональное значение в соответствии с их формой. Так, один называют «домом», другой «садом», остальные — «мельницей», «виноградником», «лошадью», «котом», «курицей» и так далее, в зависимости от достатка и потребностей семьи. Даже ценные предметы, такие как украшения и кошельки с деньгами, символически представлены в этом роге изобилия. Помимо прочего, внутрь пирога кладется большая старинная серебряная монета; она называется *ба́бка*, и ее перевязывают красной ниткой в форме креста. Эта монета рассматривается как символ удачи.

После захода солнца, а также церемоний, включающих в себя молитвы, обращенные к уходящему светилу, вся семья собирается вокруг большого круглого стола, называемого *паралья́*, на котором размещается вышеупомянутый пирог, сушеные овощи, зерно, восковая свечка и, наконец, большое кадило, содержащее ладан самого высокого качества, для воскурений божеству. Глава дома, обычно самый старший в семье — либо дед, либо сам отец, — берет с величайшим благоговением кадило в одну руку, и восковую свечку — в другую, начинает ходить по комнатам, окуривая четыре угла, причем начинает с восточного угла и им же заканчивает; он произносит различные заклинания, близкие к христианскому «Отче наш, иже еси на небеси», обращенные к Сурге. После чего свечку убирают, чтобы сохранить ее в течение целого года до следующего празднования. Считается, что она приобрела чудесные целебные свойства, и ее зажигают только в случае какой-либо болезни в семье, так как считается, что она действует на больного исцеляюще.

В завершение этой церемонии глава семьи берет нож и разрезает пирог на куски таким образом, чтобы хватило всем домочадцам. Каждый, получив свой кусок, торопится осмотреть его и найти то, что спрятано в нем. Самый счастливый жребий выпадает в текущем году на долю того, кто получает старинную монету, перевязанную красной нитью; его считают избранником Сурга, и все завидуют счастливому обладателю. Далее, по степени важности, идут эмблемы дома, виноградника и т. д.; и в соответствии со своей находкой каждый читает свой гороскоп на предстоящий год. Самым несчастливым является тот, кто получает «кота»; он бледнеет и трепещет. Горе и неудача ему, ибо он окружен врагами и должен готовиться к великим испытаниям.

Одновременно в печь кладут большое бревно, символизирующее горящий алтарь, и разводят огонь. Это бревно сжигается в честь Сурги и предназначено быть оракулом для всех домочадцев. Если оно горит целую ночь напролет до самого утра, то это хороший знак; в противном случае семья готовится встретить смерть в этом году, и праздник заканчивается горестными стенаниями.

Ни *момцы* (молодые женихи), ни *моммы* (девушки) не спят в эту ночь. В полночь начинается пора предсказаний, магии и различных ритуалов, в которых горящее бревно играет роль оракула. Набухшая почка, брошенная в огонь и лопнувшая с громким щелчком, — это знак счастья и скорой свадьбы, и *vice versa* [наоборот, *лат.*]. Далеко за полночь молодые пары покидают свои дома и идут в гости к своим знакомым, переходя от дома к дому, поздравляют и принимают поздравления, воздавая хвалу божеству. Эти пары называются *сурьякари*, и каждый мужчина несет длинную ветвь, украшенную красными лентами, старыми монетами и изображением Сурги; они идут и поют хором. Их песня столь оригинальна и своеобразна, что заслуживает того, чтобы привести ее здесь, хотя, конечно, при переводе на другой язык она многое потеряет. Следующие строки адресованы тем, к кому они приходят в гости:

Сурга, Сурга, повелитель весны, лета, осени и зимы,
В твоей власти сделать Новый год счастливым;
Пошли здоровье и удачу живущим в этом доме,
Пошли счастье и благословение до следующего года.

Надели добрым урожаем и полными колосьями,
Надели златом и шелками, виноградом и фруктами;
Пусть будут бочки полны вина,
И желудки пусть будут полны.

Да благословит Бог вас и ваш дом...
Да снизойдет на всех вас его благословение, —
Аминь! Аминь! Аминь!

Поющие сурьякари, получившие в каждом доме подарок за свои добрые пожелания, на рассвете возвращаются домой... Вот как символические экзотерические культы Креста и Огня древней Арьяварты идут рука об руку в христианской Болгарии.

РОЖДЕСТВО В ПРОШЛОМ И НАСТОЯЩЕМ

Мы приближаемся к тому времени года, когда весь христианский мир готовится к празднованию наиболее выдающегося из своих торжеств — рождения Основателя их религии. Когда эта статья попадет к западным подписчикам, в каждом доме будет празднество и веселье. В северо-западной Европе и в Америке остролист и плющ будут украшать каждый дом, и в церкви появятся вечнозеленые растения; обычай, идущий от древней веры языческих друидов в то, «что лесные духи могут скапливаться на вечнозеленых растениях и остаются неповрежденными морозом до более теплого времени года». В римско-католических странах большие толпы собираются в церквах в течение всего вечера и ночи сочельника, чтобы приветствовать восковые изображения божественного Младенца и его Девы-матери, украшенной как «Царица Небесная». Для аналитического ума это изобилие золота и кружев, расшитого жемчугом сатина и вельвета, украшенной драгоценностями колыбели, кажется парадоксальным. Если подумать о бедной, источенной червями, видавшей виды колыбели провинциального еврейского постоялого двора, в которой, если верить Евангелию, очутился в момент своего рождения будущий «Искупитель», потому что лучшей у него и быть не могло, мы не можем отделаться от ощущения, что образ Вифлеемского хлева никак не может возникнуть перед затуманенными глазами неискушенного верующего. Говоря в самых умеренных выражениях, это яркое зрелище плохо соответствует демократическим чувствам и истинно божественному презрению к богатым «Сына Человеческого», которому «негде было преклонить голову». Для среднего христианина становится все труднее рассматривать ясное заявление о том, что «легче верблюду пройти сквозь игольное ушко, чем богатому в царствие небесное», как что-то большее, чем риторическую угрозу. Римская церковь действовала мудро, строго запрещая своим прихожанам самим читать или толковать Евангелия, и не давая возможность, в течение долгого времени, провозглашать библейские истины иначе, как на латыни, превращая их в «глас вопиющего в пустыне». В этом она лишь следовала мудрости прошлых веков — мудрости древних ариев; ибо ни современный верующий индус не понимает ни слова на санскрите, ни современный парс не может произнести ни единого звука на пехлеви́, также и средний католик воспринимает латынь, как китайскую грамоту. В результате этого и брахманический верховный жрец, и зороастрийский мобед, и римско-католический папа — все они создали неограниченные возможности для развития новых религиозных догм, вырастающих из их собственной фантазии, для процветания своих церквей.

Для того чтобы возвестить наступление этого великого дня, по всей Англии и на материке в полночь весело звонят колокола. Во Франции и Италии, после праздничной мессы в пышно украшенных храмах, «заведен обычай для празднующих принимать участие в общей трапезе (*reveillon*), *чтобы им было легче противостоять ночной усталости*», — говорится в поваренной книге относительно папских церковных церемониалов. Эта ночь христианского бдения чем-то напоминает *Шиваратри* последователей бога Шивы, — великий день уныния и воздержания, который бывает в 11-ом месяце индусского года. Только, в последнем случае, строгий и суровый пост соблюдается как до, так и после бодрствования в течение всей ночи. Для них не существует ночных говений или иных компромиссов. Поистине, они лишь грешные «язычники», и поэтому их путь к спасению должен быть во много раз труднее.

Хотя ныне почти все христианские народы отмечают годовщину рождения Иисуса 25 декабря, так все же было не всегда. Самый переходящий из христианских праздников, в первые века христианства, Рождество часто смешивалось с Богоявлением, и отмечалось весной в апреле и мае. Поскольку ни в светской, ни в церковной истории никогда не существовала аутентичная запись или идентификация этого события, то выбор этого дня долго оставался произвольным; и лишь в 4-ом веке, по настоянию Кирилла Иерусалимского, папа (Юлиан I) предписал своим епископам провести исследование этого вопроса и, в конце концов, прийти к согласию относительно предполагаемой даты рождения Христа. Их выбор пришелся на 25-й день декабря, — и это был, как оказалось, исключительно неудачный выбор! Дюпи, а вслед за ним и Волней нанесли первые удары по этой натальной годовщине. Они доказали, исходя из очевидных астрономических данных, что задолго до нашей эры почти все древние народы праздновали день рождения своих богов Солнца именно в этот день. «Дюпи показывает, что небесный знак ДЕВЫ И МЛАДЕНЦА существовал за несколько тысячелетий до Христа», — отмечает Хиггинс в своем «Анакалипсисе». Поскольку Дюпи, Волней и Хиггинс остались известны последующим поколениям как атеисты и враги христианства, имело бы смысл в связи с этим процитировать высказывания христианского епископа из Ратисбона, «наиболее ученого человека, которого произвели средние века» — доминиканца, Альберта Магнуса. «Знак небесной Девы поднимается над горизонтом в тот момент, *когда мы отмечаем рождение Господа Иисуса Христа*», — пишет он в «*Recherches historiques sur Falaise, par Langevin prêtre*». Так Адонис, Бахус, Осирис, Аполлон и так далее, были все рождены 25-го декабря. Рождество наступает во время зимнего солнцестояния, когда дни являются наиболее короткими, и *Тьма* распространяется по лику земли более чем когда-либо. Согласно верованиям, все солнечные

Боги рождались в это время года; ибо с этого дня их Свет все сильнее и сильнее разгоняет тьму, и власть *Солнца* с каждым наступающим днем начинает увеличиваться.

Так или иначе, возможно, что рождественские развлечения, которые сохранялись христианами почти до 15-го столетия, носили вполне языческий характер. Нет, боюсь, что даже современным церковным церемониям очень трудно избегнуть обвинения в практически буквальном копировании мистерий Египта и Греции, проводившихся в честь Осириса и Гора, Аполлона и Бахуса. И Изиду, и Цереру называли «Святыми Девами», а БОЖЕСТВЕННЫЙ МЛАДЕНЕЦ может быть найден в каждой «языческой» религии. Далее мы приведем два эпизода из Веселого Рождества; один из них изображает «добрые старые времена», а второй — современное положение христианского культа. С того самого дня, когда эта дата стала отмечаться как Рождество, ее рассматривали одновременно и как день священного поминовения, и как наиболее радостные торжества: он был посвящен и молитве, и безудержному веселью.

«Среди Рождественских празднований были так называемые праздники дураков и ослов, гротескные сатурналии, называемые «декабрьскими вольностями», во время которых все внушающее опасения представлялось в комическом виде, принятые в обществе порядки переворачивались с ног на голову, а правилами приличия пренебрегали», — повествует некий составитель старинных хроник. — «В средние века этот день отмечался веселыми фантастическими представлениями драматических мистерий, в которых участвовали персонажи в гротескных масках и невообразимых костюмах. Они обычно изображали новорожденного в колыбели, окруженного Девой Марией, св. Иосифом, бычьими головами, херувимами, восточными магами (мобедами древности) и многочисленными орнаментами».

Обычай петь духовные песни на Рождество, называемые гимнами, должен был напоминать о песнях пастухов в момент рождения Христа.

«Епископы и клир часто объединялись с народом в исполнении этих гимнов, и песни оживлялись танцами и музыкой барабанов, гитар, виолончелей и органа...»

Мы можем добавить, что подобные мистерии разыгрываются в предрождественские дни, с марионетками и куклами, на юге России, в Польше и Галиции; и называют их здесь *Коляда́*. В Италии менестрели спускаются с Калабрийских гор в Неаполь и Рим, и, скапливаясь в местах поклонения Деве-Матери, приветствуют ее своей неистовой музыкой.

В Англии, празднования обычно начинаются в Сочельник и часто продолжаются вплоть до Сретения (2 февраля), причем до Крещения (6 января) каждый день является праздничным. В домах богатых людей учреждалась должность «господина хаоса», или «безумного аббата», в обязанность которого входило устроение шутовских представлений.

«Кладовую заполняли каплунами, курицами, индейками, гусями, утками, говядиной, бараниной, свининой, пирогами, пудингами, орехами, сливами, сахаром и медом... Ярко горящий огонь поддерживался огромными поленьями, главное из которых называлось «святочным поленом», или «рождественской колодой», которое должно было гореть до сретенского вечера, отгоняя холод; и все это изобилие делилось между домочадцами, сопровождаемое музицированием, ворожбой, отгадыванием загадок, играми в «жучок», «волны», «схвати дракона»,[1] веселыми розыгрышами, шутками, игрой в фанты и танцами».

В наше время епископы и клир более не соединяются с паствой в открытом пении гимнов и танцах; и праздники «дураков и ослов» совершаются скорее в тайном уединении, а не на глазах бдительных репортеров. И все же праздничная еда и питье сохраняются во всем христианском мире; и во время рождественских и пасхальных праздников, без сомнения, бывает больше внезапных смертей от переедания и невоздержанности, чем в какое-либо иное время

---

[1] «Жучок» — деревенское развлечение, во время которого водящий должен угадать, кто его ударил по спине; игра «волны» начинается со слов: «*море волнуется раз...*»; святочная игра «схвати дракона» заключается в том, чтобы хватать изюминки с блюда, залитого горящим спиртом. — *Прим. редактора.*

года. Кроме того, этот христианский обряд с каждым годом становится все бо́льшим и бо́льшим притворством. Бессердечность этого лицемерия осуждалась множество раз, но никогда, кажется, с таким чувством реализма, как в трогательной истории сновидения, которая появилась в «New York Herald» незадолго до нынешнего [1879] Рождества. Пожилой человек, председательствуя на публичном собрании, сказал, что он хотел бы воспользоваться благоприятным моментом и поделиться историей, которая привиделась ему прошлой ночью.

«Ему казалось, что он находится на кафедре самого великолепного собора, который он когда-либо видел. Перед ним был священник или пастор, а около него стоял ангел с блокнотом и карандашом в руке; его миссия состояла в том, чтобы регистрировать каждый акт поклонения или молитвы, который случался в его присутствии и возносился как желанное жертвоприношение к трону Бога. Все места в церкви были заполнены богато украшенными прихожанами обоего пола. Наиболее возвышенная музыка, которую он когда-либо слышал, наполняла воздух своими мелодиями. Все великолепные церковные ритуалы, включая красноречивую проповедь наиболее талантливого служителя, сменяли друг друга, и, тем не менее, ангел не раскрыл свой блокнот. Наконец пастор отпустил паству, закончив длинной и состоящей из прекрасных слов молитвой, сопровождаемой благословением, и все же ангел ничего не записал!

В сопровождении ангела рассказчик вышел из церкви вслед за богато одетыми прихожанами. Бедная оборванка стояла в водосточном желобе около бордюрного камня, протянув бледную, истощенную руку и молча прося милостыню. Когда богато разодетые прихожане проходили мимо нее, они отстранялись от бедной Магдалины, причем женщины подбирали свои шелковые, покрытые украшениями юбки, чтобы они не загрязнились от ее прикосновения.

В это время по тротуару на другой стороне улицы шел, пошатываясь, подвыпивший моряк. Поравнявшись с бедной просительницей, он перешел через улицу к тому месту, где она стояла, достал несколько пенсов из своего кармана и положил их ей в руку, приговаривая «Вот, бедняжка, возьми это!» Небесное сияние осветило лик ангела, и он тут же внес в свой блокнот этот добрый и чистосердечный поступок моряка, как Богоугодную жертву».

Почти, можно сказать, библейская история осуждения женщины, замешанной в прелюбодеяниях. Пусть так; однако, этот случай мастерски показывает состояние нашего христианского общества.

По слухам, в Сочельник можно застать быков коленопреклоненными, как будто в мольбе и молитве; и, «есть знаменитый боярышник в церковном дворе аббатства Гластонбери, у которого всегда 24-го декабря появляются почки, а 25-го — начинается цветение»; поскольку этот день был выбран отцами церкви произвольно, и календарь менялся от старого стиля к новому, то эти факты показывают потрясающую проницательность животных и растений! Также, существует церковное предание, сохраненное для нас Олавсом, архиепископом Упсальским, что в канун Рождества «люди, живущие в холодных северных странах, внезапно и странным образом превращаются в волков; в большом количестве они собираются в условленном месте и с такой яростью набрасываются на людей, что те страдают от этих нападений больше, чем от настоящих волков». Метафорически говоря, это случается сейчас с людьми чаще, чем когда-либо, и особенно среди христианских народов. По-видимому, не обязательно дожидаться сочельника, чтобы увидеть, как целые нации превращаются в «диких зверей» — особенно во время войны.

———

ЗВЕЗДЫ И ЧИСЛА

Древние цивилизации не усматривали никакого абсурда в утверждениях астрологии, также как и многие образованные и вполне научные люди нашего времени. Астрология судьбы, при помощи которой могут быть предсказаны судьбы и деяния людей и народов, вряд ли казалась, да и сегодня едва ли выглядит менее философской или научной, чем естественная астрология или астрономия, — посредством которой можно предсказать события в так называемой животной и неодушевленной природе (изменения погоды и т. д.). Ибо от последователей этой глубокой и поистине великой науки требовалась даже не пророческая интуиция, а просто большое умение и опытность в этом методе, который позволяет астрологу предвидеть некоторые события в жизни человека благодаря знанию расположения планет во время его рождения.

Но как только признана вероятность, или даже просто возможность, оккультного воздействия, оказываемого звездами на судьбу человека, — и почему бы этот факт должен выглядеть более невероятным в случае звезд и человека, чем в случае солнечных пятен и картофеля? — астрология становится не менее точной наукой, чем астрономия. Профессор Балфур Стюарт, член Королевского общества, сообщает нам, что земля — «очень сильно реагирует на то, что происходит на солнце ... предполагается существование весьма сильной связи между эпидемиями и состоянием солнечной поверхности».[1]

Но если, как говорит нам этот ученый, «некоего таинственного рода связь между солнцем и землей *является большим, чем простое предположение* ... и очень важно «решить» эту проблему, то сколь же более важно разрешение другой тайны — безусловного сродства между людьми и звездами — сродства, в которое верили с самых давних времен наиболее ученые среди людей! Без сомнения, судьба человека заслуживает столь же тщательного обсуждения, как и судьба турнепса и картофеля... И если судьба последних может быть *научно* предсказана всякий раз, когда эти овощи появляются на поверхности земли во время «периода солнечных пятен», то почему же не может быть *научного* прогнозирования существования болезни или здоровья, естественной или насильственной смерти, благодаря расположению и появлению созвездий, с которыми тесно связан человек и которые осуществляют с ним такую же связь, как и солнце с землей?

В свое время, астрология пользовалась большим почетом, ибо в умелых руках она часто была столь же точна и правдоподобна в своих предсказаниях, как и астрономические предсказания в наши дни. Изучение предзнаменований проводилось повсеместно в Римской империи с таким же, если не более, усердием, чем в современной Индии. Эту науку практиковал Тиберий; сарацины в Испании окружали

---

[1] Одной из самых известных эпидемий среди растений является заболевание картофеля. 1846, 1860 и 1872 годы отличались особо сильными заболеваниями картофеля, и эти же годы практически совпадают с максимумами образования солнечных пятен... существует любопытная связь между такими заболеваниями чувствительных растений и состоянием солнца... Заболевание, которое наблюдается в течение уже трех столетий и имеет периодический и очень разнообразный характер, называется «мокрая гниль» ... появилось в конце пятнадцатого — начале шестнадцатого века ... и это время было именно периодом появления солнечных пятен... («Солнце и земля», лекция проф. Балфура Стюарта).

величайшим почетом поклонение звездам, и благодаря им, нашим первым цивилизаторам, астрология проникла в Западную Европу. Альфонсо, мудрый король Кастилии и Леона, прославил себя в XIII веке своими «Астрологическими таблицами» (называемыми *альфонсинами*), а также своим кодексом «*Siata Purtidas*»; и великий астроном Кеплер в семнадцатом веке, открыватель трех главных законов планетарного движения (известных как законы Кеплера), верил в астрологию и провозглашал ее *истинной наукой*. Кеплер, математик императора Рудольфа, тот, кому обязан Ньютон всеми своими последующими открытиями, является автором «Принципов астрологии», в которых он доказывает существование силы определенных гармонических конфигураций подходящих планет *контролировать человеческие побуждения*. В своей официальной должности императорского астронома, он *исторически* известен тем, что предсказал Валленштейну по расположению звезд исход войны, в которую был тогда вовлечен этот несчастный генерал. Но не в меньшей степени, чем он сам, его друг, покровитель и наставник, великий астроном Тихо де Браге, верил в астрологическую систему и распространял ее. Более того, он был вынужден признать влияние созвездий на земную жизнь и действия совершенно против своей воли или своего желания, и только по причине постоянной проверки *фактов*.

Тесно связана с астрологией и каббала, со своей системой *чисел*. Тайная мудрость древних халдеев, перешедшая по наследству к евреям, прежде всего, связана с мифологической наукой о небесах и содержит учения о скрытой, или оккультной, мудрости, включая и учение о временных циклах. В древней философии сакральность чисел начиналась с великого ПЕРВОГО, ЕДИНИЦЫ, и заканчивалась ничто, или Нулем, символом бесконечного и безграничного круга, который представляет собой вселенную. Все используемые цифры, взятые во всевозможных комбинациях или посредством умножения, представляют философские идеи, относящиеся либо к нравственному, либо к физическому явлению в природе. Они являются ключом к архаическим представлениям о космогонии в ее широком смысле, который охватывает и людей, и другие живые существа, и соотносятся как духовно, так и физически с человеческой расой и с отдельным индивидуумом. «Цифры Пифагора», — говорит Порфирий, — «были иероглифическими символами, при помощи которых он объяснял *все* идеи, относящиеся к природе всех вещей».[1] В символической каббале — наиболее древней системе, оставленной нам халдеями — способы изучения скрытого значения букв, слов или предложений были числовыми. *Гемантрия* (один из трех способов) является чисто арифметической и математической, и состоит в том, что буквам некоего слова придают смысл в том их значении, который они несут *как числа* — поскольку буквы в еврейском и греческом языках используются также и как цифры. Цифровая гемантрия выводит таинственные интерпретации из форм букв, использованных в оккультных манускриптах и в Библии.

Таким образом, в «Числах» (10:35), как показал Корнелий Агриппа, буква ב [*бет*] означает поражение врагов. Священные анаграммы, известные как *зеруф*, приобретают свой таинственный смысл посредством второго способа, называемого *т'мура*, который состоит в перестановке букв и замене одной буквы другой, и затем в расположении их в ряды в соответствии с их числовым значением. Если из всех операций в оккультных науках нет ни одной, которая не была бы связана с астрологией, то арифметика и особенно геометрия принадлежат к одной из первооснов магии. Наиболее сокрытые тайны и силы в природе уступают власти чисел. И пусть никто не сочтет это суеверием. Лишь тот, кто знает о сравнении и соответствии чисел, или о так называемом соотношении между причинами и следствиями, без всякого сомнения, обретет желаемый результат. Малейшая ошибка, пустяковый сбой в вычислениях — и правильное предсказание небесных явлений становится абсолютно невозможным. Как утверждает Северин Боэций,

---

[1] «*De Vitâ Pythagóras*».

именно благодаря пропорциям определенных чисел были образованы все вещи. «Бог геометризирует», — говорит Платон, имея в виду творческую природу. Коль скоро существует столь много оккультных свойств в природных объектах, «что же было бы чудесного в том, если числа, которые чисты и связаны лишь с идеями, обнаружили бы свойства более величественные и более оккультные?» — спрашивает Агриппа. Так же как тайна числа должна заключаться во Времени, так и осуществленное движение, или действие, а также, следовательно, все, что движется, действует или будет действовать, должно подчиняться времени. Но «тайна — в абстрактной силе числа, в его рациональном и формальном состоянии, а не в его произнесении вслух, как у тех людей, которые покупают и продают».[1] Пифагорейцы утверждали, что они различают многое в числовых значениях имен. И если автор «Апокалипсиса» предлагал тем, кто обладает должным пониманием, «подсчитать число и имя зверя», — это потому, что он сам был каббалистом.

Умники нашего поколения ежедневно поднимают крик о том, что наука и метафизика несовместимы; но *факты* столь же ежедневно доказывают нам, что это всего лишь еще одно заблуждение среди столь многих, высказываемых ими. Царство точной науки возвещается с каждой крыши, и Платон, который, как утверждают, доверял своему воображению, высмеивается, в то время как чисто умозрительный метод Аристотеля является единственным, принятым наукой. Почему? Потому что «философский метод Платона был противоположен методу Аристотеля». Его исходной точкой были универсалии, само существование которых есть, по словам д-ра Дрейпера, «предмет веры», а от них он опускался до частностей, или деталей. Аристотель, напротив, «поднимался от частностей к универсалиям, приближаясь к ним при помощи индукции».[2] Мы лишь смиренно

---

[1] «Оккультная философия», гл. III, стр. 102.
[2] Дж. У. Дрейпер: «История конфликта религии и науки». Нью-Йорк, 1874 г.

заметим по этому поводу, что математика, *единственная точная и непогрешимая наука* в мире наук, — исходит из УНИВЕРСАЛИЙ.

По всей видимости, именно этот, 1881-й год, сопротивляется и бросает вызов рассудительной и сухой науке, и благодаря своим исключительным событиям, как *наверху*, так и *внизу*, как на небесах, так и на земле, и призывает критически отнестись к его странным «совпадениям». Метеорологические и геологические капризы природы были предсказаны астрономами, каждый из которых заслуживает уважения. Так, наличие определенного треугольника, образованного наиболее яркими звездами, который можно увидеть в этом году около горизонта, было предсказано, но, тем не менее, осталось без объяснения. Они говорят, что это простая геометрическая комбинация небесных тел. Но если такой треугольник, образованный тремя большими планетами — Венерой, Юпитером и Сатурном, — в каком-то роде влияет на судьбы людей или наций, то почему же это является чистым суеверием? «Мантии астрологов сжигаются, а предсказания некоторых из них, хотя бы и подтвержденные, должны быть отнесены на счет простого и слепого случая».

Мы не столь уверены в этом; и, если нам будет позволено, расскажем в дальнейшем, почему. К тому же, мы должны напомнить читателю о том факте, что Венера, обладающая наиболее сильным сиянием из вышеназванных планет, как отмечалось в Европе, а также со всей для нас очевидностью в Индии, — вдруг пошла на сближение с двумя другими планетами и, медленно перемещаясь в их направлении, остановилась подле них, откуда и продолжает поражать обитателей земли своим почти колдовским сиянием.

Соединение двух планет случается не так часто; соединение трех — еще более редкое явление; в то время как сближение четырех или пяти планет становится астрономическим событием. Последний такой феномен имел место в исторический период времени лишь однажды, в 2449 году до нашей эры, зафиксированный китайскими астрономами, и с тех пор не повторялся. Это исключительно поразительное сближение пяти больших планет предвещало глобальную катастрофу Китайской империи и ее народу, и паника, которую породили тогда предсказания китайских астрологов, была не безосновательной. В последующие пятьсот лет череда внутренних раздоров, революций, войн и смен династий отметила конец золотого века национального величия в Империи, основанной великим Фуси.

Другое известное соединение планет произошло непосредственно перед началом христианской эры. В тот год три большие планеты сблизились друг с другом настолько, что были ошибочно приняты большинством за одну-единственную гигантскую звезду. Многие знатоки Библии были склонны соотносить эти «три в одной» с Троицей, и в то же самое время со «звездой восточных мудрецов». Но они столкнулись с тем, что в исполнении этого набожного желания им мешают их традиционные враги — непочтительные люди науки, которые доказали, что астрономическое соединение имело место за год до того момента, который предположительно считается временем рождения Иисуса. Предрекал ли этот феномен добро или зло — на этот вопрос прекрасно отвечает последующая история и развитие христианства; ни одна из религий не породила такое количество жертв, не пролила такие потоки крови, не заставила столь значительную часть человечества пострадать от того, что ныне называется «благодеяниями христианства и цивилизации».

Третье сближение произошло в 1563 году н. э. Его наблюдали вблизи великой туманности в созвездии Рака. Это были три большие планеты и, согласно астрономам того времени, наиболее нечестивые: Марс, Юпитер и Сатурн. Созвездие Рака всегда имело плохую репутацию; в том году сам факт, что по соседству с ним находилось триединое сочетание дьявольских звезд, вынудило астрологов предсказать большие и скорые бедствия. Они и случились на самом деле. Ужасная чума обрушилась на Европу и начала свирепствовать в ней, унося тысячи и тысячи жертв.

И ныне, в 1881 году, мы опять становимся свидетелями другого посещения трех «странников». Что же пророчат нам они? По-видимому, ничего хорошего; и если они снова обрушат великие бедствия на просвещенные головы несчастного человечества, то фатальная прелюдия уже начинает разыгрываться. Перечислим их и посмотрим, сколь недалеки мы от истины. Почти одновременная и в некоторых случаях совершенно необъяснимая смерть великих и наиболее замечательных людей нашего века. В области политики — это русский император, лорд Биконсфилд и Ага-хан; [1] в области литературы — Карлейль и Джордж Элиот; в мире искусства — Рубинштейн, величайший музыкальный гений. В геологическом отношении — землетрясения, которые уже разрушили город Касамичьолу на острове Ишья, деревню в Калифорнии и остров Хиос, который был превращен в голую пустыню ужасной катастрофой — предсказанной, к тому же, на тот же самый день астрологом Рафаэлем. В военном отношении до сих пор непобедимая Великобритания потерпела поражение от кучки буров у мыса Доброй Надежды; Ирландия взволнована и исходит угрозами; чума снова свирепствует в Месопотамии; назревает новая война между Турцией и Грецией; армии социалистов

---

[1] Х. Х. Ага-хан был одним из самых замечательных людей нашего века. Из всех мусульман, шиитов или суннитов, обладающих зеленым тюрбаном, утверждения Аги о том, что он является прямым потомком Магомета через Али, основывались на неопровержимых доказательствах. Он, к тому же, был представителем исторических «ассасинов» древних горцев. Он был женат на дочери персидского шаха; но политические распри вынудили его покинуть родную страну и искать убежища у британского правительства в Индии. Он имел многочисленных религиозных последователей в Бомбее. Он был высоко-духовным, великодушным человеком и героем. Удивительной особенностью его жизни было то, что он родился в 1800 году — и умер в 1881, в возрасте 81 года. В его случае также доказало свои права оккультное воздействие 1881 года.

и нигилистов с окровавленными руками затмили солнце на политическом горизонте Европы; и Европа, вовлеченная в неистовые пертурбации, затаив дыхание, ожидает наступления самых непредсказуемых событий в будущем, не обращая внимания на прогнозы наиболее проницательных из своих политиков. В религиозных сферах небесный треугольник указывает своими рогами на монашеские конгрегации и на общий *исход* монахов и монахинь, во главе с детьми Лойолы, преследование которых уже ведется во Франции. Происходит возрождение неверия и нравственного сопротивления, и пропорциональное увеличение миссионерских работников (но не работ), которые, подобно ордам Атиллы, многое разрушают, не строя почти ничего. Не должны ли мы добавить к списку признаков этих *nefasti dies* [богом проклятых дней, *лат.*] также рождение «Нового Установления» в Калькутте? Последнее, хотя оно и имеет лишь небольшое и местное значение, все же обнаруживает непосредственное отношение к нашему вопросу, то есть, к астрологическому значению сближения планет. Подобно христианству с Иисусом и его апостолами, «Новое Установление» может с этого времени гордиться тем, что оно имеет своего предвестника на звездном небе — нынешнее тройное соединение планет. Это, кроме того, доказывает нашу каббалистическую теорию о периодической цикличской повторяемости событий. Мы, как и римский скептически настроенный мир 1881 год тому назад, испуганы новым возрождением нищенствующих эбионитов, постящихся ессеев и апостолов, на которых нисходят «языки, подобные огненным», и о которых мы даже не можем сказать, как об иерусалимской дюжине, «что эти люди наполнены новым вином», поскольку, как мы уже говорили, они воодушевлены лишь водой.

1881 год, одну треть которого мы уже прожили, обещает нам, по предсказаниям астрологов и астрономов, длинный и печальный ряд бедствий, как на суше, так и на море. Мы уже показали в другом месте («Bombay Gazette» за 30 марта 1881 г.), сколь странным во всех отношениях было сочетание цифр нашего нынешнего года, добавляя к этому, что другая подобная комбинация не появится в христианской хронологии вплоть до 11 811 года, то есть через 9930 лет, когда — мы опасаемся, что будет уже вовсе не «христианская» хронология, а какая-нибудь иная. Мы говорили: «Наш 1881 год обнаруживает тот странный факт, что с какой бы стороны мы не посмотрели на его цифры — справа налево, снизу вверх и наоборот, перевернув лист бумаги на просвет или даже *повернув его вверх ногами*, — в любом случае перед нами окажется то же самое таинственное и каббалистическое число 1881. Это правильное число, три цифры которого приводили в совершенное недоумение мистиков на протяжении всего восемнадцатого века. Короче говоря, 1881 год — это число великого Зверя в «Откровении», число 666 «Апокалипсиса» св. Иоанна — этой *par excellence* [преимущественно, *франц.*] каббалистической книги. Смотрите сами: 1 + 8 + 8 + 1 равно восемнадцати; восемнадцать разделенное на три дает нам три раза по шесть, или, если их разместить в один ряд, 666, «число человеческое».

Это число долгие века было загадкой для христианства, и его объясняли тысячами различных способов. Сам Ньютон годами работал над этой проблемой, но, не зная тайной каббалы, потерпел неудачу. Перед Реформацией оно повсеместно связывалось церковью с пришествием Антихриста. Затем протестанты начали относиться к нему с тем духом христианского милосердия, который столь отличает кальвинизм от римской папской церкви, которую они назвали «распутной», «великим Зверем» и «блудницей», и немедленно получили обратно этот комплимент в столь же дружественном и братском виде. Предположение, что это число связано с римской нацией — греческие буквы слова «Latinus», взятые в их цифровом значении, равняются точно 666 — является абсурдным.

Среди людей существуют верования и традиции, о которых никто не знает, откуда они появились, которые переходят от одного поколения к другому как некое устное пророчество о неминуемо наступающем событии. Одну из таких традиционных историй одному корреспонденту «Московской газеты» довелось услышать в 1874 году от некоего горца в Тирольских Альпах, и впоследствии — от одного старика в Богемии. «С первого дня 1876 года», — говорит эта традиция, — «во всем мире начнется ужасный, тяжелый период, который *продлится в течение семи последующих лет.* Самым несчастным и фатальным годом из всех них будет 1881-й. У того, кто переживет его — *железная голова*».

Между тем, еще одну интересную комбинацию числа 1881, связанную с жизнью убитого царя, можно обнаружить в следующих датах, каждая из которых отмечает более или менее важный период в его жизни. Это, во всяком случае, доказывает, сколь важную и таинственную роль играли цифры 1 и 8 в его жизни. 1 и 8 составляют 18; и император родился 17 (1 + 7 = 8) апреля в 1818 году. Он умер в 1881-ом — цифры года его рождения и года смерти являются идентичными и, более того, совпадают с датой его рождения, 17 = 1 + 7 = 8. Числа годов рождения и смерти являются также одними и теми же, так как из них может быть образовано четыре раза по 18, и общая сумма цифр каждого года есть 18. Прибытие в Петербург ныне покойной императрицы — невесты царя — произошло 8-го сентября; их свадьба — 16 апреля (8 + 8 = 16); их старшая дочь, великая княгиня Александра, родилась 18 августа; ныне покойный царевич Николай Александрович — 8 сентября 1843 г. (1 + 8 + 4 + 3 = 16, то есть дважды 8). Нынешний царь, Александр III, родился 26 февраля (2 + 6 = 8); публичное провозглашение восшествия на трон покойного императора отмечалось 18 февраля; публичное объявление о дне коронации произошло 17 апреля (1 + 7 = 8). Он приехал в Москву для коронации 17 августа (1 + 7 = 8); сама коронация была совершена 26 апреля (2 + 6 = 8); год освобождения крепостных крестьян — 1861-й, цифры которого дают в сумме 16 — то есть, дважды 8!

В заключении мы можем упомянуть о много более любопытном открытии, сделанном в связи с вышеприведенными вычислениями и в качестве приложения к ним еврейским раввином из России — явно, каббалистом, который произвел вычисления при помощи *гемантрии*. Недавно оно было опубликовано в одной санкт-петербургской газете. Как утверждают, все еврейские буквы имеют свое числовое значение, или соответствие в арифметических цифрах. Число 18 в еврейском алфавите представлено буквами ח = 8, и י = 10, то есть, 18. Соединенные вместе, ח (хет) и י (йод) образуют слово חי, или «хай», которое буквально переводится посредством повелительного наклонения — *живи*. Каждый правоверный еврей обязан в течение постных и святых дней жертвовать для некоторых религиозных целей определенную сумму денег, состоящую из 18-ти и содержащую в себе число 18. Так, например, он даст 18 копеек, или 18 гривенников, 18 рублей или 18 раз по 18 копеек или рублей, — в соответствии со своими средствами и степенью религиозного рвения. Следовательно, год 1818-й (год рождения Императора), если его прочитать по-еврейски, означает «хай-хай», или *живи, живи*, произносимое дважды в повелительном наклонении; в то время как 1881-й (год его смерти), прочитанный таким же способом, принесет нам фатальные слова «хай-тзе», означающие «*живущий, однажды ты умрешь*»; или, другими словами, «конец жизни».

Конечно, скептически настроенные люди сочтут, что все это является результатом слепого случая и «совпадения». Мы не стали бы более настаивать на противоположном, если бы такое мнение исходило от бескомпромиссных атеистов и материалистов, которые, отрицая все вышеизложенное и лишь логически цепляясь за собственное неверие, имеют столько же прав на свое мнение, как и мы сами. Но мы не можем пообещать такой же терпимости, когда нас атакуют ортодоксальные последователи религии. Ибо этот класс людей, относящихся с пренебрежением и презрением к спекулятивной метафизике и даже астрологии — системе, которая построена на точных математических вычислениях и имеющей такое же непосредственное отношение к точной науке, как биология и физиология, — в то же самое время, будет твердо стоять на том, что заболевания картофеля, холера, железнодорожные аварии, землетрясения и все подобное имеют *божественное происхождение* и, проистекая непосредственно от Бога, играют не последнюю роль в человеческой жизни и соотносятся с нею в ее высших аспектах. Именно этому последнему классу теистов мы и говорим: докажите нам существование *личного* Бога либо вовне, либо внутри физической природы, продемонстрируйте его нам как внешнюю действующую силу, Правителя Вселенной; покажите, как он связан с человеческими поступками и судьбой, и как он оказывает на них воздействие, по крайней мере, столь же сильное и доступное для разума, как влияние солнечных пятен на судьбу растений, и тогда — смейтесь над нами. А пока, и до тех пор, пока никто не предоставит такого доказательства, вместе с Тиндалем — «склоним наши головы и признаем наше невежество, священники и философы, каждый из нас и все мы».

ЧТО В ИМЕНИ?

Почему журнал называется «Люцифер»

Что в имени? Очень часто в нем содержится больше, чем дано понять непосвященному, и может объяснить ученый мистик. Это невидимое, скрытое, но очень сильное воздействие, которое каждое имя несет с собой, «оставляя следы везде, где оно ни объявится». Карлейль полагал, что «в именах содержится многое, если не все».

«Если бы я мог раскрыть влияние имен, являющихся наиболее важными из всех покровов», — пишет он, — «я стал бы вторым великим Трисмегистом».

Название или имя журнала, посвященного определенной теме, является, таким образом, наиболее важным фактором; ибо это, поистине, то невидимое зерно, из которого либо вырастет «дерево, дающее тень повсюду вокруг себя», по плодам которого до́лжно судить о проделанной работе, или это будет дерево, которое зачахнет и засохнет. Это соображение показывает, что имя данного журнала — весьма сомнительное на слух ортодоксального христианина — не плод легкомысленного выбора, но результат длительного обдумывания его пригодности, и было принято как лучший символ из всех возможных, чтобы наглядно отразить эту тему и ее ожидаемые последствия.

Первая и наиболее важная, на текущий момент, если не единственная цель нашего издания, выражена на его титульном листе словами «Первого послания к Коринфянам». Она заключается в том, чтобы пролить свет на «скрытое во мраке» (4:5); чтобы показать истинные свойства и подлинное первоначальное значение вещей и имен, людей и их поступков и обычаев. Наконец, наш журнал борется с предубеждением, лицемерием и обманом в любой нации, в любом классе общества, как и в любой области жизни. Эта задача является весьма трудоемкой, но она ни невыполнима, ни бесполезна, даже если это всего лишь эксперимент.

Поэтому, для попытки преодоления подобного первобытного состояния нельзя было найти лучшего названия, чем то, которому мы отдали предпочтение. «Люцифер» — это неяркая утренняя звезда, предвестник ослепительного сияния полуденного солнца, «Эосфор» греков. Он робко мерцает на закате, чтобы накопить силы и слепить глаза после захода солнца как свой собственный брат, «Геспер» — сияющая вечерняя звезда, или планета Венера. Нет более подходящего символа для предложенной работы — чем пролить луч истины на все то, что сокрыто во мраке предубеждения, социальных или религиозных заблуждений; особенно, вызванных тем идиотически рутинным образом жизни, который, как только некий поступок, вещь или имя были опозорены клеветническим измышлением, сколь бы несправедливо оно ни было, заставляет так называемых *добропорядочных* людей с содроганием отворачиваться от них и отказываться даже просто взглянуть на них с какой-нибудь другой стороны, кроме как с той, которая санкционирована общественным мнением. Поэтому такой попытке, заставить малодушных людей взглянуть правде в лицо, весьма эффективно помогает название, отнесенное к категории проклятых имен.

Набожные читатели могут возразить, что слово «Люцифер» признано всеми церквями в качестве одного из многочисленных имен дьявола. Согласно величественной фантазии Мильтона, Люцифер — это *Сатана*, «мятежный» ангел, враг Бога и человека. Но если проанализировать его бунт, то нельзя найти в нем ничего более дурного, чем требование свободной воли и независимой мысли, как если бы Люцифер родился в XIX веке. Этот эпитет «мятежный» является теологической клеветой, подобной клеветническим измышлениям фаталистов о Боге, которые делают из божества «Всемогущего» — дьявола, еще более дурного, чем сам «мятежный» дух; «всемогущего Дьявола, который хочет, чтобы его приветствовали как всемилостивого, когда он проявляет в высшей степени дьявольскую жестокость», — как формулирует Дж. Коттер Морисон. И предвидящий все Бог-дьявол, и подчиненный ему слуга, оба являются человеческими изобретениями; это две самые омерзительные в нравственном отношении и ужасные теологические догмы, которые когда-либо могли появиться из ночных кошмаров отвратительных фантазий монахов, ненавидящих дневной свет.

Они восходят к эпохе средневековья, тому периоду умственного помрачения, в течение которого было насильственно внедрено в умы людей большинство современных предрассудков и суеверий, так, что они стали практически неискоренимы в некоторых случаях, один из которых и является тем современным предрассудком, который сейчас обсуждается.

Воистину, это предубеждение и отвращение к имени Люцифер — означающему всего лишь слово «носитель света» (от *lux, lucis*, «свет», и *ferre*, «носить») [1] — является столь глубоко укорененным даже среди образованных классов, что, принимая его в качестве названия для своего журнала, редакторы ясно видели перед собой перспективу длительной борьбы с общепринятым предрассудком. На самом деле, этот предрассудок столь абсурден и смешон, что никто, по всей видимости, никогда не задавался вопросом, почему Сатану стали называть *носителем света*, если

---

[1] Григорий Великий первым применил эту фразу из Исайи: «Как упал ты с неба, Люцифер, сын зари», и т. д., к Сатане, и с тех пор эта смелая метафора пророка, относящаяся, всего-лишь-навсего, к ассирийскому царю, враждебному к евреям, ассоциируется с дьяволом.

только серебряные лучи утренней звезды не могли каким-то образом навести на мысль об ослепительном блеске адского пламени. Как доказывает Хендерсон, это есть просто «одно из таких грубых искажений священного писания, которые принадлежат исключительно к стремлению отыскать в данном отрывке большее, чем в нем содержится в действительности, и причину которых всегда следует искать в такой предрасположенности — данная склонность вызвана скорее впечатлением, чем смыслом, и слепой верой в полученное истолкование», — что является не единственной слабостью нашего времени. Тем не менее, этот предрассудок существует, к стыду нашего столетия.

Этому нельзя помочь. Оба редактора выглядели бы изменниками в своих собственных глазах, предателями самого духа намеченной работы, если бы они стали причитать и трусливо лить слезы перед опасностью. Если кто-либо хочет бороться против предрассудка и открыть отличие уродливой паутины суеверий и материализма от благородных идеалов наших предков, то ему следует приготовиться к сопротивлению. «Корона реформатора и новатора — это поистине терновый венец». Если кто-то хочет освободить Истину во всей ее непорочной чистоте из того почти бездонного колодца, в который она была заброшена лицемерными и ханжескими правилами приличия, он должен безо всяких колебаний опуститься в темную, зияющую шахту этого колодца. Не имеет значения, сколь плохо могут встретить незваного гостя слепые летучие мыши — обитатели тьмы, ненавидящие свет — в своем мрачном жилище, но если он с самого начала не проявит силу духа и мужество, которые он проповедовал другим, то он может быть справедливо назван лицемером и изменником по отношению к своим собственным принципам.

Не успело это название утвердиться, когда первые предупреждения того, что припасено для нас, в смысле противодействия, с которым мы встретимся из-за выбранного названия, появились на нашем горизонте. Один из редакторов получил и записал некоторые особо острые возражения. Сцены, которые приводятся далее, являются зарисовками с натуры.

I

Знаменитый романист. Расскажите мне о вашем журнале. К какому классу, как вы предполагаете, он обращен?

Редактор. Ни к какому конкретному классу: мы намерены обращаться к публике.

Романист. Меня это очень радует. Ибо я отношусь к публике, поскольку я совершенно не понимаю вашей темы, и хотел бы понять ее. Но вы должны помнить, что если ваша публика должна понимать вас, то это неизбежно будет довольно небольшой круг людей. Люди повседневно говорят об оккультизме так же, как они говорят и о многих других вещах, без малейшего понимания того, что они означают. Мы слишком невежественны, и слишком полны предрассудков.

Редактор. Именно. Это именно то, что и вызвало появление нового журнала. Мы предполагаем научить вас, и сорвать маску с любого предрассудка.

Романист. Это поистине хорошая новость для меня, ибо я хочу быть культурным. Как называется ваш журнал?

Редактор. «Люцифер».

Романист. Что?! Разве вы собираетесь учить нас греху? Мы достаточно знаем об этом. Падших ангелов несметное число. Вы можете приобрести популярность, ибо запачканные голубки сегодня в моде, в то время как белоснежные ангелы считаются скучными, потому что они не столь забавны. Но я сомневаюсь, что вы способны научить нас многому.

II

Умудренный опытом человек (*говорит вполголоса, ибо сцена происходит во время званого обеда*). Я слышал, что вы собираетесь начать издание журнала обо всем, что касается оккультизма. Знайте, что я очень рад. Я, как правило, ничего не говорю о таких материях, но в моей жизни случались некоторые странные вещи, которые нельзя объяснить каким-либо обычным способом. Я надеюсь, вы сможете их объяснить.

Редактор. Конечно, мы попытаемся. Мое убеждение состоит в том, что когда оккультизм поймут в той или иной степени, его законы будут приняты каждым человеком, как единственное подлинное объяснение жизни.

Умудренный опытом человек. Совершенно верно, я хочу узнать все об этом, ибо честное слово, жизнь — это тайна. Существует множество других людей, столь же любопытных, как и я. Этот век страдает от болезни янки, «желающих знать». Я приведу вам массу подписчиков. Как называется ваш журнал?

Редактор. «Люцифер», — и (*памятуя о первом опыте*) не поймите неправильно это название. Оно символизирует божественный дух, принесший себя в жертву ради человечества, — это Мильтон сделал так, что его стали связывать с дьяволом. Мы являемся заклятыми врагами общепринятых предрассудков, и совершенно очевидно, что мы должны бороться против такого предрассудка, как этот: Люцифер, как вам известно, это Утренняя Звезда — Светоносец...

Умудренный опытом человек (*перебивая*). Ох, я-то знаю, — по крайней мере, я допускаю, что у вас была достаточно веская причина для выбора этого названия. Но ваша первая цель — это заполучить читателей; я полагаю, вы хотите, чтобы публика покупала ваш журнал. Разве не таковы ваши планы?

Редактор. Несомненно.

Умудренный опытом человек. Хорошо, послушайте совет человека, который знает, что такое жизнь. Не окрашивайте свой журнал с самого начала в ошибочный цвет. Совершенно очевидно, если на мгновение остановиться и подумать о его происхождении и значении, что Люцифер — это превосходное слово. Но публика не останавливается, чтобы подумать о происхождениях и значениях, и первое впечатление является самым важным. Никто не будет покупать журнал, если вы назовете его «Люцифер».

III

Светская дама, интересующаяся оккультизмом. Я хотела бы услышать немного больше о новом журнале, потому что я заинтересовала им очень много людей, даже тем немногим, что вы сообщили мне. Но я затрудняюсь выразить его действительную цель. Какова она?

Редактор. Попытаться дать немного света тем, кто пожелает его.

Светская дама. Хорошо, это очень простой способ выразить ее, и очень пригодится мне. Как следует называть ваш журнал?

Редактор. «Люцифер».

Светская дама (*после паузы*). Вы не можете говорить это всерьез.

Редактор. Почему?

Светская дама. Но ассоциации слишком ужасны! Чем можно оправдать такое название? Это звучит как некая неудачная шутка, высказанная против него его врагами.

Редактор. О, но Люцифер, как вам известно, значит Светоносец; это символ Божественного Духа...

Светская дама. Но все это неважно — я хочу оказать услугу вашему журналу и принести ему известность, и вы не можете рассчитывать на то, что я буду вдаваться в подобные объяснения всякий раз, когда мне придется упоминать это название! Это невозможно! Жизнь слишком коротка и слишком занята. Кроме того, это вызовет такой плохой эффект; люди сочтут меня резонёрствующей, и тогда я вообще не смогу говорить, потому что я не смогу убедить их. Пожалуйста, не называйте его Люцифер. Никто не знает о том, что символизирует это слово; сегодня оно означает дьявола, ни больше и ни меньше.

Редактор. Но это совершенно ошибочно, и это один из первых предрассудков, против которых мы собираемся бороться. Люцифер — это светлый, чистый вестник зари...

Светская дама (*перебивая*). Я думала, что вы собирались делать нечто более интересное и более важное, чем обелять мифологических персонажей. Нам всем придется снова ходить в школу или читать Классический словарь д-ра Смита. И какова же будет польза от всего этого, когда это будет сделано? Я думала, что вы собирались рассказать нам кое-что о ваших собственных жизнях и о том, как сделать их лучше. Кажется, о Люцифере писал Мильтон, не так ли? — но сегодня никто не читает Мильтона. Дайте нам современное название с каким-нибудь человеческим смыслом, содержащимся в нем.

IV

Журналист (*глубокомысленно, и в то же время скручивая себе папиросу*). Да, это хорошая идея, этот ваш журнал. Естественно, мы все посмеемся над ним: и мы раскритикуем его в газетах. Но мы все будем читать его, потому что втайне от других каждый из нас жаждет таинств. Как вы собираетесь назвать его?

Редактор. Люцифер.

Журналист (*прикуривая*). А почему не «Фузея»? Прекрасное название, и не столь претенциозное.

«Романист», «Умудренный опытом человек», «Светская дама» и «Журналист», — всем им для начала не помешало бы получить небольшой инструктаж. Некоторое представление о действительном и первоначальном характере Люцифера не принесло бы им никакого вреда, и, быть может, могло бы отчасти излечить их от этого нелепого предрассудка. Им следует изучить теогонию Гомера и Гесиода, если они намерены судить о Люцифере, «*Эосфоре и Геспере*», Утренней и Вечерней прекрасной звезде. И если есть более полезные занятия в этой жизни, чем «обелять мифологических персонажей», то клеветать и очернять их — это, по крайней мере, отвратительно, и, кроме того, это показывает такую ограниченность ума, которая вряд ли кого украсит.

Возражать против названия «Люцифер» лишь потому, что связанные с ним «ассоциации слишком ужасны», простительно (если это вообще может быть простительно в каком бы то ни было случае) лишь для невежественного американского миссионера какой-нибудь протестантской секты, в котором природная лень и недостаток образования заставляют его оказывать предпочтение тому, чтобы «вспахивать» умы язычников, столь же невежественных, как и он сам, перед более полезным, но много более трудным процессом вспахивания поля на ферме своего собственного отца. Однако для английских священников, которые получили более или менее классическое образование и, таким образом, предположительно знакомы со всеми тонкостями теологической софистики и казуистики, такого рода возражения совершенно непростительны. Это не только пахнет лицемерием и обманом, но и ставит их на более низкий нравственный уровень, чем тот, который они сами отвели для ангела-отступника. Пытаясь показать теологического Люцифера, падшего из-за идеи, что

> Царить, хотя бы и в аду, вот что стремления достойно;
> Чем быть слугой на небесах, уж лучше быть главою ада, —

они фактически совершают на практике то предполагаемое преступление, в котором они с радостью обвиняют его. Они предпочитают управлять духом масс при помощи пагубной темной ЛЖИ, несущей много зла, вместо того, чтобы служить небесам служением ИСТИНЕ. Такая практика достойна лишь иезуитов.

Но их священное писание первое опровергает их толкования и попытку соединить Люцифера, Утреннюю Звезду, с Сатаной. В *Откровении*, глава 22, стих 16, сказано: «Я, Иисус ... есмь корень ... и светлая и *Утренняя Звезда*» (ορφρινος, «встающая рано»): отсюда Эосфор, или латинский Люцифер. Позорное значение, которое приписывается этому имени, имеет столь недавнее происхождение, что сама римская церковь вынуждена скрывать — как обычно — теологическую клевету за двухсторонним толкованием. Нам говорят, что Христос — это «Утренняя Звезда», *божественный* Люцифер; а Сатана, *usurpator Verbum* [узурпатор Слова, *лат*.], — это «адский Люцифер».[1]

«Великий архангел Михаил, победитель Сатаны, идентичен в язычестве [2] с Меркурием-Митрой, кому, после того как он защитил Солнце (символическое обозначение Бога) от нападения Венеры-Люцифера, было передано владение этой планетой, *et datus est ei locus Luciferi*. И, поскольку архангел Михаил является

---

[1] Ученые записки де Мирвиля, изданные Французской Академией, том IV, цитата из кардинала де Вентуры.

[2] Каковое язычество в течение долгих тысячелетий, по-видимому, *заблаговременно копировало* христианские догмы.

ангелом предстояния и **наместником Слова**, он рассматривается сегодня в римской церкви как регент этой планеты Венеры, которую **узурпировал побежденный враг рода человеческого**. *Angelus faciei Dei sedem superbi humilis obtinuit*».[1]

Это дает нам объяснение того, почему один из первых пап был назван Люцифером, что доказывает Юнг и церковные сочинения. Таким образом, из этого следует, что название, избранное для нашего журнала, в не меньшей мере связано с божественными и благочестивыми идеями, чем с предполагаемым бунтом героя «Потерянного рая» Мильтона. Выбирая его, *мы пролили первый луч света и истины* на нелепый предрассудок, который не должен иметь места в наш «век фактов и открытий». Мы действуем ради истинной религии и науки, в интересах факта против вымысла и предрассудка. Это наш долг, так же как обязанность физической науки — согласно с ее миссией — проливать свет на те факты в природе, которые были до тех пор сокрыты тьмой невежества. И, поскольку невежество по справедливости считается главным покровителем суеверия, эта работа является благородной и полезной. Но естественные науки — это лишь один из аспектов НАУКИ и ИСТИНЫ. Психологическая и нравственная наука, или теософия, знание божественной истины, на чем бы оно ни было основано, является, все же, более важным в человеческих делах, и подлинная наука не должна ограничиваться просто физической стороной жизни и природы. Наука — это некая абстракция любого факта, понимание любой истины в сфере человеческого исследования и ума. «Глубокая и точная наука психической философии Шекспира» (Колридж), оказалась более благотворной для истинного философа в деле изучения человеческого сердца, — таким образом, в содействии истине, — чем более точная, но, безусловно, менее глубокая наука любого из членов Королевского Общества.

Тем читателям, которые, не смотря на это, не чувствуют себя убежденными в том, что церковь не имеет права

---

[1] Корнелий Лапид, том. VI, стр. 229.

порочить прекрасную звезду, и что она делает это из-за простой необходимости, связанной с одним из совершенных ею многочисленных заимствований из язычества, со всеми его поэтическим представлениями о соответствии в природе, мы предлагаем прочитать нашу статью «История одной планеты». Возможно, после ее внимательного прочтения они увидят, сколь справедливым было утверждение Дюпи, что «все теологии происходят из астрономии». Согласно современным ориенталистам, любой миф является *солярным*. Это еще один предрассудок и еще одно предубеждение в пользу материализма и физической науки. И одной из наших обязанностей будет бороться с ним до самого конца.

ПОЧЕМУ «ВАХАНА»?

Потому что это слово в буквальном смысле означает «средство передвижения». В теософской же метафизике этот термин обозначает «базис», что-то вроде носителя, более *плотного*, чем то, что он переносит; например, *буддхи*, духовная Сущность, есть *вахана атмы* — чисто нематериального «принципа». Или, если взять пример из физиологии, наш мозг — предполагаемое средство передачи, или *вахана* сверхфизического мышления.

Таким образом, эта двухнедельная газета должна служить средством передачи теософской мысли и освещать всю теософскую деятельность.

Это предприятие — не финансовая спекуляция, но, бесспорно, добавочный расход, который наши скудные фонды с трудом могут себе позволить. Однако предпринять его — наша обязанность. Газета должна распространяться бесплатно по нашим Британским отделениям и «не прикрепленным» членам. Это означает, что она будет распространяться и среди тех, кто не может подписаться на наши регулярные журналы. Но более состоятельные помогут тем, кто победнее, по следующим причинам. Карма тех, кто мог подписаться на печатные издания нашего Общества, но не сделал этого по безразличию или по другой причине — *их собственное дело*; но держать всех членов в контакте с нами и *в курсе* всех теософских событий — наша обязанность. Ибо многие из тех, кто был отрезан от всего, что происходит в теософских центрах, очень скоро потеряли всякий интерес к движению и продолжают оставаться «членами» лишь формально.

Всегда считалось, что истинный теософ не должен преследовать никаких личных целей, а также защищать и проводить в жизнь какую-либо особенную доктрину. Ибо каждый, кто хочет заслужить почетное звание теософа, должен быть, прежде всего, альтруистом, готовым помочь равно другу и врагу; должен охотнее действовать, чем говорить; должен побуждать других к действиям, не упуская в то же время возможности работать самому. Никакой истинный теософ не будет указывать своему брату или соседу, во что тому надлежит верить, а во что нет; не будет принуждать никого к действиям, которые могут иметь плохие последствия для совершающего их, какими бы правильными ему эти действия ни казались. Его обязанности: (а) предупредить брата о любой опасности, которую тот может не заметить; и (б) поделиться своим знанием с тем, у кого было меньше возможностей приобрести его.

Теперь, хотя мы с болью сознаем, что большое число членов вступило в Т. О. из простого любопытства, в то время как другие, оставшись на некоторое время без связи с движением, потеряли всякий интерес к нему, мы не должны терять надежду на возрождение этого интереса. Многие члены Общества, отказываясь сперва помогать нашему делу, сейчас стали ревностными «действительными членами». Поэтому сегодня мы обращаемся ко всем: «если вы действительно хотите помочь доброму делу, делайте это сейчас; *ибо еще несколько лет, и все ваши усилия окажутся тщетны*». Мир движется кругами, это движение происходит под влиянием двух взаимно противодействующих Сил, одна из которых двигает человечество вперед, к Духу, а другая вынуждает его спускаться вниз, в бездны материи. Человеку остается лишь помогать той или иной Силе. Мы сейчас в самой середине египетской тьмы *калиюги*, «Черного Времени», первые 5.000 лет которого должны закончиться на Земле между 1897 и 1898 гг. Если мы не успеем до этого времени надежно укрепить Т. О. на пути духовного развития, его неминуемо снесет в Бездну, имя которой «Банкротство», холодные волны забвения сомкнутся над его обреченной головой. Так бесславно погибнет *единственная* ассоциация, чьи устремления, принципы и истинные намерения каждой частностью и деталью полностью отвечают основной, самой сокровенной идее каждого великого адепта-реформатора, светлой мечте о ВСЕОБЩЕМ ЧЕЛОВЕЧЕСКОМ БРАТСТВЕ.

Поистине, филантропических, политических и религиозных организаций у нас много. Клубы, конгрессы, ассоциации, союзы, убежища, общества, каждое из которых защищает определенные категории людей или определенные нации, покровительствует определенным искусствам или наукам, служит им защитой против того или иного зла, — появляются ежедневно. Каждая из этих организаций принадлежит определенной партии или секте. Но есть ли среди них хоть одна в полном смысле *всеобщая*, благожелательная ко всем и ни против кого не предубежденная? Какая из них полностью отвечает благородным предписаниям буддийских архатов и царя Ашоки?

«Когда ты сажаешь вдоль дороги деревья, позволь их тени защитить и злодея и праведника. Когда ты строишь гостиницу, позволь ее дверям быть открытыми для людей всех религий, для противников твоей собственной веры и для твоих личных врагов так же, как и для твоих друзей».

Никто, утверждаем мы, не спасет наше собственное Общество, совершенно бескорыстную и не сектантскую организацию; никто, кроме тех, кто не смотрит на все с групповой или партийной точки зрения, кто открыт всем людям, хорошим и плохим, глупым и мудрым, и кто зовет их всех «братьями», вне зависимости от их религии, расы, цвета кожи или общественного положения.

Ко всем таким людям мы обращаемся сейчас: поскольку «нет религии выше Истины», нет и божества выше последней, и времени у нас осталось мало — не пора ли каждому из вас помочь нашему Обществу в его тяжелом труде и вывести его в целости и сохранности сквозь бездны материи на устойчивый путь?

БРЕВНО И СУЧОК

> Вожди слепые, оцеживающие комара, а верблюда поглощающие!.. (23:24.) И что ты смотришь на сучок в глазе брата твоего, а бревна в твоем глазе не чувствуешь? (7:3.)
>
> *Евангелие от Матфея*

О, негодующая добродетель, рокочущая буря, разыгравшаяся в чутких душах британских и американских филантропов, до которых донеслись слухи о том, что российские власти в Сибири не столь заботливо относятся к политическим заключенным, как это следовало бы делать! Какой жуткий гвалт громких возмущений на «массовых митингах протеста», на грандиозных собраниях, осуждающих своих соседей, в то время как аналогичные злодеяния у себя на родине благоразумно замалчиваются.

На днях около 250 тысяч человек протестовало в Гайд-парке «во имя цивилизации и гуманизма» против бесчеловечного отношения к заключенным неких российских чиновников и тюремных надзирателей. Так вот, люди прекрасно понимают и разбираются в чувствах угнетенных, страдающих, бедных масс народных. И у них самих, обеспеченных от рождения и до самой смерти всем и вся, и сидящих, сложа руки, в своей весьма богатой стране, сердце кровью обливается и трепещет от боли и сострадания к «собратьям по несчастью» в других странах. По правде говоря, энергию, израсходованную на вышеуказанном митинге, можно было бы применить с большей пользой, направив ее, вероятно, против собственных местных и колониальных «сибирей» и «острогов»; но как бы там ни было, порыв был неподдельным, и каждый теософ отнесся к нему с уважением. Но каждому члену Теософского общества не стоит сбрасывать со счетов тот факт, что крокодиловы слезы сострадания, проливаемые всеми без исключения издателями, хранящими молчание в отношении злодеяний, творящихся в их стране, обрушивающими весь свой праведный гнев на злоупотребление властью и зверства со стороны русских офицеров, есть ни что иное, как сплошное лицемерие. То, что со стороны Англии и Америки в адрес России выносятся обвинения в зверствах, и на ее теле выискиваются пятна проказы — есть довольно-таки любопытный образчик моральной нечистоплотности; но то, что некоторые издатели не только поддерживают подобную позицию, но и навязывают ее вместо того, чтобы обойти благоразумным молчанием, заставляют вспомнить древнюю мудрость: «Если Боги хотят наказать человека — они лишают его рассудка». В данном случае, перед ученым, изучающим поведение человека, открывается новая вершина, и он испытывает, чувство благодарности за подобное дополнение.

Памятуя, что «Люцифер» не стремится оценивать политический аспект всей этой истории, позволим себе напомнить читателю, что с другой стороны, журнал имеет самое непосредственное отношение к моральной стороне вопроса. По существу, целью журнала является «делать все достоянием гласности», и ему есть что сказать по поводу пьяного Джона и упившегося Джонатана, гневно указующих на нетрезвого Петра. Здесь автор рассуждает, в первую очередь, как теософ, а потом уже как русский человек, нисколько не защищая Россию и не вынося обвинений в адрес Англии и Америки, а всего лишь правдиво освещая неоспоримые *факты*, которые вряд ли кто-нибудь станет отрицать. И именно с этих позиций автор заявляет: «Какими утешением и надеждой могли бы стать для нашего постоянно растущего общества — «Вселенского Братства Людей» — подобное проявление самых благородных и гуманных чувств, не будь все это омрачено рядом недавних событий. Если в настоящее время и возникает проблема «протеста» против русской жестокости, вся вселенская броскость благочестивого отношения к заповеди Христа «любите врагов своих» теряется из-за пренебрежения к другому наказу: «не будь, как лицемеры». В самом деле, Европа вправе задаться тем же вопросом, что и Жорж Дандин в комедии Мольера: «Кто лжец из нас двоих»? В Европе подобными *протестами* и младенца не проведешь. Если подобное показное возмущение и способно, в определенном случае, на кого-то произвести впечатление, так это только на так называемые «низшие расы», находящиеся под отечески заботливым и великодушным правлением благожелательных белых властителей. Индусам и мусульманам, бирманцам и сингальцам, если судить по гулким раскатам эха благочестивого ужаса с Запада, и не снились кошмары тюрем и произвол русских тюремщиков, по сравнению с их собственными, особенно принимая во внимание печальной памяти известную Калькуттскую тюрьму «Блэк Хол» и Андаманские острова, в то время как злосчастные, вечно протестующие негры и индейца США, гибнущие от холода и голода в обледенелых пустынях, и даже китайцы, ищущие пристанище на Тихоокеанском побережье, могли бы позавидовать судьбе «политических заключенных в Сибири»...

А какие впечатляющие картины! По другую сторону Атлантики патетическое красноречие м-ра Джорджа Кеннана, путешественника по Сибири, «который, поверьте, видел все это своими глазами!» — вышибает слезу у флагов, развешенных на улицах, и заставляет уличные фонари полезть в карман за носовым платком. Что уж тут говорить о цветном населении — краснокожих индейцах и китайцах! А по эту сторону океана, м-р Квилтер, издатель «*Universal Review*», демонстрирует свой ораторский пыл, защищая «угнетенных». Книга м-ра Адольфа Смита «Ссылка в административном порядке», по словам м-ра Стеда, «украшенная фантастическими описаниями публичного наказания плетьми некой *мадам* Сигиды» (?)[1] и украшающая последний номер «*Universal Review*», также производит должный эффект. Движимый духом высших идеалов благородства, издатель журнала направил, как это общеизвестно, циркулярное письмо членам Парламента, пэрам, судьям, руководителям колледжей и прочим, чтобы задать им вопрос: (*а*) не является ли «существующая в настоящее время система ссылки в Сибирь в административном порядке позором для цивилизованной нации»; и (*б*) не посчитают ли необходимым вышеупомянутые должностные лица «предпринять ряд шагов, направленных на то, чтобы обратить внимание правительства Ее Величества на акты грубого произвола для того, чтобы направить царю дипломатическую ноту протеста»!

Поскольку все это относится к области политики, а мы не собираемся вторгаться в запретную область, то просто порекомендуем лицам, желающим узнать кое-что об ответах, касательно циркуляра, прочитать прекрасный отчет об этом инциденте на стр. 489 июньского номера «*Review of Reviews*»; но мы все-таки процитируем из него ряд строчек, из которых читатель узнает о том, что (1) некоторые должностные лица, к которым обращались с этим циркуляром, выразили мнение, что «ссылка в Сибирь — это ... справедливое по закону и полезное наказание ... более благотворно влияющее на преступников, чем наша (британская) система наказаний за преступления»; (2) что публичное наказание мадам Сигиды «не подтверждено фактическими доказа-

---

[1] Будь когда-либо доказан (а это не было сделано) сам факт этой порки, вне всякого сомнения, это было бы зверским и отвратительным явлением, но намного ли оно хуже того, когда полицейские пинают ногами поверженных на землю женщин, или забивают дубинками насмерть инвалидов и детей-калек? И если людям постоянно напоминают о якобы имевшей место «порке» где-то в сибирской глуши, за сотни миль от любого цивилизованного центра, сравнивая все это с официально подтвержденными «пинками и избиением дубинками» прямо в центре самого цивилизованного в мире города, а точнее, на Трафальгарской площади, приходишь к выводу, что «хрен редьки не слаще».

тельствами, а посему очерк, вызывающий в памяти у автора «такую жуткую по драматичности картину описания польского князя в кандалах, прикованного одной цепью с убийцей, есть не что иное, как фальшивка, судя по заявлению брата князя, сделанному им впоследствии».

Но ничем нельзя опровергнуть тот факт, что на протяжении многих лет в Англии существует иное, более оправданное публичное обсуждение проблемы, достигшее кульминационной точки в этой стране, а именно предоставление женщинам гражданских и политических прав и *обсуждение причин возникновения этой проблемы*. Большинство теософов прочитало замечательное обращение миссис Ф. Фенвик Миллер, посвященное программе «Лиги борьбы за права женщин»,[1] а некоторые наши теософы принадлежат к этой Лиге, и есть такие, которые заявляют, что даже сейчас, когда многие, так называемые ограничения женщин в правах успешно ликвидированы, многие женщины в Англии, после столетий *каторжного труда* на своих мужей, с радостью поменялись бы местами с «мадам Сигидой», или как там ее, возможно не в качестве заключенной, *а как женщины, подвергнутой физическому наказанию*. Что такое ужас телесного наказания (там, где есть физическое насилие — *нет бесчестья, но есть мученичество*), по сравнению с целой жизнью морального и физического рабства? Кто из «женщин-рабынь»[2] в *свободной* Англии не променял бы с радостью свое положение женщины и матери на такое же положение в *деспотичной* России? Дамы и господа, поддерживающие широкое обсуждение в «Правах замужних женщин» в пользу билля об охране детей и прав женщины, как независимой личности и гражданина общества, а не *вещи* и «мужней рабы», которой она была и осталась поныне — разве вам не известно, что в *деспотической*, «полу цивилизованной» России права женщины по закону равны с правами мужчины, а в некоторых случаях их привилегии превосходят мужские? Что богатая замужняя женщина еще

---

[1] Национал-либеральный клуб, 25 февраля 1890 г.
[2] «Выступление женщин в защиту своих прав», «*Looker on*».

со времен правления Екатерины II и по сей день является единоличной владелицей своего состояния, и ее муж не может потратить из него ни гроша без подписи жены. Что бедная девушка, вышедшая замуж за богатого человека, имеет, с другой стороны, законное право на его имущество при жизни мужа и на определенную долю наследства после его смерти, независимо от завещания, равно как и право на алименты для себя и своих детей, *в чем бы она ни провинилась*?[1] Разве вам не известно, что женщина, владеющая собственностью и платящая налоги, *обязана принимать участие в выборах* как лично, так и по доверенности? И она так прочно защищена законом, *что ребенок, родившийся у нее в течение срока до десяти месяцев, является законнорожденным* просто потому, что иногда случается анормальная затяжка периода беременности, а закон составлен согласно *заповеди Христа, по которой лучше простить десять виновных женщин, чем покарать одну, которая может оказаться невиновной*. Сравним это с законами *свободной* Англии, с ее отношением к женщине, которая всего восемь-девять лет назад была попросту рабыней, у которой прав было меньше, чем у негра на плантации. Прочтите еще раз статью миссис Фенвик Миллер (*loc. cit. supra*) и дайте оценку сами. Ей никак не удавалось получить высшее образование из-за того, что всю жизнь она была обязана находиться «под опекой мужчины». У нее не было никаких прав на имущество мужа, и она утратила права на все свое имущество, *до единого пенни, хотя и заработанное своим трудом*, короче говоря, у нее не было никакого права ни на какие виды собственности, включая унаследованные или приобретенные. Человека, оставившего ее ради другой женщины и бросившего ее и детей на произвол судьбы, нельзя было заставить обеспечивать их, в то время как он имел право на каждый пенни, заработанный его женой, так как «умственные способности жены принадлежат

---

[1] Если развод официально не оформлен, и супруги живут раздельно, а супруг является государственным служащим, из его жалованья выплачивается определенная часть в пользу супруги.

ее мужу». Как бы он с ней ни поступал, она не имела права ни на какую компенсацию, не говоря уже о том, чтобы обратиться на него в суд с иском или даже жалобой. Более того, она не имела родительских прав как мать; английский закон признает родительские права только отца. У нее навсегда можно было забрать детей, и она не в силах была бы что-либо сделать. Слово миссис Фенвик Миллер:

«Жена в глазах закона просто не существовала... Даже «дело дошло до того, что около двух лет назад семеро судей на тайном совещании признали тот факт, что в соответствии с законом, женщина до сих пор является ничем иным, как *рабыней, не имеющей никаких прав свободного волеизъявления*... Разве это не рабство?.. Тяжкие беды и побег матери-мулатки, придуманные гениальной миссис Стоу, заставляли рыдать всю Англию; но ведь и у английских и шотландских матерей — благородных женщин, любящих матерей... — отнимали от груди детей, или им приходилось втайне бежать и жить, скрываясь в безлюдном убежище со своими малышами, ибо это было единственным способом ... для этих разбитых сердец сохранить своих любимых детей...»

Давным-давно Герберт Спенсер произнес следующее:

«Жену в Англии можно было купить с пятого по одиннадцатый век, и еще в семнадцатом веке добропорядочные мужи не считали для себя зазорным бить своих жен. Джентльмены (!) устраивали увеселительные прогулки в Брайдуэлл,[1] чтобы полюбоваться тем, как несчастных женщин подвергают бичеванию. Публично бичевание женщин было отменено в Англии лишь в 1817 году».

Между 1817 и 1890 годом лежит не столь уж большой срок. Но сколько столетий английской цивилизации, по сравнению с Россией, где только в царствование Петра Великого закончилась эпоха варварства?

Кто же тогда, кроме людей, способных эксплуатировать при помощи закона своих матерей, жен и детей, не согласится с тем, что даже в отдельном случае *наказания* женщины плетьми гораздо меньше жестокости, чем в таком

---

[1] *Брайдуэлл*, исправительный дом. — *Прим. редактора.*

систематическом угнетении, пожизненном мучении миллионов *невинных* женщин и матерей как в прошлых столетиях, так и по ныне? И с какой целью? Просто ради того, чтобы оградить свои права животной похоти и вожделения, безнравственность мужчин-хозяев и законодателей. И это мужчины Англии до последнего момента отказываются отменить такие бесчеловечные законы, все еще не хотят устранить самые несправедливые из них и называют отдельный случай бичевания «позором для цивилизации»! И этот факт, если будет доказан, несомненно, явится позором, равно как позором являются безжалостные английские законы по отношению к женщине. Не вызывает сомнения то, что среди русских тюремщиков и надзирателей немало пьющих и поэтому жестоких скотов. Но мы уверены, что их не больше, чем в других странах, а может и меньше. И мы порекомендовали бы тем издателям, которые призывают направить в Россию ноты протеста, сперва вытащить бревно из глаза своей страны, а потом уже обращать внимание на сучок в глазе соседа. Ибо этот «сосед» — страна, по крайней мере, защищающая право матерей и жен, в то время как английские законы позволяют обращаться с ними, как с личным движимым имуществом мужчин, как с бессловесными тварями. И вряд ли когда-либо существовал больший «позор для цивилизации», чем создание многочисленных Обществ по охране животных от зверского обращения, в то время как никто и не подумал создать хотя бы одно такое же Общество по защите женщин и детей, и наказанию подлых двуногих, коих немало во всех слоях общества, избивающих своих жен и грабящих их. И почему бы лучше не обратить внимание общества не на единичный случай «позора для цивилизованной нации», а на многочисленные аналогичные случаи, происходящие на британской земле и в Америке, такие, как, например, вызывающие отвращение отношение англичан, живущих в Индии, к миллионам местных жителей, начиная с высшей касты — браминов, и кончая низшей — париями; не менее отвратительное отношение белых американцев к своим черным согражданам или несчастным краснокожим индейцам? Каннибалы приносят меньше мук своим пленникам, чем две культурные христианские нации своим цветным собратьям «низших» рас. Первые убивают свою добычу и пожирают ее — на чем и успокаиваются, в то время как белые люди в Англии и Америке ведут себя хуже убийц по отношению к своим черным согражданам и подданным: они терзают последних от колыбели и до самой смерти, отказывая людям даже в тех привилегиях, на которые те имеют право по закону, да к тому же поворачиваются брезгливо спиной и плюют как на гадов презренных. Посмотрите на несчастных краснокожих! У них самым грабительским путем отняли всю, до последнего дюйма, землю их предков, лишили полагавшихся им одеял и провианта, и оставили сотни и тысячи индейцев погибать среди гор ненужных библий от холода и голода, — что же еще остается делать несчастным жертвам, на которые не польстится ни один стервятник в прериях...

Но зачем отправляться в далекие прерии за примерами и доказательствами, когда систематические случаи телесных наказаний женщин и девушек-подростков вынуждают создавать в самой Англии особые «королевские комиссии»? Потрясающая книга писательницы Эми Рид «Руби, или о том, как девушек готовят к цирковой жизни», основанная на фактах, как заявляет автор, вызвала следующие публикации в «*Saturday Review*» (26 июля 1890 г.):

«Королевская комиссия». М-р Гейнсфорд Брюс, британский адвокат, член парламента, пообещал, что, как только будет собрано достаточное количество свидетельств, подтверждающих необходимость подобного шага, он обратит внимание палаты общин на этот вопрос, с целью убедить правительство рекомендовать Ее Величеству создание королевской комиссии для расследования и вынесения заключения относительно обращения с детьми во время их обучения на циркового наездника, акробата и «человека-змею».

«Manchester Guardian» пишет: «Руби» Эми Рид. Эта книга заслуживает внимания из-за тех обвинений, которые автор выдвигает против директора одного из цирков в частности, и директоров цирка вообще. Обвинения эти настолько серьезны, что в случае подтверждения достоверности фактов, писательнице не следует довольствоваться описанием положения только ради того, чтобы терзать души читателей. Ей необходимо собрать доказательства и свидетельства, и положить их на стол прокурору. *Мисс Рид утверждает, что в случае неповиновения со стороны семнадцатилетних девушек, хозяин цирка раздевает их донага и стегает кнутом до тех пор, пока их не начинает тошнить и они, все в крови, не теряют сознание.*

Среди членов парламента, которые «позволили назвать свои имена, чтобы показать, что они желают помочь автору в ее... усилиях довести до широкой публики ужасающие факты жестокости», м-р Гейнсфорд Брюс, м-р Джекоб Брайт, сэр Ричард Темпл и др. Так вот, «мадам Сигида», или как там ее, была убийцей (политическим или нет — все равно); но эти несчастные семнадцатилетние девушки явились абсолютно невинными жертвами.

Ах, господа издатели двух культурных стран поборниц христианства, вы можете сколько угодно играть в сэра Чарльза Грэндисона — этого гибрида идеального джентльмена и добропорядочного христианина — но кто вам поверит? Ваши протесты — всего лишь непристойные намеки на христианскую этику наших дней и оскорбление учения Христа. Эти протесты есть не более чем вопиющий пример современного ханжества и грандиозного апофеоза лицемерия. Говоря словами русского поэта Лермонтова, все это представление —

...было бы смешно,
Когда бы не было так грустно!

Лучше уж вы прочтите «Расы дикарей» Бертильона и «Племена каннибалов» Шарля Люмгольтца — французский перевод шведской книги — если хотите узнать, в чем вас обвиняют друзья, в то время как Россию обвиняют в злодеяниях либо враги, либо завистники ее растущего могущества. Просмотрев ряд рецензий на эти произведения, нам захотелось, чтобы у наших друзей сложилось правильное представление относительно обвинений, выдвинутых против Англии, точнее, ее колоний, и соответственно, представилась возможность сравнить русский «сучок» с британским «бревном». Только мы собрались залиться краской стыда за якобы имевшие место «злодеяния» в России, которые, *если они действительно имели место*, осудит любой теософ, хотя англичане, живущие в Индии, и американцы поступают намного хуже как у себя в стране, так и в колониях, когда мы обратили вниманием на русский критический обзор вышеупомянутых произведений. Мы потратили уйму времени на то, чтобы самим прочитать эти книги. Нам, как и всему остальному миру, давно известно, насколько цивилизованно и по-христиански англичане и американцы обращаются не только со своими политическими и не политическими заключенными, а просто с самыми верноподданейшими согражданами, ни в чем не повинными индусами и прочими «темнокожими язычниками», трудолюбивыми, честными неграми и краснокожими индейцами, которым приписываются все грехи. Но мы и не предполагали, что нам придется узнать из опубликованных «Рас дикарей» Бертильона и «Племен каннибалов» Шарля Люмгольтца.

Рассмотрим более раннее произведение. Бертильон рассказывает о Тасмании и говорит, что в 1803 году там обитало более 6.000 туземцев, а всего 69 лет спустя от них осталось всего лишь призрачное воспоминание. В 1872 году умер последний тасманец. Страна очистилась от последнего «черномазого». Как же это произошло? Вот рассказ Бертильона:

«Для того чтобы добиться столь блистательного результата, англичане не останавливались перед любым проявлением жестокости. Они начинали с того, что предложили награду в пять фунтов за голову взрослого человека и два фунта за ребенка. Чтобы успешнее справиться с охотой на несчастных туземцев, англичане привезли с собой австралийских аборигенов — злейших врагов тасманцев — и использовали их в качестве ищеек. Но оказалось, что данный способ слишком медленный. Тогда был организован *кордон*, а точнее банда, набранная среди колонистов и из гарнизонного отребья ... и Артур, бывший в то время губернатором острова, возглавил ее. После этого развернулась самая настоящая регулярная охота на тасманцев, прямо как на диких кабанов... Туземцев загоняли по горло в воду и расстреливали, якобы случайно, а тех, кому удавалось бежать, травили мышьяком ... некоторые колонисты дошли даже до того, что собрали внушительную коллекцию черепов своих жертв, да еще и хвастались ей...»

Неизвестно, правда это или вымысел, преувеличение или нет; то же самое можно сказать и о пресловутой «сибирской порке» и проявлению жестокости к политическим заключенным. Как в последнем случае обвинения исходят от врагов России и путешественников, падких на сенсации, так и тасманийская история рассказана таким же путешественником, и, кроме того, представителем нации, не особенно дружелюбно настроенной к Англии. Но вот нечто более злободневное и заслуживающее доверия, обвинение со стороны явного друга Англии и австралийцев, утверждающего, что он был очевидцем событий, — а именно, Шарля Люмгольтца, в его произведении «Племена каннибалов». Мы приведем цитату из обширного русского критического обзора этой книги в газете «Новое время» от 2 (14) мая 1890 г., № 5080. Согласно газете, просветительская деятельность англичан, несущих плоды цивилизации «низшим» расам и диким обитателям островов, не завершилась на Тасмании. Вот отрывок из откровения Люмгольтца, и оно омерзительно!

«В этой книге есть глава, специально посвященная взаимоотношениям английских колонистов и туземцев, да еще каких кошмарных отношений! Складывается мнение, что жизнь чернокожего человека ничего не стоит, и у него такие же права на существование, как у дикого зверя. "В глазах британского колониста", — пишет Люмгольтц, — "убить туземца-австралийца, все равно, что убить собаку". Более того, ни с одной собакой так не станут обращаться в Европе. У собаки, пока она не будет представлять угрозу для человека, никто не отнимет жизнь просто так. Не так обстоят дела с австралийскими аборигенами, по свидетельству шведского писателя, есть молодые люди, которые по воскресеньям устраивают за городом охоту на чернокожих и проводят весь день за таким *развлечением* просто ради *собственного удовольствия*... Группа из четырех-пяти всадников устанавливает ловушки, или, загоняя дикарей в узкое ущелье, вынуждает их искать спасения на крутых отвесных скалах, и пока несчастные создания карабкаются, рискуя жизнью, по отвесным скалам, в них посылают пулю за пулей, заставляя даже легко раненных людей терять опору и падать вниз, разбиваясь и разрываясь на куски об острые выступы низ лежащих скал... Один сквоттер в Длинной Лагуне прославился благодаря огромному количеству чернокожих, которых он отравил стрихнином. И это не единичный случай. Один фермер из Нижнего Херберта признался шведскому путешественнику, что он привык сжигать трупы дикарей — дабы избавиться от слишком явных улик. Но все это излишние меры предосторожности, так как, фактически, убийством считается только *убийство белого человека*. Английские колонисты постоянно предлагали Люмгольтцу подстрелить для него несколько черномазых, чтобы обеспечить его нужными для работы черепами туземцев... А туземец полностью беззащитен перед законом. "Будь я дикарем, я убивал бы всякого англичанина, попавшегося мне на пути!" — сказал нашему автору выведенный из себя англичанин, такой же очевидец событий, как и он сам. Другой путешественник в своем письме Люмгольтцу отзывается об этих британских колонистах, как о "самых отвратительных карикатурах на христиан", — и добавляет: "англичане постоянно швыряют камушки в огород других наций за отношение тех к покоренным народам, в то время как не найдется слов, чтобы выразить весь ужас недостойного отношения самих англичан к австралийским аборигенам"».

Итак, стерев с лица земли несчастных тасманийцев, британские колонисты —

«...с жестокостью, которой позавидует и тигр, и по сей день истребляют австралийских дикарей. Когда была основана первая колония в провинции Виктория, там жило около 10.000 туземцев. В 1871 году их количество сократилось до 3.000, а к 1880 году их осталось всего около 800. Сколько их существует сейчас, мы не знаем; во всяком случае, приведенные выше цифры показывают, что цивилизованное воздействие моряков-просветителей принесло-таки свои плоды, и дело близится к завершению». «Еще несколько лет», — пишет Люмгольтц, — «и раса австралийских аборигенов исчезнет с лица земли. Английская провинция Виктория, созданная на земле черных людей, пропитанной насквозь их кровью и удобренной их костями, благодаря этому расцветет еще краше...»

Русский обозреватель заканчивает абзацем, который можно рассматривать как «зуб-за-зуб» по отношению к английскому издателю «*Universal Review*» и его коллегам. Мы приводим его *дословно*:

«Именно на такой земле проводится в жизнь колониальная политика англичан, которой они так гордятся. Эта земля, изуродованная вдоль и поперек звериной жестокостью бездушного английского колониста, ярко свидетельствует всему миру, что для того, чтобы швырять камни в огород других народов, еще недостаточно просто быть англичанином. Не мешало бы, чтобы британская душа не была столь же черной, как несчастные туземцы и та земля, которую у них отняли; а их завоевателям не следует смотреть на злосчастных дикарей как на египетские мумии кошек; то есть, как на хорошее удобрение для процветания колоний их хозяев».

И вот мы заканчиваем, оставляя клеветников и самозваных судей России наедине с их собственными мыслями. Мы побывали в Индии и во всех азиатских странах; и, как теософ, считаем своим долгом заявить, что нам нигде не удалось отыскать такой потенциальной жестокости и лицемерия, ни под коричневой, ни под черной кожей, которые сравнились бы с жестокостью и лицемерием, скрывающимися под белой эпидермой благовоспитанных европейцев, если не считать *гаривала*, касты погонщиков быков. Просветим читателя относительно основных черт характера этой касты, чтобы ему стало ясно, что это за тип человека. Гаривала принадлежат к тому образчику рода человеческого, которому язык дан для того, чтобы скрывать собственные мысли, и кто исповедует ту религию, которая служит его целям. Вознося молитвы и поклоняясь корове и быку, он не упустит возможности разоблачить перед деревенским брамином своего брата гаривала за непочтительное отношение к (священным) животным, в то время как сам крутит хвосты своим быкам до тех пор, пока эти придатки его богов не повиснут на нескольких волосках и запекшихся комках крови. Гаривала, таким образом, тот, кто должен испытывать законную гордость, исполняя отведенную ему роль по сценарию его хозяев — *барасаабов*. И по мере роста раболепного одобрения политики двух наиболее цивилизованных и христианских стран, гаривала, возможно, перейдет из ранга *низшей* в ранг *высшей* расы.

Мы хотим добавить еще пару слов. Когда друзья России станут говорить о ней так же, как Люмгольтц говорит об Австралии, а другие об Индии и Америке, тогда всем честным мужчинам и женщинам в Европе нужно будет объединиться в массовых митингах справедливого протеста против зверств в России, а до тех пор англичанам и американцам можно дать очень, очень древний совет: «НЕ СУДИТЕ, ДА НЕ СУДИМЫ БУДЕТЕ. Ибо как скажешь брату твоему, "дай, я выну сучок из глаза твоего", а вот, в твоем глазе бревно?»[1]

---

[1] Евангелие от Матфея, 7:1,4. — *Прим. редактора.*

ПРОГРЕСС И КУЛЬТУРА

> В сравнении с убогим дикарем —
> Что для меня превратности погоды?
> По праву я наследник всех времен,
> Идут за нами следом все народы...
>
> * * * *
>
> Вперед! Нам светит путеводная звезда,
> Для нас мир полон будет перемен всегда.
> Сквозь тень к дню новому вершит Земля свой бег,
> Полвека для Европы больше, чем для Китая век...
>
> *Теннисон*

Мы, принадлежащие к веку, претендующему на то, что он есть XIX век *нашей* эры, очень гордимся нашим прогрессом и цивилизацией, — церковь и духовенство приписывают их пришествию христианства: «Если вычеркнуть христианство со страниц человеческой истории», — говорят они, — «то чем тогда были бы его законы и его цивилизация?» Увы; «нет ни одного закона, который бы не был обязан своей правдой и мягкостью христианству, ни одной традиции, которая не восходила бы во всех своих священных и целебных свойствах к Евангелиям».

Сколь абсурдный повод для гордости, и как легко это опровергнуть!

Чтобы поставить под сомнение такое утверждение, следует лишь вспомнить, что наши законы основываются на законах Моисея — жизнь за жизнь и зуб за зуб; воскресить в памяти законы *святой* инквизиции, то есть, сожжение несметного числа еретиков и ведьм по малейшему поводу; вспомнить мнимое право богатейшего и сильнейшего продавать своих слуг и своих ближних в рабство не для того, чтобы достигнуть проклятия, наложенного на Хама, но чтобы просто «купить предметы азиатской роскоши, поддерживая рынок рабов у сарацинов»;[1] и, наконец, *христианские* законы, которые по сей день поддерживаются в Англии и провозглашают социальную и политическую *недееспособность* женщин. Кроме того, как и в блаженные дни наших невежественных предков, мы встречаем сегодня такие отборные примеры самого беззастенчивого *хвастовства*, как этот: «Мы говорим о нашей цивилизации, наших искусствах, нашей свободе, наших законах, и совершенно забываем, *в сколь значительной мере все это обязано христианству*» (Роуз).

Совершенно верно! «наши законы и наши искусства», — но не «наша цивилизация» и не «наша свобода». Никто не мог бы опровергнуть утверждение о том, что они были достигнуты, невзирая на ужасное сопротивление церкви в течение долгих веков, и перед лицом ее громких и многократных анафем против цивилизации, свободы и их защитников. И все же, невзирая на факты и на правду, она упорно продолжает настаивать на том, что высокое положение (?!) христианской женщины по сравнению с ее «языческой» сестрой — это целиком и полностью заслуга хри-

---

[1] «Взгляд на состояние Европы в течение средних веков» Г. Г. Хэллэма, члена Королевского Академического общества, стр. 614. Автор добавляет: «Это занятие было свойственно не только для венецианцев. В Англии было весьма обычным явлением поставлять рабов в Ирландию даже после завоевания Англии норманнами; лишь в царствование Генриха II ирландцы пришли к соглашению о прекращении ввоза рабов, которое положило конец этой практике». И далее, в примечании: «Уильям Мальмсберийский обвиняет англосаксонских дворян в том, что они продают своих служанок, даже когда они беременны от них, в рабство иностранцам». Это христианский образ действий, в полном смысле слова, подобный тому, как Авраам поступил с Агарью!

стианства! Если бы это было так, то это в лучшем случае было бы слабым комплиментом той религии, которая пытается вытеснить и заменить собой все остальные. Однако, поскольку это не так — Лики, наряду со многими другими серьезными и правдивыми писателями, показывает, что «во всем феодальном законодательстве (христианства) женщины были поставлены *во много более низкое юридическое положение, чем в языческой империи*», — то чем охотнее и чаще будет упоминаться этот факт, тем будет лучше для этой очевидной истины. Кроме того, наши церковные законы, как уже было сказано, испещрены Моисеевыми заповедями. Это *Левит*, а не римское право, является творцом и вдохновителем законодательства, по крайней мере, в протестантских странах.

Карлейль говорит, что прогресс — это «живое движение». Это правда; но это так только при условии, что никакая мертвая сила, никакой труп не будет препятствовать свободе этого «живого движения». Ныне церковь, со своим бескомпромиссным консерватизмом и бездуховностью, — это не больше, чем мертвое тело. Поэтому она препятствовала и будет мешать истинному прогрессу. На самом деле, пока церковь — заклятый враг этики Христа — была у власти, вряд ли был возможен вообще какой-нибудь прогресс. И только после Французской революции началось благоприятное развитие действительной культуры и цивилизации.

Те дамы, которые требуют день за днем и ночь за ночью с таким искренним и страстным красноречием на собраниях Лиги защиты женского избирательного права своей законной доли прав, как матерей, жен и граждан, и все же участвуют в воскресных «божественных» службах, — в лучшем случае совершают бесполезную работу по бурению отверстия сквозь толщу морской воды. То, что они должны заниматься этим, вызвано вовсе не законами этой страны, но законами церкви и, главным образом, их самих. Это *карма* женщин нашей эпохи. Она была порождена Марией

Магдалиной, получила свое практическое выражение в руках матери Константина, и обнаруживает вечно обновляющуюся силу в каждой королеве и императрице «по милости Божьей». Иудейское христианство обязано своей жизнью женщине — *une sublime hallucinée* [возвышенной мечтательнице, *франц.*], как называет ее Ренан. Современный протестантизм и римский католицизм опять-таки обязаны своим незаконным существованием находящимся под властью священника и ходящим в церковь женщинам; матерям, которые учат своего сына его первому библейскому уроку; жене или сестре, которые заставляют своего мужа или брата сопровождать себя в церковь и капеллу; эмоциональной и истеричной старой деве, поклоннице любого популярного проповедника. И все же предшественники последнего в течение пятнадцати веков позорили женщин с каждой церковной кафедры!

В октябрьском номере «Люцифера» за 1889 год, в статье «Женщины Цейлона», читатель мог прочитать мнение Дональдсона, ректора университета св. Андрея, о той деградации, которую претерпели женщины благодаря христианской церкви. Вот что он откровенно говорит в «*Contemporary Review*»:

«Преобладает такое мнение, что женщины достигли своего нынешнего высокого положения благодаря христианской церкви. Я обычно верил этому мнению. Но я не могу увидеть, каким образом христианство оказало в первые три столетия какое-либо благоприятное влияние на положение женщин, но напротив, я вижу, что имело склонность принижать их качества и ограничивать пределы их деятельности».

Сколь же справедливо тогда замечание Хелен Х. Гарденер о том, что в Новом Завете «слова сестра, мать, дочь и жена являются всего лишь именами позора и бесчестья»!

То, что все вышеизложенное является фактом, можно увидеть из различных сочинений, и даже из некоторых еженедельных изданий. В разделе «Смесь» журнала «Агностик», в его последней рубрике «Наобум» приводятся красноречивые доказательства того же самого, предлагая десятки цитат. Вот некоторые из них:

Миссис Мэри А. Ливермор говорит: «Ранние отцы церкви осуждали женщин как вредных животных, обязательно злобных и представляющих опасность для дома».

Лики говорит: «Неистовые ругательства, направленные против слабого пола, составляют значительную и весьма гротескную часть сочинений святых отцов».

Миссис Стэнтон полагает, что святые книги и священнослужители учат тому, что «женщина является создателем греха, который [в тайном сговоре с дьяволом] вызвал падение человека».

Гембл утверждает, что в четвертом веке священнослужители весьма серьезно обсуждали этот вопрос: «Следует ли называть женщину человеческим существом?»

Но пускай христианские отцы говорят сами за себя. Тертуллиан обращается к женщинам в следующей, весьма лестной, манере: «Вы врата дьявола, вы открыватели запретного древа, первые нарушители божественного закона. Вы совратили того, на кого не осмеливался напасть сам дьявол. Вы разрушили образ Божий — человека».

Климент Александрийский говорит: «Становится стыдно при размышлении о том, какова природа женщины».

Григорий Чудотворец говорит: «Один человек из тысячи может быть чистым; женщина — никогда».

«Женщина — это орган дьявола», — св. Бернард.

«Ее голос — это шипение змеи», — св. Антоний.

«Женщина — это инструмент, который дьявол использует, чтобы завладеть нашими душами», — св. Киприан.

«Женщина — это скорпион», — св. Бонавентура.

«Врата дьявола, путь порока», — св. Иероним.

«Женщина — это дочь лжи, страж ада, враг мира», — св. Иоанн Дамасский.

«Из всех диких зверей самое опасное — это женщина», — св. Иоанн Златоуст.

«Женщина обладает ядом кобры и злобой дракона», — св. Григорий Великий.

Разве это удивительно, при таких наставлениях отцов христианской церкви, что ее дети *не должны* «смотреть на женщин как на равных, и считать их равными мужчинам»?

И вместе с тем, это эмоциональные женщины, даже в нашу эпоху прогресса, остаются, как и всегда, главными помощниками церкви! Более того, они являются единственной причиной того, если верить библейской аллегории, что вообще есть какое-либо христианство и церкви. Подумайте только, где они были бы, если бы наша мать Ева не отнеслась со вниманием к словам Змея-искусителя. Прежде всего, тогда не было бы греха. Во-вторых, если бы Дьявол не оказывал противодействия, не было бы необходимости вообще в каком-либо Воскресении, и никакая женщина не имела бы «потомства», чтобы оно могло «попрать своими ногами голову змея»; и, таким образом, не было бы ни церкви, ни Сатаны. Ибо, по словам нашего старого друга кардинала Вентуры де Раулика, Змей-Сатана — «это одна из фундаментальных догм церкви, и она служит основой для христианства». Уберите эту основу, и все ее усилия погрузятся в темные воды забвения.

Таким образом, мы обвиняем церковь в неблагодарности по отношению к женщине, которая стала добровольной мученицей; ибо если для наделения ее избирательными правами и свободой было необходимо более чем среднее мужество сто лет назад, то сегодня для этого требуется совсем немногое — всего лишь твердая решимость. На самом деле, если древние и современные писатели могли быть уверены в действительной культуре, свободе и чувстве собственного достоинства, то женщина нашего века ставит себя намного ниже древней арийской матери, египтянки — о которой Уилкинсон и Бакли говорят, что она имела величайшее влияние и социальную, религиозную и политическую свободу среди своих сограждан, — и даже римской матроны. Покойный Пери Чанд Митра показал, с «Законами Ману» в руках, до какого превосходства и почета были возвышены женщины древней Арьяварты. Автор книги «Женщина древнего Египта» рассказывает нам, что «с самых древних времен, о которых мы можем что-либо узнать, женщина Египта была наделена свободой и независимостью, *о которых современные народы только начина-*

ют мечтать». Приведем еще раз цитаты из рубрики «Наобум»:

Сэр Генри Мэн говорит: «Никакое общество, которое сохранило какую-либо примесь христианских установлений, никогда, вероятно, не сможет восстановить ту личную свободу замужней женщины, которая была дарована им римским правом».

За дело «женских прав» боролись в Греции за пять столетий до Христа.

Х. Х. Гарденер говорит: «Если языческий закон признавал ее [жену] равной своему мужу, то церковь отказалась от этого закона».

Лики говорит: «В легендах древнего Рима мы имеем достаточные свидетельства высшего морального уважения к женщинам и их выдающегося положения в римской жизни. Трагедии о Лукреции и Вирджинии показывают такую изысканную благочестивость и такое чувство высшего превосходства незапятнанной чистоты, которые не смог превзойти ни один христианский народ».

Сэр Генри Мэн говорит в своих «Древних законах», что «неравенство и угнетение в отношении женщин исчезли из языческого законодательства», и добавляет: «в результате положение римской женщины стало отличаться высокой личной и хозяйственной независимостью; но христианство с самого начала имело склонность к ограничению этой замечательной свободы». Далее он говорит, что «юристы того времени боролись за лучшие законы для жен, но во многих случаях побеждала церковь и устанавливала наиболее угнетающие и подавляющие законы».

Профессор Дрейпер, в своей книге «Интеллектуальное развитие Европы», приводит такие факты возмутительного обращения с женщинами со стороны христианских мужчин (включая и представителей духовенства), что пересказывать их было бы с моей стороны в высшей степени нескромно.

Монкур Д. Конвей говорит: «В истории нет более жестокой главы, чем та, которая свидетельствует о приостановке христианством естественного развития европейской цивилизации в том, что имеет отношение к женщинам».

Церковный историк Неандр говорит: «Христианство ослабляет влияние женщины».

Таким образом, в достаточной мере доказано, что христианство (или, скорее, «приверженность к церковным обрядам») принесло женщине вместо «возвышенного» положения — положение *унизительное*. Не считая этого, женщине не за что благодарить его.

А теперь — один добрый совет ко всем членам Лиги и других обществ, занимающихся правами женщин. В нашу эпоху культуры и прогресса все это показывает, что только в *единстве* заключена сила, и что тиранов можно свергнуть только их собственным оружием; и что, наконец, мы находим, что нет ничего лучшего, чем «забастовка» — пусть все борцы за права женщин забастуют и дадут себе обет, что их нога не ступит в церковь или капеллу до тех пор, пока их права не будут восстановлены и их равенство с мужчинами не будет признано законом. Мы предвидим, что не пройдет и шести месяцев, как каждый епископ будет работать в парламенте столь же ревностно, как и на своем месте, чтобы выдвинуть законопроект о преобразовании и чтобы он был принят. Тогда закон Моисея и Талмуда будет разрушен во славу — ЖЕНЩИНЫ.

Но что такое на самом деле культура и цивилизация? Идея Диккенса о том, что наши сердца столь же облагодетельствованы щебеночным покрытием, как и наши ботинки, — оригинальна скорее с литературной, чем с афористической точки зрения. Это неправильно в принципе, и это опровергается в природе самим фактом, что в грязных деревнях есть много больше добросердечных и благородных мужчин и женщин, чем в Париже или Лондоне, чьи улицы покрыты щебнем. Истинная культура духовна. Она исходит изнутри наружу, и если человек не является благородным по своей природе и не стремится к духовному прогрессу прежде, чем он начнет осуществлять его на материальном или внешнем плане, такая культура и цивилизация будут не больше, чем побеленные гробницы, наполненные костями мертвецов и разлагающимися останками. И какая же духовная или интеллектуальная культура может быть, если догматические вероисповедания являются государственными религиями и навязываются под страхом позора огромным сообществам «верующих». Никакая догматическая секта не может быть прогрессивной. Если догма не является выражением универсального и доказанного факта в природе, то это не более чем ментальное или интеллектуальное рабство. Тот, кто признает догмы, несомненно, в конце концов, сам станет догматиком. И, как хорошо сказал Уоттс:

«Догматический дух побуждает человека к осуждению своих ближних... Он становится склонным презирать своих корреспондентов, как людей с более низким и темным уровнем понимания, потому что они не верят в то, во что верит он».

Все вышеизложенное ежедневно находит свое подтверждение в фанатичных церковниках, священниках и раввинах. Говоря о последних и о Талмуде в связи с прогрессом и культурой, мы отмечаем несколько необычных статей в «*Les Archives Israelites*», ведущем издании французских евреев в Париже. В них неминуемый упадок любого прогресса, вызванного фанатизмом, становится столь очевидным, что после прочтения некоторых статей, подписанных такими знаменитыми *людьми культуры*, как Ф. Кремье («*Clericalisme et Judaisme*»), А. Франк, член Научного общества («*Les Juifs et l'Humanité*»), и особенно статьи Илии Аристида Астрюка, «*Grand rabbin de Bayonne, grand rabbin honoraire de la Belgique*», и т. д. («*Pourquoi nous restons Juifs*»), никто не сможет обнаружить ни малейшего следа прогресса в нашем веке, или сохранить даже самую слабую надежду стать свидетелем того, что христиане предпочитают называть нравственным возрождением евреев. Эта статья (не говоря уж об остальных), написанная человеком с исключительно высокой репутацией в области учености и таланта, несет в себе свидетельства того, что такое интеллектуальная культура *минус* духовность. Статья адресована французским евреям, которые считаются наиболее прогрессивными представителями своего народа, и наполнена горячими и страстными апологиями талмудического иудаизма, всецело пропитанными исключительным религиозным самомнением. Ничто не может приблизиться к такому самовосхвалению. Она препятствует любому нравственному прогрессу и духовному обновлению в иудаизме; она открыто призывает этот народ развивать более чем когда-либо бескомпромиссную исключительность, и пробуждает темнейшую и наиболее нетерпимую форму невежественного фанатизма. Если таковы взгляды лидеров евреев, обосновавшихся во Франции, в очаге цивилизации и прогресса, какая же надежда остается для их единоверцев в других странах?

Любопытна статья «Почему мы остаемся евреями». В ней А. Астрюк, ученый автор, торжественно уведомляет читателей, что евреи должны *nolens volens* [волей неволей, *лат.*] оставаться евреями, так как никакая из существующих религий не могла бы «соответствовать гению этого народа». «Если мы намерены отпасть от иудаизма», — убеждает он, — «где та другая вера, которая смогла бы руководить нашими жизнями?» Он говорит о той звезде, которая однажды встала на Востоке и привела магов в Вифлеем, но спрашивает: «Может ли Восток, некогда колыбель религий, дать нам сегодня истинную веру? Никогда!» Затем он переходит к анализу ислама и буддизма. Первый он считает слишком сухим по своей догматике и чересчур ритуалистическим по форме, и показывает, что он никогда не мог бы удовлетворить еврейский разум. Буддизм, с его устремленностью к нирване, рассматриваемой как величайшая реализация блаженства и «в высшей степени *непонятным сознанием небытия*», (?) кажется ему слишком негативным и пассивным.

Мы не будем останавливаться для того, чтобы обсуждать эту новую фазу метафизики, то есть, феномен *небытия*, наделенного самосознанием. Лучше посмотрим на анализ автором двух форм христианства — римского католицизма и протестантизма. Первый, со своим учением о

Троице и догмами о Божественном Воплощении и Воскресении, непонятен «свободному разуму еврея»; последний слишком разобщен в своих бесчисленных сектах, чтобы стать когда-либо религией будущего. Он говорит, что ни одна из этих двух вер «не могла бы удовлетворить еврея»; таким образом, этот раввин умоляет своих единоверцев оставаться верующими в иудаизм, или закон Моисея, так как эта вера является *лучшей и наиболее спасительной из всех*; короче говоря, она есть, по его выражению, «наивысшее выражение человеческой религиозной мысли».

Эта сверх-фанатичная статья привлекла внимание некоторых «христианских» газет. Одна из них резко критикует автора за то, что *он боится догматов только лишь потому, что человеческий разум неспособен понять их*, как если бы «любая религиозная вера *всегда должна строиться на разуме*»! Это хорошо сказано, и это указывало бы на по-настоящему прогрессивную мысль, появившуюся в уме данного критика, если бы его истолкование веры в догмы не было бы их *bona fide* [добросовестной, *лат.*] защитой, которая слишком далека от того, чтобы быть отражением философского прогресса. Далее, мы рады сообщить, что русский рецензент защищает буддизм от нападок раввина.

«Насколько мы поняли, наш почтенный друг совершенно не прав в своей недооценке буддизма, или в том, что он считает его бесконечно более низким, чем иудаизм. Буддизм, с его духовным устремлением ввысь и аскетическими наклонностями, вне всякого сомнения, при всех своих недостатках, духовнее и человечнее, чем когда-либо был иудаизм; особенно современный иудаизм, с его недружелюбной исключительностью, темным и деспотичным *кагалом*, его мертвящим талмудическим ритуализмом, который является еврейской заменой для религии, и его определенной ненавистью ко всякому прогрессу». («Новое время»).

Это правильно. Это, во всяком случае, показывает зарождение духовной культуры в журнализме страны, которая до сих пор считается *полу*-цивилизованной, в то время как пресса полностью цивилизованных народов, как правило, дышит религиозной нетерпимостью и предубеждением, если не ненавистью, всякий раз, когда заходит разговор о *языческой* философии.

И что же, в конце концов, значит *наша* цивилизация перед лицом грандиозных цивилизаций прошлого, ныне достаточно удаленного и забытого, чтобы дать повод нашим современникам для самоудовлетворения весьма комфортной идеей о том, что вообще никогда не было никакой настоящей цивилизации до появления христианства? Европейцы называют азиатские нации «низшими», потому что среди всего прочего они едят руками и не используют носовые платки. Но как давно мы сами, христиане, перестали есть своими пальцами и начали сморкаться в батистовые платки? С самого своего появления и до конца восемнадцатого века христиане либо оставались в неведении относительно вилки, либо презирали ее использование. И все же в Риме времен цезарей цивилизация была выше по своему развитию, и нам известно, что если на пирах Лукулла, знаменитых своей великолепной роскошью и пышностью, каждый гость брал свой сочный кусочек, погружая свои пальцы в блюдо с редкостными яствами, то гости французских королей делали то же самое до самого последнего века. Почти 2000 лет прошли между Лукуллом и языческими цезарями с одной стороны, и последними Бурбонами с другой, и все же преобладали те же самые личные привычки; мы обнаруживаем то же самое при блестящих дворах Франциска I, Генриха II, Людовика XIII и Людовика XIV. Французский историк Альфред Франклин приводит в своих интересных томах «*La Vie privée d'autrefois du XII au XVIII siècles, les Repas,* и т. д.», массу любопытной информации, в особенности об этикете и правилах приличия, существовавших в эти столетия. Тот, кто вместо того, чтобы с изяществом использовать три своих пальца, вылавливал кусок пищи из блюда при помощи всей своей руки, в такой же степени грешил против правил приличия того времени, как тот, кто засовывает нож себе в рот при еде, в наши дни. Наши предки имели очень твердые правила относительно чистоплотности: например, три пальца были *de rigueur* [обязательными, *франц.*], и их нельзя было ни облизывать, ни вытирать о жакет, но следовало очищать и вытирать после каждого блюда «о скатерть». Шестой том сочинений этого автора знакомит читателя со всеми деталями различных обычаев. Современная привычка мыть руки перед обедом, — которая, по правде говоря, существует ныне лишь в Англии, — была строго *de rigueur* не только при дворе французских королей, но являлась общим правилом и должна была повторяться перед каждым новым блюдом. Эту службу исполняли при дворах гофмейстеры и пажи, которые держали в своей левой руке золотой или серебряный таз и лили своей правой рукой из кувшина (сделанного из того же материала) ароматную теплую воду на руки обедающих. Но так было в царствование Генриха III и IV. Двумя веками позже, перед лицом прогресса и цивилизации, этот обычай исчезает, и его сохраняют только при дворах представители высшей аристократии. В XVI веке он начинает выходить из употребления, и даже Людовик XIV ограничивал свое омовение использованием мокрой салфетки. В среде *буржуа* он совершенно исчез, и Наполеон I мыл свои руки лишь один раз перед обедом. Сегодня ни одна страна кроме Англии не сохранила этот обычай.

Насколько же чище примитивные народы, например, индусы, и особенно брахманы, при еде, чем мы. Они не пользуются вилками, но они моются целиком и полностью заменяют свою одежду перед тем, как садятся за обед, в течение которого они постоянно моют руки. Никакой брахман не стал бы есть обеими руками или использовать во время еды свои пальцы для какой-либо другой цели. Но европейцам восемнадцатого века необходимо было напоминать, как мы видим это в различных сочинениях по этикету, о таком простом правиле: «Считается неподобающим, и даже непристойным, дотрагиваться до носа, особенно когда он полон нюхательного табака, во время обеда» (loc. cit.). И все же брахманы — это «язычники», а наши предки — христиане.

В Китае местные вилки (палочки для еды) применялись за тысячу лет до нашей эры так же, как и сегодня. А когда же вилки были приняты в Европе? Вот что сообщает нам Франклин:

«Даже в начале нашего века жареное мясо еще ели пальцами. Монтень отмечает в своих «Опытах», что он не раз кусал себя за пальцы, как обычно, торопясь во время еды. Вилка была известна во времена Генриха III, но редко применялась до конца прошлого столетия. В приданом жены Карла Красивого (1324) и Клеменсы Венгерской было лишь по одной вилке; у герцогини Турской их было две, а Чарльз V (1380) и Чарльз VI (1418) имели среди своих столовых приборов лишь три золотые вилки — для фруктов. У Шарлотты д'Албрей (1514) их также было три, но, однако, они никогда не использовались».

Немцы и итальянцы стали использовать вилки для еды на сто лет раньше, чем французы. Англичанин Корнет был весьма удивлен, когда он во время своего путешествия по Италии в 1609 году увидел «странного вида, неуклюжие и опасные орудия, называемые вилками» и используемые местными жителями во время еды. В 1651 году мы обнаруживаем, что Анна Австрийская отказывается использовать это «орудие» и ест вместе со своим сыном (Людовиком XIV) пальцами. Вилки получили широкое применение только в начале нашего века.

Но тогда куда же должны мы обратиться за подтверждением этого лживого утверждения, что мы обязаны нашей цивилизацией, нашей культурой, нашими искусствами, науками и всем остальным, возвышающему и благотворному воздействию христианства? Мы не обязаны ему ничем — вообще ничем, ни материально, ни морально. Прогресс, которого мы достигли до сих пор, имеет отношение в каждом случае к чисто физическим приспособлениям, к предметам и вещам, но не к *внутреннему* человеку. Мы обладаем сегодня всяческими удобствами и комфортом жизни, которые потворствуют во всем нашим чувствам и тщеславию, но мы не находим в христианстве ни одного атома нравственного усовершенствования с самого начала установления религии Христа. Так же как ряса не делает из человека монаха, так и отказ от старых богов не делает людей сколь-либо лучшими, чем они были до того, и, быть может, только хуже. В любом случае, оно создало новый вид лицемерия — *ханжество*; и цивилизация вовсе не распространилась так широко, как об этом заявляют. Лондон цивилизован, но на самом деле — только в Уэст-Энде. Что же касается Ист-Энда, с его нищим населением и с безлюдными трущобами Уайтчепела, Лаймхауса, Степни и т. д., то они в такой же степени некультурные и варварские, какой была Европа в ранние века нашей эры, и, кроме того, его обитатели знакомы с такими видами жестокости и грубости, которые не были известны людям первых веков, и которые никогда и не снились самым худшим дикарям или современным языческим народам. И в то же время это наблюдается в каждой из столиц христианских государств, в каждом городе; снаружи глянец и лоск, внутри грубость и низость — поистине, это плод Мертвого моря!

Простая истина заключается в том, что слово «цивилизация» — это очень широкий и неопределенный термин. Подобно добру и злу, красоте и уродству, и т. д., цивилизация и варварство — понятия весьма относительные. Ибо то, что для китайца, индийца или перса выглядело бы верхом культуры, рассматривалось бы европейцем как вопиющий недостаток хороших манер и ужасное нарушение общественного этикета. В Индии путешественник испытывает чувство отвращения, когда он видит, как местные жители пользуются пальцами вместо носового платка. В Китае император испытывает сильную тошноту, принимая европейца, который тщательно прячет в свой карман продукт выделения своих слизистых желез. В Бомбее пуританская английская женщина смотрит, покраснев от стыда, на узкие обнаженные талии, голые колени и ноги местной женщины. Приведите брахманку в современный танцевальный зал — скажем, «Queen's Drawing-room» — и посмотрите на тот эффект, который на нее это произведет. За несколько тысяч лет до нашей эры амазонки танцевали Круговой Танец вокруг «Великой Матери» во время мистерий; дочери Шилох, обнаженные по пояс, и пророки Ваала, лишенные своих одежд, подобным образом кружились и прыгали на сабейских праздниках. Все это просто символизировало движение планет вокруг солнца, но сегодня это подвергнуто позору как *фаллический танец*. Но как же в таком случае будут расценивать будущие поколения наши современные танцы в танцевальных залах и излюбленный *вальс*? В чем состоит разница между древними жрицами бога Пана, или вакханками, со всеми остальными священными танцорами, и современными жрицами Терпсихоры? И в самом деле, мы видим ее весьма незначительной. Последние, почти по пояс обнаженные, танцуют сходным образом свои «круговые танцы», вращаясь и совершая круговые движения вокруг танцевального зала; единственная разница между ними состоит в том, что первые исполняли свой танец отдельно от представителей противоположного пола, в то время как танцующие вальс женщины по очереди сжимаются в объятиях незнакомых мужчин, которые не являются ни их мужьями, ни их братьями.

Сколь же непостижимы твои таинства, о, сфинкс прогресса, называемый современной цивилизацией!

ЛЕВ ТОЛСТОЙ И ЕГО НЕ ЦЕРКОВНОЕ ХРИСТИАНСТВО

Толстой — это великий мастер художественного слова и великий мыслитель. Вся его жизнь, его сердце и разум были заняты одним жгучим вопросом, который в той или иной степени наложил свой болезненный отпечаток на все его сочинения. Мы чувствуем его омрачающее присутствие в «Детстве, отрочестве, юности», в «Войне и мире», в «Анне Карениной», пока он окончательно не поглотил его в последние годы его жизни, когда были созданы такие работы, как «Моя исповедь», «В чем моя вера?», «Что делать?», «О жизни» и «Крейцерова соната». Тот же самый вопрос горит в сердцах многих людей, особенно среди теософов; это поистине — вопрос самой жизни.

«В чем смысл, цель человеческой жизни? Каков конечный исход неестественной, извращенной и лживой жизни нашей цивилизации, такой, какая навязана каждому из нас в отдельности? Что мы должны делать, чтобы быть счастливыми, *постоянно* счастливыми? Как избежать нам кошмара неизбежной смерти?»

На эти вечно стоящие вопросы Толстой не дал ответа в своих ранних сочинениях, потому что он сам не нашел его. Но он не мог прекратить бороться, как это сделали миллионы других, более слабых или трусливых натур, не дав ответа, который, по крайней мере, удовлетворил бы его собственное сердце и разум; и в пяти вышеназванных работах содержится такой ответ. Это ответ, которым на самом деле не может удовольствоваться теософ *в той форме, в какой его дает Толстой*, но в его главной, основополагающей, насущной мысли мы можем найти новый свет, свежую надежду и сильное утешение. Однако для того, чтобы понять ее, мы должны вкратце проследить тот путь, посредством которого Толстой достиг того мира, который был им найден; ибо пока мы не сможем ни *почувствовать*, ни понять те внутренние процессы, которые привели его к этому, его решение, подобно любому другому решению жизненной проблемы, останется мертвой буквой, чисто интеллектуальной словесной концепцией, в которой полностью отсутствует жизненная сила; простой спекуляцией, лишенной живой истины и энтузиазма.

Подобно всем думающим мужчинам и женщинам нашего времени, Толстой утратил веру в религию в детстве; ибо такая утрата детской веры — неизбежная в жизни каждого человека — не является, как правило, результатом глубокого размышления; это скорее естественное следствие нашей культуры и нашего общего жизненного опыта. Он сам говорит, что его вера исчезла, и он не знает, как. Но его юношеское устремление к этическому усовершенствованию, продолжало сохраняться еще около десяти лет, постепенно забываясь и, в конце концов, совершенно исчезло. Видя вокруг себя торжествующие амбиции, любовь к власти, эгоизм и чувственность; видя презрение и насмешливое отношение ко всему тому, что называется добродетелью, добротой, чистотой и альтруизмом, и не способный ощутить ни внутреннее счастье и наполненность, ни внешний успех, Толстой шел по пути, которым движется мир, поступая так, как, он видит, поступают другие, принимая участие во всех порочных и низменных поступках «благопристойного мира». Далее он обращается к литературе, становится великим мастером слова, наиболее преуспевающим писателем, пытаясь, как он сам рассказывает, скрыть от себя свое собственное невежество, поуча других. В течение нескольких лет он продолжал совершать такое подавление своей внутренней неудовлетворенности, но перед ним все более часто, все более мучительно вставал этот вопрос: Для чего я живу? Что я знаю? И с каждым днем он все яснее видел, что он не может дать на него ответ. Ему было пятьдесят лет, когда его отчаяние достигло наивысшей точки. Находясь на вершине своей славы, счастливый муж и отец, автор многих прекрасных сочинений, наполненных глубочайшим знанием людей и жизненной мудрости, Толстой осознает невозможность дальнейшего продолжения жизни.

«Человек не может вообразить себе жизнь без желания благополучия. *Желать* и приближать это благополучие — это и есть *жизнь*. Человек исследует в жизни только то, что он может в ней улучшить».

Наша наука, напротив, изучает только *тени* вещей, а не их истинную сущность; и, находясь в заблуждении, что это второстепенное и неважное является существенным, наука искажает идею жизни и забывает о своем истинном предназначении, состоящем в проникновении именно в *эту* тайну, а *не* в изучении того, что сегодня открывается, а завтра — забывается.

Философия говорит нам: «Вы являетесь частью человечества, поэтому вы должны со-участвовать в развитии человечества и в реализации его идеалов; цель твоей жизни совпадает с целью жизни всех других людей». Но как это может помочь мне узнать, что я живу для того же, для чего живет и все человечество, если мне *не* сказали, *что это такое, для чего должно жить человечество?* Почему существует мир? В чем состоит результат того, что мир существует и будет существовать? Философия *не дает* ответа.

Скептицизм, нигилизм, отчаяние — в эту сторону уводят подобные мысли думающего человека, если он ищет последнее слово Мудрости в науке и философии различных школ. Таково, также, *реальное*, внутреннее, ментальное состояние, в котором находятся многие люди как внутри, так и вне Теософского общества.

По отношению к этой проблеме жизни Толстой разделяет людей в целом на четыре класса: (1) некоторые, обладающие слабым и незрелым интеллектом, счастливо живут в своем невежестве — для них проблема жизни, как таковая, не существует; (2) другие достаточно осознают и понимают эту проблему, но намеренно отворачиваются от нее, поддерживаемые благоприятными внешними обстоятельствами, позволяющими им пройти по жизни как бы в состоянии опьянения; (3) третью группу составляют те люди, которые знают, что смерть лучше, чем жизнь, прошедшая в заблуждении и невежестве; но они продолжают жить, потому что они не имеют достаточной силы для того, чтобы положить внезапный конец этому обману — жизни; (4) наконец, существуют сильные и стойкие натуры, которые осознают весь идиотизм этого фарса, который разыгрывается с ними, и одним ударом кладут конец этой глупой игре.

«Я ничего не мог бы сделать», — говорит он, — «только думать, думать о том ужасном положении, в котором я находился... Мое внутреннее состояние в это время, которое вплотную привело меня к самоубийству, было таково, что все, что я сделал до тех пор, все, что я все же смог бы сделать, казалось мне глупым и дурным. Даже то, что было для меня наиболее дорого в этой жизни, что столь долго уводило и отвлекало меня от жестокой реальности — моя семья и мое творчество — даже это утратило для меня всякую ценность».

Он, наконец, выбрался из этой пропасти отчаяния.

«Жизнь — это все», — заключил он, — «я, сам мой разум является созданием этой всеобщей жизни. Но в то же самое время Разум — это создатель и последний судья человеческой жизни, *присущий ей самой*. Каким же образом тогда разум может отрицать смысл последней, не отрицая самого себя и не называя себя лишенным смысла? Следовательно, я могу назвать жизнь бессмысленной лишь потому, что *я* не познал ее смысл».

Убежденный в том, что у Жизни *есть* смысл, Толстой ищет его среди тех, кто *действительно живет* — среди людей. Но здесь он снова встречается с разочарованием, горчайшим изо всех, поскольку именно здесь была его последняя надежда. Ибо среди людей он обнаружил единственное решение проблемы жизни, которое покоилось на представлении о вселенной, *противоположной разуму*, и основывалось на слепой вере, которую он так давно отбросил в сторону.

«Я подверг», — рассказывает он, — «*дополнительной проверке* представления моего разума и обнаружил, что Разум в недостаточной степени отвечает на мои вопросы, поскольку он не рассматривает концепцию Бесконечного (Беспричинного, Вневременного и Внепространственного), потому что он объясняет мою жизнь, проходящую во времени, пространстве и причинной обусловленности, опять-таки в терминах времени, пространства и причинности: такое объяснение на самом деле является логически корректным, но только лишь в терминах тех же самых компонентов, то есть, оставляя исходное и конечное основание жизни — единственное, что нас волнует и интересует — необъясненным. Религия, напротив, делает прямо противоположное: она не признает логики, но знает концепцию Бесконечного, с которой соотносит все сущее и, в некоторой степени, дает правильные ответы. Религия говорит: Ты должен жить согласно закону Божиему; результатом твоей жизни будет или вечное мучение, или вечное блаженство; смысл твоей жизни, которая не уничтожается после смерти, состоит в соединении с Бесконечным Божеством... Концепция Бесконечного Божества, божественности души, зависимости человеческих поступков от Бога — таковы представления, которые зародились в сокровенной глубине человеческой мысли, и без которых не было бы никакой жизни, и я также не смог бы существовать».

«Но что же такое Бог? На какой последовательности мыслей основывается вера в его существование и в зависимость человека от него? Если я есть», — рассуждает Толстой, — «тогда должен быть смысл моего бытия, и смысл для такого основания, и некий первичный смысл, и это и есть Бог. Я чувствую успокоение; мои сомнения и сознание своего сиротства в жизни исчезли. Но когда я спрашиваю себя: что есть Бог? Что я должен делать по отношению к нему? — Я обнаруживаю лишь *банальные* ответы, которые снова разрушают мою веру... Но я имею в себе концепцию Бога, сам *факт* и *необходимость* такой концепции, — и никто не может лишить меня этого. Однако откуда же эта концепция? Откуда же ее необходимость? Эта необходимость является самим Богом. И я снова чувствую радость. Все вокруг меня живет и имеет свой смысл. Представление о Боге — это поистине не сам Бог; но *необходимость* создания этого представления, стремление к познанию Бога, благодаря познанию которого я и живу, — *это* и есть Бог, живой и дающий жизнь Бог... Живя в этой мысли, ты действуешь как проявление Бога, и тогда твоя жизнь будет свидетельствовать о существовании Бога».

Толстой вновь обрел веру, «очевидность незримого», и его религиозная вера выражалась в течение трех лет его жизни в полном соответствии с наиболее строгими предписаниями православной церкви. Но, в конце концов, обнаружив, что церковь и все христианское общество в целом поступает прямо противоположно его главным представлениям об истинной Религии, он оторвался от православия и захотел понять, в чем состоит для него Истина в Религии, путем изучения Нового Завета.

Но прежде чем обсуждать те заключения, к которым он пришел, рассмотрим сначала фундаментальную позицию Толстого с теософской точки зрения. Его аргумент о существовании Бесконечного Бога как необходимого «первоначального основания» человеческого разума, полностью совпадает с аргументами теософов о существовании Космического или Универсального Разума, и, как аргумент, он не доказывает ничего сверх того. Зараженный западной привычкой к чувственности, он приписывает Универсальному Разуму антропоморфные черты, которыми последний не может обладать, и, таким образом, сеет семена неестественности и приводит к выводам о тех практических действиях, к которым он пришел впоследствии. В главном он прав; но в попытке удовлетворить требования своей эмоциональной натуры, он впадает в квазиантропоморфизм. Для нас, однако, более важно обратить внимание на ту горькую картину, нарисованную им, отражающую те ментальные страдания, которые сегодня мучают каждого честного и искреннего мыслителя, и на то, что он указывает путь, единственный путь, на котором возможно спасение. Ибо, исходя из его основной концепции, мы приходим, при тщательном и внимательном рассуждении, к фундаментальным представлениям теософского учения, как мы это увидим впоследствии.

Но вернемся к религиозным открытиям Толстого. Изучая Евангелия, он обнаружил самую суть учения Иисуса в Нагорной Проповеди, понятой в своем буквальном, простом смысле, «таком, что даже маленький ребенок понял бы его». Он рассматривает как совершенное выражение христианского закона Милосердия и Мира, заповедь, «не противься злу», которая для него является наиболее точным проявлением *истинного* христианства, и эту заповедь он называет «единственным и вечным законом Бога и людей». Он также указывает, что задолго до появления исторического Иисуса, этот закон был известен и признан всеми руководителями человеческой расы.

«Прогресс человечества в направлении добра», — пишет он, — «совершается теми, кто переносит страдания, а не теми, кто их причиняет».

Такова суть религии Толстого; но мы будем иметь больше возможностей проникнуть в ее истинный смысл и оценить вытекающие из нее практические выводы после того, как мы рассмотрим, во-первых, его учение о религиозном счастье, и, во-вторых, его философию жизни.

Я верю, говорит Толстой: (1) что счастье на земле зависит единственно от выполнения учения Христа; (2) что осуществление этого учения не только возможно, но легко и исполнено радости. Счастье, учит он, это любовь ко всем людям, единение с ними, а зло — это нарушение такого единства. Любовь и единство являются естественными человеческими состояниями, в которых находятся все люди, которых не сбивают с пути ложные учения.

Такие представления изменили все его отношение к жизни; все, к чему он ранее стремился, все то, что считается столь значимым в мире — честь, слава, культура, богатство, возросшее качество жизни, окружающей обстановки, пищи, одежды, манер, — все это утратило свою ценность в его глазах, и вместо всего этого он начал почитать то, что *мир* называет дурным и низменным — простоту, бедность, недостаток культуры. Но истинная сущность его учения лежит в концепции Всеобщего Братства человечества.

Согласно Толстому, *Жизнь* означает стремление человека к благополучию, к счастью, причем счастье, как мы видели, может быть достигнуто посредством исполнения заповедей Иисуса. Глубинное значение этих заповедей состоит в истинной жизни, а следовательно также и в истинном счастье, состоящем — не в сохранении чьей-либо индивидуальности, а — в ее поглощении Всем, Богом и Человечеством. Поскольку Бог — это Разум, христианское учение может быть сформулировано следующим образом: подчиняй свою личную жизнь разуму, который требует от тебя безусловной любви ко всем существам.[1]

Личная жизнь, та, которую осознает и которую желает только собственное «Я» человека, — это животная жизнь; жизнь разума — это человеческая жизнь, существование, присущее человеку в соответствии с его природой. Максима, завершающая стоическую философию, — живи в соответствии с природой, согласно твоей *человеческой* природе, — имеет в виду то же самое. Учения мудрейших законодателей: брахманов, Гаутамы Будды, Конфуция, Лао-Цзы, Моисея, — содержат такое же объяснение жизни и предъявляют такое же требование к человеку. Ибо с древнейших времен человечество осознавало мучительное внутреннее противоречие, которое ощущали в себе все те люди, кто стремился к личному благополучию. И поскольку, к сожалению, нет иного способа разрешить это противоречие, кроме перенесения центра тяжести существования[2] человека *от* своей индивидуальности, которая никогда не может быть сохранена от разрушения, *к* вечному Всему, то становится понятным, почему все мудрецы прошлого, так же как и величайшие мыслители последних веков, создали учения и нравственные законы, идентичные по своему об-

---

[1] Это абсолютно та же самая доктрина, которой учил Будда и все остальные посвященные, включая Платона. Этот факт был понят Толстым, хотя он и не придал ему должного значения.

[2] Там, где твое сокровище, будет и твое сердце.

щему смыслу, ибо они видели лучше всех остальных людей и это противоречие, и его решение.

Нетрудно увидеть, в чем состоит основное противоречие личной жизни. То, что является для человека наиболее важным, то единственное, чего он хочет, то, что — как ему кажется — единственно *живет*, а именно, его индивидуальность, разрушается, потому что скелет, рассыпаясь, *не* оставляет ничего за «собой»; в то время как то, чего он *не* хочет, что не является для него ценностью, чью жизнь и чье благоденствие он *не* ощущает, — внешний мир борющихся существ, — оказывается именно тем, что имеет продолжение, поистине живет.

После пробуждения разумного сознания, которое раньше или позже может произойти в каждом человеке, он осознает ту пропасть, которая проходит между животной и человеческой жизнью; он понимает это все полнее и полнее, пока, в конце концов, — на высшем уровне сознавания, — фундаментальное противоречие жизни не будет осознано лишь как *кажущееся*, принадлежащее единственно к сфере животного существования, и смысл жизни, который безуспешно искал «личный» человек, наконец, становится открытым. Он обнаруживается не с помощью логических выводов, но — интуитивно. Духовно пробужденный или возрожденный человек внезапно обнаруживает себя перенесенным в вечное, вневременное состояние жизни чистого «Разума»,[1] в котором не может быть больше никаких иллюзий, противоречий, загадок... Разумная жизнь, как первоначальная и единственная истинная жизнь, является также *нормальной* жизнью человека, и человек как таковой лишь в той степени может быть назван «живущим», в какой он подчинил животное в себе законам разума; и это точно так же, как и животное *действительно живет* только тогда, когда оно подчиняется не только законам того вещества, из которого состоит его тело, но и высшему закону органической жизни... Если однажды было осознано, что верховен-

---

[1] В значении «ноэтической жизни» у Платона.

ство, особенно в человеческой жизни, безусловно, принадлежит не личности, но разуму, то тогда нет ничего сверхчеловеческого в следовании *естественному* закону человеческой жизни, и в отношении и в использовании в качестве *средства* того, что *является* просто средством для истинной жизни, а именно — личности... Но может возникнуть вопрос: для чего же тогда мы имеем личность, если мы должны отказаться от нее, отрицать ее? Затем, чтобы личность, подобно любому средству, могла служить *просто* как способ для достижения цели, — и другой ответ здесь невозможен. Личность — это не что иное, как «лопата», которая дана разумному существу, чтобы копать ею, чтобы она затуплялась при этом копании и затем снова затачивалась, чтобы ею пользоваться, а не для того, чтобы она была чистой и хранилась без употребления. *Использовать* средство в качестве средства — это не означает *отрицать* его, но значит просто поставить ее на службу соответствующей цели, то есть разуму.

Такова философия жизни Толстого, одинаковая в своей основе с учением теософии. Но, испытывая недостаток в универсальности последней, имея слишком сильную склонность к искаженным и фрагментарным изречениям лишь одного Учителя Мудрости, философия Толстого оказалась бессильна руководить им на практике и, как показывает изучение его трудов, в действительности привела его к внутренним противоречиям. Однако, эти внутренние противоречия, находясь лишь на поверхности, на одном лишь физическом плане, имеют сравнительно небольшое значение по сравнению с тем действительным избавлением от иллюзий (в которых живет большинство из нас), которое он совершил.

Недостаток места делает невозможным осуществить полное детальное сравнение между взглядами Толстого и аналогичными теософскими взглядами. Каждый читатель «Люцифера» может проделать это самостоятельно, и мы только добавим, что эссе д-ра Вон Коебера, из которого почерпнут материал для настоящего весьма беглого очерка, является достойным внимательного изучения каждого, кто может читать на немецком языке. Хотя надо сказать, что в Приложении, посвященном той же теме, д-р Хьюбб Шлейден показывает недостаток оценки и понимания истинного духа и значения Толстовской мысли и действия, который, кажется, указывает то же самое неправильное представление природы *реальной* «мистики», которое может быть замечено в других эссе того же автора.

ДИАГНОЗЫ И ЛЕКАРСТВА

«То, что мир ныне пребывает в столь ужасном нравственном состоянии, является убедительным доказательством того, что никакая из его религий и философий, у цивилизованных народов еще менее чем у всех остальных, никогда не обладала истиной. Правильное и логичное объяснение этого вопроса, проблем великих дуальных принципов, — правды и неправды, добра и зла, свободы и деспотизма, боли и удовольствия, эгоизма и альтруизма, — столь же невозможно для нас, как и 1881 год назад: они столь же далеки от своей разгадки, как и всегда...»

Из хорошо известного теософам *неопубликованного письма.*

Не нужно принадлежать к Теософскому обществу для того, чтобы признать убедительность вышеприведенного замечания. Общепринятые убеждения и верования цивилизованных наций распространяли свое ограничивающее влияние почти на все слои общества; но у них никогда не было никакого другого ограничителя, кроме физического страха: ужаса теократических тисков и адских пыток. Возвышенная любовь к добродетели, ради самой добродетели, замечательные примеры которой мы обнаруживаем у некоторых древних языческих народов, никогда столь полно не расцветала в христианском сердце, так же как и многочисленные постхристианские философы, за немногими исключениями, не отвечали требованиям человечности. Поэтому нравственное состояние цивилизованной части человечества никогда не было *хуже*, чем теперь, — и даже, мы полагаем, в период упадка Римской империи. Поистине, если наши величайшие учителя в вопросах человеческой природы и лучшие писатели Европы, такие проницательные психологи — истинные вивисекторы человеческой морали — как граф Толстой в России, Золя во Франции, и предшествующие им Теккерей и Диккенс в Англии, не преувеличили факты — а против чересчур оптимистичного взгляда на этот счет мы имеем записи уголовных и бракоразводных судебных процессов вдобавок к конфиденциальным заседаниям миссис Гранди «за закрытыми дверями», — тогда эта внутренняя гнилость западной морали превосходит все то у древних язычников, что всегда подвергалось осуждению. Посмотрите внимательно, посмотрите у разнообразных древних классиков и даже в писаниях отцов церкви, переполненных ненавистью к язычникам, — и для каждого порока и преступления, приписываемого последним, будет найден в архивах европейских трибуналов современный подражатель. Да, «благосклонный читатель», мы, европейцы, раболепно подражаем всякому пороку языческого мира, и в то же время упрямо отказываемся признать любую из его великих добродетелей и последовать за ней.

К тому же мы, современные люди, без всякого сомнения, превзошли древних в одном, — а именно, в искусстве приукрашивать наши моральные гробницы; украшать свежими и цветущими розами наружные стены наших жилищ, чтобы лучше скрыть их содержимое, кости мертвецов и всякую нечистоту, и сделать их «поистине, имеющими прекрасный внешний вид». Что же это значит, что «чашка и тарелка» нашего сердца остаются грязными, тогда как «внешне они кажутся людям праведными»? Для достижения этой цели мы стали такими непревзойденными мастерами в воздавании хвалы самим себе, что «можем гордиться перед людьми». Тот факт, что мы не обманем этим ни ближних, ни родственников, мало заботит наше нынешнее поколение лицемеров, которые живут лишь внешним существованием, заботясь только о правилах приличия и о престиже. Они будут поучать своих ближних, но сами не имеют даже моральной смелости тех циничных, но искренних проповедников, которые говорили своей пастве: «Поступайте, как я вам приказываю, но не делайте, *как я делаю*».

Лицемерие, лицемерие и еще раз лицемерие; в политике и религии, в обществе, торговле и даже в литературе. Дерево познают по его плодам; о веке следует судить по его наиболее выдающимся писателям. И вывод о нравственной добродетели, присущей каждому отдельному периоду истории, следует, как правило, делать из того, что говорили его самые лучшие и проницательные авторы о нравах, обычаях и этике своих современников и тех классов общества, которые они наблюдали или среди которых они жили. И что же сегодня говорят такие писатели о нашем веке, и как они относятся к самим себе?

Английские переводы книг Золя были, в конце концов, отвергнуты; и хотя нам нечего сказать против того остракизма, которому подверглись его «Нана» и «Земля», его последнюю книгу — «Человек-зверь» — можно было бы прочитать в английском переводе не без пользы. В связи с «Джеком Потрошителем» в недавнем прошлом и повальным увлечением гипнотизмом в настоящее время, это тонкое психологическое исследование современного нервного и «истеричного» мужчины могло бы сослужить хорошую службу посредством внушения. Кажется, однако, что не в меру щепетильная Англия решается пренебречь истиной и не допустить, чтобы был поставлен диагноз истинному состоянию ее больной морали — во всяком случае, не иностранным автором. Прежде всего, были отторгнуты старые работы Золя. С этим многие согласились, поскольку такая беллетристика, хотя она обнаруживала самые скрытые язвы в социальной жизни, высказывалась слишком цинично и непристойно, чтобы принести большую пользу. Но теперь наступает черед графа Льва Толстого. Его последняя книга, если она даже еще не изгнана из книжных киосков, вызвала яростное осуждение английской и американской прессы. И почему же, по мнению «*Kate Field's Washington*»? Разве «Крейцерова соната» бросает вызов христианству? Нет. Защищает ли она распущенность нравов? Нет. Заставляет ли она читателя полюбить это «разумное животное», Позднышева? Напротив... Почему же «Крейцерова соната» подвергается таким нападкам? Ответ таков: «потому что Толстой сказал правду», утверждая не «жестокость», а искренность, и, без всякого сомнения, «о положении вещей на самом деле отвратительном»; а мы, люди девятнадцатого столетия, всегда предпочитаем хранить непотревоженными наши социальные скелеты в своих стенных шкафах и скрывать их от взора. Мы не решаемся отрицать ужасные, реалистические истины, изливаемые Позднышевым, о безнравственности нашего времени и современного общества; но — мы можем обрушиться на имя создателя Позднышева. Как осмелился он на самом деле показать современному обществу зеркало, в котором оно увидело свою собственную гадкую физиономию? К тому же, он не предложил какого-либо приемлемого лекарства для наших социальных болячек. Поэтому его критик, вознося глаза к небу и с пеной на губах, утверждает, что, несмотря на весь присущий ей реализм, ««Крейцерова соната» — это похотливая книга, которая призвана принести скорее вред, чем добро, *живописуя чудовищную безнравственность жизни*, и не предлагая никакого возможного лекарства для ее лечения» («*Vanity Fair*»). И еще хуже. «Она попросту *омерзительна*. Она не знает никакой меры и никакого оправдания; ... создание ума ... не только патологически нездорового, но ... далеко ушедшего в своем заболевании из-за болезненных измышлений» («*New York Herald*»).

Таким образом, автор «Анны Карениной» и «Смерти Ивана Ильича», величайший психолог нашего века, был обвинен одним из критиков в *незнании* «человеческой природы», в том, что он является «наиболее очевидным пациентом сумасшедшего дома», а другими («*Scot's Observer*») назван «*бывшим* выдающимся художником». «Он борется», — говорят нам, — «против сильнейших человеческих инстинктов», потому что автор — православный по рождению — всерьез говорит нам, что лучше вообще не заключать брака, чем допускать такое святотатство, которое его церковь считает одним из священных таинств. Но, по мнению протестантской «*Vanity Fair*», Толстой — «экстремист», потому что «со всеми своими недостатками, нынешняя система брака, *содержащая в себе даже такие отвратительные вещи, которые он нам показывает* (курсив наш), все же является меньшим злом, нежели монашество — с его последствиями — которое он проповедует». Это показывает нам представления обозревателя о *нравственности!*

Однако Толстой не проповедует никаких идей такого рода; не говорит этого и Позднышев, хотя критики понимают его неправильно от А до Я, как и мудрое утверждение о том, что «не то, что входит в уста, оскверняет человека; но то, что выходит из них», то есть, низкое человеческое сердце или воображение. И это не «монашество», но *закон воздержания*, которому учил Иисус (и оккультизм) в его эзотерическом значении, и которое не способно воспринять большинство христиан; его же проповедует и Толстой. Ничто не может быть более нравственным и более благоприятным для человеческого счастья и совершенствования, чем применение этого закона. Он предопределен самой природой. Животные следуют ему инстинктивно, так же поступают племена дикарей. С самого начала периода беременности и до последнего дня кормления своего ребенка, то есть, в течение от одиннадцати до двадцати месяцев, женщина у дикарей *является священной для своего мужа*; и лишь цивилизованные и полуцивилизованные народы нарушают этот благотворный закон. Таким образом, рассуждая о *безнравственности* брака в том виде, в котором он осуществляется сегодня, и о союзах, заключаемых из соображений коммерции, или, что еще хуже, о чисто чувственной, плотской любви, Позднышев формулирует идею, исполненную величайшей и священной истины, а именно, что для соблюдения нравственности в отношениях между мужчиной и женщиной в их повседневной жизни, *они должны возвести целомудрие в ранг своего закона*. Развиваясь в этом направлении, человек преодолевает себя. Когда он достигнет последней степени самоподчинения, мы будем иметь нравственный брак. Но если человек, как в нашем обществе, делает успехи только в физической любви, даже если он и окружает ее ложью и пустой формальностью брака, *он не получит ничего, кроме дозволенного порока*.

Хорошее доказательство того, что здесь проповедуется не «монашество» и не *полное безбрачие*, но только *воздержание*, мы обнаруживаем на странице 84, где спутник, с которым путешествует Позднышев, отмечает, что из теории последнего «выходит, что любить жену можно раз в два года». Или вот еще другая фраза:

«Слова Евангелия о том, что смотрящий на женщину с вожделением уже прелюбодействовал с нею, относятся не только к одним чужим женам, а именно — и главное — к своей жене».

У «монахов» нет жен, и они не женятся, если они хотят сохранить чистоту на физическом плане. Толстой, однако, очевидно предвидел такого рода британскую критику и ответил на обвинения по этому поводу, вложив в уста героя своей «грязной и отвратительной книги» («*Scot's Observer*») такие слова:

«Она будет больной душевно, истеричной, несчастной, какие они и есть, без возможности духовного развития. Переменится это только тогда, когда женщина будет считать высшим положением положение девственницы, а не так, как теперь, высшее состояние человека — стыдом, позором».

Толстой мог бы добавить: и когда моральная сдержанность и чистота провозглашается много большим злом, чем «система брака, содержащая в себе такие отвратительные моменты, которые он (Толстой) описывает». Разве добропорядочный критик из «*Vanity Fair*» или «*Scot's Observer*» никогда не встречал такую женщину, которая, являясь матерью многочисленного семейства, все же остается в течение всей своей жизни, в ментальном и нравственном отношении, чистой девой, или такую *девственницу* (вульгарно называемую «старой девой»), которая хотя физически и непорочна, тем не менее, превосходит в *ментальной*, неестественной развращенности самую низкую из падших женщин? Если он не встречал — мы встречали.

Мы утверждаем, что называть «Крейцерову сонату» *бессмысленной* и «порочной книгой» — это значит самым грубейшим образом упустить наиболее благородные и важные моменты в ней. Это никак не меньше, чем предумышленная слепота, или, что еще хуже, — то моральное малодушие, которое скорее смирится с любой проявленной безнравственностью, чем выскажется о ней публично, не говоря уж о ее обсуждении. Именно на такой благоприятной почве процветает и разрастается наша нравственная проказа, вместо того, чтобы остановить ее своевременным применением лекарств. Эта слепота в отношении одного из своих главных моральных пороков подобного рода и привела Францию к принятию несправедливого закона, запрещающего так называемое «установление отцовства». И разве это, опять-таки, не ужасающий эгоизм мужчин, к числу которых, безусловно, принадлежат и законодатели, ответственен за многие несправедливые законы, которыми обесчестила себя эта древняя страна? К примеру, право каждого грубого и жестокого мужа продавать свою жену на базарной площади с веревкой на шее; право каждого нищего мужа определять судьбу своей богатой жены, — права, ныне, к счастью упраздненные. Но не покровительствует ли закон мужчине и по сей день, предоставляя ему средства для легальной безнаказанности почти во всем, что касается его поступков в отношении женщины?

Неужели ни одному авторитетному судье или критику никогда не приходило в голову — за исключением Позднышева, — что «*разврат ведь не в чем-нибудь физическом, а именно в освобождении себя от нравственных отношений*»? («Крейцерова соната», стр. 32.) И в качестве прямого следствия такого легального «*освобождения* себя от нравственных отношений», мы имеем современную систему брака в каждой цивилизованной стране, а именно: мужчины, «гваздающиеся в гное разврата», ищут для себя «вместе с тем девушек, по своей чистоте достойных себя» (стр. 39); мужчины, из тысячи которых «едва ли есть один, который бы не был женат уже раз десять прежде брака» (стр. 41)!

Да, джентльмены прессы, скромные слуги общественного мнения, слишком большое количество ужасающей, жизненной правды, высказанной Позднышевым, безусловно, навсегда сделали «Крейцерову сонату» неприятной для вас. Мужская часть человечества — книжные обозреватели в числе прочих — не хочет иметь перед собой такого правдивого зеркала. Они хотят видеть себя не такими, *каковы они есть*, но лишь такими, какими они желали бы *выглядеть*. Если бы эта книга Толстого была направлена против ваших раболепных прислужниц и домашних животных — против женщин, тогда слава Толстого, без сомнения, сильно возросла бы. Но это фактически первый случай в литературе, когда книга показывает все рукотворное безобразие *мужского рода* в целом — этого конечного продукта цивилизации, — которое заставляет каждого развратного мужчину, подобно Позднышеву, мнить о себе как о «нравственном человеке». И она столь же ясно показывает, что женское притворство, склонность к мирскому и порочность, являются лишь рукотворными созданиями поколений мужчин, чья животная чувственность и эгоизм вынудили женщин искать ответных мер. Послушайте прекрасное и правдивое описание мужского общества:

«Женщины знают, что самая возвышенная, поэтическая любовь зависит не от нравственных достоинств, а от физической близости и притом прически, цвета, покроя платья. Скажите опытной кокетке, чем она скорее хочет рисковать: чтобы быть в присутствии того, кого она прельщает, изобличенной во лжи, жестокости, даже распутстве, или тем, чтобы показаться при нем в дурно сшитом и некрасивом платье, — всякая всегда предпочтет первое. Она знает, что наш брат все врет о высоких чувствах — ему нужно только тело, и потому он простит все гадости, а уродливого, безвкусного, дурного тона костюма не простит... От этого эти джерси мерзкие, эти нашлепки на зады, эти голые плечи, руки, почти груди».

Если не создавать спрос, то не будет и предложения. Но такой спрос, создаваемый мужчинами, —

«Объясняет то необыкновенное явление, что, с одной стороны, женщина доведена до самой низкой степени унижения, с другой стороны — что она властвует... «А, вы хотите, чтобы мы были только предмет чувственности, хорошо, мы, как предмет чувственности, и поработим вас», — говорят женщины, [которые] как царицы, в плену рабства и тяжелого труда содержат 0,9 рода человеческого. А все оттого, что их унизили, лишили их равных прав с мужчинами. И вот они мстят действием на нашу чувственность, уловлением нас в свои сети... [Почему? Потому что] большинство смотрит на поездку в церковь только как на особенное условие обладания известной женщиной. Поэтому вы можете говорить, что вам заблагорассудится, но мы живем в такой пропасти лжи, что до тех пор, пока какое-либо событие не свалится нам на голову ... мы не сможем пробудиться к правде...»

Однако наиболее сильное обвинение связано с некой вероятной параллелью между женщинами двух разных классов. Позднышев отрицает, что женщины из высшего общества имеют в жизни какие-либо иные цели, отличные от намерений падших женщин, и доказывает это следующим образом:

«Если люди различны по целям жизни, по внутреннему содержанию жизни, то это различие непременно отразится и во внешности, и внешность будет различная. Но посмотрите на тех, на несчастных презираемых, и на самых высших светских барынь: те же наряды, те же фасоны, те же духи, то же оголение рук, плеч, грудей и обтягивание выставленного зада, та же страсть к камушкам, к дорогим, блестящим вещам, те же увеселения, танцы и музыка, пенье. Как те заманивают всеми средствами, так и эти. Никакой разницы».

И знаете, почему? Это очень старый трюизм, это факт, подмеченный как Овидием, так и двумя десятками других романистов. Потому что мужья «дам из высшего общества» — разумеется, речь идет лишь о светском большинстве — весьма охотно предпочли бы так или иначе покинуть своих законных жен, поскольку они представляют собой слишком сильный контраст с *дамами полусвета*, которых все они обожают. Для некоторых мужчин, которые в течение долгих лет постоянно наслаждались отравляющей атмосферой определенных увеселительных заведений, поздними ужинами в *специальных кабинетах* в компании лощеных женщин, искусственных с ног до головы, правильное поведение настоящей *леди*, сидящей во главе их обеденного стола, с ее ненакрашенными щеками, ее прической, комплекцией и глазами, такими, какими их сделала природа, — очень скоро становится *скучным*. Законная жена, подражающая в своих одеждах и копирующая *распутные манеры* любовницы своего мужа, по-видимому, изначально прибегает к такой перемене от глубокого отчаяния, как к единственному средству сохранить хоть что-то от привязанности своего мужа, поскольку она не способна сохранить ее целиком. И опять-таки, это вызывающее наличие лощеных, разукрашенных и почти полностью обнаженных женщин из хорошего общества является делом рук мужчин — отцов, мужей и братьев. Если бы *животные* претензии последних не создали этот класс женщин, которые были столь поэтично названы Бодлером *цветами зла*, и которые, в конце концов, разрушают всякую семью, подчиняя своему гипнотическому влиянию мужчин, однажды подпавших под их влияние, — никакая жена или мать, и еще менее дочь или сестра, никогда бы даже не помыслили о подражании современным гетерам и о соперничестве с ними. Но ныне они вынуждены делать это. Акт отчаяния первой жены, покинутой ради *дамы полусвета*, принес свои плоды. Остальные жены последовали этому примеру, и это превращение постепенно стало модой и необходимостью. Сколь же тогда справедливы следующие замечания:

«Не в том отсутствие прав женщины, что она не может вотировать или быть судьей, а в том, чтобы в половом общении быть равной мужчине, *иметь право по своему желанию избирать мужчину, а не быть избираемой.* Вы говорите, что это безобразно. Тогда чтоб и мужчина не имел этих прав... Рабство женщины ведь только в том, что люди желают и считают очень хорошим пользоваться ею как орудием наслаждения. Ну, и вот освобождают женщину, дают ей всякие права, равные мужчине,[1] но продолжают смотреть на нее как на орудие наслаждения, так воспитывают ее в детстве и общественным мнением. И вот она все такая же приниженная, развращенная раба, и мужчина все такой же развращенный рабовладелец... Рабство ведь есть не что иное, как пользованье одних подневольным трудом многих. И потому, чтобы рабства не было, надо, чтобы люди не желали пользоваться подневольным трудом других, считали бы это грехом или стыдом. То же и с эмансипацией женщины».

Таков *мужчина,* показанный во всей отвратительной наготе своей эгоистической природы, стоящий, по-существу, ниже животных, которые

«как будто знают, что потомство продолжает их род, и держатся известного закона в этом отношении. Только *человек* этого знать не знает и не хочет... Царь природы, человек, во имя этой любви губит половину рода человеческого! Из всех женщин, которые должны бы быть помощницами в движении человечества к истине и благу, он во имя своего удовольствия делает не помощниц, но врагов...»

Теперь становится совершенно ясно, почему автор «Крейцеровой сонаты» внезапно стал в глазах всех *людей* — «безусловным пациентом Бедлама».[2] Следовало ожидать, что граф Толстой, единственный, кто осмелился сказать правду, описывая отношения между полами в целом таки-

---

[1] И то, лишь в *полуцивилизованной России,* если вам угодно. В Англии она все еще лишена даже привилегии участия в выборах.

[2] Бедлам — психиатрическая больница в Лондоне. — *Прим. редактора.*

ми, *какими они ныне являются*, «мерзкими и стыдными», и кто, таким образом, помешал «мужским наслаждениям» — будет, само собой, объявлен сумасшедшим. Проповедуя «христианскую добродетель», он утверждает, что то, чего желают современные мужчины — это *порок*, о котором никогда не мечтали даже древние римляне. «Побейте его камнями до смерти» — джентльмены прессы. Ведь вам, без сомнения, предпочтительнее видеть, как практически обосновываются и во всеуслышание превозносятся статьи, подобные «Девушке будущего» м-ра Гранта Аллена. К счастью для поклонников этого автора, редактор «*Universal Review*» сразу же отметил и выделил «этот утонченный такт и редкое совершенство чувствования, которое отличает его от всех его последователей» (если верить редактору «*Scot's Observer*»). Иначе он никогда бы не опубликовал такое ужасное оскорбление, брошенное каждой женщине, жене или матери. Заканчивая с диагнозом Толстого, мы может теперь перейти к *лекарству* Гранта Аллена.

Но даже м-р Квилтер, публикуя эти *научные* излияния, торопится уклониться от того, чтобы его мнение отождествили с представлениями, выраженными в этой статье. Еще более прискорбно то, что эта публикация вообще увидела свет. Однако, поскольку это произошло, то надо сказать, что это скорее некое эссе о проблеме «отцовства и материнства», чем о проблеме пола; в высшей степени филантропическая статья, подменяющая «значительно более важное и существенное представление о здоровье и благополучии детей, которые должны родиться», точкой зрения «о личном комфорте двух взрослых, соединенных» брачными узами. Если назвать эту проблему века «сексуальной проблемой» — это будет одной ошибкой; «проблемой брака» — это другая ошибка, хотя «большинство людей и называют ее так с удивительным легкомыслием». Поэтому, чтобы избежать последнего, м-р Грант Аллен... «назвал бы ее скорее детской проблемой, или, если мы хотим уподобиться тем же грекам, вне зависимости от Гиртона, — проблемой педопоэтики».

После этого выпада против Гиртона, он делает еще один относительно «Акта» лорда Кэмпбелла, запрещающего публичное обсуждение некоторых чересчур *декольтированных* вопросов; затем автор нападает в третий раз на женщин в целом. По сути дела, его мнение о слабом поле много хуже, чем у Позднышева в «Крейцеровой сонате», так как он отрицает наличие в них даже среднего интеллекта мужчины. Ибо все, что ему нужно — это «мнения мужчин, много размышляющих на эту тему, и *мнения женщин (если таковые у них имеются), которые хоть иногда задумывались*». Поскольку главной заботой автора является «формирование будущей британской нации», а основной угрозой для нее является высшее образование для женщин, «неудачный продукт оксфордской местной экзаменационной системы», он наносит четвертый и пятый удары, столь же ожесточенные, как и остальные, по «мистеру Подснапу и миссис Гранди»[1] за их *ханжество*, и по «университетским» дамам. Далее он задается следующим вопросом:

«...Вместо того чтобы пойти на тот риск, что некий чувствительный молодой человек покраснеет на несколько мгновений, мы должны позволить, чтобы процесс самопроизвольного заселения мира наследственными идиотами, наследственными пьяницами, больными с унаследованным туберкулезом и болезнями, наследственными бедняками, продолжался и далее без всяких изменений, и не подвергался бы никакой критике отныне и во веки веков. Пусть бедствие порождает бедствие, преступление — преступление: но никогда, ни на одно мгновение нельзя допустить, чтобы в чистом уме стыдливой английской девушки возникла мысль о том, что для нее вообще существует какая-либо обязанность реализовать себя в этой жизни в качестве женщины, кроме как потворствуя романтической и сентиментальной привязанности к первым же черным усам или первой же

---

[1] Литературные персонажи, ставшие нарицательными: м-р Подснап олицетворяет человека, преисполненного сознания своей непогрешимости; м-с Гранди — общественное мнение в вопросах приличия. — *Прим. редактора.*

клиновидной бородке, с обладателем которой ей случилось повстречаться...»

Такая слабость лишь к *одним* «черным усам» ничего не даст. Автор «благородно» и «возвышенно» призывает «стыдливую английскую девушку» знать это и быть готовой к тому, чтобы стать счастливой и гордой матерью *на благо государства*, при помощи *нескольких* «черных» и прекрасных усов подряд, как мы увидим дальше, если только они отличаются красотой и здоровьем. Отсюда и его выступление против «высшего образования», которое ослабляет женщин. Ибо,

«...вопрос заключается в том, будет ли существующая ныне система предоставлять нам матерей, способных создать умственно и физически здоровых детей, или нет? Если нет, то тогда она неизбежно и неминуемо потерпит неудачу. Никакая из когда-либо говоривших по-гречески Мон Кайрод и Оливий Скейнер не могла бороться против силы естественного отбора. Выживание наиболее приспособленного сильнее всего того, что вместе предлагают мисс Поцелуй, и мисс Леденец, и мисс Элен Кожаный-Саквояж, и администрация *Girl's Public Day School Company, Limited*. Раса, которая позволяет своим женщинам не исполнять своих материнских функций, опуститься в глубочайшую бездну забвения, хотя все ее девушки и будут наслаждаться логарифмами, курить русские сигареты и исполнять трагедии Эсхила в прекрасных и архаических хитонах. Раса, которая заботится о сохранении здоровья своих беременных матерей, сможет пройти долгий путь, даже если никто из ее девушек не сможет прочитать ни строчки из Лукиана и не сможет похвастаться ничем, кроме правильно развитых и уравновешенных ума и тела».

Заканчивая свою *entrée en matière* [вступительную часть, *франц.*], он показывает нам дальнейшее направление своего движения, хотя и предупреждает, что может сказать в этой статье очень немного, и лишь «приблизиться по боковой улочке к небольшому укреплению крепости, которую будут штурмовать». Мы увидим теперь, что это за «крепость», и по «боковой» маленькой «улочке» оценим ее общие размеры. М-р Г. Аллен, ставя диагноз тому, что по его мнению является величайшим современным злом, отвечает теперь на свои собственные вопросы. И вот что он предлагает для получения здоровых детей от здоровых — потому что *незамужних* — матерей, которым он советует избирать для каждого нового ребенка свежего и тщательно подобранного отца. Судите сами: то,

> «...что м-р Галтон называет «евгеникой», является, так сказать, систематическими попытками усовершенствования расы при помощи преднамеренной селекции наилучших из возможных производителей и их соединения с целью произведения потомства с наилучшими матерями. [Другой подход] оставляет размножение человеческой расы целиком на волю случая, и его результатом слишком часто является сохранение устоявшихся болезней, безумия, истерии, глупости, и других врожденных форм слабостей или пороков тела и ума. На самом деле, чтобы понять, сколь глупа наша практика воспроизводства человеческой расы, следует только сравнить ее с методом, который мы применяем для воспроизводства иных животных, чистота крови которых, их сила и высокое качество приобрели для нас столь большое значение.
>
> У нас есть прекрасные производители своего рода, будь то жеребец, бык или ищейка, и мы хотим сохранить навсегда их лучшие и наиболее полезные качества в их соответствующих потомках. Что же мы должны делать с ним? Должны ли мы связывать его на всю жизнь с одной производительницей и довольствоваться такими жеребцами, или телятами, или щенками, которые сможет предоставить нам случай? Вовсе нет. Мы не столь глупы. Мы свободно испытываем его повсюду, на всем широком поле выбора, и пытаемся скрестить его собственные хорошие качества с хорошими качествами различных породистых кобыл и телок, чтобы создать породы с иными, смешанными ценными свойствами, некоторые из которых в конце концов окажутся более важными, чем остальные. Таким образом, мы приобретаем преимущества разнообразного смешения кровей и не растрачиваем все прекрасные характеристики нашего производителя на одну только систему характерных свойств одной-единственной производительницы, систему, которая может доказать, а может и не доказать, в конце концов, ценные свойства своей отдельно взятой натуры».

Говорит ли здесь ученый теоретик о мужчинах и женщинах, или он обсуждает животных, или же род человеческий и разные виды животных столь тесно связаны друг с другом в его научном воображении, что невозможно провести между ними разделительную линию? Это выглядит именно так, судя по тому, как невозмутимо и легко он смешивает животных производителей и производительниц с мужчинами и женщинами, помещает их на один и тот же уровень и предлагает «разнообразные смешения кровей». Мы с готовностью отдаем ему его «производителей», так как, в ожидании такого научного предложения, мужчины уже сделали самих себя животными, начиная с давних времен на заре цивилизации. Более того, они весьма преуспели в этом, поскольку, связывая своих «производительниц» лишь с одним-единственным «производителем» под угрозой закона и общественного остракизма, для самих себя они сохранили все эти привилегии — и закона и миссис Гранди — и имеют столь широкий выбор «производительниц» для каждого отдельного «производителя», насколько могут позволить их средства. Но мы протестуем против подобного рода предложения, стать женщинам *nolens volens* [волей-неволей, *лат.*] «породистыми кобылами или телками». Нельзя сказать, что даже наша беспринципная современная мораль публично одобрила или предоставила м-ру Аллену ту «свободу в проведении такого рода экспериментов», к которой он стремится, без которой, по его словам, совершенно «невозможен прогресс на благо *человечества*». Правильнее было бы сказать, *животного* человечества, хотя он и объясняет, что это «не просто вопрос получения призовых овец и тучных быков, но проблема рождения высших, прекраснейших, чистейших, сильнейших, наиболее здоровых, подготовленных и *нравственно безупречных граждан*». К удивлению, автор пропустил еще два хвалебных эпитета, а именно, «самых почтительных сыновей» и мужчин, «гордых своими добродетельными матерями». Последние, вероятно, не были названы мистером Грантом Алленом потому, что он получил предупреждение относительно этого вопроса от

«Господа Бога» в книге Осии (1:2), который определяет тот класс женщин, из которого пророк обязан взять себе жену.[1]

В журнале, редактор которого защищал и поддерживал сакральность брака перед лицом автора «Крейцеровой сонаты», предваряя «исповедь» графа Толстого панегириком мисс Теннант, «Невеста на сезон», — включение «Девушки будущего» является очевидной пощечиной самой идее брака. Кроме того, идея м-ра Г. Аллена вовсе не нова. Она столь же стара, как Платон, и столь же современна, как Огюст Конт и «община онеида»[2] в Соединенных Штатах Америки. И, поскольку ни этот греческий философ, ни этот французский позитивист никогда не приближались к этому автору в его бесстыдном и циничном *натурализме* — ни в пятой книге «Республики», ни в том, что касается «Женщины будущего» в «Катехизисе религии позитивизма», — мы приходим к следующему заключению. Так как само название «Женщина будущего» у Конта есть прототип «Девушки будущего» м-ра Г. Аллена, то ежедневные ритуалы «мистических совокуплений», совершаемые в *онеида*, должны быть скопированы нашим автором и опубликованы им, и лишь приправлены еще более грубым материализмом и натурализмом. Платон предлагал не более чем метод развития человеческой расы при помощи *тщательного удаления нездоровых и дефектных детей*, и при помощи совокупления лучших представителей обоих полов; его удовлетворяли «прекрасные характеристики» «одного производителя» и «одной производительницы», и он приходил в ужас от идеи о «преимуществах разнообразного смешения кровей».

---

[1] «И сказал Господь Осии: иди, возьми себе жену блудницу и детей блуда; ибо сильно блудодействует земля сия, отступив от Господа». — *Прим. редактора.*
[2] Онеида — племя североамериканских индейцев. — *Прим. редактора.*

С другой стороны, верховный жрец позитивизма, полагая, что женщина будущего «должна перестать быть *самкой*» и, «подчиняясь искусственному оплодотворению», таким образом, станет «*незамужней Девственной Матерью*», — проповедует лишь своего рода безумный мистицизм. Но не таков м-р Грант Аллен. Его высший идеал — сделать из женщины обыкновенную *племенную кобылу*. Он предлагает ей до конца последовать за

> «...*божественным импульсом момента, который является голосом Природы внутри нас, побуждающим нас здесь и сейчас (но не на всю жизнь) соединиться с предопределенным и соответствующим дополнением к нашему существу*», — и добавляет: «Если *в человеке есть что-то священное и божественное*, то это, безусловно, внутреннее побуждение, которое однажды говорит ему, что среди многих тысяч именно эта женщина и никакая другая является здесь и сейчас наиболее подходящей для того, чтобы вместе с ним они стали родителями полноценного ребенка. Если сексуальный выбор среди нас (только *мужчинами*, если угодно) является более точным, более направленным, более капризным и утонченным, чем у любого другого вида, то разве это не есть знак нашего более высокого развития, и разве это не говорит нам, что сама Природа в этих особых случаях анатомически выбирает для нас помощницу, наиболее нам подходящую в связи с нашими репродуктивными функциями?»

Но почему «божественным»? А если это так, то почему только *в мужчине*, если жеребец, боров и пес разделяют с ним этот «божественный импульс»? Автор облагораживает и превозносит «такую внезапную перемену, видоизменяющую и *возвышающую общий нравственный уровень*»; с нашей теософской точки зрения, такое случайное соединение, вызванное внезапным импульсом, является *скотским по своей сути*. Это не в большей степени любовь, чем *похоть*, оставляющая без внимания все возвышенные чувства и качества. Между прочим, как бы понравился м-ру Гранту Аллену такой «божественный импульс» в его матери, жене, сестре или дочери? Наконец, его аргументы о том, что «сексуальный отбор является более искусным и утонченным в человеке, чем в любом другом виде животных», являются ничтожными и жалкими. Вместо того, чтобы доказать, что этот «отбор» «священен и божественен», он просто показывает, что *цивилизованный человек опустился много ниже любого животного* после столь долгих поколений разнузданной безнравственности. Следующее, что нам могут заявить, это то, что эпикурейство и обжорство также являются «божественными импульсами», и тогда в Мессалине нам навяжут высший пример добродетельной римской матроны.

Этот, с позволения сказать, новый «Катехизис сексуальной этики», заканчивается следующим возвышенным призывом к «Девушке будущего» стать племенной кобылой культурных общественных жеребцов:

«Я верю, что этот идеал материнства при определенных условиях скоро кристаллизовался бы в религиозную обязанность. Свободная и образованная женщина, которая сама, как правило, является здоровой, здравомыслящей и красивой, почувствовала бы этот долг, лежащий на ней, если она создает детей для страны в целом, создавать их по своему собственному подобию и при помощи соединения с подходящим отцом. *Вместо того чтобы отказываться от своей свободы навсегда ради какого-либо одного мужчины, она стала бы ревностно защищать ее для пользы общества*, и стала бы использовать свое материнство *как драгоценный дар, который следует экономно расходовать для общественных целей*, хотя и всегда в соответствии с инстинктивными устремлениями, для пользы будущего потомства... Если бы она осознала, что обладает ценными и желаемыми материнскими качествами, то она расходовала бы их на принесение еще большей пользы своей стране и своим собственным потомкам, *свободно смешивая эти качества различными способами с наилучшими отцовскими качествами мужчины, который наиболее близок ее возвышенной натуре*. И, безусловно, женщина, достигшая *такого возвышенного идеала сексуальных обязанностей*, почувствует себя более правой в своих действиях, становясь матерью ребенка этого великолепного атлета, этого глубокого мыслителя, этого прекрасно сложенного Адониса, этого одухотворенного поэта, чем связывая себя на всю жизнь с этим богатым старым дураком, с этим хилым молодым лордом, с этим страдающим подагрой инвалидом, с этим несчастным пьяницей, становясь матерью большого семейства золотушных идиотов».

А теперь, джентльмены прессы, непримиримые критики *безнравственной* «Сонаты» Толстого, суровые моралисты, содрогающиеся от «непристойного реализма» Золя, что вы скажете об этом творении одного из ваших национальных пророков, который, по всей видимости, обрел славу в своем отечестве? Такие натуралистические статьи, как «Девушка будущего», опубликованные в самом крупном «Обозрении» в мире, как нам кажется, более опасны для общественной морали, чем все *выдумки* Толстого и Золя вместе взятые. Мы видим в этом результат материалистической науки, которая рассматривает человека только лишь как более высокоразвитое животное, и, таким образом, относится к женской части человечества исходя из своих собственных животных принципов. По уши погруженный в плотную материю и совершенно убежденный в том, что человечество, вместе с его первыми обезьяньими родственниками, непосредственно произошло от некоего отца — человекообразной обезьяны, и матери — бабуина, принадлежащих к ныне исчезнувшему виду, м-р Грант Аллен, конечно, бессилен увидеть всю ошибочность своих собственных рассуждений. Например, если это «честь для любой женщины, стать возлюбленной Шелли ... и произвести на свет одного ребенка от Ньютона», а другого «от Гете», то почему же тогда юные дамы, которые в краткие ночные часы ищут пристанища на Риджент-стрит, снова и снова пропитывающиеся этой «честью», почему же они, мы спрашиваем, не получают общественного признания и благодарности от Нации? Городские скверы должны быть украшены их статуями, и Фрина должна быть возвышена в будущем как наглядный пример для Гипатии.

Нельзя было бы нанести более сокрушительного удара по скромным и порядочным английским девушкам. Мы хотели бы знать, как понравится дамам, озабоченным современными социальными проблемами, статья м-ра Гранта Аллена!

КОММЕНТАРИЙ РЕДАКТОРА

Мы получили несколько писем в связи с тем вопросом, который обсуждался в редакторской статье последнего номера: «Пусть каждый человек проявит себя на деле». Можно сделать несколько коротких замечаний, не в качестве ответа на какое-либо из писем — *которые не могут быть опубликованы* (и отрецензированы, согласно общему правилу), *поскольку они анонимны и не содержат никаких сведений об авторах*, — но в ответ на взгляды и обвинения, содержащиеся в одном из них, за подписью «М». Его автор выступает от имени церкви. Он отвергает утверждение о том, что этой организации не хватает просвещенности, чтобы создать подлинную систему филантропии. Он также пытается возражать против высказанного мнения, что «на практике люди, делая добро, часто неумышленно наносят вред», и приводит в защиту христианства — которое, между прочим, ни в коей мере не подвергалось нападкам в критикуемой им редакторской статье — пример работников в наших трущобах.

На что, повторяя уже сказанное выше, мы утверждаем, что эмоциональной благотворительностью было сделано больше зла, чем хотели бы это признать сентименталисты. Любой человек, изучающий политическую экономию, знаком с этим фактом, считающимся трюизмом у всех тех, кто посвятил свое внимание данной проблеме. Не существует никакого другого благородного чувства, кроме этого, которое воодушевило бы неэгоистичного филантропа; но обсуждаемая тема вовсе не ограничивается признанием этой истины. Следует проверить практические результаты его работы. Мы должны посмотреть, не сеет ли он семена большего зла, в то время как облегчает меньшее.

То, что «большая часть населения нашей страны, занимаясь тяжелым физическим трудом», находится за чертой бедности — это факт, отражающий огромное доверие к репутации таких работников. Это не влияет на их кредо, ибо подобные натуры останутся верными себе, независимо от изменений преобладающих догм. И, безусловно, очень жалкой иллюстрацией тех плодов, которые принесли долгие века догматического христианства, является то, что Англия сегодня столь ослаблена страданиями и нищетой, — особенно принимая во внимание библейскую заповедь, что о дереве судят по его плодам! Можно бы было также возразить, что необходимо открыть новую страницу в церковной истории, прошлое которой запятнано преследованиями, подавлением знания, преступлениями и убийствами. Но трудности на этом пути непреодолимы. «Церковное вероучение», поистине, сделало лучшее из того, что могло, став наравне с веком, признавая учения науки и заключая с ней негласные перемирия, но оно неспособно дать миру истинно духовный идеал.

Та же самая христианская церковь нападает с бесполезным упрямством на всевозрастающее воинство агностиков и материалистов, но *совершенно ничего не знает, как и последние, о тайнах посмертного существования*. Величайшей необходимостью для церкви, согласно профессору Флинту, является сохранение в числе своей паствы лидеров европейской мысли. Однако такие люди рассматриваются как анахронизм. Церковь разъедает скептицизм в ее собственных стенах, и ныне стали весьма обыденными свободомыслящие священники. Этот постоянный отток жизненных сил поставил истинную религию в очень затруднительное положение, и необходимо влить в современную мысль новый поток идей и устремлений, короче говоря, подвести логическую основу под возвышенную нравственность, науку и философию, соответствующую тому времени, в котором в мире появилась теософия. Простая материальная филантропия, без привнесения новых идей и облагораживающих представлений о жизни в умы простых людей, совершенно бесполезна. Одно лишь постепенное усвоение человечеством великих духовных истин преобразит лицо цивилизации и будет, в конце концов, много более эффективной панацеей от зла, чем простое копание в поверхностных страданиях. Предупреждение болезни лучше ее лечения. Общество создает своих собственных отверженных, преступников и распутников, а затем проклинает и уничтожает своих собственных Франкенштейнов, осуждая свое собственное потомство, «кость от кости, и плоть от плоти», на жизнь в проклятии на земле. И все же это общество признает и в высшей степени лицемерно навязывает христианство — то есть, «церковное вероучение». Должны мы в таком случае, или нет, сделать из этого вывод, что это вероучение не отвечает требованиям человечества? Безусловно, первое, и наиболее болезненно и очевидно для ее современной догматической формы то, что оно превратило прекрасные этические наставления Нагорной проповеди в плод Мертвого моря, не более чем в чисто выбеленный склеп.

Далее, тот же «М», в отношении Иисуса, к которому могут быть применены лишь две альтернативы, пишет, что он «был либо Сыном Божиим, либо самым подлым самозванцем, которого когда-либо носила эта земля». Наш ответ — ничего подобного. Жил ли Иисус Нового Завета, или нет, существовал ли он как исторический персонаж, или был просто вымышленной фигурой, собравшей вокруг себя библейские аллегории, — Иисус из Назарета Матфея и Иоанна, это тот идеал, которому всякий стремящийся к мудрости и западный кандидат в теософы должен следовать. То, что такой человек как он был «Сыном Бога» — это столь же несомненно, как и то, что он был не *единственным* «Сыном Бога», не первым из них и даже не последним, который завершил бы ряд «Сынов Бога», или детей Божественной Мудрости, на этой земле. Неправомерно и такое утверждение, что при жизни он (Иисус) когда-либо «говорил о себе как о единосущем с Иеговой, Всевышним, Центром Вселенной», равно как в его не применяющихся, но не отмененных законах, так и в скрытом мистическом значении. Ни в одном месте Иисус не ссылается на «*Иегову*», но, напротив, опровергая законы Моисея и так называемые Заповеди, завещанные на горе Синай, он предельно четко и выразительно отделяет себя и своего «Отца» от синайского родового бога. Вся пятая глава Евангелия от Матфея проникнута страстным протестом «миротворца, сеющего любовь и милосердие» против жестоких, суровых и эгоистичных заповедей «мужа брани», «Господа» Моисея (Исход, 15:3). «Вы слышали, что сказано древним», — так-то и так-то — «А Я говорю вам», — совершенно противоположное. Христиане, которые все еще придерживаются Ветхого Завета и Иеговы израильтян, являются в лучшем случае *евреями-схизматиками*. Пусть они, при всем при этом, остаются таковыми, если пожелают; но они не имеют права называть себя не только *христианами,* но и *хрестианами*.[1]

Совершенно несправедливо и неправомерно утверждать, как это делает наш анонимный корреспондент, что «вольнодумцы известны неправедностью своей жизни». Некоторые из выдающихся личностей и глубочайших мыслителей нашего времени украшают ряды агностиков, позитивистов и материалистов. Последние являются злейшими врагами теософии и мистицизма; но это не причина для того, чтобы не воздать им должное. Полковник Ингерсолл, отъявленный материалист и лидер свободомыслия в Америке, признается даже его врагами — идеальным мужем, отцом, другом и гражданином, одной из самых благородных личностей, украшающих Соединенные Штаты. Граф Толстой — это вольнодумец, давно расставшийся с православной церковью, и, тем не менее, всей своей жизнью он служит примером самопожертвования и альтруизма, сравнимого с альтруизмом Христа. Каждому «христианину», что-

---

[1] См. статью «Эзотерический характер Евангелий».

бы стать добродетельным, следовало бы взять за образец в личной и общественной жизни этих двух *«безбожников»*. Щедрость многих свободомыслящих филантропов обнаруживает разительный контраст с апатией богатых сановников церкви. Отвергать их как «врагов церкви» — столь же абсурдно, сколь и достойно презрения.

«Что вы можете предложить умирающей женщине, которая боится идти в одиночестве в ТЕМНУЮ НЕИЗВЕСТНОСТЬ?» — спрашивают нас. Наши христианские критики искренне признают при этом: (а) что христианские догмы лишь развили *страх* перед смертью, и (б) *агностицизм ортодоксальных верующих* в христианскую теологию в отношении будущего состояния *после смерти*. Поистине, трудно понять специфический тип блаженства, который ортодоксия предлагает своим верующим в виде — *осуждения на вечные муки*.

Умирающий человек — средний христианин — с *омраченными* воспоминаниями о жизни, вряд ли сможет понять это благодеяние; в то время как кальвинист или фаталист, который вскормлен идеей о том, что постоянное страдание может быть предопределено для него Богом извечно, не из-за какой-то вины этого человека, но просто потому, что он — Бог, более чем оправдан в том, что он рассматривает последнего как нечто в десять раз худшее, чем любой дьявол или черт, которого могла бы выдумать греховная человеческая фантазия.

Теософия, напротив, учит тому, что в природе царит *совершенная, абсолютная справедливость*, хотя узко мыслящие люди и неспособны увидеть ее во всех деталях на материальном и даже психическом плане, и что каждый человек сам определяет свое будущее. Истинный Ад — это жизнь на Земле, как результат кармического наказания, которое следует из-за предыдущей жизни, в течение которой были созданы дурные причины. Теософ *не верит в ад*, но с уверенностью ожидает покоя и блаженства во время *промежутка* между двумя воплощениями, как вознаграждения за все несправедливые страдания, которые он вытерпел в некой жизни, в которую он был ввергнут Кармой, и в течение которой он в большинстве случаев столь же беспомощен, как оторванный листок, кружимый дующими в разные стороны ветрами личной и общественной жизни. В различные времена было достаточно сказано об условиях посмертного существования, так что существует достаточное количество надежной информации по этому вопросу. Христианской теологии нечего добавить на эту животрепещущую тему, кроме разве тех случаев, когда она скрывает за тайной и догмой свое незнание; в отличие от оккультизма, который, раскрывая библейский символизм, тщательно объясняет его.

БЛАГОДЕЯНИЯ ГЛАСНОСТИ

Один широко известный лектор и знаменитый египтолог сказал в одной из своих лекций, направленной против теософских учений, несколько наводящих на размышления фраз, которые мы здесь процитируем и на которые мы должны дать ответ:

«Ошибочно полагать, что в опыте и в мудрости прошлого есть что-либо, достоверные результаты чего могут быть сообщены только из-под покрова или из-под маски мистерии... Объяснение — это душа науки. Они скажут вам, что *мы не можем получить их знание без того, чтобы не прожить их жизнь*... Публичные экспериментальные исследования, пресса и позиция свободомыслия отменили необходимость тайны. Для науки более нет необходимости использовать покрывало, как это она делала из соображений безопасности в прошлом», и т. д.

Это мнение весьма ошибочно в одном отношении. «Тайны чистой и мудрой жизни» не только *могут*, но и *должны* быть сделаны известными всем. Но существуют *такие тайны в магии оккультизма, которые убивают*, и если человек *не ведет соответствующий образ жизни*, они не могут быть доверены ему.

Покойный профессор Фарадей очень серьезно задумывался над тем, мудро и разумно ли делать достоянием широкой публики некоторые из открытий современной науки. Химия в нашем столетии привела к открытию слишком ужасных средств разрушения, чтобы позволить им попасть в руки профана. Какой здравомыслящий человек — перед лицом таких жестоких применений динамита и других взрывчатых веществ, как те, которые были изготовлены теми воплощениями Разрушительной Силы, с гордостью называющие себя анархистами и социалистами — не согласится с нашим утверждением, что было бы гораздо лучше для человечества, если бы оно обошлось без взрыва скал с помощью современных средств, чем оно покалечило хотя бы один процент даже тех, кто пострадал таким образом от безжалостной руки русских нигилистов, ирландских фениев и анархистов. То, что такие открытия, и особенно их смертоносное применение, следует утаивать от общественного знания, можно убедительно показать, прибегнув к авторитету статистики и комиссий, предназначенных для исследования результатов злонамеренных деяний. Следующая информация, собранная из общедоступной периодики, даст представление о том, что может быть уготовано бедному человечеству.

Одна только Англия — центр цивилизации — имеет 21.268 фирм, изготовляющих и продающих взрывчатые вещества.[1] Но центры торговли динамитом, адскими машинами, и другие подобные результаты современной цивилизации находятся преимущественно в Филадельфии и Нью-Йорке. Именно в этом первом городе «братской любви» процветает сейчас наиболее знаменитый изготовитель взрывчатки. Это один из хорошо известных и уважаемых людей — изобретатель и производитель наиболее смертоносных «игрушек из динамита», — который, будучи допрошенным сенатом Соединенных Штатов, озабоченным тем, чтобы принять средства к подавлению *слишком свободной торговли* подобными изделиями, нашел аргумент, достойный быть увековеченным за его циничную софистику:

---

[1] Нитроглицерин нашел путь даже в медицинские препараты. Терапевты и фармацевты соперничают с анархистами в своих попытках разрушить остатки человечества. Знаменитые шоколадные таблетки против диспепсии, как говорят, содержат нитроглицерин! Они могут спасать, но они могут с гораздо большей легкостью и убивать.

«Мои машины», — как заявил в интервью этот эксперт, — «выглядят совершенно безвредными, поскольку они могут быть изготовлены в виде апельсинов, шляп, лодок, и прочих предметов, нравящихся людям... Преступник — это тот, кто убивает людей при помощи таких устройств, а не тот, кто их делает. Фирма отказывается признать, что если бы не было предложения, то не было бы и спроса их на рынке; она настаивает на том, что любой спрос должен удовлетворяться готовым предложением».

Это «предложение» есть плод цивилизации и гласности в отношении открытия каждого из смертоносных свойств материи. Что это такое? В докладе комиссии, назначенной для исследования особенностей так называемых «адских машин», уже сейчас содержится данные о следующих орудиях мгновенного уничтожения людей. Наиболее модным среди многих разновидностей производимого мистером Холгейтом являются: «часы», «механизм восьмого дня», «маленький уничтожитель» и «бутылочный механизм». «Часы» внешне похожи на кусочек свинца длиной в один фут и толщиной в четыре дюйма. Они содержат стальную трубку, заполненную неким видом пороха, изобретенного самим Холгейтом. Этот порох, внешне похожий на любой другой подобный порошок, имеет, однако, взрывную силу в двести раз большую, чем обычный порох; таким образом, «часы» содержат порох, равный по взрывной силе двум сотням фунтов обычного пороха. На конце устройства укреплен скрытый часовой механизм, служащий для определения времени взрыва, которое может быть фиксировано от 1 минуты до 36 часов. Запал создается посредством стальной иголки, которая дает искру в месте касания, и далее огонь распространяется по всему устройству.

«Механизм восьмого дня» считается наиболее мощным и одновременно наиболее сложным из всех изобретений. Необходимо ознакомиться с правилами обращения с ним для того, чтобы обеспечить его успешное применение. Именно по причине этой сложности, ужасная судьба, предназначенная Лондонскому мосту и его окрестностям, обернулась внезапным убийством двух фенийских [1] преступников. Размер и вид этого устройства меняется, подобно Протею, в соответствии с необходимостью сделать его тем или иным образом не воспринимаемым для жертвы. Его можно спрятать в хлебе, в корзине с апельсинами, в жидкости, и так далее. Комиссия экспертов, по слухам, заявила, что взрывная сила этого устройства такова, что она может мгновенно превратить в атомы самое крупное здание мира.

«Маленький уничтожитель» является с виду вполне безобидной простой посудиной в форме небольшого кувшина. Он не содержит ни динамита, ни пороха, но, тем не менее, скрывает в себе смертоносный газ; к его горлышку прикреплен малозаметный часовой механизм, стрелка которого определяет время, когда газ начнет распространяться. В закрытом помещении этот новый смертельный «врил» *задушит почти мгновенно* всякое живое существо на расстоянии ста футов, таков радиус действия смертоносного кувшина. Этими тремя «последними новинками» периода высшего развития христианской цивилизации заканчивается каталог террористов и мятежников; все остальное принадлежит к устаревшей «моде» прошлых лет. Это шляпы, портсигары, обычного вида бутылки и даже *флаконы дамских духов*, наполненные динамитом, нитроглицерином и т. д., и т. п. — виды оружия, некоторые из которых, бессознательно следуя кармическому закону, убили многих мятежников во время последней чикагской «революции». Добавьте к этому недавно открытую и многообещающую вибрационную силу Кили, способную превратить за несколько секунд мертвого вола в кучку праха, и спросите себя, мог ли *Inferno* [Ад, *ит.*] Данте когда-нибудь тягаться с землей в создании в высшей степени адских машин разрушения!

Таким образом, если чисто материальные устройства способны взорвать величайшие города мира, при условии,

---

[1] Фении, члены ирландского тайного общества, боровшиеся за освобождение Ирландии от английского господства. — *Прим. редактора.*

что смертоносное оружие находятся в искусных руках, — к каким ужасным опасностям могли бы привести магические *оккультные* тайны, если их открыть и позволить им попасть во власть неразумных людей! Они в тысячи раз опаснее и смертоноснее, поскольку ни рука преступника, ни примененное *нематериальное*, невидимое оружие никогда не могут быть обнаружены.

Прирожденные *черные* маги — те, которые соединяют врожденную склонность к злу с высокоразвитой медиумической природой — чересчур многочисленны в наше время. В скором времени физиологи и верующие, по крайней мере, должны будут прекратить пропагандировать прелесть гласности и требование знания всех тайн природы для всех людей. И не в нашем веке «соблазна» и «взрывчатых веществ» оккультизм может широко раскрыть равно перед всеми людьми двери своих лабораторий.

ПРИМЕТЫ ВРЕМЕНИ

Исключительно интересно проследить за быстрой эволюцией общественного мнения в отношении мистики. Образованный ум, безусловно, пытается сбросить с себя тяжелые оковы материализма. Безобразная гусеница бьется в смертельной агонии, стараясь мощными психическими усилиями скрытой в ней бабочки вырваться из тюрьмы, которую построила для нее наука, и каждый день приносит новые радостные известия о тех или иных ментальных прорывах к свету.

Как справедливо отмечает нью-йоркский «Path» в своем сентябрьском выпуске [1887], когда «теософская и близкая по духу тематика ... превращается в содержание романов», и, добавим мы, научных эссе и брошюр, «это приводит к тому, что интерес к ним широко распространяется среди всех слоев населения». Этот род литературы является «парадоксальным свидетельством того, что оккультизм вышел из области легкомысленного развлечения и вошел в область серьезного исследования». Читатель должен лишь бросить ретроспективный взгляд на публикации последних нескольких лет, чтобы обнаружить, что такие темы, как мистицизм, магия, волшебство, спиритуализм, теософия, месмеризм, или, как он сейчас называется, гипнотизм, — все эти различные аспекты *оккультной* стороны природы становятся доминирующими во всех видах литературы. Они, очевидно, увеличиваются в гораздо большей степени, чем усилия, направленные на то, чтобы дискредитировать движение к истине и воспрепятствовать исследованию — либо в области теософии, либо в спиритуализме — таким образом, чтобы вымазать дегтем и вывалять в перьях ее наиболее выдающихся вестников, первопроходцев и защитников.

Основная тональность мистической и теософской литературы была задана в книге Мариона Кроуфорда «М-р Исаак». За ней последовала другая его книга «Зороастр». Затем появились: «Роман о двух мирах» Мэри Корелли; «Д-р Джекил и м-р Хайд» Р. Луи Стивенсона; «Падший идол» Энсти; «Копи царя Соломона» и исключительно знаменитая книга «Она», написанные Райдером Хаггардом; «Влечения» и «Брат призрака» миссис Кемпбелл Пред; «Дом слез» Эдмунда Дауни, и много других менее известных произведений. Сейчас происходит оживление в этой области литературы благодаря книгам: «Дочери тропиков» Ф. Марриэта и «Странные приключения Люси Смит» Ф. К. Филлипса. Нет нужды детально рассматривать литературу, созданную признанными теософами и оккультистами, хотя некоторые из их работ просто замечательны, а другие, несомненно, носят научный характер, такие как «Разоблаченная каббала» С. Л. Макгрегора Мазера; «Парацельс» и «Магия, белая и черная» д-ра Ф. Хартманна, и т. д. Мы должны отметить также тот факт, что теософия уже пересекла Ла-Манш и прокладывает путь во французской литературе. «La France» публикует необычный роман Ч. Чинчолли «Великая Жрица», наполненный теософией, оккультизмом и месмеризмом, а в «La Revue politique et litteraire» (от 19 февраля 1887 года, и далее) печатается роман «Эмансипированная», подписанный Т. Бенцон, в котором эзотерические доктрины и их приверженцы упоминаются наряду с именами хорошо известных теософов. Примета времени!

Литература — особенно в странах, свободных от правительственной цензуры — является сердцем и пульсом общества. Исходя из того, что там, где нет спроса, не будет и предложения, современная литература создается только ради удовольствия, и поэтому является со всей очевидностью зеркалом, правдиво отражающим состояние общественного сознания. Правда, консервативные редакторы, и послушные им корреспонденты и репортеры, время от времени нападают на мистический спиритуализм и теософию, а некоторые из них иногда находят удовольствие в *грубых* личных выпадах. Однако они в целом не причиняют ущерба, за исключением, может быть, их собственной редакторской репутации, поскольку таких редакторов нельзя заподозрить в высокой культуре и хорошем вкусе после нескольких личных выпадов неджентльменского характера. Напротив, они делают добро. Ибо, когда на теософов и спиритуалистов нападают таким образом, они со спокойствием Сократа смотрят на сквернослова, поливающего их бранью, и утешаются сознанием того, что ни один из этих эпитетов, очевидно, неприменим к ним; с другой стороны, *слишком большое количество* брани и поношений заканчивается тем, что в обществе, во всяком случае, у консерваторов и людей, не входящих ни в какие партии, пробуждается симпатия к жертве.

В Англии народ в целом любит честную игру. Башибузукские действия, доблестные поступки тех, кто получает удовольствие от надругательства над убитыми и ранеными, не могут найти устойчивую симпатию в обществе. Если — как считают наши мирские недруги и неустанно повторяют некоторые *наивные* и чересчур оптимистически настроенные миссионерские газеты — спиритуализм и теософия «мертвы как дверной гвоздь» (т. е., «не подают никаких признаков жизни», дословная цитата из американской христианской периодики), — пусть так, «мертвы и похоронены», почему же, в таком случае, добрые отцы церкви не оставят мертвеца в покое до «Судного Дня»? И если их нет, то чего же редакторы — как непосвещенные, так и клерикальные — до сих пор боятся? Не показывайте свою трусость, если правда на вашей стороне. *Magna est veritas et praevalēbit* [велика истина, и она восторжествует, *лат.*], и, рано или поздно, как это всегда бывает, «убийство будет раскрыто». Откройте ваши страницы для *свободной* и бесстрашной дискуссии и поступайте так, как это всегда было принято в теософской периодике, и как «Люцифер» делает это сегодня. «Сын утренней зари» не боится света. Он стремится к нему, и готов публиковать любые конфронтирующие материалы (изложенные, разумеется, в приличных выражениях), как бы ни отличались они от его теософских взглядов. Им принято решение о создании одинаковых условий для того, чтобы были услышаны, во всех случаях, обе соперничающие стороны, и чтобы факты и соображения могли оцениваться в соответствии с их собственными достоинствами. Ибо почему, или чего следует бояться, когда твоей единственной целью является факт и истина? «*Du choc des opinions jaillit la vérité*» [из столкновения мнений рождается истина, *франц.*], как сказал один французский философ. Если теософия и спиритуализм являются не более чем «гигантским обманом и блуждающими огоньками нашего века», тогда к чему такие *дорогостоящие* крестовые походы против них? А если они таковыми не являются, то почему агностики и искатели правды в широком смысле должны помогать фанатически мыслящим материалистам, сектантам и догматикам «держать наш свет под спудом» при помощи грубой силы и незаконно захваченной власти? Нетрудно поразить честные намерения беспристрастного человека. Еще легче дискредитировать то, что уже является непопулярным в силу своей оригинальности, и что едва ли может пользоваться доверием даже в дни своих побед. «Никакое предположение мы не приветствуем с таким удовольствием, как то, которое соглашается с нашими предрассудками и укрепляет их», — говорит известный автор в «Доне Эсуальдо». Таким образом, *факты* часто обращаются искусно состряпанным «обманом»; а самоочевидная ложь воспринимается как евангельская истина при первых звуках *клеветы* Дона Базилио, — теми, для кого такие клеветнические окостеневшие предубеждения неотличимы от божественной росы.

Но, возлюбленные недруги, «свет Люцифера» сможет, в конце концов, рассеять в какой-то мере окружающую тьму. Мощный, громовой голос разоблачения, столь приятный для тех, чьей мелкой ненависти и умственной стагнации в объятиях социальной респектабельности он способствует, можно, однако, заставить замолчать с помощью голоса истины — «тихого, спокойного голоса», — которому судьбой предназначено первому проповедовать в пустыне. Тот холодный и искусственный свет, который все еще высвечивает мнимую недобросовестность профессиональных медиумумов, предполагаемые погрешности и оплошности *непрофессиональных* экспериментаторов, свободных и независимых теософов, может, однако, угаснуть на вершине своей славы. Ибо это не вечная лампа философа-алхимика. Это совсем не тот свет, который «никогда не светил ни на суше, ни на море», но тот луч божественной интуиции, та искра, которая подспудно мерцает в духовных, никогда не ошибающихся ощущениях мужчины и женщины, и которая пробуждается сейчас — потому что ее время пришло. Еще несколько лет, и лампа Алладина, из которой был вызван джинн, пожирающий медиумов и теософов, подобно тому, как фокусник глотает мечи на деревенской ярмарке, сломается. Ее свет, в котором до сих пор одерживали победы антитеософы, потухнет. Затем обнаружится, что то, что провозглашалось как прямой луч, исходящий из источника вечной истины, на самом деле не более чем грошовая свеча, обманчивый запах и копоть которой гипнотизировали людей так, что они видели все вверх ногами. Выяснится, что ужасные монстры клеветы и обмана не существуют нигде, кроме как в помраченном мозгу Алладина. И что, наконец, приличные люди, все это время видевшие видения и слышавшие что-то, находились в неосознанном состоянии и под соответственным *внушением*.

Это научное объяснение, и оно не требует никакого вмешательства черных магов, или *дугпа*; ибо «внушение», как оно практикуется ныне колдунами от науки, — это сам *дугпаизм*, *pur sang* [чистых кровей, *франц.*]. Никакой восточный «адепт *левой* руки» не может принести больше вреда своим дьявольским искусством, чем авторитетный гипнотизер с медицинского факультета, ученик Шарко или какого-нибудь другого научного светила первой величины. В Париже, как и в Санкт-Петербурге, под таким «внушением» совершались преступления. Происходили разводы, и мужья чуть ли не убивали своих жен и их предполагаемых любовников, из-за трюков, разыгрываемых над невинными уважаемыми женщинами, которые тем самым утрачивали свое доброе имя, и вся их последующая жизнь оказывалась разрушенной. Сын, находящийся под таким влиянием, взломал ящик стола своего скупого отца, который застал его за этим и чуть не застрелил в припадке ярости. Один из ключей оккультизма находится в руках науки — холодной, бессердечной, материалистичной, грубо игнорирующей другую, истинно психическую сторону явлений, и, таким образом, бессильной провести демаркационную линию между физиологическими и чисто духовными эффектами внушенного заболевания, и неспособной предотвратить результаты и последствия того, о чем она не имеет знаний и, поэтому, не может контролировать.

В «Lotus», за сентябрь 1887 года, мы обнаруживаем следующее:

«Во французской газете, «Paris», за 12 августа, имеется обширная и превосходная статья Ж. Монтогуэля, озаглавленная «Проклятые науки», из которой мы помещаем нижеследующий отрывок, поскольку, к сожалению, не можем процитировать ее полностью:

Несколько месяцев назад, не помню уже по какому поводу, вопрос о внушении был поднят и принят к рассмотрению судьями. На скамье подсудимых мы, конечно, увидим людей, обвиненных в злоупотреблении оккультной практикой. Но каким образом будет вестись судебное разбирательство? С какими аргументами оно будет считаться? Преступление, совершенное под «внушением» — это идеальное преступление без доказательств вины. В этом случае самые тяжелые обвинения будут не более чем предположениями, и весьма шаткими предположениями. И на этих хрупких «подпорках» подозрений будет основываться обвинение? Никакого исследования, кроме морального, в этом случае быть не может. Мы не должны слушать, как главный прокурор говорит обвиняемому: «Обвиняемый, в результате тщательного расследования, проведенного в вашем мозгу, и т. д.»

Ах, бедные юристы! кого и пожалеть, как не их. Принимая свою работу близко к сердцу, они уже имеют огромные трудности в различении между правдой и неправдой даже в тех простых случаях, когда факты совершенно очевидны, все их детали понятны, и ответчики установлены. А мы собираемся взывать к их душе и совести, чтобы решить проблемы черной магии! Поистине, их доводы не продержатся и двух недель; они отступят перед мистикой, и сами впадут в нее.

Мы на верном пути. Странные суды над волшебством расцветут вновь; сомнамбулы, которые раньше выглядели просто нелепыми, предстанут в трагическом свете; гадатели на кофейной гуще, которые до сих пор рисковали лишь оказаться в полицейском участке, услышат свой приговор в судах. «Дурной глаз» будет фигурировать среди уголовных преступлений. В эти уходящие годы XIX-го столетия мы увидим себя идущими все дальше и дальше, до тех пор, пока мы, в конце концов, не достигнем второго такого судебного казуса: Лобардемон против Урбана Великого».

Серьезные научные и политические статьи полны горячих дискуссий на эту тему. В Санкт-Петербургской «Ежедневной газете» содержится пространный фельетон о «Значении *гипнотических внушений* для уголовного права». «Случаи применения гипнотизма в криминальных целях в последнее время увеличиваются с все возрастающей скоростью», — сообщает она читателям. И это не единственная газета, и Россия не единственная страна, где рассказываются подобные истории. Выдающимися юристами и медицинскими авторитетами были проведены тщательные исследования. Скрупулезно собранные данные показали, что этот любопытный феномен — над которым скептики до сих пор смеялись, а молодежь рассматривала его как вечерние *невинные детские забавы* — представляет собой новую и довольно серьезную опасность для общества и государства.

Два факта ныне встали перед юристами и учеными со всей очевидностью:

(1) *что, в восприятии человека, подвергшегося гипнозу, воображаемые представления, вызванные «внушением»,*

обретают реальное существование, причем этот человек, на какое-то время, становится автоматическим исполнителем воли гипнотизера; и —

(2) *что подавляющее большинство обследованных людей подвержено гипнотическому внушению.*

Так, Лебо обнаружил лишь *шестьдесят* не подверженных гипнозу людей из *семисот* обследованных; Бернхейму из 1.014 субъектов не удалось загипнотизировать только *двадцать шесть*. Поле деятельности прирожденных *джадувала* (торговцев волшебством) поистине огромно! Дьявол обрел площадку для игр, на которой он может теперь упражняться, навязывая свою волю многим поколениям бессознательных жертв. Ибо преступления, невообразимые в бодрствующем состоянии, сейчас приветствуются и поощряются этой новой «проклятой наукой». Истинные инициаторы этих темных дел могут теперь остаться навсегда скрытыми от мести человеческого правосудия. Рука, реализующая криминальное внушение, — это всего лишь рука безответственного автомата, память которого не сохраняет никаких следов этого внушения, и кого, как неугодного свидетеля, легко можно устранить, принудив к самоубийству — опять же посредством «внушения». Что же еще более эффективно можно поставить на службу дьявольской похоти и мщению, этим темным силам, называемым человеческими страстями, всегда готовым нарушить вселенские заповеди: «Не укради, не убий, не возжелай жены ближнего своего»? Лебо *внушил* молодой девушке, что она должна отравить себя синильной кислотой, и она проглотила воображаемый яд, не колеблясь ни секунды; д-р Легуа *внушил* молодой женщине, что она должна ему 5.000 франков, и она тотчас подписала чек на эту сумму. Бернхейм *внушил* другой возбудимой девушке длительное и сложное видение, связанное с одним криминальным случаем. Через два дня, в течение которых гипнотизер не оказывал на нее какого-либо воздействия, она повторила всю эту внушенную ей историю юристу, специально посланному к ней. Если бы ее показания принимались всерьез, их было бы достаточно, чтобы обвиняемого послали на гильотину.

Эти случаи являют собой два темных и опасных аспекта. С нравственной точки зрения подобные процессы и *внушения* оставляют несмываемое пятно на чистоте субъективной природы. Даже невинный разум десятилетнего ребенка может, таким образом, заразиться злом, ядовитые ростки которого разовьются в его последующей жизни.

Нет нужды детально вдаваться в юридический аспект этой проблемы. Достаточно сказать, что такая характерная черта гипнотического состояния, как полное подавление воли и самосознания гипнотизером, приобретает исключительную важность в глазах правовых авторитетов с точки зрения преступного ее использования. Человек, подверженный гипнозу, всецело находится во власти гипнотизера, так что тот незаметно для него самого может заставить его совершить, так сказать, любое преступление; как же тут избежать ужасных «юридических ошибок»? И что удивительного в том, что юриспруденция одной страны, вслед за тем, как была поднята шумиха в другой стране, предпринимает одну меру за другой для подавления гипнотизма! Так, он только что запрещен в Дании. Ученые экспериментировали на людях, подверженных гипнозу, и успех превзошел все ожидания: над загипнотизированным подопытным открыто смеялись, когда он шел, чтобы совершить преступление, которое он непременно осуществил бы, так и не осознав этого, если бы гипнотизер заблаговременно не предостерег его.

В Брюсселе всем хорошо известен такой недавно произошедший печальный случай. Молодая девушка из хорошей семьи, находясь в гипнотическом состоянии, была соблазнена мужчиной, который впервые подверг ее внушению в общественном месте. Сама она осознала свое состояние лишь через несколько месяцев, когда ее родные, догадавшись о преступлении, заставили ее соблазнителя исполнить единственно возможную компенсацию, т. е. жениться на своей жертве.

Во Французской Академии недавно дебатировался вопрос: в какой мере подвергнутый гипнозу человек может превратиться из «просто жертвы» в регулярное орудие преступления. Конечно, никакой юрист или законодатель не может быть индифферентным к этому вопросу; и было доказано, что преступления, совершенные под *внушением*, до того беспрецедентны, что некоторые из них вряд ли могут быть рассматриваемы в рамках закона. Таким образом, благоразумно правовое запрещение, только что принятое во Франции, которое предписывает, что никто не должен подвергать гипнозу другого человека, за исключением лиц медицинской профессии, имеющих специальную квалификацию для этого. И даже врач, обладающий таким правом, может подвергать человека гипнозу только в присутствии другого квалифицированного медика и при наличии письменного разрешения на эту процедуру, данного гипнотизируемым. Публичные *сеансы* гипноза запрещены; сами эти процедуры строго ограничены и могут проводиться лишь в *клинических* учреждениях и лабораториях. Нарушившие этот закон будут подвергаться высоким штрафам и тюремному заключению.

Однако эта идея уже запала в голову, и существует множество способов, какими может быть использована эта *черная магия*, невзирая на ее запрещение законом. То, что она будет использоваться и впредь, обусловлено фактом наличия низких страстей, присущих человеческой природе.

Многочисленные и странные фантастические истории ждут нас впереди; ибо правда часто является более причудливой, чем выдумка, а то, что кажется выдумкой, гораздо чаще представляет собой правду.

Неудивительно, что подобная оккультная литература множится с каждым днем. Оккультизм и волшебство носятся в воздухе, а истинно философское знание, способное направлять экспериментаторов и сдерживать результаты их вредных опытов, отсутствует. В «*фантастическом* жанре» вопиют разного рода романы и повести. «Вымысел» в описании персонажей, а также приключений, выпавших на долю их героев, — это одно. Но совсем другое дело — излагаемые *факты*. Они являются *не вымыслом*, но истинным *предчувствием* того, что находится в самом сердце будущего, и что не может быть подтверждено *научными* экспериментами. Примета времени! Завершение психического цикла! Время феноменов, демонстрируемых через медиумов, как профессиональных, так и непрофессиональных, истекло. Это лишь самое начало периода цветения, времени, о котором говорится в Библии;[1] дерево оккультизма готовится сейчас к тому, чтобы «принести плоды», и дух оккультного пробуждается в крови новых поколений. И если старцам только «снятся сны», то молодые имеют уже видения,[2] и — записывают их в романах и других фантастических произведениях. Горе неведающим и неподготовленным, а также тем, кто слушает сирен материалистической науки! Ибо воистину, воистину, многие будут бессознательно совершать преступления, и многие будут жертвами, которые невинно погибнут на виселице или гильотине от руки праведных судей и чересчур наивных присяжных заседателей, одинаково не ведающих о дьявольской мощи «ВНУШЕНИЯ».

---

[1] «И будет после того, излию от Духа Моего на всякую плоть, и будут пророчествовать сыны ваши и дочери ваши; старцам вашим будут сниться сны, и юноши ваши будут видеть видения» (Иоиль, 2:28).
[2] Любопытно отметить, что м-р Луи Стивенсон, один из наиболее ярких наших писателей с исключительно богатым воображением, недавно сообщил репортеру, что у него есть привычка создавать фабулу своих историй, в том числе «Доктора Джекила», во время сна. «Я видел во сне», — продолжает он, — «историю *Олалла* ... и сейчас у меня есть две ненаписанные истории, которые я тоже увидел во сне... Даже когда я крепко сплю, я знаю, что все происходящее во сне — это плод моего воображения»... Но кто поручится, что эта идея о «плоде воображения» не является результатом того же «сна»!

ЭЗОТЕРИЧЕСКИЕ АКСИОМЫ
И СПИРИТУАЛИСТИЧЕСКИЕ СПЕКУЛЯЦИИ

В своей растянутой рецензии на книгу А. Лилли «Будда и ранний буддизм», наш уважаемый друг, критик М. А. (Оксон), пользуется случаем, чтобы сделать еще один выпад против своих доброжелателей, теософов. На основании авторитета (?) м-ра Лилли, который, по-видимому, обладает всезнанием по данному вопросу, обозреватель опровергает и разоблачает утверждения и теории, сформулированные теософами. Приведем теперь цитату из его рецензии «Буддизм и западная мысль», опубликованной в октябрьском номере «*Psychological Review*»:

«Каждому читателю, до сих пор следовавшему за мной, будет очевидно, что буддийская вера пронизана тем, что я описываю как некий специфический, **характерный признак современного спиритуализма — *верой в существование и руководящую роль духов умерших.*** (!?) [1] Я признаю, что это явилось для меня некоторой неожиданностью, и, можно сказать, приятной неожиданностью, ибо натолкнуло меня на мысль, что между восточным и западным образом мышления и верованиями в данном вопросе существует заметный антагонизм. *Мы слышали немало пренебрежительных слов относительно этой особой области веры от некоторых из наших друзей, которые многое поведали нам о теософских убеждениях индусов и, превозноси преимуще-*

---

[1] Курсив, восклицательные и вопросительные знаки наши. Мы хотели бы знать, что сказали бы на это ученые священники Цейлона, светила буддизма, такие как Сумангала Уннанс?

ства буддийской веры над христианской, страстно восхваляли одну из них, выказывая чрезвычайное презрение к другой... Но как бы то ни было, нам слишком часто говорили, что мы должны принять это как урок от тех, кто знает больше нас, и что наша западная вера в деятельность духов умерших людей в нашем мире является «крайним» заблуждением. А *мы-то были уверены, что таким было восточное кредо*. Для самих себя, мы (по крайней мере, некоторые из нас) предпочитаем наш собственный опыт наставлениям кого бы то ни было, чьи догматические утверждения столь же огульны, как и взгляды восточных экспертов, с которыми нам довелось ознакомиться. Их утверждения и претензии в целом кажутся нам чрезмерными. Быть может, нас склоняют к мысли, что духи умерших не действуют на Востоке, но в любом случае они *проявляют* активность на Западе. И хотя мы далеки от того, чтобы отказаться признать истину, которая в значительной степени наполняет восточный спиритуализм, более того, мы изо всех сил пытались убедить наших друзей расширить свои взгляды, выборочно приняв ее, нам ничего не осталось, как с грустью констатировать, что она совершенно противоречит западному опыту.

Некоторое утешение мне доставил м-р Лилли. Повсюду в его книге я нашел не только весьма поучительное разнообразие мнений, которые я мог с большой пользой сопоставить со своими собственными убеждениями и теориями, но также обнаружил, что вера во вмешательство духов умерших людей, о которой все мы воображали, что она *anathema maranatha* [проклята, *лат.*] на Востоке, является, в результате, общепринятым принципом буддизма, по его мнению». (Часть II, стр. 174.)

После этого автор продолжает разглагольствовать о «буддийском спиритуализме» ... «основным принципом» которого является «вера в то, что живые люди могут находиться *en rapport* [в контакте, *франц.*] со своими умершими друзьями»; о существовании адептов, являющихся «высокоразвитыми медиумами»; и приводит интересную цитату из книги м-ра Лилли. Вот что говорит вышеназванный авторитет:

«Я столь подробно остановился на этой вере в сверхъестественное, потому что она имеет исключительную важность для нашей темы. *Буддизм, безусловно, был тщательно разработанной системой для компенсации действия злых духов при помощи добрых духов, которые оказывают наибольшее воздействие при посредстве трупа или части трупа главного содействующего духа.* Буддийский храм, буддийские ритуалы и буддийская литургия, все, по-видимому, сходились на этой одной идее о необходимости наличия всего тела умершего человека или его части. Кем же были эти духи-помощники? Каждый буддист, древний или современный, немедленно признал бы, что дух, все еще не достигший личного, или духовного пробуждения, не может быть добрым духом. Он все еще пребывает во владениях камы (смерти, страсти).[1] Он не в состоянии сделать ничего хорошего; более того, он *должен* творить зло... Ответ северного буддизма, если мы поищем его в таких книгах, как «Белый лотос дхармы» и «Лалитавистара», состоит в том, что добрые духи — это будды, умершие пророки. Они приходят из «сфер будд» общаться с землей».

Все это к вящей радости М. А. (Оксона), так как он полагает, что это подтверждает спиритуальные теории и, предположительно, должно поставить в тупик теософов. Однако мы опасаемся, что все это, в конце концов, приведет в смущение лишь м-ра Лилли.

«Жизнь Будды проникнута тем», — говорит обозреватель, — «что кажется мне безусловным спиритуализмом...»; и с торжеством добавляет: «Знаменательно, что нигде во всем этом объяснении буддийского спиритуализма мы ни разу не натолкнулись на элементального или элементарного духа».

Тут нечему удивляться, поскольку они имеют в буддийском и брахманическом эзотеризме свои собственные рабочие названия, обозначения которых м-р Лилли — если он понял их смысл столь же правильно, как и значение слова *кама* — просто проглядел или включил их в общее название «духов». Мы не будем пытаться в личном порядке обсуждать спорные вопросы с нашим другом М. А. (Оксо-

---

[1] Мы не читали книгу м-ра Лилли; но если он в ней учит многим другим вещам столь же ошибочным, как и его идея о том, что *кама* означает «смерть», то его авторитет становится весьма хрупким. *Кама* никогда не означала смерть, но всегда была синонимом вожделения, страсти; в данном случае — страстного желания продолжения жизни.

ном), так как наш голос обладает для него не бо́льшим авторитетом, чем голос м-ра Лилли — для нас. Но мы все же сообщим ему о том, что мы предприняли. Как только мы получили его компетентную рецензию, мы тщательно изучили ее и отослали два номера журнала с ней двум авторитетам для того, чтобы они, в свою очередь, отрецензировали ее и исправили. Мы надеемся, что эти специалисты в области эзотерического буддизма будут сочтены много более весомыми, чем м-р Лилии или любой другой авторитет в этом вопросе; ибо эти двое: (1) г-н Сумангала Уннанс, буддийский первосвященник с Адамова пика (Цейлон), учитель м-ра Риса Дэвидса, член нашего Генерального Совета и наиболее ученый знаток северного буддизма; и (2) коган-лама из Ринччадзе (Тибет), глава архив-регистраторов тайных библиотек далай-ламы Ринпоче в Ташилхунпо, — также член нашего Общества. Кроме того, последний является «панченом», или великим наставником, одним из наиболее ученых богословов северного буддизма и эзотерического ламаизма. От него мы уже получили обещание показать, сколь ошибочны по всем пунктам взгляды обоих, и автора, и его рецензента, в своем последующем письме, сопровождаемое некоторыми нелестными замечаниями в адрес первого, которые вряд ли польстят его авторскому тщеславию. Мы надеемся, что первосвященник Сумангала также поделится своими мыслями относительно «буддийского *спиритуализма*», как только он выкроит свободное время, — что, кстати, не так-то легко, принимая во внимание его загруженность делами. Если и после этого авторитет и ученость м-ра Лилли все же будет считаться выше свидетельства этих двух наиболее ученых *буддийских* толкователей южного и северного буддизма наших дней, тогда нам ничего более не останется, как развести руками.

Между тем, никто не будет отрицать тот факт, что эзотерический буддизм и брахманизм по сути *одно* и то же, ибо первый произошел из последнего. Однако хорошо известно, что наиболее важной особенностью реформы Будды было то, что он сделал адептство или *просветление* (посредством *дхьянических* практик *иддхи*) открытым для всех, тогда как брахманы ревниво лишали всех людей за пределами своей собственной высокомерной касты привилегии учиться совершенной истине. Поэтому, в данной связи мы приведем идеи ученого брамина о спиритуализме, рассматриваемом с эзотерической точки зрения.[1] Автор статьи, более опытный в брахманических оккультных науках, чем любой индийский мирянин за пределами внутреннего конклава адептов, рассматривает в ней *семеричный* принцип в человеке, как он дается во «Фрагментах оккультной истины», и проводит для этой цели исчерпывающее сопоставление между двумя эзотерическими доктринами, брахманической и буддийской, которые он считает «идентичными по существу». Его письмо было написано по нашей личной просьбе, и не с целью вступить в полемику, поскольку сам автор, отвечая нам, скорее всего, был далек от мысли, что оно когда-либо будет опубликовано. Однако, получив его разрешение на публикацию, мы теперь с удовольствием воспользуемся этой возможностью. Помимо того, что это будет, вероятно, лучшей рецензией на столь сложный для понимания вопрос, которую мы когда-либо рассчитывали бы получить, это покажет М. А. (Оксону) и другим нашим друзьям, спиритуалистам, сколь поверхностно усвоили такие авторы, как м-р Лилли, «основной принцип» азиатских религий и философии. К тому же читатели смогут осмыслить, в какой мере современный спиритуализм, в его нынешней интерпретации, является «распространенным принципом» брахманизма, старшего брата буддизма.

---

[1] См. статью Субба Роу «Арийско-архатские эзотерические учения о семеричном принципе в человеке», с комментариями Е. П. Б. — *Прим. редактора.*

О РАЗДЕЛЕНИИ НАРОДОВ, ЯЗЫКЕ ЖЕСТОВ И САНСКРИТЕ

Мидийцы, кельты, славяне, индусы, персы, греки, римляне и германцы появились в нашей истории как нации и народы, отличающиеся по языку и истории, каждый со своим далеким прошлым, своими непохожими обычаями и обрядами, в период времени от двух до четырех тысяч лет назад. Они называются арийской и кавказской расами, и обе эти расы, как считают, произошли от одного и того же ствола — от древних ведийских ариев с Оксу, и только от них. И все же это разделение народов, следовательно, возраст Вед, определяется не древнее, чем три-четыре тысячи лет, хотя известно, что брахманы принесли их с собой в Индию [*sic*.]. Таким образом, ваша история оказывается в долгу перед филологией, а этнология делает из этого разделения народов фактическую Вавилонскую башню ... *плюс* язык — в виде отдельной истории, формы, окраса и обычаев для каждого из них. Мы заявляем — и у нас есть убедительные исторические доказательства для подобного утверждения, — что так называемые *варварские* народы, «физические и политические представители зарождающейся арийской расы, говорившие на ныне исчезнувшем арийском языке» и жившие до разделения народов, обладали более высокой цивилизацией, будучи коренной расой и ее подрасой, чем это можно выявить в геологических слоях. И таким образом, хотя это и допускает, что самый удаленный период времени, о котором сохранились до наших дней документальные сведения, это лишь первый, самый ранний проблеск, едва видимая точка вашего исторического периода, за которым простирается необъятная и неопределенная череда доисторических веков, все же никакая цивилизация, никто, кроме варваров и дикарей, не заполняет их на протяжении 100 000 лет вплоть до того момента, который наступил три-четыре тысячи лет назад (для сравнения период развития нынешней цивилизации составляет два или три столетия). Более того, сам период времени, когда зарождающейся человеческой речи прокладывал дорогу язык знаков, как полагают, всего лишь на две тысячи лет предшествовал появлению санскрита — самого совершенного и наиболее возвышенного из всех человеческих языков!

Процесс индукции оспаривается историческими авторами, львами в сопровождении своры шакалов из ежедневной прессы.

Таким образом, геологи относят первое появление человека к периоду послеледникового дрейфа, к той эпохе, которая называется сегодня четвертичным периодом. И хотя первый период, несомненно, имел место между 250 и 300 тысячами лет назад, все же энциклопедисты настаивают на том, что древность этого события, «по крайней мере, не больше десятков тысяч лет». Это представление в высшей степени абсурдно как с физической и этнологической, так и с психологической и эволюционной точек зрения. Воображать, опираясь на свои собственные цифры, что множество рас в течение последних 25 тысяч лет были ничем не лучше животных, дикарей и нецивилизованных варваров (в лучшем случае), и затем от людей палеолитического, или древнего каменного века, за которыми следовали люди неолитического, или нового каменного века, вплоть до рас бронзового и раннего железного веков, с которых начинается историческая античность в Европе, произвольно перескакивать к древне вавилонской и египетской цивилизациям, — это весьма рискованное занятие. Почему же тогда не сделать напрашивающийся вывод о том, что поскольку между высокими цивилизациями Греции и Рима и современной цивилизацией (возраст которой едва перевалил за две сотни лет) находился смутный период темных и средних веков (в миниатюрном масштабе повторяя один из малых циклов), то сходный промежуток времени мог быть между древними вавилонянами и халдеями — самыми высокими цивилизациями Египта и Вавилонии, начало которых каждый истинный и беспристрастный ориенталист относит к периоду от 10 до 15 тысяч лет назад, и предшествующими им высокоразвитыми цивилизациями подрас, которые ныне канули в Лету. Двадцати вековая европейская история неспособна вместить возраст каменных орудий, найденных в Темзе или во французской Сомме. Не только перемещение ледников и донного льда, но и другие геологические факторы следует учитывать, прежде чем определять возраст даже для изделий из бронзы и высокохудожественных полированных украшений неолитического периода, не говоря уж о доледниковых орудиях древнего каменного века. Современное исчисление веков никогда до такой степени не входило в противоречие с исторической хронологией, как в данном случае. В скважинах, пробуренных в долине Нила, на глубине в шестьдесят футов были найдены кирпичи и осколки керамики, как было установлено, их возраст составляет, по крайней мере, 25 тысяч лет, а в некоторых местах подобные находки были сделаны на глубине в 120 футов. Если до сих пор были обнаружены лишь следы различных промежуточных цивилизаций низшего порядка, это вовсе не означает, что не было ни одной цивилизации более высокого уровня, чем одни эти древние цивилизации, причем этот другой уровень цивилизации и древность обнаруженных памятников, как правило, отбрасывается и игнорируется, а реликвии более интеллектуального [бытия] не могут дойти до нас — как и останки нашей современной литературы, искусства и науки не смогут достичь внимания археологов 6-ой расы, — что вполне закономерно... Остатки социальной или психологической культуры едва ли могут быть найдены в геологических слоях, в пластах земли.

Повсеместно в Италии и Германии обнаруживаются реликвии древней до-римской цивилизации. Связь между внутренними водоемами и океаном очень сильно изменялась, а во многих случаях была полностью нарушена со времен бронзового века. Но до тех пор, пока разрушенные города Египта, подобно циклопическим постройкам Рамсеса, будут ожидать своей идентификации и определения собственной хронологии по Книгам Моисея, всецело завися от них, им нельзя приписать никакого возраста. Бругш-беи многочисленны, и их авторитет слишком мало подвергается сомнению и слишком многое от них зависит. Все то, что находится за пределами немногочисленных страниц всеобщей истории, ныне с легкой руки западных христианских народов становится чистым мифом, а все то, что обнаруживается в виде записей в сомнительных хрониках одного небольшого племени, происхождение которых историкам до сих пор неясно, считается *подлинной историей*, чья достоверность неоспорима.

ТАИНСТВЕННАЯ РАСА

Во время путешествия от места высадки — мадрасского «Букингемского канала» — до Неллуру, мы переживали новые впечатления пятнадцатимильной поездки в комфортабельных современных экипажах, причем каждый из них быстро тащила дюжина сильных и веселых людей, в которых мы признали обыкновенных индусов низшей касты, или париев. Велик был контраст между этими шумными и довольными людьми, которые были сейчас перед нами, и теми носильщиками паланкинов, которые только что доставили нас сюда, проделав путь в пятьдесят пять миль по песчаным, жарким равнинам от Гантура до Падагангама, расположенного на этом канале. Эти носильщики паланкинов, как нам сообщили, принадлежали к касте мойщиков; у них очень тяжелая жизнь, работа день и ночь, без определенных часов для сна и всего лишь за несколько *пайсов* в день; и только если *пайсы* удавалось превратить в *анны*,[1] то они могли позволить себе такую роскошь, как *мутный суп*, сваренный из неочищенного и поврежденного риса, который они называли «перченой водой». Вполне естественно, что мы смотрели на этих людей-тяжеловозов, которые тащили наш экипаж, так же, как и на носильщиков паланкинов. Однако вскоре нас вывели из этого заблуждения, потому что один из наших братьев — м-р Касава Пиллэй,

---

[1] *Пáйса* и *áнна* — мелкие индийские монеты. 1 анна = 6,25 пайсов = 1/16 рупии. — *Прим. редактора.*

секретарь Теософского общества в Неллоре — рассказал, что эти две касты не имеют между собой ничего общего. Первые принадлежат к низшей касте индусов, вторые — к *янадхи*. Информация относительно этого племени оказалась настолько интересной, что мы хотим поделиться ей с нашими читателями.

КТО ТАКИЕ ЯНАДХИ?

Слово «янадхи» — это искажение слова «анати» (*ab origine* [изначальный, *лат.*]), означающее «не имеющий истоков». Большинство из них живут на побережье океана в дистрикте Неллуру, округ Мадраса. Они разделяются на два класса: (1) *каппала*, или *кхалла*, т. е. «поедатели лягушек», или «поедатели мусора»; и (2) правильные, или «хорошие», янадхи. Представители первого класса живут, как правило, отдельно от шудр, населяющих этот дистрикт, и добывают средства на жизнь тяжелым трудом. *Каппала* используют как тягловую силу вместо крупного рогатого скота для перетаскивания тележек и экипажей (лошади в этом дистрикте встречаются крайне редко, так как их содержание обходится слишком дорого). Представители второго класса, правильные *янадхи*, живут или в деревнях, или в джунглях, помогая фермерам в возделывании земли и других сельскохозяйственных работах.

И все же оба эти класса знамениты своим мистическим знанием оккультных свойств природы, и их считают практикующими магами.

И те, и другие являются заядлыми рыболовами и непревзойденными охотниками на крыс и бандикутов. Они добывают полевых мышей, выкапывая их из норок, и ловят рыбу просто руками, не пользуясь крючком и сетью. Они принадлежат к монгольской расе, причем цвет их кожи варьируется от светло-коричневого до очень темной *сепии*. Их одежда состоит из куска ткани, которым они обматывают голову, и другого куска, опоясывающего бедра. Живут они в маленьких хижинах круглой формы, около 8-ми футов в диаметре, имеющих вход шириной примерно 1,5 фута. Прежде чем построить хижину, они рисуют большой круг вокруг того места, где она должна быть построена, и произносят определенные магические слова, которые должны удержать злых духов и змей от вторжения в их жилище. Они также сажают вокруг хижины определенные травы, которые, как они верят, имеют свойства отгонять ядовитых рептилий. Поистине удивительно видеть, что в этих хижинах живут две дюжины людей, поскольку у янадхов редко бывает меньше дюжины детей. Их пища состоит главным образом из крыс, бандикутов, полевых мышей, канги, гуано и небольшого количества риса, и даже корешки диких растений используются ими для еды. Такая диета в большой степени объясняет их физические особенности. Поедание полевых мышей отчасти объясняет, почему каждый из них имеет столь много детей. Они живут до глубокой старости; и лишь очень редко среди них можно встретить человека с седыми волосами. Это можно объяснить влиянием крахмала, содержащегося в большом количестве в канги, которую они ежедневно пьют, а также легкой и беззаботной жизнью, которую они ведут.

Их исключительным достижением является сокровенное знание оккультных свойств корней, зеленых трав и всевозможных растений. Они могут использовать свойства этих растений, нейтрализуя наиболее губительные яды различных змей; и даже самая свирепая кобра прячет свой капюшон перед конкретным зеленым листочком. Названия, определение и знание свойств этих растений, они держат в строгом секрете. Никто никогда не слышал, чтобы их кусали змеи, хотя они живут в исключительно опасных местах среди джунглей; в то же время, смерть от укуса змеи весьма обычна среди высших классов. Одержимость бесами исключительно редко встречается среди их женщин. Они изготовляют удивительно эффективное средство, представляющее собой отвар из более чем сотни различных кореньев; говорят, что он обладает невероятной способностью излечивать любую болезнь.

В случае крайней необходимости или смертельной болезни они совещаются со своим провидцем (обычно одним на 20—25 семей), который обращается к божеству-хранителю и при этом бьет в барабан перед горящим костром, а женщина поет рядом с ним. Через час или два он впадает в транс, то есть приводит себя в состояние, при котором он может назвать причину заболевания и прописать определенное тайное средство, которое способно вылечить больного. Предполагается, что дух умершего, чье имя подверглось оскорблению, или божество, которым они пренебрегали, сообщает им теперь через провидца, за что на них свалилось это несчастье, требуя от них обещания, что они будут хорошо вести себя в будущем, и после этого исчезает. Нередко случается, что представители высших каст, даже брамины, обращаются к ним по тому же поводу и с тем же успехом консультируются у них. *Провидец отращивает свои волосы и не допускает, чтобы бритва когда-либо прикоснулась к его голове.* Янадхи бреют свои головы при помощи острой кромки стекла. Таким же образом обсуждается процедура выбора имени для ребенка, вступление в брак, намерение отправиться в путешествие и тому подобное.

У них очень остро развито обоняние и другие чувства, так что они легко могут узнать, где находится нужная им птица или где прячется тот, с кем они играют. Они часто бывают востребованы как сторожа, вследствие их редкой способности выслеживать и находить по следам вора или незнакомого человека. Если какой-либо чужак посещал их деревню ночью, янадхи могли сказать, что деревня посещалась им (чужаком), лишь взглянув на следы множества ног.

ТЕОСОФЫ И ИНДУССКИЙ ПАНТЕИЗМ

Именно эту вышеозначенную тему обсуждает в мадрасской «*Philosophic Inquirer*» м-р Генри Аткинсон из Булони, Франция. Обычно этот джентльмен, талантливый и пользующийся широкой известностью писатель, ясно и определенно излагает свои идеи. Именно поэтому мы премного удивлены и не можем найти объяснения тому, что он задел в своей вышеупомянутой статье теософов. Свой анализ системы Веданты, который, по сути, является сжатым изложением *антитеистических теорий* профессора Флинта, приведших его к заключению, что отрицание реальности миров вместе с утверждением, что Парабрахма является неким безличным божеством (вид пантеизма, называемый *акосмизм*), м-р Аткинсон подкрепляет следующим выводом:

«Точно также пантеизм имеет своим следствием атеизм».

Насколько нам известно, это не так, — вот наш ответ. Согласно тому, как этому учат самые талантливые и ученые ведантисты Бенареса, пандиты и знатоки санскрита, их пантеизм приводит к прямо противоположному результату. Однако не будем отклоняться от нашей непосредственной темы. Автор говорит:

«От этого виртуального атеизма всего лишь один шаг до общепризнанного атеизма. Философия санкхьи и буддизм — суть индийские иллюстрации этой тенденции пантеистического мировоззрения. То, что материальные атомы существуют извечно, не требует никаких доказательств. Причина, по которой вера в творение отвергается индийскими философами, по своей сути аналогична той, которую мы обнаруживаем, таким образом, в одной сутре, принадлежащей к системе санкхья: *Не может быть создано что-либо из ничего; то, чего нет, не может развиться в то, что есть — создание того, что не существовало бы уже в потенциальном виде ранее, невозможно; потому что необходимым образом должен существовать некий материал, из которого будет создан продукт, так как все вещи не могут находиться повсюду одновременно; и потому что нечто возможное должно быть создано из чего-либо достаточного для создания его».*

Сразу же за этим отрывком следует совершенно неожиданный и потому весьма удивительный вопрос.

«Не призывают ли сегодня нас теософы возвратиться к таким внутренне противоречивым, призрачным абстракциям, таким произвольным блужданиям древних непросвещенных времен и стран, лишенных научного знания?»

И это *единственное* упоминание о ТЕОСОФАХ, которое мы находим в данной статье. Поэтому мы не в силах понять уместность этого вопроса и его связь хоть с чем-то в статье м-ра Аткинсона; мы также не видим ничего «ненаучного» в этом отрывке из сутры; более того, мы вообще не видим в этом примере, приведенном автором, какой-либо возможной связи с теософией. Что общего в этом отношении имеют *теософы* с рассуждениями профессора Флинта, с ведантизмом, санкхьей и даже с буддизмом. Теософы изучают все системы и… никого не поучают, предоставляя каждому обдумывать и выбирать истину для себя. Члены нашего Общества лишь помогают в совместной работе, и каждый из нас всегда открыт для убеждения, когда предполагаемая истина какой-либо данной гипотезы демонстрируется ему в свете современной науки, логики или разума. Ни один теософ более чем вся современная наука, вечно балансирующая на одной ноге на краю «непреодолимой пропасти», не «призывает кого-то возвратиться куда-то, остаться где-то» или перейти к «внутренне противоречивым, призрачным абстракциям» и «произвольным блужданиям древних непросвещенных времен», — если такие «блуждания» не являются закономерными исходя из еще больших блужданий и многочисленных недоказанных суждений нашего собственного «просвещенного» века. Если наука, неспособная самостоятельно сложить дважды два так, чтобы при этом не получилось пять, вынуждена была вернуться к атомической теории древнего Демокрита и гелиоцентрической системе еще более древнего Пифагора — причем оба они жили в те времена, которые ныне принято считать «непросвещенными», — то мы не понимаем, почему теософам отказывают в праве обращаться к тем временам для поиска решения наиболее жизненных проблем, к которым еще никто из современных философов, действующих в меру своих способностей, не смог даже приблизиться. Но вот к чему мы всегда решительно призывали и будем призывать, так это к тому, чтобы люди изучали, сравнивали и самостоятельно обдумывали, прежде чем принять что-либо на веру на основании полученных из вторых рук доказательств. Поэтому мы выступаем против многочисленных авторитетных и столь деспотичных допущений этого нашего так называемого «просвещенного и научного века». До сих пор, наш повседневный совместный опыт показывал нам, что эти прилагательные есть не более чем словоблудие и пустое бахвальство; и мы полностью готовы доказать нашу позицию, приглашая и заверяя в нашей признательности м-ра Аткинсона или кого бы то ни было, кто возьмется опровергать ее.

Начнем с того, почему это мы должны называть наш век «просвещенным» веком, отмечая его превосходство и допуская для него больше оснований так называться, чем век Александра Великого, или даже халдейского Саргона? В нашем столетии родились многие люди науки; еще больше тех, кто воображают себя весьма образованными людьми, но вряд ли смогут доказать это при перекрестном тестировании; и — огромные массы «невежд», которые почти столь же темны, сколь и суеверны, и также же умственно неразвиты и необразованны *ныне*, какими были какие-нибудь добропорядочные обыватели во времена гиксосов, Перикла или Рамы — в те дни. Никто не станет отрицать, что на каждого подлинного человека науки приходится, по крайней мере, сотня лжеученых — претендующих на ученость — и десять миллионов совершенно невежественных людей по всему миру. Также никто не будет опровергать утверждения о том, что к каждому просвещенному и действительно широко образованному человеку в обществе мы должны прибавить несколько сотен полуобразованных болванов, которые прикрываются не более чем внешним налетом общественных предрассудков для того, чтобы скрыть свое грубое невежество. Кроме того, Наука, или скорее Знание, и Невежество взаимосвязаны, как и все остальные противоположности в природе, — антагонистичные, но все же скорее подтверждающие друг друга, чем опровергающие. Поэтому, если современный ученый в чем-то одном бесконечно превосходит ученого, который процветал в дни фараона Тутмоса, то последний, вероятно, в чем-то другом добился неизмеримо больших успехов, чем все наши Тиндали и Герберты Спенсеры вместе взятые, доказательство чему мы усматриваем в «утраченных» искусствах и науках. И если наш век — это век удивительных достижений в физических науках, век пара и электричества, железных дорог и телеграфов, телефонов и много другого, то это также век, в котором лучшие умы не находят себе лучшего, более надежного или разумного прибежища, чем в агностицизме, в современной разновидности этой самой древней темы греческого философа: «Все что я знаю — это то, что я ничего не знаю». За исключением горстки мужей науки и образованных людей в целом, — это также век принудительного обскурантизма и, как прямое его следствие, упрямого невежества, и большая масса нынешнего населения земного шара не менее «непросвещенна» и в той же степени грубо суеверна, как и 3 000 лет назад.

Готов ли м-р Аткинсон или кто-либо еще (кроме христиан) отрицать следующее утверждение, которое весьма легко проверить: что выбранный наугад один из миллиона *необразованных* буддистов — тех, что придерживаются «благого закона», которому учат на Цейлоне с тех пор, как его принес им сын царя Ашоки, Махинда, в «непросвещенный» век за 200 лет до нашей эры — в сто раз менее легковерен и суеверен, и в своей вере ближе к научным истинам, чем выбранный также наугад один из миллиона христиан, воспитанный в этом «просвещенном» веке? Любому, кто соберется опровергнуть сказанное нами, мы предложили бы сперва взять «Буддийский катехизис» полковника Олькотта, предназначенный для бедных, невежественных детей столь же невежественных и непросвещенных сингалезских родителей, и положить рядом с ним «Римский католический катехизис» или тщательно разработанный «Вестминстерский символ веры», или даже «39 статей» [свод догматов] англиканской церкви, — и сравнить, делая выписки. Пусть он, прочитав их, изложит свои впечатления в свете науки, а затем скажет нам, какие догмы — буддийские или христианские — ближе к учениям современной науки? В связи со всем этим нам следует принять к сведению, что буддизм в том виде, как ему учат сегодня, совершенно идентичен тому, каким его проповедовали в течение первых столетий после смерти Будды, а именно, с 550 года до н. э. по 100 г. н. э. в «древнее непросвещенное время и в древней непросвещенной стране» раннего буддизма, в то время как вышеупомянутые толкования христианских взглядов (особенно это касается двух протестантских сочинений) являются тщательно переработанными и исправленными изданиями, плодом совместных усилий высокоученых теологов и величайших грамотеев нашего «просвещенного» века. Хотя, с другой стороны, они являются выражением и исповеданием веры, сознательно принятой самыми культурными классами Европы и Америки. Таким образом, поскольку подобное учение сохраняет свой авторитет для большинства западного народонаселения — одинаково как для образованных, так и для необразованных, — мы чувствуем за собой полное право утверждать, что наш век не только «непросвещен» в целом, но и то, что западный религиозный мир поистине ненамного опередил дикарей-идолопоклонников.

БУДДИЗМ, ХРИСТИАНСТВО И ФАЛЛИЦИЗМ

К трудам специалистов и ученых следует относиться с определенным уважением, поскольку они принадлежат науке. Но такие произведения, как «Культ Приапа» П. Найта, «Древние Истины» и др. д-ра Инмана, явились первыми каплями того ливня фаллицизма, который обрушивается на читающую публику в виде «Рек жизни» генерала Форлонга. Очень скоро к этому ливню присоединились светские писатели, и за прекрасной книгой Г. Дженнингса «Розенкрейцеры» последовал его «Фаллицизм».

Поскольку детальный анализ этой работы — занимающейся поиском сексуального культа, от его грубых форм в идолопоклонстве, до наиболее утонченного и скрытого символизма в христианстве — более соответствовал бы требованиям газетного, а не журнального толка, то, прежде всего, необходимо объяснить причину, по которой эта рецензия была написана. «Фаллицизм» [1] и другие книги подобного рода, хотя теософы полностью игнорируют их, могли бы быть использованы против теософии. Последние произведения м-ра Г. Дженнингса были написаны, по всей видимости, чтобы встать на пути прогресса теософии, которую он, как и многие другие, не отличает от оккультизма и даже самого буддизма. «Фаллицизм» появился в 1884 го-

---

[1] «Фаллицизм, небесный и земной, языческий и христианский; его связь с розенкрейцерами и гностиками и его обоснование в буддизме».

ду, в то самое время, когда все французские и английские газеты провозгласили прибытие из Индии нескольких теософов, провозвестников буддизма в христианской Европе; первые отличились своей обычной легкомысленной манерой, а последние — энергией, достойной лучшего применения, которую лучше бы было направить, по заявлению некоторых газет, против «сексуального культа у себя дома». Так это или нет, но общественное мнение приписывает это «мистическое» произведение м-ра Дженнингса появлению теософии. Как бы то ни было, и кто бы ни повлиял на автора, его усилия оказались успешными только в одном направлении. Несмотря на то, что сам он весьма скромно объявляет себя «первым, кто выразил великую философскую проблему *этого загадочного буддизма*», и провозглашает свою работу «бесспорно новой и оригинальной», не переводя дух, заявляя, что «все великие люди и глубокие мыслители прошлого, трудившиеся в течение веков на этом поприще, работали впустую», легко доказать, что он ошибается. Его «энтузиазм» и самовосхваление, вероятно, вполне искренни, а его труды, как он сам выражается, «объемны»; тем не менее, они повели его по совершенно ложному пути, раз он заявляет, что:

«Эти физиологические споры (о происхождении животных)... возникшие у ранних мыслителей, заложили величественный фундамент фаллического культа. Они привели к сильным расколам в религии и к буддизму».

Именно буддизм был первой религиозной системой в истории, которая возникла с определенной целью положить конец всем мужским богам и деградирующей идее личного сексуального божества, как создателя человечества и Отца людей.

Автор уверяет нас, что его книга: «Будучи небольшого формата, содержит все, что известно о доктринах буддистов, гностиков и розенкрейцеров, относительно фаллицизма».

Здесь он ошибается вновь, и очень глубоко, или же, что еще хуже, он пытается ввести в заблуждение читателя, наполняя его отвращением к таким «тайнам». Его работа «нова и оригинальна», поскольку она объясняет с энтузиазмом и почтением ярко выраженный фаллический элемент в Библии; ибо, по его словам, «Иегова без сомнения означает вселенское мужское», а Марию Магдалину, до ее обращения, он называет «женским св. Михаилом», определяя это как мистическую антитезу и парадокс. Не было никого в христианских странах, кто когда-либо имел моральную смелость говорить столь открыто, как он, о фаллическом элементе, которым изобилует христианская (римско-католическая) церковь; и в этом главная заслуга и значение автора. Все достоинства хваленой «разумности и краткости» его «небольшого формата» исчезают, когда становятся очевидными средства, посредством которых он сбивает с толку читателя, опираясь на совершенно ложные впечатления; особенно, когда немногие, если вообще кто-либо из его читателей, последуют за ним, или даже просто разделят с ним «энтузиазм ... преобразованный из полного исходного неверия в эти удивительно вдохновляющие и прекрасные фаллические верования». Было бы нечестно высказать лишь часть истины, не оставив никакой возможности для паллиатива, как в случаях Будды и Христа. То, что первый совершил в Индии, Иисус повторил в Палестине. Буддизм был страстным протестом против фаллического культа, который вел каждый народ сперва к восхищению личным Богом, а в конце концов — к черной магии; то же самое явилось целью Посвященного и Пророка из Назарета. Буддизм избежал опасности черной магии, сохраняя в своей религиозной системе личного мужского Бога в чистом виде; но поскольку эта концепция является ведущей в так называемых монотеистических странах, черная магия толкает их в «Мальстрим», в котором всякая нация становится зараженной грехом и колдовством, и тем сильнее, чем меньше верят в нее самые горячие ее приверженцы, не осознающие, вероятно, ее присутствия. Никто из оккультистов не верит в церковного Диавола, традиционного Сатану; каждый, изучающий оккультизм, и каждый теософ верит в черную магию и в темные природные силы, если он принимает белую, или божественную, науку как истинный факт нашего мира. Поэтому с полным доверием можно повторить мысль, высказанную кардиналом Вентурой в отношении Диавола (относя ее, однако, к черной магии):

«Величайшая победа была достигнута Сатаной в тот день, когда ему удалось сделать так, чтобы в него перестали верить».

Далее можно сказать, что «черная магия царствует над Европой как всемогущий, хотя и незаметный, правитель», причем ее главные сознательные приверженцы и служители находятся в римской церкви, а бессознательные функционеры — в протестантской. Все тело так называемых «привилегированных» классов в Европе и в Америке пронизано неосознаваемой черной магией, или колдовством самого низкого свойства.

Но Христос не ответственен за средневековое и современное христианство, сфабрикованное от Его имени. Если автор «Фаллицизма» прав, говоря о трансцендентальном сексуальном культе в римской церкви и называя его «истинной, хотя несомненно парадоксальной, конструкцией, имеющей глубокое мистическое истинно христианское значение», — он ошибается, называя его «небесной или теософской доктриной несексуального, трансцендентального фаллицизма», поскольку эти слова, сталкиваясь вместе, становятся бессмысленными, аннулируя друг друга. «Конструкция», которая пытается показать фаллический элемент «в могиле Искупителя», и йонический — в нирване, и находит Приапа в выражении «Слово стало Плотью», или Логосе, действительно должна быть «парадоксальной». Но такова «Приапомания» в нашем веке, что даже наиболее горячие приверженцы христианства должны признать элемент фаллицизма в своих догмах, если они не хотят, чтобы их обвиняли в этом оппоненты.

Все это следует рассматривать не как критику, но лишь как защиту реальной, истинной магии, которую автор «Фаллицизма» ограничивает «божественной магией творения». «Фаллические идеи», — по его словам, — «лежат в основе всех религий».

В этом нет ничего «нового» или «оригинального». Со времени возникновения государственных религий не было ни одного посвященного или философа, Учителя или его последователя, который бы не знал об этом. Нельзя увидеть открытие и в том факте, что евреи поклонялись Иегове в виде необработанных «фаллических камней», коротко говоря, это был такой же фаллический Бог, как и другие лингамы, что перестало быть тайной после Дюпи. То, что Приап был выдающимся мужским божеством, сейчас полностью доказано без какого-либо излишнего мистицизма Рэлстоном Скиннером из Цинциннати в его удивительно талантливой книге, демонстрирующей большую эрудицию автора, «Источник мер», опубликованной несколько лет назад; в ней он показывает этот факт, исходя из математических выводов, поскольку он является специалистом в каббалистических числовых счислениях. Чем же подкрепляет свои слова автор «Фаллицизма», утверждая, что в его книге будет обнаружено «более полное и связное, чем имелось ранее, изложение, касающееся различных форм того особого поклонения (не идолопоклонства), которое носит название фаллического культа»? «Никто из писателей не изучил столь полно», — скромно добавляет он, — «оттенки и разновидности этого своеобразного ритуала, берущего свое основание в глубинах природы и связанного с возникновением истории человечества, и не проследил в таком объеме его таинственные связи с различными философскими идеями».

Лишь одна вещь является действительно «оригинальной» и «новой» в «Фаллицизме»: отмечая и подчеркивая наиболее непристойные ритуалы, связанные с фаллическим культом у всех «языческих» народов, автор идеализирует аналогичные ритуалы христиан, набрасывая на них покров из самой мистической ткани. И в то же время, автор принимает библейскую хронологию и настаивает на ней. Так, он приписывает Вавилонской башне халдеев, «этому огромному, величественному, вертикально стоящему, вызывающему фаллосу», как он ее называет, возраст «вскоре после Потопа»; а пирамидам — «время немногим позже основания египетской монархии Мицраимом, сыном Хама, в 2188 до н. э.». Хронологические взгляды автора «Розенкрейцеров», по-видимому, сильно изменились впоследствии. Есть некая тайна в отношении этой книги, трудная, но все же отчасти доступная для понимания, что может быть выражено словами графа де Гаспарина, сказанными им о трудах маркиза де Мирвиля о Сатане: «Но все идет к тому, чтобы показать работу, являющуюся, по существу, поступком, и имеющую значение коллективного труда». Но все это не имеет значения для теософов. То, что имеет реальное значение, — это его ошибочное утверждение, для обоснования которого он ссылается на авторитет Уилфорда, о том, что легендарная война, начавшаяся в Индии и распространившаяся по всему земному шару, была вызвана различием мнений об относительном «превосходстве мужского или женского символа ... в идолопоклонническом магическом культе... Эти физиологические диспуты, которые привели к сильному расколу в религии и даже к кровопролитным опустошающим войнам, многократно наблюдались в истории ... или же от них не осталось ничего, кроме традиции».

Это решительно отрицается посвященными брахманами. Если вышесказанное основано на авторитете полковника Уилфорда, то выбор автора «Фаллицизма» не был счастливым. Читатель должен лишь обратиться к «Науке религии» Макса Мюллера и найти там подробную историю того, как полковник Уилфорд стал жертвой брахманической мистификации в отношении мнимого присутствия в Пуранах Сима, Хама и Иафета, во что он искренне уверовал. Истинная история распространения и причин великой войны хорошо известна посвященным брахманам, однако они не будут говорить об этом, поскольку это могло бы быть направлено против них самих и их верховенства над теми, кто верит в личного Бога или богов. Совершенно верно, что происхождение каждой религии основано на двух силах абстрактной природы, мужской и женской, которые, в свою очередь, являются эманациями бесконечного, абсолютного, бесполого Принципа, Единого, который исповедуют в духе, а не при помощи ритуала; чьи вечные законы не могут быть изменены словами или жертвами молящихся, и чье влияние, светлое или темное, благоприятное или неблагоприятное, чье благоволение или проклятие в форме кармы могут определяться только действиями всецело преданного ему человека, а не пустыми мольбами. Такова была религия, единая Вера всего первобытного человечества и «Сыновей Бога», *Б'не Элохим*, прежних времен. Эта вера гарантировала своим последователям полное обладание трансцендентальными психическими силами, истинно божественной магией. Позже, когда человечество пало и, в ходе естественной эволюции, вступило «в череду поколений», то есть, в последовательность рождений и порождений, перенеся происходящие в природе процессы из духовной плоскости в материальную, оно, в своем эгоизме и животном восхищении самим собой, сделало Богом человеческий организм, и стало поклоняться себе в виде объективного, личного божества, — вот тогда и возникла черная магия. Эта магия, или колдовство, основана целиком на эгоистических импульсах, из них она возникает и им обязана своей жизнью и душой; таким образом постепенно развилась идея личного Бога. Первый «столб из необработанного камня», впервые явившийся как «знак и свидетельство о Боге», творящем и порождающем, «Отце людей», стал архетипом и предшественником длинной серии мужских (вертикаль) и женских (горизонталь) божеств, в виде колонн и конусов. Антропоморфизм в религии является непосредственным источником и стимулом для занятий черной магией (магией левой руки). Опять-таки чувство национальной исключительности (даже не патриотизм), гордости и самовосхваления перед всеми другими народами привело Исаию к тому, чтобы увидеть разницу между одним живым Богом и идолами соседних народов. В день великой «перемены», карма, вызываемая личным или безличным провидением, не заметит разницы между теми, кто устраивает алтарь (горизонталь) Богу посреди Египетской земли и столб на ее границе (Исаия 19:19), и теми, «кто поклоняется идолам, волшебникам, семейным духам и чародеям», ибо все это — человеческое, а значит — дьявольская черная магия.

Именно эта магия вместе с антропоморфическим культом привела к «Великой Войне» и послужила причиной «Великого Потопа», погубившего Атлантиду; поэтому Посвященные, которые остались верными первоначальному Откровению, сплотились в обособленные общины, хранящие свою магию и религиозные ритуалы в глубочайшей тайне. От тех дней происходит каста браминов, потомков «рожденных в духе Риши и Сыновей Брахмы», а также их «мистерии».

Естественные науки, археология, теология, философия, — все они соединились в «Тайной Доктрине», чтобы дать доказательства в поддержку изложенных в ней учений. *Vox audita perit; litera scripta manet* (услышанный голос исчезнет; написанная буква останется, *лат.*). Опубликованные откровения не могут быть опровергнуты никем, даже оппонентом: они доказали свою состоятельность. Если бы я действовала по-другому, «Тайная Доктрина», с первой до последней главы, состояла бы из неподтвержденных личных заявлений. Ученые, благодаря некоторым из последних открытий в различных областях науки, могли бы проверить те гипотезы, которые кажутся среднему читателю нелепыми и основанными на непроверенных утверждениях, и разъяснить разумность этих гипотез. Оккультное учение будет, в конце концов, исследовано с точки зрения науки, как физической, так и духовной.

———

СОВРЕМЕННЫЕ АПОСТОЛЫ И ПСЕВДОМЕССИИ

Вероятно, на нашей памяти никогда не было периода, который предоставил бы больше «великих миссий» и миссионеров, чем нынешний. Это движение началось, по-видимому, приблизительно сто лет назад. До того времени было опасно делать такие утверждения, которые являются общепринятыми в наши дни. Но пророки того далекого времени были малочисленны и редки по сравнению с теми, которые обнаруживаются сегодня, ибо имя им — легион. Воздействие одного или двух из них было очень сильным; остальных, чьи верования опасно походили на обычную форму лунатизма, — почти незаметным. Все должны понимать большую разницу между Анной Ли, последователи которой процветают в настоящее время, и Джоанной Сауткот, галлюцинации которой уже давно, и в ее собственные дни, вызвали улыбку у разумных людей. Преподобная леди шекеров,[1] «жена» из 12-й гл. Апокалипсиса, учила некоторым истинам среди беспорядочных идей относительно их практического использования. По крайней мере, живя в довольно распущенном веке, она придерживалась идеала чистой жизни, который должен был постоянно взывать к духовной природе и устремлениям человека.

---

[1] *Шекеры*, члены американской религиозной секты. — *Прим. редактора.*

За этим последовал период морального упадка в мессианских представлениях и трудах. Многобрачие, которому учили и которое практиковали Джозеф Смит и Бриджем Янг, было одной из наиболее странных особенностей любого современного откровения, или так называемой религии. Ими, этими водителями слепых, было объяснено религиозное рвение и мученичество — одно как отсутствие знания, другое как нечто худшее, чем простая бесполезность. Это было пророчество наиболее необузданных пророков и наиболее ужасных последствий.

С распространением спиритуалистического культа, мессианское безумие значительно увеличилось, в его водоворот были вовлечены равным образом и мужчины и женщины. Сильное желание как-нибудь реформировать религиозный и социальный аспекты мира, личная ненависть к некоторым из его сторон, вера в видения и послания, — и результат налицо; «Мессия» появился как универсальная панацея от всех бед человечества. Если он (иногда она) не делали какого-либо заявления, то его очень часто делали за него. Вынесенная благодаря магнетической силе, красноречию или смелости, единственная идея апостола *pro tempore* [в соответствии с требованиями времени, *лат.*], позволяет принять его, по самым разным причинам, как создателя откровения на час или на долгие времена.

Разжигая возмущение по поводу порабощения женщины в браке, Виктория Вудхалл выступила с провозглашением свободы. Силы, собравшиеся внутри и вокруг нее, противостояли оскорблениям, клевете и угрозам. Каковы были точно ее высказывания, или что она имела в виду, это нелегко понять сегодня. Если она действительно проповедовала свободную любовь — это значит, что она проповедовала женское проклятие. Если же она просто сорвала социальные завесы и выстрелила по лицемерам и ханжам — тогда она сослужила службу для человечества. Человек пал на столь низкий материальный уровень, что сексуальное желание уже невозможно сдержать, — но экзальтация по этому поводу является свидетельством его гибели. Некоторые видели в ее поучениях путь свободы, дорогой для их собственных симпатий и желаний, и их слабости и глупости всегда наносили смертельный удар любой реальной или воображаемой доктрине свободной любви, безразлично, кем бы она ни поддерживалась. Виктория Вудхалл замолчала, и позднейшие ее толкования по поводу Эдемского сада и грехопадения, которыми она нарушила это молчание, не приближаются сколько-нибудь по своей истинности и ясности к вдохновенным находкам Лоуренса Олифанта относительно значения некоторых из этих древних аллегорий в книге Бытия. Не видя ключа к человеческой жизни в философии реинкарнации, с ее неуязвимой логикой, он обнаруживает некоторые живительные проблески истины в своей «Научной религии».

И все же следует воздать должное Виктории Вудхалл. Она была силой в этой стране, и после ее появления, которое расшевелило мысль в вялых и инертных людях, увеличилась возможность говорить и писать по поводу социальных вопросов и их бесконечных проблем. Столь многочисленные откровенные и действительные глупости создали условия для того, чтобы было выслушано немного мудрости.

После этого на спиритуалистическом горизонте появилось много светил меньшей величины. Некоторые открыто защищали сексуальную свободу и были окружены влияниями наиболее опасного свойства. Мир и счастье многих семей были разрушены этими учениями и никогда больше не возвратились. Они разрушили жизнь слабых и неосторожных, переживших длительные страдания, которых мир ошибочно считал безнравственными. Наконец борьба против наиболее очевидных опасностей спиритуализма стала очень сильной, но хотя и публично осужденный, — Онеида Крик никогда не стала бы популярной! — замаскированный яд прокрался потайными путями и является одной из первых ловушек в спиритуализме, которых должен опасаться человек, задающий медиумические вопросы. «Духовное родство» должно спасти мир; в то время как оно стало притчей во языцех. Существует ненаписанная история спиритуализма, которую никто из его ловких защитников никогда не обнародует. Некоторые из их последних мессий и их заявления игнорируются, и их имена едва ли упоминаются, но мы ничего не слышим о том «оранжерейном» процессе, при котором создаются такие аномальные условия. Некоторые из них были поистине жертвами своих верований — это люди, чье мужество и вера в более праведное дело привела бы их, в конце концов, к победе. И некоторые из них похожи на безумные водовороты, в которые рано или поздно попадают неопытные люди. Апофеоз страсти, от горьких плодов которого человеку необходимо все время спасаться, — это несомненный знак нравственной деградации. Свобода любви, связанная с чувственными импульсами, — это наиболее глубокое рабство. С самого начала природа ограничивала этот путь болезнью и смертью. Несчастное, как бесконечные браки, гнусное, как созданные человеком законы, которые помещают брак на самый низкий уровень, спасение свободной любви — это шепот змея в ухо современной Евы.

Никто не сомневается в том, что существуют аспекты спиритуализма, которые являются полезными в некоторых отношениях. Однако мы не будем этого касаться. Мы указываем сейчас на то направление, в котором он подчеркивал одно общее заблуждение.

Требования окончательного присвоения предсказанного 1881 года, двух свидетелей и женщины, облеченной в солнце, столь разнообразны и многочисленны, что мне нет смысла говорить об этом. Истинное понимание каббалистической аллегории и символики галерей и комнат Великой пирамиды сразу рассеяло бы эти идеи и осветило бы их истинную окраску. Различение белых лучей истины от потока, исходящего из астральной сферы, требует некоторой тренировки, которой обычные сенситивы, будь они явными спиритуалистами или нет, не обладают. Невежество поощряется, и слабый всегда будет поклоняться наглому.

Некоторые из этих апостолов отрицают как спиритуализм, так и теософию; некоторые принимают последнюю, но сочиняют ее заново в своей собственной версии; и некоторые, по-видимому, выросли независимо от какого-либо другого культа, благодаря силе своих собственных или чьих-то иных убеждений.

Никто не может сомневаться в поэтической природе вдохновения Томаса Лейка Харриса. У него разумная голова и поэтическое сердце. Если бы он придерживался высоких требований, он считался бы, по крайней мере, человеком литературного дарования и реформатором, которому желали бы пожать руку другие реформаторы. Его поэма о «Женственности» должна вызвать отклик в каждом вдумчивом сердце. Но требование личного превосходства и авторитета над другими людьми и теории «духовного родства» выбросили его на пустынный, бесплодный берег.

В Соединенных Штатах имеются открыто признанная реинкарнация Будды и открыто признанная реинкарнация Христа. Оба они имеют последователей; у них часто берут интервью, и о них много говорят. Они и им подобные обладали знаками, озарениями, знанием, необычным для людей, и событиями, указующими явным образом на их конечную участь. В разных местах был даже слух о сверхъестественных рождениях. Но им не хватало проницательных глаз, которые могли бы привести эти факты в должный порядок и правильно истолковать их. Появляются короли, монархи и мечтатели, но никогда нет среди них какого-либо пророка или Даниила. И грустно видеть результат всего этого, ибо кажется, что каждый из них коронует себя сам.

Если бы теософия даже не сделала ничего другого, она бы потребовала человеческой благодарности за то, что она выявила истину и ложь этих психических опытов, раскрытий и заблуждений, прямо перед людьми, и объяснила их *смысл*. Она показала уровень своей зрелости и неопровержимо доказала его многим людям, уровень, который превосходит любые возможности инспирированной психики того, кто может вообразить себя посланником для целого мира. Она поместила личную чистоту на уровень, который заставляет девять из десяти таких претендентов отказаться от всякой мысли о своем предполагаемом наследстве, и показала, что такое условие чистоты, намного превосходящее любой общеизвестный идеал, является абсолютно необходимым и все-существенным основанием духовной интуиции и постижения. Она лишила почвы тех бедных мужчин и женщин, которые прислушивались к так называемым сообщениям ангелов о том, что они являются избранниками небес, и призваны выполнять миссию всемирного значения. Жанны д'Арк, Христосы, Будды и Михаилы были вынуждены столкнуться с истиной, о которой они и не подозревали, и способности, которыми они никогда не обладали, проявились в безмолвии и с мощной силой людьми, чьи имена даже не известны истории, и представленные только скрытым ученикам, или им подобным. Перед взором этих пламенных реформаторов стоит нечто более высокое, чем слава — а именно, истина. Было продемонстрировано нечто более высокое, чем даже самый чистый союз между мужчиной и женщиной в наиболее духовной форме; речь идет о бессмертном союзе души человека с Богом. Где бы ни распространялась теософия, она не может ни сбить с пути заблудших, ни повести их за собой. Она показывает новый путь, забытую философию, которая жила многие века, знание психической природы человека, открывающего в себе подобие подлинного католического святого и спиритуалистического медиума, осуждаемого церковью. Она собирает вместе реформаторов, проливает свет на их пути, учит их тому, как наиболее эффективно трудиться ради желаемой цели, но запрещает кому-либо присваивать себе корону или скипетр, и освобождает от бесполезного тернового венца. Месмеризмы и астральные влияния отступают, и небо становится достаточно чистым для высочайшего света. Она заставляет умолкнуть возгласы: «А вдруг здесь! а вдруг там!» — и заявляет, что Христос, как Царствие Небесное, находится внутри. Она оберегает и использует каждое устремление и каждую способность человека для блага человечества и показывает ему, как это надо сделать. Она низвергает временный пьедестал и заботится о человеческом существе, имея под собой твердую почву. Таким образом, в этом, как и во всех других отношениях, она является истинным освободителем и спасителем нашего времени.

Перечисление различных «мессий», их трудов и верований, заняло бы много томов. В этом нет необходимости. Когда требования вступают в конфликт, тогда все они не могут быть истинными. В некоторых учениях ошибок меньше, чем в других, и это почти единственное различие между ними.

Разумно мыслящие люди, не говоря о теософах, могут быть уверены в одном. А именно в том, что служение человечеству является самодостаточным вознаграждением для них; и что самый громкий звук издают пустые горшки. Если знать хотя бы немного о философии жизни, о человеческих возможностях исправлять зло и учить людей, если понимать, как пробираться по запутанному лабиринту жизни на этой земле и достигать чего-либо, приносящего длительную и *духовную* пользу, это наверняка избавит от всякого желания или мысли о том, чтобы выдать себя за посланного с небес спасителя народа. Ибо даже очень малое понимание себя, в действительности, является «уравнителем», более демократичным, чем этого могли бы пожелать даже самые крайние радикалы. Лучшие из известных реформаторов-практиков несправедливостей внешнего мира, таких как рабство, лишение прав женщин, узаконенная тирания, угнетение бедных, никогда не помышляли о том, чтобы их принимали за мессий. Слава, которая ничего не стоит сама по себе, непрошено следовала за ними, ибо дерево известно по его плодам, и по сей день «их труды сопровождают их». К душе, растрачивающей себя ради других, можно отнести эти великие слова поэта:

> Избрав покой, ты навсегда оставишь
> Те силы, что трудились на тебя;
> Твои великие союзники — и на земле, и в небе,
> И меж землей и небом — тебя забудут;
> Твои друзья — неукротимый разум,
> Восторг борьбы и светлая любовь!

С приходом теософии, мессиомания, несомненно, доживает свой последний день, и уже виден ее роковой конец. Ибо если она учит, или учила, чему-либо со всей откровенностью, так это тому, что «первый станет последним, а последний — первым». И перед лицом подлинного духовного роста и истинного вдохновения теософ возрастает в своей силе, чтобы поистине помочь своим братьям; при этом он становится наиболее скромным, наиболее молчаливым и наиболее сдержанным из людей.

Спасители своего народа, в известном смысле, жили и будут жить. Таким образом, случаи, когда известность была целесообразной или возможной, крайне редки. Поэтому, лишь глупцы кидаются туда, где «боятся ступить ангелы».

САМЫЙ ДРЕВНИЙ ИЗ ХРИСТИАНСКИХ ОРДЕНОВ

Стремясь докопаться до сути всех вещей, включая этимологию их названий, и воздавая должное всем религиозным и философским системам без предубеждения, ограничения и пристрастия, мы рады сообщать миру о новом открытии, которое сделал недавно в этой области один наш молодой христианский подписчик. По всей видимости, это ученый-богослов с немалыми добродетелями, бывший ученик Колледжа св. Ксавье в Бомбее, и именно благодарность «добрым отцам-иезуитам», возможно, побудила его потратить свое время и труд на открытие способов, ведущих к еще большему прославлению его бывших профессоров. Он собрал «такое количество исторических и неопровержимых фактов», насколько это было в его силах; фактов, которые предназначены образовать, по его словам, «в некоем отдаленном будущем [когда в Индии денег будет больше, а рупия будет выше цениться в Европе?] необходимый материал для нового и более обширного биографического и генеалогического очерка об этой самой замечательной организации мудрецов, который затмит все то, что было написано до сих пор ее почитателями». Между тем, открыв один из фактов «величайшей важности», он любезно посылает его нам с тем, чтобы он появился в нашем «теоретическом журнале».

Мы спешим исполнить его невинное и справедливое пожелание, тем более что эта тема имеет непосредственное отношение к тому направлению исследований, которыми мы занимаемся наиболее скрупулезно, то есть, прославлению и распознаванию того, что принадлежало к временам седой древности и пользовалось тогда уважением, а ныне отрицается, извращается и преследуется неблагодарным человечеством нашего материалистического века. Он пришел к выводу, опираясь на авторитет Святой Библии, что «Общество Иисуса» — этот самый знаменитый и влиятельный из всех религиозных орденов — не было основано Игнатием Лойолой, как это в настоящее время ошибочно предполагается всеми, но было лишь «оживлено и восстановлено под тем же самым названием» этим святым, а затем утверждено Папой Павлом III в 1540 г.». Данное заявление молодого этимолога, подтверждающее древность этого ордена, и, следовательно, его право на наше уважение и на обладание всеобщим авторитетом, показывает его неясные очертания сквозь дымку того, что он называет «первой исторической переписью», сделанной по распоряжению самого Господа Бога, вследствие «блудодейства и идолопоклонства Израилева». Мы приносим извинение нашим читателям, но мы приводим цитаты из письма, в котором, в свою очередь, цитируется Святое Писание (Числа, гл. 25). Мы полагаем, что наш юный благочестивый друг не обидится, если мы из уважения к читателю отберем лишь основные факты из его длинного сообщения.

Оказывается, что Господь Бог сказал Моисею: «Возьми всех начальников народа и повесь их Господу перед солнцем[?], и отвратится от Израиля ярость гнева Господня», и затем Финеес (внук Аарона священника), взяв копье, пронзил им, в соответствии с желанием Господа, «сына Израилева» и мадианитянку «в чрево ее»: и моровая язва, которая унесла 24 000 человек, немедленно оставила «сынов Израилевых». Это прямое вмешательство руки Провидения дало прекрасные результаты, и мы рекомендуем этот план оздоровления при помощи копья департаменту здравоохранения. Благодаря этому похвальному поступку — протыканию тела женщины оружием (женщины, вина которой, как мы поняли, состояла лишь в том, что она была мадианитянкой), — который принес «искупление народу Израиля», Финеес, кроме «завета мира», получил немедленно «завет священства вечного, за то, что он показал ревность по Боге своем». И это оказало влияние на дальнейшее историческое и политическое развитие.

Господь Бог, приказавший Моисею «враждовать с мадианитянами и поражать их», так как они были столь несносны, что «враждебно поступили» с избранным народом, «в коварстве своем... прельстив Хазвою», которую они убили, «дочерью начальника мадиамского, сестрою своею», впоследствии распорядился провести перепись.

Сегодня в переписи нет ничего экстраординарного, кроме некоторых больших или меньших неудобств, которые она приносит пересчитываемым. Недавно мы благополучно пережили одну из них в Бомбее, проведенную по предписанию хоть и не божественной, но все же не менее повелительной власти. Но едва ли можно с уверенностью предсказать, не вызовет ли она после себя столь же ужасающее развитие событий, как и ее еврейский прототип. Открытие, обнародованное нашим корреспондентом, несомненно предоставит д-ру Фарру, который, в нашем представлении, является начальником службы регистрации акта гражданского состояния Великобритании и Ирландии, свежее доказательство важности статистической науки, поскольку она дает нам возможность как-нибудь предложить посильную помощь нашим археологам и доказать глубокую древность иезуитского принципа: «цель оправдывает средства». Но в чем заключается подлинная важность Моисеевой переписи, так это в той бесспорной услуге, которую с ее помощью оказал наш юный друг римско-католическому миру и старым французским маркизам из предместья Сен-Жермен в Париже, тем набожным аристократкам, которые совсем недавно испытали неудобства содержания в тюрьме за то, что избили и украсили фингалами полицейских, изгонявших скрытых сынов Лойолы из их укрепленных жилищ.

Снабдить иезуитский религиозный мир таким доказательством древнего происхождения — это значит дать им самое сильное оружие против неверующих и заслужить полную благосклонность Папского Престола. И это сделал наш юный друг, чего не осмелится отрицать ни один скептик перед лицом следующего свидетельства:

Когда Моисей и Елеазар, сын Аарона, приступили к подсчету сынов Израилевых, всех тех, кто был «годен для войны», они «исчислили всех», кто «вышел из земли Египетской». Мы обнаруживаем (Числа, гл. 26), что после перечисления 502 930 человек, они начали считать сынов «Асировых» (стих 44); «сыны Асировы по поколениям их: от Имны поколение Имнино, от Ишвы (Jesui) поколение Ишвино (Jesuites, ИЕЗУИТОВ!!)». Они (сыны Асировы) насчитывают 53 400 человек и входят в «шестьсот одну тысячу семьсот тридцать» (стих 51) тех, кто «были исчислены Моисеем и Елеазаром священником, которые исчисляли сынов Израилевых на равнинах Моавитских у Иордана, *против* Иерихона» (стих 63).

Вывод из всего вышеизложенного просто сокрушителен для протестантов — естественных врагов добрых отцов-иезуитов. Мы не только видим, что орден иезуитов имел честь возникнуть, на основании авторитета Богооткровенной Книги, *против* Иерихона и выйти за его пределы, в то время как отечество реформированной веры может похвастаться только «откровениями барона Мюнхгаузена», но и этот текст наносит смертельный удар по протестантскому прозелитизму. Ни один любитель глубокой старины, или почтительно относящийся к древнему и благородному происхождению, не захочет связать свою веру с деноминацией, основателем которой является всего лишь квазисовременный Лютер или Кальвин, если он может отдать себя делу единственно сохранившихся потомков одного из «пропавших колен», которые «вышли из страны Египетской». Они не смогут восстановить свое безнадежно утраченное основание, если они — что, впрочем, мало вероятно — не подружатся и не соединят свои усилия с некоторыми археологами теософского толка. Исходя из нашей общеизвестной беспристрастности (если не сказать полном безразличии) и к католикам, и к протестантам, мы могли бы дать им дружеский намек, как доказать родство их преподобного епископа Гебера с семьей «Хеверовой», потомками «Хевера, сына Верии» (стих 45), которых подсчитывали сразу после семьи Ишвы, или «иезуитов»; и в том случае, если благородный епископ Трансвааля откажется иметь в *своих* предках столь пеструю компанию, наши друзья, протестантские «падре», всегда могут заявить, что прозектор Пятикнижия вставил фрагменты этой главы в Книгу Чисел на досуге — в чем мы, поистине, уверены.

———

КОРНИ РИТУАЛИЗМА В ЦЕРКВИ И МАСОНСТВЕ

I

Теософов очень часто и весьма несправедливо обвиняют в неверии и даже атеизме. Это является серьезной ошибкой, особенно — в отношении последнего обвинения.

В большом обществе, состоящем из столь многих рас и национальностей, в объединении, в котором каждый мужчина или каждая женщина предоставлены возможности верить в то, что он любит, и следовать или не следовать — по своему желанию — той религии, в которой он был рожден и воспитан, для атеизма остается совсем немного свободного пространства. Что же касается «неверия», то оно, в данном случае становится либо заблуждением, либо неправильным употреблением этого слова. Чтобы показать всю абсурдность этого обвинения, во всяком случае, достаточно попросить наших клеветников указать нам во всем цивилизованном мире такого человека, который *не* рассматривался бы как «неверующий» каким-либо другим человеком, принадлежащим к несколько иной вере. И при этом совершенно все равно, вращается ли он в респектабельных и ортодоксальных кругах, или же — в так называемом еретическом «обществе». Происходит взаимное обвинение, выражаемое молчаливо, если не в открытую, своего рода ментальная игра в воланы, которыми перебрасываются, сохраняя вежливое молчание. Таким образом, по сути дела, какой-нибудь теософ, не в большей степени, нежели не-теософ, может быть неверующим; с другой стороны, в то же время не существует ни одного человека, который не был бы неверующим в глазах той или другой секты. Что же касается обвинения в атеизме, то это совсем другой вопрос.

Прежде всего мы спрашиваем, что же такое *атеизм*? Есть ли это неверие и отрицание существования бога или богов, или же просто отказ от признания личного божества, по несколько излишне сентиментальному определению Р. Холла, который называет атеизм «ужасной системой», поскольку «она не оставляет ничего *над*(?) нами, что бы вызывало благоговение, и ничего вокруг нас, что бы пробуждало нежность(!)». В отношении первого выразили бы свои возражения многие из наших членов — из Индии, Бирмы и других мест — поскольку они веруют в богов и высшие существа, и испытывают большое *благоговение* перед некоторыми из них. Также и многие западные теософы не изменили бы своей вере в духов, пространственных или планетарных, духов умерших или ангелов. Многие из нас признают существование высших и низших Разумов и Существ столь же великих, как и любой «личный» бог. Это не является оккультной тайной. И то, что мы утверждали ранее, мы повторяем вновь. Большинство из нас верят в продолжение жизни духовных эго, в планетарных духах и нирманакайях, тех великих адептов прошлых веков, которые, отказавшись от своего права на вхождение в нирвану, остались в наших сферах бытия не как «духи», но как в полной мере духовные человеческие Существа. За исключением своей телесной, видимой оболочки, которую они покидают, они остаются для помощи бедному человечеству столь долго, сколько они могут это делать, не совершая греха против кармического закона. Это поистине «Великое Отречение»; непрестанное, сознательное самопожертвование в течение эонов и веков вплоть до того дня, когда глаза слепого человечества откроются и, вместо немногих избранных, *все* увидят универсальную истину. Эти Существа легко могли бы рассматриваться как бог или боги, если бы они только позволили огню в наших сердцах, при мысли об этой чистейшей изо всех жертв, разгореться и стать пламенем обожания, или пусть даже самым маленьким алтарем в их честь. Но они не делают этого. Поистине, «тайное сердце — это (лишь) храм чистой Преданности», а все остальное в этом случае было бы не лучше, чем хвастовство непосвященного.

Теперь о том, что касается других невидимых существ, одни из которых являются еще более возвышенными, а другие — более низкими на шкале божественной эволюции. Нам нечего сказать этим последним; первым же нечего сказать нам: ибо мы для них все равно что не существуем. Гомогенное и постоянное не может понять гетерогенное и непостоянное; и пока мы не научимся покидать наш бренный мир и общаться с ними как «дух с духом», мы едва ли сможем распознать их истинную природу. Кроме того, каждый истинный теософ полагает, что божественная ВЫСШАЯ ЛИЧНОСТЬ каждого смертного человека — это та же самая сущность, что и сущность этих богов. И более того, наделенные свободной волей, а следовательно — обладающие большей, чем они, ответственностью — мы рассматриваем воплощенное Эго как более возвышенное, если не более божественное, чем любой духовный РАЗУМ, который *еще только ожидает воплощения*. С философской точки зрения разумность всего этого очевидна, и каждый метафизик восточной школы поймет это. Воплощенное Эго имеет преимущество перед тем, которое не существовало, в случае чистой божественной Сущности, не связанной с материей; последнее не имеет личных заслуг, в то время как первое проходит на своем пути к конечному совершенству через испытания существования, боли и страданий. Тень кармы не опускается на того, кто божественен и чист, и столь отличен от нас, что между нами невозможны никакие отношения. Что же касается тех божеств, которые считаются в индийском эзотерическом пантеоне конечными, и потому находящимися под властью кармы, — то никакой истинный философ никогда не стал бы поклоняться им; они являются знаками и символами.

В таком случае должны ли мы будем считаться атеистами лишь потому, что хотя мы и верим в Духовное Воинство — существа, которым следует поклоняться всем вместе как *личному* Богу — мы полностью отрицаем их, поскольку они представляют ЕДИНОЕ Неизвестное? и потому что мы утверждаем, что вечный принцип, ВСЕ во ВСЕМ, или *Абсолютность Тотальности*, не может быть выражена ограниченными словами, или с помощью условных и произвольно выбранных признаков? Должны ли мы, более того, оставить без протеста обвинение нас и других людей в идолопоклонничестве — со стороны католиков? Тех, чья религия является столь же языческой, сколь любая другая религия людей, поклоняющихся солнцу и стихиям; чья вера была разработана для них в законченном виде за столетия до наступления христианской эры; и чьи догмы и ритуалы совершенно одинаковы с таковыми у любой *идолопоклоннической* нации — если вообще такая нация продолжает свое духовное существование где-либо в наши дни. Повсюду на земле, от Северного до Южного полюса, от замерзших заливов Гренландии до знойных равнин Южной Индии, от Центральной Америки до Греции и Халдеи, люди совершали поклонение Солнечному Огню, как символу божественной Творящей Силы, Жизни и Любви. Союз Солнца (мужского элемента) с Землей и Водой (материей, женским элементом) прославлялся в храмах во всей вселенной. Если у язычников был праздник, отмечающий этот союз, — который они праздновали за девять месяцев до зимнего солнцестояния, когда, как говорили, зачала Изида, — то же самое происходит и у римских католиков. Великий и *святой день Благовещения*, день, когда Дева Мария «обрела благодать (своего) Бога» и зачала «Сына *Высочайшего*», празднуется христианами *за девять месяцев до Рождества*. Отсюда и культ Огня, свечей и светильников в церквах. Почему? Потому что Вулкан, бог огня, взял в жены Венеру, дочь Моря; поэтому маги наблюдали за священным огнем на Востоке, а девы-весталки — на Западе. Солнце было «Отцом»; Природа — вечная Дева-Мать; Осирис и Изида, Дух-Материя, и последней поклонялись в каждом из ее трех состояний и язычники, и христиане. Поэтому Девы — даже в Японии — облаченные в усыпанную звездами голубизну и стоящие на лунном полумесяце, символизировали женскую Природу (в ее трех элементах, которые суть Воздух, Вода и Огонь); Огонь, или мужское Солнце, ежегодно оплодотворяет ее своими лучами, которые он испускает («раздвоенные языки, подобные огню» у Святого Духа).

В Калевале, древнейшей эпической поэме финнов, в дохристианском происхождении которой у ученых не осталось никаких сомнений, мы читаем о богах Финляндии, богах воздуха и воды, огня и леса, неба и земли. В 50-й руне (2-ой том) читатель обнаруживает всю легенду о Деве Марии в —

> *Мариатте*, дочери прекрасной,
> Деве-Матери Северной страны...

Укко, великий дух, обитающий в Юмале, на небе, или Небесах, выбирает Деву Мариатту в качестве оболочки, чтобы воплотиться через нее в Человеко-Бога. Она становится беременной, когда собирает и ест красные ягоды (*marja*), и, отвергнутая своими родителями, дает жизнь «Сыну бессмертному» в *кормушке в хлеву*. Далее «Святой Ребенок» исчезает, и Мариатта разыскивает его. Она спрашивает у звезды, «путеводной звезды Северной страны», где «сокрыт святой ребенок», но звезда гневно отвечает ей:

> Если б знала я, тебе бы не сказала;
> Это твой ребенок сотворил меня
> Чтобы в холоде светила я вовеки...

и ничего не рассказывает Деве. Также не ничего не расскажет ей и золотая луна, потому что ребенок Мариатты создал и ее, оставив на великом небе:

> Здесь бродить во тьме глубокой,
> Одиноко блуждать вечерами,
> Свет давая для блага других...

И только «Серебряное Солнце», пожалев Деву-Мать, говорит ей:

> Вон там твой золотой младенец,
> Там спит твой святой ребенок,
> Скрытый по пояс в воде,
> Скрытый в камышах и травах.

Она относит святого ребенка домой, и в то время как она называет его «Цветком»,

Остальные зовут его *Сыном Печали*.

Не является ли эта легенда пост-христианской? Вовсе нет; ибо, как говорят о ней, она *совершенно языческая по происхождению* и потому признается до-христианской. Следовательно, с такого рода фактами в литературе, должны прекратиться всяческие постоянно повторяющиеся насмешки по поводу идолопоклонства и атеизма, неверия и язычества. Более того, сам термин «идолопоклонство» имеет христианское происхождение. Он применялся древними назореями в течение двух с половиной веков нашей эры против тех народов, которые использовали храмы и церкви, статуи и изображения, потому что сами они, ранние христиане, *не имели ни храмов, ни статуй, ни изображений*, и питали ко всему этому глубокое отвращение. Посему термин «идолопоклонство» намного лучше применим к нашим обвинителям, нежели к нам самим, что мы и покажем в данной статье. С Мадоннами на каждом перекрестке, со своими тысячами статуй, от Христа и ангелов во всевозможном виде до пап и святых, — для католиков очень опасно говорить колкости об идолопоклонстве про каких-либо индусов или буддистов. Теперь же нам следует доказать это утверждение.

II

Мы можем начать с происхождения слова «Бог» (*God*). Каково истинное и первоначальное значение этого термина? Его значения и их этимология столь же многочисленны, сколь и разнообразны. Одно из них показывает, что это слово образовано от древнеперсидского мистического термина *года*. Он значит «сам», или нечто, самоизлучаемое абсолютным Принципом. Корень этого слова — *годан*, отсюда Водан, Воден и Один; восточный корень остался совершенно неизмененным германскими расами. Таким образом они сделали из него *готт*, от которого было образовано прилагательное *гут* — *«good»* (добрый), так же как и термин *готц*, или идол. В древней Греции слова Зевс и *Теос* привели к образованию латинского *Деус*. Эта *года*, эманация, не идентична, и не может быть идентичной с тем, из чего она излучается, и поэтому представляет собой лишь периодическое, конечное проявление. Древний Аратус, который писал, что «наполнены Зевсом все улицы и рынки людей; полны Им море и гавани», не ограничивал свое божество лишь таким временным отражением на нашем земном плане, как Зевс, или даже его прототип — Дьяус, но поистине имел ввиду универсальный, вездесущий Принцип. Прежде чем лучезарный бог *Дьяус* (небо) привлек внимание людей, существовал ведийский *Тад* («тот»), который для посвященных и философов не имел определенного имени и был абсолютной Тьмой, лежащей в основе любого проявленного сияния. Сурья, Солнце, первое проявление в мире Майи и Сын Дьяуса, столь же неудачно назывался непосвященными «Отцом», как и мифический Юпитер — последнее отражение Зевса. Таким образом, Солнце очень скоро стало объединяться с Дьяусом, означать с ним одно и то же; для некоторых — «Сын», для других — «Отец» в сияющем небе; *Дьяус-Питар*, Отец в Сыне и Сын в Отце, поистине обнаруживает свое первичное происхождение, поскольку он имеет Землю в качестве своей жены. В течение долгого упадка метафизической философии, *Дьява-притхиви*, «Небо и Земля», стали представляться как Универсальные космические родители не только человека, но также и богов. От первоначального представления, абстрактного и поэтического, идеальный мотив видоизменился и приобрел грубые черты. Дьяус, небо, очень скоро стал Дьяусом, или Небесами, жилищем «Отца», и наконец, поистине, самим Отцом. Тогда и Солнце, из которого делали символ последнего и наделяли его именем *Дина-Кара*, «создатель дня», *Бхаскара*, «творец света», теперь стало Отцом Сына и *vice versa* [наоборот]. С тех пор было установлено царство ритуализма и антропоморфических культов, которое привело весь мир к окончательному упадку; и оно сохраняет свое владычество и в наш цивилизованный век.

Чтобы показать такое общее происхождение, мы должны лишь сопоставить два божества — бога язычников и бога евреев — на основе их собственного *открытого* СЛОВА; и судить о них по их собственным соответствующим определениям, интуитивно делая заключение, какое из них находится более близко к высочайшему идеалу. Мы процитируем полковника Ингерсолла, который провел параллели между Иеговой и Брахмой, сравнивая их друг с другом. Первый, «из облаков и тьмы Синайской», сказал евреям:

«Да не будет у тебя богов других сверх Меня... Не поклоняйся им и не подчиняйся им; ибо Я, Господь Бог твой, Бог ревнующий, *карающий за вину отцов детей третьего и четвертого поколения тех*, кто ненавидит Меня». Сравните это со словами, которые индусы вкладывают в уста Брахмы: «Я есть то же самое, что и все человечество. Те, кто искренне служат другим богам, непроизвольно поклоняются мне. Я участвую во всех культах, и Я есть награда для всех поклоняющихся». Сравните эти отрывки. Первый, как некая темница, где ползают существа, порожденные слизью ревности; последний, великий как купол небесного свода, украшенного солнцами...

Этот «первый» бог появился в воображении Кальвина, когда он добавил к своему учению о предопределении, что Ад вымощен черепами *некрещеных* младенцев. Верования и догмы наших церквей являются во много большей степени богохульными по тем идеям, которые они в себе содержат, чем учения *темных* язычников. *Любовные* истории про Брахму и его собственную дочь, представленных в виде оленей, или про Юпитера и Леду, — в виде лебедей, — это великие *аллегории*. Они никогда не выдавались за *откровение*, но известны нам как творения Гесиода и других мифологов. Можем ли мы сказать то же самое о *непорочных до-*

черях бога римско-католической церкви — об Анне и Марии? И все же, даже если сказать, что и евангельские рассказы являются также аллегориями, — так как они были бы ужасным святотатством, если понимать их в буквальном смысле, — то это будет для человека, рожденного христианином, *наивысшим* богохульством!

Поистине, они могут столь много, сколько им угодно, приукрашивать и маскировать бога Авраама и Исаака, но никогда не смогут опровергнуть утверждение Маркиона, который отрицал, что Бог *Ненависти* может быть тем же, кто и «Отец Иисуса». Ересь это или нет, но «Отец Небесный» остается с тех пор гибридным созданием; смешением Юпитера языческой толпы и «ревнующего Бога» Мисея, экзотерического СОЛНЦА, обитающего на Небесах, или на небе, эзотерически. Не он ли породил СВЕТ, «который светит во Тьме», День, сияющий Дьяус, Солнце, и не есть ли он ВСЕВЫШНИЙ — *Deus Coelum*? И опять-таки, не есть ли это *Terra*, «Земля», вечно непорочная, как любая плодоносная Дева, которая, оплодотворенная в страстных объятиях своего «Господа» — оплодотворяющих лучей Солнца — становится на нашем материальном плане матерью всего того, что живет и дышит на ее широкой груди? Отсюда и сакральность ее продуктов в ритуализме — *хлеба* и *вина*. Отсюда также и древнее *мессис*, жертвоприношение богине урожая (*Церере Элевсинской*, опять-таки Земле): *мессис* — для посвященных, *мисса* — для профанов,[1] и ныне они трансформированы в христианскую мессу, или литургию. Древнее принесение в жертву плодов Земли Солнцу, *Deus Aitissimus*, «Всевышнему», символу G.A.O.T.U. у масонов до наших дней, стало основой для наиболее важных ритуалов среди церемоний новых религий. Культ Осириса-Изиды (Солнца и Земли),[2]

---

[1] От *pro*, «перед», и *fanum*, «храм», то есть не-посвященный, который стоит перед храмом, но не смеет войти туда. — (См. труды Рагона).

[2] Земля и Луна, ее родители, неразделимы. Таковы были все лунные богини, которые также представляли собой символы Земли. — См. «Тайную Доктрину», «Символизм».

Ваала и крестообразной Астарты в Вавилоне; Одина или Тора и Фрии у скандинавов; Белена и *Virgo Paritura* у кельтов; Аполлона и *Magna Mater* у греков; — все эти пары, имеющие одинаковый смысл, целиком перешли в христианство и были преобразованы в Господа Бога, или Святого Духа, снизошедшего на Деву Марию.

Deus Sol, или *Solus*, Отец, был сделан неотличимым от Сына: «Отец» в своей полуденной славе, он становился «Сыном» на восходе Солнца, когда, как говорили, он «рождается». Это представление ежегодно достигает своей кульминации 25 декабря, во время зимнего солнцестояния, когда говорят, что Солнце — следовательно, солнечные боги у всех народов — рождается. *Natalis solis invicte*. И «предшественник» воскресающего Солнца *растет* и *сильно увеличивается* вплоть до весеннего равноденствия, когда бог солнца начинает свой ежегодный путь под знаком Овна, или *Агнца*, в первую лунную неделю месяца. 1-й день марта был праздником во всей языческой Греции, так как его *новолуние* посвящалось Диане. Христианские народы празднуют свою Пасху по тем же самым причинам в первое воскресенье, которое следует за полнолунием после весеннего равноденствия. Церковные облачения языческих жрецов и иерофантов на их празднованиях были скопированы христианством. Будет ли кто-либо отрицать это? В своей «Жизни Константина» Евсевий утверждает — и это, однако, единственная истина, которую он когда-либо высказал за всю свою жизнь — что «чтобы сделать христианство *более подходящим для язычников, священники (Христа) приняли внешние облачения и украшения, используемые в языческом культе»*. И мы могли бы добавить, что также — «их ритуалы» и догмы.

III

Это является вопросом истории — сколь бы ненадежной она ни была — рассмотрение многих фактов, сохраненных древними авторами и подтверждающих то, что церковный ритуализм и масонство произошли из одного источника и развивались рука об руку друг с другом. Но так как масонство, даже со всеми его ошибками и поздними нововведениями, было много ближе к истине, чем церковь, то последняя очень скоро начала свои преследования против масонов. Масонство по своему происхождению было просто древним гностицизмом, или ранним эзотерическим христианством; церковный ритуализм был и *остается экзотерическим язычеством* в чистом виде — *реконструированным*, если не сказать *реформированным*. Почитайте труды Рагона, масона, который забыл больше, чем знают современные масоны. Изучите, сравнивая их друг с другом, случайные, но многочисленные утверждения, сделанные греческим и латинскими писателями, многие из которых были посвященными, высокоучеными неофитами и участниками мистерий. Прочитайте, наконец, искусные и злобные клеветнические писания отцов церкви против гностиков, мистерий и их посвященных, — и вы можете в конце концов разгадать истину. Те немногие философы, которые, гонимые политическими событиями времени, выслеживались и преследовались фанатичными епископами раннего христианства — все же еще не имевшими ни установленного ритуала, ни догм, ни церкви — это и есть те самые язычники, которые основали последнюю. Весьма искусно смешивая истины Религии-Мудрости с экзотерическими выдумками, столь угодными толпе, они заложили первые основания ритуалистической церкви и лож современного масонства. Последний факт был продемонстрирован Рагоном в его «*ANTE-OMNIAE*», где проведено сравнение современной литургии с древними мистериями, и показываются ритуалы, которые совершались ранними масонами; первое сравнение может быть удостоверено сходным сопоставлением церковных облачений, священных сосудов, и праздников латинской и других церквей, с таковыми же у языческих народов. Но церкви и масонство далеко отошли друг от друга с тех времен, когда они были едины. Если нас спросят, откуда это могут знать непосвященные, то мы ответим, что древнее и современное масонство — это обязательный предмет изучения для каждого восточного оккультиста.

Масонство, несмотря на его обрамление и современные нововведения (особенно, библейский дух в нем), делает добро и на моральном, и на физическом планах, или, во всяком случае, делало его менее чем десяток лет назад.[1] Оно было истинной *экклесией* в смысле братского единения и взаимной помощи, единственной *религией* в мире, если мы рассматриваем этот термин как производный от слова *religate*, «связывать» воедино, так как оно включало в число своих «братьев» всех людей, независимо от *расы* и *вероисповедания*. Могли ли они, располагая огромными богатствами, делать больше, чем они это делают сейчас, — это не наше дело. Мы не видим никакого зримого, кричащего зла, исходящего от этой организации, и никто, кроме римских католиков, никогда не пытался доказать, что она приносит какой-либо вред. Может ли это сказать церковь христианская? Пусть церковная и светская история ответит на этот вопрос. Прежде всего, она разделила все человечество на Каинов и Авелей; она уничтожила миллионы людей во имя своего Бога — Господина *Воинств*, поистине, жестокого Иеговы Саваофа — и вместо того, чтобы дать стимул цивилизации, излюбленному предмету хвастовства ее последователей — она тормозила ее развитие в течение долгих и утомительных средних веков. И только под неустанными атаками со стороны науки и благодаря восстаниям людей, пытавшихся освободить себя, она начала терять почву под ногами и уже не могла более препятствовать просвещению. И все же, не смягчила ли она, как утверждают, «варварский дух язычества»? Мы настойчиво заявляем, что нет. Это церковность, со своей *odium theologicum* [тео-

---

[1] Со времени возникновения масонства, раскол между британскими и американскими масонами и французским «Великим Востоком» «Сыновей Вдовы» был первым из всех, которые когда-либо произошли. Он предвещал образование из этих двух секций масонства — масонских протестантов и римско-католической церкви, во всяком случае, по отношению к ритуализму и братской любви.

логической ненавистью], с тех пор, как она уже не может подавлять человеческий прогресс, вливает свой смертоносный дух нетерпимости, свою жесточайшую эгоистичность, жадность и бессердечие в современную цивилизацию под маской *лицемерного*, кроткого христианства. Когда языческие кесари были более кровожадными или еще более хладнокровно-жестокими, чем нынешние монархи и их армии? Когда человечество проливало больше слез и еще больше страдало, чем сегодня?

Да; было такое время, когда церковь и масонство были едины. Это были столетия моральной реакции, переходный период, столь же тяжелый для мысли, как ночной кошмар, время борьбы. Таким образом, если создание новых идеалов привело к очевидному ниспровержению старых храмов и разрушению старых идолов, то в действительности оно завершилось воссозданием этих храмов из старых материалов и восстановлением тех же самых идолов под новыми именами. Это было всеобщее переустройство и реабилитация — но только на поверхностном уровне. История никогда не сможет рассказать нам — лишь традиционные и наполненные здравым смыслом исследования сделают это — сколь многие полу-иерофанты и даже высшие посвященные были вынуждены становиться ренегатами, чтобы иметь возможность сохранить тайны посвящения. Претекстатусу, проконсулу в Ахайе, приписывают замечание, сделанное в 4 веке нашей эры, что «лишить греков тайных мистерий, *которые связывали вместе все человечество*, равносильно лишению их жизни». Посвященные, вероятно, поняли намек, и *волей-неволей* играли последователей новой веры, становящейся всевластной и действующей соответственно. То же самое сделали и некоторые эллинизированные еврейские гностики; и таким образом многие, а не один только «Климент Александрийский» — судя по всему новообращенный, страстный неоплатоник и такой же философский *язычник* в своем сердце, — стали наставниками невежественных епископов. Коротко говоря, новообращенный *malgré lui* [поневоле] смешивал две внешних мифологии, старую и новую, и отдавая массам эту смесь, оставлял сакральную истину для самого себя.

О них, как о разновидности христиан, можно сделать вывод на примере неоплатоника Синезия. Какой ученый не знает о том факте, и осмелился бы отрицать, что любимый и преданный ученик Гипатии — девушки-философа, мученика и жертвы бесславного Кирилла Александрийского — даже не был крещен, когда египетские епископы предложили ему занять епископский престол Птолемеев? Каждый исследователь знает, что когда он в конце концов крестился, после принятия той должности, которую ему предложили, это было настолько поверхностно, что в действительности он подписал свое согласие только после того, как его условия были выполнены и будущие привилегии — гарантированы. Любопытно, каков был главный пункт договора. *Sine qua non* [главное] условие состояло в том, что ему было позволено воздерживаться от исповедания (христианских) доктрин, в которые он, новый епископ, не верил! Таким образом, хотя и крещеный и возведенный в сан диакона, священника и епископа, он никогда не оставлял своей жены, не отрицал своей платонической философии и не отказывался даже от своего спорта, столь строго запрещенного для любого другого епископа. Это происходило в 5 веке.

Такого рода соглашения между посвященными философами и невежественными священниками реформированного иудаизма были многочисленны в те времена. Первые пытались сохранить свои «мистериальные обеты» и личное достоинство, и для этой цели прибегали к таким, заслуживающим сожаления, компромиссам с амбициозной, невежественной и всевозрастающей волной народного фанатизма. Они веровали в Божественное Единство, ЕДИНОЕ, или *Solus*, необусловленное и непознаваемое; и все же они соглашались принародно оказывать почтение и проявлять благоговение к *Sol*, Солнцу, которое перемещается через своих двенадцать апостолов, 12 знаков Зодиака, *известных как* 12 сыновей Иакова. *Οι πολλοί* [массы] оставались в неведении относительно первого и поклонялись вторым, и среди них — своим старым излюбленным богам. Было нетрудно преобразовать этот культ от поклонения солнечно-лунным и другим космическим божествам, к почитанию престолов, архангелов, доминионов и святых; и это тем более так, поскольку так называемые звездные величия были включены в новый христианский канон под своими старыми именами и в совершенно неизмененном виде. Таким образом, в то время как в течение мессы многократно повторяется «Великий Избранник», как бы под знаком его дыхания, его постоянной причастности к Высшему Универсальному Единству «непостижимого Творца», и торжественно и громогласно произносится «Священное Слово» (ныне замененное масонским «Словом низкого дыхания»), его помощник продолжает воспевание *Kyrie* [«Господи помилуй»] по отношению к таким же низшим звездным существам, которым оказывали поклонение массы. Профан-новообращенный, который всего за несколько месяцев или недель до того возносил молитвы к Быку Апису и святому Киноцефалу, священному ибису и ястребоголовому Осирису, орлу св. Иоанна [1] и божественному Голубю (который

---

[1] Ошибкой было бы говорить о том, что евангелист Иоанн стал святым покровителем масонства лишь после 16 века, и это заключает в себе даже двойную ошибку. Между «божественным» Иоанном, «провидцем» и автором Откровения, и Иоанном Евангелистом, который здесь показывается в сопровождении Орла, существует большая разница, ибо последний Иоанн является творением Иренея, вместе со всем четвертым благовествованием. Они представляют собой результат полемики лионского епископа с гностиками, и никто никогда не расскажет о том, каково было настоящее имя автора величайшего из евангелий. Но что мы знаем, так это что Орел — законная принадлежность Иоанна, автора Апокалипсиса, первоначально написанного за сотни лет до нашей эры, и лишь *отредактированного* перед получением канонического одобрения. Этот Иоанн, или *Оаннес*, был признанным покровителем египетских и греческих гностиков (которые были ранними *строителями*, или масонами «Храма Соломона», так же как еще раньше — пирамид) с начала времен. *Орел* был его атрибутом, наиболее архаическим из символов — являясь египетским *Ах*, птицей Зевса, и каждый человек в древности посвящал его Солнцу. Даже евреи приняли его в лице посвященных каббалистов,

был свидетелем крещения, когда парил над Агнцем Божиим), конечно проявлял в этом наиболее естественное развитие и следование своей собственной национальной и сакральной зоологии, поклонению которой он был обучен с самого своего рождения.

IV

Таким образом может быть показано, что и современное масонство, и церковный ритуализм непосредственно происходят от посвященных гностиков, а также неоплатоников и жрецов-изменников языческих мистерий, тайны которых были утеряны ими, но были, тем не менее, сохранены теми, кто не пошел на компромисс. И если и церковь, и масоны хотят забыть историю своего истинного происхождения, то не таковы теософы. Они повторяют: масонство и три великие христианские религии — это богатство, полученное в качестве наследства. «Церемонии и пароли» первого, и молитвы, догмы и ритуалы последних, являются искаженными копиями чистого язычества (которое было столь старательно скопировано и заимствовано евреями) и неоплатонической философии. Также и «пароли», используемые доныне библейскими масонами и связываемые с «коленом Иуды», «Тувал-Каином», и другими зодиакальными высшими званиями в Ветхом Завете, являются еврейскими *названиями* древних богов языческого *простонародья*, а не богов иерограмматиков, представителей *истинных*

как «символ сефиры Тиферет, духовного Эфира, или воздуха», — говорится в «Каббале» м-ра Майера. У друидов орел был символом Высшего Божества, и опять-таки частью символа херувима. После его принятия дохристианскими гностиками, его можно было увидеть у подножия *Тау* в Египте, пока он не был помещен розенкрейцерами в основание христианского креста. Великая солнечная птица, Орел, необходимым образом связывается с любым солнечным богом и является символом всякого пророка, который всматривается в астральный свет и видит в нем тени Прошлого, Настоящего и Будущего, столь же легко, как Орел взирает на Солнце.

мистерий. Это будет должным образом доказано впоследствии. Добрые братья-масоны вряд ли могли бы отрицать, что номинально они являются поистине *Solicoles*, то есть поклонниками Солнца в небесах, в котором эрудированный Рагон видел величественный символ G.A.O.T.U. — и, безусловно, это так. Но ему трудно было бы доказать, — и этого никто не смог сделать, — что так называемое G.A.O.T.U., это не *Sol* небольшой экзотерической кучки *pro-fanes* [непосвященных], но *Solus высших эпоптов* [посвященных]. Ибо тайна огней SOLUS, дух которого излучает «Пылающая Звезда», — это герметический секрет, который, несмотря на изучение масоном *истинной* теософии, навсегда утерян для него. Он перестал понимать сегодня даже небольшой неосторожный поступок Цхадди. До сего дня масоны и христиане сохраняют святость субботы и называют ее днем «Господа»; и все же они знают так же хорошо, как и все остальные, что *Sunday* и *Sonntag* в протестантской Англии и Германии обозначают Солнечный День, или *день Солнца*, так же, как это было и две тысячи лет назад.

И вы, преподобные и добрые отцы, священники и епископы, вы, кто столь милосердно называет теософию «идолопоклонством», и открыто и приватно осуждаете ее последователей на вечное проклятие, можете ли вы похвастаться хотя бы одним ритуалом, облачением или сосудом в церкви или храме, который не перешел бы к вам от язычества? Нет, утверждать это было бы слишком опасно, и даже не только в связи с историей, но и из-за убеждений ваших собственных церковных властей.

Мы приведем здесь несколько цитат лишь для того, чтобы подтвердить свои утверждения.

«Римские жрецы должны были поверить перед тем, как совершать жертвоприношение», — пишет дю Шол. Жрецы Юпитера одевали высокую квадратную черную шляпу (ср. с современными армянскими и грузинскими священниками), их голова была украшена *фламиной*. Черные *сутаны* римско-католических священников — это черные иерокорации, широкие мантии мифраических священников, называемые так из-за своей окраски цвета *воронова* крыла (ворон — *коракс*). У короля-жреца Вавилона был золотой перстень с печатью и туфли, которые целовали побежденные монархи, белая мантия, золотая тиара, к которой были подвешены два пояска. Папы имеют перстень с печатью и такие же туфли для подобного же применения; белая сатиновая мантия, окаймленная золотыми звездами, два пояска, усыпанных драгоценностями, которые подвешены к ней, и т.д., и т.д. Белый льняной *стихарь* (*alba vestis*) — это одеяние жрецов Изиды; макушка голов у жрецов Анубиса была обрита (Ювенал) — отсюда произошла тонзура; *риза* христианских «отцов» представляет собой копию с верхнего облачения финикийских жрецов-священнослужителей, которое называлось *каласири*, завязывалось на шее и ниспадало до *пят*. *Епитрахиль* пришел к нашим священникам от женского одеяния, которое носили в Галлии *научи* (храмовые танцоры мужского пола), служба которых была аналогична еврейским *кадашим*; их *пояс невинности* (?) произошел из *эфода* евреев и тонкого шнура в культе Изиды; жрецы Изиды давали обет безбрачия. (См. подробности в трудах Рагона).

Древние язычники использовали *святую* воду или приносили очистительные жертвы для совершения обряда очищения своих городов, полей, храмов и людей, точно так же, как это делают сейчас в римско-католических странах. Купель помещалась перед входом в любой храм, была наполнена очищающей водой и называлась *фависсой* и *акваминарией*. Перед принесением жертвы, первосвященник, или *курион* (отсюда французские *кюре*), погружая лавровую ветвь в очищающую воду, обрызгивал ею собравшуюся благочестивую паству, и то, что называлось тогда *люстрика* и *аспергилиум*, ныне называется кропило (или *гупиллон*, по-французски). Последнее было у жриц Митры символом Универсального *лингама*. Его погружали в течении мистерий в очищающее молоко и затем обрызгивали им верующих. Оно было символом всеобщего плодородия; отсюда и пошло использование святой воды в христианстве, ритуал, имеющий фаллическое происхождение. И более того, идея, лежащая в его основании, является чисто оккультной и относится к церемониальной магии. Очистительные ритуалы совершались при помощи огня, серы, воздуха и воды. Для того, чтобы привлечь внимание небесных богов, прибегали к *омовению*; для изгнания низших богов, использовали *окропление*.

Сводчатые потолки греческих и латинских соборов и церквей часто окрашены в голубой цвет и усыпаны золотыми звездами, чтобы представлять собой небесный свод. Это является копированием египетских храмов, где совершалось поклонение солнцу и звездам. И опять-таки, в масонской и христианской архитектуре оказывается такое самое почтение в отношении Востока (или восточной точки), как и во времена язычества. Все это в полной мере описал Рагон в своих сокрушительных томах. *Princeps porta*, врата Мира и «Царь Славы», под которым сначала понимали Солнце, и ныне признается его человеческий символ, Христос, являются вратами Востока, и обращены на восток в каждой церкви и каждом храме.[1] Через эти «врата жизни» совершается торжественный путь, по которому ежедневно каждым утром светило входит в *прямоугольный квадрат*[2] земли, или временную обитель Солнца, и «новорожденный» младенец вносится внутрь и подносится к крестильной купели; слева от этого сооружения (темный север, куда отправлялись «новички», и где кандидаты проходили свое *испытание водой*) ныне находятся купели, а в древности размещались источники (*присцины*) с очищающей водой в античных храмах, которые были языческими святилищами. Алтари древней Лютеции были погребены и вновь обнаружены под хорами собора Нотр-Дам в Париже, и ее древние

---

[1] Может быть, за исключением храмов и капелл инакомыслящих протестантов, которые строятся повсюду и используются для многих целей. Я знаю о капеллах в Америке, сдаваемых под ярмарки, выставки и даже театральные представления; сегодня капелла, а днем позже она продана за долги и приспособлена под винный магазин или трактир. Я говорю, конечно, о капеллах, а не о церквях и соборах.

[2] Масонский термин; символ Ноева ковчега и ковчега Завета, храма Соломона, скинии и лагеря израильтян, — все они строились как «прямоугольные квадраты». Меркурий и Аполлон были представлены прямоугольными кубами и квадратами, и такова же Кааба, великий храм в Мекке.

очистительные источники существуют до сих пор в этом храме. Почти каждая крупная древняя церковь на континенте во времена, предшествующие средним векам, была когда-то языческим храмом, согласно тем приказаниям, которые отдавались епископами и римскими папами. Григорий Великий (*«En sa Vie» Platine*) таким образом отдал распоряжение монаху Августину, своему миссионеру в Англии: «Разрушай идолы, но никогда не трогай храмы! Окропляй их святой водой, помещай в них мощи, и позволяй народам совершать поклонение в местах, к которым они привыкли». Нам стоит лишь обратиться к трудам кардинала Барония, чтобы обнаружить в году XXXVI его «Анналов» такого рода убеждение. Он говорит, что святая церковь *позволяет перенимать ритуалы и церемонии, применяемые язычниками в своих идолопоклоннических культах*, поскольку она (церковь) *искупает их грехи своим освящением*! В *«Antiquités Gaulises»* («Древности галлов», книга 2-я, гл. 19) Фуше мы читаем о том, что епископ Франции принял и *применял языческие церемонии для обращения их последователей ко Христу*.

Это происходило в то время, когда Галлия еще была языческой страной. И не те же ли самые ритуалы и церемонии исполняются сегодня в христианской Франции и других римско-католических странах, в благодарную память о язычниках и их богах?

V

Вплоть до 4 века в церквях не было алтарей. До этого времени алтарь был *столом*, возвышающимся в середине храма для целей *причастия*, или братской трапезы (*coena*, как первоначально называлась вечерняя месса). Таким же образом ныне возвышается стол в «ложе» на масонских банкетах, которыми обычно завершаются деяния ложи и на которых воскресшие Хирамы Абифы, «сыновья вдовы», освящают свои хлебцы при помощи *сожжения* — масонский вариант пресуществления. Должны ли мы называть и эти банкетные столы *алтарями*? Почему бы и нет? Эти алтари скопированы с *ara maxima* языческого Рима. Римляне помещали квадратные и прямоугольные камни около могил своих усопших и называли их *ара*, алтарь; они были посвящены богам *ларам* и *манам*. Наши алтари являются производными от этих квадратных камней, другой формой пограничных камней, известных как боги *Тéрмины* — Гермесы и Меркурии, откуда и *Mercurius quadratus, quadriceps, quadrifrons*, и т.д., и т.д., четвероликие боги, чьими символами и были эти квадратные камни со времен глубокой древности. Камень, на котором короновались древние короли Ирландии, также был таким «алтарем». Такой камень, наделенный кроме того еще и голосом, есть в Вестминстерском аббатстве. Таким образом, наши алтари и троны произошли непосредственно от приаповых пограничных камней язычников — от богов *терминов*.

Должен ли чувствовать сильное негодование ходящий в церковь читатель, если ему говорят, что христиане приняли *языческий* способ поклонения *в храме* лишь во времена царствования Диоклетиана? До этого периода они имели непреодолимое отвращение к алтарям и храмам, и поддерживали его в течение первых 250 лет нашей эры. Эти древние христиане были воистину христианами; современные же являются бóльшими язычниками, чем любые идолопоклонники древности. Первые были *теософами* тех дней; с 4 века же они стали эллино-иудейскими язычниками *минус* неоплатоническая философия. Прочитаем, что говорит римлянам Минуций Феликс в 3 веке н. э.:

> Вы воображаете, что мы (христиане) скрываем то, чему мы поклоняемся, потому что *у нас нет ни храмов, ни алтарей*? Но какой же образ Бога должны мы превозносить, если человек сам является Божественным образом? Какой храм мы можем построить для Божества, если Вселенная, которая есть Его творение, едва ли вместит Его? Как мы можем возвести на престол силу такого Всемогущества в отдельном строении? Не лучше ли посвятить Божеству храм в нашем сердце и нашем духе?

Но, таким образом, *хрестиане* типа Минуция Феликса держали в своих умах заповедь УЧИТЕЛЯ-ПОСВЯЩЕННОГО, *не молиться в синагогах и храмах, как это делают лицемеры,* «чтобы показаться перед людьми» [*Матф.*, 6:5]. Они помнили заявление Павла, апостола-посвященного, «мастера-строителя» [*1 Кор.*, 3:10], что ЧЕЛОВЕК есть единственный храм Бога, в котором обитает Святой Дух, Дух Бога (*там же*). Они выполняют истинные христианские заповеди, тогда как современные христиане соблюдают лишь произвольные каноны своих церквей и правила своих пресвитеров. «Теософы — это отъявленные атеисты», — восклицает автор в «Церковной хронике». «Ни про кого из них неизвестно, чтобы он выполнял церковную службу... Церковь для них является отвратительной»; и немедленно открывая сосуд своего гнева, он изливает его содержимое на *неверующего, языческого* члена Т.О. Современный христианин побивает камнями теософа так же, как и его предшественник, фарисей «синагоги либертинцев» [*Деяния*, 6:9] побивал камнями Стефана, говорящего то же, что говорят даже многие христианские теософы, а именно, что «Всевышний не обитает в храмах, созданных руками людей» [*там же*, 7:48]; и они такие же «клятвопреступники», как и те несправедливые судьи (*там же*, 6:11), которые свидетельствуют против нас.

Поистине, друзья, вы являетесь полноправными потомками ваших предшественников, будь то сотоварищи Савла, или же коллеги папы Льва X, циничного автора знаменитого высказывания: «Сколь полезна для нас эта *басня о Христе*», «*Quantum nobis prodest hac fabula Christi!*»

VI

Теория «солярного мифа» утратила новизну в наши дни и стала неинтересной — *ad nauseat* [до отвращения] — оттого, что она без конца повторялась, как мы это слышали, относительно четырех кардинальных пунктов ориентализма и символизма, и безо всякого различия применялась ко всем предметам и ко всем религиям, кроме церковного христианства и государственной религии. Без всякого сомнения, Солнце было повсюду в древнем мире и с незапамятных времен символом Творящего Божества — у каждого народа, а не у одних лишь парсов; но таковым оно было у ритуалистов. И как в древности, так же и в наши дни. Наша центральная звезда есть «Отец» для *профанов*, и Сын вечно непостижимого Божества — для *эпоптов*. Тот же самый масон, Рагон, говорит, «что Солнце является наиболее чистым и естественным образом ВЕЛИКОГО АРХИТЕКТОРА, поскольку это наиболее простая аллегория, которой нравственный и добрый человек (*истинный мудрец*) когда-либо наделял бесконечный и безграничный *Разум*». Не считая последнего предположения, Рагон прав; ибо он показывает, что этот символ постепенно удалялся от идеала, им представляемого и утверждаемого, становясь в конце концов вместо символа — оригиналом в умах своих невежественных поклонников. Далее этот великий масонский писатель доказывает, что именно *физическое* Солнце рассматривалось ранними христианами и как Отец, и как Сын.

«О, посвященные братья», — восклицает он. — «Как могли вы забыть, что в храмах существующей религии днем и ночью горит большая *лампада*? Она находится перед главным алтарем, хранилищем ковчега Солнца. Другая лампада, горящая перед алтарем пречистой девы, является символом света *луны*. Климент Александрийский рассказывает нам, что египтяне были первыми, кто установил религиозное применение ламп... Кто не знает, что наиболее священные и внушающие ужас обязанности возлагались на весталок? И если масонские храмы освещаются тремя астральными источниками света, *солнцем, луной* и *епископами* (хранителями), то это потому, что один из отцов масонства, ученый Пифагор, прямо заявляет, что мы не должны говорить о божественных вещах без света. Язычники устраивали праздники светильников, называемые *лампадофориями*, в честь Минервы, Прометея и Вулкана. Но Лактанций и некоторые из наиболее ранних отцов новой веры горько сожалели о таком языческом привнесении лампад в церкви; «Если бы они соизволили», —

пишет Лактанций, — «*посмотреть на тот свет, который мы называем Солнцем*, то они очень скоро поняли бы, что *Бог не нуждается в их лампадах*». И Виргилий добавляет: «Под нєким религиозным предлогом церковь установила языческий обычай освещения отвратительными свечами, в то время как существует Солнце, озаряющее нас светом тысячи свечей. *Не великая ли это честь* для АГНЦА БОЖЬЕГО (представленного таким образом солнцем), *который пребывая в середине трона* (Вселенной) *наполняет его излучением своего Величия?*» Эти отрывки доказывают нам, что в те времена древняя церковь поклонялась ВЕЛИКОМУ АРХИТЕКТОРУ МИРА в его образе СОЛНЦА, единственного в своем роде».[1]

Поистине, если христианские кандидаты должны были произнести масонскую клятву, обратившись на Восток, и их «Преподобный» находился в восточном углу, поскольку то же самое делали неофиты в языческих мистериях, то и церковь, в свою очередь, сохранила идентичный ритуал. В течение высшей мессы, главный алтарь (*ara maxima*) украшается дарохранительницей, или дароносицей (ящик, в котором хранится гостия, или тело Христово), и шестью горящими свечками. Эзотерический смысл дароносицы и его содержимого — символа Христа-Солнца — состоит в том, что она представляет сверкающее светило, и шесть свечек — шесть планет (ранние христиане не знали других планет), три из которых находятся справа от нее, и три — слева. Это есть копия семисвечника в синагоге, который имеет такое же значение. *«Sol est Dominus Meus»*, «Солнце — это мой Господь!» — восклицает Давид в 95-м псалме, что искусно переведено в авторизованной версии как «Господь есть великой Бог», «великий Царь *над* всеми богами» (стих 3), или, на самом деле, планетами! Августин Чалис более искренен в своей книге «Philosophie des Religions Comparees» (том 2, стр. 18), где он пишет:

Все являются дэвами (демонами) на этой земле, кроме Бога пророков (посвященных), чистого Иао; и *если в Христе вы видите нечто иное,* чем СОЛНЦЕ, тогда вы поклоняетесь *дэву*, призраку, как это делают все дети ночью.

---

[1] «Месса и ее таинства», стр. 19 и 20.

Восток представляет собой ту главную точку, откуда встает светило дня, великое Светило, дарующее и поддерживающее жизнь, творец всего того, что живет и дышит на этой земле, и что же удивительного в том, что все народы оказывали ему поклонение как видимой действующей силе невидимого Принципа и Причины; и что *месса* должна была совершаться в честь того, кто дарует *messis*, или «урожай». Но между поклонением идеалу как *целому*, и его физическому символу, его части, избранной для представления целого и ВСЕГО, лежит целая пропасть. Для ученых египтян Солнце было «глазом» Осириса, а не самим Осирисом; то же самое — и для ученых зороастрийцев. Для ранних христиан Солнце становилось Божеством, *in toto* [в целом]; и при помощи казуистики, софистики и догм, не подвергаемых сомнению, современные христианские церкви умудрились вынудить даже образованный мир признать то же самое, внушая ему веру в то, что, что *их* бог — это единственное живое и истинное Божество, творец, *но не Солнце* — тот демон, которому поклонялись «язычники». Но какая может быть разница между злым демоном и антропоморфическим Богом, таким, например, который представлен в Соломоновых притчах? Этот «Бог», — хотя бы бедные, беспомощные, невежественные люди и призывали его, когда их «страх придет как ураган» и их «несчастье, как вихрь», — угрожает им такими словами: «Я буду *смеяться* над вашими бедствиями, я буду *издеваться*, когда придет ваш страх!» [*Притчи*, 1:27]. Отождествите этого Бога с великим Аватаром, на котором основана христианская легенда; объедините его с тем истинным Посвященным, который сказал, «Благословенны страждущие, ибо они успокоятся»: и какой же будет результат? Одного такого отождествления совершенно достаточно для того, чтобы оправдать дьявольское веселье Тертуллиана, который смеялся и радовался идее о том, что его *неверующие* потомки будут гореть в адском огне; совет Иеронима христианскому новообращенному растоптать тело свей языческой матери, если она пытается противодействовать тому, чтобы он *ос-*

тавил ее навсегда, чтобы следовать Христу; и это превращает всех церковных тиранов, убийц и *omnes gentles* инквизиции, в величайшие и благороднейшие примеры *практического* христианства из всех когда-либо живших на земле!

VII

Ритуализм первоначального христианства — как это теперь достоверно показано — происходит из древнего масонства. Последнее, в свою очередь, является потомком в те времена уже полностью умерших мистерий. О них то мы и скажем теперь несколько слов.

Хорошо известно, что повсюду в древнем мире, кроме народного культа, состоящего из формальных и полностью экзотерических церемоний, у каждой нации был свой *тайный* культ, известный миру как МИСТЕРИИ. Страбон, среди многих других, подтверждает это убеждение (См. «География», кн. 10). Никто не получил доступа к ним, за исключением тех, кто прошел специальную подготовку. Неофиты, получившие наставления в верхних храмах, посвящались в заключительные мистерии в пещерах. Такие наставления были последним сохранившимся наследием древней мудрости, и они *разыгрывались* под руководством высших посвященных. Мы намеренно употребляем слово «разыгрывались»; ибо *устные* наставления *в низком дыхании* давались лишь в пещерах, в полной тишине и тайне. Во время публичного обучения и общих наставлений, уроки по космогонии и теогонии представлялись в аллегорической форме, и *modus operandi* [способ действия] постепенной эволюции космоса, миров, и в конце концов нашей земли, богов и людей, — все это давалось при помощи символов. Массы людей были свидетелями великих представлений во время празднований мистерий, и множество людей *слепо* поклонялись *персонифицированным* истинам. И только великие посвященные, *эпопты*, понимали их язык и истинный смысл. Все это, и еще большее, хорошо известно ученому миру.

Общим убеждением всех древних народов было то, что истинные таинства того, что столь нефилософично называют *творением*, были переданы избранным в нашей (пятой) расе через ее первую династию *божественных* Правителей — богов во плоти, «божественных воплощений», или, так называемых, *Аватар*. Последние стансы, которые приводятся из Книги Дзиан в «Тайной Доктрине» (том 2, стр. 31), говорят о тех, кто управлял потомками, «происходящими из святого рода», и... «кто вновь спустился и установил мир с пятой (расой) и кто учил и наставлял ее».

Фраза «установил мир» показывает, что этому предшествовали некие *разногласия*. Судьба атлантов в нашей философии, и участь *допотопного* человечества в Библии, подтверждают эту идею. Еще раз — за много веков до Птолемеев — то же самое злоупотребление сакральным знанием проникло в среду посвященных Святилища в Египте. Сохраняемые во всей своей чистоте в течение бесчисленных веков, священные учения богов, из-за личных амбиций и эгоизма, были вновь извращены. Значения символов слишком часто осквернялись неподобающими истолкованиями, и очень скоро лишь элевсинские мистерии одни остались свободными от фальшивых и святотатственных нововведений. Они совершались в честь (Цереры) Деметры, или Природы, и праздновались в Афинах; в них была посвящена интеллектуальная элита Малой Азии и Греции. В своей 4-ой книге, Зосима утверждает, что эти посвящения были распространены среди *всего человечества*;[1] а Аристид называет мистерии *общим храмом земли*.

Поскольку надо было сохранить хоть какие-нибудь воспоминания об этом «храме» и, если это необходимо, перестроить его, некоторые избранники среди посвященных и начали *обособляться*. Это делали их высшие иерофанты в каждом столетии, с того времени, когда сакральные аллегории стали обнаруживать первые признаки профанации и разложения. Ибо великие элевсинии в конце концов разде-

---

[1] Цицерон говорит в *De Nat. Deorum*, кн.1 — *«omitto Eleusinam sanctam illam et augustam; ab initiantur gentes orarum ultima»*

лили ту же участь, что и все остальные. Их первоначальные высшие качества и намерения описаны Климентом Александрийским, который показал великие мистерии, обнаруживающие тайны и способы устроения Вселенной, которые и являются началом, концом и заключительной целью человеческого познания, ибо в них выражена для посвященных природа всех вещей, таких, *как они есть* (Строматы, 8). Это пифагорейский *гнозис*, ηγνωσις των οντων. Эпиктет говорит об этих наставлениях в возвышенных словах: «Все то, что предписано здесь, было создано нашими учителями для наставления людей и для исправления наших обычаев» (*Apud Arrian. Dissert.*, 21). Платон утверждает то же самое в «Федоне»: целью мистерий было воссоздание души в ее первоначальной чистоте, или *том состоянии совершенства, из которого она пала*.

VIII

Но наступил тот день, когда мистерии отклонились от своей чистоты тем же самым образом, как это сделали экзотерические религии. Это началось с того времени, когда государство задумало, по совету Аристогитона (520 г. до н. э.), превратить *элевсинии* в постоянный и изобильный источник доходов. Для этой цели был проведен некий закон. С той поры никто не мог получить посвящение, не заплатив определенную сумму денег за эту привилегию. Этот дар, который до того времени мог быть достигнут лишь ценой непрестанных, поистине сверхчеловеческих усилий в направлении добродетели и высших качеств, теперь следовало покупать за большое количество золота. Мирянин — и даже священник — принимая эту профанацию, в конце концов утрачивал свое былое почтение ко внутренним мистериям, и это вело к еще большему осквернению Священной Науки. Эта плата, взимаемая тайным образом, распространялась с каждым столетием; и высшие иерофанты, более чем когда-либо опасаясь окончательного разглашения и осквернения наиболее священных тайн природы, работали над тем, чтобы *исключить* их из внутренней программы, ограничив полное знание о них лишь немногими людьми. Это и были те *обособленные*, которые стали вскоре единственными хранителями божественного наследия веков. Семью веками позже мы видим Апулея, его искреннюю склонность к магии и мистическому, и несмотря на то, пишущего в своем «Золотом осле» горькую сатиру против лицемерия и разврата в определенных орденах *наполовину-*посвященных жрецов. Благодаря нему мы узнаем, что в его дни (II век н.э.) мистерии стали столь всеобщими, что люди любого положения и состояния, в любой стране, мужчины, женщины и дети, — все были *посвященными*! Посвящение в его дни было такой же необходимостью, как стало необходимым крещение для христиан; и было точно такого же уровня, как в наши дни — последнее, а именно: бессмысленной и чисто формальной церемонией простого вида. И все же впоследствии фанатики новой религии положили на мистерии свою тяжелую руку.

Эпопты, те, «кто видит вещи так, как они есть», исчезали один за другим, удаляясь в области, недоступные для христиан. Мисты (от *mystae*, «закрытый вуалью»), «которые видят вещи только такими, как они кажутся», очень часто оставались в данной ситуации единственными учителями.

Именно первые, «*обособленные*», сохранили истинные тайны; мисты, которые знали их лишь поверхностно, заложили первый камень в фундамент современного масонства; и от этого полуязыческого и полуобращенного древнего братства масонов был порожден христианский ритуализм и большая часть его догматов. И эпопты, и мисты называются именем «масоны»: ибо и те, и другие, выполняя свои обеты и предписания давно умерших иерофантов и βασιλεις, «королей», *восстанавливают*: эпопты — свой «низший», и мисты — свой «высший», *храмы*. Ибо таковыми были независимые названия в древности, и таковы же они и сегодня в некоторых регионах. Софокл говорит в «Электре» (действие второе) об основании Афин — места элевсинских мистерий — как о «священном строении богов», то есть, построенном посредством *богов*. О посвящении говорят как о «вхождении во храм» и «очищении», или *воссоздании храма*, что имеет отношение к *телу* посвященного при его последнем и высшем испытании. (См. Евангелие от Иоанна, 2:19). Эзотерическое учение временами также называлось именем «Храма», а народная экзотерическая религия — «городом». *Построить храм* означало основать эзотерическую школу; «построить городской храм» значило установить народный культ. Таким образом, истинные сохранившиеся «масоны» *низшего* Храма, или *крипты*, священного места посвящения, являются единственными хранителями истинных *масонских* тайн, ныне утраченных миром. Мы охотно уступаем современному братству масонов титул «строителей *высшего* Храма», поскольку *a priori* превосходство сравниваемых прилагательных является столь же иллюзорным, как и само пламя пылающего куста Моисея в ложах тамплиеров.

IX

Неправильно понятая аллегория, известная как Нисхождение в *Гадес*, повлекла за собой неисчислимые беды. Экзотерическая «басня» о Геркулесе и Тезее, спустившихся *в адские области*; путешествие туда Орфея, который совершил свой путь силой своей лиры («Метаморфозы» Овидия); Кришна, и, наконец, Христос, который «спустился во Ад и в третий день восстал из мертвых», — понимание всего этого было искажено непосвященными, которые *приспосабливали* языческие ритуалы и преобразовывали их в христианские обряды и догмы.

Астрономически это *нисхождение во ад* символизирует Солнце в течение осеннего равноденствия, когда оно покидает высшие звездные области — это была предполагаемая битва между ним и Демоном Тьмы, который одерживал победу над нашим светилом. Тогда, как это воображали,

Солнце испытывает *временную смерть* и опускается в инфернальные области. Но мистически это олицетворяет ритуалы посвящения в криптах храма, называемого Преисподней. Бахус, Геракл, Орфей, Асклепий и все остальные, кто посетил эту крипту, *все они опустились во ад и взошли оттуда в третий день,* ибо все они были посвященными и «строителями низшего Храма». Слова, адресованные Гермесом Прометею, прикованному к жарким скалам Кавказа, — то есть, привязанному неведением к физическому телу, и потому жадно пожираемому стервятниками страстей, — относятся к каждому неофиту, к каждому *Хрестосу* при испытании. «Для таких трудов не ищи завершений, пока бог не возникнет, как замена твоим мучениям, и вы вместе не будете готовы отправиться в мрачный Гадес и в темные глубины вокруг Тартара». (Асклепий, «Прометей», 1027). Это просто означает, что пока Прометей (или человек) не сможет найти «Бога», или иерофанта (посвящающего), который был бы готов опуститься в крипты посвящения и обойти вокруг Тартара вместе с ним, стервятники страстей никогда не перестанут глодать его члены.[1] Асклепий, как посвященный, давший обет, не мог бы сказать большего; но Аристофан, менее набожный, или же более смелый, раскрыл эту тайну для тех, кто не ослеплен слишком сильными предубеждениями, в своей бессмертной сатире об *нисхождении в ад* Геракла. («Лягушки»). Там мы находим хор «благословенных» (посвященных), Елисейские Поля, прибытие Бахуса (бога иерофанта) с Гераклом,

---

[1] Темное место в крипте, в котором, как предполагалось, кандидат при посвящении отбросит навсегда свои худшие страсти и желания. Отсюда произошли и аллегории Гомера, Овидия, Виргилия, и т.д., которые понимаются в буквальном смысле современными учеными. Флегетон — это река в Тартаре, в которую посвященный трижды окунался иерофантом, после чего испытания заканчивались, и новый человек *рождался заново*. Он навсегда оставлял в темном потоке старого греховного человека, и выходил на третий день из Тартара, как некая *индивидуальность*, при этом *личность* умирала. Каждый из таких героев, как Иксион, Тантал, Сизиф, и т.д., является персонификацией некоторой человеческой страсти.

встреча с пылающими факелами, символами *новой* ЖИЗНИ и ВОСКРЕСЕНИЯ из тьмы человеческого неведения к свету духовного знания — к вечной ЖИЗНИ. Каждое слово этой замечательной сатиры обнаруживает внутренний смысл, придаваемый ему автором:

> Будь наготове... с факелом в руке,
> Тьму разгоняя, тебя проводит Вакх —
> Мерцающей *звездой ночного ритуала*.

Все такого рода заключительные посвящения происходили в течение ночи. Таким образом, если говорить о ком-то, спустившемся в Гадес, то это в древности было равносильно тому, чтобы назвать его *полностью посвященным*. Тем, кто склонен отвергнуть такое объяснение, я предложу вопрос. Пусть они в таком случае объяснят значение высказывания в шестой книге «Энеиды» Виргилия. Что имел ввиду поэт, если не вышеприведенное утверждение, когда приводя старого Анхиса на Елисейские Поля, он показывает, как последний дает совет Энею, своему сыну, отправиться в Италию... где он должен будет сражаться в Лации, с грубым и варварским народом; таким образом, перед рискованным предприятием добавляется это *«Нисхождение в Гадес»*, то есть, посвящение.

Благожелательные клерикалы, которые столь склонны посылать нас при малейшем раздражении в Тартар и в адские области, и не подозревают, сколь доброе пожелание содержится для нас в этой угрозе; и сколь святым характером должен обладать человек перед тем, как отправиться в такое священное место.

X

Не у одних лишь язычников были свои мистерии. Беллармин (*De Eccl. Triumph.*, т. 2, гл. 14) утверждает, что ранние христиане принимали, по примеру языческих церемоний, обычай собираться в церкви ночью перед своими праздниками, чтобы поддерживать себя в состоянии бодрствования или «бдения». Эти церемонии сначала соблюдались с весьма назидательным благочестием и чистотой. Но очень скоро в эти «собрания» проникли такие безнравственные злоупотребления, что епископы почувствовали необходимость запретить их. Мы читали в десятках книг о распущенности во время языческих празднований. Цитируется Цицерон (*de Leg.*, т. 2, гл. 15), который показывает Диагонда из Фив, не нашедшего никакого другого средства для исправления таких беспорядков во время церемоний, кроме как подавление самих мистерий. Однако, когда мы сопоставляем два вида празднования, языческие мистерии, которые были древними за много веков до нашей эры, и христианские *agapae* (вечери любви) и другие, вряд ли возникшие в этой религии и претендующие на такое очищающее воздействие на новообращенных, мы можем лишь пожалеть об умственной слепоте их защитников и процитировать для их же пользы Роскоммона, который спрашивает:

> Что ж так помпезны были вы в начале,
> А под конец так низко пали?

Раннее христианство — происходя от древнего масонства — имело свои особые рукопожатия, пароли и степени посвящения. «Масонство» — это древний термин, но он вошел в употребление в нашей эре очень поздно. Павел называет себя «мастером-строителем», и он был таковым. Древние масоны называли себя различными именами, и большинство александрийских эклектиков, теософов Аммония Саккаса и поздних неоплатоников, фактически были масонами. Все они были связаны обетом таинства, считали себя Братством, и также имели знаки отличия. Эклектики, или филалетиане, включали в свои ряды наиболее талантливых и образованных ученых того времени, так же, как и некоторых коронованных особ. Автор «Эклектической философии» говорит:

> Их доктрины были переняты язычниками и христианами в Азии и Европе, и в одно время казалось, что все благоприятствует общему слиянию религиозных верований. Их принимали им-

нераторы Александр Север и Юлиан. Их преобладающее влияние на религиозные представления возбуждали ревность у христиан Александрии. Школа была перенесена в Афины и, в конце концов закрыта императором Юстинианом. Ее преподаватели *удалились в Персию*,[1] где приобрели многочисленных учеников.

Быть может, могут показаться интересными и еще кое-какие детали. Мы знаем, что элевсинские мистерии пережили все остальные. В то время как тайные культы малых богов, таких как: культы *куретов* и *дактилов*, поклонение Адонису, кабирам, и даже культы древнего Египта, полностью исчезли под мстительной и жестокой рукой безжалостного Феодосия,[2] элевсинии не могли быть столь легко ликвидированы. Они были, поистине, религией человечества, и сияли во всем своем древнем великолепии, если даже не в своей первозданной чистоте. Потребовалось несколько веков, чтобы уничтожить их, и они не могли быть полностью подавлены вплоть до 396 года нашей эры. Именно тогда «строители *высшего*, или городского Храма» впервые появились на сцене и начали безжалостно внедрять свои ритуалы и специфические догмы в нарождающуюся, постоянно борющуюся и конфликтующую церковь. Тройное *Санктус* римско-католической мессы — это тройное S...S...S... этих ранних масонов, и современный префикс к их документам или «любому написанному *balustre* — начальные буквы *Salutem*, или Здравия», — как это ловко объясняет один масон. «Это тройное масонское приветствие является наиболее древним из всех благопожеланий». (*Рагон*).

XI

Но они не ограничили лишь только этим свои прививки, которые они делали дереву христианства. В ходе элев-

---

[1] И мы можем прибавить, что и далее, ибо мы обнаруживаем их влияние повсюду в азиатских странах.
[2] Убийца фессалонийцев, которые были уничтожены этим набожным сыном церкви.

синских мистерий вино представляло Бахуса, Цереру — хлеб, или зерно.[1] Теперь Церера, или Деметра, была женским *производящим принципом* земли; супругой Отца Эфира, или Зевса; и Бахус, сын Зевса-Юпитера, был проявлением своего отца: другими словами, Церера и Бахус были персонификациями Субстанции и Духа, двух животворящих принципов в природе и на земле. Иерофант-инициатор символически предлагал перед заключительным *откровением* мистерий вино и хлеб кандидату, который ел и пил в знак того, что дух должен оживить материю: то есть божественная мудрость Высшей Личности должна войти внутрь и овладеть его внутренней Личностью, или Душой, посредством чего она должна открыться ему.

Этот ритуал был принят христианской церковью. Функции иерофанта, который назывался «отцом», перешли теперь как неотъемлемая часть — но при отсутствии знания — к «отцу», или священнику, который сегодня осуще-

---

[1] Бахус, безусловно, имеет индийское происхождение. Павсаний показывает, что он был первым, кто возглавил экспедицию против Индии, и первым, кто построил мост через Евфрат. «Трос, который служил для соединения двух противоположных берегов, показывают до сих пор», — пишет этот историк, — «его сплели из виноградных лоз и побегов плюща» (X, 29.4). Арриан и Квинт Курций объясняют аллегорию о рождении Бахуса из бедра Зевса, говоря, что он был рожден на индийской горе *Меру* (от μηος, бедро). Мы знаем о том, что Эратосфен и Страбон верили, что индийский Бахус был выдуман льстецами просто для удовольствия Александра, который верил, что он покорил Индию так же, как, предполагалось, сделал это Бахус. Но, с другой стороны, Цицерон считает этого бога сыном Ниса и Фионы; и Дионис, или Διονυσος, обозначает бога Дис с горы Нис в Индии. Бахус, увенчанный плющом, или *Киссос* — это Кришна, одним из имен которого было *Киссен*. Дионис был богом, превосходящим остальных, который, как полагали, освобождает *души людей* из темниц их плоти — Гадеса и человеческого Тартара, в одном из его символических смыслов. Цицерон называет Орфея сыном Бахуса; и существует такая традиция, которая не только считает Орфея пришедшим из Индии (он назывался ορφος, темного, или рыжевато-коричневого цвета), но и отождествляет его с Арджуной, *челой* и приемным сыном Кришны. (См. «Пять лет Теософии»: «Было ли известно письмо до Панини?»).

ствляет то же самое причастие. Иисус называет себя виноградной лозой, и своего «Отца» — виноградарем; и его распоряжение во время Тайной Вечери показывает его глубокое знание символического значения хлеба и вина, и его отождествление с *λογοι* [логосами] древних. «Тот, кто ест мою плоть и пьет мою кровь имеет жизнь вечную». «Трудно говорить *это*», — добавил он... «Слова (*rhemata*, или тайные изречения), которые я говорю вам, суть Дух и Жизнь». Они были таковы; потому что «это Дух, который оживляет». Кроме того, эти *rhemata* Иисуса поистине являются тайными изречениями *Посвященного*.

Но между этим возвышенным ритуалом, столь же старым, как и символизм, и его поздними антропоморфическими интерпретациями, известными ныне как *пресуществление*, пролегает пропасть церковной софистики. С какой же силой это восклицание — «Горе вам, законники, ибо *вы утеряли ключи знания*», (и не позволяете даже сегодня передавать *гнозис* другим людям); с какой же удесятеренной силой, говорю я, можно отнести его скорее к нашему времени, чем к тому. Да; этим *гнозисом* «вы не прониклись сами, и воспрепятствуете тем, кто вникает в него», и все еще препятствуют до сих пор. Но не одни современные священнослужители несут на себе ответственность за это. Масоны, потомки, или во всяком случае преемники «строителей высшего Храма» во времена мистерий, которые должны бы знать это лучше, отнеслись бы с пренебрежением и презрением к любому среди своих собственных братьев, кто напомнил бы им об их истинном происхождении. Некоторые крупные современные ученые и каббалисты, которые являются масонами, претерпели много худшее обращение, нежели просто холодный прием, от своих собственных братьев. И это всегда все та же самая старая, очень старая история. Даже Рагон, в свое время наиболее ученый из всех масонов нашего века, жалуется на это такими словами:

> Все древние повествования свидетельствуют о том, что посвящения в древние времена имели внушительный церемониал и навсегда оставались в памяти благодаря великим истинам, кото-

рые раскрывались в них, и знанию, которое из них возникало. И все же существуют *некоторые современные масоны, полуученые*, которые торопятся назвать шарлатанами всех тех, кто успешно напоминает и объясняет им эти древние церемонии! (*Cours. Philos.*, стр. 87, прим. [2]).

XII

Vanitas vanitatum [суета сует]! — и нет ничего нового под солнцем. «Литания Девы Марии» доказывает это наиболее очевидным образом. Папа Григорий I ввел *культ* Девы Марии, и Халкидонский собор провозгласил ее матерью Бога. Но автор *литании* не проявил даже некоего приличия (или это было результатом его умственных способностей?), чтобы наделить ее какими-либо другими, кроме языческих, определений и титулов, как я это сейчас покажу. Ни одного символа, ни одной метафоры в этой знаменитой литании, кроме тех, которые принадлежали к целой толпе богинь; все они Царицы, Девы или Матери; эти три титула относились к Изиде, Рее, Кибеле, Диане, Люцифере, Луцине, Луне, Теллус (Земле), Латоне, *имеющей три формы*, Прозерпине, Гекате, Юноне, Весте, Церере, Левкофее, Астарте, *небесной* Венере и Урании, *Alma Venus* (Благой Венере), и т.д., и т.д., и т.д.

Кроме первоначального обозначения троицы (*эзотерической*, или — Отца, Матери и Сына), не имело ли это западное *тримурти* (три лика) в масонском пантеоне такого значения: «*Солнце, Луна и Преподобный*»? — и это несомненно является неким видоизменением германских и нордических: *Огня, Солнца и Луны*.

Быть может, внутреннее понимание этого, побудило масона Дж. М. Рагона описать как свой символ веры таким образом:

Для меня *Сын — это то же самое, что и Гор, сын Осириса и Изиды*; он есть СОЛНЦЕ, которое *каждый год спасает мир от бесплодия и всеобщего вымирания рас.*

И он продолжает говорить о специальной литании Девы Марии, храмах, праздниках, мессах и церковных службах, паломничествах, песнопениях, якобинцах, францисканцах, весталках, чудесах, *ex voto* [обетах], убежищах, статуях, и т.д., и т.д., и т.д.

Де Мальвиль, крупный еврейский ученый и переводчик раввинистической литературы, заметил, что евреи давали луне все те же самые имена, которые в *литании* используются для прославления Девы. Он обнаружил в *литании Иисуса* все отличительные признаки Осириса — Вечного Солнца, и Гора — Годового Солнца.

И он доказал это.

Mater Christi — это мать Искупителя старых масонов, который является *Солнцем*. Οι πολλοί [простолюдины] в Египте утверждали, что ребенок, символ великой центральной звезды, *Гор*, был сыном Усира и Иссы (Осириса и Изиды), чьи души *давали жизнь* после их смерти *Солнцу* и *Луне*. *Изида* стала у финикийцев *Астартой*, — под этим именем они поклонялись Луне, представленной в виде женщины с рогами, символизирующими полумесяц. Астарту воображали во время осеннего равноденствия, после поражения ее мужа (Солнца), побежденного Принцем Тьмы и опустившегося в Гадес, оплакивающей потерю своего супруга, который также был и ее сыном, так же как и Изида оплакивала своего супруга, брата и сына (Осириса-Гора). Астарта держит в руках крестообразный жезл, обычный крест, и плачет, стоя на лунном серпе. Христианская Дева Мария очень часто представляется таким же образом, стоящей на новой луне, окруженной звездами и оплакивающей своего сына *juxta crucem lacrymosa dum pendebat* (см. *Stabat Mater Dolorosa*). Не является ли она наследницей Изиды и Астарты? — спрашивает автор.

Поистине это так, и мы должны лишь повторить *литанию Девы Марии* римско-католической церкви, чтобы обнаружить, что мы повторяем древние заклинания, относимые к *Адонайе* (Венере), матери Адониса, солнечного бога у столь многих народов; *Милитте* (ассирийской Венере), богине природы; *Алилат*, которую арабы символизировали посредством двух лунных рогов; *Селене*, жене и сестре *Гелиоса*, солнечного бога греков; или к *Magna Mater* (Великой Матери), ...*honestissima, purissima, castissima*, универсальной Матери всех существ — поскольку ОНА ЕСТЬ МАТЬ-ПРИРОДА.

Воистину *Мария* является Изидой *Myrionymos*, Богиней-Матерью с десятью тысячами имен! Так же, как солнце было *Фебом* в небесах, оно становилось *Аполлоном* на земле и Плутоном в еще более низких областях (после заката); таким же образом луна была *Фебой* в небесах и *Дианой* на земле (*Геей, Латоной, Церерой*), становясь *Гекатой* и *Прозерпиной* в Гадесе. И что же тогда удивительного в том, что Марию называют *regina virginum*, «Царицей Дев», и *castissima* [пречистой], если даже молитвы, возносимые к ней в шесть часов утра и вечера скопированы с тех молитв, которые пели «язычники» *в те же самые часы* в честь *Фебы* и *Гекаты*? Мы знаем о том, что стих «литании Девы» *stella matutina* [«звезда утренняя»][1] — это достоверная копия стиха из молебна, посвященного «имеющей три формы» у язычников. И на том Соборе, на котором был осужден Несторий, Мария была впервые провозглашена «Матерью Божией», *Mater Dei*.

В дальнейшем мы должны будем сказать еще кое-что об этой знаменитой литании Девы и подробнее рассмотреть ее происхождение. Мы выберем наши доказательства из сочинений классиков и современных источников и, по мере продвижения вперед, дополним их сведениями из *анналов* религий в той мере, в какой они содержатся в эзотерической доктрине. Кроме того, мы можем добавить еще немного данных и представить этимологию наиболее священных терминов в церковном ритуализме.

---

[1] «Утренняя звезда», или *Люцифер*, имя, которым Иисус называет себя в Откровении, 22:16, и которое, тем не менее, стало *именем дьявола*, как только его принял теософский журнал!

XIII

Обратим ненадолго наше внимание к собраниям «строителей высшего Храма» в раннем христианстве. Рагон ясно показывает нам происхождение следующих терминов:

(а). Слово «месса» произошло от латинского *messis* — «урожай», отсюда образовано существительное Мессия «тот, кто делает урожай созревшим», Христос, Солнце.

(б). Слово «ложа», используемое масонами, слабосильными последователями посвященных, имеет своим корнем *лога* (лока в санскрите), местность или *мир*; и в греческом языке *логос*, слово, речь, рассуждение; оно обозначает в своем полном значении «место, где обсуждаются определенные вопросы».

(с). Такие собрания *логоса* у древних *посвященных* масонов стали называться *sinaxis*, «встречами» братьев с целью моления и прославления *coena* (ужина), в котором использовались только бескровные жертвоприношения плодов и зерна. Вскоре после этого такие жертвоприношения стали называться *hostiae*, или священными и чистыми *гостиями*, в отличие от нечистых жертвоприношений (как в слове военнопленный, *hostes*, откуда произошло слово заложник, *hostage*). И так как эти приношения состояли из плодов урожая, первых плодов *messis*, отсюда и произошло слово «месса». Поскольку никто из отцов церкви не упоминает, как это сделали бы современные ученые, о том, что слово месса произошло от еврейского *missah* (*oblatum*, жертвоприношение), — первое объяснение столь же хорошо, как и второе. Для получения исчерпывающего исследования о слове *missa* и *mizda*, смотрите «Гностиков» Кинга, стр. 124 и далее.

Слово *синаксис* называлось также греками αγυρμος [собрание людей]. Оно имеет отношение к посвящением в мистерии. Оба эти слова, *синаксис* и *агирмос*,[1] вышли из употребления у христиан, а слово *мисса*, или месса, стало преобладать и осталось. Теологи скажут, желая скрыть его

---

[1] Езекия дает это имя (агирмос) первому дню посвящения в мистерии Цереры, богини урожая, и относит к нему также и имя *Синаксис*. Ранние христиане называли свои мессы, пока не был принят этот термин, и празднования своих мистерий — словом *Синаксис*, состоящим из *sun* — «вместе», и *ago* — «я веду», отсюда и греческий синаксис, или *собрание*.

этимологию, что термин «мессия» (*messiah*) произошел от латинского слова *missus* (посланник). Но если даже это так, то оно, опять-таки, может быть отнесено столь же хорошо к Солнцу, *ежегодному посланнику*, который послан нести свет и новую жизнь земле и ее созданиям. Еврейское слово, обозначающее Мессию — *mâshiah* (помазанник, от *mashah*, помазывать) вряд ли применимо здесь и едва ли несет то же значение в церковном смысле; также и латинское слово *missa* (месса) не лучшим образом может быть образовано от другого латинского слова *mittere, missum*, «посылать», или «отпускать». Потому что таинство евхаристии — ее сердце и душа — основываются на освящении и приобщении *гостией* (жертвоприношении), облаткой (тонким, похожим на лист, хлебом), представляющей тело Христово, и такой хлебец из муки представляет собой прямое развитие жертвоприношений урожая или зерна. И опять-таки, древние *мессы* были *коэнами* (поздними обедами или ужинами), которые, из простой еды римлян, которые «умывались, *умащивались* и одевали облачения *сенаторов*» для обеда, становились священным принятием пищи в память о последнем Ужине Христа.

Новообращенные евреи во времена апостолов собирались на таких *синаксисах*, чтобы читать Евангелия и свои послания (апостольские). Св. Юстин (150 г. н. э.) рассказывает нам, что такие собрания проводились в день, называемый *солнечным* (Sunday, воскресенье, *dies magnus*, «великий день»), в дни, когда псалмы воспевали «сравнение крещения с чистой водой и *agapae* святого *coena* с хлебом и вином». Что должна была делать эта смешанная комбинация языческих римских обедов, появившаяся благодаря вторжению церковных догм в тайные мистерии, с еврейским *Messiah*, «тем, кто побуждает спуститься в преисподнюю» (или Гадес), или его греческим вариантом — *Мессией*. Как было показано Норком, Иисус «*никогда не был помазан ни как первосвященник, ни как царь*», и поэтому его название «Мессия» не может быть выведено из данного еврейского эквивалента. И это еще менее вероятно, поскольку слово «помазанник», или «натертый маслом» в *Го-*

меровской терминологии, — это *хрис*, χρις, и *хрио*, χριω, — оба они значат *помазать тело маслом*. (См. «Эзотерический характер Евангелий»).

Другой высший масон, автор «Источника Мер», суммирует всю эту *imbroglio* [путаницу] многих веков в нескольких словах, говоря:

«Фактически было *два Мессии. Первый*, побудивший себя спуститься в преисподнюю для спасения мира;[1] он был солнцем, лишенным своих *золотых лучей* и *увенчанным затемняющими лучами* (символизирующими эту утрату), как колючками. *Второй* был победоносным *Мессией*, восходящим на эту *вершину небесного свода*, персонифицированный как *Лев из рода Иуды*. В обоих случаях у него есть крест...»

В *амбарвалиях*, празднованиях в честь Цереры, *арваль* (помощник верховного жреца), облаченный во все белое, клал на *гостию* (груду жертвоприношений) пшеничную лепешку и вино с водой, совершал *возлияния* и давал *испить* другим. *Жертвоприношения* делались тогда верховным жрецом. Это символизировало собой три царства природы — пшеничная лепешка (растительное царство), жертвенная чаша, или *потир* (минеральное), и *мантия* (похожее на шарф облачение) иерофанта, конец которой он обматывал вокруг кубка с жертвенным вином. Это облачение изготовлялось из чистой белой кожи ягненка.

Современный священник повторяет жест за жестом действия языческого жреца. Он поднимает хлеб и предлагает его для освящения; благословляет воду, которую следует налить в потир, и затем наливают туда вино, окуривает благовониями алтарь, и т.д., и т.д., и, входя в алтарь, умывает руки, говоря: «Я умываю свои руки *среди* НЕВИННЫХ и обхожу твой алтарь, о, Господь». Он делает

---

[1] С незапамятных времен каждый посвященный перед началом своего высшего испытания посвящением, в древности так же, как и в настоящее время, произносил эти сакраментальные слова... «Я клянусь отказаться от своей жизни ради спасения моих братьев, которые составляют все человечество, если меня призовут, и умереть, защищая истину...»

это, потому что древний *языческий* жрец делал то же самое, говоря: «Я умываю (святой водой) свои руки среди НЕВИННЫХ (полностью посвященных братьев) и обхожу твой алтарь, о, великая Богиня (Церера)». Трижды обходил верховный жрец вокруг алтаря, осыпанного подношениями, неся высоко над своей головой сосуд, покрытый концом своей снежно-белой мантии из ягнячьей кожи...

Священное облачение, одеваемое папой, *мантия*, «*имеет форму шарфа, изготовленного из белой шерсти*, расшитого малиновыми крестами». В греческой церкви священник покрывает потир концом мантии, перекинутой через его плечо.

Верховный жрец древности трижды повторял в ходе божественных служб свои *«O, redemptor mundi»* [О, Спаситель мира] Аполлону, «Солнцу», свои *«mater Salvatoris»* [мать-Заступница] — Церере, земле, свой *Virgo partitura* — Богине Деве, и т.д., и произносил *семь тройных поминовений*. (Внимайте, о, масоны!).

Тройное число, столь почитаемое в древности, является столь же почитаемым и сегодня, и пять раз произносится в течение мессы. Мы имеем: три *introibo* («входная», церковная песнь), три *Kyrie eleison* («Господи помилуй»), три *mea culpa* («моя вина»), три *agnus dei* («агнец божий»), три *Dominus Vobiscum*. Истинно масонский ряд! Позвольте нам прибавить к этому три *et cum spiritu tuo*, и христианская месса предоставит нам те же самые *семь тройных поминовений*.

ЯЗЫЧЕСТВО, МАСОНСТВО И ТЕОЛОГИЯ — такова историческая троица, которая сегодня правит миром *sub rosa* (тайно). Мы закончим с масонским приветствием и скажем:

Прославленные офицеры Хирама Абифа, посвященные и «сыновья вдовы». Царство Тьмы скоро рассеется, но существуют области, которых все еще не коснулась рука ученого, и столь же темные, как египетская ночь.

Fratres, sorbii estote et vigilate!
(*Братья, внéмлите и бдите!*)

ТЕОСОФИЯ ИЛИ ИЕЗУИТИЗМ?

«Изберите себе ныне, кому служить, богам ли, которым служили отцы ваши, бывшие за рекой, или богам Аморреев». (Иисус Навин, 24:15.)

«Тринадцатый номер «Лотоса», общепризнанного теософского органа, среди многих статей, представляющих бесспорный интерес, содержит некий ответ мадам Блаватской аббату Рока. Выдающийся писатель, наиболее известная женщина из всех, которых мы знаем,[1] обсуждает следующий вопрос: *Существовал ли когда-либо Иисус?*»[2] Она детально опровергает христианскую легенду, апеллируя, по крайней мере, к неоспоримым источникам, которыми обычно пренебрегают религиозные историки.

Эта статья произвела основательную сенсацию в католическом и иудео-католическом болоте: нас это не удивляет, поскольку аргументы автора, подобные этим, трудно опровергнуть, даже тому же самому закаленному в спорах византийскому богословию». («Париж», вечерняя газета от 12 мая 1888 г.)

---

[1] Скромная названная личность выражает свою благодарность редактору «Парижа»: не так много места для лестного отзыва, высказанного, к редкому удивлению, чтобы имени "Блаватской", на этот раз, не предшествовали и не сопровождали его всевозможные из обычных оскорбительных эпитетов и прилагательных, которые высококультурные английские и американские газеты и их джентльмены-редакторы так любят увязывать с упомянутой фамилией.

[2] Вопрос, скорее, был сформулирован так: "Существовал ли когда-либо исторический" Иисус?

Ряд статей, одна из которых упомянута в приведенной выше цитате из известной французской вечерней газеты, был первоначально вызван статьей аббата Рока в «Лотосе», перевод который был опубликован в январском номере «Люцифера».[1]

Эти статьи, как и следовало ожидать, разбередили дремлющую вражду. Особенно их появление задело иезуитскую партию во Франции. Некоторые корреспонденты писали нам, привлекая наше внимание к той опасности, которой подвергают себя теософы, восставая против таких страшных и могущественных врагов. Некоторые из наших друзей хотели бы, чтобы мы хранили молчание по этим вопросам. Однако не такова наша политика, и такой она никогда не будет. Поэтому мы воспользуемся представившимся случаем для того, чтобы раз и навсегда заявить о тех взглядах, которых придерживаются теософы и оккультисты в отношении Общества Иисуса. В то же самое время, всем тем, кто в великой жизненной пустыне бессмысленных мимолетных удовольствий и пустых условностей преследует *идеал, ради которого стоит жить*, предлагается сделать выбор между двумя вновь выросшими сегодня силами — альфой и омегой двух противоположных концов царства непостоянного, тщетного существования — ТЕОСОФИЕЙ и ИЕЗУИТИЗМОМ.

Ибо в пространстве интеллектуальных и религиозных занятий они являются единственными светилами — *доброй* и *злой* звездой, поистине, вновь замерцавшими из-за дымки Прошлого, и восходящими на горизонте умственной деятельности. Они являются единственными силами, способными в нынешнее время вывести человека, жаждущего интеллектуальной жизни, из холодной грязи застоявшейся лужи, известной как Современное Общество, которое столь затвердело в своем лицемерии, и выглядит столь тоскливо и монотонно в своем движении, подобно белке, крутящейся в колесе моды. Теософия и иезуитизм — это два противо-

---

[1] Аббат Рока: «Эзотеризм христианской догмы», стр. 160-173, «Лотос», Париж, том II, № 9, декабрь, 1887. — *Прим. редактора.*

ложных полюса, один против другого, и последний находится много ниже даже этого унылого болота. Оба они придают силу: первая — духовному, последний же — психическому и интеллектуальному эго в человеке. Первая — это «мудрость, которая дана *свыше* ... чистая, умиротворяющая, добрая ... полная милосердия и благих результатов, без пристрастий и без лицемерия», в то время как последний — это «мудрость, которая *не снизошла свыше*, но является земной, чувственной, ДЬЯВОЛЬСКОЙ».[1] Одна есть сила Света, другая же — сила Тьмы...

Конечно, последует вопрос: «Почему кто-либо должен выбирать из этих двух? Не может ли остаться жить в этом мире добрый христианин, принадлежащий к какой-либо церкви, не притягиваясь ни к одному из этих полюсов?» Несомненно, он может сделать это, на какое-то время. Но цикл быстро приближается к последнему пределу, к своей поворотной точке. Одна из трех великих церквей христианства раскалывается на мельчайшие секты, число которых возрастает ежегодно; дом, раздираемый разногласиями, как протестантская церковь, — ДОЛЖЕН ПАСТЬ. Третья, римско-католическая церковь, единственная, которая до сих пор кажется успешно сохраняющей всю свою целостность, быстро разлагается изнутри. Она повсюду подточена и быстро пожирается жадными микробами, порожденными Лойолой.[2]

Она сегодня не лучше, чем плод Мертвого моря, прекрасный для того, кто на него лишь смотрит, но полный гнили разложения и смерти внутри. Римский католицизм — это только название, как и церковь — это призрак прошлого и маска. Она абсолютно и неразрывно связана и опутана Обществом Игнатия Лойолы; ибо, как это правильно выразил лорд Роберт Монтегю, «римско-католическая церковь является (ныне) крупнейшим Тайным Обществом в мире, по сравнению с которым масонство — это лишь пигмеи».

---

[1] Соборное послание Иакова, 3:15-17.
[2] Лойола Игнатий (Иниго Лопес де Рекальдо, 1491-1556 гг.) — основатель ордена иезуитов. — *Прим. редактора*.

Протестантизм медленно, коварно, но уверенно заражается латинизмом — новой ритуальной сектой высшей церкви, и такие люди среди ее духовенства, как отец Ривингтон, являются тому неопровержимым доказательством. Еще через пятьдесят лет, при такой скорости успешного проникновения латинизма в «высшую десятку», английская аристократия вернется к вере короля Чарльза II, а его холопский подражатель — смешанное Общество — приобретет соответствующего феодала. И тогда иезуиты начнут править единолично всем христианским миром, ибо они внедрились даже в греческую церковь.

Бесполезно обсуждать и доказывать различие между иезуитизмом и истинным римским католицизмом, поскольку последний сегодня поглощен первым и неразрывно слился с ним. Мы находим публичное подтверждение этому в послании епископа Кембрии 1876 года.

«Клерикализм, ультрамонтантизм и иезуитизм являются одним и тем же, а именно — римским католицизмом, и различия между ними были созданы врагами религии», — говорится в этом «Послании». — «Было такое время», — добавляет монсеньер кардинал, — «когда во Франции бытовало широко принятое определенное теологическое мнение относительно авторитета папы... Оно было ограничено нашей нацией и имело недавнее происхождение. Гражданская власть в течение полутора веков внедряла официальную директиву. Тех, кто признавал это мнение, называли галликанами, тех, кто не принимал его — ультрамонтанами, потому что центр их учения находился за Альпами, в Риме. Сегодня *различия между двумя школами больше недопустимы*. Теологический галликанизм не может существовать далее, потому что это мнение перестало быть дозволенным церковью. *Оно было торжественно осуждено, навсегда и без возврата, Экуменическим собором в Ватикане*. НИКТО НЕ МОЖЕТ БЫТЬ ТЕПЕРЬ КАТОЛИКОМ, НЕ БУДУЧИ УЛЬТРАМОНТАНОМ — И ИЕЗУИТОМ».

Откровенное заявление; и столь же дерзкое, сколь откровенное.

Это послание вызвало некоторый шум во Франции и в католическом мире, но вскоре было забыто. И так как уже два века утекли с того времени, как были *an exposé* [обнародованы, *франц.*] позорные принципы иезуитов (о которых речь пойдет ниже), то «черная милиция» Лойолы имела достаточно времени для того, чтобы лгать столь успешно, отрицая справедливые обвинения, что даже сейчас, когда нынешний папа высочайше санкционировал высказывание епископа Кембрии, римские католики вряд ли поверят в это. Странное проявление *непогрешимости* пап! «Непогрешимый» папа, Климент XIV (Ганганелли), запретил иезуитов 23 июля 1773 года, и все же они вновь возродились; «непогрешимый» папа, Пий VII, воссоздал их орден 7 августа 1814 г. «Непогрешимый» папа, Пий IX, мечущийся, на протяжении всего своего долгого понтификата между Сциллой и Харибдой иезуитского вопроса; его непогрешимость очень мало помогла ему. И сегодня «непогрешимый» Лев XIII (фатальное число!) снова вознес иезуитов на высочайшую вершину их дурной и бесстыдной славы.

Последняя «Грамота» папы (менее двух лет назад), датированная 13 июля (то же самое фатальное число), 1886 г., — это событие, важность которого вряд ли можно переоценить. Она начинается словами: *Dolemus inter alia*, и восстанавливает иезуитов во всех правах этого ордена, которые были навсегда отменены. Это было *манифестом* и громким вызовом всем христианским народам Нового и Старого света. Из статьи Луиса Ламберта в «Gaulois» (18 августа 1886 г.) мы узнаем:

«В 1750 году было 40.000 иезуитов во всем мире. В 1800 г. по *официальным* подсчётам их было лишь около тысячи человек. В 1886 г. они насчитывают 7-8 тысяч».

Эта последняя скромная цифра может быть поставлена под сомнение. Ибо, поистине:

«Если вы сегодня встретите человека, верящего в целительную природу лжи, или в божественный авторитет сомнительных вещей, и фантазирующего, что для того, чтобы служить благому делу, он должен для своей поддержки призвать дьявола, — это последователь неканонизированного Игнатия», — говорит Карлейль, и добавляет о черной милиции Лойолы следующее: «Они дали современным языкам новое имя существительное. Слово «иезуитизм» сегодня во всех странах выражает идею, для которой ранее в природе не было прототипа. До наступления последних веков человеческая душа не создавала такой мерзости и не нуждалась в том, чтобы называть ее. Поистине, они достигли многого в этом мире, и общий результат таков, что мы не можем не назвать его удивительным».

И сегодня, со времени своего восстановления в Германии и повсюду, они добиваются еще больших и еще более удивительных результатов. Ибо будущее может быть легко прочитано в прошлом. К сожалению, в этом году папского юбилея, цивилизованная часть человечества — и даже протестанты — выглядит полностью забывшим это прошлое. Тогда пусть те, кто открыто презирает теософию — прекрасное дитя ранней арийской мысли и александрийского неоплатонизма, — склонятся перед ужасным демоном века, но пусть они не забывают, в то же самое время, его историю.

Надо было видеть, с каким упорством орден с самых ранних времен нападал на все, что было похоже на оккультизм, а также на теософию с момента основания нашего Общества. Мавры и евреи Испании почувствовали угнетающую длань обскурантизма не в меньшей мере, чем каббалисты и алхимики средних веков. Можно подумать, что эзотерическая философия и особенно оккультные искусства, или магия, были отвратительны для этих святых отцов? И что именно поэтому мир поверил им. Но если поближе ознакомиться с историей и трудами их собственных авторов, опубликованных с *imprimatur* [*одобрения, лат.*] ордена, что же обнаружится? То, что *иезуиты практиковали не только оккультизм, но и* ЧЕРНУЮ МАГИЮ *в ее худшей форме,*[1] *более чем кто-либо из живущих людей; и что именно этому они в большой степени обязаны своей силой и влиянием!*

Для того чтобы освежить память наших читателей и *всех тех, кого это может заинтересовать,* можно еще раз

---

[1] Месмеризм, или ГИПНОТИЗМ, — это выдающийся фактор в оккультизме. Это — *магия*. Иезуиты были знакомы с ним и использовали его веками до Месмера и Шарко.

попытаться дать краткий обзор деяний наших добрых друзей. Ибо тем, кто склонен насмехаться и отрицать тайные и, поистине, адские средства, применяемые «черной милицией Игнатия», мы можем предоставить факты.

В «Разоблаченной Изиде» об этом святом Братстве было сказано, что: «хотя оно и было образовано в 1535-1540 годах — в 1555 году оно уже вызвало общий протест против себя». И более того:

«Эта хитрая, ученая, бессовестная, ужасная душа иезуитизма в теле римской церкви, медленно, но верно захватывала престиж и всю духовную власть, которая ей доставалась... Где во всем античном мире, в какой стране мы можем найти что-либо подобное этому ордену, или что-либо хотя бы приближающееся к нему?.. Протест против попрания общественной нравственности возникал против него с самого момента его зарождения. Прошло всего лишь пятьдесят лет с того времени, когда была опубликована булла, одобряющая его конституцию, и его членов стали гнать из одного места в другое. Португалия и Нидерланды освободились от них в 1578 г.; Франция — в 1594 г.; Венеция — в 1606 г.; Неаполь — в 1622 г. Из Санкт-Петербурга они были изгнаны в 1815 г., а из всей России — в 1820 г.».

Автор просит читателей обратить внимание на то, что написанное в 1875 году, превосходно и в еще большей степени может быть отнесено к 1888 году. Так же, что утверждения, используемые в цитатах, могут быть все проверены. И, в-третьих, что те принципы (*principii*) иезуитов, которые они ныне выдвигают, взяты из аутентичных манускриптов и фолиантов, напечатанных самими членами этой весьма известной организации. Поэтому, их проще найти и сверить в «Британском музее» и Бодлианской библиотеке [Оксфордского университета], чем наши собственные работы.

Многие из них скопированы из большого тома *in quarto* [книга высотой в 25-30 см.],[1] опубликованного по

---

[1] Выдержки из этого «Arrêt» были собраны в один том из четырех, который появился в Париже в 1762 году и известен как «Extraits des Assertions, etc». В работе, озаглавленной «Response

распоряжению французского парламента, и проверенного и собранного его комиссионерами. Утверждения, собранные в нем, были преподнесены королю для того, чтобы, как это выражено в «Arrêt du Parlement du 5 Mars, 1762»:

«Старший сын церкви смог бы узнать о порочности этой доктрины... Доктрины, оправдывающей Воровство, Ложь, Лжесвидетельство, Нечистоту, всякую Страсть и Преступление; возводящей в догму Убийство, Отцеубийство и Цареубийство, уничтожающей религию и подменяющей ее суеверием, потворствующей *Колдовству*, Богохульству, Безверию и Идолопоклонству... и т. д.».

Теперь мы рассмотрим идеи магии иезуитов, той магии, которую они предпочитают называть дьявольской и сатанинской, если она изучается теософами. Делая записи на эту тему в своих тайных наставлениях, Антоний Эскобар [1] говорит:

«ЗАКОННО ... ИСПОЛЬЗОВАТЬ НАУКУ, ПОЛУЧЕННУЮ ПРИ ПОМОЩИ ДЬЯВОЛА, ОБЕСПЕЧИВ СОХРАНЕНИЕ И ПРИМЕНЕНИЕ ТАКОГО ЗНАНИЯ, НЕ ЗАВИСЯЩЕЕ ОТ ДЬЯВОЛА, ИБО ЗНАНИЕ — ЭТО ДОБРО САМО ПО СЕБЕ, А ГРЕХ, ПРИ ПОМОЩИ КОТОРОГО ОНО ПОЛУЧЕНО, ПРЕХОДЯЩИЙ».[2]

Поистине: почему бы иезуиту не обмануть Дьявола так же, как он обманывает любого мирянина?

«Астрологи и ясновидящие бывают либо обязанными, либо не обязанными возвращать вознаграждение за свое предсказание, если предреченное событие не происходит. Должен при-

---

aux Assertions», иезуитами была предпринята попытка дискредитировать факты, собранные представителями французского парламента в 1762 году, как по большей части заведомые фальшивки. «Чтобы удостовериться в обоснованности этого обвинения», — говорит автор «Принципов иезуитов», — «были произведены поиски авторских цитат в библиотеках двух университетов, Британского музея и Сионского колледжа; и в каждом случае, при нахождении указанного сочинения, подтверждалось соответствие цитат с оригиналом».

[1] «Theologiæ Moralis», Tomus IV, Lugduni, 1663.
[2] Tom. iv, lib. xxviii, sect. I, de Præcept I, c. 20, n. 184.

знать», — замечает *добрый* отец Эскобар, — «что первое решение мне совершенно не нравится, поскольку, когда астролог или предсказатель применяет все свое умение *в дьявольском искусстве*, которое подходит для его цели, он выполняет свой долг, каков бы ни был результат. Как лекарь ... не обязан вернуть свою плату ... если его пациент скончался; так же астролог не должен возвращать своего вознаграждения ... кроме как в тех случаях, когда он не приложил должных усилий или оказался невежественным в своем дьявольском искусстве; потому что, когда он прилагал свои усилия, он не вводил сознательно в заблуждение».[1]

Бузенбаум и Лакруа, в «Theologia Moralis»,[2] говорят:

«ХИРОМАНТИЯ МОЖЕТ СЧИТАТЬСЯ ЗАКОННОЙ, ЕСЛИ ПО ЛИНИЯМ И ЧАСТЯМ ЛАДОНЕЙ УСТАНАВЛИВАЕТСЯ ХАРАКТЕР ЧЕЛОВЕКА И ДЕЛАЕТСЯ ПРЕДПОЛОЖЕНИЕ, ПО-ВОЗМОЖНОСТИ, О СКЛОННОСТЯХ И ЗАБОЛЕВАНИЯХ ДУШИ».[3]

Совершенно бесспорно доказано, что благородное братство, многочисленные проповедники которого в последнее время столь страстно отрицали то, что у них когда-либо была хотя бы одна *тайна*, все же имело свои секреты. Их уложения были переведены на латынь иезуитом Поланкусом и опубликованы в коллегии Общества в Риме в 1558 г.

«Они ревностно хранили тайны, и большая часть самих иезуитов знала лишь выдержки из них.[4] *Они никогда не выносились на свет вплоть до 1761 года, когда были опубликованы по распоряжению французского парламента* в 1761-1762 годах в течение знаменитого процесса отца Лавалетта».

---

[1] Ibid, sect. 2, de Præcept I, Probl. 113, n. 586.
[2] «Theologia Moralis nunc pluribus partibus aucta, à R. P. Claudio Lacroix, Societatis Jesu». Coloniæ, 1757 (Ed. Mus. Brit.).
[3] Tom. II, lib. III, Paris. I, Fr. I, c. I, dub. 2, resol. VII. Как жаль, что совет по защите медиума Слейда не подумал о том, чтобы напомнить им об этой ортодоксальной легализации «мошенничества при помощи хиромантии или другим образом», во время недавнего религиозно-научного преследования этого медиума в Лондоне.
[4] Никколини. История иезуитов.

Иезуиты считают величайшим достижением своего ордена, что Лойола поддержал в специальном послании к папе петицию, требующую реорганизации этого отвратительного и ненавистного инструмента для массовой резни — позорного трибунала инквизиции.

Этот орден иезуитов сегодня является всевластным в Риме. Их восстановили в конгрегации чрезвычайных церковных дел, в департаменте государственного секретариата и в министерстве иностранных дел. Понтификальное правительство в годы, предшествовавшие оккупации Рима Виктором Эмануилом, оказалось полностью в их руках...[1]

Каково же происхождение этого ордена? Об этом можно рассказать в двух словах. В 1534 году, 16 августа, бывший офицер и «рыцарь Девы Марии», из Бискайской провинции, и владелец величественного замка *Căsa Solar* [«Дом Солнца», *лат.*] — Игнатий Лойола,[2] стал героем следующего инцидента. В подземной часовне церкви Монмартра, окруженный несколькими священниками и теологами, он принял от них обет, что они посвятят все свои жизни распространению римского католицизма любыми средствами, как благими, так и бесчестными; и таким образом он основал новый орден. Лойола предложил шести своим главным единомышленникам, чтобы их орден стал *воинствующим* для ведения борьбы за интересы *святого* престола римского католицизма. Для достижения этого были взяты на вооружение два средства: обучение молодежи и прозелитизм (*apostolat*). Это происходило при папе Павле III, который выказал полное одобрение по отношению к новой системе. Поэтому в 1540 году была опубликована знаменитая папская булла — *Regimini militantis Ecclesiæ* (организация воинственной, или *воинствующей* церкви), — после которой орден начал стремительно наращивать свою численность и свое могущество.

---

[1] «Разоблаченная Изида», том II, стр. 448-451. — *Прим. редактора.*

[2] Или «*св. Иниго* Бискайский», согласно его настоящему имени.

Ко времени смерти Лойолы, общество насчитывало более чем одну тысячу иезуитов, хотя вступление в его ряды, как это утверждается, было сопряжено с исключительными трудностями. Была и другая знаменитая и беспрецедентная булла, выпущенная папой Юлием III в 1552 году, которая подняла орден на столь высокое положение и способствовала его быстрому росту; ибо она помещала общество вне и *за пределами* юрисдикции местных церковных властей, предоставила орден своим собственным законам и позволила ему признавать лишь один высший авторитет — авторитет своего генерала, резиденция которого находилась в Риме. Результаты такой договоренности были фатальными для белого духовенства. Высшие священнослужители и кардиналы довольно часто трепетали перед простым низшим чином из Общества Иисуса. Его генералы всегда занимали высшее положение в Риме и пользовались неограниченным доверием пап, которые сами часто становились орудиями в руках ордена. Весьма естественно, что в те времена, когда политическая власть была одной из привилегий «вице-правителей Бога», — могущество хитрого общества стало просто ужасающим. Именем папы, иезуиты наделили себя неслыханными привилегиями, которыми они неограниченно пользовались вплоть до 1772 года. В этом году папа Климент XIV опубликовал новую буллу, *Dominus ac Redemptor* (Господь и Искупитель), упраздняющую знаменитый орден. Но папы доказали свою беспомощность перед этим новым Франкенштейном, демоном, который был вызван одним из «наместников Бога». Общество тайно продолжало свое существование, невзирая на преследования обоих пап и светских властей во всех странах. В 1801 году, под новым *названием* «конгрегация *Sacré Coeur de Jésus*», оно все же проникло в Россию и на Сицилию, и было там дозволено.

В 1814 году, как уже было сказано, новая булла Пия VII воссоздала орден Иисуса, хотя его, даже среди его высшего духовенства, лишили прежних привилегий. Светские власти, во Франции, как и повсюду, с тех пор почувствовали себя обязанными разрешать иезуитов и считаться с ними. Все, что они смогли бы сделать, это отказать им в особых привилегиях и подчинить членов этого общества законам страны, наравне со всеми остальными церковными организациями. Но, постепенно и незаметно иезуиты преуспели в приобретении особого расположения даже со стороны светских властей. Наполеон III дал им разрешение открыть семь своих колледжей в одном только Париже для обучения молодежи, и при этом требовалось единственное условие, что эти колледжи будут под управлением и наблюдением местного епископа. Но как только эти учреждения открывались, так иезуиты нарушали это правило. Хорошо известен случай с архиепископом Дарбоем. Выразив желание посетить иезуитский колледж в *Rue de la Poste* (Париж), он не получил на это разрешения, и ворота были закрыты перед ним по приказу настоятеля. Епископ подал жалобу в Ватикан. Но ответ был задержан на столь долгое время, что иезуиты фактически остались хозяевами ситуации и *вне* всякой, кроме своей собственной, юрисдикции.

А теперь прочитаем, что говорит лорд Монтегю об их деяниях в протестантской Англии, и рассудим:

«Вот Общество иезуитов — с его нигилистическими последователями в России, его союзниками-социалистами в Германии, его фениями [1] и националистами в Ирландии, его сообщниками и раболепными прислужниками в их религиозном экстазе, — подумайте об этом Обществе, которое без колебаний развязывало наиболее кровавые войны между народами для достижения своих целей; и все же снисходящее до преследования отдельного человека, знающего их тайну и не являющегося их рабом ... подумаем об Обществе, которое смогло изобрести такую дьявольскую систему и затем гордиться ей; и спросим, не нуждаемся ли мы отчаянно в защите?.. Даже если вы не принимали непосредственное участие в событиях ... все же перед вами возникает задача распутать все то, что было сделано нашим правительством, и разорвать паутину лжи, которая скрывает их деяния. Неоднократные по-

---

[1] *Фении* — члены ирландского тайного общества, боровшегося за освобождение Ирландии от английского владычества. — *Прим. редактора.*

пытки научат вас, что нет ни одного общественного деятеля, на которого вы могли бы в этом положиться. Поскольку Англия находится *между двух жерновов*, никто, кроме приверженцев и рабов тех или других, не делает нынче успехов; и, само собой разумеется, что иезуиты, которые достигли столь многого, приготовили новые жернова для того времени, когда нынешнее удалится в прошлое; и тогда снова появятся обновленные жернова и завладеют властью над народом».[1]

Во Франции дела сынов Лойолы процветали до того самого дня, когда кабинет министров Жюля Ферри заставил их покинуть поле битвы. Многие еще помнят бессмысленную строгость полицейских мер и драматические сцены, разыгрываемые самими иезуитами. Все это лишь увеличило их популярность в глазах определенных классов. Они приобрели таким образом ореол мученичества и симпатию всех набожных и недалеких женщин в стране, которые подпали под их влияние.

И сегодня, когда папа Лев XIII опять возродил деятельность добрых отцов-иезуитов, все их привилегии и права, которые когда-либо были предоставлены их предшественникам, чего же ожидать публике на просторах Европы и Америки? Согласно *булле*, полная власть, моральная и физическая, в странах, где распространен римский католицизм, охраняется черной милицией. Ибо в этой булле папа утверждает, что из всех ныне существующих религиозных конгрегаций *именно иезуиты в наибольшей степени дороги для его сердца*. Ему не хватает слов для того, чтобы достаточно совершенно выразить ту горячую любовь, которую он (папа Лев) испытывает к ним, и т. д., и т. д. Поэтому они имеют уверенность в поддержке Ватикана во всем и вся. И постольку, поскольку это они направляют его, мы видим его святейшество кокетничающим и флиртующим со всеми крупными европейскими правителями — от Бисмарка до коронованных особ Континента и Острова. Ввиду все возрастающего влияния Льва XIII, морального и политическо-

---

[1] Р. Монтегю: «Недавние события и ключ к их разрешению», стр. 76.

го — такого рода уверенность иезуитов имеет большое значение.

Для более подробного ознакомления с этим вопросом, читатель может обратиться к таким широко известным авторам, как лорд Роберт Монтегю в Англии; и на Континенте, Эдгар Квине: «L'Ultra-montanisme»; Мишле: «Le prêtre, la Femme et la Famille»; Поль Берт: «Les Jésuites»; Фридрих Ниппольд: «Handbuch der Neuerster Kirchengeschichte and Welche Wege führen nach Rome?», и т. д., и т. д.

Тем временем, мы напомним слова предупреждения, которые мы получили от одного из наших теософов, ныне покойного д-ра Кеннета Маккензи, который, говоря об иезуитах, сказал:

«Их шпионы есть повсюду, во всех доступных слоях общества, и они могут выглядеть учеными и мудрыми, или же простыми и глупыми, в соответствии со своими инструкциями. Существуют иезуиты обоих полов и любого возраста, и является общеизвестным фактом, что члены ордена, принадлежащие к высокопоставленным семьям и имеющие утонченное воспитание, действуют как слуги в протестантских домах, и совершают другие дела такого рода для достижения целей Общества. Мы не можем быть здесь чересчур бдительными, ибо все Общество, основывающееся на законе беспрекословного повиновения, может употребить свою силу для достижения любой поставленной цели, с безошибочной и фатальной точностью».[1]

Иезуиты утверждают, что:

«Общество Иисуса — это не человеческое изобретение, *но оно происходит от того, чье имя носит*. Ибо Иисус сам определил это правило жизни, которому следует Общество, *сначала своим собственным примером*, а впоследствии — своими словами».[2]

Теперь, пусть сами благочестивые христиане послушают и познакомятся с этим мнимым «правилом жизни» и заповедями их Бога, в понимании иезуитов. Петр Алагона (St. Tomæ Aquinatis: *Summæ Theologiæ Compendium*)[3] говорит:

---

[1] «Королевская масонская энциклопедия», стр. 369.
[2] Имаго, «Primi Sæculi Societatis Jesu», кн. I, гл. 3, стр. 64.
[3] Фома Аквинский (1225-1274): «Сумма богословия».

«По велению Бога законно убить невиновного человека, украсть или предать ... (*Ex mandato Dei licet occidere innocentem, furari, fornicari*); потому что он — Господин жизни и смерти, и всех вещей, И ЭТО С ЕГО СОИЗВОЛЕНИЯ ВЫПОЛНЯЮТСЯ ЕГО ПРИКАЗЫ». (*Ex primâ secundæ*, Quæst., 94.)

«Член религиозного ордена, который на короткое время оставил свой обычай *ради греховной цели*, свободен от ужасного греха и не подвергается отлучению от церкви». (Де Руже: «Stele», lib. iii, sec. 2, Probl. 44, n. 212).[1]

Табернский Иоанн Креститель ставит следующий вопрос:

«Обязан ли судья возвратить взятку, которую он получил за вынесение приговора? *Ответ:* «*Если он получил взятку за вынесение несправедливого приговора, то, вероятно, он может ее не возвращать... Это мнение поддержали и защитили пятьдесят восемь докторов*» (иезуитов)».[2]

На этом мы вынуждены остановиться. Настолько отвратительно распущены, лицемерны и деморализующи почти все эти предписания, что большинство из них невозможно опубликовать, кроме как на латыни.[3]

Но что же мы должны думать о будущем Общества, если оно контролируется в своих словах и делах этой столь отвратительной основой! Чего мы должны ждать от публики, которая, зная о существовании вышеприведенных обвинений, и о том, что они не являются преувеличениями, *но опираются на исторические факты*, все же позволяет иезуитам, чуть ли не с благоговением, собираться, и в то же время всегда высказывает презрение к теософам и оккуль-

---

[1] Антоний Эскобар: «Universæ absque lite sententiæ», Theologiæ Moralis receptiore, ect., Tomus I, Lugduni, 1652 (Ed. Bibl. Acad. Cant.). «Idem sentio, e breve illud tempus ad unius horæ spatium traho. Religiosus itaque habitum demittens assignato hoc temporis intersititio, non incurrit excommunicationem, *etiamsi dimmittat non solum ex causâ turpi, scilicet fornicandi, aut clàm aliquid abripiendi, set etiam ut incognitus ineat lupanar*». Probl. 44, n. 213. («Разоблаченная Изида», том II, стр. 452.)

[2] «Synopsis Theologiæ Practicæ», pars. II, tra. 2, с. 31.

[3] См. «Принципы иезуитов, изложенные в цитатах их собственных авторов». Лондон, 1839 г.

тистам? Теософия преследуется при помощи необоснованной клеветы и насмешек с подстрекательства тех же самых же иезуитов, и много есть таких, кто вряд ли осмелится открыто признать свою веру в философию архатства. И все же это не Теософское общество всегда угрожало публике моральным разложением и открытым проявлением в полном объеме семи смертных грехов под маской святости и следования Иисусу! И теософы никогда не держали *в секрете* своих правил, ибо они живут при ярком дневном свете истины и искренности. А что же можно сказать об иезуитах в этом отношении?

«Иезуиты, принадлежащие к высшей категории», — говорит, к тому же, Луис Ламберт, — «имеют полную и абсолютную свободу действий — даже на убийство и поджог. С другой стороны, те иезуиты, которые оказываются виновными в малейших попытках подвергнуть опасности или риску Общество Иисуса — *безжалостно наказываются*. Им позволяется писать наиболее еретические книги, при условии, что они *не откроют* тайны ордена».

Все эти «тайны», безусловно, имеют в высшей степени ужасную и опасную природу. Сравним некоторые из этих *христианских заповедей* и правил для вступления в это Общество, имеющих, как утверждается, «*божественное происхождение*», с законами, которые регулировали принятие в тайные общества (храмовые мистерии) язычников.

«Брат-иезуит *имеет право убить всякого, кто может представлять опасность для иезуитизма*».

«Христианские и католические сыны», — говорит Стефан Фагундес, — «могут обвинить своих отцов в преступлении или ереси, если те хотят увести их от веры, даже если они могут знать, что их родители будут сожжены и преданы смерти за это, как учит Толет... И они не только могут отказать им в пище ... *но они могут также справедливо убить их*».[1]

Хорошо известно, что император Нерон *никогда не осмеливался* желать посвящения в языческие мистерии из-за убийства Агриппины!

---

[1] В «Præcepta Decaloga» (издание Сионской библиотеки), том I, кн. IV, гл. 2, н. 7, 8.

В Разделе XIV «Принципов иезуитов» мы обнаруживаем, что *убийство* соответствует *христианской* этике, выраженной отцом Генри Генрикесом в «Summæ Theologiæ Moralis», том I, Венеция, 1600 г. (Ed. Coll. Sion):

«Если человек, совершивший прелюбодеяние, даже если он священнослужитель ... подвергся нападению мужа и убил нападавшего ... *он не может считаться нарушившим закон (nonridetur irregularis)*». (Кн. XIV, *De Irregularite*, раз. 10, § 3.)

«Если отец был опасен для Государства (будучи изгоем), и для общества в целом, и не было никаких других способов избежать этого дурного поступка, тогда я бы одобрил это (убийство сыном своего отца)», — говорится в части XV, «Об отцеубийстве и человекоубийстве».[1]

«Для священнослужителя, или члена религиозного ордена, было бы законным *убить клеветника*, который пытается распространить ужасные обвинения против него самого или его религии»,[2] — это правило изложено иезуитом Франциском Амикусом.

Одним из наиболее непреодолимых препятствий для получения посвящения, как у египтян, так и у греков, было убийство любого рода, или даже просто невоздержанность.

Эти «враги рода человеческого», как их называют, еще раз получили свою старую привилегию работать в тайне, соблазнять и разрушать всякое препятствие на своем пути — с полной безнаказанностью. Но — «кто предостережен, тот вооружен». Люди, изучающие оккультизм, должны знать о том, что в то время как иезуиты при помощи своих методов умудрились заставить мир в целом, и англичан в частности, думать, что не существует такой вещи как МАГИЯ, эти хитрые и коварные интриганы сами содержат магнетические кружки и создают магнетические цепи посредством концентрации своей коллективной воли, когда они имеют какой-либо специальный объект для воздействия, или какую-нибудь особенную и важную персону для

---

[1] Мнение Джона Дикастилле, часть XV, «De Justitia et Jure», и т. д., стр. 319, 320.

[2] «Cursûs Theologici», Tomus V, Duaci, 1642, Disp. 36, Sect. 5, n. 118.

осуществления влияния на нее. Кроме того, они проявляют чрезвычайную щедрость, способствующую им в этом предприятии. Их богатство безгранично. Когда их недавно изгнали из Франции, они вывезли с собой столько денег, частично переведенные в английские ценные бумаги, что последние немедленно возросли в своей цене, о чем тогда сообщала «Daily Telegraph».

Они добились успеха. С этого времени церковь является их безвольным орудием, и папа — лишь бедный инструмент в руках этого ордена. Но надолго ли? Может настать такой день, когда их богатства будут насильно отняты у них, и они сами будут безжалостно уничтожены под гром проклятий и аплодисментов всех наций и народов. Существует Немезида — КАРМА, хотя она и позволяет часто Злу и Греху успешно продолжать свое дело в течение веков. Также тщетна их попытка, со своей стороны, угрожать теософам — своим непримиримым врагам. Ибо последние, вероятно, *это единственная организация* во всем мире, которая может не бояться их. Они могут попытаться, и возможно успешно, уничтожить отдельных членов. Но они напрасно протягивали бы свои руки, сильные и могущественные, нападая на Общество. Теософы столь же хорошо защищены, и даже лучше, чем они сами. Для современных ученых, для всех тех, кто ничего не знает, и тех, кто не верит в то, что они слышат о БЕЛОЙ и ЧЕРНОЙ магии, все вышеизложенное будет выглядеть как нонсенс. Пусть так, хотя Европа очень скоро почувствует, и уже сейчас ощущает тяжелую руку последней.

Иезуиты и их приверженцы клевещут и по любому поводу оскорбляют теософов. Их обвиняют в идолопоклонстве и суеверии; и все же мы читаем в тех же самых «Принципах» отцов-иезуитов:

«Более правильным является то мнение, *что всем неодушевленным и неразумным объектам можно законным образом поклоняться*», — говорит отец Габриэль Васкес, рассказывая об идолопоклонстве. — «Если правильно понимать учение, которое мы создали, то можно поклоняться не только Богу и нарисованному образу, и любому святому предмету, который пользуется авторитетом у народа, как Его образ, но также и любому другому объекту в этом мире, будь он неодушевленным и неразумным, или же разумным по своей природе».[1]

Таков римский католицизм, идентичный и *с этого времени единый* с иезуитизмом — как это показано в послании кардинала-епископа Кембрии, и папой Львом. Это наставление, делает ли оно честь христианской церкви или нет, может быть с пользой процитировано любым индусским, японским, или каким-либо другим «языческим» теософом, который все еще не отказался от веры своего детства.

Но нам пора заканчивать. На языческом Востоке существует пророчество относительно христианского Запада, которое, если его перевести на понятный английский язык, будет выглядеть так:

«Когда завоеватели всех древних народов будут побеждены, в свою очередь, *армией черных драконов, созданных их грехами и порожденных разложением*, тогда пробьют часы освобождения первых».

Нетрудно определить, кто эти «черные драконы». И они, в свою очередь, увидят, что их могущество остановлено и силой низвергнуто освобожденными легионами. Тогда, возможно, наступит новое вторжение Атиллы с далекого Востока. Однажды миллионы людей из Китая и Монголии, язычников и мусульман, снабженных всеми наиболее смертоносными видами оружия, изобретенными цивилизацией, и усиленные *Небожителями* Востока, опираясь на *инфернальный* дух торговли и жажде наживы на Западе, и, кроме того, хорошо обученные христианскими человекоубийцами, — ворвутся и захватят разлагающуюся Европу, подобно неудержимому потоку. Таков будет результат деятельности иезуитов, которые, как мы надеемся, падут его первой жертвой.

---

[1] De Cultu: «Adorationis, Libri Tres», Lib. III, Disp. I, с. 2.

ЗВЕЗДНО-АНГЕЛИЧЕСКИЙ КУЛЬТ В РИМСКО-КАТОЛИЧЕСКОЙ ЦЕРКВИ

Тема настоящей статьи была выбрана вовсе не из-за какого-либо намерения «обнаружить недостатки» христианской *религии*, в чем часто обвиняют «Люцифер». Мы не чувствуем никакой особой враждебности к папизму, по крайней мере, большей, чем в отношении любой другой существующей догматической и ритуалистической вере. Мы просто-напросто утверждаем, что «нет религии выше истины». Следовательно, подвергаясь непрерывным атакам со стороны христиан, — среди которых нет более яростных и *высокомерных*, чем римские католики, — которые называют нас «идолопоклонниками» и «язычниками», и всяческими способами бранят нас, время от времени становится необходимым сказать кое-что и в нашу защиту, и таким образом восстановить правду.

Теософов обвиняют в том, что они верят в астрологию и в *девов* (дхиан коганов) индусов и северных буддистов. Чрезмерно возбужденные миссионеры в центральных провинциях Индии на самом деле называют нас «звездопоклонниками», «сабеями» и «*дьяволо*поклонниками». Это, как правило, является ничем не обоснованной клеветой и заблуждением. Никакой теософ, никакой *оккультист* в истинном смысле этого слова никогда не *поклонялся* девам, натам, ангелам или даже *планетарным* духам. Признание *действительного существования* таких существ, которые, сколь бы возвышенными они ни были, являются все же постепенно развившимися *творениями* и конечны, и даже почтение в отношении некоторых из них — это еще не *поклонение*. Последнее слово очень многозначно, и оно было в значительной степени избито и затерто из-за оскудения английского языка. Мы обращаемся к судье как к его «милости», однако вряд ли можно сказать, что мы оказываем ему *божественное* почтение. Мать часто почитает своих детей, муж свою жену, и *vice versa* [наоборот, *лат.*], но никто из них не молится предмету своего почитания. Так что это слово ни в коем случае не может быть отнесено к оккультистам. Почтение оккультистов к некоторым высшим духам в отдельных случаях может быть очень сильным; да, оно может быть даже столь же большим, как и благоговение, которое испытывают некоторые христиане к своим архангелам Михаилу и Гавриилу, и своему (св.) Георгию из Каппадокии — ученому поставщику для армий Константина. Но на этом остановимся. Для теософов эти планетарные «ангелы» занимают не более высокое место, чем определяет им Вергилий:

> Они гордятся силой неземной —
> Божественного семени творенья, —

как, впрочем, и каждый смертный. Каждый из них и все они являются оккультными потенциями, управляющими определенными свойствами природы. И, если они однажды были привлечены неким смертным, то они помогают ему в некоторых вещах. И все же, чем меньше кто-либо прибегает к их помощи, тем лучше.

Но не так обстоит дело с нашим благочестивым клеветником — римским католицизмом. Паписты поклоняются им и воздают им *божественные почести* с самого зарождения христианства и по сей день, и в полном смысле этих слов, выделенных курсивом, — что и будет доказано в настоящей статье. Даже для протестантов, ангелы в целом, если и не семь ангелов планет в частности, — являются «предвестниками Всевышнего» и «духами-помощниками», к покровительству которых они и взывают; они занимают свое определенное им место в книге общей молитвы.

Тот факт, что паписты поклоняются звездным и планетарным ангелам, не является широко известным. Этот культ подвергался множеству изменений. В некоторые времена его упраздняли, а затем его вновь разрешали. Данное небольшое эссе пытается представить здесь вкратце историю его роста, его последнего восстановления и повторяющихся попыток открыто провозгласить этот культ. В последние несколько лет это поклонение может рассматриваться как *устаревшее*, и все же до сего дня оно не было отменено. Поэтому, в соответствии со своим желанием, я докажу здесь, что если кто-то и заслуживает названия «идолопоклонники», то это не теософы, оккультисты, каббалисты и астрологи, но, поистине, большинство христиан; те римские католики, которые, кроме планетарных ангелов, поклоняются целому *сонму* более или менее сомнительных святых и Деве Марии, из которой их церковь сделала обыкновенную *богиню*.

Небольшие исторические экскурсы, которые последуют далее, выбраны из разнообразных достоверных источников, так что их будет весьма трудно отрицать или опровергнуть римским католикам. Ибо нашими авторитетами здесь являются: (а) различные документы *из архивов Ватикана*; (б) разнообразные работы благочестивых и хорошо известных католических писателей, ультрамонтанов до мозга костей — светских и церковных; и, наконец, (в) папская булла — лучшее доказательство из всех, которые могли бы быть предоставлены.

В середине VIII века христианской эры хорошо известный архиепископ Адальберт из Магдебурга — знаменитость, каких немного в анналах магии — предстал перед своими судьями. Он был обвинен и, в конце концов, осужден вторым собором в Риме под председательством папы Захария за то, что он использовал в ходе представлений церемониальной магии имена «семи духов» — в то время наиболее могущественных в церкви, — и среди прочих, имя УРИЭЛЬ, при помощи которого он достиг успеха в создании величайших из своих феноменов. Как это легко показать, *церковь выступает не против магии как таковой*, а против тех магов, которые не соглашаются с ее методами и правилами вызывания духов. Однако, поскольку чудеса, совершенные его высокопреподобием колдуном были не такого характера, чтобы их можно было классифицировать как «чудеса по милости Божией и во славу Бога», они были объявлены *дьявольскими*. Кроме того, архангел УРИЭЛЬ (*lux et ignis* [свет и огонь, *лат.*]) был скомпрометирован такими проявлениями, и его имя должно было быть опозорено. Но, поскольку такое бесчестие одного из «тронов» и «посланников Всевышнего» уменьшило бы число этих еврейских *саптарши* [семерки риши, *санскр.*] до шести, и таким образом внесло бы путаницу во всю небесную иерархию, прибегли к помощи весьма хитрой и мудрой отговорки. Однако она была не нова, и не оказалась достаточно убедительной и эффективной.

Было объявлено, что Уриэль епископа Адальберта, «огонь Божий», не был архангелом, упомянутым во второй Книге Ездры; не был он также и знаменитым персонажем, столь часто упоминаемым в магических книгах Моисея — особенно в 6-ой и 7-ой. Византиец Михаил Гликас говорил, что сферой или планетой первоначального Уриэля было солнце. Как же тогда это возвышенное существо, — друг и компаньон Адама и Евы до их падения, и, позднее, приятель Сифа и Еноха, как это известно всем набожным христианам, — как мог он когда-либо протянуть руку помощи колдуну? Никогда и никоим образом! Сама эта идея была абсурдной.

Таким образом, Уриэль, столь почитаемый отцами церкви, остался таким же неприступным и непорочным, как и всегда. Это был *дьявол* с тем же самым именем — скрытый дьявол, следует думать, поскольку он нигде больше не упоминался, — тот, кто должен был нести ответственность за черную магию епископа Адальберта. Этот «дурной» Уриэль, как это настойчиво пытался внушить один украшенный тонзурой адвокат, связан с неким важным словом оккультной природы, используемым и известным лишь масонам высшей ступени. Однако, не зная самого этого «слова», защитник оказался совершенно неспособным доказать свою версию.

Такое обеление характерных черт этого архангела было, конечно, необходимо в связи с тем особым поклонением, которое ему оказывали. Святой Амвросий избрал Уриэля своим покровителем и воздавал ему почти божественные почести.[1] Опять-таки, знаменитый отец Гасталди, доминиканский монах, писатель и инквизитор, доказал в своей любопытной работе «Об ангелах» (*De Angelis*), что церковный культ «семи духов» является *законным* и был таковым во все времена; и что он был необходим для моральной поддержки и веры детей (римской) церкви. Короче говоря, что тот, кто стал бы отрицать этих богов, был бы столь же дурным, как любой «язычник», который не делал этого.

Хотя епископ Адальберт был осужден и повешен, у него было огромное число сторонников в Германии, которые не только защищали и поддерживали самого колдуна, но также и опозоренного архангела. Таким образом, имя Уриэль было оставлено в католических требниках, и «трон» лишь подпал «под подозрение». Согласно своей излюбленной политике, церковь объявила, что «блаженный Уриэль» не имеет ничего общего с «проклятым Уриэлем» каббалистов, и все осталось без изменений.

Для того чтобы показать ту огромную свободу действий, которую допускает эта оговорка, следует лишь напомнить оккультные учения о небесных воинствах. Миры бытия начинаются духовным огнем (или солнцем) и семью его «огнями», или лучами. Эти «сыны света», называемые «составными», — потому что, аллегорически говоря, они

---

[1] «De Fide ad gratiam», книга III.

принадлежат и к небесам, и к земле, и одновременно существуют и там, и там, — легко могли послужить для церкви предлогом, чтобы обосновать своего *двойного* Уриэля. Более того, все девы, дхиан-коганы, боги и архангелы являются идентичными и изменяют свою форму, имя и местонахождение *ad libitum* [по собственному усмотрению, *лат.*]. Как небесные боги сабеев стали каббалистическими и талмудическими ангелами у евреев, со своими неизмененными эзотерическими именами, так же они целиком и полностью перешли в христианскую церковь в качестве архангелов, лишь повышенные в своей должности.

Их имена представляют собой их «таинственные» титулы. Они поистине столь таинственны, что сами римские католики не уверены в них, и церковь, озабоченная тем, чтобы скрыть их простое происхождение, десятки раз изменяло и искажало их. Это признается благочестивым де Мирвилем:

«Говорить с точностью и определенностью, как нам того бы хотелось, о чем-то связанном с их (ангелов) именами и атрибутами — это нелегкая задача... Ибо если один сказал, что эти духи суть *семеро помощников*, которые окружают трон Агнца и образуют семь его *рогов*; что знаменитый семисвечник храма является их символом... если мы показали, что они фигурируют в «Откровении» как *семь звезд* в руке Спасителя, или ангелов, освобождающих *семь бедствий*, — то мы лишь еще раз установили одну из такого рода неполных истин, к которым нам следует относиться с большой осторожностью». («О духах перед их падением».)

Автор высказал здесь великую истину. Хотя он оказался бы еще ближе к ней, если бы он добавил, что *никакая истина*, по какому бы то ни было *вопросу*, никогда не была полностью установлена церковью. Иначе, что бы случилось с этой тайной, столь необходимой для поддержания авторитета непостижимых догм о святой «Невесте»?

Эти «духи» называются *primarii principes*. Но не объясняется, чем в действительности являются эти первичные принципы. Этого не сделала церковь в первом веке христианской эры; и в данном вопросе она знает о них не больше, чем это известно ее набожным мирским сыновьям. Она утратила тайну.

Де Мирвиль рассказывает нам, что этот вопрос, имеющий отношение к точному присвоению имен этим ангелам, — «вызвал противоречия, которые длятся в течение столетий. До сего дня *эти семь имен являются тайной*.

И все же они находятся в некоторых требниках и в секретных документах Ватикана, вместе с астрологическими именами, известными многим. Но так как каббалисты, и среди прочих епископ Адальберт, использовали некоторые из них, то церковь не признает эти титулы, хотя она и поклоняется таким созданиям. Принятыми, как правило, именами являются: МИКАЭЛЬ, «*quis ut Deus*», «подобный Богу»; ГАБРИЭЛЬ, «сила (или мощь) Бога»; РАФАЭЛЬ, «божественное достоинство»; УРИЭЛЬ, «Божий свет и огонь»; СКАЛТИЭЛЬ, «речь Бога»; ЙЕГУДИЭЛЬ, «слава Бога», и БАРАХИЭЛЬ, «блаженство Бога». Эта «семерка» является *абсолютно канонической*, но это не есть подлинные таинственные имена — магические ПОТЕНЦИИ. И даже среди этих «заменителей», как было только что показано, Уриэль был очень сильно скомпрометирован, а три последних из вышеперечисленных были объявлены «сомнительными». Тем не менее, хотя и безымянным, им продолжали поклоняться. И было бы неправильно сказать, что никакого следа этих трех имен — столь «сомнительных» — нельзя обнаружить нигде в Библии, ибо они упоминаются в некоторых древних еврейских свитках. Одно из них называется в главе 16-й Книги Бытия — ангел, который явился Агари; и все три явились как «Господь» (Элохим) Аврааму в долине Мамре, как «три человека», которые объявили Сарре о рождении Исаака (Бытие, гл. 18). Более того, «Йегудиэль» был в точности назван в главе 18-й Книги Исхода, как ангел, в котором было «имя» (*слава* в оригинале) Бога (см. стих 21). Благодаря своим «божественным атрибутам», от которых и были образованы их имена, эти архангелы могут быть посредством несложного эзотерического метода превращения отождествлены с великими богами халдеев и даже с семью ману и семью риши Индии.[1] Они суть *семь* сабейских богов, и *семь* седалищ (тронов) и добродетелей каббалистов; и они же стали у католиков «семью глазами Господа» и «семью *тронами*», вместо «седалищ».

И каббалисты, и язычники должны быть польщены видом того, как их девы и риши стали «полномочными представителями» христианского Бога. А теперь мы можем продолжить наше повествование.

После злоключений с епископом Адальбертом и вплоть до XV века имена лишь первых трех из семи архангелов сохраняли в полной мере свою славу и святость. Остальные четыре оставались проклятыми — *как имена*.

Тот, кто бывал когда-либо в Риме, должен был посетить персональный храм семи духов, специально построенный для них Микеланджело: знаменитая церковь известна как «св. Мария ангелов». Ее история любопытна, но очень мало известна публике, которая часто посещает ее. Однако она заслуживает того, чтобы написать об этом.

В 1460 году в Риме появился великий «святой», называемый Амадеусом. Он был дворянином из Лузитании, и уже в Португалии он стал знаменит своими пророческими и благовестными видениями.[2] Во время одного из них у него было откровение. Семь архангелов явились святому, столь любимому папой, что Сикст IV действительно позволил ему построить францисканский монастырь на месте храма св. Петра *в Монторио*. И, появившись перед ним, они открыли ему свои подлинные *bona fide* [добросовестно, *лат*.] мистические имена. Они сказали, что имена, используемые церковью, были заменителями. Так оно и было, и «ангелы» сказали правду. Их дело к Амадеусу заключалось

---

[1] Тот, кому что-либо известно о Пуранах и об их аллегориях, знает, что риши в них, так же как и ману, являются сынами бога, Брахмы, и сами суть боги; что они стали людьми и затем, как саптариши, превратились в звезды и созвездия. Наконец, что сперва их было 7, затем 10, затем 14 и, в конце концов, 21. Оккультный смысл этого очевиден.

[2] Он умер в Риме в 1482 году.

в довольно скромном притязании. Они требовали, чтобы их законно признали под их легитимными родовыми именами, чтобы им оказывали публичное поклонение, и чтобы у них был их собственный храм. Тогда церковь со своей великой мудростью сразу же отвергла эти имена, так как они были именами халдейских богов, и заменила их астрологическими *прозвищами*. Это и не могло быть сделано, так как «они *были именами демонов*», — объясняет Бароний. Но таковы были «заменители» в Халдее до того, как их изменили для целей еврейской ангелологии. И если они были *именами демонов*, — уместно задает вопрос де Мирвиль, — «то почему же они даются христианам и римским католикам при крещении»? И на самом деле, если последние четыре из перечисленных имен являются именами демонов, то таковыми же должны быть и имена Михаила, Гавриила и Рафаила.

Но «святые» гости были достойной парой церкви в своем упрямстве. В тот же самый час, когда у Амадеуса в Риме было его видение, в Палермо, на Сицилии, произошло другое чудо. Таинственным образом нарисованное изображение семи духов было столь же таинственно выкопано из земли из-под руин одной древней часовни. *Те же самые семь таинственных имен*, которые в тот час открылись Амадеусу, обнаружились и на рисунке, где они были *написаны* «под портретом каждого ангела»,[1] — сообщает хроникер.

Какие бы чувства не испытывали в наш век неверия по этому поводу великие и ученые руководители различных психических и телепатических обществ, но папа Сикст IV был глубоко поражен этим *совпадением*. Он верил в Амадеуса столь же безоговорочно, как м-р Бруденель верит в абиссинского пророка, «герр Паулюса».[2] Но это никоим образом не было всего лишь «совпадением», случившимся

---

[1] «Pneumatologie. Des Esprits, etc.» де Мирвиля.
[2] «Герр Паулюс» — это не в меньшей степени удивительное создание довольно путаной и весьма однобокой фантазии м-ра Уолтера Безанта.

в этот день. Святая римская и апостольская церковь была построена на подобных чудесах, и продолжает и сегодня стоять на них, как на скале Истины; ибо Бог всегда посылал ей *своевременные чудеса*.[1] Таким образом, когда в тот же

---

[1] *En passant* [между прочим, *франц.*] — может быть сделано одно замечание и предложен к обсуждению вопрос:

«Чудеса», совершенные в лоне материнской церкви, — начиная с апостольских времен и до церковных *чудес* в Лурде, — если они и не более замечательны, чем те, которые приписываются «господину Паулюсу», то в любом случае они более широко доступны, а, следовательно, более пагубны по своему воздействию на человеческий разум. Либо оба эти класса чудес являются возможными, либо же оба они происходят в результате обмана или *опасных гипнотических и магнетических сил, которыми обладают* некоторые люди. М-р У. Безант, очевидно, пытается внушить своим читателям, что его роман был написан в интересах той части общества, которую столь легко одурачить другим. И если это так, то почему бы тогда не проследить все такие феномены *до их первичного и изначального источника*, то есть — до веры *в возможность сверхъестественных происшествий, вызванной слепой верой в библейские ЧУДЕСА и в их продолжение в церкви?* Никакой абиссинский пророк, как и никакой оккультист, никогда не предъявлял таких требований к чудесам и к *божественной помощи* — или не ожидал никаких денег Петра — как «невеста Христова», римская церковь. Почему же тогда наш автор, если он столь сильно озабочен тем, как уберечь миллионы европейцев от заблуждения, и столь страстно желает выявить применяемые пагубные средства, — почему же он не пытается сначала разрушить величайший обман, прежде чем затрагивать какие-то *меньшие* трюки и хитрости? Пусть он сначала объяснит британской публике превращение воды в вино и воскресение Лазаря при помощи гипотез о том, что это был наполовину *гипноз*, наполовину *фокусничество* и наполовину *мошенничество*. Ибо, если одна группа чудес может быть объяснена слепой верой и месмеризмом, то почему же не другая? Или может быть потому, что с библейскими чудесами, в которые верит каждый протестант и католик (вместе с *божественными* чудесами в Лурде, которые последний превращает в выгодную сделку), не может с такой же легкостью обращаться автор, который желает остаться *популярным*, — как с чудесами «оккультных философов» и спиритуальных медиумов? Поистине, никакого мужества и никакого бесстрашного пренебрежения возможными последствиями не требуется для того, чтобы осудить беспомощного и сегодня весьма запу-

самый день было также *открыто* в Пизе древнее пророчество, написанное на архаической латыни, и связанное как с находкой на Сицилии, так и с откровением, — это произвело глубочайшее потрясение среди верующих людей. Смотрите, пророчество предвещало *возрождение* культа «планетарного ангела» в этот период. А также, что во время правления папы Клемента VII будет воздвигнут собор св. Франца Паулского на месте маленькой разрушенной часовни. «Это событие случилось, как и было предсказано», — хвастается де Мирвиль, забывая, что церковь на самом деле сама выполнила это предсказание, следуя содержащемуся в нем распоряжению. Но все же оно и по сей день именуется «пророчеством».

Но лишь в XVI веке церковь, наконец, согласилась уступить в некоторых вопросах требованиям своих «высокорожденных» небесных просителей.

Хотя в то время вряд ли в Италии была хотя одна церковь или часовня, в которой бы не находилась копия *таин-*

ганного *профессионального* медиума. Но все такие качества и пылкая *любовь к истине в купле-продаже* совершенно необходимы тому, кто отправится в самое логово миссис Гранди. Для этого те, кто клевещет на «эзотерических буддистов», слишком благоразумны и хитры. Они лишь ищут дешевой популярности вместе с безбожниками и материалистами. Да, они уверены, что никакой *профессиональный* медиум никогда не осмелится назвать их в лицо бессовестными клеветниками, и не захочет получить от них компенсацию до тех пор, пока им угрожает закон против ловкачества. Что же касается «эзотерического буддиста» или «оккультного философа», то их подстерегает все же меньше опасностей с этой стороны. Презрение последних ко всем предполагаемым клеветникам абсолютно, и требуется нечто большее, чем грубые обвинения романиста, чтобы помешать им. И почему же должны они чувствовать себя раздраженными? Поскольку они не являются *профессиональными* медиумами, и не извлекают выгоды при помощи пенсов св. Петра, то даже наиболее злобные клеветнические измышления могут вызвать у них лишь смех. Однако м-р Уолтер Безант высказал в своем романе великую истину, настоящую жемчужину предвидения, поднятую им со дна моря: «оккультный философ» не собирается *«держать свой свет под спудом»*.

ственного изображения в виде рисунка или мозаики, и на самом деле в 1516 году был воздвигнут и отделан прекрасный «храм семи духов» невдалеке от разрушенной часовни в Палермо, — и все же «ангелы» не были удовлетворены. Говоря словами летописца: «блаженные духи не были довольны одной лишь Сицилией и тайными молитвами. Они хотели всеобщего поклонения и того, чтобы их всенародно признал весь католический мир».

По всей видимости, небесные обитатели так же не совсем свободны от амбиций и тщеславия нашего материального плана! Поэтому амбициозные «ректоры» задумали получить то, чего они захотели.

Другой пророк (в анналах римской церкви), Антонио Дуки, был назначен священником в этот «храм семи духов» в Палермо. Примерно в то же самое время он начал видеть такие же блаженные видения, как и Амадеус. Архангелы снова убеждали через него пап признать их и установить регулярное и всеобщее поклонение их *собственным именам*, точно так же, как это было перед скандалом с епископом Адальбертом. Они настаивали на том, чтобы был построен специальный храм *для них одних*, и они хотели, чтобы он был на древнем месте знаменитых *терм* Диоклетиана. Согласно традиции, на возведение этих *терм* были осуждены 40.000 христиан и 10.000 мучеников, которым помогали в этой работе такие знаменитые «святые», как Марцелл и Трасо. Однако с тех пор, как утверждается в булле LV папы Пия IV, «это логово остается прибежищем для наиболее нечестивых обычаев и демонических (магических?) ритуалов».

Но, как это следует из различных документов, все пошло вовсе не так гладко, как того хотелось бы «блаженным духам», и для бедного Дуки наступили тяжелые времена. Невзирая на сильную протекцию семьи Колонна, которая использовала все свое влияние на папу Павла III, и на личную просьбу Маргариты Австрийской, дочери Карла V, «семь ангелов» не могли быть удовлетворены по тем же самым таинственным (а для нас прекрасно известным) причинам, хотя они и были умилостивлены и прославлены различными другими способами. Однако за десять лет до того, а именно в 1551 году, папа Юлий III повелел произвести предварительное очищение *терм*, и была построена первая церковь, носящая имя «св. Марии ангелов». Но «блаженные троны», чувствуя недовольство по отношению к ним, развязали войну, в ходе которой этот храм был разграблен и разрушен, как если бы они были не благословенными архангелами, а злобными каббалистическими *призраками*.

После этого они продолжали являться пророкам и святым, с еще большей частотой, чем до того, и даже еще более громко и настоятельно требовать особого места для поклонения. Они *требовали* восстановления на том же самом месте (на месте *терм*) храма, который назывался бы «Церковью *семи ангелов*».

Но здесь возникли те же самые трудности, что и раньше. Для пап было бы смертельно произнести первоначальные названия демонических имен, то есть, языческих богов, и ввести их в церковную службу. «Таинственные имена» семи ангелов не могли быть показаны открыто. Совершенно верно, что когда было обнаружено древнее «таинственное» изображение с семью именами на нем, эти имена широко использовались в церковной службе. Но в период Ренессанса папа Клемент XI приказал подготовить специальный отчет о том, как они расположены на этом изображении. Эта деликатная миссия была возложена на знаменитого астронома той эпохи, иезуита Джозефа Бианчини. Результат, к которому привело это расследование, был столь же неожиданным, сколь и фатальным для тех, кто поклонялся семи сабейским богам; папа, хоть и распорядился сохранить это изображение, приказал *тщательно стереть* семь имен ангелов. И «хотя эти имена являются традиционными», и «*не имеют ничего общего*», и «сильно отличаются от имен, использовавшихся Адальбертом» (магом-епископом из Магдебурга), как хитроумно добавляет летописец, все же даже одно их упоминание было запрещено святой римской церковью.

Так обстояли дела с 1527 по 1561 год; священник пытался удовлетворить приказания своих *семерых* «руководителей», — церковь боялась принять даже халдейские заменители «таинственных имен», так как они были чересчур «осквернены магическими практиками». Однако нам не говорят, почему таинственные имена, которые всегда были куда менее известны, чем их заменители, не должны были быть оглашены, если священные «троны» пользовались хотя бы малейшим доверием. Но, оно должно было быть на самом деле весьма «малым», поскольку можно проследить, что «семь архангелов» требуют своего восстановления в правах в течение тридцати четырех лет и положительно отказываются называться какими бы то ни было иными именами, а церковь, тем не менее, остается глухой к их пожеланиям. Оккультисты не скрывают причины, по которой они отказываются использовать их: *они являются опасно магическими*. Но почему должна опасаться их церковь? Разве не говорили апостолы, и особенно Петр, что «все связи земные плетутся на небесах», и разве им не была дана власть надо всеми демонами, известными и неизвестными? И, тем не менее, некоторые из таинственных имен могут быть все же обнаружены вместе с их заменителями в старых католических требниках, напечатанных в 1563 году. Один из них хранится в библиотеке Барберини, и запрещенные подлинные сабейские имена зловеще мелькают в нем то тут, то там.

«Боги» в очередной раз потеряли терпение. Действуя поистине в духе Иеговы со своими «строптивыми» почитателями, они наслали бедствие. Ужасная эпидемия *наваждения* и *умопомрачения* вспыхнула в 1553 году, «когда весь Рим был одержим дьяволом», — говорит де Мирвиль (не уточняя, попало ли в это число и духовенство). Тогда только осуществилось желание Дуки. Семь его вдохновителей были призваны их собственными именами, и «эпидемия прекратилась как по волшебству, и священные создания», — добавляет летописец, — «еще раз доказали при помощи божественных сил, которыми они обладают, что они не имеют ничего общего *с одноименными демонами*», — то есть, с халдейскими богами.¹

«Тогда в Ватикан был вызван со всей поспешностью папой Павлом IV Микеланджело». Его величественный проект был принят, и началось строительство прежней церкви. Ее создание продолжалось более трех лет. В архивах этого ныне прославленного сооружения можно прочитать, что: «невозможно рассказать о тех чудесах, которые случились за этот период, так как это было *одно непрерывное чудо на протяжении всех трех лет*». Папа Павел IV в присутствии всех своих кардиналов приказал, чтобы семь имен были восстановлены в том виде, как они были первоначально написаны на изображении и запечатлены на его огромной копии, которая и поныне увенчивает верх алтаря.

Величественный храм был освящен во имя семи ангелов в 1561 году. Цель этих духов была достигнута; тремя годами позже, почти одновременно, Микеланджело и Антонио Дуки скончались. В них больше не было необходимости.

Дуки был первым человеком, похороненным в этой церкви, борьбе за возведение которой он отдал лучшие годы своей жизни и которую он, в конце концов, обрел для своих небесных покровителей. На его могиле выгравировано краткое изложение всех откровений, полученных им, а также список молитв и заклинаний, епитимий и постов, применяемых как средство для получения «священных» откровений и привлечения более частых гостей от «семерки». В ризнице, за небольшую плату, можно увидеть перечни некоторых из феноменов «непрерывного чуда на протяжении всех трех лет», а также документы, свидетельствующие о них. Отчет о «чудесах» носит *imprimatur* [«печать», *лат.*] папы и нескольких кардиналов, но все же ему не хватает одобрения Общества психических исследований. «Семеро ангелов» должны очень сильно нуждаться в по-

---

¹ Но они еще раньше доказали свою *силу*, развязав войну, разрушив церковь и наслав эпидемию; и все это — в глазах оккультиста — не выглядит поистине *ангельским*.

следнем, так как без него их триумф никогда не будет полным. Мы надеемся, что исследователи привидений пошлют в ближайшее время своего «гонца» в Рим, и тогда «священные создания» смогут найти нового Дуки — в Кембридже.

Но что же стало с «таинственными именами», которые употреблялись с такой опаской, и каковы же их новые имена? Прежде всего, произошло замещение имени Йегудиэль на одно из каббалистических имен. Ровно через сто лет все семь имен внезапно исчезли по распоряжению кардинала Альбиция. В старой и почитаемой церкви «Санта Мария делла Пьета» на пьяцца Колонна, до сих пор можно увидеть «таинственное» изображение семи архангелов, но их имена были стерты и эти места закрашены. *Sic transit gloria* [так проходит слава, *лат.*]. То немногое, что осталось после этого от «семерки» в мессах и вечерних службах, было еще раз исключено из требников, несмотря на то, что «они совершенно отличны» от тех «планетарных духов», которые помогали епископу Адальберту. Но как «ряса не делает в действительности из человека монаха», так и перемена имен не может воспрепятствовать их обладателям быть теми же самыми, кем они были до того. Им все еще поклоняются, и единственная цель моей статьи — доказать это.

Будет ли кто-нибудь отрицать это? Если да, то в таком случае я должна напомнить читателям, что совсем недавно, в 1825 году, один испанский вельможа при поддержке архиепископа Палермо сделал попытку склонить папу Льва XII к одновременному восстановлению *этой службы и этих имен*. Папа разрешил церковную службу, *но отказался разрешить употребление старых имен*.[1]

«Эта служба, усовершенствованная и расширенная по распоряжению папы Павла IV, записи о которой существу-

---

[1] Эта цитата взята из сочинения маркиза де Мирвиля «Pneumatologie. Des Esprits, etc.», том II, стр. 388. Поскольку никогда не было более яростного паписта и ультрамонтана, чем он, то его свидетельство вряд ли может вызвать какое-либо сомнение. Он, по всей видимости, гордится этим идолопоклонством и громко требует его *публичного* и всеобщего восстановления.

ют до нашего времени в *Ватикане* и *Минерве*, оставалась в силе в течение всего понтификата Льва X». Иезуиты были обрадованы больше всех восстановлением старого культа ввиду той огромной помощи, которую они от него получали, так как он обеспечивал успех их прозелитических целей на Филиппинских островах. Папа Пий V допустил ту же самую «божественную службу» в Испанию, говоря в своей булле, что «что нельзя перестараться в восхвалении *этих семерых ректоров* мира, которых символизируют СЕМЬ ПЛАНЕТ», и что ... «это служит утешением и благим предзнаменованием для сего века, что по милости Божией культ *этих семи пылающих светил* и этих *семи звезд* был воссоздан во всём своем великолепии в христианской республике».[1]

Тот же самый «святой папа позволил, кроме того, монахиням *Matritensis* [«Скорбящей Богоматери», *ит.*] установить *fête* [праздник, *ит.*] ЙЕГУДИЭЛЯ, покровителя их монастыря». У нас нет информации, заменено ли это имя ныне на другое, менее языческое — или же все осталось как есть.

В 1832 году то же самое требование в виде петиции о распространении культа «семи божественных духов» было повторено, получив в этот раз одобрение *восьмидесяти семи епископов* и тысяч чиновников с именами, известными в католической церкви. И снова, в 1858 году, кардинал Патрицци и король Фердинанд II от имени *всех граждан Италии* повторил их петицию; и, наконец, еще раз — в 1862 году. Таким образом, церковные службы во славу семи «духов-звезд» ни разу не отменялись с 1825 года. До сих пор они сохраняют законную силу в Палермо, в Испании, и даже в Риме в церквах «св. Марии ангелов» и «*Gêsu*» — хотя и полностью прекращены во всех других местах. И все это «из-за *ереси* Адальберта», — самодовольно отмечают де Мирвиль и все защитники звездно-ангелического культа. На самом деле, не существует никакой иной причины для этого, кроме той, что уже была раскрыта. Даже семь заме-

---

[1] Там же, стр. 358 и далее.

нителей, особенно четыре последних, были слишком явно связаны с черной магией и астрологией.

Писатели типа де Мирвиля пребывают в отчаянии. Не осмеливаясь порицать церковь, они изливают свой гнев и ярость на древних алхимиков и розенкрейцеров. Тем не менее, они шумно требуют восстановления публичного поклонения; и внушительные ассоциации, созданные с 1862 года в Италии, Баварии, Испании и в других местах для восстановления культа семи духов *во всей его полноте* и по всей католической Европе, дает надежду на то, что через несколько лет семеро индийских риши, ныне счастливо проживающих в созвездии Большой Медведицы, станут по милости и по воле некоего непогрешимого римского понтифика законными и славными покровителями христианства.

А почему бы и нет, если Георгий и в наши дни является «святым покровителем не только святой Руси, протестантской Германии и прекрасной Венеции, но также и веселой Англии, чьи солдаты», — по словам У. М. Брейтуэйта,[1] — «защитили бы его престиж своей кровью». И уж конечно наши «семь богов» никак не хуже, чем был при жизни этот мошенник Георгий из Каппадокии!

Поэтому, с мужеством истинных верующих, христианские защитники семи звезд-ангелов не отрицают ничего, или, во всяком случае, хранят молчание, когда бы их ни обвиняли в поклонении халдейским или иным богам. Они даже признают их идентичность и гордо принимают обвинение в звездопочитании. Такое обвинение много раз высказывалось французскими академиками в адрес их ныне покойного лидера, маркиза де Мирвиля, и вот что он пишет им в ответ:

«Нас обвиняют в том, что мы принимаем звезды за ангелов. Это обвинение приобретает столь широкую огласку, что мы вынуждены дать на него самый серьезный ответ. Невозможно, чтобы мы попытались отмолчаться, не утратив искренности и мужества, поскольку эта *так называемая ошибка* непрестанно повторяется как в Писаниях, так и в нашей теологии. Мы будем исследо-

---

[1] У. М. Брейтуэйт: «Св. Георгий для веселой Англии», Масонский ежемесячник, № 2.

вать ... это положение, до сих пор столь распространенное, а ныне дискредитированное, которое правильно относит к нашим СЕМИ ГЛАВНЫМ ДУХАМ управление не семью известными планетами, но семью ГЛАВНЫМИ планетами,[1] представляющими собой совершенно другие объекты».[2]

И автор торопится сослаться на авторитет Бабинэ, астронома, который попытался доказать в талантливой статье, опубликованной в «*Revue des Deux Mondes*» (май, 1885 г.), что на самом деле, не считая земли, мы имеем лишь СЕМЬ больших планет.

«Семь *главных* планет» — это другое допущение для принятия чисто оккультного учения. Согласно эзотерической доктрине, каждая планета по своему составу является *семиричной*, подобно человеку, относительно своих принципов. Эта, так сказать, *видимая планета является физическим телом* небесного существа, *атма* или дух которого — это ангел, или риши, или дхиан-коган, или дева, или что-либо еще, как бы мы ее не назвали. Эта вера, как это очевидно для оккультистов,[3] является вполне оккультной. Это учение Тайной Доктрины — *минус* элемент идолопоклонства — в его чистом виде. Однако то, как ее преподносят в церкви и ее ритуалах, и особенно, как ее *практикуют*, — это чистейшей воды АСТРОЛАТРИЯ.

В данном случае нет никакой необходимости показывать разницу между учением, или теорией, и практикой в римско-католической церкви. Слова «иезуит» и «иезуитизм» проникли повсюду, и дух истины давным-давно покинул римскую церковь (если он вообще когда-либо находился рядом с ней). На это протестантская церковь, которая полна столь братским духом и любовью к своей сестре-церкви, скажет — *Аминь*. А сектант, чье сердце наполнено

---

[1] Эти «главные планеты» являются *таинственными планетами* языческих посвященных, но были искажены догмой и вмешательством духовенства.

[2] «Pneumatologie. Des Esprits, etc.», Том II. «Memoire adressé aux Academies», стр. 359 и далее.

[3] См. в «Эзотерическом буддизме» о строении планет.

как любовью к Иисусу, так и ненавистью к ритуализму и его отцу, папизму, — рассмеется.

В редакторской статье в «Times» за 7 ноября 1866 года выдвигается «Ужасное обвинение» против протестантов, в котором говорится:

> «Под влиянием епископата все исследования, связанные с теологией, пришли в запустение, и до сих пор английские библейские критики являются предметом насмешек иностранных ученых. Какую бы работу теолога, являющегося, по всей видимости, деканом или епископом, мы не взяли, мы обнаруживаем, что в ней вовсе не серьезный ученый показывает результаты *непредвзятого исследования*, а просто адвокат, который, как нам кажется, начал свою работу с изначальной установкой *доказать, что черное это белое*, — для пользы своей собственной традиционной системы».

Если с одной стороны протестанты не признают «семь ангелов», и, отвергая поклонение им, стыдятся и сторонятся их имен, равно как и католики, то с другой стороны они виновны в «иезуитизме» иного рода, не менее дурного свойства. Ибо, хотя они и исповедуют веру в Писания как в *Откровение*, данное Богом, ни одна фраза в котором не может быть изменена под угрозой вечного проклятия, они все же дрожат и съеживаются от страха перед открытиями науки, и пытаются потворствовать своему главному противнику. Геология, антропология, этнология и астрономия — это для них то же, что и Уриэль, Скалтиэль, Йегудиель и Барахиель для римско-католической церкви. Это все равно, что число шесть для одних, и полдюжины для других. И поскольку ни та, ни другая религия не будут воздерживаться от того, чтобы предавать анафеме, клеветать и преследовать магию, оккультизм и даже теософию, то было бы совершенно справедливо и оправданно, если бы изучающие сакральную науку древности, наконец, дали бы им свой отпор, продолжая бесстрашно говорить истину в лицо им обоим.

MAGNA EST VERITAS ET PREVALEBIT [1]

---

[1] «Велика истина, и она восторжествует», *лат.*

ЭЗОТЕРИЧЕСКИЙ ХАРАКТЕР ЕВАНГЕЛИЙ

«...Скажи нам, когда это будет? И каков будет знак *Твоего присутствия и кончины века?*»[1] — спросили ученики Учителя на горе Елеонской.

Ответ, данный «Мужем скорбей», — *Хрестосом*, на суде над ним, а также *Христосом*, или Христом,[2] на пути его торжества, — пророческий и имеет огромное значение. Это поистине некое предупреждение. Мы должны привести его целиком. Иисус... сказал им:

Берегитесь, чтобы кто не прельстил вас. Ибо многие придут под именем Моим и будут говорить: «Я — Христос», и многих прельстят. Также услышите о войнах... Но это еще не конец. *Ибо восстанет народ на народ, и царство на царство, и будут глады,*

---

[1] *Евангелие от Матфея*, 24:3 и далее. Предложения, выделенные курсивом, были исправлены после недавнего пересмотра в 1881 году версии 1611 года; эта версия полна ошибок, произвольных и непроизвольных. Слово «присутствие», вместо «пришествия», и «кончина века», — означающая теперь «конец мира», полностью изменили весь свой смысл в последнее время, и даже для наиболее искренних христиан, за исключением адвентистов.

[2] Тот, кто не попытается поразмышлять и не увидит большой разницы между значениями двух греческих слов — χρηστος и χριστος, никогда не проникнет в истинный эзотерический смысл Евангелий; никогда не разглядит живой дух, погребенный под нагромождением букв евангельского текста — безжизненных, как само Мертвое море, и порождающих лишь формальное, такое же безжизненное христианство.

моры и землетрясения в разных местах. Все это начало бедствий... И много лжепророков восстанут и прельстят многих... и тогда придет конец... когда вы увидите мерзость запустения, реченную через пророка Даниила... Тогда если кто скажет вам: «*вот, здесь Христос*», или «там», — не верьте... Если они скажут вам: «вот, Он в пустыне», — не выходите; «вот, Он в потаенных комнатах», — не верьте. Ибо, как молния исходит с востока и видна бывает даже до запада, таким будет *присутствие* Сына Человеческого, и т.д., и т.д.

Две вещи становятся сегодня очевидными для *всех* в вышеприведенных отрывках, когда их ложный перевод исправлен в пересмотренном тексте: (а) «пришествие Христа» означает *присутствие* ХРИСТОСА в возрожденном мире, а вовсе не действительное телесное пришествие «Христа» Иисуса; (б) этого Христа не следует искать ни в пустыне, ни «в потаенных комнатах», ни в святилищах какого-либо храма или церкви, построенной человеком; ибо Христос — истинный эзотерический СПАСИТЕЛЬ — *это не человек*, но БОЖЕСТВЕННЫЙ ПРИНЦИП в каждом человеческом существе. Тот, кто стремится к пробуждению духа, *распятого в нем его собственными мирскими страстями* и лежащего в глубине «гробницы» его греховной плоти, кто обладает силой откатить *камень материи* от дверей своего собственного *внутреннего* святилища, тот *имеет в себе воскресшего Христа*.[1] «Сын Человеческий» не есть сын земной рабыни — *плоти*, но поистине сын свободной женщины — *духа*,[2] дитя собственных деяний человека и плод его духовных усилий.

С другой стороны, никогда еще с самого начала христианской эры знаки-предвестники, описанные в *Евангелии*

---

[1] Ибо они — это храм («святилище» в *пересмотренном* Новом Завете) Бога живого [*2-е Кор.*, 6:16].

[2] Дух, или Святой Дух, был у евреев женского рода, как и у большинства древних народов, а также и у ранних христиан. *София* гностиков и третья сефира *Бина* (*женский* Иегова каббалистов) являются женскими принципами — «Божественным Духом», или *Руах*. «*Ахат Руах Элохим Чиим*». «Единое есть *Она*, Дух Элохим жизни», — сказано в Сефер Иецира.

от Матфея, не подходили столь хорошо к какой-либо эпохе, как к нашей. Когда еще больше восставал народ против народа, чем в наши дни? Когда «бедствия» — другое название нищеты и голодных масс пролетариата — были еще более ужасными, землетрясения более частыми, и когда они одновременно покрывали такую территорию, как в последние несколько лет? Милленаристы и адвентисты с крепкой верой могут продолжать говорить, что «пришествие Христа (во плоти)» уже близко, и готовиться к «концу мира». Теософы — по крайней мере некоторые из них — которые понимают скрытое значение всемирно ожидаемого Аватары, Мессии, Сосиоша и Христа, — знают, что это не «конец мира», но «конец века», то есть, завершение цикла, которое ныне очень близко.[1] Если наши читатели забыли заключительные фразы статьи «Знаки времен»,[2] пусть они перечтут ее и тогда ясно увидят значение этого особенного цикла.

Снова и снова предупреждение о «лже-Христах» и пророках, которые будут соблазнять людей, истолковывается милосердными христианами, поклоняющимися мертвой букве своего писания, как относящееся к мистикам в целом, и теософам — в особенности. Доказательством тому является недавняя работа м-ра Пембера, «Земля в ранние века». Тем не менее, кажется совершенно очевидным, что слова Евангелия от Матфея и другие едва ли могут быть

---

[1] В конце этого века заканчиваются несколько значительных циклов. Во-первых, 5000-летний цикл калиюги; опять-таки, мессианский цикл человека, связанного созвездием *Рыб* (Ихтис, или «человеко-рыбой» Дагоном), у самаритянских (а также каббалистических) евреев. Это цикл, исторический и не очень длинный, но весьма оккультный, продолжается около 2155 солнечных лет, но имеет истинное значение только если считать его по лунным месяцам. Он начинался в 2410 и 255 годах до н. э., или когда точка равноденствия входила в созвездие *Овна*, и снова — в созвездие *Рыб*. Когда она перейдет через несколько лет в знак *Водолея*, у психологов будет много дополнительной работы, и психические свойства человечества сильно изменятся.

[2] *«Люцифер»*, октябрь 1887 г.

отнесены к теософам. Ибо они никогда не говорили про Христа, что он «здесь» или «там», в пустыне или в городе, и менее всего — что он в «потаенной комнате» за алтарем любой из современных церквей. Христиане ли они или язычники по своему рождению, они отказываются материализовать и, таким образом, унижать то, что является чистейшей и величайшей идеей — символом символов — а именно, бессмертный божественный дух в человеке, назвать ли его Гором, Кришной, Буддой или Христом. Никто из них никогда еще не говорил: «Я — Христос»; ибо те, кто рожден на западе, чувствуют себя до сих пор лишь *хрестианами*, сколь бы они не стремились стать *христианами* в духе.[1] К тем, кто в своей надменности и гордыне отказываются добиваться права на такое название, предпочитая вести жизнь *Хрестоса*,[2] к тем, кто высокомерно провозглашает себя *христианами* (благословенными, помазанниками) лишь из-за того, что их крестили в возрасте нескольких дней, — к ним намного больше относятся приведенные выше слова Иисуса. Может ли тот, кто видит многочисленных «лжепророков» и псевдо-апостолов (*Христа*), странствующих ныне по всей земле, подвергнуть сомнению пророческую интуицию того, кто произнес это удивительное предостережение? Они раскололи на части единую божественную истину, и разбили в одном только лагере протестантов скалу вечной правды на триста пятьдесят разрозненных кусков, которые ныне представляют всю массу их

---

[1] Раннехристианский автор Юстин Мученик называет в своей первой «Апологии» своих единоверцев *хрестианами*, χρηστιανοι, — а не христианами.

[2] «Во втором веке, Клемент Александрийский обосновывает серьезный довод на этой парономазии [каламбуре] (кн. III, гл. XVII, 53 и рядом), что все, кто верят в *Хреста* (то есть, «доброго человека»), являются хрестианами и называются ими, то есть, добрыми людьми» (Строматы, кн. II, «*Анакалипсис* Хиггинса»). И Лактанций (кн. IV, гл. VII) говорит, что лишь по *неведению* люди называют себя христианами, вместо хрестиан: «*qui proper ignorantium errorem cum immutata litera Chrestum solent dicere*».

разнородных сект. Если принять число этих сект за 350 [1] и допустить в порядке дискуссии, что одна из них может быть недалека от истины, то все же остальные 349 *должны быть ложными по необходимости*. Каждая их них утверждает, что только они имеют Христа в своей «потаенной комнате», и отрицает его присутствие у остальных, в то время как поистине большинство их последователей ежедневно распинают Христа на крестообразном древе материи — «древе позора» древних римлян!

Поклонение мертвой букве Библии — это лишь еще одна форма *идолопоклонства*, ничем не лучше других. Главный догмат веры не может существовать в форме двуликого Януса. «Оправдание» *через Христа* не может быть достигнуто по нашему желанию или прихоти, благодаря «вере» или «трудам», и поэтому если Иаков (2:25) противоречит Павлу (К Евреям, 11:31), и *vise versa*,[2] то один из них должен ошибаться. Следовательно, Библия *не* является «Словом Божьим», но содержит в себе слова ошибающихся людей и *несовершенных* наставников. Но если читать ее *эзотерически*, она содержит если и не *всю* истину, но все же *«ничего кроме истины»*, во всевозможном аллегориче-

---

[1] В одной только Англии существуют свыше 239 сект. (См. *Whitaker's Almanac*.) В 1883 году было лишь 186 деноминаций, а теперь их количество быстро возрастает с каждым годом, и лишь за четыре года появилось еще 53 секты!

[2] Справедливость в отношении св. Павла требует, чтобы мы отметили, что это противоречие безусловно вызвано поздними вставками в его Послания. Сам Павел был гностиком, то есть, «сыном мудрости» и посвященным в истинные *мистерии Христоса*, хотя он и мог метать громы и молнии (или его сделали таковым, что он казался совершающим это) против некоторых гностических сект, которых в его дни существовало великое множество. Но его Христос не был ни Иисусом из Назарета, ни каким-либо живым человеком, как убедительно показано в лекции м-ра Джеральда Массея: «Павел, гностический оппонент Петра». Он был посвященным, истинным «Учителем-Строителем», или адептом, как это описано в «Разоблаченной Изиде», том 2, стр. 90-91.

ском одеянии. Только: *Quot homines tot sententiae* [Сколько голов, столько умов].

«Принцип Христа», пробужденный и прославленный дух истины, который универсален и вечен, — этот истинный *Христос* не может быть монополизирован никаким человеком, даже если он присвоит себе титул «Наместника Христа» или «Главы» той или иной государственной религии. Духи «Хреста» и «Христа» не могут быть ограничены никакой верой или сектой только потому, что эта секта считает себя выше глав всех других религий или сект. Это имя использовалось в столь нетерпимой и догматической манере, особенно в наши дни, что христианство ныне является религией высокомерия *par excellence*, средством для утоления амбиций, синекурой для богатства, обмана и власти; удобной ширмой для лицемерия. Потому этот столь благородный в древности эпитет, о котором Юстин Мученик говорит, что «*от одного только этого имени, которое возложено на нас как на преступников, мы прославлены*»,[1] — ныне унижен и обесчещен. Миссионер гордится собой в связи с так называемым *обращением* язычника, который почти всегда делает из христианства *профессию* (и очень редко — религию), источник дохода из миссионерского фонда и отговорку, поскольку кровь Иисуса заранее смывается ими с любого мелкого преступления, пьянства или воровства. Однако, тот же самый миссионер не стал бы колебаться публично осудить величайшего святого на вечное проклятие и адский огонь, если этот святой человек лишь отказался пройти через бесполезную и бессмысленную форму крещения водой в сопровождении *неискренних* молитв и пустого ритуализма.

Мы намеренно говорим о «неискренних молитвах» и «пустом ритуализме». Немногие христиане среди мирян понимают истинное значение слова *Христос*; а те из священнослужителей, которые случайно знают его (поскольку их воспитывают в представлении о том, что изучение сего

---

[1] Οσοντε εκ του κατηγορουμενου ημων ονοματος χρησοτατοι υπαρχομεν («Первая апология»).

предмета *греховно*), держат эту информацию в тайне от своей паствы. Они требуют слепой, безусловной веры, и *запрещают исследование как непростительный грех*, хотя все, что ведет к познанию истины, не может быть ничем иным, кроме святости. Ибо что же такое «божественная мудрость», или *гнозис*, если не действительно существующая реальность позади нереальных форм природы — сама душа проявленного ЛОГОСА? Почему же человек, который пытается достигнуть соединения с единственным вечным и абсолютным божеством, должен пугаться идеи о проникновении в его мистерии — сколь бы они ни были величественными? Почему, сверх того, они должны использовать слова и имена, истинный смысл которых является для них тайной, — просто пустым звуком? Не потому ли беспринципная и стремящаяся к власти государственная церковь поднимала тревогу при каждой такой попытке, и, подвергая ее «проклятию», всегда пыталась убить сам дух исследования? Но теософия, «божественная мудрость», никогда не обращала внимания на этот крик и имела смелость высказывать свои мнения. Мир скептиков и фанатиков могут называть ее, одни — пустым «*измом*», другие — «сатанизмом»: но они никогда не смогут сокрушить ее. Теософов называли атеистами, ненавидящими христианство, врагами Бога и богов. Но они не таковы. Поэтому, они согласились ныне опубликовать ясное изложение своих идей и своей веры — в отношении монотеизма и христианства, во всяком случае, — и представить его непредвзятому читателю, чтобы он дал оценку вероисповеданий, их самих и тех, кто на них клевещет. Никакой любящий истину человек не отверг бы такой искренний и честный поступок, и не был бы ослеплен никаким количеством света, вновь пролитого на этот вопрос, хотя бы в других отношениях он и был бы сильно поражен. Возможно, напротив, такие люди будут благодарны «Люциферу», в то время как те, о ком было сказано «*qui vult decipi decipiatur*» — если им хочется, пусть будут обмануты!

Редакторы этого журнала предполагают опубликовать серию эссе о скрытом значении или эзотеризме «Нового

Завета». Библию, также как и любой другой текст великих мировых религий, нельзя исключить из класса аллегорических и символических писаний, которые начиная с древнейших времен были хранилищами тайных учений мистерий посвящения в более или менее сокрытой форме. Первоначальные авторы *Логий* (ныне — Евангелий), конечно, знали *эту* истину, и *всю* истину; но их последователи, несомненно, сохранили лишь догму и форму, которые скорее вели к иерархической власти над сердцем, чем к духу так называемых заповедей Христа. Отсюда и произошло постепенное извращение. Как справедливо говорит Хиггинс, в Христологии св. Павла и Юстина Мученика, мы имеем эзотерическую религию Ватикана, чистый гностицизм кардиналов, и более грубый вариант, предназначенный для народа. Именно последний, только в еще более материалистичной и искаженной форме, доступен для нас в нашем веке.

На мысль написать эту серию статей нас навело письмо, опубликованное в октябрьском номере под заголовком «Противоречивы ли учения, приписываемые Христу?» Тем не менее, это не является попыткой опровергнуть или ослабить, хотя бы в одном случае, ту критику, которая была высказана м-ром Джеральдом Массеем. Противоречия, которые были открыты ученым лектором и писателем, слишком очевидны, чтобы их смог опровергнуть какой-либо «проповедник» или защитник Библии; ибо то, что он сказал, — лишь более выразительным и энергичным языком, — это то, что говорил потомок Иосифа Пандира (или Пантера) в «Разоблаченной Изиде» (том 2, стр. 201) из талмудического сочинения *Сефер Толдос Иешу*. Его убежденность в поддельном характере Библии и Нового Завета *в том виде, в каком мы их имеем сегодня*, таким образом, совпадает с мнением автора настоящей статьи. Ввиду недавнего пересмотра текста Библии и многих тысяч ошибок, неправильно переведенных слов, выражений и интерполяций (некоторые из них признаются, некоторые отвергаются), не имело бы смысла мешать кому либо отказываться доверять официально утвержденным текстам.

Но мы хотели бы возразить лишь против одной небольшой фразы. М-р Джеральд Массей пишет:

> В чем смысл давать вашу «клятву на Библии» о том, что что-либо является правдой, если книга, на которой вы клянетесь, есть «динамитный склад обманов», который уже взорвался или может сделать это в любой момент?

Безусловно, такой маститый и ученый символист, как м-р Массей, никогда не назвал бы «Книгу мертвых», или Веды, или любое другое древнее писание — «складом обманов».[1] Почему же не рассматривать с той же самой точки зрения, как и все остальные, Ветхий, и — *в еще большей степени* — *Новый* Завет?

Все они являются «складами обманов», если принимать их в виде буквальных интерпретаций их древних и, особенно, современных теологических толкователей. Все они, в свою очередь, служили беспринципным священникам как средство к обретению могущества и для проведения честолюбивой политики. Все они поддерживали суеверия, все они превращали своих богов в кровожадных и навечно проклятых молохов и дьяволов, как и все они заставляли целые

---

[1] Исключительное количество информации, собранное талантливым египтологом, показывает, что он в полной мере овладел тайной создания *Нового Завета*. М-р Массей знает разницу между духовным, божественным и чисто метафизическим Христосом, и выдуманной «ложной фигурой» телесного Иисуса. Он знает, также, что христианский канон, в особенности *Евангелия*, *Деяния* и *Послания*, составлены из фрагментов гностической мудрости, фундамент которых является *до-христианским* и построен на МИСТЕРИЯХ посвящения. Именно своего рода теологические представления и вставленные отрывки и фразы — такие, например, как гл. 16 стих 9 и далее в Евангелии от Марка — делают Евангелия «складом (*дурных*) обманов» и очерняют ХРИСТОСА. Но оккультист, который различает оба эти течения (истинно-гностический и *псевдо*-христианский), знает, что отрывки, свободные от теологических толкований, принадлежат к древней мудрости, и это же делает и м-р Джеральд Массей, хотя его взгляды и отличны от наших.

народы служить скорее этим последним, чем Богу истины. Но если искусно выдуманные и намеренные искажения схоластиков без всякого сомнения являются «уже взорвавшимися обманами», то сами тексты — это рудники универсальных истин. Но, в любом случае, для мира непосвященных и грешников они были, и все еще остаются, подобиями таинственных букв, нанесенных «пальцами человеческой руки» на стене дворца Валтасара: *им нужен Даниил, чтобы прочесть и объяснить их.*

Тем не менее, ИСТИНА не позволила бы себе остаться без свидетелей. Кроме великих посвященных в символизм писания, существует некоторое количество людей, тайно изучающих мистерии или древний эзотеризм, ученых, искусных в знании еврейского и других мертвых языков, которые посвятили все свои жизни тому, чтобы разгадать речи сфинкса мировых религий. И хотя никто из них все же не овладел всеми «семью ключами», раскрывающими великую проблему, тем не менее они открыли достаточно, чтобы иметь возможность сказать: *существовал* универсальный тайный язык, на котором были написаны все Писания в мире, от *Вед* до «Откровения», от «Книги мертвых» до *Деяний апостолов*. Во всяком случае, один из этих ключей — цифровой и геометрический ключ [1] к языковой мистерии — ныне обнаружен; и это, поистине, некий древний язык, который оставался сокрытым до наших дней, но свидетельств существования которого всегда было предостаточно, так как это может быть доказано при помощи неопровержимых математических демонстраций. На самом деле, если вынуждать принимать Библию во всем мире в ее буквальном смысле перед лицом современных открытий, сделанных ориенталистами, и достижений независимых

---

[1] «Ключ к восстановлению этого языка, настолько насколько это имело отношение к попыткам, сделанным автором, был найден в применении, странно сказать, открытого (геометрами) существующего соотношения между цифрами диаметра и окружности круга. Это соотношение есть 6,561 для диаметра и 20,612 для окружности». (Каббалистические манускрипты.)

исследователей и каббалистов, то легко предвидеть, что даже нынешние новые поколения в Европе и Америке отбросят ее, как уже сделали всевозможные материалисты и логики. Ибо, чем больше изучаешь древние тексты, тем больше убеждаешься, что фундамент Нового Завета тот же, что и основание Вед, египетской теогонии и маздеистских аллегорий. Искупление посредством крови — кровные договоры и перенос крови от богов к людям, и людьми к богам, в качестве жертвоприношения — это основная тональность в любой космогонии или теогонии; душа, жизнь и кровь были синонимичными словами в любом языке, и прежде всего — у евреев; и дарование крови было дарованием жизни. «Многие легенды среди (географически) чужеродных народов приписывают душу и сознание нового человеческого рода крови божественного Создателя». Берос записал одну халдейскую легенду, которая приписывает создание новой расы человечества смешению пыли с кровью, которая вытекла из отрубленной головы бога Ваала. «Этим объясняется, что люди разумны и причастны божественному знанию», — говорит Берос.[1] А Ленорман показал («Начала истории», стр. 52, примечание), что «орфики ... говорили, что *нематериальная часть человека, его душа* (его жизнь) вышла из крови Диониса Загрейского, которого ... титаны растерзали в клочья». Кровь «пробуждает мертвых к новой жизни», — то есть, истолковывая это метафизически, она дает *сознательную* жизнь и душу человеку из материи, или глины, — такому, каков наш современный материалист. Мистическое значение предписания: «Истинно говорю вам, если *вы не едите плоть* Сына Человеческого и *не пьете* Его *кровь*, то в вас не будет жизни», и т.д., — никогда не было понято или воспринято в его истинном *оккультном* значении никем, кроме тех, у кого были некоторые из этих *семи ключей*, и кто все же мало забо-

---

[1] «Древние фрагменты» Кори, стр. 59 и далее. То же делают Гесиод и Санхуниафон, которые приписывают *оживление* человечества пролитой крови богов. Но кровь и *душа* суть одно (*нефеш*), и кровь богов означает здесь живую душу.

тился о св. Петре.[1] Такие слова, сказаны ли они Иисусом из Назарета, или Иешуа бен Пантера, являются словами ПО-СВЯЩЕННОГО. Их следует истолковывать при помощи *трех* ключей — одного, открывающего *психическую* дверь, второго — физиологическую, и третьего, который раскрывает тайну материального существа, открывая неразрывные связи теогонии с антропологией. Именно за обнаружение некоторых из этих истин, *с единственной целью предохранить мыслящее человечество от безумия материализма и пессимизма*, таких мистиков часто поносили как слуг антихриста, и даже те христиане, которые являются наиболее достойными, искренне набожными и уважаемыми людьми.

Первый ключ, который должен быть использован при раскрытии темной тайны, сокрытой в мистическом имени Христа, — это ключ, который открывал дверь древних мистерий первых ариев, сабеев и египтян. Гнозис, который был впоследствии вытеснен христианской догматикой, был универсальным. Это было эхо первоначальной религии мудрости, которая была когда-то наследием всего человечества;

---

[1] Существование этих *семи ключей* фактически признается благодаря глубокому исследованию в области египтологии, проводимому, опять-таки, м-ром Массеем. Хотя и опровергая учения «эзотерического буддизма», — к сожалению, неправильно понятого им почти во всех отношениях, — он пишет в своей лекции о «Семи душах человека» (стр. 21):

«Эта система мысли, этот тип представлений, эта семерка сил, в различных аспектах, — все это было создано в Египте, по крайней мере, семь тысяч лет тому назад, как мы это узнаем из некоторых упоминаний об Атуме (боге, «в котором было индивидуализировано отцовство, как *в отце некой вечной души»*, *седьмого* принципа теософов), обнаруженных в надписях, недавно найденных в Саккара. Я говорю в разных аспектах, *потому что гнозис мистерий был, по крайней мере, семикратным по своей природе* — он был стихийным, биологическим, элементарным (человеческим), звездным, лунным, солнечным и духовным — и поэтому *никакое быстрое понимание всей системы не поможет нам различать отдельные части, отличать одну от другой, и определять что и как, если мы пытаемся проследить символическую семерку во всех отдельных фазах ее свойств».

поэтому можно на самом деле сказать, что, в своем чисто метафизическом аспекте, дух Христа (божественный *логос*) присутствовал в человечестве с самого его появления. Автор Клементинских проповедей прав; мистерия Христоса — которой, как ныне предполагается, учил Иисус из Назарета — «была идентична» с той, которая *в начале* была связана «*с теми, кто был достоин*», как об этом говорится в другой лекции.[1] Мы можем узнать из Евангелия, что, *согласно Луке*, «достойными» были те, кто был посвящен в мистерии гнозиса, и которые «считались достойными» достигнуть «воскресения из мертвых» *в этой жизни*... «Те, кто знает, что они не могут более умереть, ибо они равны ангелам и суть сыны Божии и сыны воскресения». Другими словами, они были великими адептами *любой религии*; и слова эти относятся ко всем тем, кто, не будучи посвященными, стараются и стремятся при помощи своих личных усилий *прожить эту жизнь* и достигнуть естественного наступления духовного просветления в соединении своей личности («Сына») со своим индивидуальным божественным духом («Отцом»), *Богом внутри* самих себя. Это «воскресение» не может быть никогда монополизировано одними лишь христианами, поскольку это духовное право от рождения данное каждому человеку, наделенному душой и духом, к какой бы религии он ни принадлежал. Такой человек — это *христо-человек*. С другой стороны, те, кто предпочитает игнорировать Христа (принцип) внутри себя, непременно умрут *язычниками без воскресения*, — несмотря на крещение, таинства, молитву на устах и веру в догмы.

Чтобы понять все это, читатель должен усвоить архаическое значение обоих терминов: *Хрестос* и *Христос*. Первый означает гораздо больше, чем «хороший» и «возвышенный человек»; последний никогда не принадлежал живому человеку, но только посвященному в минуту *его второго рождения и воскресения*.[2] Каждый, кто ощущает в себе

---

[1] «Гностическое и историческое христианство».

[2] «Истинно, истинно говорю тебе: если кто не *родится свыше*, не может увидеть Царствия Божия» [*Иоан.* 3:3]. Здесь рожде-

Христоса и признает его единственным «путем» для себя, становится *апостолом Христа*, даже если бы он и не был никогда крещен, никогда не встречался с «христианами», не говоря уже о том, что сам не называет себя таковым.

Слово «Хрестос» существовало задолго до того, как услышали о христианстве. В 5 веке до н. э. его используют Геродот, Эсхил и другие греческие классики, причем его значение применялось по отношению как к предметам, так и к людям.

Так, у Эсхила (Cho. 901) мы читаем о Μαντευματα πυφοχρηστα, «оракулах, которые возвещали о пифийском боге» (Пифохресте) посредством пифий («Греко-лат. лексикон»); а *Пифохрестос* — это именительный падеж единственного числа от прилагательного, образованного от *храо*, χραω (Эврипид, Ион., 1, 218). Значения последнего, созданные вне зависимости от его первоначального применения, многочисленны и разнообразны. Языческие классики выражали многие идеи посредством глагола χραομαι, «спрашивать совета у оракула»; ибо это слово также значит «предреченный», *обреченный* оракулом, в смысле *священной жертвы по его решению*, или «Слову», ибо *хрестерион* — это не только «место оракула», но также и «жертва оракулу, или для него».[1] *Хрестес*, — χρηστης — это тот, кто толковал или объяснял оракулов, «*пророк, ясновидящий*»,[2] а *хрестериос*, χρηστηριος — это тот, кто принадлежит или находится на службе у оракула, бога, или «Учителя»,[3] — вопреки усилиям Кэнона Фаррара.[4]

ние *свыше* означает духовное рождение, достигаемое в высшем и последнем посвящении.

[1] Геродот (7. 11. 7) объясняет значение слова χρεων как то, что провозглашает оракул, а выражение το χρεων дается Плутархом (Nic. 14) как «судьба», «необходимость». См. Геродота, 7. 215; 5. 108; и Софокла, Phil. 437.

[2] См. «Греко-английский лексикон» Лиддела и Скотта.

[3] Следовательно, *гуру*, «наставник», и *чела*, «ученик», в их взаимных отношениях.

[4] Кэнон Фаррар отмечает в своей последней работе, «Раннее христианство»: «Некоторые люди допускают любопытную игру

Совершенно очевидно, что термины «Христос» и «христиане», первоначально произносившиеся «Хрестос» и «хре-

---

слов, основанную на подобии ... между словами *Хрестос* (чистый, *Пс.* XXX., IV., 8) и *Христос* (мессия)» (I, стр. 158, примечание). Но здесь нечего допускать, потому что это, поистине, было «игрой слов» с самого начала. Имя «Христус» *не* было «искажено в *Хрестус*», в чем пытается убедить своих читателей ученый автор (стр. 19), но это прилагательное и существительное «Хрестос» было искажено в виде слова «Христус» и использовано по отношению к Иисусу. В примечании к слову «хрестианин», употребленному в первом Послании Петра (гл. 4, ст. 16), в *исправленных* поздних манускриптах которого это слово было изменено на «христианин», Кэнон Фаррар снова отмечает: «Вероятно, что нам следует читать невежественное языческое искажение, *хрестианин*». Совершенно бесспорно, мы должны делать это; ибо красноречивый автор должен бы помнить заповедь своего Учителя, что надо отдавать кесарю кесарево. Невзирая на все свое неудовольствие, м-р Фаррар вынужден признать, что название «христианин» было впервые ВЫДУМАНО насмешливыми и язвительными антиохийцами в 44 г. н. э., но не получило широкого распространения вплоть до преследований Нерона. «Тацит», — говорит он, — «использует слово *христиане* с некими апологетическими целями. Хорошо известно, что в Новом Завете оно встречается лишь три раза, и всегда содержит в себе некий оттенок враждебного чувства (*Деяния*, 11:26, 26:28, как и в 4:16)». Не один лишь Клавдий взирал с тревогой и подозрением на христиан, прозванных так в насмешку за их овеществление субъективного принципа или атрибута, но и все языческие народы. Ибо Тацит, говоря о тех, кого массы называли «христианами», описывает их как род людей, *которых ненавидели за их гнусности* и преступления. Ничего удивительного, ибо история повторяется вновь. Без всякого сомнения, сегодня существуют тысячи благородных, искренних и честных мужчин и женщин, *рожденных в христианской вере*. Но нам лишь стоит взглянуть на порочность христианских новообращенных «язычников», на *нравственность* таких прозелитов в Индии, которых сами миссионеры отказываются брать к себе на службу, — чтобы провести параллель между обращенными 1800 лет тому назад и современными язычниками, «которые приобщились *благодати*».

стиане», χρηστιανοι,[1] были заимствованы непосредственно из храмовой терминологии язычников и имели тот же самый смысл. Бог евреев стал теперь заменой оракула и других богов; родовое название «Хрестос» стало существительным, относимым к одному особому персонажу; и новые термины, такие как «хрестианой» и «хрестодоулос», «последователь или слуга Хрестоса», были образованы из старого материала. Это показано Филоном Иудеем, несомненным монотеистом, уже использовавшим тот же самый термин для монотеистических целей. Ибо он говорит о φεοχρηστος (феохрестос), «объявленном Богом», или о том, кто признан богом, и о λογαι φεοχρηστα (логиа феохреста), «речениях, переданных Богом», — что доказывает, что он писал в то время (между 1 веком до н. э. и 1 веком н. э.), когда ни христиане, ни хрестиане еще не были известны под этими именами, но все еще называли себя назареями. Заметное различие между словами χραω — «спрашивать совет или получать ответ от бога или оракула» (более ранней ионической формой этого слова было χρεω) и χριω (хрио) — «натирать, помазывать» (от которого произошло имя «Христос»), — не воспрепятствовало созданию из выражения Филона, φεοχρηστος, другого термина, φεοχριστος, «помазанник Божий», и его церковной адаптации. Таким образом, скрытая замена буквой ι буквы η с догматическими целями была успешно доведена до конца, как мы это видим теперь.

Мирское значение слова «Хрестос» проходит по всей греческой классической литературе *pari passu* [наравне] с тем смыслом, который давался ему в мистериях. Слова Демосфена ω χρηστε (330, 27), обозначали просто «ты милый человек»; Платон (в «Федоне», 264 В) говорит χρηστος ει οτι ηγει — «вы — выдающийся мыслитель...» Но эзотерическая фразеология храмового «хрестоса»,[2] слова, которое

---

[1] Таким образом его произносили Юстин Мученик, Тертуллиан, Лактанций, Клемент Александрийский и другие.

[2] См. Греко-английский лексикон Лиддела и Скотта. «Хрестос» в действительности является тем, кто постоянно получал

подобно причастию «хрестеис», было образовано по такому же правилу и несло тот же самый смысл — от глагола χραομαι («спрашивать совета у бога») — соответствовала тому, кого мы могли бы назвать адептом, а также высшим *чела*, учеником. Именно в этом смысле его использовал Еврипид (Ион. 1320) и Эсхил (IC). Это название применялось к тем, кого бог, оракул, или какой-либо другой высший руководитель признал тем, или другим, или еще кем-нибудь. Можно предложить один пример для этого случая.

Выражение χρησεν οικιστηοα, используемое Пиндаром (4-10), означает «оракул *провозгласил* его колонизатором»; в этом случае гений греческого языка позволяет, чтобы человек, признанный таковым, был назван χρηστος (*Хрестосом*). Следовательно, это название относилось к каждому ученику, признанному своим Учителем, так же как и к любому доброму человеку. Греческий язык допускает очень странные этимологии. Христианская теология выбрала и установила, что имя «Христос» следует рассматривать, как произошедшее от χριω, χρισω (*Хризо*), «помазанный благовонной мазью или маслом». Но это слово имеет несколько значений. Оно, очевидно, использовалось Гомером в смысле намазывания тела маслом после бани (Илиада 23, 186; также в Одиссее 4, 252), то же делали и другие античные

предупреждения, советы и руководства от оракула или пророка. М-р Дж. Массей не прав, когда он говорит, что «...Гностическая форма имени Хреста, или Хрестоса, означает *доброго бога*, а не человеческий оригинал», ибо она обозначает последнего, то есть, доброго, святого человека; но он совершенно прав, когда он добавляет, что «*хрестианус* означает ... *благоухание и свет*». «*Хрестои*, как *добрые люди*, существовали и раньше. Многочисленные греческие надписи показывают, что умерший, герой, святой — то есть, «бог» — величался *Хрестосом*, или Христом; и из этого значения «доброго» и выводит Юстин, главный апологет, название «христианин». Это отождествляет его с гностическим источником и с «добрым богом», который открывает себя, согласно Маркиону, — то есть, с Ун-Нефер, или Благим Открывателем в египетской теологии». — («*Agnostic Annual*»).

авторы. И все же слово χριδτης (*Христес*) скорее означает *намазанный маслом*, в то время как слово χρηοτης (Хрестес) означает жреца и пророка, — термин, более применимый в отношении Иисуса, чем «помазанник», поскольку, как показывает это Норк, исходя из авторитета Евангелий, он никогда не был помазан ни как священник, ни как царь. Короче говоря, существует глубокая тайна во всей этой проблеме, которая, как я утверждаю, может быть раскрыта только через изучение *языческих* мистерий.[1] Важно, скорее, не то, что могли утверждать или отрицать ранние отцы церкви, которые должны были достигнуть некой цели, но свидетельства того реального значения, которое придавали этим двум терминам, «Хрестос» и «Христос», древние в дохристианскую эру. Поскольку последние не хотели достигать никакой цели, а потому — что-либо скрывать или искажать, то их свидетельства, конечно, более достоверны. Такое свидетельство можно получить, сперва изучив значение, даваемое этим словам классиками, и затем их правильное значение, извлеченное из мистической символогии.

Слово «Хрестос», как мы уже говорили, — это термин, используемый в различных смыслах. Он может быть применен и к божеству, и к человеку. В первом своем значении он используется в Евангелии от Луки (6:35), где он означает «добрый» и «милосердный». Χρηστος εστιν επι τους, го-

---

[1] Я опять должна привести здесь слова м-ра Дж. Массея (которого я постоянно цитирую постольку, поскольку он столь тщательно и добросовестно изучил этот вопрос).

«Мое утверждение, или, скорее, толкование», — говорит он, — «состоит в том, что христиане обязаны своим названием египетскому Христу-мумии, называемому *Карест*, который был символом бессмертного духа в человеке, Христом внутри него (как это было у Павла), воплощенным божественным отпрыском, Логосом, Словом Истины, *Маккеру* в Египте. Но он не был создан как просто символ! Сохраняемая мумия была *мертвым телом кого-либо*, кто был *Карест*, или мумифицирован, чтобы храниться живым; и, благодаря постоянному повторению, это стало прототипом воскрешения из мертвых (а не мертвых!)». См. объяснение этого далее.

ворится в 1-м Послании Петра (2:3), где сказано: «Благ Господь», χρηστος ο κυριος. С другой стороны, оно объясняется Клементом Александрийским, как просто название доброго человека; то есть, «Все, кто верит в *Хреста* (доброго человека), *называются хрестианами и являются* таковыми, то есть добрыми людьми» (Строматы, кн. 2). Сдержанность Клемента, чье христианство, как это верно замечает Кинг в своих «Гностиках», было не больше чем привитым извне черенком на стволе присущего ему первоначального платонизма, совершенно естественна. Он был посвященным и неоплатоником, прежде чем стать христианином, и сколь бы далеко он не отошел от своих прежних убеждений, это не могло освободить его от клятвы молчания. И как теософ и *гностик*, тот, кто *знает*, Клемент не мог не знать, что *Христос* был «ПУТЬ», тогда как *Хрестос* обозначал одинокого путника, идущего по этому «пути» к достижению конечной цели, которая была «Христосом», преображенным духом «ИСТИНЫ», соединение с которым делает душу (Сына) ЕДИНЫМ с (Отцом) Духом. О том, что Павел несомненно знал эту истину, говорят его собственные слова. Ибо что же еще означают его слова: παλιν ωδινω αχρις ου μορφωψη χρηστος ενυμιν, или, как это выражено в авторизованном переводе, «Опять мучаюсь я в предродовых муках, пока *Христос создается в вас*», но, переведенные в эзотерическом смысле: «пока вы не найдете Христоса в себе, как ваш единственный *путь*». (См. *Послание к Галатам*, 4:19 и 20.)

Таким образом, Иисус, из Назарета ли он или из Луда,[1] был Хрестос столь же бесспорно, как и то, что его никогда

---

[1] Или из Лидды. Это имеет отношение к раввинистическим традиционным представлениям в вавилонской Гемаре, которые содержатся в книге *Сефер Теледот Иешу*, согласно которой Иисус, будучи сыном некоего Пандира, жил за сто лет до начала христианского летоисчисления, а именно, во время царствования иудейского царя Александра Янаэя и его жены Саломеи, которые правили со 106-го по 79-й год до н. э. Иегошуа (Иисус) был обвинен евреями в том, что он изучил в Египте магическое искусство

не именовали *Христосом* ни во время его земной жизни, ни при его последнем испытании. Могло быть и так, как предполагает Хиггинс, что первым именем Иисуса было, вероятно, χρεισος, вторым — χρησος, и третьим — χρισος. «Слово χρεισος использовалось до того, как «Н» (заглавная *эта*) появилось в языке». Но Тейлор (в своем ответе П. Смиту, стр. 113) говорит: «Лестное название «Хрестос»... означает ничто иное, как доброго человека».

Можно опять-таки привести свидетельства большого числа античных писателей, что *Христос* (или, скорее, *Хреистос*) был вместе с тем и χρησος = Хресос, — это было прилагательное, применяемое в отношении язычников-неиудеев до начала христианской эры. В «Филопатрии» говорится: ει τυχοι χλησιος και εω εωνεσιν, то есть, «если хрестосу случится быть даже среди язычников», и т.д.

Тертуллиан осуждает в третьей главе своей «Апологии» слово «христианус», так как оно образовано посредством «искусственного истолкования»; [1] д-р Джонс, с другой

и украл из Святая Святых Неизреченное Имя, — и был казнен синедрионом в Луде. Он был побит камнями и затем распят на дереве вечером накануне Пасхи. Этот рассказ приписывается талмудическим авторам «Сота» и «Синедриона», стр. 19, Книга Зехиэль. См. «Разоблаченную Изиду», том 2; Арнобия; «Духовную науку» Элифаса Леви, и лекцию Дж. Массея «Исторический Иисус и мифический Христос».

[1] «*Christianus quantum interpretatione de unctione deducitas. Sed ut cum preferam Chrestianus pronunciatus a vobis (nam nec nominis certa est notitia penes vos) de suavitate vel benignitate compositum est*». Кэнон Фаррар делает большую ошибку, когда объясняет такую *lapsus calami* [описку] различных отцов как результат отвращения и страха. «Вряд ли можно сомневаться», — говорит он (в «Раннем христианстве»), — «что ... название «христианин»... стало прозвищем из-за остроумия антиохийцев... Ясно, что священные писатели избегали этого названия («христиане»), потому что оно использовалось их врагами (Тацит, Анналы, XV, 44). Оно стало известным лишь тогда, когда добродетели христан прославили их...» Это очень неумелая отговорка и слабое объяснение для такого выдающегося мыслителя, как Кэнон Фар-

стороны, давая информацию, подтвержденную ссылками на хорошие источники, что *Хресос* χρησος было именем, которое дали Христу гностики, уверяет нас, что истинное имя следует читать χρισος, или Христос, — тем самым повторяя и поддерживая первоначальный «благочестивый обман» ранних отцов, обман, который привел к «материализации» всей христианской системы.[1] Но я попытаюсь показать реальный смысл всех этих терминов настолько, насколько это позволят сделать мои скромные знания и силы. Христос, или «состояние христа», всегда было синонимом «состояния махатмы», то есть, соединения человека с божественным принципом внутри него. Как говорит Павел [*Послание к Ефесянам*, 3:17]: «κατοικησαι τον χριστον δια της πιστεως εν ναις καρδιαις υμων». «Вы можете найти Христоса в вашем *внутреннем* человеке посредством *знания*», а не веры, как в переводе; ибо *Пистис* — это «знание», как это будет показано далее.

Существует и другое, много более убедительное доказательство того, что имя *Христос* является до-христианским. Свидетельство этому обнаруживается в пророчестве эрифрейской сивиллы. Мы читаем в нем: ΙΗΣΟΥΕ ΧΡΕΙΣΤΟΣ ΦΕΟΝ ΥΙΟΣ ΕΩ ΤΗΡ ΣΤΑΥΡΟΣ. Если прочесть это эзотерически, то данный ряд бессмысленных разрозненных существительных, который не имеет смысла для непосвященного, содержит реальное пророчество — только не имеющее отношения к Иисусу — и является фразой из мистического катехизиса посвященного. Пророчество относится к нисхождению на землю духа истины (Христоса), после пришествия которого — это опять-таки не имело никакого отношения к Иисусу — начнется золотой век; эта фраза связана с необходимостью перед достижением такого блаженного

рар. Что же касается «добродетелей христиан», которые вечно *прославляют* это название, будем надеяться, что автор не имел ввиду ни епископа Кирилла из Александрии, ни Евсевия, ни императора Константина, с его славой убийцы, ни папу Борджиа со святой инквизицией.

[1] Цитируется по Дж. Хиггинсу (см. том I, стр. 569-573).

состояния внутренней (или субъективной) теофании и теопнейстии, пройти через распятие плоти, или материи. Если читать экзотерически, то слова «*Iesous Chreistos theou yios soter stauros*» в буквальном смысле означающие: «Иисус, Христос, Бог, Сын, Спаситель, Крест», — это очень удобная «ручка», чтобы «держать» на ней христианское пророчество, но они являются *языческими*, а не христианскими.

Если кто-либо пытается объяснить имя *IESOUS CHREISTOS*, совет такой: изучайте мифологию, так называемые «выдумки» древних, и они дадут вам ключ. Поразмышляйте над Аполлоном, солнечным богом и «исцелителем», и над аллегорией о его сыне Янусе (или Ионе), его жреце в Дельфах, лишь через посредство которого молитвы могли достигнуть бессмертных богов, и его собственном сыне Асклепии, называемом *Soter*, или Спаситель. Вот листок из эзотерической истории, написанной символическим языком древними греческими поэтами.

Город Хриза [1] (ныне произносится Криза) был построен в память о Креусе, дочери царя Эрехфея и матери Януса (или Иона) от Аполлона, а также как напоминание о той опасности, которой избежал Янус.[2] Мы знаем, что Янус, брошенный своей матерью в пещере, «чтобы скрыть позор девы, родившей сына», был найден Гермесом, взявшим

---

[1] Во времена Гомера мы обнаруживаем этот город, однажды воспетый в связи с такими мистериями, служивший главным местом посвящения, и имя *Хрестос* использовалось в качестве титула в ходе этих мистерий. Он упоминается в Илиаде II, 520 как «Хриза» (χρισα). Д-р Кларк предполагает, что его руины находятся под нынешней *Крестоной*, небольшим городком, или скорее деревней, в Фокии, невдалеке от залива Криссаден. (См. Е. Д. Кларк. 4-е изд. Том 8. стр. 239. «Дельфы».)

[2] Корень слов χρητος (*Хретос*) и χρηστος (*Хрестос*) один и тот же; в одном смысле, χραω означает «спрашивать совета у оракула», а в другом — это некто «освященный», *избранный*, принадлежащий к некоему храму, или оракул, или тот, кто занимается пророческим служением. С другой стороны, слово χρε (χρεω) означает «обязательство, обязанность, долг», или того, кто обязан держать данный им обет или клятву.

младенца в Дельфы, который воспитал его в святилище его отца благодаря его оракулу; там Янус, под именем Хрезиса χρησις, сперва стал *Хрестисом* (жрецом, прорицателем, или посвященным), а затем, вскоре, он стал *Хрестерионом*, «священной жертвой»,[1] и приготовился к тому, чтобы быть отравленным своей собственной матерью, которая не знала его, и в своей ревности приняла его, на основании смутного указания оракула, за сына своего мужа. Он преследовал ее до самого алтаря с намерением убить ее, — но она была спасена пифией, которая раскрыла тайну их родства. В память о спасении от этой опасности, Креуза, мать, и построила город Хриза, или Криза. Такова аллегория, попросту символизирующая испытания посвящения.[2]

---

[1] Прилагательное χρηστος использовалось также как прилагательное перед соответствующим именем — в виде комплимента, как, например, у Платона в «Феаге», стр. 166 А, «Ουτος ο Σωκρατης ο χρηστος» (здесь Сократ является *Хрестосом*), а также в качестве прозвища, как это показано Плутархом («Фокион», V), который удивляется, как это такой грубый и глупый человек, как Фокион, может называться *Хрестосом*.

[2] В мифе (и не в одном) о Янусе есть странные особенности, весьма многозначительные для оккультиста. Некоторые делают из него персонификацию *Космоса*, другие — *Coelus* (небес), следовательно, он «двуликий» из-за своих двух характеров — духа и материи; и он не только «Янус *Bifrons*» (двуликий), но также и *Quadrifrons* — совершенный квадрат, символ каббалистического божества. Его храм был построен с *четырьмя* равными сторонами, с дверью и *тремя* окнами на каждой стороне. Мифологи объясняют это как некий символ *четырех* времен года и *трех* месяцев в каждом сезоне, и в целом — двенадцать месяцев в году. Однако, в ходе мистерий посвящения он становился «дневным солнцем» и «ночным солнцем». Поэтому он часто представлялся с числом 300 в одной руке и 65 — в другой, или числом дней солнечного года. Теперь, *Ханох* (Канох и *Енох* в Библии) является, как это можно показать согласно каббале, сыном Каина, сыном Сифа, или сыном Мафусаила, — то есть, одного и того же персонажа. Как *Ханох* (согласно Фуерсту), «он есть *инициатор, инструктор* — астрономического цикла и солнечного года», будучи сыном Мафусаила, который, как говорят, прожил 365 лет и

Обнаруживая в дальнейшем, что Янус, солнечный бог и сын Аполлона, Солнца, обозначает «инициатора» и «открывающего Врата Света», или тайную мудрость мистерий; что он рожден Кризой (эзотерически *Хрис*), и что он был *Хрестосом*, посредством которого говорил Бог; что он был, в конце концов, Ионом, отцом ионийцев, и, как говорят некоторые, неким *аспектом* Асклепия, другого сына Аполлона, — весьма несложно овладеть нитью Ариадны в этом лабиринте аллегорий. Однако, здесь не место для того, чтобы разрешать спорные вопросы в мифологии. Достаточно показать связь между мифическими героями седой античности и более поздними мифами, которые отмечают начало нашей эры цивилизации. Асклепий (Эскулап) был божественным лекарем, «Исцелителем», «Спасителем», Σοτηρ, как его называли, и этот титул также давали Янусу Дельфийскому; и Язо, дочь Асклепия, была богиней исцеления, которая покровительствовала всем тем, кто добивался посвящения в храме ее отца, новообращенным, или *хрестоям*, которые назывались «сыновьями Язо». (См. о ней у Аристофана, «Плутос» 701.)

Теперь, если мы прежде всего вспомним, что имена ИЕСУСА в их различных формах, таких как Иасиус, Иасион, Ясон и Иасус, были довольно обычными в древней Греции, особенно среди потомков Ясиуса (язидов), а также количество «сыновей Язо», *мистоев* и будущих эпоптов (посвященных), то почему бы не прочесть слова в «Сивиллиной книге» в их истинном смысле, который не имеет ничего обще-

---

был взят на небо живым, как представитель Солнца (или Бога). (См. Книгу Еноха.) Этот патриарх имеет много характерных черт, свойственных Янусу, который, в эзотерическом смысле, есть Ион, но каббалистически — Иао, или Иегова, «Господь Бог Поколений», таинственный Йодх, или ЕДИНИЦА (фаллическое число). Ибо Янус или Ион есть также *Consivius, a conserendo* (Сеятель), потому что он начальствует над порождением. Он изображается оказывающим гостеприимство Сатурну (*Хроносу*, «времени») и является *инициатором* года, или времени, разделенного на 365.

го с христианским пророчеством? Тайная доктрина учит, что первые два слова ΙΗΣΟΥΣ ΧΡΕΙΣΤΟΣ означают просто «сын Язо, Хрестос», или слуга вещего Бога. В действительности, *на ионическом диалекте* Язо (Ιασω) называется *Иезо* (Ιησω), и выражение Ιησους (*Иесоус*) — в своей архаической форме, ΙΗΣΟΥΣ — означает просто «сын Язо или *Иезо*, «лекарь», то есть, о Ιησους). Безусловно, не может быть никаких возражений к такому переводу, или к написанию *Иезо* вместо *Язо*, поскольку первая форма является *аттической*, а потому — неправильной, поскольку само это имя *ионическое*. «Иезо», от которого образовано «*О'Иезоус*» (сын Иезо), — то есть, это родительный падеж, а не именительный, — *является ионическим и не может быть* никаким другим, если принять во внимание возраст «Сивиллиной книги». И сивилла из Эрифреи не могла произносить его иным образом, так как Эрифрея, где она обитала, была городом в Ионии (от Иона, или Януса) напротив Хиоса; и таким образом *ионическая* форма предшествовала *аттической*.

Если оставить в данном случае в стороне мистическое значение ныне знаменитого сивиллиного пророчества и дать лишь его буквальное истолкование на основании всего того, что уже было сказано, то тогда таинственные слова были бы таковы: «Сын ЯЗО, ХРЕСТОС (жрец или слуга) СЫНА БОГА (Аполлона) СПАСИТЕЛЬ от КРЕСТА» — (плоти или материи).[1] Действительно, христианство не может надеяться, что оно будет понято, пока из него не исчезнет последний след догматизма, и мертвая буква не будет принесена в жертву вечному Духу Истины, который является Гором, Кришной, Буддой, так же как и гностическим Христосом и подлинным Христом Павла.

Д-р Кларк описывает в своих «Путешествиях» найденный им языческий монумент.

---

[1] *Ставрос* становится крестом — приспособлением для распятия — много позже, когда его начинают представлять христианским символом и соотносить с греческой буквой «Т», *may*. Его первоначальное значение было фаллическим, он был символом мужского и женского элементов.

Внутри святилища, позади алтаря, мы увидели фрагменты *мраморной кафедры*, на обратной стороне которой мы обнаружили следующие надписи, написанные точно так же, как они приведены здесь; ничто в них не было повреждено или уничтожено, и они, вероятно, представляют собой единственный пример известных погребальных надписей на памятниках столь замечательной формы.

Надпись была такой: ΧΡΗΣΤΟΣ ΠΡΩΤΟΥ ΦΕΣΣΑΛΟΣ ΛΑΡΙΣΣΑΙΟΕ ΠΕΛΑΣΓΙΟΤΗΣ ΕΤΩΝ ΙΗ; или, «Хрестос, первый, фессалоникиец из Лариссы, пеласгийский восемнадцатилетний герой». Почему Хрестос *первый [проту]*? Мало смысла в том, чтобы читать эту надпись буквально, тогда как прочитанная эзотерически, она наполнена смыслом. Как показывает д-р Кларк, слово «Хрестос» обнаруживается на эпитафии практически каждого древнего жителя Лариссы; но ему всегда предшествует имя собственное. Если бы прилагательное «хрестос» стояло после имени, оно бы значило лишь «добрый человек», посмертную похвалу умершему, что часто можно найти в наших современных эпитафиях. Но слово «Хрестос», стоящее само по себе и сопровождаемое другим словом, «проту», имеет совершенно другое значение, особенно когда умершего называют «героем». С точки зрения оккультиста, покойный был неофитом, который умер на восемнадцатом году своего *неофитства*,[1] и принадлежал к первому или высшему классу ученичества, пройдя свои подготовительные испытания как «герой»; но он умер перед последней мистерией, которая сделала бы из него «Христоса», *помазанника*, единого с духом Христоса, или Истины в самом себе. Он не достиг конца «Пути», хотя он и преодолел героически ужасы предварительных теургических испытаний.

---

[1] В Индии даже и по сей день кандидат утрачивает свое имя и, так же как и в масонстве, свой возраст (монахи и монахини также изменяли свои христианские имена при постриге), и начинает отсчитывать свой возраст с того дня, как он был принят в качестве челы и вступил в цикл посвящения.

Мы стали совершенно уверены в правильности такого прочтения после того, как узнали о месте, где нашел эту надпись д-р Кларк, которая, как отмечает Годфри Хиггинс, была именно там, где «я ожидал ее найти, в Дельфах, в храме бога Ие», — который у христиан стал Иах, или Иеговой, одинаковым с Христом Иисусом. Он был у подножия Парнаса, в гимназиуме, «примыкающем к Касталийскому источнику, который протекал, вероятно, по руинам Кризы в городе, называемом Крестона», и т. д. И еще: «В первой части своего пути от (Касталийского) источника, она (река) отделяет останки гимназиума ... от долины Кастро», — где находился вероятно древний город Дельфы, местопребывание великого оракула Аполлона, город Криза (или Креуса), великий центр посвящений и пророчествующих *хрестоев*, где кандидаты для последнего *испытания* намазывались священными маслами перед тем, как они впадали в свой последний транс продолжительностью в сорок девять часов (как и по сей день на Востоке), из которого они выходили преображенными адептами, или *христоями*.

В «*Clementine Recognition*» утверждается, что отец помазывал своего сына «маслом, которое брали из древесины Древа Жизни, и из-за этого помазания он назывался Христом»: отсюда и христианское название. Но оно опять-таки является египетским. Гор был помазанным сыном своего отца. Способ его помазания от Древа Жизни, изображенный на монументах, поистине очень древний; и египетский Гор нашел свое продолжение в гностическом Христе, который представляется на гностических каменных памятниках как связующее звено между *Карест* и Христом, а также как двуполый Гор. («Имя и природа Христа» Джеральда Массея.)

М-р Дж. Массей связывает греческого Христоса или Христа с египетским *Карест* («мумический тип бессмертия») и очень тщательно доказывает это. Он начинает с сообщения о том, что на египетском языке «Слово Истины» есть *Ма-Кхеру*, и что это является титулом Гора. Таким образом, как показывает он, Гор предшествует Христу как Посланец Слова Истины, Логоса, или как тот, кто проявил божественную природу в человечестве. Мы читаем в той же самой работе следующее:

У гнозиса было три аспекта — астрономический, духовный и доктринальный, и все они могли быть отождествлены с Христом Египта. В астрономическом аспекте созвездие Ориона называется *Саху*, или *мумией*. Душу Гора представляли восстающей из мертвых и поднимающейся на небеса, к звездам Ориона. Мумия была сохраненным, сбереженным, то есть — изображением Спасителя, как некого примера бессмертия. Это была фигура почившего человека, которую, как сообщают нам Плутарх и Геродот, носили вокруг стола во время египетского пира, куда приглашались гости для того, чтобы смотреть на нее, есть, пить и наслаждаться, потому что, когда они бы умерли, они стали бы тем, что символизировал этот образ — то есть, они также были бы бессмертными! Этот символ бессмертия назывался *Карест*, или *Каруст*, и он *был* египетским Христом. Глагол «карес» означает «бальзамировать», «намазывать», изготовлять мумию как символ вечного; и, когда она была изготовлена, ее называли *Карест*; таким образом, это не просто вопрос о том, чтобы поменять одно имя на другое, *Карест* на *Христос*.

Это изображение *Карест* было завернуто в ткань без швов, — подходящее одеяние для Христа! Неважно какой, вероятно, была длина бинтов, и после того как некоторые мумии были разбинтованы, их длина достигала 1000 ярдов, и они были без единого шва от начала и до конца... Эти не имеющие швов одеяния египетских *Карест* представляют собой те самые пресловутые одежды мистического Христа, который становится историческим в Евангелиях как носящий верхнюю одежду или хитон, сделанный без единого шва, чего не могли достаточным образом объяснить ни греки, ни евреи, но что объясняется египетским *кету* как ткань, бесшовная мантия или бинты, которые изготовлялись для вечного ношения, и которую носил Христос-мумия — символ бессмертия в гробницах Египта.

Далее, Иисус был умерщвлен в соответствии с наставлениями данными для изготовления *Карест*. Ни одна кость не должна быть сломана. Истинный *Карест* должен быть совершенен в каждом из своих членов. «Это тот, кто появляется здоровым; тот, кого люди не знают по имени».

В Евангелиях Иисус появляется вновь с совершенно здоровым телом, подобно сохранившемуся в совершенстве *Карест*, чтобы продемонстрировать физическое воскресение мумии. Но по египетским традициям мумия преображается. Умерший говорит: «Я одухотворяюсь. Я становлюсь душой. Я восстаю, как Бог». Это преображение в духовный образ, *Ка*, было упущено в Евангелии.

Произношение этого имени на латыни как «Хрест» — исключительно важно, потому что это позволяет мне доказать его идентичность с египетским *Карест* или *Каруст*, именем Христа как набальзамированной мумии, которая служила образом воскресения в египетских гробницах, символом бессмертия, подобия Гору, кто воскрес и открыл дорогу из могил для тех, кто были его учениками или последователями. *Кроме того, этот тип Карест, или Христа-мумии, воспроизводится в катакомбах Рима*. Нельзя обнаружить никаких представлений о предполагаемом воскресении Христа ни на одном из ранних христианских памятников. Но, вместо этого недостающего факта, мы обнаруживаем изображение Лазаря, восстающего из мертвых. Оно изображается снова и снова, как типичное воскрешение, где нет никакого реального человека! Эта сцена не полностью соответствует восстанию из могилы в Евангелии. Она чисто египетская, и Лазарь — это египетская мумия! Поэтому Лазарь, в каждом своем изображении, *является* «мумическим типом» воскресения; Лазарь — это *Карест*, который был египетским Христом, и который воспроизводится благодаря гностическому искусству в катакомбах Рима как некая форма гностического Христа. Коль скоро это так, то «Лаз» (или «Рас») означает восстать, в то время как «ару» — это мумия по своему имени. Вместе с греческим окончанием «с» это становится «Лазарем» (*Lazarus*). В процессе очеловечивания мифов типичное изображение воскресения, обнаруженное в гробницах Рима и Египта, становилось историей о Лазаре, восставшем из мертвых. Этот тип Христа в виде Карест в катакомбах Рима не ограничен одним лишь Лазарем.

На примере «Карест» можно обнаружить Христа и христиан в древних египетских гробницах. Мумия изготовлялась в полном подобии Христу. Она была Христом и по имени, идентичному с *хрестоями* греческих надписей. Таким образом, мы обнаруживаем, что почитаемые умершие, которые восстали вновь как последователи Гора-Макхеру, Слова Истины, были христианами от χρηστοι, на египетских памятниках. *Ма-Кхеру* — это термин, относящийся всегда к правоверным людям, которые добились венца жизни и надевали его на праздник, называвшийся «Приди ко мне», — это было приглашением Гора, *Отпускающего грехи*, к тем, кто «благословлен его отцом, Осирисом», — к тем, кто сделал Слово Истины законом своих жизней, и был «оправдан» на земле — οι χρηστοι, христианам.

На изображении Мадонны и младенца пятого века на кладбище св. Валентина, новорожденный ребенок, лежащий в коробке или яслях, также является *Карест*, или примером мумии, и в нем можно узнать божественного младенца солярных мифов по диску солнца и кресту равноденствия позади его головы. Таким образом, ребенок-Христос исторической веры рожден и явно происходит из образа *Карест* умершего Христа, который был «мумическим типом» воскресения в Египте за тысячи лет до начала христианской эры. Это удваивает доказательства того, что Христос христианских катакомб был пережитком *Карест* Египта.

Кроме того, как показывает Дидрон, существует изображение Христа, на котором его тело *окрашено в красный цвет*![1] Это было популярным традиционным представлением, что у Христа *был* красный цвет лица. И это, также, может быть объяснено как некий пережиток Христа-мумии, поскольку первобытным способом сделать вещи *табу* — было окрасить их в красный цвет. Мертвое тело покрывали красной охрой — это очень древний и примитивный способ изготовления мумии, или помазывания. Поэтому бог Птах говорит Рамзесу II, что он «*перекрасил его плоть в ярко-красный цвет*». Это помазывание красной охрой называется *кура* у маори, которые сходным образом приготавливают Карест, или Христа.

Мы видим, что образ мумии продолжается и в другой линии преемственности, когда мы узнаем, что среди других пагубных ересей и смертных грехов, в которых обвинялись рыцари-тамплиеры, был нечестивый обряд поклонения некой мумии с красными глазами. Следует полагать, что их идол, называемый Бафометом, также был мумией... Мумия была наиболее ранним человеческим изображением Христа.

Я не сомневаюсь в том, что праздники у древних римлян, называемые *харистиями*, были связаны по своему происхождению с *Карест* и Евхаристией, как с празднованием в честь манов умерших родственников, ради чего они примирялись на дружеских встречах раз в году... Именно здесь нам следует искать

---

[1] Потому что в каббалистическом смысле он есть новый Адам, «небесный человек», а Адам был сделан из красной глины.

принципиальную связь между Христом у египтян, у христиан и в римских катакомбах. Такие христианские мистерии, которые невежественно считаются непонятными и необъяснимыми, могут быть объяснены только посредством гностицизма и мифологии, и никак иначе. Это неправда, что они недоступны для человеческого разума, как это в наши дни заявляют их некомпетентные, но высокооплачиваемые толкователи. Это лишь пустая апология непригодности ради своего собственного беспомощного невежества — тех, кто никогда не обладал гнозисом или наукой мистерий, лишь при помощи которых можно объяснить все эти вещи в соответствии с их естественным происхождением. И только в Египте мы можем найти суть вопроса или определить происхождение Христа по его природе и по его имени, чтобы в конце концов обнаружить, что Христос был примером мумии, и что наша христология — это мумифицированная мифология. («Agnostic Annual».)

Вышеприведенное объяснение на основе чисто научных доказательств является, однако, немного слишком *материалистическим* именно потому, что это — наука, несмотря на то, что его автор — известный спиритуалист. Чистый оккультизм обнаруживает в христианстве те же самые мистические элементы, как и в других вероисповеданиях, хотя он категорически отрицает его догматический и *исторический* характер. Является фактом, что в словах Ιησους ο χριστος (см. *Деяния*, 5:42, 9:14; *1 Кор.*, 3:17, и т.д.), артикль «о» относится к «Христосу», доказывая тем самым, что это просто прозвище, подобно прозвищу Фокиона, который называется Φωκιων ο χρηστος (Плутарх, V). И все же, человек (Иисус), называемый так — когда бы и где бы он ни жил — был великим посвященным и «Сыном Бога».

Ибо, говорим мы еще раз, прозвище «Христос» и история о распятии являются следствием предшествующих событий и основаны на них. Повсюду, в Индии и Египте, в Халдее и Греции, все такого рода легенды были построены по одному и тому же первоначальному образцу сознательного жертвоприношения *логоев* — *лучей* единого ЛОГОСА, непосредственной эманации из Единого вечно-сокрытого Бесконечного и Непостижимого — *лучи* которого воплощаются в человечестве. Они согласились *упасть в материю*, и потому называются «павшими». Это одна из таких великих мистерий, которую вряд ли можно затронуть в ограниченной объемом статье, но она будет подробно описана в моей отдельной книге, «Тайной Доктрине».

Наконец, можно прибавить еще немного данных по поводу этимологии этих двух терминов. Слово χριστος является в греческом языке отглагольным прилагательным от глагола χριω, «быть натертым», как *притирание* или мазь, и, в конце концов, этому слову было придано значение «Помазанника» в христианской теологии; но также и *Кри*, в санскрите, первый слог в имени Кришны, означает «наливать, или намазывать, покрывать»,[1] среди многих других своих значений, и это может легко привести кого-нибудь к тому выводу, что Кришна — «помазанник». Христианские филологи пытаются ограничить значение имени Кришны тем, что оно произошло от *Криш*, «черный»; но если более тщательно проанализировать аналогию и сравнение санскритского корня с греческим, тех корней, которые содержатся в именах Хрестоса, Христоса и *Хришны*, то будет обнаружено, что они имеют одно и то же происхождение.[2]

---

[1] Отсюда вспоминание учения во время МИСТЕРИЙ. Чистая монада, «бог», воплощается и становится *Хрестосом*, или человеком на его пути жизненных испытаний, и серия таких испытаний ведет его к *распятию плоти*, и, в конце концов, к обретению состояния Христоса.

[2] Наиболее авторитетные источники показывают происхождение греческого слова *Христос* от санскритского корня gharsh — «трение»; таким образом: gharsh-a-mi-to, «тереть», и gharsh-ta-s — «содранный, больной». Кроме того, «Криш», который в одном смысле означает «пахать» и «делать борозду», значит также причинять боль, «пытать, мучить»; и ghrsh-ta-s, «натирание», — все эти термины имеют отношение к состояниям Хрестоса и Христоса. Некто должен *умереть во Хрестосе*, то есть, убить свою индивидуальность и свои желания, удалить любую идею об обособлении от своего «Отца», божественного духа в человеке; стать единым с вечной абсолютной *Жизнью* и *Светом* (САТ), прежде чем он сможет достигнуть чудесного состояния *Христоса*, воскресшего человека, человека духовной свободы.

В «Христианских надписях» Бокха, которых насчитывается 1287 штук, нет ни одной, которая была бы датирована ранее, чем третьим веком, и на которой не было бы написано *Хрест* или *Хреист* («Имя и природа Христа» Дж. Массея, «Агностический ежегодник»).

И все же ни одно из этих имен не может быть объяснено, как это воображают некоторые ориенталисты, просто при помощи астрономии и знания зодиакальных знаков в их связи с фаллическими символами. Поскольку, в то время как небесные символы мистических героев или воплощений в Пуранах или Библии выполняют астрономические функции, их духовные прообразы невидимо, но очень эффективно управляют миром. Они существуют как абстракции на высшем плане, как проявленные идеи на астральном, и становятся мужскими, женскими или андрогинными силами на нашем низшем плане бытия. Скорпион, как *Хрестос-Мешиах*, и Лев, как *Христос-Мессия*, присутствовали задолго до христианской эры в испытаниях и триумфах посвящения в ходе мистерий, где Скорпион выступал символом последних, а Лев — как символ великолепной славы «солнца» истины. Мистическая философия этой аллегории прекрасно понята автором «Источника мер», который пишет: «Один (Хрестос), заставляющий себя опуститься в преисподнюю (Скорпиона, или воплотиться во чреве) ради спасения мира, был Солнцем, лишенным своих *золотых лучей и увенчанным лучами с черными концами* [1] (символи-

---

[1] Мы предлагаем ориенталистам и теологам прочитать и изучить аллегорию о Вишвакармане, «Создателе Всего», ведическом боге, архитекторе мира, который принес себя в жертву *себе* или миру, после того как он принес в жертву все миры, *которые суть он сам*, в «Сарва Мадхе» (всеобщем жертвоприношении), — и поразмышлять об этом. В аллегориях Пуран, его дочь *Йогасиддха*, «Духовное сознание», жены *Сурьи*, Солнца, жалуется ему на слишком сильное сияние своего мужа; и Вишвакарма, в своем качестве *Такшака*, «резчика по дереву и плотника», помещая Солнце на свой токарный станок, отрезает часть его сияющих лучей. Сурья после этого выглядит увенчанным черными колюч-

зирующими эту утрату), как колючками; *другой* был победоносным *Мессией*, вознесенным на *вершину небесного свода*, воплощенным как *Лев из колена Иуды*. В обоих случаях он имел Крест; один раз в унижении (так как он был сын совокупления), другой раз — держа его в своей власти, как закон творения, поскольку он был Иегова», — согласно схеме авторов догматического христианства. Ибо, как показывает далее тот же автор, Иоанн, Иисус и даже Аполлоний Тианский были лишь персонификациями истории о Сыне «в различных ее аспектах и при различных условиях».[1] Это объяснение, говорит он, «достаточно просто, если признать, что имена *Иисус*, еврейское ש и Аполлоний, или Аполлон, являются равным образом названиями *Солнца на небесах*, и, необходимым образом, история одного из них, как путешествие через *знаки* [Зодиака], с персонификациями его страданий, триумфов и чудес, должна быть также *историей другого*, причем это был широко распространенный и обычный метод описания таких путешествий посредством персонификаций». Тот факт, что светская цер-

---

ками вместо лучей и становится Викарттана («лишенный своих лучей»). Все эти имена являются названиями, которые использовали кандидаты, когда проходили через испытания посвящения. Иерофант-инициатор олицетворял Вишвакармана, отца и всеобщего *мастера* богов (адептов на земле), а кандидат — Сурью, Солнце, который должен умертвить все свои пылающие страсти и одеть терновый венец, *в то время как распинается его тело*, прежде чем он сможет восстать и вновь родиться в новой жизни, как прославленный «Свет Мира» — Христос. По всей видимости, никто из ориенталистов никогда не понял этой глубокой аналогии, не говоря уж о том, чтобы применить ее!

[1] Автор «Источника мер» полагает, что это «может помочь объяснению того факта, почему «Жизнь Аполлония Тианского», написанная Филостратом, столь тщательно оберегалась от перевода и публичного прочтения». Те, кто изучал ее в оригинале, должны были заметить, что либо «*Жизнь Аполлония* была взята из Нового Завета, либо повествования Нового Завета были взяты из *Жизни Аполлония*, по причине явного сходства в *способах построения* повествования».

ковь была основана Константином и что согласно его декрету «почитаемый день *Солнца* должен быть днем, отведенным для поклонения Иисусу Христу, как *Солнечный день*», показывает, что они в этой «светской церкви» прекрасно знали о том, «что эта аллегория построена на астрономической основе», как утверждает это автор. И все же то обстоятельство, что и Пураны, и Библия наполнены солярными и астрономическими аллегориями, не противоречит тому факту, что все такого рода писания, вдобавок к этим двум, являются книгами *за семью печатями* для «авторитетных» ученых. (!) Но это никак не влияет на ту истину, что все такие системы *не являются созданием смертного человека*, и что они не есть его изобретения — ни по своему происхождению, ни по своей основе.

Таким образом, слово «Христос» под любым именем означает нечто большее, чем просто *Карест*, мумия, или даже «помазанник» и *избранник* в теологии. Оба последних наименования приложимы к *Хрестосу*, человеку горя и страдания в его физическом, ментальном и психическом состояниях, и оба они относятся к состоянию еврейского *Машиах* (откуда — Мессия), как определяют этимологию [1]

---

[1] «Слово שיח «шиах» в иврите является тем же самым глаголом, означающим *спускаться в преисподнюю*, а в качестве существительного — «тернистое место, преисподняя». Причастие от глагола этого слова в *гифиле* — это משיח, или Мессиах, или греческий *Мессия, Христос*, и означает того, «кто вынуждает себя опускаться в преисподнюю» (или во ад, в христианском догматизме). Это нисхождение *в преисподнюю* имеет в высшей степени таинственное значение в эзотерической философии. Говорят, что дух «Христос», или скорее «Логос» (читай Логой), «опускается в преисподнюю», когда он воплощается во плоти, *рождается как человек*. После того, как они лишили *Элохим* (или богов) их тайны, *порождающего* «огня жизни», Ангелы Света оказываются низвергнутыми в преисподнюю, или бездну материи, называемую *Адом*, или бездонной преисподней, у некоторых теологов. Это — в космогонии и антропологии. Однако, во время мистерий, *Хрестос, неофит* (как человек), и т.д., должен был опуститься в пещеры Посвящения и испыта-

этого слова Фуерст и автор «Источника мер». Христос — это венец славы страдающего Хрестоса мистерий, как кандидата для окончательного СОЕДИНЕНИЯ, в любой вере или любой расы. Поэтому, для действительного последователя ДУХА ИСТИНЫ не имеет значения, жил ли Иисус, как человек или Хрестос, в этой эре, именуемой христианской, или до нее, или же он вообще никогда не жил. Адепты, которые жили и умирали ради человечества, существовали во всевозможные века, и в древности было много добрых и святых людей, которые носили прозвище или титул Хрестоса и до Иисуса из Назарета, или до того, как родился Иисус (или Иегошуа) Бен Пандира.[1] Таким образом, можно было бы со всеми основаниями заключить, что Иисус, или Иегошуа, был подобен Сократу, подобен Фокиону, подобен Феодору и еще многим другим, кого называли *Хрестосом*, то есть, «добрым, возвышенным», спокойным и святым посвященным, который показал «путь» к состоянию Христоса, и потому сам стал «Путем» в сердцах своих восторженных поклонников. Христиане, как и любые «героепоклонники», пытались оттеснить на задний план всех остальных *Хрестоев*, которые казались им соперниками *их* Человеко-Бога. Но, если голос МИСТЕРИЙ умолк на Западе много веков назад, если Элевзис, Мемфис, Антиум, Дельфы и Креза давно были превращены в могилы Науки, когда-то

ний; и, в конце концов, в течение «Сна Силоама», или состояния конечного *транса*, в эти часы новый посвященный открывал для себя последние тайны бытия. Гадес, Шеол или Патала — это одно и то же. И то же самое, что происходит на Востоке сегодня, имело место на Западе 2000 лет назад в ходе МИСТЕРИЙ.

[1] Свидетельства об этом содержатся в сочинениях некоторых классиков. Лукиан говорит: Φωκιων ο χρηστος и Φωκιων ο επικλην (λεγομενος, прозванный «χρηστος»). В «Федре» написано: «ты называешься Феодор Хрестос», «Τον χρηστον λεγεις Φεοδωρον». Плутарх говорит то же самое; и χρηστος, Хрестус, — это подлинное имя (см. это слово в *Thesaur.* Стеф.) оратора и ученика Герода Афинского.

столь же колоссальной на Западе, какова она сейчас на Востоке, — существуют и ныне последователи, подготовленные для них. Мы живем в 1887 году, и девятнадцатое столетие приближается к своему концу. Двадцатый век припас для человечества очень странные события, и он может даже оказаться последним.

Никто не может быть признан христианином, если он не исповедует, или не считается исповедующим веру в Иисуса, крещение и искупление «кровью Христовой». Чтобы вас считали добрым христианином, надо как *conditio sine qua non* [необходимое условие] показать веру в догмы, излагаемые церковью, и исповедовать их; после этого человек свободен вести частную и общественную жизнь, основанную на принципах, диаметрально противоположных изложенным в Нагорной проповеди. Главное, что требуется от него — это чтобы он имел (или *делал вид что имеет*) слепую веру и благоговение к церковным учениям своей церкви.

«Вера — это ключ к Зданию, воздвигнутому Христом», — говорил Чосер, и наказание за ее отсутствие в человеке столь ясно, насколько это можно сделать при помощи слов, показано в Евангелии от Марка (гл. 16, стих 16):

Кто будет веровать и креститься, спасен будет; а кто не будет веровать, осужден будет.

Церковь не сильно обеспокоена тем, что даже самые тщательные поиски этих слов в древнейших текстах в течение последних веков оказались бесплодными; или, что последний пересмотр текста Библии привел всех ищущих и любящих истину ученых, занятых этой задачей, к признанию того факта, что не следует искать такой *не похожей на Христа* фразы нигде, кроме некоторых позднейших, поддельных текстов. Добрые христианские народы усвоили эти слова утешения, и они стали самой сердцевиной и сущностью их милосердных душ. Отнять у этих избранных сосудов Бога Израиля надежду на вечное проклятие для всех, кроме них самих, — это равносильно тому, чтобы отнять у них саму жизнь. Любящие истину и боящиеся Бога корректоры перепугались; они оставили поддельный пассаж (интерполяцию одиннадцатого стиха, от 9-го до 20-го), и удовлетворили свою совесть примечанием весьма соглашательского свойства, которое украсило бы сочинение и сделало бы честь дипломатическим способностям самых хитрых иезуитов. В нем «верующему» сообщается, что:

> Два древнейших греческих манускрипта и некоторые другие авторитетные источники не содержат часть текста от 9-го стиха и до конца. Некоторые авторитетные тексты *имеют иные завершающие части Евангелия*,[1] —

и далее ничего больше не объясняют.

Но эти два «древнейших греческих манускрипта» *не содержат* этих стихов *nolens volens* [волей-неволей], так как *они никогда не существовали*. И ученые, и любящие истину корректоры знают это лучше, чем любой из нас; и все же эту злостную ложь печатают в самом центре протестантского богословия, и позволяют этому продолжаться, перед лицом грядущих поколений студентов-теологов и, следовательно, их будущих прихожан. Они не могут ни верить, ни заблуждаться в этом, и тем не менее они *делают вид*, что верят в подлинность этих жестоких слов, достойных *богословского Сатаны*. И этот Сатана-Молох — это их собственный *Бог бесконечного милосердия и справедливости* на Небесах, и воплощенный символ любви и сострадания — смешанный воедино!

Воистину странны ваши парадоксальные пути — о, церкви Христовы!

Я не имею намерения повторять здесь избитые аргументы и логические *exposes* [доводы] о всей теологической системе; ибо все это было сделано много раз и наилучшим образом самыми талантливыми «атеистами» Англии и Америки. Но я могу лишь вкратце повторить одно пророчество, которое является самоочевидным результатом ны-

---

[1] См. «Евангелие от Марка» в *пересмотренном* издании, опубликованном университетами Кэмбриджа и Оксфорда, 1881 г.

нешнего состояния умов в христианстве. *Буквальная* вера в Библию и вера в *воплощенного* Христа не продлится еще и четверти века. Церкви должны будут расстаться со своими излюбленными догмами, или двадцатый век станет свидетелем падения и разрушения христианства, и вместе с ним даже самой веры в Христа, как в чистого Духа. Даже само это имя ныне становится неприятным, и теологическое христианство должно отмереть, и *никогда более не воскреснет* в своем прежнем виде. Это было бы само по себе наиболее счастливым решением всех проблем, если бы не опасность естественной реакции, которая безусловно последует: результатом и следствием столетий слепой веры будет грубый материализм, до тех пор, пока утрата старых идеалов не будет восполнена новыми идеалами, — неопровержимыми, потому что *универсальными* и воздвигнутыми на скале вечных истин, а не на зыбучих песках человеческой фантазии. Чистая нематериальность должна в конце концов заместить ужасный антропоморфизм такого рода идеалов в концепциях наших современных догматиков. Иначе, почему христианские догмы — абсолютные двойники догм, принадлежащих иным экзотерическим и языческим религиям — должны претендовать на какое-либо превосходство? Все они были построены на одних и тех же астрономических и физиологических (или фаллических) символах. В астрологическом смысле, любая религиозная догма во всем мире может быть прослежена и обнаружена в знаках Зодиака и Солнце. И пока наука сравнительной символогии или какая-либо теология имеет лишь два ключа для раскрытия тайн религиозных догм, — и даже этими двумя они овладели только отчасти, — как же можно провести линию разграничения или увидеть разницу между, скажем, Кришной и Христом, между спасением посредством крови «перворожденного первозданного мужчины» в одной вере, и крови «единородного Сына» в другой, много более молодой, религии?

Изучите Веды; прочтите даже поверхностные, зачастую искаженные писания наших великих ориенталистов, и подумайте о том, что вы узнаете. Смотрите, брахманы, египетские иерофанты и халдейские маги учили за тысячи лет до нашей эры тому, что сами боги были всего лишь смертными (в предыдущих рождениях), пока они не достигли своего бессмертия *принесением в жертву своей крови своему Высшему Богу* или шефу. В «Книге мертвых» говорится, что смертный человек «становится богом, жертвуя свою жизнь и кровь». Смертные давали кровь своих перворожденных сыновей в жертву богам. Профессор Монье Уильямс пишет в своем «Индуизме», переводя отрывок из Таиттрия-брахмана: «При помощи жертвы боги достигли небес». И в Тандья-брахмана: «Господин творений принес себя в жертву богам»... И, опять-таки, в Сатапатха-брахмана: «Тот, кто, зная это, совершает жертвоприношение *Пурушамадха*, или жертвоприношение первозданного мужчины, становится всем».

Всегда, когда я слышу, как обсуждают ведические обряды и называют их «ужасными человеческими жертвоприношениями», и каннибализмом, я всегда ощущаю желание спросить, а в чем же разница? И все же, на самом деле, она есть; ибо в то время как христиане вынуждены принимать аллегорическую (хотя, если понять ее, весьма философскую) драму Распятия в Новом Завете, а также и драму Авраама и Исаака, в буквальном смысле,[1] то брахманизм — во всяком случае, его философские школы — учит своих последователей, что это (*языческое*) жертвоприношение «первозданного мужчины» представляет собой чисто аллегорический и философский символ. Если прочитать четыре Евангелия в их буквальном смысле, то они являются просто слегка искаженными версиями того, что провозглашается церковью как сатанинский плагиат (сделанный заранее) из христианских догм в языческих религиях. Материализм

---

[1] См. статью «Дочь солдата» преподобного Т. Г. Хедлея и посмотрите на отчаянный протест этого *истинного* христианина против *буквального* понимания «жертвоприношений крови», «искупления кровью», и т.д., в англиканской церкви. Реакция начинается: вот другая *примета времен*.

имеет полное право обнаруживать во всех них то же самое чувственное поклонение и «солярный» миф, как и повсюду. Хотя и подвергнутый поверхностному анализу и критике лишь в буквальном смысле, профессор Джоли («Человек до эпохи металлов», стр. 189-190) прав, когда он обнаруживает в *свастике*, *крукс ансата* и обычном кресте — просто сексуальные символы. Видя, что «отец священного огня (в Индии) носил имя *Тваштри*, то есть, божественного плотника, создавшего *Свастику* и *Прамантху*, трение которых породило божественного ребенка *Агни*, по латыни — Ignis (огонь); что его мать звали *Майя*; что он сам стал именоваться *Акта* (*помазанник*, или *Христос*) после того, как жрецы пролили на его голову *сому* и на его тело — масло, очищенное жертвоприношением»; видя все это, он имел полное право отметить, что:

> Близкое сходство, которое существует между некоторыми церемониями культа *Агни* и некоторыми ритуалами католической религии, можно объяснить их общим происхождением. *Агни* в состоянии *Акта*, или помазанника, наводит на мысли о Христе; *Майя*, Мария, его мать; *Тваштри*, св. Иосиф, библейский плотник.

Объясняет ли что-нибудь профессор Естественнонаучного Факультета в Тулузе, привлекая внимание к тому, что и так всем видно? Конечно, нет. Но если, не зная эзотерического значения этой аллегории, он ничего не добавил к человеческому знанию, то с другой стороны он разрушил во многих из своих учеников веру в «*божественное* происхождение» христианства и его церкви, и помог возрастанию числа материалистов. Ибо поистине, никакой человек, посвятивший себя таким сравнительным исследованиям, не может рассматривать религию Запада никак иначе, кроме как бледную и слабую копию древних и величественных философий.

Источник всех религий — включая и иудео-христианство — следует усматривать в немногих первозданных истинах, ни одна из которых не может быть объяснена отдельно от остальных, так как каждая из них дополняет остальные некоторой деталью. И все они являются более или менее неровными лучами одного и того же Солнца истины, и их начало надо искать в древних писаниях Религии Мудрости. Без света последней величайшие ученые смогут увидеть лишь каркасы всего этого, прикрытые масками воображения и покоящиеся главным образом на персонифицированных знаках Зодиака.

Толстый слой аллегорий и *обманов*, «темные высказывания» выдумок и иносказаний, покрывают, таким образом, оригинальные эзотерические тексты, из которых был составлен — *как это сегодня известно* — Новый Завет. Откуда же тогда Евангелия и жизнь Иисуса из Назарета? Не заявлялось ли постоянно, что никакой человеческий, *смертный* разум не мог придумать жизни еврейского реформатора и последующей ужасной драмы Голгофы? Мы говорим, основываясь на авторитете эзотерической восточной школы, что все это пришло от гностиков, насколько это касается имени Христа и астрономическо-мистических аллегорий, и из сочинений древних *танаимов*, насколько это связано с каббалистической связью Иисуса, или Иошуа, с библейскими персонификациями. Одна из них является мистическим эзотерическим именем Иеговы — не нынешнего фантастического Бога непосвященных евреев, не знающих своих собственных мистерий, Бога, перенятого у них еще более невежественными христианами, — но соборного Иеговы языческих мистерий. Это очень ясно доказывают глифы, или мистические комбинации различных знаков, которые сохранились до наших дней в римско-католической иероглифике.

Гностические Тексты содержат краткие описания главных сцен, разыгрываемых в ходе мистерий посвящения, хотя даже они неизменно давались в полу-аллегорическом одеянии, когда их вверяли пергаменту или бумаге. Но древние танаимы, посвященные, от которых поздние талмудисты получили мудрость каббалы (*устной традиции*), обладали секретом таинственного языка, и *именно на этом языке были написаны Евангелия.*[1] Только тот, кто овладел древним эзотерическим шифром, — тайным значением цифр, которым владели в некоторое время все народы, — имеет все доказательства того гения, который проявился в соединении чисто египетско-еврейских аллегорий и имен Ветхого Завета с аллегориями и именами языческо-греческих гностиков, величайших из всех мистиков того времени. Епископ Ньютон совершенно простодушно доказывает это сам, утверждая, что «св. Варнава, сотоварищ св. Павла, открывает в своем послании (гл. 9)... имя Иисуса распятого в виде числа 318», — а именно, Варнава находит в нем мистическое греческое I H T — букву «тау», являющуюся глифом креста. Один каббалист, автор неопубликованной рукописи о ключе к образованию мистического языка, говорит об этом:

«Это лишь некая игра еврейскими буквами «йод», «хет» и «шин», от которой I H S дошло до наших дней как монограмма Христа, и это читается как שיח, или 381, а сумма букв есть 318, или число Авраама и его Сатаны, Иешуа и его Амалека ... а также число Иакова и его противника (Годдфри Хиггинс приводит данные о числе 608)... Это число имени Мелхиседека, ибо значение последнего есть 304, и Мелхиседек был священником всевышнего Бога с безначальных и бесконечных времен». Тайна Мелхиседека и ее решение обнаруживаются в том факте, что «в древнем пантеоне Солнце и Луна, или Осирис и Изида, были двумя планетами, которые существовали из вечности (*эонической* вечности) и были вечными, — отсюда и эта фраза о *безначальных и бесконечных временах*. 304 помноженное на два дает 608. Таково же число слова «Сет», который был прототипом года. Существуют многочисленные авторитетные источники, которые утверждают, что число 888 относится к имени Иисуса Христа, и что оно противоположно числу 666 Антихриста... Главным значением в имени

---

[1] Таким образом, в то время как три синоптические Евангелия показывают комбинацию языческой греческой и еврейской символогий, Откровение написано на мистическом языке танаимов — реликте египетской и халдейской мудрости, — и Евангелие от Иоанна является чисто гностическим.

Иошуа было число 365, признак солнечного года, в то время как Иегова удовольствовался быть признаком лунного года, — а Иисус был и Иошуа, и Иеговой в христианском пантеоне...»

Все это лишь некая иллюстрация, которая сопутствует нашему намерению доказать, что христианское применение сложного имени Иисус-Христос полностью основано на гностическом и восточном мистицизме. И совершенно правомерно и естественно, что летописцы, подобно посвященным гностикам, давшим клятву сохранения тайны, должны были скрывать и маскировать окончательный смысл своих древнейших и в высшей степени священных учений. Много более сомнительным кажется право отцов церкви покрывать все это толстым слоем своей эвгемеристической фантазии.[1] Гностический писатель и летописец не обманывал никого. Каждый посвященный в древний гнозис — как в до-, так и в после-христианский период — хорошо знал значение любого слова «языка мистерий». Ибо эти гностики — вдохновители первоначального христианства — были «наиболее культурными, наиболее учеными и наиболее богатыми из христиан», — как пишет Гиббон. Ни они, ни их бедные последователи, не подвергались опасности принять буквально свои собственные тексты. Но иначе было с жертвами создателей того, что ныне называется *ортодоксальным* и *историческим* христианством. Все их последователи были ввергнуты в заблуждения «неразумных Галатов», укоряемых Павлом, кто, как он называет их [*К Галатам*, 3:1-5], начав (с веры) в Духа (Христоса), «закончили верой в *плоть*», — то есть, в *воплощенного* Христа. Ибо таково подлинное значение грече-

---

[1] «Претензия христианства на обладание божественным авторитетом основана на невежественной вере в то, что мистический Христос мог стать и стал Личностью, тогда как гностики доказывают, что воплощенный Христос — это лишь ложная форма человека, превзошедшего форму; следовательно, историческое описание является и всегда будет неизбежной фальсификацией и дискредитацией духовной реальности». (Дж. Массей, «Гностическое и историческое христианство».)

ской фразы:¹ «εναρξαμενοι Πνευματι νυν σαρκι επιτελειοψε».
То, что Павел был гностиком, основателем новой секты *гнозиса*, который признавал, как и все остальные гностические секты, «Христа-Духа», хотя и выступал против своих оппонентов, соперничающих сект, — это совершенно ясно всем, кроме догматиков и теологов. Не менее ясно и то, что первоначальные наставления Иисуса, когда бы он ни жил, могут быть открыты только в гностических учениях; против этого открытия приняли все меры предосторожности те фальсификаторы, которые низвели Дух до материи, вызывая таким образом деградацию первоначальной Религии Мудрости. Все сочинения одного только Василида — «философа, посвятившего себя созерцанию божественных вещей», как называет его Клемент, — 24 тома его *толкований к Евангелиям*, — были сожжены по распоряжению церкви, как сообщает нам Евсевий («История церкви», IV, 7).

Поскольку эти *Толкования* были написаны в то время, когда Евангелия, которые мы имеем сегодня, еще не существовали,² — это служит хорошим доказательством того, что Евангелия, учения, которые были переданы Василиду Апостолом Матфеем и Главком, учеником Петра (Клемент Алекс., «Строматы», VII, 7, 106), сильно отличаются от нынешнего Нового Завета. И нельзя судить об этих учениях по искаженным сообщениям о них, оставленным потомкам Тертуллианом. И все же даже то немногое, что дает этот слепой фанатик, показывает, что главные гностические

---

¹ Если проанализировать это предложение, то оно означает: «Вы, кто вначале взирал на *Христа*-Духа, должны *закончить* теперь верой в плотского Христа», или же оно не имеет никакого смысла. Глагол επιτελουμαι имеет значение не «становиться совершенным», но «закончить». Продолжавшаяся всю его жизнь борьба Павла с Петром и остальными, а также то, что он сам рассказывает в Деяниях о своем видении Духовного Христа, а не Иисуса из Назарета, — являются вескими доказательствами этого.

² См. «Сверхъестественную религию», том 2, гл. «Василид».

доктрины были идентичны, при своих собственных специфических воплощениях и своей терминологии, с таковыми же в *Тайной Доктрине* Востока. Ибо, обсуждая Василида, — «набожного, богоподобного, теософического философа», как думал о нем Клемент Александрийский, — Тертуллиан восклицает:

> После этого *еретик* Василид как сорвался с цепи.[1] Он утверждал, что есть Высший Бог, по имени Абраксас, которым был сотворен Разум (*Махат*), который греки называют *Нус*. Из него изошло Слово, от Слова — Провидение, от Провидения — Добродетель и Мудрость, от них были созданы — Добродетели, *Принципалии*[2] и *Силы*; отсюда — бесконечные творения и эманации ангелов. Среди низших ангелов и тех, кто на самом деле создал этот мир, *последним из всех* он помещает бога евреев, которого он не признает своим Богом, утверждая, что он есть всего лишь один из ангелов.[3] («Разоблаченная Изида», том 2.)

Другое доказательство того, что Евангелие от Матфея в обычных греческих текстах не является оригинальным Евангелием, написанным на иврите, предоставляет нам не меньший авторитет, чем сам св. Иероним. Подозрение в

---

[1] В «Разоблаченной Изиде» задавался вопрос, разве воззрения фригийского епископа Монтана не были осуждены как ЕРЕСЬ римской церковью? Удивительно наблюдать, как легко эта церковь поощряет обвинения одного *еретика*, Тертуллиана, направленные против другого *еретика*, Василида, когда обвинение совпадает с ее собственной целью.

[2] Разве сам Павел не говорит о «*Принципалиях* (Началах) и *Силах* в небесных обителях» [*Ефес*. 3:10; 1:21], и не признает, что есть многие *боги* и многие *владыки* (Куриои)? И ангелы, силы (*Dunateis*) и *Принципалии*? (См. *1 Кор*. 8:5, и *Послание к Римлянам*, 8:38.)

[3] Тертуллиан: «Предписание». Без всякого сомнения, это лишь необыкновенно казуистический, подобный жонглерству аргумент, что Иегова, который в каббале является просто одной из Сефирот, третьей, силой левой руки среди эманаций (Бина), был возведен в сан *Единого* абсолютного Бога. Даже в Библии он лишь один из *Элохим*. (См. Бытие, 3:22, «Господь Бог», не делающий различий между собой и остальными.)

постепенной и сознательной *эфемеризации* принципа Христа с самого его возникновения перерастает в уверенность, как только мы знакомимся с некоторыми признаниями, содержащимися во второй книге «Комментариев к Евангелию от Матфея» Иеронима. Ибо мы обнаруживаем в ней доказательства преднамеренной замены всего Евангелия, которое было по всей видимости переписано этим чересчур ревностным отцом церкви.[1] Он говорит, что он был послан в конце четвертого века «их Блаженствами» епископами Хроматием и Илиодором в Цезарею, с целью сравнить греческий текст (который лишь они и имели) с еврейской оригинальной версией, которое хранилось назареями в их библиотеке, и сделать перевод с нее. Он перевел его, но с неким протестом, ибо, как говорит он сам, это *Евангелие* «способствует *не наставлению, а разрушению*».[2] «Разрушению» чего? Очевидно, той догмы, что Иисус из Назарета и *Христос* — это одно и то же; следовательно, «разрушению» заново создаваемой религии.[3] В том же письме святой (который советовал своим духовным детям убивать своих отцов, плясать на груди тех, кто их вскормил, топтать тела своих матерей, если их родители становятся помехой между своими сыновьями и Христом) утверждает, что Матфей

---

[1] Это — *история*. О том, сколь далеко ушли от оригинала эти переписанные и самовольно измененные гностические фрагменты, которые стали ныне Новым Заветом, можно сделать вывод, прочитав «Сверхъестественную религию», которая выдержала, если я не ошибаюсь, уже двадцать три издания. Тот сонм авторитетных свидетельств, который приводит автор, просто устрашает. Перечень одних только английских и немецких библейских критиков кажется бесконечным.

[2] Основные подробности всего этого даются в «Разоблаченной Изиде», том 2, стр. 51 и далее. Поистине, вера в непогрешимость церкви должна быть *совершенно слепой* — или она не сможет никого обмануть, будет низвергнута и — умрет.

[3] См. Hieronimus: «De Viros», illust. cap. 3; Olshausen: «Neuen Text.», стр. 32. Греческий текст Евангелия от Матфея — это единственный текст, который использовала и которым когда-либо обладала церковь.

не хотел, чтобы его евангелие было *написано открыто*, а потому эта рукопись *была тайной*. Но, признавая также, что это евангелие «было написано еврейскими буквами и *им собственноручно*» (Матфеем), все же в другом месте он противоречит самому себе и уверяет потомков, что *так как оно было самовольно исправлено и переписано последователем Мани по имени Селевк*... «уши церкви правильно отказываются слушать его». (Иероним, «Комм. к Еванг. от Матфея», книга 2, гл. XII, 13.)

Нет ничего удивительного, что само значение названий *Хрестос* и *Христос*, и их соотнесение с «Иисусом из Назарета», именем, образованным от Иошуа *Назарей*, стали сегодня мертвой буквой для всех, кроме нехристианских оккультистов. Ибо даже каббалисты сегодня не имеют оригинальных данных, на которые можно было бы положиться. *Зогар* и каббала были переделаны христианскими руками так, что их невозможно узнать; и если бы не существовало единственной копии халдейской *Книги Чисел*, то от них не осталось бы ничего, кроме искаженных сообщений. И пусть наши братья, так называемые христианские каббалисты Англии и Франции, многие из которых являются теософами, не протестуют столь сильно, *ибо это — история* (см. Мунка). Ошибочно утверждать, как это все еще делают многие немецкие ориенталисты и современные критики, что каббала никогда не существовала до того времени, когда жил испанский еврей Моше де Леон, обвиненный в создании своей литературной подделки в 13 веке, так же как и утверждать, что любые из каббалистических сочинений, которыми мы сегодня обладаем, являются столь же оригинальными, как и тогда, когда рабби Симон бен Йохаи открыл «традиции своим сыновьям и ученикам». Ни одна из этих книг не непогрешима, ни одна из них не избежала искажений, нанесенных христианскими руками. Соломон Мунк, один из наиболее ученых и талантливых критиков своего времени в этом вопросе, доказывает это, протестуя также, как и мы, против предположения, что все это постхристианская подделка; он говорит:

Для нас становится очевидным, что автор использовал древние документы, и среди них некоторые *Мидрашим*, или собрание традиционных представлений и библейских выражений, которыми мы сегодня не обладаем.

После этого, ссылаясь на Толук (I, стр. 24 и 31), он добавляет:

Хайя Гаон, умерший в 1038 году, является, насколько это нам известно, первым автором, который развил теорию Сефирот, и он дал им имена, которые мы снова находим у каббалистов (Адольф Эллинек, «Моше бен Шем Тов де Леон», стр. 13, прим. 5); этот доктор, *который был близко знаком с сирийскими и халдейскими христианскими учеными,* имел возможность благодаря этому приобрести знание о некоторых гностических сочинениях.

Эти «гностические сочинения» и эзотерические учения стали неотъемлемой частью каббалистических трудов, вместе со многими более поздними интерполяциями, которые мы сегодня обнаруживаем в *Зогаре*, — как это прекрасно доказывает Мунк. Каббала сегодня не еврейская, а — христианская.

Таким образом, поскольку несколько поколений наиболее активных отцов церкви работали над уничтожением древних документов и созданием новых отрывков для того, чтобы вставить их в то, что сохранилось, поэтому от *гностиков* — законных потомков древнейшей Религии Мудрости — осталось лишь несколько невразумительных кусочков текстов. Но эти кусочки чистого золота будут сверкать вечно; и как бы их не извращали сообщения об учениях «еретиков», оставленные Тертуллианом и Епифанием, оккультист сможет все же обнаружить в них те первозданные истины, которые некогда передавались повсюду во время мистерий посвящения. И среди прочих сочинений, содержащих в себе глубокомысленные аллегории, у нас есть *Апокрифические Евангелия* и недавно открытая, в высшей степени драгоценная, реликвия гностической литературы — фрагмент, называемый «Пистис София», «Знание-Мудрость».

В моей следующей статье об эзотерическом характере Евангелий я надеюсь показать, что те, кто переводит слово «Пистис» как «Вера», полностью ошибаются. Слово «вера» как *благодать*, или нечто, в чем надо быть убежденным посредством несознательной или слепой веры, — это слово, которое появилось только с возникновением христианства. Павел никогда не употреблял это слово в таком смысле в своих Посланиях; а Павел, без всякого сомнения, был — ПОСВЯЩЕННЫМ.

———

КОММЕНТАРИИ К ЕВАНГЕЛИЮ ОТ ИОАННА [1]

Настоящая предварительная статья посвящена главным образом переводу первых стихов оригинального текста, который у нас имеется; сразу же следует отметить, что этот перевод ставит перед нами значительные трудности и допускает широкую свободу в интерпретации, даже без искажения самого греческого текста. Она будет интересна даже для тех, кто не знаком с оригинальным языком, поскольку показывает, сколь опасно доверять принятому переводу или же, фактически, любому переводу, не сопровожденному достаточно обширным комментарием. Кроме того, когда понимаешь, сколь большие затруднения возникают даже в том случае, если данный текст написан на греческом языке, легко увидеть, что во много раз большую сложность подразумевает перевод еврейских текстов, сделанный с языка, по самой своей сущности оккультного и открытого бесконечным смысловым перестановкам и изменениям.

Оригинальные тексты еврейского Священного Писания были написаны без огласовок, и каждая школа имела свою

---

[1] Приведенные здесь комментарии легли в основу дискуссии, проходившей на собрании Ложи Блаватской в октябре 1889 г. Они были подготовлены мной к этому собранию преимущественно из заметок самой Е. П. Б. Поскольку невозможно привести этот материал в сколь-либо упорядоченную форму, эти комментарии являются просто намеками для изучающих оккультизм, служа ценным примером метода истолкования, присущего Е. П. Б. — *Дж. Р. С. Мид.*

собственную традицию, указывающую, какие именно огласовки должны быть использованы. Почему же тогда мы должны настаивать на истинности системы огласовок одной отдельной школы, Масоретской, исключая при этом все остальные, непонятно никому, кроме ортодоксального суеверного поклонника Библии.

Именно с этой точки зрения данная предварительная статья и может представлять некоторый интерес.

I

1. В начале был Логос, и Логос был *πρὸς τὸν θεόν*, и Логос был *θεός*.

В самом же первом стихе возникает серьезное затруднение, связанное с правильным истолкованием любопытного дополнения *πρὸς τὸν θεόν*. В Вульгате оно переводится как *apud Deum*, «с Богом» — не «*вместе с Богом*», что означало бы *cum Deo*, но в смысле «при», «у». Но адекватно ли латинское *apud* греческому *πρὸς*? *Apud* — это предлог, обозначающий покой; *πρὸς*, с винительным падежом, обозначает в основном движение — *versus, adversus*, фактически представляя идею враждебности, а метафорически — противопоставления. Таким образом, перевод *πρὸς τὸν θεόν* как «*с Богом*» является совершенно неправомерным даже с точки зрения обычного значения этих слов.

Все, что можно сказать, исходя из данного текста, это то, что утверждается нечто об отношении Логоса и Бога, и что это утверждение значительно отличается от следующего: *viz.*, что «Логос был Бог». Таким образом, мы имеем возможность дать философское истолкование этой фразы. Отметим, что в одной фразе при слове *θεόν* использован артикль, а в другой он опущен. Логос был Богом или божеством, то есть, можно сказать, что Первый или Непроявленный Логос является в сущности тем же самым, что и Парабрахман. Но с появлением первой потенциальной Точки, именно эта Точка и все остальное, *ὁ λόγος* и *ὁ θεός*, и отношение между ними, описывается во фразе «Логос был *πρὸς τὸν θεόν*».

Та же фраза встречается еще раз в Послании к Римлянам (5:1): «Мы имеем мир с Богом» (*εἰρήνην πρὸς τὸν θεόν*).

2. Он (Логос) был в начале *πρὸς τὸν θεόν*.

Зачем это повторение? Не означает ли это, что Логос и Мулапракрити существовали с началом первого «волнения манвантарического пробуждения»?

Но здесь возникает одно сомнение: означает ли слово *ἀρχή* «начало»? Мы знаем, сколь большие противоречия возникли вокруг истолкования первого стиха Бытия, и хотя в православии он и переводится как «в начале», Иерусалимский Таргум переводит слово *берешит* как «в мудрости».

Далее, как показали Годфри Хиггинс в своем «Анакалипсисе», Инман и многие другие авторы из той же школы, слово *ἀρχή* синонимично словам *argha, ark, argo*, обозначающим корабль, на котором Ясон плавал в поисках «золотого руна» (Аполлон Родосский), и, таким образом, тождественно джагад-йони, «утробе мира», или, скорее, согласно комментаторам Пуран,[1] его материальной причине, или *карана*, в соответствии с эзотерической философией, *идеальному духу этой причины*. Это Свабхават буддистов и Мулапракрити философов-ведантистов.

Коль скоро это так, поищем тогда иное истолкование.

Первый Логос был в Мулапракрити. Это Точка в Круге Пространства, «центр которого везде, а окружность нигде».

Прекрасно. Но в чем же разница между *θεόν* и *ὁ θεόν*? Какой термин является высшим, и можно ли сказать, что он идентичен с Парабрахманом?

Означает ли это, что в Пралайе Логос связан или соединен с одним лишь Парабрахманом, будучи, фактически, единым с Ним?

---

[1] «Тайная Доктрина», том I, стр. 46.

Если это так, то второй стих означает, что Логос, еще до наступления дифференциации, есть чистый дух, имеющий отношение лишь к духовному миру.

Однако, если смысл этого стиха именно таков, трудно понять, почему пропущен артикль перед словом ἀρχή.

3. Все через него (*viz.*, Логос) начало быть (или существовать), и без него ничто не начало быть (или происходить), что начало быть.

Следует отличать слово πάντα, «все», от слова κόσμος (космос) в 10-м стихе.

Термин κόσμος используется философами для обозначения организованной вселенной в противоположность *indigesta moles* [«беспорядочной массе», *лат.*] или Хаосу. Кроме того, совершенно ясно, что 10-й стих относится к более позднему этапу эманации или эволюции, чем 3-й. Поэтому не будет излишне смелым перевести πάντα как «проявление всего», так сказать, всех вселенных и систем.

Совершенно ничем неоправданным является перевод «все было создано им». Глагол γίγνομαι означает не «создавать», но «становиться». Слово διὰ, используемое в значении действующей силы или инструмента, достаточно редко означает «средство». Его основной смысл — это «через», как в пространственном, так и во временном аспектах. Образно говоря, оно употребляется в смысле причины и, в более поздних текстах, в значении материала, из которого сделана вещь. Поэтому, даже если принять идею творения, это показывает, что все вещи были сделаны «через» или «из» Логоса.

Сравнивая три этих первых стиха с первой главой Бытия, мы отмечаем полное отсутствие Пустоты или Хаоса, и это еще одна причина, по которой следует детально рассмотреть слово ἀρχή.

4. В нем (Логосе) была Жизнь, и Жизнь была Свет человеков.

Ζοή (жизнь) отличается от πάντα (объективного проявления) тем, что она находится в Логосе (или присуща ему), а не эманировала через него. Таким образом, ее можно рассматривать как силу Логоса. Логос 3-его стиха не тот же, что Логос 1-го. По своей сущности или в вечности, конечно, они тождественны, но во времени они находятся на разных ступенях эманации. В «Тайной Доктрине» этот Логос называется Вторым или Третьим Логосом, «сияющими сынами манвантарического возрождения», или «строителями» (семиричной иерархией).

Не является ли тогда эта потенция Третьего Логоса фохатом? А если это так, то является ли $φῶς$ (Свет) Буддхи или Манасом?

«Что говорю вам в Темноте ($ἐν τῇ σκοτίᾳ$), говорите при Свете ($ἐν τῷ φωτί$); и что на ухо слышите, проповедуйте на кровлях». (Мф. 10:27.)

«Посему, что вы сказали в Темноте ($ἐν τῇ σκοτίᾳ$), то услышится во Свете ($ἐν τῷ φωτί$); и что говорили на ухо внутри дома (в тайниках, в скрытых помещениях), то будет провозглашено на кровлях». (Лк. 12:3.)

В этих стихах слово $σκοτία$ (тьма) употребляется, по всей видимости, в метафорическом смысле; это редкое слово более позднего происхождения, которое не часто применяется в отношении физической темноты; таким образом, $σκοτία$ (тьма) относится к эзотерическому, а $φῶς$ (свет) к экзотерическому учению: связь между двумя этими идеями аналогична таковой между $σκοτία$ и $φῶς$ в Евангелии от Иоанна.

$Ταμεῖον$ (тайник) — странное слово, использующееся в Пистис Софии для обозначения разных подразделений Камалоки, в Великом Змее или Астральном Свете.

«То, что вы говорили ($λαλεῖν$) на ухо». Глагол $λαλεῖν$ («лепетать») не означает здесь «говорить» в обычном смысле этого слова, как в ортодоксальном переводе: слово $λαλεῖν$ всегда отличалось от $λέγειν$ и очень часто обозначало музыкальные звуки, звуки природы и пение. Те, кто читал о гностических призываниях и таинственных именах, мантрах и т. д., поймут это его значение.

Слово σκότος (использованное в Ефес. 5:8; Лк. 22:53; Мф. 8:12; 2 Пет. 2:17) во всех случаях имеет мистическое значение, рассмотрение которого хотя и представляет большой интерес, но увело бы нас слишком далеко от настоящей темы. Однако мы хотели бы предостеречь от того, чтобы пытаться объяснить значение любого слова в Новом Завете посредством цитирования его же из других фрагментов или книг. Новый Завет — это вовсе не единый текст; пытаться согласовать значения отдельных слов вне их контекста столь же бесполезно, как брать, например, слово *буддхи* и утверждать, что оно имеет одно и то же значение в эзотерической, санкхья, йога, буддистской, или других школах индийской философии.

5. И Свет во Тьме светит, и Тьма не объяла его.

В «Тайной Доктрине» эта тьма считается синонимом чистого духа, а Свет обозначает материю.

«Тьма в своей коренной, метафизической основе есть субъективный и абсолютный Свет: тогда как последний, во всем своем сиянии и славе, есть просто скопление теней, поскольку он никогда не может быть вечным и является всего лишь иллюзией, или майей».[1]

Имеют ли «Свет» и «Тьма» в этом стихе именно такое значение? Или же он подразумевает, что люди считают «Светом» ту «Жизнь», которая является потенцией Логоса, тогда как то, что выше «света», *viz.*, Логос (или «Тьма» для них), и есть подлинный «Свет»? Тогда фраза: «Тьма не объяла его» означает, что абсолютный дух не объял или не понял этот иллюзорный «Свет».

6. Был человек, посланный от Бога (παρὰ θεοῦ, без артикля); имя ему Иоанн.

7. Он пришел для свидетельства, чтобы свидетельствовать о Свете, дабы все уверовали чрез него.

Если считать этот «Свет» идентичным с Христом-духом, он будет Буддхи; но если φῶς — это Манас, можно

---

[1] «Тайная Доктрина», том I, стр. 70.

избежать этого затруднения, полагая, что *φῶς* означает Буддхи-Манас.

8. Он не был Свет, но *был послан*, чтобы свидетельствовать о Свете.

9. Был Свет истинный (реальный), который просвещает всякого человека (человеческую суть), приходящего в мир.

II

1. В начале (Мулапракрити) было Слово (Третий Логос), и Слово было у Бога (*πρὸς τὸν θεόν*; Второй Логос), и Слово было Бог (Первый Логос).
И все же все три Логоса были одним.

2. Этот Логос (сущность Логосов) был в начале (в Мулапракрити) идентичен с Парабрахманом.
Совершенно очевидно, что существует великая разница между фразой *πρὸς τὸν θεόν*, говорящей о Логосе, как единстве, и той же фразой, говорящей о его втором аспекте, как в стихе 1.

**3. 3-й стих относится к Третьему или творящему Логосу.
Все через него начало быть, *viz.*, третий аспект Логоса и источник их существования, или сами эти вещи, были двумя высшими аспектами этой Сущности.**

4. В Нем, Логосе как единстве, была Жизнь, и Жизнь была Свет «человеков» (*viz.*, посвященных; ибо непосвященные называются «тенями [чхайя] и подобиями»).
Этот Свет (*φῶς*) есть Атма-Буддхи, сиддхи или силой которой является кундалини, или священный огонь; это змеевидная или спиральная сила, неправильное использование которой может привести к смерти.

5. И Свет Жизни, как единая Сущность, во Тьме светит, и Тьма не объяла его.
Ни эта Сущность Логоса не охватывает Парабрахман, ни Парабрахман не охватывает Сущность. Они, так сказать, находятся на разных планах.

6. Был человек, посвященный, посланный духом; имя ему Иоанн.

Иоанн, Оаннес, Дагон, Вишну — персонифицированный микрокосм. Это имя может быть рассмотрено в его мистическом значении; то есть, этот человек персонифицирует силу тайного имени «*Иоаннес*».

7. Он пришел для свидетельства, чтобы свидетельствовать о Свете, дабы все уверовали через него.

Точно так же и Кришна, аватара Вишну в Бхагавадгите, говорит, что он пришел, дабы быть свидетелем.

8. Он не был Свет, но *был послан*, чтобы свидетельствовать о Свете.

9. Этот Свет есть Единственная Реальность, которая просвещает всякого человека, приходящего в мир.

То есть, все мы имеем внутри искру Божественной Сущности.

10. Два следующих стиха описывают нисхождение духа в материю, 10-й повторяет 3-й стих на более низком плане.

Кроме того, при непосредственном нисхождении в Космос, он антропоморфизируется.

В Космосе он (*viz.*, Свет) был, и Космос через него начал быть, и Космос его не познал.

11. Он пришел к своим (то есть, в низшие принципы или низшего человека, или в человечество в целом — τὰ ἴδια, термин среднего рода), и свои (мужской род) не его приняли.

Первая часть этого стиха выражена с абстрактной или безличной точки зрения, последняя — с личной точки зрения. Принципы и их силы становятся индивидуальными.

12. А тем, которые приняли его (Атма-Буддхи), он дал власть быть чадами Божиими (посвященными), *viz*, верующим во имя его.

Это семеричное имя, или *звук*, *Oeaohoo* «Тайной Доктрины» и αεηιουω «Пистис Софии». Странно, что латинские слова *nomen* (имя) и *numen* (божество или божественное) столь сходны друг с другом.

13. Которые родились (*итеративный аорист*) ни от «кровей», ни от хотения плоти, ни от хотения мужа, но от Бога.

Термин «кровей», необычно используемый во множественном числе, аналогичен «жизням» в «Тайной Доктрине»; они являются элементарными центрами силы, микрокосмическим аспектом макрокосмических *таттв*; «По́том», а не «Волей рожденные», но скорее, рожденные бессознательно.

«Рожденные по воле плоти» — это «Рожденные из яйца» андрогины «Тайной Доктрины», те, кто родился посредством крияшакти, при помощи «Силы воли».

«Рожденные по воле мужа» — а не человека, это люди, родившиеся обычным образом после разделения полов.

Тогда как выражение «рожденные Богом», Сыны Бога, относится ко «Второму Рождению».

14. Так Логос стал плотию (воплотился), и обитал (букв., временно поселился) с нами (то есть облачился в тело, или тела). И мы видели его видимость (не славу, разве что в смысле *шекины*, или покрова), видимость, как единородного сына Отца, полную благодати и истины.

Слово *δόξα*, которое переводится как «слава», нигде более не встречается в таком значении в греческом языке.

Платон использует слово *δόξα* в значении «мнение», чтобы отличить его от *ἐπιστήμη*, «знание», а Эсхил (*Choëphoræ*, 1053) употребляет его для обозначения «видения».

«Отец» в этом стихе означает Свабхават, Отец-Мать. Это Свабхават буддистов, Отец-Мать (составное слово) «Тайной Доктрины» и Мулапракрити ведантистов; Мулапракрити не есть Парабрахман, хотя, так сказать, они и единовременны. Вероятно, ее можно определить как его постижимый аспект.[1]

Этот перворожденный есть санскритский *аджа*, греческий *ἀμνός* или агнец. Ягнят, овец и козлов приносили в жертву Кали, низшему аспекту Акаши, или Астрального Света. «Единородного Сына» приносили в жертву Отцу; то

---

[1] Ср.: «Тайная Доктрина», том I, стр. 10, прим.

есть, иными словами, духовная часть человека приносится в жертву астральной.

Слово «благодать» ($χάρις$) весьма трудно для перевода. Оно соответствует высшему аспекту Акаши. Два эти аспекта таковы:

Духовный план: Алайя (Душа Вселенной); Акаша.
Психический план: Пракрити (Материя или Природа); Астральный Свет или Змий.

15. Иоанн свидетельствует о нем и, восклицая, говорит: Сей был тот, о котором я сказал, что идущий за мною стал впереди меня, потому что был прежде меня ($πρῶτος$).

То есть, можно сказать, что с точки зрения ученика божественный принцип Атма-Буддхи более поздний во временном отношении, ибо союз с ним невозможен до тех пор, пока не будет достигнут конец Пути. И все же эта искра божественного огня существовала прежде личности неофита, поскольку она вечна и находится во всех людях, хотя и в не проявленном состоянии.

Таким образом, Оаннес является представителем Вишну; человек, ставший адептом своими собственными усилиями — дживанмукта. Этот типичный персонаж, индивидуум, представляющий целый класс, находится в пространстве и во времени, тогда как Единая Мудрость пребывает в вечности и является таким образом «первой».

16. И от Полноты ($πλήρωμα$) его все мы приняли и благодать на благодать.

Слово $πλήρωμα$ (Плерома, или Полнота) следует отличать от Мулапракрити.

Плерома — это бесконечное проявление в проявлении, Джагад Йони, или Золотое Яйцо: Мулапракрити же — это некая абстракция, Корень Джагад Йони, Чрево Вселенной, или Яйцо Брахмы.

Таким образом, Плерома есть Хаос. Выражение «благодать за благодать» означает, что то, что мы получаем, мы возвращаем назад, атом за атом, услугу за услугу.

17. 17 стих поясняет 16.

Ибо Закон дан через Моисея; благодать же и истина произошли через Иисуса Христа.

Внешняя иллюзия, или «Зримая Доктрина», через Моисея; реальность, или «Сердечная Доктрина», через божественный Дух Атма-Буддхи.

18. Бога (Парабрахман) не видел никто никогда.

Никто, и даже Первый Логос, который, как утверждается в лекциях о Бхагавадгите Т. Субба Роу, может взирать лишь на его покров, Мулапракрити.

Единородный Сын, Логос, пребывающий в недрах Отца, в Парабрахмане, возвещает о нем (показывая его в проявлении, но не видя его).

III

19. И вот свидетельство Иоанна, когда иудеи прислали из Иерусалима священников и левитов спросить его: Кто ты?

Этот стих касается серьезных разногласий между каббалистами, или посвященными дохристианской Иудеи, и синагогой, ставших продолжением борьбы между пророками и священниками.

Таким образом, Иоанн в данном контексте обозначает Иоаннеса или Мудрость, Тайное Слово или глас, Бат Кол, который евреи называли Гласом Божиим, или Дочерью Бога. В действительности, это Голос Мудрости. Однако в данном контексте мы имеем лишь отголосок традиции.

20. Он объявил, и не отрекся, и объявил, что я не Христ.

Другими словами: «Я не прославленный Христос».

21. И спросили его: что же? ты Илия? Он сказал: нет. Ты тот пророк? Он отвечал: нет.

Корень имени Илия в древнееврейском и коптском языках означает Буддхи. Это игра слов, связанная с Буддхи. Оно означает Манас и Буддхи без Атмы. Это не то же самое, что Христос, помазанный Алайей.

«Тот пророк», или просто «пророк», — это высший Манас.

Говоря как человек, Низший Манас, Иоанн не говорил как один из трех высших «принципов», Атма (Абсолют), Буддхи (Духовное), и Высший Манас, или Разум.

В связи с идеей о том, что Иоанн был реинкарнацией Илии, интересно привести здесь замечательный фрагмент из «Пистис Софии». «Живой Иисус», «Первая Тайна», или Царь-Посвященный, говорит:

«Это случилось, когда я явился среди Правителей Эонов, и, взирая свыше на Мир людской, я обнаружил Елизавету, мать Иоанна Крестителя, прежде чем она зачала его. Я посеял в нее Силу, которую я получил от Малого ИАО, Добра, пребывающего в Середине,[1] чтобы он проповедовал передо мной и подготовил мне путь, и крестил водой для отпущения грехов. Эта Сила теперь *есть*[2] в теле Иоанна. Кроме того, в Месте, предназначенном для Души Правителей, я обнаружил душу пророка Илии в Эонах Сферы, и я взял его и, получив также его душу, принес ее Деве света, и она дала ее своим Преемникам, которые привели ее в Сферу правителей и препроводили ее во чрево Елизаветы. Так Сила Малого ИАО, Добра, которое пребывает в Середине, и душа пророка Илии, соединились вместе в теле Иоанна Крестителя.

По этой причине вы и усомнились в моих словах. Иоанн сказал, «Я Христос»; и вы сказали мне: «Это написано в Писаниях, если придет Христос, прежде него придет Илия и приготовит путь ему». И я ответил: «Воистину, Илия пришел, и приготовил он все согласно тому, как было написано; и они сделали ему все то, что должны были сделать». И когда я увидел, что вы не поняли того, что я вам сказал о душе Илии, заключенной в Иоанне Крестителе, тогда я ответил прямо и открыто: «Если вы сможете понять это, Иоанн Креститель и есть тот Илия, который», по моим словам, «приходил».

Елизавета в вышеприведенном отрывке — это персонифицированная женская Сила, или Шакти.

---

[1] То есть, подразумевается, что посеянная Сила есть отражение Высшего Эго или низшего *Кама-Манаса*.

[2] Обратите внимание на настоящее время, поскольку ортодоксальный Иоанн умер за много лет до того.

23. Он сказал: я глас вопиющего в пустыне: исправьте путь Господу, как сказал пророк Исаия.

Я Голос Мудрости (ср. со стихом 19), вопиющий в пустыне Материи: очистите Антаскарану («Внутренний Орган», или Астрального Человека), Путь, ведущий от Низшего Человека к Высшему.

«Антаскарана — это Низший Манас, Путь Коммуникации или общения между личностью и Высшим Манасом или Человеческой Душой. В момент смерти он разрушается как Путь или Посредник в общении, а его останки сохраняются в форме Камарупы — *оболочки*».[1]

25. И они спросили его: что же ты крестишь, если ты ни Христос, ни Илия, ни пророк?

Скорее «*Чем* же ты крестишь?», а не «Что же ты крестишь?»

В «Пистис Софии» упоминаются многочисленные крещения, печати и символы, или пароли. Все они олицетворяют ступени посвящения, однако здесь существует два главных подразделения: алые и великие мистерии.

(1) Малые мистерии (напр., элевсинские).

(*а*) Те, которые связаны с Дживой или Праной, Жизненным принципом; учения, касающиеся животной стороны человека, поскольку Прана связана со всеми природными функциями.

(*б*) Те, которые связаны с Астралом.

(*с*) Те, которые связаны с Камой и Низшим Манасом.

(2) Великие мистерии. Связаны с Высшим Манасом, Буддхи и Атмой.

26. Иоанн сказал им в ответ: я крещу в воде; но стоит среди вас некто, которого вы не знаете».

Крещение водой символизирует Земную Марию, или Астрал.

«Которого вы не знаете» — потому что это внутренний и высший *принцип*, Христос.

---

[1] «Голос Безмолвия», стр. 88.

27. Он-то идущий за мною, но который стал впереди меня. Я недостоин развязать ремень у обуви его.

Повторение стиха 15, относящееся к тайне Высшего и Низшего человека, Атма-Буддхи и Низшего Манаса.

«Я недостоин развязать ремень у обуви его» — то есть, даже низшую из великих мистерий, мистерию духовного человека, я, Иоанн, Низший Человек, не достоин открыть; такова кара за «грехопадение».

28. Это происходило в Вифаваре при Иордане, где крестил Иоанн.

Этот стих вернее всего останется неясным до тех пор, пока мы не изучим мистическое значение слов Вифавара и Иордан; для того, чтобы сделать это, нам необходим оригинальный текст, ибо здесь существенно изменение хотя бы одной буквы.

29. На другой день видит Иоанн идущего к нему Иисуса и говорит: вот Агнец Божий, который берет *на себя* грех мира.

«Вот Иисус»; Иисус, или Исси, означает Жизнь и символизирует, таким образом, живого человека. Агнец Божий — это Аджа, о котором говорилось ранее, — Логос.

«Который берет на себя грех мира» — благодаря низшей инициации, Прана, или Жизненный принцип, очищается до такой степени, что кандидат становится достойным получить высшую инициацию Агнца или Аджи, устраняющую грех Низшего Человека.

Имя *Иес*-ус происходит от еврейского слова *Аиш*, «человек». *Иес* (на греческом языке *Ισ*, или *Ιεσ*, на иврите ש׳) имеет несколько значений: *Огонь, Солнце, Бог* или *Божество*, а также *Человек*. Так это было в писаниях домасоретских школ, и когда последняя возникла, она подтвердила истинность первоначального произношения. Слово *Человек* стало писаться א׳ש, *Иш*, или *Иес*, женская форма которого была אשה, ис'а, или «женщина», а также Ева-гермафродит до рождения Каина, как показано в халдейской «Книге чисел», египетская Исида. Еврейский язык был столь беден, особенно до введения устойчивых правил произношения слов при помощи масоретских огласовок, что почти каждое слово и имя в Библии допускает определенное разночтение. *Иси*, или *Исси* — это также *Иессей*, отец Давида, от которого те, кто состряпал Новый Завет, пытались вывести родословие Иисуса. У гностиков также было прозвище для своего *идеального* Иисуса — или человека в состоянии *Хреста*, неофита, проходящего испытания, и это прозвище было *Ихтус*, «рыба».

С этой рыбой, с водами в целом, и, для христиан, с водами Иордана в частности, связан весь план древней мистерии посвящения. Весь Новый Завет — это аллегорическое изображение цикла посвящения, то есть, природного рождения человека в *грехе* и в плоти, и его второго, или духовного, рождения в качестве посвященного, сопровождаемого воскресением после трехдневного транса (своего рода очищения), в течение которого его человеческое, или астральное, тело пребывало в Гадесе, или в аду, то есть на земле, а его божественное эго — на небесах, или в царстве истины. Новый Завет описывает бескорыстную *белую*, или божественную, магию; Ветхий Завет приводит описание *черной*, или эгоистической, магии. Последняя — это анимизм, первая — чистая духовность.

Название Иордан, согласно еврейским ученым, происходит от еврейского слова *Иар-эд*, «течь вниз» или «нисходить»; добавьте к слову *Иаред* букву *н* (еврейскую נ, *нун*), и вы получите слово «рыба-река». Слово Иар-Дан (*Иар*, «текущая река», и *Дан*, название колена дан) означает «река Дан», или суд. Иисус, человек и неофит, рожден Марией, *Мар*, водами, или морем, как рождается всякий человек; это было его первое рождение. При его втором рождении он входит в реку Дан, или рыбы, и стоит в ней; и по смерти его плотского тела (тела греха), он входит в реку Стикс, текущую в Гадесе, или в аду, в судном месте, куда Иисус, как принято считать, спускался после смерти. Ибо общеизвестно, что зодиакальным созвездием колена дан был Скорпион; а Скорпион — это знак женского порождающего принципа, матки, и даже чисто географически наследием этого колена была область Дана, включающая в себя начало или истоки Иордана, воды которого истекают из недр земных. Подобно тому, как у греков сходную роль во время испытания *водой* в криптах храмов играл Стикс, так и кит или рыба, поглотившая Иону в Ветхом Завете, и Иордан, в который погрузился Иисус в Новом Завете, — все эти великие и малые «бездны», чрево рыбы, воды и т. д., все они символизируют одно и то же, а именно вхождение в некое особое существование, подобное *смерти*, которое становится *новым рождением*. Как Иона, посвященный Ветхого Завета, вошел во чрево кита (фаллическая инициация), так и Иисус, *человек*, входя в воду (символ духовного чрева его второго рождения), вступает в *Иар-Дан*, реку Дан, колена, астрономически находящегося в Скорпионе («врата женщины», или матка). Выйдя оттуда, он становится Христосом, прославленным посвященным, или божественным и бесполым андрогином. Так же и Иона, выйдя из чрева, стал «Господом», еврейским *Иег*-овой, предшествуя, таким образом, *Иес*-усу, новой жизни. Иисус Нового Завета становится помазанником Духа, которого символизирует Голубь. Ибо Иоанн, Оаннес, или Иона, или Рыба-Кит, символизирующая земной мир Древнего Установления, — преобразована в Голубя, парящего *над* водами, символизирующего Духовный Мир. По словам Нигидия:

«Сирийцы и финикийцы утверждают, что *голубь* в течение нескольких дней сидел в *Евфрате* [одной из четырех рек Эдема] на *яйце рыбы*, из которого была рождена их Венера».[1]

Венера — это ни что иное, как женская форма Люцифера, планеты; а яркая Утренняя Звезда — это Христос, Превознесенное Эго, Буддхи-Манас. Как сказано в Откровении, 22:16: «Я, Иисус ... есмь ... звезда светлая и утренняя» — Фосфор, или Люцифер.

Здесь следует вспомнить и еще об одном. Если вы читаете Библию, вы обнаружите, что все имена патриархов,

---

[1] Комте де Волней: «Руины, или обзор смены империй». 2-е англ. изд., 1795, стр. 391, примечания.

пророков и других значительных персонажей, которые начинаются с буквы «И», такие как Иувал Каин, Иаред, Иаков, Иосиф, Иисус Навин, Иессей, Иона, Иоанн, Иисус Христос — все они призваны обозначать: (*а*) серию перевоплощений на земном, или физическом, плане, о чем свидетельствуют их жития, содержащиеся в библейских повествованиях; и (*б*) все они символизируют мистерии посвящения, их испытания, триумфы и рождение на Свет, сначала земной, затем психический и, в конце концов, Духовный Свет, каждая из этих историй содержит исчерпывающие описания разнообразных деталей этой церемонии и ее результатов.

30. Повторение стихов 15 и 27 (третий раз).

31. Я не знал его: но для того пришел крестить в воде, чтобы он явлен был Израилю.

«Я» обозначает индивидуальность; или того, кто посвящен лишь в низшие мистерии.

«Израиль» используется «для отвода глаз», на самом деле имеются в виду те, кто хочет вступить на Путь.

32. И свидетельствовал Иоанн, говоря: я видел Духа, сходящего с неба, как голубя, и пребывающего на нем.

Голубь в символогии имеет много значений; здесь он символизирует Эрос (Любовь), или Любовь к ближнему.

33. Я не знал его; но пославший меня крестить в воде сказал мне: на кого увидишь Духа сходящего и пребывающего на нем, тот есть крестящий Духом Святым.

И я, земной человек, не знал его, но мой буддхический принцип, пославший меня, чтобы принять посвящение в низшие мистерии, распознал этот знак. Я, земной человек, не знал, но Илия и Пророк и Христос знали.

Этот Голубь, сходящий и остающийся на человеке, то есть, эта очистительная Любовь, Любовь к ближнему, или Сострадание, нисходящее на посвященного, помогает ему соединиться со Святым Духом, или Атмой.

На земном плане это означает, что благодаря «Голубю», Облаку, или Ауре, посвященного узнают его последователи.

34-38. Сюжетное повествование, и, следовательно, вставлено «для отвода глаз».

39. Говорит им: пойдите и увидите. Они пошли и увидели, где он живет; и пробыли у него тот день. Было около десятого часа.

Два ученика символизируют здесь двух неофитов, приближающихся к концу своих испытаний, а находиться с Учителем, или Высшей Сущностью, — значит пребывать в Христосе-Духе.

Десять часов означает период перед последним из великих испытаний. Сравните с подвигами Геракла.

40-41. Сюжетное повествование.

42. Ср.: «Разоблаченная Изида», том II, стр. 29 и 91.

43-45. Сюжетное повествование.

46. Из Назарета, то есть из секты назореев.

47-50. Сюжетное повествование.

51. И говорит ему: истинно, истинно говорю вам: отныне будете видеть небо отверстым и Ангелов Божиих восходящих и нисходящих к Сыну Человеческому.

Ты увидишь Высшее нисходящее на Низшее, и обретешь просветление и узнаешь чудеса намного большие, чем простая сила ясновидения.

IV

Первые одиннадцать стихов во второй главе содержат аллегорическое изображение последнего и окончательного посвящения; здесь мы обнаруживаем упоминание обо всех божественных и человеческих «принципах», сокрытое за языком аллегории и персонификации, а также об очищении, происходящем в них благодаря посвящению; этот эпизод обрывается внезапно и необъяснимо, и мы имеем все основания предполагать, что первоначально он был длиннее. Об этом свидетельствует даже самое поверхностное знание законов эзотерической аллегории.

Центральным пунктом этой аллегории является превращение «Воды» (Астрала) в «Вино», или Материи в Дух.

1. На третий день был брак в Кане Галилейской, и Матерь Иисуса была там.

Во всех мистериях по прошествии *четырех* дней испытаний, или искушений, следуют *три* дня нисхождения в Гадес, или склеп, из которого восстает прославленный кандидат, или посвященный.

Таким образом, выражение «на третий день» означает, что настало время завершающего посвящения, когда Иисус, или неофит, становится Христом, или посвященным, то есть соединяется с Буддхи или принципом Христа.[1]

(В связи с упомянутыми выше 4-мя днями интересно отметить, что Иисус, как утверждается, был искушаем в течение 40 дней. Ноль здесь не имеет значения, ибо в мистике чисел он не рассматривается и отбрасывается в соответствии с используемым методом.)

«Был брак в Кане» — то есть, можно сказать, что в Кане ученик соединялся с Высшей Сущностью, этот брак в Кане был браком Адепта с Софией, Божественной Мудростью, или же Брак Агнца.

Само название Кана, или Хана, происходит от корня, несущего в себе идею места, освященного или отведенного для определенной цели. В арабском языке Ханак — это «царская обитель», или «место правителя». Ср. с названием

---

[1] *Nota Bene* [заметь хорошо, *лат.*]. В диаграммах, в которых принципы символически изображены в виде треугольника, наложенного на квадрат, после «второго рождения» «принципы» должны быть расположены в новой конфигурации.

девакхан, обозначающим место, посвященное девам, то есть, состояние такого блаженства, какое, как предполагается, испытывают девы или ангелы.

«И Матерь Иисуса была там» — это означает, что кандидат присутствовал там телесно, или, по крайней мере, наличествовали его низшие «принципы»; ибо в этом аспекте «Матерь Иисуса» — это, главным образом, камарупический «принцип», то есть, носитель материальных человеческих желаний, приносящий жизнь и т. д. Его не следует путать с высшим аспектом, Буддхи «Матери Христа», так называемой Духовной Душой. Между ними существует такая же разница, как между Божественной Софией и Софией Ахамот, Земным Астралом.

2. Был также зван Иисус и ученики его на брак.

То есть, там присутствовали Высший Манас, или Эго (не «Сущность»), который доминировал теперь в кандидате, и его ученики,[1] или низшие принципы, необходимые для очищения всего *Человека*.

3. И как недоставало вина, то Матерь Иисуса говорит ему: вина нет у них.

Мать Иисуса символизирует здесь его ныне очищенное желание, устремленное вверх. Этот стих означает, что человеческие физические страсти низшей сущности, гости на празднике, должны быть опьянены или парализованы, прежде чем «жених» сможет вступить в брак. Именно низший Манас (София Ахамот) говорит Иисусу: «У них нет вина», то есть, низшие «принципы» все еще не одухотворены, а потому не готовы принять участие в празднике.

4. Иисус говорит ей: что мне и тебе, Жéно? еще не пришел час мой.

Жéно (Материя или Вода, низшая четверка), что Духу-Эго делать с тобой в этот час? Нет единства между мной и тобой, мой час посвящения еще не настал, я еще не соеди-

---

[1] 12 «учеников» — это 3 аспекта 4 низших принципов, Δ, отраженный в □.

нился с Буддхи, моей Небесной Матерью, и когда это произойдет, я смогу без всяких помех общаться с тобой.

5. Матерь его сказала служителям: что скажет он вам, то сделайте.
Служители — это низшие «принципы», их мысли, инстинкты и страсти, лхамайин, или элементалы и злые духи, антагонистичные людям и враждебные им.[1]

6. Было же тут *шесть* каменных водоносов, стоявших по обычаю очищения иудейского, вмещавших по две или по три меры.
Шесть водоносов символизируют шесть принципов из семи, без Атмы, седьмого, или универсального, принципа — шесть с земной точки зрения, включая тело. Они содержат принципы от Акаши до Астрала, а также четыре низших принципа (остальные пребывают в латентном состоянии), наполненных Астральными Водами. Низший Манас носится в Астральных волнах.

7. Иисус говорит им: наполните сосуды водою. И наполнили их до верха.
В малых мистериях на кандидата воздействовали всеми силами четырех нижних планов, чтобы испытать его.
Шесть водоносов наполнялись Водой — символом Материи, — это означает, что в ходе предваряющих инициацию испытания и искушений неофита, его человеческие страстные желания «наполняются до самых краев», и он должен либо победить их, либо потерпеть неудачу. Иисус, Высший Манас, превращая эту Воду в Вино, или Божественный Дух, побеждает и наполняется Мудростью Богов. (См. гл. 15: «Я есмь истинная виноградная лоза», и т. д.). Неофиту давалась очистительная вода, чтобы он ее выпил, но в последний момент она превращалась в Вино; в Индии она превращалась в напиток Сома, Воду Вечной Жизни.

---

[1] Ср.: «Голос Безмолвия», прим. 17 к Части III.

8. И говорит им: теперь почерпните и несите к распорядителю пира. И понесли.

В обязанности «распорядителя пира» входило руководство банкетом и слугами, а также *дегустация* пищи и питья. Здесь это символизирует конклав посвященных, которые должны испытать кандидата, чтобы выяснить, готов он или потерпит неудачу. Это объясняет предложение в следующем стихе, «он не знал, откуда это вино», то есть не знал, пока кандидат не прошел испытание до конца.

9. Когда же распорядитель отведал воды, сделавшейся вином, — а он не знал, откуда это вино, знали только служители, почерпавшие воду, — тогда распорядитель зовет жениха.

Служители, или низшие «принципы», и низшие силы, испытавшие воздействие очищенной воли Христо-человека, узнали, что произошла великая перемена, и что низшие «принципы» были очищены и одухотворены.

«Жених» — это, разумеется, кандидат, который должен заключить брак со своей Высшей, или Божественной, Сущностью и стать, таким образом, Сыном Божиим.

Весьма интересно отметить, сколь сложными и запутанными были взаимосвязи между богами и богинями в древних космогониях, особенно в египетской и индийской. Одна и та же богиня приходится матерью, сестрой, дочерью и женой какому-либо богу. Такая совершенно непонятная аллегория вовсе не есть каприз разгулявшегося воображения, но представляет собой попытку объяснить аллегорическим языком взаимосвязь «принципов», или, точнее, различных аспектов одного «принципа». Так, мы можем сказать, что Буддхи (носитель Атмы) — это жена, мать, дочь и сестра высшего Манаса, или, точнее, Манаса в его связи с Буддхи, ради удобства называемого Высшим Манасом. Без Буддхи Манас был бы не более чем просто животным инстинктом, а потому Буддхи — это его мать; и Буддхи — это его порождение, дитя или потомок, потому что без оплодотворения, которого можно достигнуть только посредством Манаса, Буддхи, духовная сила, или Шакти, осталась бы неощутимой и непознаваемой.

10. И говорит ему: всякий человек подает сперва хорошее вино, а когда напьются, тогда худшее; а ты хорошее вино сберег доселе.

«Сперва» означает первое воплощение Манасапутры.

Всякому кандидату по мере его дальнейшего развития требуется все меньше и меньше хорошего вина, или Духа, ибо сам он становится этим Духом, поскольку его силы и знание увеличивают обретенное им могущество. При вступлении на Путь дается «хорошее вино», или духовный импульс, но по мере восхождения ученика вверх по лестнице, необходимость в такой помощи исчерпывает себя, ибо он все больше и больше стремится к сближению с Все-Духом.

11-13. Сюжетное повествование.

14. И нашел, что в храме продавали волов, овец и голубей, и сидели меновщики денег.

Этот стих отражает отношение посвященного к экзотерической религии и характер его деятельности после того, как он одержит победу. «Храм» здесь обозначает все внешние, экзотерические убеждения, или плотские тела.

«Волы» символизируют материальные предметы, физического человека. Во всех символогиях бык означает плотскую силу и порождающую способность. «Овцы» символизируют страсти и вожделения, подчиняющие себе человека, а «голуби» — духовные устремления. «Меновщиками денег» являются те, кто торгует духовными вещами, священнослужители, алчущие наживы.

15. И, сделав бич из веревок [символизирующих то, чем связывают страсти], выгнал из храма всех, также и овец и волов; и деньги у меновщиков рассыпал, а столы их опрокинул.

«Бич», столь часто встречающийся на египетских монументах и картушах, означает средство для обуздания страстей и низшей природы. Аналогичное значение имеет аркан Шивы, символизирующий то, чем связывают вместе и подчиняют страсти, желания и страхи.

16. И сказал продающим голубей: возьмите это отсюда и дома Отца моего не делайте домом торговли.

«Продающие голубей» — это те, кто торгует духовным знанием. «Домом Отца моего» является человеческое тело, которое есть храм Божий, что должно быть по природе своей храмом Святого Духа.

17. При сем ученики его вспомнили, что написано: ревность по доме твоем снедает меня.

Власть низшего человека поглощается высшим.

18. На это иудеи сказали: каким знамением докажешь ты нам, что имеешь власть так поступать?

Какою властью пытаешься реформировать ты общераспространенную религию, какое ты имеешь на это право?

19. Иисус сказал им в ответ: разрушьте храм сей, и я в три дня воздвигну его.

То есть, это означает, что он прошел через посвящение и умер относительно своей прежней жизни, но снова восстал из «мертвых» в «новом рождении».

20. На это сказали иудеи: сей храм строился сорок шесть лет, и ты в три дня воздвигнешь его?

Ты хочешь с тремя Огнями сделать больше, чем было сделано тогда с сорока-шестью? — Всего существует сорок девять Огней, 7×7.

ПИСТИС СОФИЯ

ВСТУПИТЕЛЬНОЕ СЛОВО К «ПИСТИС СОФИИ» В КОМЕНТАРИЯХ Е. П. БЛАВАТСКОЙ

Аскевианский кодекс в Британском музее известен под названием «Пистис София». Коптский манускрипт является полным, за немногими исключениями, отмеченными ниже, находится в прекрасном состоянии и содержит материалы валентинианской, или орфической, школы гностицизма. «Пистис София» написана на диалекте Верхнего Египта, так называемом фивейском, или саидском. Это перевод с греческого языка, поскольку весь текст изобилует греческими словами, главным образом специальными терминами и именами. Это произошло по той причине, что переводчик не смог найти подходящих терминов в коптском (фивейском, или саидском), чтобы выразить идеи, содержащиеся в греческой рукописи. Такие термины и имена были попросту транслитерированы с греческого языка. Разные компетентные ученые, изучавшие «Пистис Софию», не пришли к общему мнению относительно ее возраста, но обычно время ее написания располагают между 2 и 3 веками нашей эры. Многочисленные цитаты из Ветхого и Нового Заветов не дают ключа к более точной датировке.

Манускрипт состоит из 346 страниц, написанных на обеих сторонах пергамента в два столбца, и переплетенных подобно современным книгам. Страницы пронумерованы коптскими цифрами, удостоверяя тот факт, что лишь четыре листа (восемь страниц) были утрачены с тех пор, как рукопись была переплетена. Она содержит части пяти «книг», ни одна из которых не является полной. Рукопись является плодом работы нескольких переписчиков, которые могут быть ответственны за пропуски и повторения, которые обнаруживаются в некоторых местах. Она была названа «Пистис Софией», потому что в верхней части одной из страниц имеется едва заметная, выцветшая от времени, надпись на коптском языке «Второй том Пистис Софии». Этот манускрипт был приобретен в 1785 году Британским музеем при покупке библиотеки д-ра А. Эскью. Каким образом получил эту рукопись сам д-р Эскью, остается тайной.

Самым ранним упоминанием о рукописи «Пистис Софии» является утверждение (неподтвержденное) о том, что в 1770 г. Ч. Г. Уойд опубликовал в «British Theological Magazine» некую статью о «Пистис Софии». Дж. Р. С. Мид безуспешно пытался обнаружить такой журнал или какую-либо статью по этому вопросу, написанную примерно в это время. Ч. Г. Уойд был издателем текста Нового Завета, сопоставленного со знаменитым Александрийским кодексом. Он считал временем написания рукописи «Пистис Софии» третье столетие нашей эры. В 1773 и 1778 годах статьи Уойда о «Пистис Софии» появились в журналах, выходящих во Франции и в Германии. В 1779 году Уойд от руки скопировал весь манускрипт Эскью и «Бруцианский сборник», но тогда никакого перевода опубликовано не было. В 1838—1840 годах манускрипт был скопирован французским ученым Дюлаурье, но перевод опять-таки не увидел свет.

В 1848 году М. Г. Шварц снял копию с рукописи «Пистис Софии» и сделал ее латинский перевод, который был отредактирован после его смерти Ю. Г. Петерманном и опубликован в 1851 году. Все ранние переводы «Пистис Софии» на английский язык являются переводами с латинской версии Шварца.

Впервые частичный английский перевод был опубликован Ч. У. Кингом во втором издании (1887) его сочинения «Гностики и их реликвии». Этот фрагмент состоит из нескольких страниц, переведенных с латинского текста Шварцом. Некий анонимный перевод на французский язык, который появился в «Словаре апокрифов» Миня, Дж. Р. С. Мид называет «... весьма жалким трудом, который зачастую является скорее пересказом перевода Шварца, чем переводом».[1] В период между публикацией латинского текста и концом столетия появились многочисленные ученые статьи. В 1895 году Э. Амелинью опубликовал французский перевод с коптского текста. В 1905 году К. Шмидт напечатал немецкий перевод с коптского оригинала, который считается весьма точным, а в 1924 году замечательный перевод с коптского на английский язык был опубликован Джорджем Хорнером. Это был первый перевод на английский язык непосредственно с коптского. Он обозначен как «буквальный перевод», и хотя он и не всегда читается столь же легко и просто, как некоторые более вольные переводы, он сохранил столь близко, насколько это возможно в английском языке, точное словоупотребление, а в некоторых случаях — несомненные ключи к тому смыслу, который вкладывали авторы текста. Английский перевод Хорнера сопровождается весьма тонким и подробным Введением Фрэнсиса Легга.

В 1890—1891 годах Дж. Р. С. Мид опубликовал в журнале Е. П. Блаватской «Люцифер» перевод на английский язык двух первых «книг», то есть около половины текста «Пистис Софии». Это был опять-таки перевод с латинского текста Шварца, и это был первый английский перевод, за исключением нескольких страниц, опубликованных во втором издании «Гностиков и их реликвий». К тексту перевода в «Люцифере» прилагались объемистые комментарии. В 1896 году Мид опубликовал полный перевод этого сочинения с замечательным Введением, но без примечаний или

---

[1] «Пистис София», изд. 1921 г., стр. 55.

комментариев к тексту. Во Введении (стр. xxxv) он говорит: «Я снова перечитал все и сравнил с версией Амелинью», а на стр. xxxvi: «В 1890 году я уже перевел латинский текст Шварца на английский язык и опубликовал страницы 1—252 с комментариями, замечаниями и т. д. в журнале, начиная с апреля 1890 г. и по апрель 1891 г.». Упомянутым журналом, несомненно, является «Люцифер», издаваемый Е. П. Блаватской, и в этом месте Мид единственный раз упоминает о комментариях и примечаниях в «Люцифере». Во «Фрагментах о забытой вере», стр. 456, Мид пишет:

«Когда в 1896 году я опубликовал перевод «Пистис Софии», я намеревался сопроводить его комментарием, но очень скоро я обнаружил, что несмотря на годы работы, которые я уже посвятил гностицизму, мне еще предстоят долгие годы труда, прежде чем я смогу убедить себя, что я обладаю достаточным правом, чтобы попытаться выполнить эту задачу в некоем действительно удовлетворительном виде; поэтому я оставил эту задачу себе на будущее».

После смерти Мида в 1933 году, тщательные разыскания в его неопубликованных рукописях, проведенные Джоном М. Уоткинсом, наследником его сочинений, с целью разыскать что-либо относящееся к «Пистис Софии», не увенчались успехом.

«Новое и полностью переработанное» издание «Пистис Софии» было опубликовано Мидом в 1921 году также без примечаний и комментариев. Этот перевод был самым тщательным образом сравнен с немецким переводом Шмидта[1] с коптского текста (1905 г.). В Предисловии, на стр. xx, Мид говорит: «Второе издание — это по сути дела новая книга».

Существует также рукопись Ф. А. Малпаса (1875-1958), в течение долгих лет изучавшего теософию, содержащая перевод «Пистис Софии» вместе с примечаниями и ком-

---

[1] Изд. Петерманна-Шварца; новый перевод К. Шмидта, «Коптско-гностические сочинения» (1905), в серии «Греческие христианские писатели первых трех веков».

ментариями из «Люцифера» и выдержками из сочинений отцов церкви. Перевод «Пистис Софии» м-ра Малпаса несомненно является плодом пересмотра латинского, немецкого и французского переводов.

Как уже отмечалось, перевод «Пистис Софии», опубликованный в «Люцифере», был вытеснен лучшими переводами, включая и более позднее издание 1921 года, выполненное самим Мидом. Текст, появившийся в «Люцифере» (тома 6, 7 и 8), неполон, содержит в себе многочисленные сокращения и краткие изложения повторяющихся отрывков.

Тех читателей, кто хочет изучить полный текст «Пистис Софии», мы отсылаем к изданию 1921 г. «Пистис Софии» Мида или к «Пистис Софии» Джорджа Хорнера с «Введением» Ф. Легга. Введения к обоим этим изданиям весьма ценны, так как они показывают точки зрения двух совершенно различных методов научного приближения как к самой «Пистис Софии», так и к гностицизму в целом.

Для того, чтобы сделать более понятными примечания и комментарии Е. П. Б., мы приведем только необходимые отрывки из рецензии Мида в «Люцифере».

Цитаты из Библии в данном Введении сделаны в соответствии с авторизованной версией (Короля Якова), *Oxford University Press*. Цитаты из отцов церкви взяты из «Доникейских отцов», изданных преподобным Александром Робертсом, докт. богослов., и Джеймсом Дональдсоном, докт. права (американский репринт с эдинбургского издания). Выдержки из сочинений отцов церкви, содержащиеся в комментариях Е. П. Б., взяты из некоторых других английских изданий или, быть может, переведены с французского издания. Ссылки, которые даются Е. П. Б. на номер книги, главы или отдела, не всегда соответствуют положению цитируемого отрывка в американском издании. Насколько нам известно, нет ни одного английского перевода «Панариона» Епифания, и весьма возможно, что его отрывки были переведены с оригинальных текстов, изданных Мином.

Цитаты из «Тайной Доктрины» основываются на ее первом издании 1888 года.

Весьма полезное определение значения названия было предложено Ф. А. Малпасом:

«Название «Пистис София» — это комбинация двух греческих имен существительных, обычно переводимых как «вера» и «мудрость». Но Е. П. Блаватская ясно показывает, что вера в современном значении этого слова совершенно неадекватно передает термин Пистис. Его лучше определить как интуитивное знание, или знание, которое еще не явлено простому разуму, хотя уже ощущается душой как истинное. Это определение оставляет путь открытым для догматиков, которые могут сказать, что это означает именно то, что они именуют верой, и что добросовестному исследователю нужно быть осторожным в использовании догматических определений души и разума и остерегаться предположения о том, что Пистис имеет что-то общее в «верой» в вещи, которые не могут быть постигнуты другим путем. Но слишком часто «вера» является лишь другим названием для «самоубеждения», которое может и не быть заблуждением, но обычно все же является им, в одной из его обворожительных форм. Вся эта книга в высшей степени поучительна для понимания того, что такое в действительности Пистис. Нельзя переоценить всю важность правильного понимания этого слова для изучающих Новый Завет, хотя очевидно, что Павел был гностиком, используя гностический термин в его техническом смысле, и сколь бы ни было приятно придавать ему совершенно иной смысл, он не имел и не имеет того значения, которое обычно дается ему европейцами в наши дни. В драме Пистис Софии и ее страданиях становится совершенно ясно, что ее невыразимая интуиция о том, что она будет спасена своей божественной частью, — это и есть связующее звено, которое дает возможность этой божественной части спасти ее. Это реальное доказательство того, что она еще не окончательно потеряна и в конце концов будет полностью оправдана. Книга Иова, другая драма посвящения, учит тому же самому уроку в древнеегипетском окружении...»

Гностицизм был синкретическим философски-религиозным движением, включавшим в себя все многочисленные системы воззрений и верований, которые преобладали в первые два столетия христианской эры. Возникнув в дохристианские времена, он соединил в себе разнообразные элементы вавилонской, иудейской, персидской, египетской и греческой метафизики с некоторыми учениями раннего христианства.

Гностицизм производит свое название от греческого слова гнозис, γνωσις, «знание», — скорее особое духовное знание или эзотерическая мудрость, некое знание, недостижимое при помощи обычных интеллектуальных процессов и приобретаемое лишь мистическим просветлением или пробуждением буддхических элементов в человеке. Особый упор на знание как средство достижения некоего высшего эволюционного уровня и претензия на то, что это знание содержится в собственном учении, — это общие и характерные черты многочисленных групп, в которых себя исторически выражало гностическое движение, хотя среди них было лишь немного таких, члены которых специально называли себя «гностиками» (от греч. «гностикос», γνωστικος, лат. gnosticus), «Знающими».[1]

Б. Цирков

---

[1] Английское слово «знать», *to know*, соответствует среднеанглийскому *knowen, knawen*; англо-саксонскому *cnawan*; древнему верхнегерманскому *knaan*; древненорвежскому *kna*; старославянскому *znati* (знать); латинскому *gnoscere, noscere*; греческому *gignoskein*; санскритскому *janati* (знает); литовскому *zinoti* (знать); готскому *kunnan*.

«ПИСТИС СОФИЯ»
Комментарии

1. Это случилось, когда Иисус восстал из мертвых и провел одиннадцать лет [1] говоря со своими учениками и уча их только до Областей [2] Первых Заповедей [3] и Первой Тайны, Тайны под Покровом, внутри Первой Заповеди, а именно, Двадцать-Четвертой Тайне, и после этих [Заповедей], которые находятся во *Второй Сфере Первой Тайны*, которая предстоит всем Тайнам и есть *Отец в облике Голубя*, [4] Иисус сказал своим ученикам: «Я пришел из Первой Тайны, *которая есть также и Последняя,* [5] Двадцать-Четвертая Тайна». Тогда ученики не знали этой Тайны, не понимали ее, потому что [как они предполагали] не было ничего внутри этой Тайны...

---

[1] Число одиннадцать дает нам ключ к этой ситуации. Одиннадцатое испытание или ступень посвящения была благополучно пройдена, и теперь происходило вхождение в двенадцатую и последнюю, которая, если кандидат достигал успеха, увенчивала всю *работу*. Геркулес должен был приступить к совершению своего двенадцатого подвига, и солнце вступает в двенадцатый знак Зодиака. Даже народная присказка «в одиннадцатый час» является эхом этой тайны. Во втором томе «Dogme et Rituel de la Haute Magie» (стр. 386 и далее) Элифас Леви показывает *никтамерон* Аполлония Тианского. *Никтамерон* означает время дня и ночи, или двадцать четыре часа. Каждый градус посвящения имеет две ступени, в целом двадцать четыре. Это объясняет смысл «Первой Тайны, которая есть Двадцать-Четвертая» в тексте. Читателей сочинения аббата Констана, незнакомых с греческим языком, следует предупредить о

том, что французские слова под греческим текстом — это даже не некий туманный его пересказ, но просто идеи Леви по поводу текста. Однако он совершенно прав, говоря, что «эти двенадцать символических часов, которые можно сравнить с двенадцатью знаками зодиака и подвигами Геркулеса, воспроизводят ступени Посвящения». (См. «Тайную Доктрину», I, 450.)

[2] Греческое слово, переведенное как «Область», есть *топос*; оно соответствует санскритскому слову *лока*. Во втором томе «Тайной Доктрины», на стр. 174 говорится, что «Самджна, дочь Вишвакармана, вышла замуж за Солнце, и, [неспособная вынести жара своего господина], отдала ему свою *чхайю* (тень, образ, или астральное тело), в то время как она сама удалилась в джунгли для совершения религиозных обрядов, или *тапаса*». *Verb. Sap.* [Умный понимает с полуслова].

[3] В масонских ложах *тилер* (страж у дверей ложи) требует от ученика или кандидата произнесения сакраментальных слов, повторяющих таким образом древнюю формулу. Как прекрасно доказал Регон, следуя оккультной традиции, масонство было вынужденным продуктом гностических мистерий, рожденным в результате компромисса между политическим христианством и гностицизмом.

[4] *Голубь*. Сравни: «Ты есть Первая Тайна, если смотреть изнутри, ты пришел из Небесных сфер и Тайн Царства Света, и ты снизошел на Покров Света, который ты получил от Барбело, чье покрывало есть Иисус, наш Спаситель, на которого ты опустился в облике Голубя». (Стр. 128 коптского текста Шварца.) *Вторая* Сфера *Первой* Тайны соответствует в эзотерическом языке второму плану сознания изнутри или сверху, на котором находится *буддхи* (духовная душа), носитель *Атмана* (универсального духа), «Первой Тайны», которая является также и «последней Тайной» в бесконечном цикле эманации и повторного поглощения. В египетском эзотеризме гностический «символ голубя» был представлен глифом *крылатого* земного шара. Голубь, который опустился на Иисуса во время его крещения, —

это типичное сознательное «нисхождение» «высшей личности», или души (атма-буддхи) на манас, высшее Эго; или же, другими словами, соединение в ходе посвящения *Христоса* с *Хрестосом*, или непреходящей «индивидуальностью» *во Всем* — с трансцендентной персональностью, Адептом.

[5] *Последняя Тайна*. Таким же самым образом, как атман есть первый или седьмой принцип, что было объяснено ранее.

---

2. Кроме того, Иисус не рассказал своим ученикам обо всем, что исходит из всех Областей Великого Невидимого и о Трех Троичных Силах, и о Двадцати-Четырех Невидимых,[1] и обо всех Областях, Эонах и Порядках, [а именно] о способе, которым распределены последние, являющиеся также Проекциями Великого Невидимого.

Также [не сказал он об] их Нерожденных, Саморожденных и Порожденных,[2] об их Дарующих Свет и Не Имеющих Пары,[3] их Правителях и Силах, их Господах и Архангелах, их Ангелах и Деканах, их Слугах и о всех Домах их Сфер, и о Порядках каждого из них.

Не говорил Иисус своим ученикам о всей эманации Проекций Сокровища, и их Порядках, также об их Спасителях[4] и их Порядках...

---

[1] Троичные силы являются одним из аспектов троичного *Логоса*, а 24 невидимых — это 21 (7 x 3) исходящий луч с их тремя *логоями*.

[2] Или Вечных, *нерожденных* силах — *Аджа* на санскрите; Саморожденном, *Анупападака* (не имеющем родителей), Самосущем — *Сваямбху* на санскрите; и порожденном, включая сюда и эманации от высших Эманаций (чет-

вертого плана), и эманации дхиан-коганов и девов, которые были людьми, то есть, уже прошли через манасический цикл.

[3] *Не Имеющие Пары*. «Вечные девственники», *кумары*; буквально те, кто не имеет *сизиги*, пары или партнера. Именно иерархия кумаров воплощается в человека как его высшее Эго или манас.

[4] *Их Спасители*. Шкала Эманаций или Проекций. На страницах 190 и 191 дается шкала двенадцати Спасителей. Первые семь управляют проекциями или эманациями семи Звуков, Гласных или аминь, а последние пять правят пятью Деревьями; и все они — от Сокровища Света.

---

3. ... ни об Области Спасителя Близнецов, который есть Дитя Ребенка;[1] ни в какие Области изошли три Аминь; ни об Области Пяти Деревьев и Семи Аминь, которые суть также Семь Звуков,[2] согласно способу своего исхождения.

Не рассказал Иисус своим ученикам и о том, каковы Пять Помощников и какова Область их эманации; ни о Пяти Печатях и Пяти Заповедях, и каким образом они развиваются...[3]

---

[1] «Дитя Ребенка» — это манас, ребенок буддхи на высшем плане, и низший манас, дитя высшего, на низшем полу-человеческом плане. «Близнецы» — это дуальный манас в эзотеризме.

[2] «Три аминь» — это высшая *триада* в септенарном человека; область «Пяти Деревьев» — это земля и местности, на которых развивались нынешняя и прошлые Пять Коренных Рас. «Семь аминь» и «Семь Звуков» идентичны с «*Семью Аум* и Семью Мистическими Звуками», «голосом *внутреннего* Бога» (см. «Голос Безмолвия», стр. 9 и 10). «Семь громов», о которых говорится в Откровении — это типичное представление той же самой мистерии духовного

посвящения. Опять-таки, в макрокосмическом аспекте Семь аминь суть семь лучей каждого из «Трех аминь», образующих «Двадцать четыре Невидимых», и так далее *ad infinitum* [до бесконечности].

³ *Первая Заповедь и т.д.* Поскольку некоторые из этих терминов в некоторой степени объясняются в дальнейшем, нет никакой необходимости глубоко вдаваться в подробное исследование этих иерархий. Для общего ознакомления изучающим следует сравнить с «Тайной Доктриной», I, стр. 213, 435, а также с 1-ой частью «Трудов Ложи Блаватской».

---

4. ... Поэтому они думали, что это было Концом всех Концов, сущностью Вселенной, и всецелой Плеромой. ¹

...мы получили всю полноту [плерому] и совершенство...

Это было на пятнадцатый день луны месяца Тоб, ² день полной луны, когда солнце поднялось на своем пути так, что после того возник великий поток сияющего света ³ неизмеримой яркости...

---

¹ *Плерома.* См. «Тайную Доктрину», I, сс. 406, 416, 448; II, сс. 79, 506, и «Разоблаченную Изиду», I, 302. С эзотерической точки зрения, Плерома в гностической схеме соответствует абсолютному пространству с его семью планами или ступенями Сознания *и всем остальным.* См. отрывок о «Семислойной Вечной Матери-Отце» в «Тайной Доктрине», I, 9, а также в части 1 «Трудов Ложи Блаватской».

² Месяц Тов, или Тевет. Продолжается от 20 декабря до 18 января.

³ Разница между словами *lux* и *lumen*, которые означают «свет», сохранена в английском переводе тем, что слово «свет» напечатано с заглавной буквы тогда, когда она обозначает *lumen*.

6. ... Тогда это было сделано на пятнадцатый день месяца Тов, *в день полнолуния*. [1]

[1] Эта дата доказывает, что все вышеприведенное есть описание мистерий, все великие посвящения происходили при полной луне.

7. И *пели гимны* [1] все Ангелы и их Архангелы и все Силы Небесные...

[1] См. «Голос Безмолвия», стр. 65, где гимн природы провозглашает: «Учитель восстал, УЧИТЕЛЬ ЭТОГО ДНЯ», а также стр. 72.

8. ... И три степени Света имели различную яркость и аспект, бесконечным образом превосходя друг друга... [1]

[1] На странице 71 [«Голоса»] описаны три Мантии или Покрова. В буддизме три буддхических тела или формы называются таким образом: *нирманакайя*, *самбхогакайя* и *дхармакайя*, как сообщается об этом в Словаре «Голоса Безмолвия» (стр. 96), в котором и следует искать полного описания.

9. «...говорить с вами от Начала [Архе] до Завершения [Плерома]...»

11. «...когда я пришел в этот Мир, я принес с собой двенадцать Сил, как я говорил вам в самом начале. Я взял их у Двенадцати Спасителей Сокровища Света по приказу Первой Тайны. Таким вот образом, когда я пришел в этот мир, я погрузился во *чрево* ваших матерей, которые ныне находятся в вашем теле... [1]

Ибо *все люди в этом Мире получили свою Душу от Правителей Эонов*.² Но Сила, которая есть в вас, есть во мне. Поистине ваша душа принадлежит Небесам».³

---

¹ Обратите внимание, что слова «чрево» и «тело» употреблены в единственном числе.

² Согласно тому, как учит эзотерическая философия, четыре низших человеческих принципа, то есть, *тело, двойник, жизнь* и *инстинкт* (животная душа, или *кама*, принцип страсти), получаются человеком от планетарных иерархий и правителей низших земных сфер — планов *рупа*.

Сравните со шлоками «Дзиан» в «Тайной Доктрине», том 2, станс IV, 16-17.

«Как же рождаются Мануши? Ману, обладающие разумом, как создались они? Отцы призвали на помощь свой собственный Огонь, который есть Огонь, горящий в Земле. Дух Земли призвал себе на помощь Солнечный Огонь. Эти трое создали совместными усилиями пригодную Рупу. Она могла стоять, ходить, бегать, лежать или летать. Но, все же, она была лишь Чхайя, Тень, лишённая разума... Дыхание нуждалось в Форме; Отцы дали ее. Дыхание нуждалось в Плотном Теле; Земля сформировала его. Дыхание нуждалось в Духе Жизни; Солнечные Лха вдохнули его в форму ее. Дыхание нуждалось в Зеркале Тела своего; «Мы дали ему наше собственное!» — сказали Дхиани. Дыхание нуждалось в Носителе Желаний; «Оно имеет его!» — сказал Осушитель Вод. Но Дыхание нуждается в Разуме, чтобы объять Вселенную; «Мы не можем дать это!» — сказали Отцы. «Я никогда не имел его!» — сказал Дух Земли. «Форма сгорит, если я дам ей свой!» — сказал Великий Огонь...»

³ *Небеса*. Арупа, или лишенные формы планы, которые показывают этого «Иисуса» в виде махатмического прототипа, высшего манаса.

12. «...Правители эонов не знали меня, но думали, что я был ангел Гавриил». ¹

«Это случилось, когда я явился средь Правителей Эонов, и, взирая свыше на Мир людской, я обнаружил Элизабет, мать Иоанна Крестителя, прежде чем она зачала его. Я посадил в нее Силу, которую я получил от Малого ИАО, Добра, который пребывает в Середине, ² чтобы он проповедовал передо мной и подготовил мне путь, и крестил водой для отпущения грехов. Таким образом, эта Сила *есть* ³ в теле Иоанна. Кроме того, вместо Души Правителей, предназначенной для ее получения, я обнаружил Душу пророка Илии в Эонах Сферы... ⁴ Так Сила Малого ИАО, ⁵ Добра, который пребывает в Середине, и Душа пророка Илии, соединились вместе в теле Иоанна Крестителя».

---

¹ *Гавриил*. См. «Разоблаченную Изиду», II, стр. 247.
² *Середина*. То есть, следует понимать, что посаженная (или посеянная) Сила является отражением Высшего Эго, или низшего *кама-манаса*.
³ *Есть в теле Иоанна*. Обратите внимание на настоящее время, поскольку ортодоксальный Иоанн умер за много лет до того.
⁴ *Эоны Сферы*. Здесь любопытно наблюдать взаимозаменяемость терминов; в конце стр. 12 мы видим Правителей Сферы и Правителей Эонов, а теперь мы видим Эонов Сферы и, немного ниже, Сферу Правителей. Все это специально предназначено для запутывания читателя.
⁵ *Малый ИАО*. На стр. 194 мы читаем о «великом Вожде Середины, которого *Правители Эонов* называют *Великим ИАО*, в соответствии с именем великого Правителя, который есть в их Области, ... и о двенадцати Служителях (Диаконах),

благодаря которым он получает Форму и Силу». «Как наверху, так и внизу»; этот бесспорный дуализм всецело сохраняется во всех эзотерических системах. — «*Daemon est Deus inversus*» [Демон — это перевернутый Бог].

Ипполит, епископ Остийский, совершенно прав, сравнивая валентинианскую систему с системами Пифагора и Платона, и утверждая, что она имела некое математическое основание.[1] *Гнозис* во все времена и во всех странах основывался на *естественных законах*, а различные ветви математической науки — это просто способы выражения этих законов. Для того, чтобы реабилитировать эти тонкие и древние системы и доказать, что они базировались на чем-то большем, чем «суеверное воображение», нам будет необходимо предложить читателям несколько рисунков и дать несколько кратких советов или намеков о том, каким образом попытаться понять их. Однако, следует помнить, что поскольку подобные изображения являются *бесконечными*, и перемещения и комбинации их свойств, связей и качеств равным образом бесконечны, то в рамках короткой статьи может быть дан лишь их очень грубый и приблизительный эскиз. Однако, так как в дальнейшем изложении на эти рисунки будут делаться весьма частые ссылки, читателю необходимо овладеть их общей схемой в самом начале нашего предприятия. Мы надеемся, что благодаря этим изображениям читатели получат настолько ясное, насколько это возможно, доказательство того, что, как говорил Платон, «Бог все время геометризирует».

ГЕОМЕТРИЧЕСКИЙ СИМВОЛИЗМ

Сперва . (точка), *монада*, битос (бездна), неведомый и непостижимый Отец. Затем ∆ (треугольник), битос и первая изошедшая пара, или *дуада*, ноус (ум) и его сизигий алетейя (истина). Затем □ (квадрат), двойная *дуада, тетрактис*, или *кватернарий*, двое мужского ∥, логос (слово) и

---

[1] «Опровержение всех ересей», более широко известное как «Философумены», Книга VI, главы 25—31.

антропос (человек), и двое женщинского пола, их сизигии, зое (жизнь) и экклесия (церковь или собрание), *всего семь*. Треугольник — это *потенциальность* Духа; квадрат — это *потенциальность* материи; прямая вертикальная линия — это *могущество* Духа, а горизонтальная — *могущество* материи. После этого идет пентаграмма ☆ *пентада*, таинственный символ манасапутров, или сынов Мудрости, которые вместе со своими сизигиями составляют число 10, или *декаду*; самая последняя из всех, гексалфа, или переплетенные треугольники ✡ *гексады*, которые вместе со своими сизигиями составляют число 12, или *додекаду*. Таковы составляющие плеромы, или полноты, *Идеи в Божественном Разуме*, в целом 28, поскольку битос, или Отец, не входит в их число, ибо он есть *Корень* всего. Два маленьких круга *внутри* плеромы представляют собой сизигий Христос-Пневма (Христа и Святого Духа); они суть *последующая* эманация, и, как таковые, в одном аспекте олицетворяют нисхождение Духа для просвещения и развития материи, которая *по своей сущности* происходит из того же самого источника; а в другом аспекте — нисхождение или воплощение кумаров или Высших Эго человечества.

Круг плеромы поддерживается и ограничивается окружностью, которая эманировала из битоса (точки) и которую называют Гор (предел), Ставр (опора, столб или крест) и Метэх [Μετεχω] (разделитель); он изолирует плерому (или полноту) от гистермы (Неполноты), большой круг от меньшего круга, непроявленное от проявленного. Внутри круга гистермы находится квадрат примордиальной материи, или Хаоса, созданного благодаря Софии, называемого эктромой (или недоношенной). Над ним располагается треугольник, *примордиальный Дух*, называемый совокупным плодом плеромы, или Иисусом, ибо для всех, кто ниже плеромы, она кажется неким единством. Обратите внимание, что треугольник и квадрат гистермы являются отражением треугольника и квадрата плеромы. И, наконец, поверхность листа бумаги, включающая в себя все и всепроникающая, есть сиге (безмолвие).

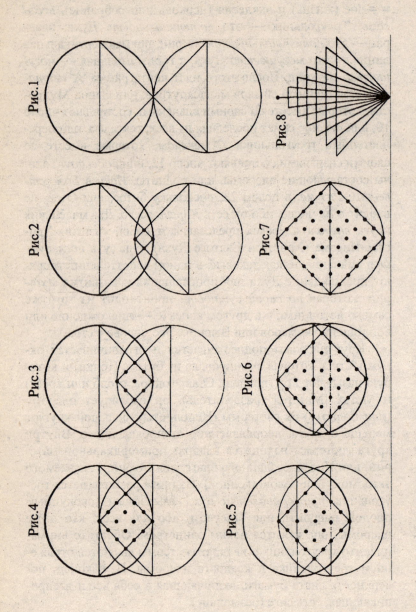

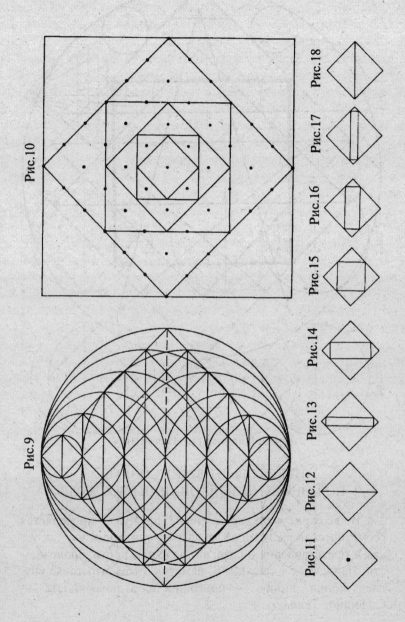

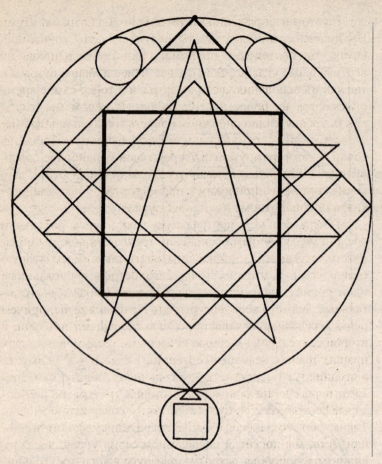

Карта Плеромы по Валентину

НЕКОТОРЫЕ ОБЩИЕ СОВЕТЫ
ПО ПОВОДУ ИСТОЛКОВАНИЯ РИСУНКОВ

Во всех рисунках, кроме рис. 8, прекрасно проявляется герметическая аксиома «Как вверху, так и внизу», так же как и представление о сизигии, паре или противоположности. Начнем же с рисунка 8, памятуя о том, что точка создает линию, линия — поверхность, а поверхность — Сплошное Тело.

На этом изображении мы имеем символ Огня или Духа. Вертикальная линия в центре рисунка — это тончайший Огонь; он постепенно принимает вид треугольников, их вертикальные углы становятся все менее и менее острыми, так как их основания увеличиваются и в то же самое время опускаются на более низкие уровни. В целом мы имеем шесть уровней или оснований, и шесть треугольников, вместе с точкой — семь. Седьмая фигура, произошедшая из точки — это прямоугольный треугольник, наиболее совершенный. Чем более острый угол, тем тоньше Огонь, и в конце концов мы приходим к прямому углу, точке равновесия, или поворотному пункту всех углов.

Теперь возьмем центральную точку всего рисунка и соединим ее с концами оснований треугольников; мы обнаружим, что вместе с точкой мы опять-таки имеем вторую серию семи, а именно, точку, два острых треугольника, один прямоугольный, два тупых треугольника, и горизонтальный диаметр всей фигуры. Это — планы *рупы*, причем первый септенарий является семью *огненными* логоями, а второй септенарий — семью небесными телами на четырех низших планах великого септената, и т.д., и т.д. Обратите внимание и на серии четырехугольников, образуемых точками пересечений оснований и сторон треугольников, которые состоят из 2, 4, 6, 8 и 10 штук — совершенное число. Таким образом, начав с нашей перпендикулярной линии, или *Духа*, мы достигли посредством серии углов, через их видоизменяющуюся остроту, прямоугольного треугольника, и перешли от него через разнообразие тупых углов — к горизонтальному диаметру, *материи*.

Этот значительный факт можно более ясно увидеть в рис. 11—18, где те же самые серии прослеживаются в виде прямоугольников, пунктом равновесия которых является квадрат. Безусловно, следует помнить, что здесь даются только *совершенные типы*, а число промежуточных типов бесконечно. Например для того, чтобы перейти от рис. 11 к рис. 12 требуется бесконечное число точек; от рис. 12 к рис. 13 — бесконечное число линий; от рис. 13 к рис. 14 —

бесконечное количество промежуточных фигур, и так далее, семь бесконечностей и семь вечностей в целом.

В этих рисунках следует также отметить, что вертикаль расширилась и снова сузилась в горизонталь, но при этом изменила направление, другими словами, колесо повернулось. В одной из последующих статей мы надеемся показать происхождение *свастики* и ее связь с этими рисунками.

Получив теперь нашу самую совершенную треугольную фигуру, а именно, прямоугольный треугольник, мы  перейдем теперь к рассмотрению действия пары таких треугольников. В серии рисунков 1—8 мы видим треугольник Духа с вершиной, обращенной вверх, и треугольник материи с его вершиной, обращенной вниз. Пусть тот, кто хочет понять смысл двух кругов, окружающих эти треугольники и постепенно проникающих друг в друга, пока они в конце концов не становятся *одним* (рис. 7), вспомнит кадуцей и подумает о том, что сказано в «Тайной Доктрине» (том I, стр. 550 и далее) о «лемнискате», а также о развитии зародышевой клетки (том II, стр. 117 и далее).

Эти треугольники при своем пересечении создают квадраты, и мы получаем следующие серии порожденных при этом точек: 1, 4, 9, 16, 25, 36 и 49, то есть: $1^2, 2^2, 3^2, 4^2, 5^2, 6^2$ и 7^2.

Таковы порожденные *сорок девять огней*.

На *четвертом* уровне первичный тип веретенообразной фигуры ⧖ повторяется, но как некая *дуальность*; в двух последующих рисунках эта дуальность повторяется но имеет все меньший и меньший размер, пока она в рис. 8 не *исчезает полностью*.

Если мы теперь соединим наши прошлые изображения вместе, мы получим рис. 9. Все произошло из точки (первого логоса). Так, из нее мы имеем шесть нисходящих треугольников и шесть сфер материи, которые вместе с точкой составляют число семь. Точно так же обстоит дело и с менее отчетливо видными треугольниками и кругами духа, которые восходят вверх. И все же две точки отправления *по своей сути едины* в своей природе. Горизонтальный диаметр не является ни тьмой, ни светом, ни духом, ни материей, так же как и самый большой круг, очерчивающий его.

Рис. 10 является увеличенным изображением рис. 7. Это *развернутая пирамида* и «четвероликий Брахма», «четыре махараджи», и т.д., и все четырехчастные; это есть также раскрытие Тетрактиса. Обратите внимание на две серии, в каждой из которых есть три квадрата, и точку в центре, вместе составляющие число семь. Отметим также, что квадрат *двенадцати огней* ограничен треугольниками *десяти*. Изображением пифагорейского тетрактиса был треугольник, содержащий *десять* йод.

Наша фигура имела бы *совершенную* форму, если бы углы были загнуты к центральной точке, огни, или сизигии, совпадали, и этот процесс мог бы повторяться до тех пор, пока вся фигура не исчезла бы в точке. Но в природе этот тип несовершенен, и огни находятся на разных расстояниях, так что при загибании четырех углов образуется *трехмерная* пирамида, причем ее духовная ось и материальные диаметры,

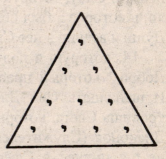

лежащие в основании, видоизменяются пропорционально соотношению духа и материи в каждом проявлении.

Рис. 7 покажет нам все наши пары и посвятит нас в тайну отражения. Так, мы видим 2 единицы, 2 двойки, 2 тройки, 2 четверки, 2 пятерки, 2 шестерки и лишь *одну* семерку. Мы имеем здесь все таинственные гностические числа; от 1 до 7, затем 8, или *огдоаду*, 10, или *декаду*, и 12, или *додекаду*.

Поистине, об этом можно было бы написать еще очень много; однако и того, что уже было сказано, вполне достаточно, чтобы привлечь внимание читателей к тайне *сорока девяти огней* и дать им ключ к постижению гностических авторов, которые до сих пор кажутся безнадёжно тёмными современным исследователям.

Что касается рисунков, следует ясно осознавать, что в действительности нет ни верха, ни низа, ни вершины, ни дна. Однако можно высказать предположение, что было бы предпочтительно перевернуть рис. 8 так, чтобы точка находилась бы на вершине.

---

13. «Кроме того, после всего этого я взглянул вниз в Мир Людей и нашёл Марию, которую называют моей Матерью по природе этого Материального тела (Гиль); кроме того, я говорил с ней в образе Гавриила, [1] и когда она отправилась ко мне на Небеса (то есть, в Плерому), я вселил в неё первую Силу, которую я получил от Барбело, [2] Тело, в которое я был облечён на Небесах. И вместо Души я вселил в неё Силу,

14. которую я получил от Великого Саваофа, Добра, [3] который пребывает в Правой Области. [4] И двенадцать Сил Двенадцати Спасителей [5] Сокровища Света, которые я получил от двенадцати Диаконов (Служителей), находящихся в Середине, [6] я принёс в Сферу Правителей, и Деканы [7] Правителей и их Служители думали, что это души Правителей: и Служители сопровождали их. Я соединил их в теле ваших матерей. И когда ваше время исполнилось, они принесли вас в этот Мир, причём в вас не было Души Правителей. И вы получили вашу порцию Силы, которую последний Помощник вдохнул в Смесь (*Керасмос*, см. таблицу I), которая была смешана со всеми Невидимы-

ми, Правителями и Эонами; лишь однажды она была смешана с Миром Разрушения; эту (Силу) я принес *изнутри Себя* (то есть, Двадцать-Четвертой Тайны) в самом начале и вселил ее в Первую Заповедь; а Первая Заповедь вселила ее часть в Великий Свет; а Великий Свет внедрил часть того, что им было получено, в Пять Помощников; а последний Помощник получил эту часть и влил ее в Смесь. [8]

15. Таково свойство всех вещей, которые есть в этой Смеси, как я рассказал вам.

---

[1] *Гавриил.* В системе Юстина («Философумены», V, 26) первая триада описана как состоящая из двух мужских принципов и одного женского. Первый мужской принцип назван Добром и наделен универсальным предвидением; второй, Элохим, является (совокупным) отцом всех творений или порождений, он не обладает предвидением и слеп. Третий, женский принцип, также лишенный предвидения, колеблющийся и нерешительный, имеет двойное тело, или два тела, причем он выглядит как дева в верхней части и как змея в нижней (астрономически это Дева-Скорпион древнего Зодиака); его имя — Эдем или Израиль. В Элохим и Эдем возникло желание друг друга, и из их соединения родились двадцать четыре Ангела, двенадцать из которых называют отцовскими, а двенадцать — материнскими. Среди двенадцать отцовских ангелов и находится *Гавриил*. Эти двенадцать конечно же являются двенадцатью знаками Зодиака, и т.д., в соответствии с применяемым ключом. В Талмуде и Каббале Эдем называется «Садом Наслаждения» и рассматривается отцами церкви как изображение *йони* после совершения первородного греха. Гностики, напротив, объясняли этот термин в его наиболее духовном и метафизическом смысле, рассматривая его космогоническое и теогоническое значение и игнорируя его материальное и физиологическое истолкование.

В сочинении «Adversum Celsus»[1] Ориген довольно многословно и презрительно обсуждает «ненавистную диаграмму» офитов, на которую ссылался его оппонент Цельс. В нем *Гавриил* является *четвертым* из «*семи* управляющих Даймонов», ибо мы читаем: «Кроме того, Цельс утверждает, что «четвертый имел облик орла»; диаграмма изображает его как Гавриила, подобного орлу». В древней астрологии говорилось, что Гавриил правит под знаком Тельца и Луны.

Опять-таки египтяне, согласно Плутарху,[2] наделяли луну некой мужской и некой женской природой (*phusin arsenothelun*). В ходе празднований Луноса-Луны во время весеннего равноденствия, когда солнце находилось в созвездии Тельца, мужчины приносили жертвы Луносу, а женщины — Луне, *и люди одного пола надевали на себя одежды другого*. Кроме того, бык (Телец) у древних народов был символом порождения, и в символизме митраических Мистерий посвященный погружал меч или ятаган в глотку распростертого *быка*. Сравни все это с «Голосом Безмолвия»:

«Перед тем, как вступить на путь, ты должен *разрушить свое лунарное тело*, очистить свое разумное тело и сделать чистым свое сердце...»

«Прежде чем «Мистическая Сила» сможет сделать из тебя бога, о Лану, ты должен обрести *способность по своей воле убивать в себе свою лунарную форму*».

---

[1] Ориген: «Против Цельса», VI, 30. В «Доникейских Отцах», том IV, стр. 586.

[2] Плутарх: «Моралии», «Изида и Осирис», гл. 43.

Когда мы сопоставим все это с тем, что говорится в «Тайной Доктрине» о питри и их деятельности по формированию низшего человека, а также о двуполой, или андрогинной, природе древних рас, мы поймем, почему ангел Гавриил, даймон Луны и правитель знака Тельца, явился Марии при ее зачатии; проблема Благовещения при этом будет решена при помощи много более простых терминов, чем это делается обычно, и мы узнаем кое-что о тайнах *астрального тела*.

[2] *Барбело*. При объяснении этого термина было бы интересно прежде всего посмотреть, что же говорили о Барбело другие гностические системы, а затем уже исследовать утверждения из «Пистис Софии».

Мы узнаем от Иринея,[1] что Неназываемый Отец явился этому «никогда не стареющему эону в облике девы» посредством эманации *четырех* существ, имена которых выражали *мысль и жизнь*; и что она [эон], увидев это, зачала и породила *три* подобных существа.

Сравните с этим:

«Тогда три (*треугольники*) распадаются на четыре (*четырехугольники*). Лучезарная сущность становится Семью внутри и Семью снаружи. Светящееся Яйцо (Хираньягарбха), которое само по себе есть Три (*три ипостаси Брахмы, или Вишну, три «Авастхи»*), сворачивается и распространяется как молочнобелый творог повсюду в глубинах Матери, как Корень, который вырастает в глубинах Океана Жизни. («Тайная Доктрина», I, 66.)

Согласно Епифанию, одна из офитских школ учила, что Барбело была эманацией Отца и Матерью Ильда Баофа (или, по мнению некоторых, Саваофа), то есть можно сказать, что Барбело была идентична с Софией-Ахамот, или Пистис Софией. Она обитала на Восьмом Небе, в то время как ее сын самовольно и дерзко завладел Седьмым и заставил свою мать горько плакать и сокрушаться. Эта идея является общим достоянием всех гностических систем, при-

---

[1] Ириней: «Против ересей», книга I, гл. 29. В «Доникейских Отцах», том I, стр. 353.

чем если *термины* у них различаются, то это *представление* остается неизменным. Далее следует сказать, что она постоянно является архонам, или правителям, в прекрасном облике, и таким образом она может вновь собрать вместе свою разделенную на части силу, украденную у нее Демиургом, его богами, ангелами и даймонами.

Опять-таки по Иринею, восхождение душ завершается в высшей Области, «где пребывает Барбело, Мать *Живущего* (или *Жизнью*)».[1]

«Пистис София» сообщает нам, что Барбело является одной из Триады Невидимых — Аграммахамарег, Барбело и Бделле — в Левой Области (см. табл. I), где находится тринадцатый эон (стр. 359). Дважды она именуется Силой (*dynamis*) Невидимого Бога; она также есть мать Пистис Софии и двадцати трех других эманаций (стр. 49, 361). Левая Область со всей очевидностью называется Гиль (материей) Барбело (стр. 128).

У Епифания [2] мы снова узнаем, что одним из названий валентиниан было «барбелиты», и мы склонны согласиться с мнением К. Амелинью, высказанным в его «Essai sur le Gnosticisme Egyptien» (Париж, 1887), что это было названием высшей степени их инициации, на которой адепт становился совершенным пневматиком, или иллюминатом, сыном Бессмертия. Еврейская этимология дала бы здесь значение — сын или дочь Бога. Нам известно, что у гностиков и, особенно, у доцетов (иллюзионистов), которые утверждали, что человек Иисус совершенно отличен от Христоса, Принципа, и отрицали факты таинственного зачатья, воплощения, смерти и воскресения, — мать Иисуса, человека, считалась низкой, тогда как матери Христоса, Принципа, они оказывали всяческое поклонение. Последний был «Святым Духом» и считался их школами женским. Однако когда мы осознаем, что эзотерически есть семь аспектов

---

[1] Эта фраза ошибочно приписана Иренею. В действительности — Епифаний: «О драгоценных камнях», II, 20.

[2] «Панарион», или «Против ересей», книга I, том 2; XXVI, 3. примечания Петавия.

Софии (семь планов мудрости), нам будет легче понять, что оба отца церкви, непреднамеренно, и гностики, преднамеренно, рассматривали лишь один из этих самых аспектов.

³ *Великий Саваоф, Добро*. В «Пистис Софии» есть три Саваофа, так сказать, три *аспекта* силы, или принципа, сокрытого в этом имени. (а) Великий Саваоф, Добро, *отец* «души» Иисуса (стр. 14, 193); (б) Малый Саваоф, Добро, названный в Космосе Зевсом (Юпитером) (стр. 351), одним из планетарных правителей; и (в) Саваоф-Адамас, правитель над шестью из двенадцати архонов (стр. 360), а также в Нижнем мире — один из архонов, которые подвергают души наказанию, чей «исполнитель», или подчиненный, подносит «чашу забвения» перерождающимся душам.

В некоторых школах учили, что тот, кто хочет стать «совершенным», должен подняться через царства правителей и в конце концов поставить свою ногу на голову Саваофа, и таким образом достигнуть Восьмого Неба, где обитает Барбело. Говорили, что у Саваофа женские волосы, некоторыми он изображался в виде осла, а другими — свиньи. Нам следует вспомнить здесь *красного* осла Тифона в египетских мистериях; нисхождение в Гадес Бахуса на осле в «Лягушках» Аристофана (бурлеске об элевзинских мистериях); «Золотого осла» Апулея, и, наконец, последнее, но немаловажное — въезд «Иисуса» в «Иерусалим» (земной Иерусалим, другими словами, физическое бытие) на «осле». В каждом из этих случаев эти термины происходят из мистерий, и никто, кроме «совершенного», не знал их тайного смысла. Для большинства людей они всегда оставались «абракадаброй», и останутся таковыми для всех, кроме наиболее решительных исследователей.

Ориген («Против Цельса», VI, 31) приводит формулировки молитв, которые умерший, или пневматик, возносил к планетарным правителям. Они были, вероятно, частью тайн их внешнего посвящения, и были использованы епископом Ахайи, чтобы показать, что он знал об их секретах даже лучше самого Цельса. Отрывок, относящийся к Саваофу, гласит следующее:

«После того они переходят к Саваофу, к которому, как они думали, следует обращаться так: «О Правитель *пятого* царства, могущественный Саваоф, защитник закона своего создания, которое освобождается по милости и при помощи *некой более могущественной Пентады*, позволь мне, зрящему безупречный символ твоего искусства, сохраненный благодаря некоему отпечатку некоего образа, иметь тело, освобожденное Пентадой. Пусть будет со мной твое благоволение, о Отец, пусть будет со мной твоя милость».

⁴ *Правая Область*. Быть может будет небезынтересно, если при объяснении этого термина мы переведем несколько строк из сочинения «Против ересей» Иренея, который был, вероятно, самым яростным противником гнозиса. Этот «святой» отец будет учить нас Знанию, к уничтожению которого он прилагал столь много усилий.

Говоря об итальянской школе валентиниан, Иреней пишет:

«Они утверждают, что Демиург, придавая форму Космосу, сделал также коического (материального) *человека*, но не из этой сухой земли, но из невидимой сущности, из флюида и неотстоявшейся порции Гиля, и что он вдохнул в него психического (или астрального *человека*). И этот *человек*, рожденный по образу и подобию (т. е. *чхайя*), это гилическое существо было создано в соответствии с образом, напоминающим, но не имеющим той же сущности, что и Бог (питри), в то время как психический *человек* был создан по подобию: потому также и его сущность, происходя из духовной эманации, называется духом жизни. Впоследствии они говорили, что его покрывал слой кожи, который, по их утверждению, есть плотское тело, воспринимаемое чувствами ... таким образом они производят *душу* от Демиурга, *тело* от Земли (*Choos*), а *плотский покров* — от Гиля, но *духовного человека* (антропос) — от Матери Ахамот (то есть, от Вышней или Внутренней Софии, Матери Софии Внешней, или Пистис Софии)... Об этих трех они говорят, что гилическое, которое они также именуют *Левым*, должно обязательно погибнуть, поскольку оно не имеет внутри себя дыхания нетленности; но психическое, которое они называют *Правым*, находясь в середине между духовным и гилическим, идет в любом направлении, которое оно может выбрать само; тогда как духовное (*манас*) было послано для того, чтобы, соединившись здесь с психическим (то есть, излучающий кама-манас), оно могло принять Форму и обучаться вместе с ней (психическое, или *камарупа*), участвуя в ее существовании или превращаясь вместе с ней (*anastrophe*)».[1]

В «Пистис Софии» планы, непосредственно примыкающие сверху или снизу к Сокровищу Света, подразделяются на три главных *локи* или суб-плана, *Правый*, *Левый* и *Средний*.

Обязанностью правителей Правого является формирование, оформление или *строительство* всех низших сфер или планов существования путем принесения вниз Света из его Сокровища и принуждения его возвратиться туда снова, то есть, в другом смысле, осуществляя спасение тех душ, которые пригодны для восхождения на некий высший план. Правители Середины осуществляют *опеку* над человеческими душами. Левое, называемое также Областью Справедливости, — это лока, или положение, к которому тяготеют все *кающиеся* души, ибо именно здесь впервые произошел *конфликт* между Светом и Гилем (то есть, разделение и распределение). В словах предыдущего абзаца, выделенных курсивом, мы могли увидеть образы Брахмы, Вишну и Шивы, индийской Тримурти или Троицы, открывающей себя; причем здесь очень ясно представлены идеи *Творения*, *Сохранения* и *Разрушения*, или *Восстановления*.

В системе Валентина мы читаем о «силе психической или душевной сущности, которая называется «Правой». Саваоф также обитает в Правой Области в аспекте Демиурга и Творца душ.

Прежде чем двигаться дальше, мы должны привести здесь условную таблицу планов и лок в соответствии с «Пистис Софией» (см. стр. 768).

[5] *Двенадцать Спасителей*. Двенадцать спасителей являются частью содержимого Сокровища Света и идентичны додекаде валентинианской плеромы. Двенадцать диаконов несомненно представляют собой проявление примордиального типа додекады плеромы в локе другого плана.

---

[1] Ириней: «Против ересей», книга V, гл. 5, части 5 и 6.

ТАБЛИЦА I*

ТРИАДА	Тайна Невыразимого		АРУПА
Планы	Наименования		Субстанции пракрити
Пневматический, или духовный	Сокровище Света, или плерома		Люмен, или Свет
Психический	Правое Середина Левое (лока тринадцатого эона)		Керасмос, или смесь (т. е. Люмен и Гиль)
Химический, или звездный	Двенадцать эонов Судьба (*Heimarmene*) Сфера		Гиль или тонкая материя (*Gross Matter*)
Коический, или материальный	Небесная твердь Мир (Космос) людей Преисподняя	Оркус Хаос Внешняя тьма (*Caligo Externa*)	Космос (грубая материя)
ТЕТРАДА			РУПА

⁶ *Середина.* В валентинианской системе *месотес*, или Средняя Область располагается над наивысшим Небом, но ниже плеромы. Это особое место пребывания психиков, как плерома — пневматиков. Это есть местонахождение Софии-Ахамот, Внешней Софии или Пистис Софии, которая, желая Света, пала из огдоады в гептаду, высшей локой или субпланом которой управляет Демиург, Своевольное Существо Пистис Софии. Когда она достигнет плеромы, Демиург будет вознесен в Среднюю Область. Или, другими словами, когда низший манас соединится с высшим, те камические элементы, которые сопровождают высший манас и постоянно внедряются в него, будут очищены.

⁷ *Деканы.* Во главе Сферы (см. табл. I) ИЕУ [1] стоят пять великих Правителей, или архонов, созданных из световых сил Правого; это планетарные Правители: Сатурн, Марс, Меркурий, Венера и Юпитер. *Под ними* размещаются 360 других *сил*, или *деканов*; под ними, опять-таки, в Области Воздуха находятся, совпадая с ними по численности, 360 других архонов с пятью правителями над ними. Низшие отказываются верить в таинства Света и склоняют души ко греху. Этот бесспорный дуализм характерен для гнозиса в целом. Все в природе является добром или злом в соответствии с природой и намерением человека, в каждый момент своей жизни человек может выбрать Левое или Правое.

Эти числа 360 и 365 встречаются в системах Вардесана, Василида и в эонологии других школ; иногда они составляют часть содержимого плеромы.

Маттер, рассказывая о гностических школах Египта, сообщает нам, что гении-хранители каждого дня призывались против силы Тифона, египетского Ахримана. Они составляли третий уровень богов египетского пантеона.

Эти боги, — говорит он, — столь же мало известны по имени, как и 360 разумных сил, которые составляли Абраксас Васи-

---

* (Сноска к таблице): См. «Тайная Доктрина», том I, стр. 200.
[1] «Первый человек»; гностический термин, употребляемый в «Пистис Софии».

лида. Древние давали им общее название *демонов*. Эти демоны группировались по классам вокруг богов, называемых космическими божествами, то есть, так сказать, это были боги, которые правили видимым миром; они были его движущими силами (космократорами), точно так же как и главные среди них были агентами наднебесных богов. Уполномоченные, так сказать, поддерживать связь между двумя мирами, они руководили нисхождением душ из высших регионов в нижнюю зону и передавали им в течение этого периода испытания и искупления дары божественной жизни. Они делили между собой 36 частей человеческого тела и, после того как их земная карьера была окончена, служили проводниками душам в их возвращении к Высшему Существу.[1]

⁸ *Смесь*. Хотя в данной статье и не представляется возможным дать полную и подробную таблицу всех бесчисленных синонимов терминов, использованных в схеме «Пистис Софии», мы, рискуя показаться утомительными читателю, предложим некоторое объяснение той странной номенклатуры, с которой мы встречаемся на каждом шагу.

Ниже *Последней Тайны* в верхнем мире, который, как мы склонны полагать, соответствует Сокровищу или плероме, находятся: *Великий Свет Печати* (или Знака) *Света*, разделяющийся на пять печатей Света; *первая заповедь* (или статут) делится на 7 тайн; *Великий Свет Светов*; *5 великих помощников*, которые проводят Силы Света в нижние области, или планы; и, последняя из всех, *Область Наследия Света*, где будут обитать спасенные души.

Мы имеем здесь 7 элементов, или принципов, и любопытно отметить, как 5 печатей (*charagmai*, в некоторых системах — *иероглифов*), или идей, повторяются как 5 помощников, а Великий Свет Печати Света — как Великий Свет Светов.

Другие помощники (*parastatai*) считаются принадлежащими к Средней Области, их 15, а их имена приводятся по коптскому Бодлеанскому папирусу в уже упомянутой

---

[1] А. Жак Меттер, «Yistorie critique du Gnosticisme, et de son influence sur les sectes religieuses et philosophiques des six premiers siecles de l'Ere Chretienne», Париж, 1828, том II, стр. 34.

работе Э. К. Амелинью (стр. 252). Этот папирус содержит в себе три трактата, очевидно, той же самой школы, что и «Пистис София», которые озаглавлены: «Тайна букв алфавита», «Книга гнозиса Божественного Невидимого» и «Книга Великого Логоса в согласии с Тайной».

Эти повторяющиеся пятерки и комбинации пятерок соответствуют типу пентады, как это показано на карте валентинианской плеромы. Пять — это число человека, ибо для среднего человека триада атма-буддхи-манас, входящая в совершенный септенарий, кажется *единством*.

---

15. [*продолжение*] «Потому возрадуйтесь, что пришло то время, когда я должен надеть свое Одеяние. [1]

«Смотри! Я надел мое одеяние и все силы были даны мне Первой Тайной...»

---

[1] *Мое одеяние*. Очень любопытно и интересно было бы узнать, с какими оккультными представлениями гностиков были связаны эти тела или одеяния. Например, говоря о доцетах, — это общее название для тех школ, которые утверждали, что тело адепта было лишь видимостью, или, другими словами, майяви-рупа, — автор «Философумен» (VIII, гл. 3) сообщает нам, что они следующим образом истолковывали мистерию-драму Иисуса:

Он пошел и омылся в Иордане [мистической «Реке», которая остановила Исход евреев из Египта, «который есть тело» (V, 7)], и, совершая это, получил Знак и Печать, в воде, тела, рожденного от Девы, чтобы когда *правитель* (*архон*) приговорит свой собственный (то есть, правителя) образ (*plasma*, т.е., тело) к смерти, а именно — Кресту (*stauros*),[1] эта его (Иисуса) *Душа*, выращенная в

---

[1] Ставр, или крест + — это *потенциальная возможность положительной* и *отрицательной*, или *мужской* и *женской* силы в природе. Они называются также *участниками*, потому что они участвуют в творении Вышнего, в некоем абстрактном смысле, и в творении Нижнего — в конкретном. В абстракции

теле, не могла бы остаться голой после того, как она лишится тела и его прибьют гвоздями к дереву, и она восторжествует над всеми *началами* и *правителями*, но могла бы облачиться в тело, которое было создано в воде при его крещении вместо плотского тела.

Едва ли нужно объяснять читателям глубокое оккультное значение этого отрывка, в котором содержится все таинство «Рождения» и «Крещения». Полностью постигнет его лишь тот, кто окунулся в космический поток.

---

16. «Это случилось, когда солнце взошло на Востоке, и снизошел великий поток света, в котором было мое Одеяние, которое я поместил в Двадцать-Четвертую Тайну. И я нашел Тайну на моем Одеянии, написанную *Пятью* Словами, принадлежащими Небесам. ZAMA ZAMA ŌZZA RACHAMA ŌZAI.[1] И вот сему истолкование: Тайна, которая находится снаружи в Мире, благодаря которой была создана Вселенная, — это Эволюция всего и Прогресс всего; она испускает в него все эманации и все вещи. Благодаря ей существуют все Тайны и ее Области. Приди к нам,[2] ибо мы твои товарищи. Мы все едины с тобой. Мы одно и то же, и ты одно и то же. Вот Первая Тайна,

17. которая была с самого начала в Невыразимом, прежде чем она появилась оттуда; и ее Имя — все мы. Таким образом, мы все вместе живем для

+ исчезает и становится 6, и потому именуется *границей*, ибо Нижнее — это естественное творение пола, в то время как Вышнее является творением богов или разума; другими словами, плеромы или МАХАТА. Мы видим это Начало порождения, или замещение естественного творения божественным, запечатленное в мифах о Сатурне, оскопляющем Урана, о Зевсе и Сатурне, Тифоне и Осирисе.

тебя до последнего Предела, ³ который есть также последняя Тайна изнутри...»

---

¹ Сравните с «Тайной Доктриной», том II, стр. 580:

> Пять слов (*Панчадаса*) Брахмы стали у гностиков «Пятью Словами», написанными на акашическом (сияющем) одеянии Иисуса при его прославлении: слова *«Zama Zama Ōzza Rachama Ōzai»* (ZAMA ZAMA ΩZZA PAXAMA ΩZAI) переводятся ориенталистами как «одежда, чудесная одежда моей силы». Под этими пятью словами были, в свою очередь, сокрыты при помощи анаграммы пять таинственных сил, изображенных на одежде «воскресшего» посвященного после его последнего испытания, пребывания в трехдневном трансе; пять становятся *семью* только после его *смерти*, когда адепт становится законченным ХРИСТОСОМ, совершенным КРИШНА-ВИШНУ, то есть, погружается в нирвану.

² *Приди к нам*. Сравните «Тайную Доктрину» (Том I, стансы V и VI, и стр. 130, 131), где великий день «будь с нами» описывается как

> тот день, когда человек, освобождающий себя от сетей неведения и в полной мере осознающий неотделенность Эго внутри его персональности, — которая ошибочно считается его собственной, — от УНИВЕРСАЛЬНОГО ЭГО (*Anima Supra-Mundi*, Сверх-Мировая Душа), вследствие этого погружается в Единую Сущность, чтобы стать не только единым «с нами» (проявленной универсальной жизнью, которая есть «ЕДИНСТВЕННАЯ» ЖИЗНЬ), но и самой этой жизнью.

В египетских мистериях мы также обнаруживаем упоминание о дне «Приди к нам», и объясняют его как «день, когда Осирис сказал Солнцу: «Приди» («Книга мертвых», xvii, 61). Более полное истолкование см. в «Тайной Доктрине», том I, стр. 134, 135.

³ *Последний Предел*. Он соответствует Гору или Ставру валентинианской системы. Однако, «Пистис София» намного богаче по своему эзотеризму, и существуют многие пределы, или центры лайя (см. «Тайную Доктрину», *passim*), соответствующие каждому плану и субплану, также

как есть и несколько плером. Сравните также, что сказано в «Тайной Доктрине» о кольце «Не преступи» и дхианипаша, или «веревке богов».

---

17. [*продолжение*] «Приди к нам !! Ибо *мы*[4] все стоим возле тебя, одевающего на себя Первую Тайну...»

---

[4] Заметьте изменение числа.

---

19. «...Тайна трех Троесильных,[5] а также Тайна всей их Области, а также Тайна всех их Невидимых и всего, что пребывает[6] в тринадцатом из эонов... и всех их Областей».[7]

---

[5] Упоминается о двух таинственных названиях трех Троесильных (стр. 361), а именно: IPSANTACHOUN-CHAINCHOUCHEŌCH и CHAINCHŌŌŌCH; некая сила излучается от первого на *Марс* и от второго — на *Меркурий*. В том же самом отрывке нам говорят, что Сила от Великого Невидимого пребывает в *Сатурне*, а от Пистис Софии, дочери Барбело, — в *Венере*.
[6] Или обитает; а именно, «Колеса» (ср. «Тайн. Доктр.»).
[7] Об Областях и т.д. см. табл. I.

---

21. «И, оставив эту Область, я вознесся в Первую Сферу, сияющую безграничным Светом, в *сорок девять*[*] раз превосходящим тот блеск, с которым светился я на Небесной Тверди».

24. «И их великое смятение и страх достигли Области Великого, Невидимого Предка,[1] а также Области трех великих Тройных Сил».

---

[*] Типичные «сорок девять» огней в оккультных доктринах. См. рисунки.

¹ *Великий Невидимый Предок*. Великий Невидимый Предок находится во главе иерархии Левого, Области Справедливости и тринадцатого эона. Великая Сила (или *Dynamis*) этого Невидимого Божества есть Барбело, а сразу за ней находятся трое Троесильных (ср. стр. 19, 23, 41 и 183). В дальнейшем мы увидим, каким образом *типы* плеромы *отражаются* во всех планах и локах. Другими словами, поскольку состояния сознания меняются, *видимые облики* вещей изменяются вместе с ними, в то время как *вещи в себе*, или *типы*, остаются теми же самыми. См. карту валентинианской плеромы.

24. [*продолжение*] «Но в Двенадцати Эонах мой Свет сильнее, чем в этом Мире среди вас, в восемь тысяч семьсот раз». ²

² *Восемь тысяч семьсот раз: octies millies et septies centies* (пер. Шварц). Оставив в стороне бедные латинские *septies centies*, трудно связать это число с предыдущим числом — «сорок девять раз». Перевод, очевидно, ошибочен, ибо мы находим в примечаниях — «*centies (...decies millies*», Петерманн). Однако, это исправление, по-видимому делает лишь еще хуже. У Миня это переведено так: «*huit fois mille fois et sept fois cent fois*», и, как обычно, все это не сопровождается никакими разъяснениями или комментариями. Вероятное решение этого затруднения состоит в том, каким бы ни был правильный перевод, что это либо неопределенное выражение, означающее «много тысяч раз», точно так же как в латыни число священного цикла, 600, стало общим наименованием любого большого числа, либо же это сознательная «шторка», скрывающая смысл.

24. [*продолжение*] «...и все Эоны, и Небеса, и весь их Порядок, задрожали от великого страха,

которых был в них, (25.) *потому что они не знали тайны, которая совершилась*».³

---

³ Поистине *авидья*, или неведение (скорее незнание) — это корень всех нидан, или взаимосвязи причины и следствия (см. «Тайную Доктрину», *sub. voce*).

---

25. [*продолжение*] «И Адамас, Великий Деспот,⁴ и все Деспоты, которые есть во всех Эонах, начали тщетно бороться против Света».

---

⁴ *Адамас*. На стр. 360 мы читаем, что шесть из двенадцати Эонов управляются Саваофом-Адамасом, а шесть — Иабраофом. Эти двенадцать эонов, для того, чтобы увеличить свою власть, продолжают упорствовать в таинстве Сношений. Однако в этом им противостоит ИЕУ, Отец Отца Иисуса, и потому Иабраоф и его правители обращаются к таинствам Света. Таким образом, ИЕУ поднимает их в высшую Область и приносит их в чистый *Воздух*, в Свет Солнца, в Область Середины и Невидимого Божества. Однако, Саваоф-Адамас и его правители не будут воздерживаться от таинства Сношений; поэтому ИЕУ заключит их в Сферу (Судьбы ?), в количестве 1800 (360 х 5), а над ними еще 360 других правителей, а над ними опять-таки 5 великих правителей. Если использовать астрономический ключ, то ИЕУ — это духовное Солнце, отец физического Солнца, которое, в свою очередь, является отцом «внутримеркуриальных планет». См. «Тайную Доктрину», II, 28, и часть I «Трудов Ложи Блаватской», стр. 48.

Вышеприведенное описание извлечено из четвертой книги, или раздела, «Пистис Софии», который, по мнению Рихарда Лепсиуса, «случайно попал в то место манускрипта, где мы его сегодня читаем. Она представляет простую и древнюю форму гностического учения, и, вероятно, была сочинением некоего другого автора». Однако как бы то ни было, поскольку нашей задачей является понимание идей

«Пистис Софии», будет достаточно отметить, что вышеприведенное описание дается Иисусом своим ученикам в тот момент, когда он перенес их, в их инициации, «в Среднюю Область *Воздуха*, на Путях Стези Середины, которая ниже Сферы», и что, благодаря аналогии, это весьма способствует пониманию «Обращения правителей», которое следует далее.

Некий намек на объяснение слова «деспот» дается на стр. 76, где говорится о «всех деспотических божествах, *которые все еще не отказались от чистоты своего Света*».

Термин «Адамас» часто встречается в гнозисе офитов, и в «Философуменах» X, 9 мы читаем, что: «наассены (школа офитов) называют Антропоса (Человека) Первым Принципом Вселенной (*Archen Universorum*), а также Сыном Человека, и подразделяют его на три части. Ибо они говорят, что в нем есть некий *разумный*, *психический* и *коический* (физический) *принципы*. И они называют его *Адамас* и полагают, что *знание, которое он (Адамас) имеет о своем предназначении, есть начало нашего существа, способного познать Божество*». Из всего вышеизложенного очевидно, что есть *три адаманта*, из которых Адамас является низшим.

В связи с этими «деспотическими божествами, которые все еще не отказались от чистоты своего Света», и от которых Иисус взял «*третью часть* их Силы», а также для прояснения последующего текста, читателям следует провести сравнение со стансом VI, шлокой 5 «Тайной Доктрины» (том. I, 191 и далее):

В четвертом [Цикле, или повороте жизни и бытия вокруг «семи меньших колес»] сынам приказали создать свои подобия. Одна треть отказалась. Две [трети] повиновались.

---

25. [*продолжение*] «И я изменил и Судьбу, и Сферу, которые являются их Господами, и заставил их обратиться на шесть месяцев налево, и

шесть месяцев смотреть направо, осуществляя свои влияния (26.) ибо по приказу Первой Заповеди и Первой Тайны, [5] ИЕУ, [6] Страж (или Надзиратель) Света, поставил их смотрящими налево на все времена и осуществляющими свои Влияния и Действия». И сказав это своим ученикам, он добавил: «Тот, кто имеет уши слышать, да слышит».

Когда Мария [7] услышала эти слова, сказанные Спасителем, всматриваясь с изумлением в небо[*] в течение часа... (28.) «никакой Правитель не знает вещей, которые ты можешь делать с этих пор, с этого часа; поскольку Правители поистине есть Египет, [8] поскольку они — это бесплодный Гиль...»

---

[5] *Первая Тайна*. Иисус, который происходит от Первой Тайны (его Отца), также носит имя Первой Тайны. Иерархия эманаций в Сокровище Света, согласно первым трем книгам, состоит из Невыразимого, называемого также Божеством Истины и Внутренним Внутреннего, а также из членов (или слов) с одной стороны, и тайн Невыразимого — с другой. Во главе всех тайн стоит Тайна Невыразимого, или *Первая Тайна*, именуемая также Единственным (*Unicum*) Словом (или Логосом) Невыразимого. От нее исходит Единственная Тайна Первой Тайны, а затем три, пять и двенадцать других Тайн.

[6] ИЕУ называется Отцом Отца Иисуса, причем Отец Иисуса — это Великий Саваоф, Добро.[1] Область ИЕУ — Правое, а титулами этого принципа являются: Надзиратель Света, Первый Человек, Представитель Первого Статута,[2] и Блюститель Покрова. Обращая также внимание на то, что в

---

[*] Или с воодушевлением в *Воздух* (*Aera*). См. комментарий (4) об Адамасе, «Средней Области Воздуха».
[1] См. «Пистис София», 14 (3).
[2] См. «Пистис София», 14 (8).

четвертой книге Невыразимое, к которому Иисус обращает свои призывы, называется Отцом всего Отцовства, мы имеем *трех* отцов Иисуса, а именно: Невыразимое, ИЕУ и Великий Саваоф. Дальнейшее объяснение значения этих трех «отцов» и трех «жизней» см. в «Разоблаченной Изиде», том II, стр. 227 и далее.

[7] Не следует смешивать Марию, называемую также Мариам и Марией Магдаленой, с Марией, телесной матерью Иисуса. Эта Мария обладала наибольшей интуицией (пневматичностью) и была самым выдающимся из всех учеников.

Из «Философумен», V, 7, мы узнаем, что школа наассенов считала, что они получили свои учения от Мариамны, которой перед тем передал их «Иаков, брат Господа». Ориген также («Против Цельса», V, 62) говорит о некой гностической школе, которая производила свои учения от Мариамн.

Те, кому покажется интересным проанализировать полемику об этих трех Мариях, — то есть, Марии Магдалене, Марии, сестре Марты, и *«la femme pecheresse»*, — в том смысле, были ли они тремя различными персонажами или одной и той же личностью, следует обратиться к перечню авторитетных источников в «Патрологии» Миня, том XXIV, кол. 541 и 542. Однако, в эзотерическом смысле, Мария-мать, Мария, сестра Марты и Мария Магдалина соответствуют *буддхи, манасу* и *нижнему манасу*.

[8] *Египет*. Этот отрывок местами весьма темен, особенно его последняя фраза, «*Quae eadem sunt Aegyptus*» (перевод Шварц), который грамматически может иметь отношение к предшествующей фразе, «вещи, которые ты можешь делать». Если, однако, он образован таким образом, то наших читателей охватит отчаяние. Поэтому мы восстановили идею гностического автора при помощи изучения отрывков из «Философумен», например, такого:

> Вот что было написано, сказал он: «*Я сказал, что все вы будете Боги и дети Всевышнего, если вы поспешите бежать из Египта и, перейдя Красное море, придете в пустыню*», — то

есть, от ведущего снизу сношения (*mixis*) — к связи Горного Иерусалима; «но если вы снова возвратитесь в Египет», то есть, в низшую связь, «вы умрете подобно людям» (Пс. 82, 6-7). Ибо он сказал, что все нижние порождения смертны, в то время как все те, кто рождаются свыше, бессмертны. Ибо от Воды и Духа рождается лишь Духовный (человек), а не плотский. Низший (человек) напротив является плотским: об этом, сказал он, было написано: *«То, что рождено от плоти, есть плоть, а то, что рождено от Духа, есть Дух».* Это, в соответствии с ними, духовное порождение. Это, говорит он, есть Великий Иордан, который, стекая вниз и помешав Исходу детей Израилевых из Египта (то есть, от низшей связи, ибо Египет — *это тело,* согласно их взглядам), *был обращен вспять и потек вверх благодаря Иисусу* (V. Наассены).

---

29. И она [Мария] сказала: «Учитель, все те, кто знает Тайну Магии Правителей всех Эонов, и Тайны Судьбы и Сферы, так как научили их Преступившие Ангелы (если они вызывают их в своих таинствах, которые являются дьявольскими магическими ритуалами для противодействия добрым деяниям), достигнут ли они теперь своих целей, в нынешнее время, или нет?» И Иисус ответил, и сказал Марии: «Они не достигнут их, как они не достигли их с самого начала, потому что я взял третью часть их Силы. Они будут ошибаться [1] в глазах тех, кто знает Тайны Магии Тринадцатого Эона...»

---

[1] Этот отрывок представляет величайший интерес, поскольку он показывает отношение школ посвящения к астрологии непосвященных и содержит намек на то, что «влияние звезд» должно было иметь отношение *лишь* к физическому, или гилическому человеку, тогда как те, кто знал таинства тринадцатого эона, т.е., психики (см. табл. I), были выше таких влияний.

30. [Служители Часа — Часовые Астрологи] «... Я изменил их влияния, их Четыре и Три Угла и Восемь Конфигураций».[1]

[1] *Их четыре и три угла.* Это термины оккультной системы астрологии, которые основаны на типе триады и четверичности и соответствуют трем высшим и четырем низшим принципам, в сумме составляющим число семь. В экзотерической астрологии они обозначают обычную троицу и квадрат, причем восемь конфигураций — это:

□ △ ✶ ∠ 8 ♂ ♃ ⚹

34. «И когда наступило время Числа Мелхиседека, великого Держателя Света...»[1]

42. «...я укоротил их Времена из-за моих Избранников... ибо если бы я не сделал этого, никакая гилическая Душа не могла бы спастись, *но они бы исчезли в Огне, который есть в Плоти Правителей*».[2]

[1] *Мелхиседек.* В «Философуменах», VII, 36, мы находим упоминание о «мелхиседекианах», которые, как говорит автор, приписывали основание их школы Теодоту, рыбаку. Главной характерной чертой их учения было то, что Христос снизошел на человека, Иисуса, при его крещении, но что Мелхиседек был некой небесной силой, высшей, чем Христос. То, что Христос должен был сделать для людей, Мелхиседек сделал для ангелов. Этот Мелхиседек не имел ни отца, ни матери, ни потомства, и его появление и конец были непостижимы. Смотрите также: Филастр («Ереси», 52), Псевдо-Тертуллиан (24), Епифаний (55), Евсевий («Церковн. истор.», V, 28), как их цитирует Салмон (Смит и Вейс, «Словарь христианской биографии», III, 889-890).

Из «Пистис Софии» (стр. 292, 327-329, 337, 365) мы узнаем, что тремя главными божествами Правого были Иеу, Зорокофора Мелхиседек и Великий Саваоф, Добро. Обязанность Мелхиседека и его преемников состоит в том, чтобы лишить правителей их Светосилы и возвратить Свет обратно в Сокровище. Относительно оккультного значения «Мелхиседека» — сравните с «Тайной Доктриной», I, 208 и 265, о «Великой Жертве» и «Безмолвном Страже».

[2] *Плоть Правителей*. То есть, иными словами, что кама-манасическая сущность погибнет в низших космических силах.

---

42. [*продолжение*] «Затем я взошел на Небеса, к Покровам Тринадцатого Эона. И его Покровы сами по себе раздвинулись и открылись передо мной. И, войдя в Тринадцатый из Эонов, и обнаружил ПИСТИС СОФИЮ [1] ниже Тринадцатого Эона, одну, и никто из них не кружился рядом с ней. Но она сидела в этой Области, скорбя и горюя, ибо не взяли ее в Тринадцатый Эон, присущее ей место на Небесах. Она скорбела также из-за страданий, которые причинил ей Самовольный, один из Трех Троесильных, (43.) чью Тайну я расскажу вам, если я начну говорить об их Исхождении.

«И когда ПИСТИС СОФИЯ узрела меня, измененного неизмеримо сияющим Светом, она впала в смятение; и, вглядевшись в Свет моего Одеяния, она увидела на нем Тайну своего собственного Имени [2] и все Великолепие своей Тайны, поскольку была она в начале в Области Вышней, в Тринадцатом Эоне...»

---

[1] *ПИСТИС СОФИЯ*. Читателю следует тщательно изучить историю «падения» Софии, как она рассказывается в

«Философуменах» (стр. 107), и сравнить ее с аллегорической драмой текста, который следует далее. Он заметит, что *первый* и *последний* из женских эонов додекады — это соответственно Пистис и София. Душа — это был единственный субъект, а познание души — единственный объект во всех древних мистериях. В «падении» ПИСТИС СОФИИ и ее освобождении ее Сизигием, ИИСУСОМ, мы видим вечно разыгрывающуюся драму страдающей и невежественной персональности, которая может быть освобождена и спасена лишь бессмертной индивидуальностью, или, скорее, своим собственным стремлением к НЕЙ. Читая эту часть «Пистис Софии», следует все время помнить о таинственной *дуальности* манаса, и этот ключ может быть применен к каждой ее строке.

Как премудрость была целью гнозиса, так и центральной точкой всего гностического учения был так называемый «Миф-София». Ибо объясняем ли мы эту аллегорию с макро- или с микро-космической точки зрения, это всегда есть эволюция РАЗУМА, то, чему пытались научить нас посвященные древности. Эманация и эволюция *махата* в космогенезисе, и *манаса* — в антропогенезисе, всегда были предметом изучения Одной Науки. Местопребыванием Софии была Середина, между Верхним и Нижним мирами, в Огдоаде. Ниже располагался Хебдомад, или Семь Сфер, управляемых семью иерархиями правителей. Поистине «Премудрость построила себе дом и поставила его на семь столбов» [*Притчи*, 9:1], а также: «Она становится на возвышенных местах, при дороге, *на распутиях*; она взывает у ворот при входе в город, при входе в двери» [там же, 8:2]. Кроме того, София была посредником между Верхней и Нижней областями, и в то же самое время проецировала типы или идеи плеромы во Вселенную. Теперь о том, почему София, которая первоначально была пневматическим, или духовным существом, должна быть в Среднем пространстве, изгнанной из своей истинной обители? Таковой была великая тайна, которую пытались решить гностики. Опять-таки заметьте, что это «падение души» из ее первоначальной чистоты ввергают ее в страдания и несчастья, и проблема, которая всегда стояла перед гностическим учителями, была идентична с проблемой «страдания», решение которой поставил себе целью Гаутама Шакьямуни. Кроме того, решение этих двух систем были одинаковы в том, что они видели причину страдания в неведении, и для его удаления указывали на путь самопознания. Разум должен был научить разум: «раздумье-самоанализ» должно было быть Путем. Материальный разум (кама-манас) должен был быть очищен и таким образом соединиться с духовным разумом (буддхи-манас). На языке гностиков это выражалось в спасении Софии Иисусом, который освободил ее от ее неведения (αγνοια) и страданий. После этого неудивительно, когда мы обнаруживаем, что София — рассматривать ли ее как единство или дуальность, или же как космический разум — обладает многими именами. Среди них можно упомянуть: Мать, или Всеобщая Мать, Мать Живого, или Сияющая Мать; Вышняя Сила; Святой Дух (все это с макрокосмической точки зрения); а также — Женское Левой Руки, как противоположность Христосу, Мужскому Правой Руки; Муже-женщина; Пруникос, или Похотливая; Матка; Рай; Эдем; Ахамот; Дева; Барбело; Дочь Света; Милостивая Мать; Супруга Мужчины; Открыватель Величайших Тайн; Сокрытая Мать; Та, кто знает Таинства Избранных; Святой Голубь, *который дал жизнь двум Близнецам*; Эннойя; Правитель; Пропавшая, или Заблудшая, Овца, Елена. В валентинианской системе София рождает Христоса «*с Тенью*». Все вышеприведенные названия взяты из «Словаря христианской биографии» Смита и Вейса, статья «София», в которой мы читаем:

В сирийских текстах «Деяний», опубликованных д-ром Райтом («Апокрифические Деяния Апостолов», стр. 238-245), мы обнаруживаем прекрасный «Гимн Души», которая была послана вниз из небесного дома, чтобы достать жемчужину, *которую сторожит змея*, но забыла там, внизу, свою священную миссию до тех пор, пока она не вспоминает ее благодаря посланию от «отца, матери и брата», и затем выполняет свою задачу, обретает вновь *свое великолепное одеяние* и возвращается в свой старый дом.

² *Имя*. Это Имя — не есть имя, но некий *Звук*, или, скорее, *Движение*. Тайна Логоса, Вербум или Вак всегда была сокрыта в тайне *имен*. Все эти имена в любых языках и у любых народов представляют собой видоизменения «Невыразимого Имени».

В этой связи особенно большой интерес представляет следующий отрывок из «Пистис Софии» (стр. 378, 379). Иисус, объясняя своим ученикам Тайну Света его Отца, Крещения Дымом, Духа Священного Света и Духовного Помазания, продолжает:

Не было бы ничего более важного, чем эти Тайны, если бы не Тайна Семи Голосов и их Сорока девяти Сил и Исчислений (*psephon*), и никакое из имен не превосходит это Имя всех их, в котором есть все Имена, все Света и все Силы. Таким образом, если тот, кто покинет свое тело Гиль (не обязательно в одной лишь смерти, но и во время *самадхи*, или мистического транса), знает это Имя, то ни Дым (то есть, никакое теологическое заблуждение), ни Власть, ни Правитель Сферы Судьбы, ни Ангел, ни Архангел, ни Сила, не смогут воспрепятствовать этой Душе; более того, если оставляя Мир некий человек скажет это Имя Огню, он будет должен погаснуть, и Туман рассеется. И если он скажет его Демонам и Преемникам Внешней Мглы (Тьмы), и ее Правителям, Властям и Силам, все они погибнут, так как их Огонь истощится, и они воскликнут: «Ты самый почтенный и священный, ты блаженный из всех тех, кто свят». И если они скажут это имя Держателям Дьявольского Проклятия, и их Властям и всем их силам, а также Барбело и Невидимому Божеству, и Трем Трехсильным, они немедленно провалятся в те области, где они будут вынуждены раствориться и погибнуть, и воскликнут: «О Свет всякого Света, который есть в беспредельном Свете, вспомни также и нас и очисти нас.

В отношении этого отрывка в «Тайной Доктрине», II, 570, отмечается:

Легко увидеть, чем являются этот Свет и Имя: светом Посвящения и именем «Огня-Эго», которое не есть ни имя, ни действие, но духовная, вечно живая Сила, которая выше «Невидимого Бога», поскольку эта Сила есть САМОСТЬ.

Сравните также: «Тайная Доктрина», *sub. voce.*; Oeaohoo, I, 68, 71, 72, 93 (Oi-Ha-Hou); Мантрика-Шакти, I, 293; Kuan-Yin, I, 136; Kuan-Yin-T'ien, I, 137, 138; Логос, II, 25; Гермес, II, 541, 542; Мистические имена и признаки, I, 352; Адити-Вак, I, 431; Вак, Савитри, мать богов и всего живого, II, 128; Вак, Девасена, II, 199; и Мелодичная корова, II, 418.

---

45. ...и помыслила она [Пистис София] внутри себя: «Я пойду в эту Область без своего Сизигия,* чтобы взять Свет, который Эоны Света** породили для меня, чтобы могла я идти к Свету Светов, который есть Высший из Вышних».

46. «Размышляя таким образом, она [Пистис София] ушла из своей собственной Области Тринадцатого Эона и вошла в Двенадцать Эонов. И Правители Эонов стали преследовать ее, и разгневались на нее за то, что она замыслила войти Величие. И, выйдя из Двенадцати Эонов, она сошла в Область Хаоса и приблизилась к Силе Света с обликом Льва, дабы мог он пожрать ее. 47. И все гилические Исхождения Своевольного окружили ее. И Великая Сила в облике Льва пожрала Силы Света в Софии; а (также) очистила (или изгнала) ее Свет и Гиля и пожрала их. (Затем) они бросили ее в Хаос. И в Хаосе был Правитель с ликом Льва, одна половина которого была Пламенем, а дру-

---

* Сравните это с валентинианской системой, где София создается «без сизигия», а также с комментарием об Ильда Баофе, где Ильда Баоф порождается без женского, как и София создается без мужского, начала; *Daemon est Deus inversus* [Демон — это перевернутый Бог].

** Называемые также «вышними эонами», которые противостоят «эонам правителей».

гая — Мглой, и то был Ильда Баоф, [1] о котором я говорил вам много раз».

---

[1] Ильда Баоф идентичен с Птахилом Кодекса назареев, Демиургом валентинианской системы, Проархом барбелитов,[1] Великим Архоном Василида и Элохимом Юстина, и т.д. Ильда Баоф (Дитя Хаоса) был сыном Софии (Ахамот) в гностическом космогенезисе, другими словами, Главой Творящих Сил и представителем одного из классов питри. Если мы рассматриваем Вышнюю Софию как акашу, а Нижнюю Софию (Ахамот) как его низший или материальный план, мы сможем понять, почему Ильда Баоф, материальный творец, был отождествлен с Иеговой и Сатурном, и таким образом прояснить следующую аллегорию из Иренея.[2] Ильда Баоф, дитя Матери, Софии, порождает своего сына без помощи какой-либо матери, и его сын — в свою очередь некоего сына, а тот — другого, и так далее до тех пор, пока не будет порождено один за другим шесть сыновей. Они немедленно начинают бороться со своим отцом за власть, и он в отчаянии и ярости всматривается в «чистилища материи» внизу, и благодаря им рождается другой сын, Офиоморфос, змееподобный, дух всего, что пребывает в материи. Затем, преисполненный гордого самодовольства, он вытягивается в своей высшей сфере и громко провозглашает: «Я есть Отец и Бог, и нет никого выше меня». На это его мать воскликнула: «Не лги, Ильда Баоф, ибо Отец Всего, Первый Антропос (человек) выше тебя, и таков же Антропос, Сын Антропоса».[3] И Ильда Баоф, чтобы помешать своим сыновьям внять этому голосу, предложил им изготовить *человека*. Так шесть из них сделали гигантского человека, который лежал на земле и извивался подобно червю (человек первых циклов и рас). И они принесли его к его отцу Ильда Баофу, который вдохнул в него «Дыхание Жизни» и *таким образом растратил свою*

---

[1] Иреней, «Против ересей», книга I, гл. XXIX, 4.
[2] Там же, книга I, гл. XXIII—XXVIII.
[3] Там же, книга I, гл. XXX, 6.

творящую силу. И София помогла этому замыслу так, что она вновь восстановила Светосилы Ильда Баофа. В дальнейшем человек, содержа в себе божественную искру, стремился к Небесному Человеку, от которого она пришла. Поэтому Ильда Баоф взревновал и создал Еву (Лилит), чтобы лишить Адама его Светосил. И шесть «Звездных», почувствовав страстное желание из-за ее красоты, породили через нее сыновей. После этого София послала змея (ум), чтобы Адам и Ева нарушили заповеди Ильда Баофа, который в ярости изгнал их из Рая в Мир, вместе со змеем (четвертый цикл и четвертая раса). В то же самое время она лишила их присущей им Светосилы, так, что она не могла бы подпасть под это «проклятие». Змей ослабил мировые силы под ее влиянием и породил шесть сыновей, которые постоянно препятствовали и вредили человеческой расе, из-за которой был изгнан их отец (змей). Адам и Ева в самом начале обладали чисто духовными телами, которые *постепенно становились все более и более грубыми*. Их дух также ослабевал, ибо у них не было ничего, кроме дыхания низшего мира, которое вдохнул в них Ильда Баоф. Однако в конце концов София вернула им назад их Светосилу, и они осознали, что они были наги.

Эта впечатляющая аллегория, в которой творение становится выше своего творца, может быть понята только если помнить об идентичности сущности того, что развилось, и того, от кого оно развилось. Сравните:

«Я сам облекся в тебя, и ты мой вахана, до дня «Будь с нами», когда ты снова станешь мною и другими, собою и мною» («Тайная Доктрина», I, станс VII, шлока 7).

В этом цикле эманации, то, что вверху, становится тем, что внизу, и потому мы видим в «Пистис Софии», что в конце концов об Ильда Баофе говорится, что он обитает в «Великом Хаосе, который есть Внешняя Мгла», где он со своими сорока девятью демонами подвергает мучениям грешные души (стр. 382). Кроме того, сходство между Ильда Баофом и Саваофом-Адамасом столь близкое, что их без сомнения надо рассматривать как аспекты одной и той же силы; специфическое богатство терминологии «Пистис Софии» делает необходимыми такие соответствия.

В карте офитов, о которой говорит Ориген в своем сочинении «Против Цельса», есть два септената планетарных правителей, высшая и низшая хебдомад. Ильда Баоф — первый в высшей группе, а Михаил-Офиоморфос — во главе низшей. Этот Михаил называется «*подобным льву*» и является сыном Ильда Баофа, который также изображается львиноголовым. В формуле молитвы для «умершего», душа, после того как она преодолела укрепление злобы (φραγμον κακιας), владение Офиоморфоса, или наш земной материальный план, достигает врат Ильда Баофа и произносит следующее льстивое обращение, которое по правде говоря кажется малоподходящим к природе Ильда Баофа.

«О ты, рожденный для мужественного правления, Ильда Баоф, *первый и седьмой*, о правитель, живой Логос чистого разума, совершенное творение Сына и Отца, дающих тебе знак Жизни, (отмеченный) печатью образа, я открываю ворота, которые ты закрыл для своего Эона, мира, и возвращаюсь под твоим покровительством к свободе. Да будет со мной твоя милость, Отец, да будет она».

---

63. «...Из-за вспышки страха и силы Своевольного, моя Сила покинула меня. Я [Пистис София] становлюсь подобной одинокому Демону (*ιδιος δαιμων*), обитающему в Гиле, в которой нет Света, и я становлюсь Копией Духа,[1] который есть в Хилическом Теле, в котором нет Силы Света; и я становлюсь подобной одинокому Декану в Воздухе.[2] Исхождения Своевольного сильно сжимают меня. И мой Сизигий сказал себе: «Вместо Света, который был в ней, они наполнили ее Хаосом». Я поглотила Пот моего собственного Гиле и Муку Слез Гиле моих Глаз,[3] чтобы те, кто причиняет мне боль, не могли взять оставшееся...»

¹ Копия Духа (*Antimimon pneumatos*) — это один из принципов в строении души, в изготовлении которой играют свою роль каждый из планетарных правителей. Эта работа завершается тем, что душу снабжают Глотком Забвения, или снадобьем Леты, которая сварена из спермы Дьявола и побуждает людей ко всевозможным материальным желаниям; это злой гений человека, некий вид духовной субстанции, окружающей душу.

² *Одинокий декан в воздухе.* Сравните с стр. 107, «Я подобна Гилю, который пал; они гнали меня туда и сюда, подобно некоему демону в воздухе». О Средней Области воздуха говорится как о Путях Стези Середины, которая находится ниже Сферы. О термине «декан» см. 14 (7).

³ *Отверстия ... моих Глаз.* Э. К. Амелинью в своих «Essai sur le Gnosticisme Egyptien», стр. 303, прослеживая эту идею в образной системе египтян, пишет следующее:

«Среди заклинаний, обращенных к Солнцу, или скорее в перечислении его различных превращений, мы читаем следующее: «Тот, кто создал воду, которая вытекла из его чрева, *образ тела Реми*, плакальщик». «Слезы играют важную роль в египетской религии», — говорит Э. Невиль, объясняя этот текст, — «и особенно в том, что относится к творению». Далее он приводит несколько примеров, взятых из неопубликованных текстов из гробницы Рамзеса IV, которые мы у него заимствуем. В одном из них к Богу обращаются с молитвой как к «плакальщику» и просят даровать жизни «царю»; «О плакальщик, могущественный, высший в царстве Аукерт, дай жизнь Царю»... Он принимает также и такое обращение: «О ты, кто создает себя из своих слез, кто слышит себя своими собственными словами, кто возрождает свою душу, возроди душу Царя». И наконец, в знаменитом тексте, известном как текст четырех рас, к людям обращаются таким образом: «Вы — это слеза из моего глаза под вашим именем Рету, другими словами, под вашим именем людей»... Эта доктрина еще более ясно излагается в магическом папирусе, переведенном д-ром Бирхом, где слезы различных богов изображаются как материя, из которой происходят цветы, ладан, пчелы, вода, соль, и т.д. «Когда Гор плакал», — говорит папирус, — «вода, которая падала из его глаз, превратилась в растения, которые создали душистый аромат. Когда Су и Тефнут очень сильно заплакали, и вода падала из их глаз, она превратилась в растения, которые создали благовония... Когда солнце плакало во второй раз и позволило воде падать из своих глаз, она превратилась в пчел, которые трудились... Когда солнце Ра становилось слабым, пот падал с его членов и превращался в некую жидкость ... его кровь превращалась в соль. Когда солнце становилось слабым, оно потело, вода падала из его уст и превращалось в растения.

Сравните также с «рожденным из пота» в «Тайной Доктрине».

---

67. После этого она [Пистис София] громко зарыдала, повторяя свое *пятое* Покаяние...[*]

70. «Слушай, Филипп, что я [Иисус] могу сказать тебе, ибо тебе, и Фоме, и Матфею [1] была дана Первой Тайной обязанность записать все то, что *я скажу и сделаю, и что вы увидите*...»

---

[1] Греческие, латинские и сирийские фрагменты, которые остались от писаний, называемых «Евангелием от Фомы», дают лишь слабое представление о том, чем должно было быть оригинальное Евангелие или Евангелия *согласно* Фоме, чтобы к нему сохраняли почтение различные школы гностицизма и даже некоторые отцы церкви. Эти фрагменты также называются «Деяниями отрочества Господа» и изобилуют глупыми и ребяческими случаями, которые столь часто встречаются в «Евангелии детства». Однако, эти басни пользовались столь большой популярностью у католических читателей, что это евангелие было «переодето» с тем, чтобы удовлетворить ортодоксальному вкусу, путем удаление из него всех еретических отрывков. И все же гностическая направленность этих фрагментов обнаруживается благодаря их строгому докетизму, то есть, теории о том, что явление Хри-

[*] Душа, проходя через различные уровни и планы эволюции, в каждом из них достигает срединной точки равновесия, где дается выбор между верхом и низом; таким образом возникает сомнение, и это, так сказать, есть «покаяние».

стоса как человека было иллюзией. То, что существовало философское евангелие Фомы, совершенно очевидно по природе цитат из него и многочисленных ссылок на него, но было ли это евангелие той книгой, которую было поручено написать Фоме нашего текста, всегда будет оставаться тайной, пока не обнаружится тому какое-нибудь свежее доказательство.

Есть некое Евангелие от Матфея, называемое «Книгой детства Марии и Спасителя Христа», которое, по всей видимости, представляет собой перевод с еврейского, выполненный Св. Иеронимом, и вероятно является тем первоначальным текстом, на котором основано более позднее «Евангелие рождества Марии». Но все таким образом отредактированные и вновь отредактированные фрагменты — это, конечно, не в большей степени подлинное *Евангелие согласно Матфею*, чем текст Синоптика того же имени, и его безусловно никогда нельзя будет поместить в ту же философскую категорию, к которой следует относить все подлинные гностические сочинения.

---

74. «... Пусть они также доверяют ему, когда они придут в Небесную Область, ибо он увидит и спасет *нас*, и он имеет великую Тайну Спасения...» [1]

---

[1] *Великая Тайна Спасения*. Великая Тайна — это Тайна Невыразимого (*Атма*), или Первая Тайна, Высшая Мудрость (*буддхи*), от которой проистекают все эманации. Она исходит от Невыразимого, а также находится в нем, будучи в то же самое время Высшим Принципом Прощения Грехов. См. табл. I.

---

76. И Мария объяснила то, что сказал Иисус, прочитав стих из восемьдесят второго псалма, «Бог воссядет в сонме богов, чтобы судить богов».[*]

---

[*] «Бог», высшая Триада, будет судить «богов», низший Квартернарий.

85. ... гилические Исхождения Своевольного...*
... Число моего Времени — в Хаосе...** ...Двадцать четыре Исхождения...***

89. ... И Мария вышла вперед и сказала: «Учитель, об этом самом ты сказал нам сперва в виде притчи; «Вы, кто терпит страдания со мной: Я создам Царство [1] для вас, подобно тому как Отец создал для меня, ибо вы будете есть и пить за моим Столом в моем Царстве, и вы воссядете на двенадцати Тронах, [2] чтобы судить Двенадцать Колен Израилевых». [3] (90.) «... Потому, О Свет, возьми Чистоту от Силы в облике Льва, *чтобы она не узнала об этом*». [4]

---

[1] *Царство (Небесное)*. Из многочисленных отрывков, которые можно привести для того, чтобы показать, каких оккультных идей придерживались гностики относительно «царства», и сколь сильно отличались их воззрения от захудалых ортодоксальных концепций нашего собственного времени упадка и разложения, вероятно, не последний интерес имеет следующий фрагмент из «Евангелия египтян». На вопрос, когда наступит это царство, дается такой ответ: «Когда Двое станут Одним, и Внешнее станет как Внутреннее, и Мужчина с Женщиной — не Мужчиной и не Женщиной». Отсюда немедленно приходят в голову две интерпретации из многих, которые могут быть даны: (а) соединение низшего манаса с высшим, персональности с индивидуальностью; и (б) возврат к андрогинному состоянию, как это произойдет в будущих расах. Таким образом,

---

* Силы низшего Квартернария.
** Время моей эволюции в материи.
*** Существует двадцать четыре Исхождения свыше и двадцать четыре снизу, которые вместе с Софией, которая находится то вверху, то внизу, и с их синтезисами, составляют *сорок девять Огней*.

это царство может быть достигнуто отдельными личностями сегодня, а человечеством — в расах, которые придут.

² *Троны*. «Те, кого называют в теологии «тронами» и являются «Сиденьем Бога», очевидно являются первыми воплощенными людьми на земле; и это станет понятным, если мы подумаем о бесконечных сериях прошлых манвантар, обнаруживая, что последняя должна была прийти первой, а первая последней. Короче говоря, мы находим, что высшие ангелы прорвались, бесчисленное количество эонов назад, через «Семь Циклов» и *украли* таким образом их священный огонь; если выразить это более понятными словами, то они поглотили во время их прошлых воплощений, как в низших, так и в высших мирах, всю мудрость, имевшуюся там, — отражение МАХАТА различных степеней интенсивности». «Тайная Доктрина», II, 80.

³ *Израиль*. Значение этого термина могут прояснить следующие выдержки из систем наассенов (офитов) и Юстина, в соответствии с тем, как они изложены в «Философуменах».

Исход детей Израиля из Египта (то есть, тела) был остановлен водами Великого Иордана (символ духовного рождения или порождения), которые были обращены вспять и вынуждены потечь вверх благодаря Иисусу (V, 7).

Опять-таки, сыны Израиля пересекли Красное море и пришли в пустыню (то есть, были рождены в этот мир посредством родов), где были боги разрушения и бог спасения. Первые навязывали необходимость изменчивого и непостоянного рождения тем, кто родился в этот мир. Это были змеи пустыни, и для того, чтобы Сыны Израиля могли избежать укусов этих сил, Моисей показал им *истинного и совершенного Змея* (V, 16).

В системе Юстина первая триада состоит из Благого Принципа, Элохима и Эдема, или Израиля, причем последний считается женским и изображается как дева в верхней своей части, и как змея — в нижней; она есть супруга Элохима. Отрывок из Исайи (I, 2-3): «Слушайте, о небеса, и внимай, о земля, ибо Господь сказал... Но Израиль не знает Меня...», — объясняется таким образом, что небеса — это дух Элохима в человеке, земля — это душа, которая есть в человеке вместе с духом, Израиль — это Египет (то есть, материя).[1] Из вышеизложенного более чем очевидно, что колена Израилевы — это люди этого материального мира.

[4] *Чтобы она не узнала об этом.* В этом отрывке об Иисусе на Небесах, силы различных областей восклицают одна за другой, когда он переходит от плана к плану: «Как изменил нас Господь Вселенной без нашего ведома» (стр. 21). В дальнейшем (стр. 25) они изображаются пребывающими в страхе, «потому что они не знали Тайны, которая вершилась». София опять-таки (стр. 78) рассказывает нам, что она согрешила «из-за неведения». Сравнивая эти отрывки мы приходим к заключению, что триумфальное восхождение Иисуса, как совершенного посвященного, и драматический рассказ о кающейся Софии, — это лишь два аспекта одного и того же процесса, который рассматривается в первом случае с точки зрения индивидуальности, а во втором — персональности.

---

91. ... «Освободи меня от Силы с обликом Льва, ибо я *одна из Невидимых нахожусь в этой Области.*[*]

92. Потому, о Свет, не позволяй Исхождениям Своевольного восторжествовать надо мной. Ибо они льстиво обращаются ко мне с нежными словами...»[**]

107. «...Пусть он будет окутан Мглой, как неким одеянием, и пусть он опояшет себя Мглой,

---

[1] Сравните с «Пистис София», 13 (1).
[*] Низший манас, который является лучом, исходящим от Высшего.
[**] «Слова» сил низших принципов — это прельщения и соблазны материи.

как *кожаным поясом*, на все времена.* Я — как Гиль, который пал, ¹ они гонят меня туда и сюда, как Демона в Воздухе...»

---

¹ *Материя, которая пала*. Сравните стр. 102 и 107; «Я решил опуститься в Хаос». «Они решили опуститься в Хаос». Если соотнести эти различные термины с соответственными «принципами» в человеке, то не возникнет никаких затруднений. Своевольный — это *корень* принципа *камы*, или принципа желания, и его исхождения имеют ту же самую природу, что и *танха* в буддийской философии. Отражение *манаса*, «одного из Невидимых», тяготеет к *каме* и становится, таким образом, *низшим манасом*. Поистине, наши «грехи» — это лишь «Сила с обликом Льва».

---

114. «... Твою Силу предсказали древние через Соломона...» ¹

---

¹ *Оды Соломона*. В «Пистис Софии» есть пять фрагментов, известных ортодоксальной церкви как Оды Псевдо-Соломона. Они были первой частью нашего текста, переведенной с коптского, — это перевод, предпринятый Уойдом и опубликованный Мюнтером в 1812 г.; Шампольон написал статью в «Magasin Enciclopedique» Миллина (1815, II, 251) о труде Уойда; его также отмечает Меттер в своей «Histoire» (II, 348). Однако, поскольку не было предъявлено никакого серьезного аргумента, чтобы удостоверить пренебрежительный префикс «псевдо», мы склонны верить, что они были в свое время столь же каноничными, как и многие другие писания, которые были занесены в «index expurgatorius»,¹ чтобы они удовлетворяли прихотям и предрассудкам благодетельного неведения.

---

* Сравните с «Питри, развивающими свои тени» в «Тайной Доктрине».
¹ Указатель книг, чтение которых католикам разрешается только после изъятия нежелательных мест. — *Прим. пер.*

125. Вот Имена, которые я дам от Бесконечного и далее вниз. Напишите их Знаком, чтобы Сыны Бога могли показать их из этой Области. Вот Имя Бессмертного ААА ΩΩΩ, и вот Имя Голоса, который является Причиной Движения Совершенного Человека, ΓΓΓ. И вот истолкования Имен Тайн. Первая есть ААА, и ее истолкование — это ФФФ. Вторая есть МММ, или ΩΩΩ, и ее истолкование — это ААА. Третья есть ΨΨΨ, и ее истолкование — это ООО. Четвертая есть ФФФ, и ее истолкование — это NNN. Пятая есть ΔΔΔ, и ее истолкование — это ААА. Истолкование второй** — это АААА, АААА, АААА. Истолкование всего Имени...¹

---

¹ Несколько замечаний из системы Марка*** о буквах и цифрах греческого алфавита, вероятно, прольет некоторый свет на непонятные места этого текста. Говорят, что школа этого знаменитого наставника распределяла буквы среди частей тела Антропоса, звездного человека (называемого в каббале Адамом Кадмоном, символом макрокосма).

БУКВЫ		ЧАСТИ ТЕЛА	ЧИСЛА
A	— Ω	Голова	1 — 800
B	— Ψ	Шея	2 — 700
Γ	— Χ	Плечи и руки	3 — 600
Δ	— Φ	Грудь	4 — 500
E	— Υ	Диафрагма	5 — 400
Z	— T	Живот	7 — 300

** То есть, *шестого*, ибо *буддхи* — это либо *шестой*, либо *второй* принцип, или тайна.

*** Ипполит, «Философумены», VI, 39 и далее, и Иреней, «Против ересей», книга I, гл. XIV.

Н	— Σ	Половые органы	8 — 200
Θ	— Р	Бедра	9 — 100
Ι	— Π	Колени	10 — 80
К	— О	Большая берцовая кость	20 — 70
Λ	— Ξ	Лодыжки	30 — 60
М	— N	Ступни	40 — 50 [1]

Продукт или синтез *двенадцати* частей тела — это Сын, Христос или Иисус, *Тринадцатый*. Шесть наверху и шесть внизу, и тринадцатый, или точка равновесия, в центре. Пистис София находится в Тринадцатом Эоне, и Иисус на своем пути на Небеса повернул шесть эонов Направо и шесть — Налево.

Семь гласных звуков — это семь небес; А — это первое, и Ω — последнее, а Ι — четвертое, или Среднее Небо. См. диаграмму в «Тайной Доктрине», I, 200.

24 буквы подразделяются на *девять непроизносимых*, которые принадлежат Отцу и Истине и называются таким образом потому, что они невыразимы и их невозможно ни услышать, ни произнести; *восемь полугласных*, или полузвучных, принадлежащих Логосу и Жизни, поскольку они находятся на полпути между *немыми* и *гласными* и получают *эманацию* свыше и *реверсию* снизу; и семь гласных, или звуков, относящихся к человеку и собранию, ибо звук Голоса придал форму всем вещам.[2] В этой

---

[1] Знаки для чисел 6, 90 и 900 не обнаружены в известном нам греческом алфавите.

[2] См. статью полковника Олькотта в «Теософисте», том XI, сентябрь 1890 г., озаглавленную «Звуковые картины миссис Уоттс Хьюг», которая посвящена геометрическим и другим формам, создаваемым звуком. Тонкий порошок насыпается на барабан некоего прибора, и вибрации голоса вызывают маленький шторм среди этих частичек, которые на падающих слоях атомов группируются в правильные геометрические фигуры, причем одна и та же нота всегда создает одну и ту же конфигурацию. Таким образом показано, что звук — это корень проявления, или, другими словами, что «Слово», или Логос, перворожденный, — это именно то, благодаря чему созданы все вещи.

классификации ясно видно трихотомическое деление на *арупу*, или планы без формы, *рупу*, или планы форм, и промежуточное подразделение, которое не есть ни *рупа*, ни *арупа*.

Для того, чтобы читатель не смог спутать вышеприведенную номенклатуру эонологии последователей Марка с валентинианской, которая дается в нашей главе о Валентине, мы приводим схему примордиального двойного Тетрактиса Марка:

ПЕРВЫЙ ТЕТРАКТИС	**ВТОРОЙ ТЕТРАКТИС**
Архетос, или Невыразимое, содержащее 7 элементов	Логос, или Слово, содержащее 7 элементов
Сиге, или Безмолвие, содержащее 5 элементов	Зое, или Жизнь, содержащая 5 элементов
Патер, или Отец, содержащий 5 элементов	Антропос, или Человек, содержащий 5 элементов
Алетейя, или Истина, содержащая 7 элементов	Экклесия, или Собрание, содержащее 7 элементов
всего 24	всего 24

Которые вместе с Христосом составляют 49.

Если мы вернемся к буквам, то девять непроизносимых — это:

	ГЛУХИЕ	*СМЯГЧЕННЫЕ*	*ПРИДЫХАТЕЛЬНЫЕ*
Губные	П	В	Ф
Горловые	К	Г	Х
Зубные	Т	Δ	Θ

Восемь полугласных — это Λ, Ρ, Μ, Ν, Σ, Ζ, Ξ, Ψ, так что три класса немых, полугласных и гласных естественным образом распадаются на типы 3, 4 и 7.

Теперь мы способны пролить некоторый свет на данный текст, держа в уме уже упомянутую ранее диаграмму из «Тайной Доктрины». ААА, ΩΩΩ, III — это непроявленные арупа-планы, эоны или эманации, а также *девять* непроизносимых Марка. Эта тройная тройственность в другом аспекте становится знаменитым I А Ω, который столь часто встречается на гностических геммах, и в его видоизменении I А Ω представляет Дух (А), связанный с Материей (Ω) при помощи Разума (I). Эти трое, вероятно, являются Тайной Невыразимого, а семь, которые следуют за ними, — Тайнами Первой Тайны, хотя позднее мы читаем о Семи Тайнах Невыразимого. «Первая есть ААА, и ее истолкование — это ФФФ; превратив буквы в цифры и не обращая внимания на нули и повторения, мы получим: «истолкование 1 есть 5», или, другими словами, что тот, кто раскрывает или проявляет первую и величайшую тайну, соответствующую атману, есть пятый принцип, или бессмертное эго человека. «Вторая есть МММ или ΩΩΩ, и ее истолкование — ААА». Ω или ω часто встречаются на геммах в виде прямых линий, поэтому буква W, которая есть перевернутая М, или волнистая линия — это обычный знак воды или «материи» в символизме. Если обратиться к таблице частей тела Звездного Человека у Марка, можно увидеть, что М — это противоположность А, также как и Ω, когда буквы «развернуты». Если взять такое сложение букв в качестве изображения одной спирали эволюции, то в другой спирали М и N были бы на том же самом плане, что и А и Ω, и мы имели бы четыре буквы рядом, или на одном плане. М и Ω были бы в этом случае взаимозаменимы, и их истолкованием была А. «Третья есть ΨΨΨ, и ее истолкование — ООО. Четвертая есть ФФФ, и ее истолкование — NNN». Ψ = 700, и О = 70, Ф = 500, и N = 50; таким образом, поскольку 10 — это «корень» чисел, 70 понимается как 700 и 50 — 500, так как каждый высший план объясняет нижний. «Пятая есть ΔΔΔ, и ее истолкование — ААА». Другими словами, истолкование 4 есть 1, точно также как и истолкование Ω или 8 есть тоже 1, ибо считаем ли мы по *трем* или по *семи*, четвертый и восьмой всегда будут первым или последним классом, планом, уровнем, эманацией, все равно, как бы мы это ни называли. Следующая тайна, приближающая конец цикла эволюции, преобразует первоначальную тройную триаду в тройной квартернарий, и, делая это добавление к его постижению, возвращается в безмолвие Великого Имени. Когда будет понят ключ к семи планам и принципам, то легко будет поместить эти семь — на *четыре нижних* плана высшего септенария, как это сделано в диаграмме в «Тайной Доктрине», и тогда мы увидим, как тип трех высших арупа-планов отражается в семи планах четырех нижних.

---

127. «...Ты есть Первая Тайны, Смотрящая вовне ... ты пришел в Облачении Света, полученном тобой от Барбело, которое (Облачение) есть Иисус, наш Спаситель, на которого ты опустился в виде Голубя».[1]

---

[1] *Голубь*. См. 1 (4). В системе Марка («Философумены», VI, 47) о голубе говорится, что он соответствует А и Ω, объяснение этого см. «Пист. Соф.» 125 (1). В системе Керинфа («Философумены», VII, 33) мы читаем:

> Керинф, который практиковался в египетских методах тренировки, говорил, что мир был создан не первым Богом, но определенной силой, которая обособилась от власти, царившей над вселенной, и она не знала божества, которое возвышалось надо всем. Кроме того, он утверждал, что Иисус не был рожден Девой, но что Иосифом и Марией был рожден сын подобно тому, как и у всех остальных людей, однако он был более праведный и мудрый (чем остальные). И после его крещения на него снизошел Христос из принципа, абсолютного для всего, *в виде голубя, и затем он проповедовал непостижимого отца и совершенствовал его силы*; но в конце Христос покинул Иисуса, и Иисус страдал и

восстал вновь, в то время как Христос оставался незатронутым страданием, ибо имел по своей сути духовную природу.

Христос — это *прославленная* индивидуальность, то есть, манас-тайджаси, или высший манас с ореолом буддхи вокруг него, в то время как Иисус — это тленная персональность низшего манаса.

В этой связи было бы небесполезно сравнить, что говорит «Тайная Доктрина» о «мифическом белом лебеде, лебеде Вечности или Времени, Калахансе» (I, 78). Слово Ханса или Хамса равнозначно «ахам-са», и эти три слова означают «Я есть он», в то время как если разделить его другим способом, то его можно прочитать как «со-хам», «он (есть) я», — причем слово *сохам* равнозначно *сах*, «он», и *ахам*, «я», или «я есть он». В одном этом содержится универсальная тайна, учение об идентичности человеческой и божественной сущности, для того, кто понимает язык мудрости. Отсюда происходит и символический знак Калахансы (или хамсы) и аллегория о нем, а также имя, данное Брахме среднего рода (позже — мужскому Брахме) — «Хамса-Вахана», тот, кто использует Хамсу в качестве своей колесницы. То же самое слово можно прочитать как «Кал-ахам-са», или «я есть я» в вечности Времени, что отвечает библейскому, или скорее зороастрийскому изречению: «Я есть то, что я есть («Тайная Доктрина», I, 78).

В «Голосе Безмолвия» (фрагмент I, стр. 5) мы читаем:

Говорит Великий Закон: «Чтобы познать мировое Я,[1] ты должен сперва познать свое собственное я». Чтобы достигнуть знания этого Я, ты должен отдать свое *Я* — Не-Я, Бытие — Небытию, и тогда только можешь ты почить между крылами Великой Птицы. Воистину, сладостно успокоиться в крыльях того, что не рождается и не умирает, но есть АУМ[2] на протяжении бесконечных веков.[3]

---

[1] *Таттваджнанин* — это тот, кто *знает* или различает принципы в природе и человеке; *Атмаджнанин* — это знающий АТМАН, или универсальное, ЕДИНОЕ Я.

[2] Кама-Хамса, «Птица» или Лебедь. В «Надабинду упанишаде» (Риг-Веда), переведенной *Кумбаконам* Теос. обществом, говорится: «Йог, который садится на Хамсу (то есть, таким образом созерцает Аум), не подвержен кармическим влияниям или крорам (множествам) грехов». Звук «А» рассматривается как ее (птицы Хамсы) правое крыло, «U» — левое, «М» — ее хвост, и Ардха-Матра (полуметр) — это, так сказать, ее голова.

[3] Вечность для людей Востока имеет совершенно иное значение, чем для нас. Обычно она обозначается ста годами или «ве-

Из всего вышеописанного совершенно очевидно, что Голубь является символом «Высшего Я» человека.

134-135. «...Поток Света влек их всех, и пронес их над храмом»; то есть, когда Поток Света получил все Света ПИСТИС СОФИИ, и когда он оторвал их от Исхождений Своевольного, он внедрил их в ПИСТИС СОФИЮ, покинул Хаос и взошел в Совершенство, *ибо ты есть храм.*[*]

136. «...Исхождения Своевольного, находящиеся в Хаосе, сжимали ПИСТИС СОФИЮ и приобретали исключительное доверие, и вновь преследовали ее с великим ужасом и разрушениями: так, некоторые из них сжимали ее, один из них превращался в обличье Великого Змея, другой в обличье Василиска *с семью головами...* [1]

---

[1] *Василиск с семью головами.* Логи или «Спасители» всех народов изображаются наступающими на голову или головы змеи или дракона, или пронзающими монстра присущим им оружием силы. Таким образом представляется победа Духа над Материей («Старым Змеем» или «Великой Бездной»), которая при помощи духовных превращений в конце концов подчиняется божественной воле прославленного посвященного, и «боги», или силы природы побеждаются, божественным «Повстанцем», Асурой, «Драконом Мудрости», который сражается против девов; то есть, активность манаса одерживает триумф над пассивностью чистого духа. Кришна сокрушает семиглавого змея Калинага. Геркулес отрубает головы Гидры, *водяной* змеи; египет-

---

ком» Брахмы, продолжительностью махакальпы или периодом в 311 040 000 000 000 лет.

[*] И, поэтому, Иисус и каждый *человек* в одном из своих принципов — это Пистис София. Пистис София — это кающаяся «индивидуальность».

ский Оранте наступает на змею, в то время как его руки растянуты на распятии, а Гор пронзает голову дракона Тифона или Апопа; скандинавский Тор разбивает череп змеи своим крестообразным молотом, а Аполлон пронзает Пифона, и т.д., и т.д. Все это обозначает в одном из аспектов расширение планов сознания и соответственное преобладание планов материи (символически, воды), причем основных планов насчитывается семь.

Однако, подобно логоям и иерархиям сил, «змеи» должны отличаться один от другого. Шеша, или Ананта, «ложе Вишну», — это аллегорическая абстракция, символизирующая бесконечное время в пространстве, которое содержит зародыш и периодически вызывает прорастание и цветение этого зародыша, создавая *проявленную* Вселенную; в то время как гностический *Офис* содержит тот же самый троичный символизм в своих семи гласных, как и односложный, трехсложный и семисложный *Oeaohoo* Древней доктрины; то есть, Один Непроявленный Логос, Второй — проявленный, треугольник, превращающийся в Квартернарий или Тетраграмматон, и в существование последнего на материальном плане. («Тайная Доктрина», I, 73, примечание).

Таким образом, если Гуань-Ши-Инь или Авалокитешвара в китайском символизме увенчан семью драконами и несет на себе надпись, «вселенский Спаситель всех живых существ» («Тайн. Доктр.», I, 471), семиглавый Василиск данного текста несомненно символизирует низший и материальный аспект этого типа эманации вселенной, а не примордиального духовного змея в ореоле семи его лучей, или семи гласных. И так же, как существовал высший Хебдомад семи высших планетарных духов или эонов, был и нижний Хебдомад. Офиты представляли это аллегорически, говоря, что Змей, в наказание за то, что он научил Адама и Еву (третью расу) восстать против Ильда Баофа, был изгнан в нижний мир и породил шесть сыновей, то есть, должен был воплотиться в телах древних рас. Практически во всех системах, общему постулату древней астрономии о том, что существуют семь планетарных сфер и восьмая (сфера неподвижных звезд) над ними, учили под различными аллегорическим покровами, и все они туманно излагали эзотерическую истину о семи состояниях материи, семи небесных телах планетарной цепи, семи принципах в человеке, и т.д., и т.д.

Учение о семи небесах ясно излагается в интересной апокрифической книге, называемой «Восхождение Исайи», которая вне всякого сомнения была написана ранее чем во втором веке нашей эры, и часто и с одобрением цитировалась вплоть до времени Св. Иеронима. Она отличается своей строго докетической направленностью и принадлежит к иудейско-коптской школе. После периода долгого умолчания к ней вновь привлек внимание епископ Ричард Лоуренс в 1819 г., опубликовав эфиопский манускрипт, единственный сохранившийся кодекс, с переводом на латынь и на английский язык. В дальнейшем на эту интереснейшую реликвию пролила некоторый свет работа А. Диллмана (Лейпциг, 1877), который сравнил Бодлеанский манускрипт с двумя другими, которые были привезены из Магдалы после ее захвата в 1868 году. В этом сочинении описано весьма любопытное видение пророка. Некий ангел седьмого неба провел дух Исайи через все семь небес. В тверди небесной (земле) он увидел Саммаэля (Сатану) и его воинства, вовлеченные в междоусобный конфликт. В первом был некто, сидящий на троне (*вахана*, или колесница [1]) и окруженный ореолом ангелов справа и слева. Исайе было сказано, что это поклонение в действительности оказывается Отцу на седьмом небе и его Возлюбленному. На втором небе он увидел то же самое, но при еще большем великолепии, и пророку снова помешали совершить поклонение, словами: «Не поклоняйся ни ангелу, ни трону, которые есть на шести небесах, пока я не покажу тебе седьмое небо». Затем ему были показаны третье, четвертое и пятое небеса, и каждое из них превосходило по своему великолепию предыдущее. На шестом не было трона и *не было никакого разделение на правое и левое*, но все в равном сиянии восхваляли Отца,

---

[1] Каждый принцип или план — это колесница следующего над ним: поэтому *трон* Сатаны (земля) — это, так сказать, *скамейка для ног* Бога.

его Возлюбленного (Христа) и Святой Дух. В конце концов на седьмом небе он увидел Отца и «Господа Бога, Христа, который называется в мире Иисусом», и ангела Святого Духа. Все *праведники* [1] там поклонялись троице, в то время как Иисус и Святой Дух оказывали поклонение Отцу. Дальше мы читаем о нисхождении Христа через семь небес и твердь небесную, предшествующем его воплощении (см. «Слов. христ. биог.», *sub voce* Исайя). Для более полного понимания этого видения сравните с диаграммой в «Тайной Доктрине», I, 153 и 200.

Но, хотя семиглавого змея можно обнаружить в символогии временами над, а временами — под фигурой Бога или посвященного, и опять-таки он может иметь 1, 3, 5, 12 или 1000 голов, все же в действительности в этом нет никакой путаницы. Ибо как 1, 3, 5 и 7 примордиальные планы имеют свои собственные подуровни эманации, так и слои и иерархии отражаются одна в другой. Таким образом, каждый план есть септенарий, и каждая пара планов представляют собой высший и низший Хебдомад.

Что же касается Тринадцатого Эона и Пистис Софии, стоящей на семиглавом василиске, то в этом отношении интересно также отметить, что в мексиканской традиции есть тринадцать змеиных богов.

---

148. ... ПИСТИС СОФИЯ ... воскликнула вновь, говоря: «... они притесняли меня и отняли у меня мою Силу, и забросили меня в Оркус, [1] лишив меня моего Света...»

---

[1] *Оркус*. Преисподняя (см. табл. I) состоит из трех частей: Оркуса, Хаоса и Внешней Тьмы. В аллегорическом описании судьбы греховной души, иными словами, участи низших принципов после смерти, нам сообщают, что в Оркусе

---

[1] То есть, «совершенные» или посвященные: те *джнани*, которые либо достигли окончательного освобождения, либо могут входить в состояние турия самадхи.

(буквально — тюрьма или огороженное место) души мучают огнем, в Хаосе — огнем, темнотой и дымом, а в *Caligo Externa* [Внешней Тьме], вдобавок к тому, еще и градом, снегом, льдом и ужасным холодом. Все это делает эти три *локи* — представителями состояний материи, которые соответствуют *кама-рупе* (телу желания), *линга-шарира* (астральному телу) и *стхула-шарира* (физическому телу). Таким образом, когда мы читаем, что «они забросили меня в Оркус, лишив меня моего Света», мы естественно можем понять, что принцип *Кама* с необходимостью делает тусклым и неясным Свет духовных принципов и лишает их присущей им силы.

---

150. После этого вперед вышел Фома и сказал: «Твою Силу Света предсказали древние через Соломона... Ты укрыл меня под сенью своего благоволения, и возвысил меня над *покровами кожи*. [1]

---

[1] *Покров кожи*. Этот термин повсеместно применялся гностиками для обозначения физического тела. Как говорится в «Разоблаченной Изиде», I, 149,

Халдейские каббалисты говорят нам, что первоначальный человек, который, вопреки дарвиновской теории, был чище, мудрее и много духовней, как это показывают мифы о скандинавских Бури, индусских Деватах и моисеевых «Сынах Бога», — короче говоря, имел много более высокую природу, чем человек нынешней адамической расы, — лишился своей духовности и был испорчен материей, и тогда ему в первый раз было дано плотское тело, что символизирует в Книге Бытия следующий стих, имеющий весьма глубокий смысл: «И сделал Господь Бог Адаму и жене его одежды кожаные, и одел их».[1]

179—181. И вышел вперед Филипп, и объяснил он Гимн Пистис Софии, прочитав вслух сто седьмой псалом (стихи 1 — 21). [1]

---

[1] Бытие, III, 21. См. «Пист. Соф.» 107, примечание.

¹ На стр. 181 кодекса [перевода Шварц] мы приходим к некоему выводу об эпизоде кающейся Софии. 139 страниц, которые были посвящены этому вопросу, требуют исключительного внимания от изучающего эзотеризм читателя, ибо здесь мы имеем не только историю «странствования» души, но также и описание ступеней посвящения, которые соответствуют и естественным ступеням или состояниям сознания, и циклам человеческой эволюции. Теперь мы попытаемся рассмотреть это странствование Пистис Софии, прослеживая путь ее «проступка» или желания Света, через 13 ее покаяний, или *превращений разума* (*метанойя*, превращения *ноуса* или *разума*), вплоть до ее возвращения в *Тринадцатый Эон*, определенную ей область или план.

Для того, чтобы достигнуть знания Света, или Логоса, душа должна была опуститься в материю или Гиль. Поэтому Пистис София, возжелавшая Света, опускается за его отражением из Тринадцатого Эона через Двенадцать Эонов в глубины Хаоса, где она подвергается опасности полностью утратить свой собственный внутренний Свет или Дух, которого ее постоянно лишают Силы Материи. Низойдя в самые мрачные глубины Хаоса, она наконец достигает предела, и путь ее странствования начинает вести вновь вверх, к Духу. Таким образом, она достигает *равновесия* и, все еще тоскуя и стремясь к Свету, она проходит поворотную точку цикла и, изменяя склонность своей мысли или разума, провозглашает свои покаянные гимны или *раскаяния*. Ее главный враг, который своим *ложным Светом* увлек ее вниз, в Хаос, — это Ильда Баоф, *Сила с обликом Льва*, «принцип» Кама, ложный «Свет» в Хаосе, которому помогают 24 гилические, или материальные Исхождения, или Эманации, отражения 24 Небесных Исхождений, соратников Пистис Софии, общем числом 48, которые вместе с той силой или аспектом, в котором в любое время можно увидеть все целиком, составляют 49.¹ Сперва она произносит 7 *покаяний*.

---

¹ Сравните перечень 25 таттв (24 + 1, или, в другом аспекте, 5 x 5) в статье, озаглавленной «Индийская теория вибрации как

В четвертом из них, поворотной точке субцикла, она молится, чтобы *Образ Света* не отвернулся от нее, ибо настало время, когда покаяние «тех, кто попал в Нижние Области», должно быть сочтено «тайной, которая образует тип расы» (4-й расы). В шестом Свет (*высший манас*) прощает ее грех, из-за которого она покинула свою Область и пала в Хаос, но из Первой Тайны (*буддхи*) все еще не пришло указание полностью освободить ее из Хаоса. Таким образом, в заключении 7-го *покаяния*, когда она оправдывается тем, что она сделала это в неведении, благодаря своей любви к Свету, — Иисус, посвященный на объективном плане и Свет на плане субъективном, *без указания Первой Тайны* (то есть, одной силой *манаса* без *буддхи*), поднимает ее в сравнительно менее тесную область Хаоса, но София все еще *не знает, благодаря кому это произошло*. На 9-м Покаянии Первая Тайна частично принимает ее молитву и посылает Иисуса, Свет, тайно помочь ей, то есть, чтобы об этом не знали силы эонов; после этого Пистис София распознает Свет. Четыре ее последующих гимна сознательно поются Свету и по своей сути являются благодарностью и упованием на то, что кармическое правосудие вскоре догонит ее притеснителей, в то время как сама она молит о своем освобождении от «греха», а именно, камической силы в облике Льва. После 13 *покаяния* Иисус снова, сам по себе, без Первой Тайны, испускает из себя сияющую Силу Света и посылает ее на помощь Софии, чтобы еще выше поднять ее в Хаосе, пока не придет указание освободить ее полностью.[1] Далее следует описание *светосил*, которые весьма тесно соотносятся с описанием трех *покровов* (или Одеяний) на начальных страницах кодекса. Затем, когда София поет четыре радостных гимна, Сила становится *венцом над ее головой*, и ее Гиль, или материальные пристрастия, начинают очищаться, тогда как духовные силы, или *светосилы*, которые она все еще сохранила, соединяются с «Покро-

---

производителя звуков, форм и цветов», «Теософист», том XII, октябрь и ноябрь 1880.

[1] Таким образом, существует три уровня Хаоса.

вом Света», который опустился на нее. После этого Статут был исполнен, и Первая Тайна, в свою очередь, послала великую Силу Света, которая соединилась с первой Силой, испущенной «Светом», и стала великим *Потоком Света*, — эта Сила была самой Первой Тайной, *Смотрящей вовне* (*буддхи-манас*) на своем собственном плане, и «прославленным» посвященным в этой материальной сфере. Она пришла из Первой Тайны, *Смотрящей внутрь* (*атма-буддхи*), или «Отца». Когда это свершилось, Пистис София, *низший манас*, вновь очистился, и ее *светосилы* увеличили свою мощь и наполнились светом благодаря ее партнеру света, тому *сизигию*, без которого, как полагала вначале Пистис София, она способна достигнуть Света Светов, впадая таким образом в ошибку. И все же она еще не полностью освободилась от уз материи, ибо чем выше она поднимается, тем сильнее силы исхождений, направленные против нее, продолжающей изменять их облик, так что она теперь сражается против еще более сильных врагов, которые создаются и направляются сильнейшими и коварнейшими силами материи. Вслед за этим Пистис Софию полностью окружает Поток Света, и в дальнейшем ее под обе руки поддерживают Михаил и Гавриил, «Солнце» и «Луна». «Крылья» «Великой Птицы» колыхаются, «Крылатый Шар» расправляет свои перья, готовясь к полету. Ибо разве бесконечность пространства — это не есть «гнездо вечной Птицы, биение крыльев которой создает жизнь»? («Тайн. Доктр.», II, 293). Так происходит последняя великая битва. Первая Тайна, Смотрящая вовне, направляет свои атаки против «жестоких, могущественных сил, воплощенных страстей», и заставляет Пистис Софию попирать ногами Василиска с семью головами, разрушая его Гиль, *«Так, что ни одно семя не сможет вырасти из него впредь»*, и сбрасывает вниз остаток противоборствующего воинства.[1] После этого Пистис София пост хвалебный гимн своему освобождению из оков Хаоса. Так она становится свободной и

---

[1] См. «Свет на Пути», стр. 15-17, 1-е издание.

вновь обретает *память*. И все же великий Своевольный и Адамас, Деспот, еще не были покорены полностью, ибо все еще не пришло указание от Великой Тайны, Смотрящей внутрь, Отца. Поэтому Великая Тайна, Смотрящая вовне, опечатывает и изолирует эти области и их правителей до тех пор, пока не завершатся три срока, то есть, до завершения 7-го цикла (мы находимся ныне в четвертом), когда человечество перейдет в межпланетную нирвану. Однако эта нирвана — это состояние вне пространства и времени, как мы их понимаем, и потому оно может быть достигнуто *сейчас и внутри*, но лишь очень святыми людьми, *налджорами* и *архатами*, которые могут достигнуть высочайшей степени мистического созерцания, называемого на Востоке *самадхи*. Ибо тогда «Врата Сокровища Великого Света» будут открыты, как это описано в нашем тексте, и «странник» переправится через нирванические небеса. (Ср. стр. 169-181.)

---

183. И когда Мария услышала слова, сказанные Спасителем, сильно возрадовалась она и ... сказала Иисусу: «Учитель и Спаситель, каковы Двадцать четыре Невидимые,[1] и какого они Типа...»

---

[1] *Двадцать четыре невидимых Тринадцатого Эона.* Сравните с табл. I.

ТАБЛИЦА II
ЛЕВЫЙ, или ТРИНАДЦАТЫЙ ЭОН

Великий невидимый Предок, сизигий которого — Барбело.

Два великих Троесильных, которые эманируют 24 невидимых (включая Пистис Софию и ее сизигия, причем она является их самым низшим порождением).

Своевольный, третий великий Троесильный.

---

191. «Те, кто получил [9-ю, 10-ю, 11-ю и] двенадцатую тайну Первой Тайны в Наследиях Света».[1]

[1] ТАБЛИЦА III

1-й	2-й	3-й	4-й	5-й	6-й	7-й	8-й	9-й	10-й	11-й	12-й

СПАСИТЕЛИ 12-ти ИСХОЖДЕНИЙ или ПОРЯДКОВ [1]

1-го	2-го	3-го	4-го	5-го	6-го	7-го	1-го	2-го	3-го	4-го	5-го

ГОЛОСА ДЕРЕВА

Должны быть в Области ДУШ, которые получили

1-ю	2-ю	3-ю	4-ю	5-ю	6-ю	7-ю	8-ю	9-ю	10-ю	11-ю	12-ю

ТАЙНЫ ПЕРВОЙ ТАЙНЫ

192. «...и три Аминь должны превзойти Двойных Спасителей в Царстве, и Пять Деревьев должны превзойти Три Аминь в Наследии Света».[1]

---

[1] Хотя тот, кто тщательно изучил эту громадную систему, и может почувствовать единство схемы, которая лежит в основании этих многократных видоизменений, все же ему будет исключительно сложно без чрезмерного многословия отметить все эти взаимосвязи. Для всего, что ниже его, Сокровище Света является неким единством, и его порядки, исхождения, и т. д., другими словами, его иерархии, имеют лишь одно влияние. Таким образом, когда содержимые Сокровища упоминаются на раннем периоде наставления, как не странице 18, о них говорится без соблюдения какого-либо порядка. Но теперь снят следующий покров, и Сокровище становится Наследием Света; это будет тогда, когда завершится эволюция космоса, и, по аналогии, в конце Цикла, или семи циклов, или,

---

[1] Каждый спаситель имеет 12 исхождений или порядков, так же как и Иисус имел 12 учеников.

опять-таки в посвящении, когда неофит достигает плана сознания, называемого Сокровищем. Затем, так же как Иисус при своем восхождении на небеса (стр. 25-37) обрати шесть эонов направо и шесть эонов налево, так и посвященные войдут в Сокровище и своим высшим сознанием воспримут его различия; поэтому там будет правое и левое даже в том, что, как первоначально предполагалось, было за пределами подобного разделения. Последовательность наследия, представленная таким образом, будет следующей:

ТАБЛИЦА IV
НАСЛЕДИЕ СВЕТА

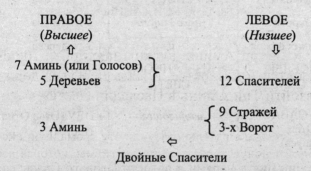

Эта таблица устроена в виде двух столбцов, чтобы показать взаимосоответствия, а стрелки поставлены для отметки более высокого или более низкого положения порядков. Двойные спасители обнаруживают свои прототипы в тайнах, которые упоминаются дальше и имеют бесчисленные классы и подразделения, ибо двойная тайна — это одна из Тайн Первой Тайны, которая является, так сказать, либо Смотрящей вовнутрь, либо смотрящей вовне. Это тайна дуального манаса. Как каждая область или каждый план имеет свои ворота и покровы, так же и Сокровище имеет трое своих врат, или, другими словами, три субплана. Они соответствуют трем йогическим состояниям: *джаграта, свапна* и *сушупти*, — так называемых состояний сознания — бодрствования, сна и сна без сновидений. Таким образом, мы видим, что классификация низших планов, согласно табл. I, продвигается намного глубже внутрь на высших планах сознания, так как учеников обучают дальнейшим тайнам.

---

194. ...Область Душ тех, кто получил первую тайну Первой Тайны...[1]

---

[1] **ТАБЛИЦА V**

Распределение ПРАВОГО в Наследии Света

ИЕУ, надзиратель	СВЕТА[1]	1-го дерева
Страж покрова	*исходящего*	2-го дерева
Два великих вождя	*из*	3-го дерева
МАЛХИСЕДЕК, Великий Сосуд	ИЗБРАННОГО СВЕТА	4-го дерева
		5-го дерева
Великий САВАОФ, Добро (Отец души Иисуса)	*изошедшего из*	ИЕУ (Отец Отца Иисуса)

Все они будут царями в области Первого Спасителя, то есть, Первой Тайны Первого Голоса Сокровища Света.

---

194. [*продолжение*] ... Пятнадцать Помощников Семи Дев Света, которые пребывают в Середине,[2] изойдут из Областей* Двенадцати Спасителей...

---

[1] А именно, того, который является Светом Сокровища для всех низших планов.

* В которых спасители пребывают теперь, а именно, в Сокровище Света.

²ТАБЛИЦА VI
СЕРЕДИНА

Малый ИАО, Добро, называемый в эонах Великим ИАО

Дева Света ⎰ 7 дев Света
⎨ 15 помощников ¹
⎱ 12 служителей

194. [*продолжение*] ... Разложение Вселенной и всеобщее Завершение Подсчета ˙ Совершенных Душ Наследия Света.

195. ...пока они не завершили Подсчет Собрания ˙˙ Совершенных Душ.

198. «...Когда я приведу вас в Область последнего Помощника, ¹ которая окружает Сокровище Света...»

---

¹ *Последний помощник*. Чтобы понять положение пяти помощников в этой удивительной системе эонологии, следует обратиться к страницам 17 и 18. Там утверждается, что три одеяния, так сказать, три буддхические мантии, или три большие ступени посвящения, соответственно наделяются следующими характеристиками.

---

¹ Их не следует смешивать с пятью великими помощниками, ибо это лишь некий аспект последних на низшем плане.

˙ См. «Тайную Доктрину», I, стр. 171, пар. 1. Как сказано в статье Э. Кислингбари о «Римском католицизме и теософии», «Люцифер», том VII, январь 1881 г., стр. 402-404, согласно церковной традиции, *количество избранных равно числу «падших ангелов», место которых они заменяют*. Опять-таки, «Тайная Доктрина», особенно том II, дает исчерпывающие доказательства идентичности «падших ангелов» с воплощенными *эго* человечества. *Verb. sap.*

˙˙ *Congregatio*, то есть, экклесия (церковь), седьмой и последний из примордиальных эонов Валентина. См. объяснение карты плеромы в соответствии с этим гностическим учителем.

I. Сияние всех имен тайн и всех исхождений порядков пространств Невыразимого.

II. Сияние всех имен тайн и всех исхождений порядков двух пространств первой тайны.

III. Сияние всех имен тайны, открывателя, который называется первой заповедью внизу, у имен небесного свода.

Нам говорят также на стр. 1 и в других местах еще более сложно, что первая тайна окружает или включает в себя:

Первую заповедь.

Пять печатей (типов, или зачатков).

Великий свет светов.

Пять помощников.

Лучи этого Света Сокровища Света опускаются вниз до мира людей, ибо они являются умами или светосилами всех планов, которые ниже Сокровища, вплоть до земного материального. Эти порядки могут быть изображены при помощи серий концентрических кругов; центральный круг изображает Сокровище, следующий — последнего, или малого помощника, окружающего его, и так далее, со сферами все большего диаметра, которые символизируют все-расширяющиеся состояния сознания.

Вышеприведенные категории, от первой заповеди до пяти помощников, дают ключи к числам 5, 7 и 12 (5+7), которые окажут большую помощь для понимания классификации тайн и соответствующих состояний сознания в дальнейшем. Великий Свет — это отражение и упадхи первой заповеди, или первой тайны; а 5 помощников — отражения 5 печатей, — в сумме, 12. Они соответствуют пяти тонким и пяти грубым элементам, которые, вместе с двумя непроявленными элементами составляют число 12. Это, вероятно, можно сделать более понятным при помощи следующей цитаты из статьи профессора Манилал Набхубхаи Двиведи «Монизм или адвайтизм?»:

Адвайта начинает с изучения подразделений *практити* и ясно демонстрирует, быть может первый раз в пространстве индийского рационализма, ту истину, что пять элементов — *акаша*, *вайю, тейас, джала, притхиви* — являются лишь пятью *состояниями пракрити*, которые можно отличить одно от другого. От *акаши*, специфический признак который есть *шабда*, — который, между тем, мы переводим не как «звук», но как «различение», — происходит *вайю* (газообразное вещество) со своим специфическим знаком *спарша* (прикосновение), который прибавляется к первоначальному *шабда*; *разделение*, происходящее в *вайю*, приводит к образованию *тейас* (горячей материи) с его специфическим признаком *рупа* (форма, тепло, свет), добавляющимся к *шабда* и *спарша*; от *тейас* — *джала* (жидкое вещество) со своим специфическим признаком *раса* (вкус); и, от *джала* — *притхиви* со своим особенным признаком *гандха* (запах). Таким образом, пять *танматр* [зачатков] и пять *бхутов* [элементалов] *санкхьи* сводятся к *акаше*, всепроникающей потенциальной форме (эфиру) первичной материи (*мулапракрити*)».[1]

Теперь нас учат, что некий новый элемент развивается с каждой новой корневой расой, и, так как мы уже на две трети принадлежим 5-й корневой расе, пятый элемент из семи уже находится ныне на пути эволюции. Мы имеем таким образом ключ к пониманию 7 аминь и 3 аминь; к 5 деревьям, 12 спасителям и соответствующим тайнам. Также следует помнить, что приведенное выше объяснение элементов — это лишь их последнее отражение на видимом, материальном плане бытия. Их психические, духовные и божественные прототипы по своей природе не могут быть описаны в словесном виде, как мы можем увидеть это при помощи терминологии таблицы VIII.

---

205. «И тот, кто должен получить Тайну Третьего Тридуховного, который принадлежит к Трем Тридуховным и Трем Пространствам, в свою очередь, Первой Тайны, но не имеет силы подняться на небеса, в Порядки, которые находятся над ним и являются Порядками Пространства Невыразимого...»[1]

---

[1] Стр. 34-35 («Монизм...», Бомбей, *Subodha-Prakasa Press*, 1889).

[1] ТАБЛИЦА VII
ПОРЯДКИ НАСЛЕДОВАНИЯ СВЕТА ТАЙН ПЕРВОЙ ТАЙНЫ (СМОТРЯЩЕЙ ВОВНЕ)

Тайны, или состояния сознания	Пространства, или планы
3-й Тридуховный 2-й Тридуховный 1-й Тридуховный	3 пространства
24 { 12 Тайны	1-е пространство в сторону внутреннего
12 Тайны	2-е пространство в сторону внешнего
(В серии, начинающейся от 24-го вверх) Первый статут	3-е пространство

224. «...И эта Тайна знает сама, почему она сдирает с себя кожу так, что она исходит из Невыразимого, который, поистине, сам правит всеми ими и сам извергает их всех в соответствии с их Порядками».[1]

[1] ТАБЛИЦА VIII

НЕВЫРАЗИМОЕ

⇨

ЧАСТИ НЕВЫРАЗИМОГО

⇦

ПОСЛЕДНЯЯ ЧАСТЬ
(Содержащая иерархии сверхтридуховного и протридуховного)

⇨

12 ПРОТРИДУХОВНЫХ
(Последний порядок, на котором нет рождающих)

⇦

ПРОСТРАНСТВО НЕВЫРАЗИМОГО
(Единый и единственный мир)

ПРОСТРАНСТВО НЕВЫРАЗИМОГО

ПЕРВОЕ ПРОСТРАНСТВО НЕВЫРАЗИМОГО

3-й тридуховный (1-й свыше) ⎫
2-й тридуховный ——— " ——— ⎬ Каждый, вмещающий в себе первично-безграничные 5 деревьев и 24 тайны, или пространства
1-й тридуховный (1-й извне) ⎭

ВТОРОЕ ПРОСТРАНСТВО НЕВЫРАЗИМОГО
(Которое есть пространство первой тайны, смотрящей вовнутрь и вовне)

Невмещающее непроходимость
Доброкачественность   (24 мириады, исходящие вне покровов первой двойной тайны)
12 Невместимость
    Непроходимость   (12 непроходимых пространств: 3 порядка)
    Неразрушимость   (12 порядков: 1 порядок)
12 Непроизносимость   (3 класса)
    Сверхглубь   (1 порядок)
    Необнаружимость
12 Непроявленность
    Непостижимость   Принадлежность к 2 пространствам невыразимого
    Неподвижность   12 порядков: принадлежность к пространству невыразимого
    Непоколебимость

То есть двенадцать иерархий, каждая из которых состоит из 3 классов и 12 порядков

ТРЕТЬЕ ПРОСТРАНСТВО НЕВЫРАЗИМОГО (?), или ПРОСТРАНСТВО ПЕРВОЙ ТАЙНЫ

Первая тайна (которая является 24-й тайной, отражающей 12 порядков невмещающих непроходимость)

Великий Свет печати Света (который пребывает без исхождения)

Первый статут (содержащий 7 тайн)

Помощники

Далее приводится отрывок из ч. II, секц. X «Трудов Ложи Блаватской», который, быть может, прольет некоторый свет на эту явно хаотическую систему:

Вопрос. В чем разница между этими разнообразными иерархиями?

Ответ. В действительности, эти Огни не в большей степени нечто отдельное и самостоятельное, чем души и моады для того, чей взгляд простирается за пределы материи и иллюзии.

Тот, кто является оккультистом, не должен обособлять себя или что-либо другое от остального творения или *несотворенного*. Ибо, как только он отделил себя даже от некоего сосуда бесчестья и позора, он не сможет уже соединить себя с каким-либо сосудом чести. Ему следует думать о себе как о чем-то бесконечно малом, даже не как об индивидуальном атоме, но как о части мировых атомов, как некоего целого, или же стать иллюзией, никем, и исчезнуть подобно дыханию, не оставляющему после себя никакого следа. Как иллюзии, мы являемся самостоятельными обособленными телами, живущими в масках, которыми снабдила нас майя. Можем ли мы утверждать, что хотя бы один атом нашего тела определенно является нашим собственным? Все что угодно, начиная от духа и до самых незначительных частичек, — это часть целого, в лучшем случае, связующее звено. Разорвите одно звено, и все в целом будет уничтожено; но это невозможно. Существует серия новителей, становящихся все более и более грубыми, от духа до самой плотной материи, так что с каждым шагом вниз и вовне, мы испытываем все сильнее и сильнее развитое в нас чувство обособленности. И все же это иллюзорно, ибо если бы существовала реальная и полная обособленность между любыми двумя человеческими существами, они никаким способом не смогли бы общаться друг с другом и понимать друг друга.

Так и с этими иерархиями. Почему должны мы выделять эти классы в нашем разуме иначе, кроме как для целей различения в практическом оккультизме, который есть лишь низшая форма прикладной метафизики? Но если вы пытаетесь выделить их на этом плане иллюзии, тогда я не могу вам сказать ничего, кроме как то, что между этими иерархиями существуют такие же пропасти различия, как и между «принципами» вселенной или человека, если вам угодно, и теми же самыми «принципами» в бацилле.

Добросовестный читатель, сравнивая уже приведенные здесь различные таблицы, ощутит некое единство в многообразии иерархий; другими словами, он поймет, что они строятся на некоем вечно повторяющемся образце, который был дан в своей простейшей форме в карте валентинианской плеромы. Каждая новая категория превосходит ту, которая ей предшествовала, пока разум неуверенно движется в этой величественной и возвышенной схеме.

Повторение числа 12 весьма значительно, и оно получит свое объяснение в той части нашего текста, который будет посвящен астрологической части этой системы. Сейчас же будет достаточно добавить еще два природных факта к тому, что уже было сказано в 198 (1), и привлечь внимание читателя к рассмотрению: (а) *додекаэдра*, этого удивительного «платонического тела», разрешению тайн которого посвящены все «Элементы геометрии». Его можно определить как «правильное тело, содержащее 12 правильных пентагонов,[1] или имеющее двенадцать равных оснований»; и к (б) следующей цитате («Монизм или адвайтизм?», стр. 28):

Прана, или дыхание человеческого организма, является частью этого универсального жизненного принципа. Также доказывают, что луна принимает участие в питании всей органической материи и в регулировании приливов и отливов природной праны. С каждой новой фазой луны прана человека изменяет направление своего тока. Эти изменения, наблюдаемые ежеминутно, устанавливают тот факт, что *дыхание организма человека переходит справа налево и vice versa* [наоборот] *каждые два часа.*[2] *В эти два часа каждая из пяти таттв...*[3] *достигает своей очереди.*

230—231. «...И при Разрушении мира, которое случится, когда Вселенная завершит свою Эволюцию ... все, кто получил Тайну Невыразимого, будут Близкими Царями со мной, и воссядут возле

---

[1] Являясь мистическим изображением того, что человек — это мера и предел *вселенной*.

[2] 12 раз в день!

[3] А именно, акаша, вайю, и т.д., как это уже было сказано в примечании.

моей правой руки, и возле левой... Таким образом, по этой причине я не колебался и не боялся назвать вас моими Братьями и моими Друзьями, ибо вы будете Близкими Царями со мной в моем Царстве...»[1]

---

[1] Вероятно, это может прояснить следующий отрывок из «Тайной Доктрины», I (стр. 572-574).

«Звезда, под которой рождается человеческое существо, говорит оккультное учение, — всегда будет оставаться его звездой, в течение всего цикла его перевоплощений в одной манвантаре. Но *это не его астрологическая звезда*. Последняя соотносится и связана с его персональностью, а первая — с ИНДИВИДУАЛЬНОСТЬЮ. «Ангел» звезды, или дхиани-будда, будет либо направляющим, либо просто надзирающим «ангелом», так сказать, в каждом новом перерождении монады, *которая есть часть его собственной сущности*, — хотя ее носитель, человек, может навсегда остаться в неведении об этом факте. Каждый из адептов имеет своего дхьяни-будду, свою старшую «двойную душу»,[1] и они знают ее, называя «отцовской душой» и «отцовским огнем». Однако лишь при последнем и высшем посвящении они узнают ее, когда они встречаются лицом к лицу со светлым «Образом». Насколько много знал об этом мистическом факте Бульвер-Литтон, когда он описывал, пребывая в одном из состояний своего наивысшего вдохновения, Занони, стоящего лицом к лицу со своим Авгоэйдом?

«... «Восхожу к Отцу моему и Отцу вашему»... [*Иоан*., 20:17] — это означает ... что группа его учеников и последователей, привлеченных Им, принадлежит к тому же самому дхиани-будде, «звезде» или «Отцу», того же планетарного царства и подразделения, что и Он. Именно знание оккультного учения нашло свое выражение в обзоре об «Идиллии Белого Лотоса», когда Т. Субба Роу писал: «Каждый будда встречает при своем последнем посвящении всех великих адептов, которые достигли Братства в течение прошедших веков ... каждый класс адептов имеет свой собственный способ духовного общения, который связывает их

---

[1] Это не имеет ничего общего с абсурдными положениями «Симпневматодоктрины», как это хорошо объяснено в этом тексте, но является ключом к тайне сизигий.

вместе... Единственно возможный и эффективный путь для вступления в любое такое братство ... это поместить себя под влияние духовного света, который излучается *из его собственного Логоса*. В дальнейшем я покажу здесь ... что такое общение возможно только *между людьми, души которых получают свою жизнь и питание от одного и того же божественного ЛУЧА*, и что, так как семь различных лучей исходят от «центрального духовного солнца», *все адепты и дхиан коганы подразделяются на семь классов*, каждый из которых контролируется, направляется и защищается *одной из семи форм* или проявлений божественной мудрости». («Теософист», том VII, август 1886 г., стр. 706.)

---

231. [*продолжение*] «...мои Двенадцать Служителей [Διακονοι] также будут со мной, но Мария Магдалина и Иоанн Дева* будут вознесены выше всех...»

237. Сходным образом и Три Тайны также не одинаковы в Царстве, находящемся в Свете, но каждая из них имеет различный Вид, и они также не равны в Царстве Единой и Единственной Тайне Первой Тайны в Царстве Света, и каждая из этих Трех имеет различный Вид, и Форма каждой из них отличается друг от друга, в их последовательности. ¹

---

¹ Мы имеем здесь серию или шкалу 12, 7 (см. табл. VII и VIII), 5 и 3 Тайн, и синтетическую Единую и Единственную Тайну. Ключ к их истолкованию можно найти в «Трудах Ложи Блаватской» (часть I, стр. 55), где говорится:

«Когда некий адепт достигает успеха в [соединении воедино всех своих «принципов»], он — дживанмукта [то есть, тот, кто свободен от перерождений]: он фактически не принадлежит больше к этой земле и становится нирвани, который может уйти в самадхи [то есть, достигнуть духовных состояний сознания] по

---

* Два аспекта манасического луча.

своей воле. Адепты обычно разделяются по количеству «принципов», которые ими полностью контролируются, ибо то, что мы именуем *волей*, располагается в высшем Эго, а последнее, если оно освобождается от своей отягощенной грехами персональности, является божественным и чистым».

238. «...Аминь, я говорю вам, когда этот человек покинет Тело Гиль, его Душа станет великим Потоком Света, так, что она сможет пересечь все Области, пока она не придет в Царство этой Тайны. Но если человек не вместил Тайну и не участвовал в Словах Истины, когда осуществлялась эта Тайны, он должен сказать это Голове человека, покидающего Тело, — тот, кто не вместил Тайну Света [1] или не принял участия в Словах Истины...»

---

[1] Мы видим здесь первоисточник того обряда соборования, который практикуется в римско-католической и греческой церквях. Хвалебная молитва, читаемая в момент смерти, чтобы помочь душе умершего, поскольку она пересекает «срединный проход», также имеет то же самое унаследованное происхождение. Как правило, старые церкви сохраняют оккультную традицию с большей точностью, чем их иконоборческие и более невежественные молодые сестры. Оккультная наука учит, что структура разума, при которой умирает человек, имеет величайшее значение благодаря тому ненормальному психическому состоянию, в котором он тогда находится. Последняя мысль умирающего человека оказывает сильное влияние на его ближайшее будущее. Стрела готова вылететь из лука; тетива находится на уровне уха, и цель будет выбором ближайшей судьбы стрелы. Счастлив тот, для кого «Ом — это лук, Эго — это стрела, Брахман — ее цель!» (Мундака упанишада, II, ii, 4). В этот священный момент сильные духовные устремления, — естественные ли, или же вызванные искренней проповедью, либо

того, кто имеет истинное убеждение, либо же, что еще лучше, того, кто обладает божественным Гнозисом, — защитят душу того человека, который оставляет жизнь. Однако, это не означает поддержки суеверного представления о «запоздалом раскаянии», ибо лишь неизбежное правосудие и гармония Кармического Закона может возвратить некое мимолетное следствие к мимолетной причине; и остаток кармического долга должен быть выплачен в будущих земных жизнях.

Мирись с соперником твоим скорее, пока ты еще на пути с ним, чтобы соперник не отдал тебя судье, а судья не отдал бы тебя слуге, и не ввергли бы тебя в темницу. Аминь говорю тебе я: ты не выйдешь оттуда, пока не отдашь до последнего кодранта [*Матф.*, 5:25,26].

То есть, согласно гностическому и эзотерическому истолкованию, работай, пока еще день, так чтобы добрые кармические действия уравновесили дурные причины, прежде приведенные в движение персональностью. Иначе, в момент смерти нас будет судить наше собственное высшее Эго, и, под руководством сил Кармического Закона (коллективного Демиурга), мы будем должны снова перевоплотиться в *узилище* тела, пока прошлая дурная карма не будет исчерпана. Ибо пока не будет выплачен последний грош нашего кармического долга, мы никогда не сможем оторваться от колеса «сансары».

---

239. «...И когда они принесут его к Деве Света,[1] Дева Света увидит Знак Тайны Царства Невыразимого, который будет с ним...»

---

[1] Дева Света. В халдейской космогонии, Ана означала «*невидимое* небо», Небесную Мать земного *моря*: или, эзотерически, *акашу*, мать астрального света. Анайтия — это одно из имен Кали, женский аспект, *шакти*, или *сизигий* Шивы. Ее также называют Аннапурна и Канья, Дева. Ее тайное имя — Ума-Канья, «Дева Света» (См. «Тайную Доктрину», I, 91, 92).

В египетской и других космогониях, первая семеричная группа эманирующих сил называется «Девами Света» и изображается в виде шестиконечной звезды; эта звезда «имеет отношение к шести силам или могуществам природы, шести планам, принципам, и т.д., и т.д., и все они синтезируются седьмой, или центральной точкой звезды» («Тайная Доктрина», I, 125).

Если обратиться к табл. VI комментариев, то мы увидим, что есть *семь* Дев Света, и все они аспекты одной Девы. В девственной материи, как и во всем другом, существует семь аспектов, планов или принципов, соответствующих семи принципам человека, от чистого, божественного *акаша*, до земного астрального света, отягощенной грехом атмосферы нашей земли. И на септанарные листы Книги Записей Ангела, «Le Livre de la Conscience» [«Книги Сознания»], непрестанно заносятся дела, *слова* и МЫСЛИ каждой минуты нашей жизни, кармическая запись каждой заточенной души. В начальной части нашего текста мы узнали о том, как посвященные надели незапятнанное Одеяние Света, несущее на себе Пять Слов Славы, и что они были столь могущественны, что могли открыть все дворцы и пересечь все Области Правителей. Так обстоит дело и с каждым человеком. Каждый имеет свое собственное одеяние, отражающее его кармическую запись и «произносящее слова», которые оправдают или осудят его перед ревнивыми стражами царств внутренней природы. Да; у каждого из нас есть одеяние, сотканное его собственными руками, но мало таких, кто облачен в «брачную одежду» и годен для того, чтобы соединиться в Брачном Праздновании, когда Царский Сын соединяется со своей Небесной Невестой; другими словами, вступить в такое святое Братство, в котором каждый, чтобы получить доступ, должен быть единым с Христосом внутри себя. Тот, кто пытается найти доступ в одеждах, отягощенных грехом, должен, подобно человеку в притче [*Матф*., гл. 22], быть изгнан во «внешнюю тьму» земной жизни, пока он не научится благодаря опыту страдания тому, как ткать для себя одеяние, достойное «Церкви (Собрания) Мистического Христа».

Таким образом, души умерших имеют в настоящий момент, каждая в отдельности, свои способы защиты, отречений и символы, как в данном тексте, и природа их посмертных переживаний и их последующее возвращение к земной жизни будет зависеть от того, какую их семи Дев они увидят в «зале суда». Трижды благословен тот, кто, облаченный в Одеяние Славы, может пройти мимо Стражей через любой порог.

Все вышеописанное прольет больше света на тайны «осирифицированного» и судьбу «умершего», которые играют столь заметную роль в «мудрости египтян». Из всего множества приведем лишь один пример:

> В книге, которая названа Шампольоном «La Manifestation a la Lumiere» [«Проявление Света»], содержится глава о ритуале, которая наполнена таинственными диалогами с обращениями к различным «силам» души. Среди этих диалогов есть один, который весьма выразительно и многозначительно отражает возможности Слова. Сцена происходит в «Зале Двух Истин». «Дверь», «Зал Истины», и даже различные части ворот обращаются к душе, которая просит туда доступа. Все они не позволяют ей войти, пока она не скажет им их тайных, или мистических имен. («Разоблаченная Изида», II, 369.)

241—242. «...И каждый, кто получит Тайну, которая находится в Пространстве Универсального Невыразимого, и все остальные благозвучные Тайны в Частях Невыразимого ... которые относятся к Правилу Одного и Того Же, Божества Истины, от ног (вверх) [1] ... каждый получит в наследство надлежащую ему Область...»

---

[1] *Части Невыразимого, Божество Истины.* Изображение этого гностического принципа мы найдем в «Пист. Соф.» 125 (1). Информация, которая приводится там, может быть существенно расширена благодаря следующему

отрывку из Иренея,[1] который, говоря о системе Марка, пишет:

И Кватернион [то есть, *высшее* личное сознание, вместе с божественной триадой *атма-буддхи-манас*, образующие высший Тетрактис] ему (Марку): «Я намереваюсь явить тебе сейчас саму Истину. Ибо я принесла ее вниз из небесных дворцов, чтобы ты смог посмотреть на нее без одежд и открыть ее красоту, да, и услышать ее речь, и изумиться ее мудрости (ибо Истина — это Невеста Небесного, или Совершенного Человека, посвященного). Смотри, ее голова наверху — это A и Ω, ее шея — B и Ψ, ее плечи с ее руками — Γ и Χ, ее грудь — Δ и Φ, ее грудная клетка — E и Y, ее живот — Z и T, ее нижние части — H и Σ, ее бедра — Θ и P, ее колени — I и Π, ее ноги — K и O, ее лодыжки — Λ и Ξ, ее ступни — M и N». Это тело истины, восходящей к Магу; это фигура элемента, это литера буквы; и он называет этот элемент *Человек*; и он говорит, что это есть источник каждого Слова (*Verbum*), и начало универсального Звука (*Vox*), и выражение всего невыразимого, и *уста безмолвного Молчания*. И это поистине ее тело; но ты, поднимая ввысь понимание своего ума, услышь из уст Истины самопорожденное Слово, которое передает также Отец.

И когда она сказала это, Истина (говорит он) посмотрела на него, открыла свои уста и сказала Слово: и Слово стало Именем, и Имя было тем, которое мы знаем и говорим, Христос Иисус; и как только она произнесла имя, она стала безмолвной. И когда Марк подумал, что она будет говорить дальше, Кватернион снова вышла вперед и сказала: «Ты счел презренным Слово, которое ты услышал из уст Истины, но это не то Имя, которое ты знал и о котором думал, что ты им владеешь давно; ибо у тебя было лишь его звучание, что же до его силы, то тебе она неведома. Ибо Имя Иисус — это Имя Знака [*Stigma*, знак греческого числа 6], поскольку оно содержит шесть букв, известных всем, *кто призван*. Но то, которое есть у Эонов Плеромы, поскольку оно находится во многих местах, имеет иную форму и иной тип, и известно тем из его ближних (родственников), величие и сила которых находятся вместе с ним [ними, Эонами (Епифаний)], вечно: [так сказать, те, кто избран, посвященные или совершенные].

---

[1] «Против ересей», книга I, гл. XIV, 3 и 4; также находится у Епифания, «Панарион», XXIV, 4.

243. «...День Света — это тысяча лет Мира, так, что тридцать шесть мириад (десятков тысяч) лет и половина мириады лет Мира — это один день Света...»[1]

[1] *Год Света*. Теософам, знакомым с учением о циклах манвантар и пралаий, и о днях и ночах Брахмы, нетрудно будет найти ключ к тайне, которая озадачивала так называемую христианскую церковь с того времени, когда ее низшие принципы полностью отделили себя от своего высшего света, божественного Гнозиса. Абсурдные взгляды хилиастов, миллениумистов и миллинарианистов — это замечательное доказательство материализма патристической теологии, которая была заново отредактирована и сохраняется вплоть до нашего времени. Это абсурдное в разных аспектах представление о тысяче физических лет, а главным образом — идея физического возвращения и царства Христа на земле, поддерживались величайшими светилами церкви. Мы обнаруживаем среди ее сторонников такие имена, как Папий, соученик Поликарпа и слушатель Иоанна, Иреней, Юстин Мученик (который воображал, что тысяча лет будет проведена в Иерусалиме, «восстановленном, украшенном и увеличенном»), Тертуллиан, Викторин, Апполинарий, Лактанций, Север и Августин. Сколь отличной была близкая традиция гностиков от более поздних и ложных представлений и искажений, можно увидеть из нашего текста, и какое-либо дальнейшее объяснение этого вопроса совершенно излишне.

248. «...И они очистили их (то есть, тех, кто от Смеси) не от самих себя, но от принуждения, в соответствии с Правилом Одного и Того Же Невыразимого. Они совершенно не были подвержены ни Страданиям, ни Превращениям в Областях, во-

обще не снимали с себя кожу и не вливали себя в различные Тела,[1] и не были они ни в каком Несчастье».

---

[1] Metangizein (Μετανγιζειν): перелить из одного сосуда в другой. Слово метангисмос было техническим термином для метемпсихоза или перевоплощения у пифагорейцев. Однако Ч. У. Кинг переводит эту фразу так: «не превращали себя в различные фигуры»; но *сомата* — это живые тела, и ничего больше, и *metangizein* и метангисмос суть технические термины, используемые лишь в связи с представлением о перевоплощении, и они часто используются в переводе «Пистис Софии» Шварца, чтобы обозначить перерождение. Поэтому весьма трудно понять, почему автор «Гностиков и их реликвий» упустил правильный перевод.

Августин, цитируя Филастра, дает название «метангисмониты» определенным сектам еретиков, которые, говорит он, утверждают, что Сын был в Отце, как один сосуд (ανγειον) в другом. Однако нет никаких доказательств для того, чтобы подтвердить это утверждение.

Можно также выбрать и многочисленные поразительные и весьма поучительные отрывки из писаний и наставлений гностических ересиархов.

Например, мы возьмем один фрагмент из писаний Клемента Александрийского (*Строматы*, кн. IV, гл. XII), который приводит цитату из Василида, чтобы, как он воображает, опровергнуть его. Василид, говорит он, утверждает, что душа была наказана в этой жизни за грехи, которые она ранее совершила в другой жизни. *Избранная душа* претерпевала почетное наказание мученичеством, но *другая* очищалась предназначенной ей карой. Ключ теософии сразу раскрывает эту тайну благодаря ее учению о высшем и низшем манасе, божественной индивидуальности и умирающей персональности. Ибо высшее Эго — это поистине Священная Жертва, которая испытывает страдания прославленного «мученичества», а «другая» — это низший манас, который должен понести наказание при помощи «назначенного наказания».

Покойный Э. Д. Уолкер в восьмой главе своей книги о реинкарнации привел краткий обзор того, каким было преобладающее вероучение в первые века христианства, и тот, кого интересует этот вопрос, непременно должен прочитать эту главу, если он еще не сделал этого до сих пор. Однако еще должен быть написан на эту тему некий авторитетный труд, снабженный цитатами бесчисленных фрагментов, которые надо искать в сочинениях гностиков, неоплатоников и ранних отцов церкви.

Доктрины «Пистис Софии» во многих существенных деталях совершенно одинаковы с египетскими учениями, особенно в том, что касается тайн жизни и смерти и перевоплощения. Чему учили египетские мудрецы об этих способностях, мы все еще не знаем, ибо такие учения составляли часть наставлений мистерий. И даже в экзотерическом аспекте мы в большой степени зависим от того, что рассказывают нам о египтянах греческие и римские авторы, чем от того, что сообщают сами египтяне. Кроме того, такие авторы, если они были посвященными, сдерживали свои языки из-за данной клятвы сохранять тайну; а если они были непосвященными, то они могли послужить лишь эхом простонародных верований, в лучшем случае, и обычно вплетали свои собственные толкования и неправильные представления даже в эту искаженную тень истины. Вследствие этого никакой другой предмет не оказался столь запутанным для наших ученых, как этот.

Уилкинсон («Древние египтяне», том V, стр. 440, 3-е изд.) ничего не разъясняет в этом вопросе, хотя он и полезен для отыскания некоторых немногочисленных ссылок. Обратимся к первой из них, а именно, к Геродоту, «Эвтерпа», гл. 123.

Египтяне были первыми, кто сказал, что *псюхе* человека бессмертна, и что когда тело (*сома*) разрушается, она всегда входит в некоторое *другое* живое существо (*зоон*), и после завершения цикла всех земных, водных и воздушных (тел), она опять попадает в тело человека, и этот цикл требует для своего завершения 3000 лет.

Опять-таки в платоновском «Федре», переведенном Томасом Тейлором, мы читаем:

Но никакая душа не возвратится к своему первоначальному состоянию до истечения 10000 лет, потому что она не сможет снова использовать свои *крылья*, пока не пройдет этот период, кроме как если это душа *того, кто искренне философствовал*, или, наряду с философией, любил прекрасные формы. Они, поистине, в *третий период* 1000 лет, если они трижды успешно избирали этот образ жизни ... на 3000 лет *улетят* в их первоначальное жилище; но остальные души, достигнув завершения своей первой жизни, будут судимы. И из тех, кого судят, некоторые, перейдя в подземное место наказания [*камалока*], будут подвергнуты той каре, которую они заслужили; но другие, в соответствии с благоприятным приговором, поднимаясь в определенное место на небе [*девачан*], проведут это время в соответствии с тем образом жизни, который они вели в человеческом облике. И, через 1000 лет, оба типа людей, которые были судимы, возвращаются к этой участи и к избранию второй жизни, и каждый из них получает жизнь в соответствии с его желанием. Здесь человеческая душа может также перейти к жизни зверя, а от этого зверя, снова, к жизни человека. Ибо душа, которая никогда не познавала истину, не может перейти в человеческую форму.

Эти два отрывка в значительной степени объясняют друг друга, и, при помощи теософских учений, становятся понятными, несмотря на все бесчисленные сложности, которые они содержат. Числа имеют отношение к определенным циклам, основанным на корневых цифрах, 3, 7 и 10, и имеют дело с циклами, расами, индивидуальными рождениями, монадической эволюцией, и т. д., и т. д.

Но души бывают двух видов, *манасические* и *камические*, и в этом величайшая трудность. Первые направляются в «определенное место на небе», а последние — в «подземное место». И *лишь последние* проходят через тот «цикл», о котором говорит Геродот.

Таким образом, Уилкинсон может быть полезен лишь этими двумя ссылками, первая из которых была переведена вновь, а вторая оставлена в том же виде, как и в переводе Тейлора. Однако, он добавляет еще один интересный фрагмент, а именно:

Доктрину о трансмиграции принимали также и фарисеи; их вера, согласно Иосифу, состояла в том, «что все души нетленны; но лишь души добрых людей перемещались в другие тела, а души дурных подвергались вечному наказанию». (Иосиф Флавий, «Иудейская война», II, 8, 14.)

СОДЕРЖАНИЕ

Теософское общество: его миссия и его будущее 5
Современный прогресс в теософии 25
Новый цикл 44
Сила предубеждения 60
Западные «адепты» и восточные теософы 72
Магические ложи 86
Об осаждении и других материях 94
Ответы на некоторые научные вопросы 102
Трансмиграция жизненных атомов 105
Жизненный принцип 116
Инверсия мысленного зрения 124
Скрижали астрального света 128
Отрицатели науки 130
Об авторитетах вообще, и авторитете
    материалистов в частности 145
О критике, авторитетах и других материях 152
Пралайя современной науки 157
Алхимия в девятнадцатом веке 161
Пятиконечная и шестиконечная звезда 188
Тетраграмматон 200
Крест и огонь 221
Рождество в прошлом и настоящем 228
Звезды и числа 235
Что в имени? 248
Почему «Вахана»? 259
Бревно и сучок 262
Прогресс и культура 277
Лев Толстой и его нецерковное христианство 293
Диагнозы и лекарства 304
Комментарии редактора 324
Благодеяния гласности 330
Приметы времени 335
Эзотерические аксиомы и спиритуалистические
    спекуляции 346

По вопросам оптовой покупки книг
издательства АСТ обращаться по адресу:
Звездный бульвар, дом 21, 7-й этаж
Тел. 215-43-38, 215-01-01, 215-55-13

Книги издательства АСТ можно заказать по адресу:
107140, Москва, а/я 140, **АСТ – "Книги по почте"**

Научно-популярное издание

Блаватская Елена Петровна

Основы теософии

Художественный редактор О.Н. Адаскина
Компьютерный дизайн: Е.А. Коляда
Технический редактор Н.К. Белова

Общероссийский классификатор продукции ОК-005-93, том 2;
953004 — научная и производственная литература

Гигиеническое заключение
№ 77.99.02.953.Д.008286.12.02 от 09.12.2002 г.

ООО «Издательство АСТ»
667000, Республика Тыва, г. Кызыл, ул. Кочетова, д. 28
Наши электронные адреса:
WWW.AST.RU E-mail: astpub@aha.ru

Отпечатано с готовых диапозитивов в типографии
ФГУП "Издательство "Самарский Дом печати"
443080, г. Самара, пр. К. Маркса, 201.
Качество печати соответствует качеству предоставленных диапозитивов.

О разделении народов, языке жестов и санскрите 351
Таинственная раса 355
Теософы и индусский пантеизм 359
Буддизм, христианство и фаллицизм 364
Современные апостолы и псевдомессии 372
Самый древний из христианских орденов 380
Корни ритуализма в церкви и масонстве 385
Теософия или иезуитизм? 428
Звездно-ангелический культ
в римско-католической церкви 447
Эзотерический характер Евангелий 467
Комментарии к Евангелию Иоанна 517
Пистис София 541